廣雅疏義

【清】錢大昭　撰

上

上海古籍出版社

圖書在版編目(CIP)數據

廣雅疏義／（清）錢大昭撰. —上海：上海古籍出版社,2018.10

（清代訓詁學要籍選刊）

ISBN 978－7－5325－8243－3

Ⅰ.①廣… Ⅱ.①錢… Ⅲ.①《廣雅》—研究 Ⅳ.①H131.4

中國版本圖書館 CIP 數據核字(2016)第 236634 號

ISBN 978-7-5325-8243-3

9 787532 582433 >

廣雅疏義

（全三册）

［清］錢大昭 撰

上海古籍出版社出版發行

（上海瑞金二路 272 號 郵政編碼 200020）

（1）網址：www.guji.com.cn

（2）E-mail：guji1@guji.com.cn

（3）易文網網址：www.ewen.co

江阴金马印刷有限公司印刷

開本 890×1240 1/32 印張 74.375 插頁 15

2018 年 10 月第 1 版 2018 年 10 月第 1 次印刷

印數：1—1,050

ISBN 978－7－5325－8243－3

H·163 定價：348.00 元

出版説明

《廣雅疏義》二十卷，錢大昭撰。錢大昭（一七四四——一八一三），字晦之，號竹廬，江蘇嘉定人（今屬上海）。嘉慶元年（一七九六）舉孝廉方正。錢氏一門深於經史，其兄為錢大昕，大昭多從其學；其子錢繹、錢侗等亦研於文字訓詁之學而頗有所得。錢大昭另著有《漢書辨疑》《後漢書辨疑》《爾雅釋文補》《説文統釋》《通言》等。

《廣雅》為魏張揖仿《爾雅》體例而作，增廣「文同義異、音轉失讀、八方殊語、庶物異名不在《爾雅》者」。桂馥在《廣雅疏義序》中説：「《廣雅》「廣」於《爾雅》，為《廣雅》作注亦難於《爾雅》。」治《廣雅》難於《爾雅》。《爾雅》主釋經，多正訓，《廣雅》博及群書，多異義，一；《爾雅》有孫郭諸舊説，《廣雅》惟曹音，二；《爾雅》為訓詁家徵引，兼有陸氏《釋文》，《廣雅》散見者少，無善本可據，三也。此非專且久，不易可了。」《廣雅》自成書以後，有隋代曹憲為之注音，並無他注傳世。清代以後，樸學大興，有盧文弨、錢大昭、王念孫等不約而同為《廣雅》作注，其中最著名者當屬錢大昭《廣雅疏義》與王念孫《廣雅疏證》。

《廣雅疏義》聲名雖不如《廣雅疏證》之赫，然其引證之博、考據之精亦可與後者并舉。《廣雅疏證》重「因聲求義，觸類旁通」，而《廣雅疏義》則重疏解文字，其於《廣雅》本文逐字解説，注釋詳盡，多引《説文》《釋名》等小學專書以及經史文獻來説解文字。説解中注明後世辭書説解之源、辨析同義詞之差別等頗有可圈點之處。

《廣雅疏義》歷經三十年而作，成書應不遲於乾隆五十八年（一七九三）七月，書成以後未經刊刻。有愛古堂抄本、陸心源「十萬卷樓」藏抄本存世。本次出版據上海圖書館藏愛古堂抄本影印。

上海古籍出版社

二〇一七年九月

目録

上册

中册

下册

廣雅疏義序

今海内治廣雅者三家一爲盧先生文弨一爲王先生念孫一爲錢先生大昭謏幸得同遊素聞風旨者也錢先生之疏義先成請而讀之歎其精審當與邵先生爾雅正義並傳然治廣雅難于爾雅爾雅主釋經多正訓廣雅博及羣書多異義一爾雅有孫郭諸舊說廣雅惟曹音二爾雅爲訓詁家徵引彔有陸氏釋文廣雅散見者少無善本可據三也此非專且久不易可了昔郭氏注爾雅十八年而成邵先生且二十年今先生遲之三十年始有稿本其爲專且久不

[illegible]

已至乎馥從事說文蓋亦有年魯鈍未底于成於乎古人小學童而習之余乃白首紛如讀先生之書益加勤矣乾隆五十八年癸丑七月曲阜桂馥書于濟南濼西精舍

上廣雅表

博士臣揖言：臣聞昔在周公纘述唐虞，宗翼文武，克定四海，勤相成王，踐阼理政，日昃不食，坐而待旦，德化宣流，越裳徠貢（周成王時周公輔政越裳氏重譯獻白雉顏師古漢書注云越裳南方遠國也譯謂傳言也道路絕遠風俗殊隔故累九譯而後迺通），嘉禾貫桑（書序唐叔得禾異畝同穎獻諸天子周公作嘉禾韓詩外傳云成王之時有三苗貫桑而生同為一秀），六年制禮以導天下（樂記疏引鄭康成發墨守云六年制禮樂封殷之後稱公子宋），著爾雅一篇以釋其義（劉熙釋名云爾雅爾昵也昵近也雅義也義正也五方之言不同皆以近正為主也案周公作爾雅一篇者篇猶卷也謂周公止有一卷後儒增益乃為三卷自釋詁至釋言皆有周公原本鄭康成駁五經異義云元之聞也爾雅者孔子門人所作以釋六藝之言是七十子之徒身通

六藝發明章句增成其義經訓以彰也傳于後學歷載五百墳典散零
唯爾雅獨存禮三朝紀哀公曰寡人欲學小辯以觀
于政其可乎孔子曰爾雅以觀于古足以辯言矣大戴
禮記小辯篇云公曰不辯則何以為政子曰爾雅以觀于古足以辯言矣此所云三朝記即小辯篇也
春秋元命包元命包春秋緯書名言子夏問夫子作春秋不以
初哉首基為始何是以知周公所造也率斯以降超
絶六國越秦踰楚爰曁帝劉魯人叔孫通撰置禮記
文不違古漢書叔孫通薛人也孝惠即位徙為奉常定宗廟儀法及稍定漢諸儀法皆通所
論著也案通薛人而此以為魯人者薛縣屬魯國故也今俗所傳三篇爾雅或
言仲尼所增孔子作十翼以贊周易如家傳師衆也比輔也序卦傳晉者進也遘者遇也之

類皆與雅訓相符是孔子有所增也或言子夏所益子夏所作儀禮喪服傳其親屬稱謂皆與爾雅釋親相合是子夏有所益也或言叔孫通所補或言沛郡梁文所攷爾雅之文間有漢儒增加如釋地八陵雁門是也釋山泰山為東岳華山為西岳霍山為南岳恒山為北岳嵩山為中岳釋獸鼮鼠下云秦人謂之小驪此即叔孫通梁文輩之附益者也皆解家所說先師口傳既無正驗聖人所言是故疑不能明也夫爾雅之為書也文約而義固其敶道也精研而無誤真七經之檢度學問之階路儒林之楷素也郭璞爾雅序云夫爾雅者所以通詁訓之指歸敘詩人之興詠總絕代之離詞辯同寔而殊號者也誠九流之津涉六藝之鈐鍵學覽者之潭奧摛翰者之華苑也若其包羅天地綱紀人事權揆制度發百家之訓詁未能悉備也臣揖體

臣蒙蔽學淺，詞頑言無足取。竊以所識，擇撢群藝，文同義異，音轉失讀，八方殊語，齊音楚語，風氣依殊，橫口開脣，短長各別，故必總而集之，得其會通。劉歆與揚雄書云：採集先代絕言、異國殊語。郭璞方言序云：考九服之逸言，標六代之絕語，類離詞之指韵，明乖途而同致，是也。庶物易名，不在爾雅者，詳錄品覈，以著于篇。凡萬八千一百五十文，古謂之文，今謂之字。說文序云：蒼頡之初作書，蓋依類象形，故謂之文；其後形聲相益，即謂之字。分為上中下，以鎮方來俊哲洪秀偉彥之倫，扣其兩端，摘其過謬，令得用諝，亦所企想也。臣揖誠惶誠恐，頓首頓首，死罪死罪。

廣雅疏義目

卷第一

釋詁第一

卷第二

釋詁第一

卷第三

釋詁第一

卷第四

釋詁第一

卷第五

廣雅疏義目

廣雅疏卷下

[illegible]

[illegible]

釋鳥第十七

釋獸第十八

釋畜第十九

廣雅疏義卷第一

嘉定錢大昭晦之甫譔

廣雅卷一

隋經籍志廣雅三卷魏博士張揖撰梁有三卷又云廣雅音四卷秘書學士曹憲撰唐藝文志張揖廣雅四卷曹憲博雅十卷案張博士所分卷帙止有上中下三篇析爲四者梁人也又析爲十者曹憲也避煬帝名改爲博爾

張揖纂集

漢書序例云揖字稚讓清河人一云河間人魏

太和中爲博士嘗解漢書司馬相如傳一卷又埤蒼及古今字詁是張博士精于小學博極羣書而後作爲此書以繼先聖賢之軌躅誠五經之鍵轄而六藝之筌蹄也

曹憲音釋

唐書儒學傳曹憲揚州江都人仕隋爲秘書學士於小學家尤邃自漢杜林衛宏以來古文亡絕至憲復興煬帝令與諸儒撰桂苑珠叢規正文字又注廣雅學者推其該洽藏于秘書貞觀中以宏文館學士召不至即家拜朝散大夫太

宗嘗讀書有疑難字輙遣使問憲憲具爲音註援驗詳複帝咨尚之卒年百餘歲案憲于廣雅止有音釋傳以爲嘗注此書誤也

釋詁第一

廣雅是此書總名釋詁爲第一篇別目自此以後十八篇各分爲科段矣周禮大行人諭書名聽聲音則屬瞽史諭言語協辭命則屬象胥樂正授數司成論說非是則不能通也是卽詁訓之學詁者古也先王之世在官有學古之吏在朝有道古之儒百官得其敘萬事得其宜及周

之衰淫文破典頼有孔子雅言正之而其道復著爾雅小書所以通詁訓之指歸凡十有九篇張氏廣而成之篇目依悉其舊釋者解也許慎說文解字云詁訓故言也古故也从十口識前言者也大雅烝民云古訓是式鄭箋云古訓先王之遺典也爾雅釋文引張博士雜字云詁者古今之異語也詁通作故漢書藝文志書有大小夏侯解故詩有魯故韓故齊后氏故孫氏故毛詩故訓傳陸德明詩釋文云詁故皆是古義所以兩行然前儒多作詁解而章句有故言郭

注爾雅則作釋詁與光孫炎等皆爲釋故今張博士亦作釋詁與郭本爾雅同也第者審諦也一者數之始也既諦定篇次以釋詁居首故曰釋詁第一也博士釋詁本是一篇後人分爲四卷今作疏義又析爲八卷以其卷帙太繁重故也

古昔先創方作造剏萌芽本根蘖鼃戶反水華韡音韡昌孟肇業始也

劉熙釋名云始息也言滋息也凡釋古今異言通方俗殊語必有所託始文雖纍纍其義寔同故先

音俱完良卷一

釋始之義也古者漢書藝文志云世歷三古孟康曰易繫辭云易之興其于中古乎然則伏羲爲上古文王爲中古孔子爲下古顧野王玉篇云古古久之言也古始也本此昔者小雅采薇云昔我往矣陸德明釋文引辟詩辥君章句昔始也先者說文先前進也孝經感應章必有先也老子象帝之先古曰在昔昔曰先民皆言始事之人也創者論語裨諶草創之漢書敘傳稅介免冑禮義是創顏師古曰創始造之也通作刱說文刱造法刱業也讀若創方者小雅大田既方既皁箋方房也謂孚

甲始生而未合時也文選陸厥奉答内兄希叔詩孱居南山下臨此歲方秋作者詩魯頌思無斁思馬斯作傳作始也樂記篇作者之謂聖述者之謂明白虎通義禮樂篇樂言作禮言制何樂者陽也陽倡始故言作禮者陰也陰制度于陽故言制造者商書伊訓造攻自鳴條呂氏春秋仲夏紀萬物所出造于太一化于陰陽高誘注造始也朔者説文朔月一日始蘇也儀禮大射禮朔鼙注朔始也尚書大傳朔始也北方物之終始故言始也周禮天官太宰正月之吉鄭注吉謂朔日也地官黨正

四時之孟月吉日注四孟之月朔日族師月吉注每月朔日也案正月之吉孟月吉日月吉皆謂一月之朔是朔爲一月之始也漢書成帝紀陽朔元年顔師古曰朔始也以火生石中言陽氣之始萌芽者草木之始也說文萌草芽也芽萌芽也古亦作牙月令萌者盡達鄭注芒而直者曰萌漢書律志天統之正始施于子半日萌色赤地統受之于丑初日肇化而黄至丑半日牙化而白人統受之于寅初日孳成而黑至寅半日生成而青書傳略說云周以至動殷以萌夏以芽揚雄徐州箴禍如

邱山本在萌芽左思魏都賦萌柢疇昔參同契云陰陽之始元合黃芽太元攡云陽不極則陰不萌陰不極則陽不牙本者萬物莫不始于本說文木下曰本从木一在其下禮器篇反本復古不忘其初玉篇本始也本此根者木之始也韓非子云樹木有蔓根有直根根者書之所謂柢也柢也者木之所以建生也櫱者商書盤庚若顛木之有由櫱說文木部引作甹巘弓部引作㽕枿陸氏釋文櫱五達反本又作枿馬融曰顛木而肄生曰枿詩商頌長發苞有三櫱傳櫱餘也漢書敘傳作苞有三

枿枚乘上書諫吳王云夫十圍之木始生而櫱李善注引尸子云干丈之木始若櫱足易去也鼃䔢者揚雄方言文也彼文䔢作律字異音義同集韻䔢始也一曰艸孚甲出也劣戍切昌者與倡同春官樂師凡軍大獻教愷歌遂倡之注故書倡爲昌鄭司農云樂師主倡也昌當作倡吳語云越大夫種乃倡謀韋昭注發始爲倡楚辭九章聲有隱而先倡王逸注倡始也孟者嫡長爲伯庶長爲孟孟仲叔季以孟爲始離騷云攝提貞于孟陬兮王逸注孟始也鼻者方言云鼻始也嘼之初生謂之鼻

人之初生謂之首梁益之間謂鼻爲初或謂之祖說文云今俗以始生子爲鼻子漢書揚雄傳或鼻祖于汾隅注引劉德云鼻始也業者齊語云擇其善者而業用之韋昭注業猶叙也創業仝訓始

乾宮元首主上伯子男卿大夫令長龍嫡郎將日正君也

說文君尊也从尹發號故从口大雅皇矣克長克君左傳解之曰賞慶刑威曰君乾者卦之君也說卦傳乾爲君又曰乾以君之乾彖傳時乘六龍以御天荀九家云乾者君卦也六爻皆當爲君是乾

六爻有君象皆當進居天位故曰乘六龍以御天宮者音之君也漢書律歷志宮中也居中央暢四方唱始施生爲四聲綱也又云宮爲君樂記疏引樂緯動聲儀云宮爲君君者當寬大容衆故聲宏以舒其情和以柔動脾也玉海載徐景安樂書引劉歆云宮者中也君也爲四聲之綱其聲重厚如君之德而爲重元首者虞書股肱喜哉元首起哉孔傳元首君也股肱之臣喜樂盡忠君之治成乃起主上者漢書司馬遷傳務壹心營職以求親媚于主上又主上二字析言之亦爲君左氏襄公十

九年傳晉荀偃卒而視不可含范宣子盥而撫之曰事吳敢不如事主呂氏春秋不苟論民無道知天人臣亦無道知主高誘注主君也孝經云安上治民莫善于禮墨子親士篇上必有詻詻之下是也伯子男者五等所封小國之君也白虎通義伯者百也子者孳也孳孳無已也男者任也人皆五十里卿大夫者卿也大夫也各有采地以治其民白虎通義卿之爲言章善明理也大夫之爲言大扶進人者也故傳曰進賢達能謂之大夫也令者說文令發號也呂氏春秋孟春紀南陽無令其誰

可而爲之高誘注令君也長者丁丈切周語云晉聞古之長民者韋昭注長猶君也太宰九兩一曰牧以地得民二曰長以貴得民三曰師以賢得民長與師牧同稱教人以道可爲民長故爲君也龍者易文言云龍德而隱龍德而正中皆以龍爲君德賈誼新書龍也者人主之辟也又爲鱗蟲之君大戴禮易本命云有鱗之蟲三百六十而蛇龍爲之長嫡者嗣君之稱左氏閔元年傳内寵並后嬖子配嫡亂之本也適作適王風伯兮誰適爲容傳適主也呂氏春秋帝也者天下之適也高誘注適

主也郎者漢書百官表郎掌守門戶出充車騎此宿衛之郎亦主卒旅爲卒旅之君長也將者即諒切說文將帥也將所以統軍旅亦人君之象也日者邶風柏舟日居月諸箋日君也太平御覽引易緯云日者至陽之精象君德元黃照耀五色無主篤本日訓曰今訂正正者曹風鳲鳩篇正是四國小雅斯干噲噲其正傳並云正長也長正皆君也

道天地王皇壐音璽豴若雷反博般粗在戶反兄巟沛浦會反會凱柘音託穪音矜衍臨巨佳方夸苦瓜反匯胡對反又胡罪反磊凱般張覺封奘扶弗反太賢胡𤸸赤以反廣夸奄㵃市萌反勱

廣雅疏義卷一

布茷反朴普木反魁訏音吁沇岑夤以真切誧音鋪奲昌者切顥音考顝苦骨切䫥苦磊反䴡𢿱音豰芋音吁𧳫音彫袲顦許堯反萬觰竹家反驁五高反都大也

說文大天大地大人亦大故大象人形道天地王者老子道德經道大天大地大王亦大域中有四大而王居其一焉管子形勢篇天之裁大故能兼覆萬物地之裁大故能兼載萬物人主之裁大故容物多而衆人得比焉皇者說文皇大也从自自始也三皇大君也大雅皇矣上帝傳皇大也文王有聲云皇王惟辟傳與皇矣同箋云言大王者武

王事益大豐者說文豐大屋也易曰豐其屋通作豐方言豐大也凡物之大貌曰豐又云趙魏之郊燕之北鄙凡大人謂之豐人燕趙之間言圍大謂之豐序卦傳豐者大也考工記函人舉而眡之欲其豐也注豐大也楚語彼若謀楚其亦必有豐敗也哉韋昭注豐大也厖者玉篇厖莫回切大也本此博者說文博大通也殷者喪大記主人具殷奠之禮俟于門外注殷猶大也莊子山木篇翼殷不逝釋文引司馬彪云殷大也李頤曰翼大逝難楚辭哀時命懷殷憂而歷茲王逸注如遭大憂常懷

厎厎經歷年歲粗者采胡切鄭康成禮記注粗麤
也玉篇粗麤大也兄者釋名釋屬篇兄荒也荒大
也故青徐人謂兄為巟也巟者說文巟水廣也引
易曰包巟用馮河今本作荒爾雅釋天太歲在巳
曰大荒落賈鳳碑絡于大荒即用爾雅是巟荒古
字通也唐風蟋蟀好樂無荒大雅公劉豳居允荒
傳並云大也左氏昭七年傳周文王之法曰有亡
荒閱荒大也有亡人當大蒐其衆晉語在周頌曰
天作高山太王荒之荒大之也沛者漢書五行志
上得天子外得諸侯沛然自大是沛為大也通作

旆。左氏傳二十八年傳「狐毛設二旆而退之」，宣十二年傳「令尹南轅反旆」，杜預並云「旆，軍前大旗」。袥，若曠之大也。說文「袥，衣衸也」。徐鍇繫傳引字書「袥，張衣令大也」。揚雄元瑩云「天地開闢，宇宙袥坦」，司馬光注「袥，廣而坦明」。⿰衤鹵者，玉篇、廣韻無此字。集韻引博雅「⿰衤鹵，衍，大也」，又引爾雅「滷、魿、鹹，苦也」。魿，爾雅作矜，此作⿰衤鹵，蓋从鹵、矜省，與矜音義同。鄭注禮記云「矜，謂自尊大也」。晉語「嗛嗛之德，不足就也，不可以矜，而祗取憂也」，韋昭注「矜，大也」。衍者，楚辭天問「南北順隋，其衍幾何」，王逸注「衍，廣大也」。臨者，序卦傳義也易乾鑿度云臨者大也陽氣在内中和之盛應于盛位浸大之化行乎萬民故言空處王位施大化為大君臣民欲被化之詞也巨者方言文齊宋之間語張衡西京賦巨靈贔屭薛綜注巨大也通作鉅說文鉅大剛也漢書食貨志庶人之富者累鉅萬顏師古曰鉅大剛也大萬謂萬萬也佳者戰國策司馬喜曰趙佳麗之所出高誘注佳大也麗美也舊本佳訛隹鳥之隹今訂正方者鄭注士喪禮云今文旁為方是旁為古文方旁既為大方亦大也晉語今晉國之方偏侯也韋昭注方大也

夸者說文夸奢皆從大故有大義漢書諸侯王表
藩國大者夸州兼郡連城數十匯者水之大也禹
貢東匯澤為彭蠡凱者古作愷左氏僖十二年傳
引詩愷悌君子釋文作凱云本亦作愷呂氏春秋
不屈篇云詩愷悌君子民之父母愷者大也悌者
長也君子之德長且大者則為父母般者方言文
郭璞音盤桓之盤張者大雅韓奕孔脩且張傳張
大也左氏桓十六年傳隨張必棄小國杜預注張
自侈大也覺者小雅斯干有覺其楹傳覺高大也
大雅抑云有覺德行禮記緇衣引作有梏注梏大

爾雅義疏上之一

也覺皓古字通封者小爾雅文商頌殷武封建厥
福左氏定四年傳吳為封豕長蛇周語封崇九川
離騷又好射夫封狐注家皆解封為大奘者說文
奘大也此作奘同通作佛周頌閔予小子云佛時
仔肩釋文毛符弗反大也太者古大字本有太音
後人加點以別之賢者穿之大也攷工記輪人五
分其轂之長去一以為賢注賢大穿也說文堅大
皃讀若賢是堅與賢通廣韻賢大也本此胡者士
官禮冒壽萬年永受胡福注胡猶遐也遠也業遐
本作嘏說文嘏大遠也㢒者說文㢒廣也玉篇㢒

廣大也通作侈小雅巷伯哆兮侈兮疏侈者因物
而大之名禮于衣袂半而益一謂之侈袂廣若說
文廣殿之大屋也小雅六月四牡脩廣攷工記輪
人引鑿廣四枚周語若是則必廣其身呂氏春秋
恃君覽地日廣子孫彌隆注皆訓廣為大荀子禮
論篇大者禮之廣也通作光周語故能光有天下
而和寧百姓韋昭注光大也又云熙廣也韋注鄭
後司農云廣當為光虞亦如之旁者說文旁溥也
爾雅釋詁以溥為大是旁亦大也逸周書世俘解
旁生魄孔鼂注旁廣也廣亦大也奄者說文奄大

廣雅疏義卷一　十二

有餘也大雅皇矣奄有四方傳奄大也通作俺說文俺大也泐劶者並力之大也玉篇泐劶皆云大也本此廣韻劶大力之皃朴者楚詞天問恒秉季德焉得夫朴牛王逸注朴大也言湯常秉持契之末德修而宏之天嘉其志出田獵得大牛之瑞也又九章朴材委積兮注壯大為朴魁者荀子修身篇倚魁之行非不難也楊倞注倚奇也魁大也倚魁謂偏僻狂怪之行呂氏春秋孟夏紀不疾學而能為魁士名人者未之嘗有也高誘注魁大之士名德之人劉向九歎律魁放于山間棄魁與傀同

說文傀字引周禮大傀異烖者與訏同方言訏大也中齊西楚之間曰訏鄭風溱洧洵訏且樂大雅生民實覃實訏傳並云大也通作盱豫六三盱豫悔釋文引王肅云盱大也沈者直林切方言文岑貪者高之大也亦方言文方言又云岑高也郭璞注岑崟峻皃誧者言之大也說文誧大也讀若逋玉篇誧大言奲者丁可切說文奲富奲奲皃玉篇奲大寬也䪿者頭之大也口倒切玉篇䪿大頭也顝者說文顝大頭也讀若魁顝者莊子大宗師篇其顙頯釋文頯向秀本作顝云顝然大朴皃通作

傀莊子列禦寇云達生之情者傀司馬彪云傀讀曰瑰瑰大也麤者月令其器高以麤注麤猶大也激者古敦字方言文也陳鄭之間語通作淳國語史伯曰黎為高辛氏火正以淳耀敦大光照四方韋昭注淳大也芋者方言文郭璞注芋猶訏也小雅斯干君子攸芋傳芋大也通作于方言又云于大也綢者丁幺切玉篇綢大也亦作奝袤者曹氏無音疑當作褎字之譌也淮南主術訓一人被之而不褎萬人蒙之而不褊高誘注褎大也褊小也頫者頫大頭也玉篇引蒼頡云頭大也本或作奃

集韻乔魯幺切引廣雅大也文選魏都賦河汾浩涆而皓溔李善注引廣雅溔大也是本又作溔萬者盈數也盈天地之間者唯萬物盈爲多多有大義詩曰萬舞言大舞也觡者說文觡拏毆一曰下大者也騀者通作䮂玉篇䮂高大也都者總其大數漢書鄭吉傳吉既破車師降日逐威震西域遂并護車師以西北道故號都護顏師古注都猶大也總也

仜⿰角龐音龐或員韻虞方云憮有也

周南采采芣苢傳言有之傳有藏之也禮記哀公

与

問云不能愛人不能有其身注有猶保也仁者子
東切說文仁大腹也讀若紅腹大亦有之意龖者
盧紅切說文龖兼有也左思吳都賦馵龖僚東或
者尚書微子殷其弗或亂正四方小雅天保無不
爾或承論語為政篇或謂孔子曰孟子天時篇夫
既或治之呂氏春秋孟春紀引書無或作好遵王
之道無或作惡遵王之路淮南說林訓解門以為
薪塞井以為回人之從事或時相似注家並訓或
為有穀梁隱三年傳有內辭也或外辭也或通作
域說文或又从土作域故商頌元鳥正域彼四方

毛傳亦訓域為有也詹事凡曰或與有聲相近員者說文員物數也小雅正月無棄爾輔員于爾輻傳員益也計數增益有之義也虞者玉篇虞有也本此方者召南鵲巢維鳩方之傳方有之也云者文選傅咸贈何劭王濟詩進則無云補李善注引此文古與員通其周書秦誓若弗云來山井鼎攷古本俱作員鄭風出其東門聊樂我員釋文員本亦作云小雅正月昏姻孔云釋文云本又作員商頌元鳥景員維河箋員古文作云員既為有故云亦同也詹事凡曰員云與有聲相近撫者文王世

子云君王其終撫諸鄭注撫猶有也
假音格及軫若反禮礙五害反又刈音括發悃擬陟反履眰音巨摵就夙
反又于六反又似育反會怟多反禮溥祭往薦周望腆緊於反分至
也
說文至鳥飛以高下至地也從高而下曰至自外
而來亦為至假者方言文邠唐冀兖之間語堯典
假于上下鄭康成注假至也商頌元鳥四海來假
祭統假于太廟莊子大宗師篇是知之能登假于
道也若此皆與格同案假當為假說文假至也及
者周語王不從以及此難韋昭注及至也文選陸

機短歌行時無重至李善注引論語摘輔像讖云時不再及宋均注及亦至也彶者說文彶礙也此篇彶礙同訓至則彶亦至也五音集韻彶或作䟑至也本此礙者說文礙止也括者王風君子于役云羊牛下括傳括至也致者字當為致鄭注禮器云致之言至也文選江淹上建平王書注引孟子云墨子兼愛摩頂至于踵劉熙注致至也悃者誠之至也漢書劉向傳發憤悃愊顏師古曰悃愊至誠也舊本悃作悃攷說文悃愊也其字从困今訂正㧻者方言㧻到也揚雄甘泉賦洪臺掘其獨出

兮掇北極之嶟嶟應劭曰掇至也案說文掇刺之財至也其字从手俗本譌从木今据方言玉篇訂正掇通作儆方言儆會也凡會物謂之儆歫者皋陶謨予決九川歫四海濬畎澮歫川史記歫皆為致此篇歫致同訓至則致即至也漢書食貨志元龜歫冉長尺二寸孟康曰冉龜甲緣也歫至也度背兩邊緣尺二寸也通作距曹植七啓距巖而立李善注引孔安國書傳距至也摵者方言摵到也玉篇廣韻並同俗本譌从木今訂正摵通作岋說文岋至也字異音義同會者小雅車舝德音來括傳

括會也括既訓至會亦至也抵者漢書武帝紀分循行諭告所抵與令重困顏師古注抵至也通作氐說文氐至也亦通作疷五音集韻底止也薄者枚乘七發㝠火薄天兵車雷運范雲贈張謖詩田家樵採去薄暮方來歸祭者子例切尚書大傳祭之為言察也察者至也人事至然後祭通作際淮南原道訓高不可際深不可測高誘注際至也徃者心之至也史記孔子世家贊雖不能至然心鄉徃之釋名徃暀也歸暀于彼也故其言之印頭以指遠也蔿者坎象傳水荐至釋文引千寶本作水

薦至京房本作水臻至是薦臻並爲至也周者小雅鹿鳴示我周行傳孔安國論語注並解周爲至白虎通義周者至也密也道德周密無所不至也望者說文出亡在外望其還也幸其至故亦爲至也腆者周書大誥殷小腆馬融注腆至也繄未詳詹事兄曰左傳爾有母遺繄我獨無以繄有至義也

乃替遂邁行徃歸往反歸迋于放反往也

說文往之也乃者字當爲迺說文迺往也讀若仍今俗作迺以爲乃之異文耳替者少牢禮勿替引

之注古文替為秩是替秩同也小雅斯干云秩秩斯干傳秩秩流行也故替為往也遂者楚詞天問云曰遂古之初王逸注遂往也謝靈運九日从宋公戲馬臺送孔令詩歸客遂海嵎邁者說文邁遠行也从蠆省或作邁不省玉篇邁往也本此行者廣韻行往也本此徂者說文徂遠行也楚詞魂徂徂而南征兮歸者公羊隱二年傳婦人謂嫁曰歸何休注婦人生以父母為家嫁以夫為家故謂嫁曰歸穀梁莊二年傳王者民之所歸往也孟子往之女家歸即往也适者說文适往也引春秋傳曰

子無我迋言傳者左氏昭二十一年傳文又左氏襄二十八年傳君使子展迋勞于東門之外注迋往也

休詳衷佳忏汗旨祿吉慶良懽時埩黨適賴悪素果反又才累反愿慤温長嬇側華反擾如小反馴旬音說文字巛反嫣竹綠反睩祿音戾靈善也

說文譱吉也从誩从羊此與義美同意篆文作善釋名善演也演盡物理也休者說文休息止也或作庥豳風破斧亦孔之休大雅民勞以為王休傳並云休美也美與善同義詳者舊本作祥攷祥善

已見爾雅博士上廣雅表自言取其不在爾雅者著于篇知祥字誤也祥與詳通今定為詳易大壯不能退不能遂不詳也疏云詳者善也進退不定非為善也釋文王肅本作祥荀子脩身篇則可謂詳少者矣楊倞注詳當為祥淮南說林訓六畜生多耳目者不詳高誘注詳善也衷者皐陶謨同寅協恭和衷哉晉語以君之靈鬼神降衷荀子子道篇從命則親危不從命則親安孝子不從命乃衷呂氏春秋季秋紀願一與吳徼天下之衷注家皆訓衷為善佳者說文人部義也楚詞大招云姱脩

滂浩麗以佳只王逸注佳善也忏者吴旦切玉篇忏善也本此集韻春旹謂好曰忏禄者春官天府云若祭天之司民司禄注禄之言穀也爾雅釋詁穀訓善禄亦善也吉者說文口部義也釋名吉寔也有善寔也虞書彰厥有常吉哉疏引鄭注人能明其德所行使有常則成善人矣召南摽有梅迨其吉兮傳吉善也慶者大雅皇矣則篤其慶左氏昭三十年傳大國之惠亦慶其嘉毛傳杜注並云慶善也良者說文畐部義也釋名良量也量力而動不敢越限也邶風日月德音無良衛風氓子無

良媒月令季夏令百工審五庫之量金鐵皮革筋角齒羽箭幹脂膠丹漆無或不良魯語是良罟也為我得法注家皆訓良為善捷者疑與謹同楚詞九章謹厚以為豐王逸注謹善也時者小雅頍弁爾殽既時儀禮士冠禮嘉薦亶時逸周書小開解何謹非時何擇非德皆謂時為善竫者安之善也疾郢切說文竫亭安也公羊文十二年惟諓諓善竫言何休注竫猶撰也竫者言之善也荀子非相篇寔博而黨正楊倞注黨與讜同謂直言也隸釋張平子碑爰登侍中則黨言允諧洪适云以黨言

為讜言通作當孔安國益稷傳故呼禹使亦陳當言釋文當丁浪反本亦作讜李登聲類云讜言直言漢書叙傳吾久不見班生今日復聞讜言是也適者太乙經銳首銳于時得其適也一說適與嫡通說文嫡嫣也下文嫣為善嫡亦善也賴者孟子告子篇富歲子弟多賴趙岐注賴善也惡未詳愿者論語泰伯篇侗而不愿鄭注愿善也左氏襄三十一年傳子皮曰愿吾愛之杜注愿謹善也愨者謹之善也禮器云七介以相見也不然則已愨荀子不苟篇有愨士者張衡東京賦民去末而反本

咸懷忠而抱慤廣韻慤善也本此舊本慤訛作殼
今訂正温者和之善也小雅小旻温温恭人傳温
温寬柔也邶風燕燕終温且惠箋温謂顔色和也
長者材能之善也孟子公孫丑篇敢問夫子惡乎
長或説讀爲長幼之長元者善之長也嬻者容之
善也方言嫮嬻鮮好也説文嬻齊也㜸者柔之善
也尚書擾而毅徐廣曰擾一作柔字本作㹛从牛
夒聲説文㹛牛柔謹也玉篇㹛馴也春秋傳乃擾
畜龍應劭曰擾者柔擾馴也管子地員篇其地宜
擾桑擾桑柔桑也諸擾字皆㹛之譌説文瓇玉也

讀若柔蓋擾有柔音故史記或作柔又有馴音故李軌徐邈皆音尋倫切曹音如小反失之矣馴者順之善也說文馴馬順也通作訓地官土訓鄭司農讀訓爲馴司馬貞云史記馴字徐廣皆讀曰訓殷本紀百姓不親五品不馴後漢書引作訓坤初六馴致其道鄭注馴從也徐爰音訓依鄭義嫣者謹之善也說文嫣謹也讀若人不孫爲不嫣睩者亦謹之善也說文睩目睞謹也宋玉招魂蛾眉曼睩目騰光些庾者以庾爲善猶亂爲治徂爲存故爲存此皆古訓義有反覆旁通美惡不嫌同名靈

者鄘風定之方中靈雨既零箋靈善也太元交次六我有靈殽與爾殽之

嘕去馬反養娛悰在宗反佚歡醋比音鼻樂也

釋名樂樂也使人好樂之也皇侃論語義疏云悅之與樂俱是歡忻在心常等而貌迹有殊悅則心多貌少樂則心貌俱多嘕者方言文郭璞注嘕嘕歡貌養者嵇康琴賦恬養悅愈李善注引此文娛者說文女部義也鄭風出其東門聊可與娛傳娛樂也舊本娛譌為娛今訂正悰者說文心部義也漢書廣陵王音傳王自歌曰出入無悰為樂亟章

昭曰悰亦樂也謝朓遊東田詩戚戚若無悰李善注引魏文帝折楊柳行端坐若無悰駕遊博望山佚者玉篇佚豫也引書曰無教佚欲有邦爾雅釋詁豫爲樂故佚亦樂也歡者説文歡喜樂也禮檀弓啜菽飲水盡其歡通作懽孝經治章故得萬國之懽心以事其先王又通作驩孟子霸者之民驩虞如也醋者飲之樂也在各切繫詞傳可與酬酢京房本作醋説文醻主人進客也醋客酌主人也今人以醋爲倉故切非是比者雜卦傳云比樂師憂

聆桂丁反聽自言仍從也

說文从相聽也𨿅傳本作相聽許也徐鍇云言計相聽也許謂從誅也說文又云从隨行也今通作從孔子閒居氣志旣從注從順也聆者說文聆聽也玉篇引倉頡篇耳聽曰聆顏延之贈王太常詩聆龍睽九淵曹植七啟聆鳴鳳于高岡李善注引廣雅聆聽也疑攺注聽下脫從字聽者說文聽聆也易艮彖傳不拯其隨未退聽也左氏昭二十六年傳姑慈婦聽自者書湯誥王歸自克夏至于亳毛詩序南言化自北而南也鄭注自從也又召南

退食自公委蛇委蛇左氏昭五年傳羣臣懼死不敢自也杜解自為從言者洪範五事言曰從馬融注發言當使可從仍者大雅常武仍執醜虜傳仍就也說文仍因也因就與從皆義相成也

巽偎媚音隨理猷訓悌婉婚勑侖反揗循音摩順也

揮名順循也循其理也大雅皇矣克順克比左氏傳解之曰慈和徧服曰順說文順理也巛者陸德明易釋文云坤本又作巛巛今字也說卦傳坤順也續漢輿服志黃帝堯舜垂衣裳而天下治蓋取諸乾巛巽者說文顨巽也此易顨卦為長女為風者

易正義云巽若卑順之名娓者說文女部義也又云娓讀若媚故音亦然隨者說文隨从也从亦順也書禹貢隨山刊木大雅民勞無縱詭隨廣韻隨順也本此理者說文解順為理則理亦順也猷者與猶同召南小星寔命不猶小雅鼓鐘其德不猶傳並云猶若也爾雅釋言若訓順故猶亦順也訓者周頌烈文四方其訓之左氏傳引作順是訓順同也洪範是彝是訓于帝其訓馬融注是大中而常行之用是教訓于天下于天為順也古與馴通五帝本紀能明馴德徐廣曰馴古訓字索隱曰

史記馴字徐廣皆讀曰訓訓順也言聖德能順人
也悌者釋名悌弟也經典通用弟婉者說文女部
義也邶風新臺燕婉之求左氏襄二十六年傳生
佐惡而婉太子座美而很晉語午之少也婉以從
令注皆以婉為順揗循摩者說文揗撫也循摩也
摩研也皆循順之意舊本揗譌从木今訂正揗通
作循說文循行順也
閑捊揞式祖揓侚谷拱拔巨朐反又巨牛反又俱音術枲魚列反升
括鷹類棱略濼音決也
管子禁藏篇濼者天下之儀也所以決疑而明是

非也釋名法逼也莫不欲從其志逼正使有所限也說文灋刑也平之如水从水廌所以觸不直者去之从去或省作法此所釋者不止刑法凡可為常法者皆是閑者論語子張篇大德不踰閑孔安國曰閑猶法也廣韻閑法也本此桲者蒲沒切本書釋器云桲杖也所以行法之具也舊本桲譌㭳今訂正楷者苦駭切玉篇楷式也引禮記曰今世之行後世以為楷式者小雅楚茨如幾如式大雅下武下土之式楚詞天問天式從横太元少次三動藏其得人主之式注皆解式為法祖者鄉飲酒

義烹狗于東方祖陽氣之發于東方也注祖猶法也沈約宋書謝靈運傳論源其飈流所始莫不同祖風騷根者宅根切方言文郭注救傾之法說文根法也古通作堂攷工記弓人維角堂之鄭注堂讀如堂距之堂疏云堂距取其正也肖者亦方言文西楚梁益之間語也容者儀也儀亦法也玉藻足容重手容恭目容端口容止聲容靜頭容直氣容肅立容德色容莊拱者古作共居勇切書序九共篇商頌長發受小共大共馬注毛傳並云共法也栱者字當从木說文栱鑿首集韻作鉄云鑿屬

鑿亦法也術者文王世子云公族之罪雖親不犯有司正術也註訓術為法古通作述邶風日月報我不述文選注引韓詩作報我不術薛君章句術法也臬者小爾雅文說文臬射準的也攷工記匠人置槷以縣眡以景後鄭謂槷古文臬假借字於所平之地中央樹八尺之臬以縣正之眡之以其景將以正四方也井者繫詞傳井居其所而遷鄭注井法也栝者法言脩身篇其為中也宏深其為外也肅括則可以禔身矣李軌注栝法也本或作栝集韻引此文栝法也乎刮切鷹者太元經次八

唯用解隅之真解隅好直之猷可為法也類者方
言文也齊曰類荀子勸學篇羣類之紀綱也楊倞
注類法也楚詞九章吾將以為類兮王逸注宜以
我為法度太元毅次七觝羊之毅鳴不類測曰觝
羊之毅言不法也捘者廈之法也吁劵切說文捘
廈法也略者文選王命論此高祖之大略李善注
引此文

商甬音勇經長常也
此釋常行之道也商者說苑脩文篇商者常也常
者質質主天夏者大也大者文文主地故王者一

啇一夏再而復者也廣韵啇常也本此舊本啇譌商今訂正甬者說文甬艸木華甬甬然也案甬之言涌也如泉之涌出有常度也經者白虎通義經所以有五何經常也有五常之道故曰五經樂仁書義禮禮易智詩信也釋名經徑也如徑路無所不通可常用也小旻匪大猷是經莊子養生主緣督以爲經毛萇李頤並云經常也長者左思魏都賦譔周用而長務李善注引此文廣韻長常也本此

眉黎音黧傁蘇苟反艾耇長敳大到反耆音黙期頤老也

長依虎長文二

說文老考也七十曰老从人毛匕言鬚髮變白也釋名考朽也蔡邕獨斷王者父事三老老謂久也舊也壽也眉者方言文也東齊曰眉郭注眉言秀眉也豳風七月以介眉壽傳眉壽豪眉也小雅南山有臺遐不眉壽傳眉壽秀眉也梨者亦方言文也燕代之北鄙語郭注梨言面色如凍梨通作黎吳語播棄黎老韋昭注鮐背之耇稱黎老說文耇老人面凍黎若垢是也傁艾者小爾雅文方言傁父老也東齊魯衛之間凡尊老謂之傁或謂之艾孟子梁惠王篇王曰叟趙岐注叟長老之稱也猶

艾也說文叜老也或作傁左氏宣十二年傳趙傁
在後曲禮五十曰艾服官政釋名五十曰艾艾治
也治事能斷割芟刈無所疑也爾雅釋詁艾歷也
郭注長者多更歷耆者說文耆老也曲禮六十曰
耆指使釋名六十曰耆耆指也不從力役指事使
人也長者方言文釋文長久遠也久則變化耄者
廣韻耄年九十也𦓃者丁念切說文𦓃老人面如
點也讀若耿介之耿期頤者曲禮百年曰期頤注
期猶要也頤養也不知衣服食味孝子要盡其道
而已釋名百年曰期頤頤養也老昏不復知服味

善惡孝子期于盡養道而已與鄭注合

苟款音欵寔信誠也

賈誼書道術篇志操精果謂之誠說文誠信也苟者磨風采苓苟亦無信傳義也楚詞九章苟余心其端直兮注與傳同郭璞三倉解詁苟誠也款者說文欵意有所欲也或作款劉峻廣絕交論銜恩遇進款誠李善注引呂忱字抹款誠也寔者離騷羌無寔而容長廣韻寔誠也本此信者說文言部義也白虎通義信者誠也專一不移也

軫音抄奓火過反渠俱雨反慊苦檢反又居斂反又語斂反厓厲方也

此就方而釋之益有二義軫僉榘為中正之方隒
厓廉為稜角之方也軫者攷工記輈人軫之方也
以象地也楚詞九章軫石崴嵬王逸注軫方也僉
者麾域切玉篇僉方也本此榘者說文巨規巨也
或作榘从木矢矢者其中正也荀子不苟篇五寸
之矩盡天下之方也漢書律歷志矩者所以為方
器械令不失其形也隒者說文隒厓也此條隒厓
皆訓方厓者說文厓山邊也古詩十九首相去萬
餘里各在天一涯李善注引廣雅涯方也是本又
作涯厲者衛風有狐在彼淇厲與厓同意亦作礪

禮儒行云砥礪廉隅

端直鏰乃姻反危質敵公方閑諫刑政貞幹集般矢正也

說文正是也士冠禮以歲之正以月之令注正猶善也端者月令孟秋審斷決必端平呂氏春秋季夏紀口必甘味和精端容鄭康成高誘並云端正也直者魏風碩鼠爰得我直郊特牲直祭祀于主鄭氏並訓直為正說文直正見也郭注爾雅云公羊傳曰直出直猶正也荀子脩身篇是謂是非謂非曰直蜀志法正字孝直鏰者方言文郭注謂堅

正也玉篇鑈堅正也本郭注為義危者管子少者之事先生危正向師顏色無怍顏延之陶徵士誄獨正者危廣韻危不正也疑彼衍不字質者春官詛祝職以質邦國之劑信月令黑黃蒼赤莫不質良注子在宥篇而所欲問者物之質也漢書梅福傳質之先聖而不繆危之當世合時務注皆云質正也敵者詹事兄曰夫婦敵體左傳不當王非敵也或說敵古通適禮檀弓云哭之適室適室正室也公者韓非子五蠹篇倉頡之作書也自環者謂之厶背厶者謂之公呂氏春秋孟春紀昔先聖王

之治天下也必先公公則天下平矣高誘注公正也方者呂氏春秋季春紀先王之立高官也必使之方高誘注方正也顏延之夏夜呈從兄散騎車長沙詩炎天方埃鬱李善注引此文廣韻方正也本此閑若陸機日出東南隅行淑貌耀皎日惠心清且閑李善注引此文諫者地官司諫注諫猶正也以道正人行荀子臣道篇有能進言于君用則可不用則去謂之諫刑者大雅思齊刑于寡妻韓詩章句刑正也孟子梁惠王篇引此詩趙岐亦云刑正也古通作形淮南原道訓音者宮立而五音

形矣高誘注形正也政者論語顏淵篇義也鄭注
周禮司馬云政正也政所以正不正也釋名政正
也下所取正也貞者師彖傳文易彖辭乾元亨利
貞子夏傳貞正也離騷攝提貞于孟陬兮幹者鄭
注說卦離為幹卦云陽在外能幹正是幹有正義
張衡西京賦婁敬委輅幹非其議李善注引薛君
韓詩章句幹正也謂以其議非而正之集未聞殷
者堯典以殷仲春法言問道篇或問八荒之禮也
樂也孰是曰殷之以中國孔安國李軌並云殷正
也矢者法言五百篇聖人矢口而成言李軌注矢

正也

弸音冰愊碏若反輣憑㥐音勇充牣音刃㢮幅皮反逼窒丁反一塞盈

乇大反邨飽饜於反㳄餸乙反丈臆音憶溢穌音蘇豐滿也

說文滿盈溢也弸者弓之滿也說文弸弓強皃法

言君子篇君子言則成文動則成德何以也曰以

其弸中而彪外也李軌注弸滿也揚雄甘泉賦惟

弸環其拂泊兮蘇林音石墮井弸爾之弸愊者方

言饜飽也飽與滿同意此作愊字異義同憑者離

騷憑不厭乎求索王逸注憑滿也楚人名滿曰憑

涌者方言涌滿也凡以器盛而滿謂之涌郭注涌

言涌出也此作悀字異義同充者劉向九歎伊皐
之倫以充廬王逸注充滿也牣者說文牛部義也
大雅靈臺於牣魚躍司馬相如子虛賦充牣其中
不可勝紀匧者器之滿也說文匧飯器簾也或作
篋幅者方言偪滿也腹滿曰偪郭注偪言勅偪也
今作幅字異音義同窒者說文窒塞也此條窒塞
皆訓滿塞者說文作𡫳寔也引虞書曰剛而𡫳史
記𡫳作寔大雅常武王猶允塞箋守信自寔滿孔
子閒居志氣塞乎天地淮南原道訓故植之而塞
于天地鄭氏高誘皆訓爲滿本塞譌寒今訂正盈

者說文盈滿器也召南鵲巢維鳩盈之傳盈滿也乇者物之滿也序卦傳盈天地之間者唯萬物故受之以乇乇者盈也舊本乇訛毛今訂正飽者腹之滿也說文飽猒也餭餕者方言餭飽也玉篇餭飽滿也餕同上廣韻餭亦作餕是餭餕字異音義同曹分兩音非是臆者方言文郭注愊臆氣滿之也釋名臆猶抑也抑氣所塞也通作億說文作意滿也十萬曰意溢者說文溢氣滿也孝經滿而不溢所以長守富也班固兩都賦闐城溢郭穌未詳豐者說文豐豆之豐滿者也

邈逷迥𧸈離釗昭音世人以釗失為一字亂曠云極逴逷逿紆音夐吁性反超踰逴尹卓反越祖𨒪征遊音逝高宂裔遠也

說文遠遼也古文作遼爾雅釋詁遐遠也邈者漢書武帝紀觀于周室邈而無祀顏師古曰邈遠絕之意通作藐楚詞九章藐曼曼之不可量兮漢書韋賢傳既藐下臣追欲從逸應劭曰藐遠也逷者古通作逖周書牧誓逖矣西土之人大雅抑云用逷蠻方潛夫論引作逖左氏襄十四年傳豈敢離逷說文逖遠也古文作逷蔡逷遠已見爾雅釋詁此當作逖迥離者方言迥邈離也楚謂之遠吳越

曰迦郭注離謂率離也伆音例此作迦字異音義同釗者方言文燕之北郊語也曠者陸機五等論先王知帝業至重天下至曠盧諶贈劉琨詩苟非異德曠世同流李善注並引此文通作廣方言廣遠也越語廣運百里韋昭注東西為廣南北為運蓋廣即遠也云者詹事凡曰云遠聲相近通作雲爾雅釋親仍孫之子為雲孫郭注言輕遠如浮雲案陸機演連珠明其要者器淺而應玄李善注引廣雅玄遠也疑即此字形相近而譌為云耳極者爾雅釋地東至于泰遠西至于邠國南至于濮鉛

北至于祝栗謂之四極郭注皆四方極遠之國遼
者說文辵部義也楚詞九歎山脩遠其遼遼兮潘
岳河陽縣作詩誰謂晉京遠室邇身實遼遼者方
言文梁楚語也舊本遼譌遼今訂正迂者論語子
路篇子之迂也包咸注迂猶遠也史記孟軻傳迂
遠而闊于事情後漢書王龔傳其言甚迂其致甚
近敻者邶風擊鼓于嗟洵兮釋文韓詩洵作敻敻
亦遠也呂氏春秋季夏紀精氣之集也集于聖人
與為敻明高誘注敻遠也讀如詩云吁嗟敻兮超
者方言文東齊語楚詞九歌平原忽兮路超遠謝

靈運從遊京口北固應詔詩道以神理超踰者投壺篇毋踰言鄭注踰言遠談語也踰或為遙漢書陳湯傳横厲烏孫踰集都賴如淳曰踰遠也顏師古注踰讀曰遙遙者說文辵部義也通作趠趠亦遠也越者曾語越哉臧孫之為政也韋昭注越遠也迂越同訓遠祖者親莫親于父自祖而曾祖高祖則漸遠矣故祖為遠也𨑢未詳征者說文𨑒正行也或作征小雅六月王于出征是征為行之遠也遾者古通逝亦作噬唐風有杕之杜云噬肯適我高者上之遠也古詩十九首願為雙黃鵠奮翅

起高飛李善注引此文荒者地之遠也離騷將往
觀乎四荒王逸注荒遠也爾雅釋地觚竹北戶西
王母日下謂之四荒四荒猶上文言四極皆遠之
意也郭景純以為昏荒未必然矣裔者左氏昭二
年傳昔金天氏有裔子曰昧杜注裔遠也柳宗元
賀冊尊號表云漆澠普周乎八裔是裔為邊之遠
也

虞宴鎮撫慰恉慄音又齒廉反懕一占反㥶細則反窆眉筆反世人以山如
堂者寱作秘㳄字失之矣毒音毒嗼莫音又亡白反湛大減反抑倏達濫反便房連
反㿹亡彼反眯音米侎亡是反榦焉媞狄計反又之移反又上支反尼一女

反靖澹反大闞隱集息安也
說文安靜也从女在宀下釋名安宴也晏晏然和
喜無動懼也虞者周語虞于湛樂韋昭注虞安也
莊子讓王篇故許由虞于潁陽釋文虞一本作娛
宴者依字作晏說文晏安也邶風谷風宴爾新昏
傳宴安也古宴與安通堯典欽明文思安安後漢
書馮衍傳思唐虞之宴宴李賢注引尚書攷靈耀
欽明文思宴宴又第五倫傳陳寵傳注俱引攷靈
耀寬容覆載謂之宴通作燕小雅鹿鳴以燕樂嘉
賓之心傳燕安也鎮者晉語鎮定大事韋昭注鎮

安也撫者說文手部義也淮南原道訓神與化游以撫四方高誘注撫安也古有以鎮撫二字連文者左氏傳鎮撫其社稷漢書高帝紀鎮撫關外父老是也慰者邶風凱風莫慰母心小雅車舝以慰我心傳並云慰安也古亦省作尉應劭注百官表云自上安下曰尉漢書車千秋傳尉安衆庶韓安國傳猶頗可得以尉士大夫心顏師古注古尉安之字正如此其後流俗乃加心耳㤐者與怗同玉篇怗服也靜也公羊僖四年傳卒怗荆也懕者說文懕安也引詩曰懕懕夜飲爾雅釋訓懕懕安也

方言作厭安也陸機辨亡論洪規遠略固不厭夫區區者也李善注引方言作厭是猒厭懕古字通用㥶者方言文彼作塞字異音義同宓者說文宀部義也通作密大雅公劉止旅乃密傳密安也毒者師彖傳以此毒天下而民從之嗼者說文嗼啾嗼也楚詞哀時命聊竄端而匿迹兮嗼寂嘿而無聲湛者方言文郭注湛然安皃抑者亦方言文墨子親士篇三子之能達成功于天下也皆于其國抑而大醜也察抑而大醜即安其大衆也佚者說文人部義也讀若誒或作佚荀子仲尼篇佚然見

管仲之能足以託國也楊倞注佼安也安然不疑也便者亦說文人部義也墨子天志中篇百姓皆得煖衣飽食便寧無憂楚詞大招恣所便只王逸注便安也寱者寢之安也說文寱孰寐也讀若悸眯者與彌烖兵之彌同故亦為安史記晉世家亦眯明左氏作提彌明秦本紀鄭高渠眯左氏傳作高渠彌是也舊本眯譌从目字書所無今訂正保者春官小祝彌烖兵注彌讀曰敉敉安也玉篇引周禮彌作保保又通作弭楚詞夕弭節于北渚王逸注弭安也斡者周書多士爾厥有斡有年于茲

洛王肅注汝其有安事有長久年于此洛蓋安榦聲相轉以聲為義也焉者王風伯兮焉得諼草說文引作安得藼艸是焉安音義同薛綜西京賦注安焉也媞者爾雅釋訓媞媞安也孫炎曰媞媞行步之安也郭璞曰好人安詳之容通作提魏風葛屨好人提提傳提提安諦也楚詞章句引作好人媞媞又通作折檀弓吉事欲其折折爾注折折安舒皃引詩好人提提釋文折大兮反尼者爾雅釋詁尼定也定亦安也靖者商書盤庚則惟汝衆自作弗靖馬融注靖安也周頌昊天有成命肆其靖

之箋以靖爲和安澹者賈誼服鳥賦澹乎若深淵之靚顏師古注澹安也通作憺說文憺安也楚詞九歌蹇將憺兮壽宮王逸注憺安也揚雄長楊賦海內憺然隱者左氏成二年傳韓厥俛定其右杜注右被射仆車中故俯安隱之莊子應帝王篇其臥徐徐司馬彪云徐徐安隱貌案今俗別作穩非也集者小雅鴇羽集于苞栩傳集止也止與安同義廣韻集安也本此息者召南殷其靁莫或遑息唐風葛生誰與獨息傳並云息止也止與安義稍成也○集韻引廣雅倂安也今無此文疑涉下而

誤耳

賓陳佾⿰言逸布并（步伶反）羅列也

說文列分解也是言分之有行列也賓者楚詞天問啟棘賓商王逸注賓列也陸倕石闕銘前賓四會陳者釋名陳堂塗也主賓主相迎陳列之處也楚詞九歌陳竽瑟兮浩倡王逸注陳列也又與敶通說文敶列也佾者舞之列也古用溢漢書郊祀志千童羅舞成八溢顏師古注溢與佾同布者書康王之誥諸侯入應門右皆布乘黃朱傳皆陳四黃馬朱鬣以為庭寔聘禮云管人布幕于寢門外

左氏昭十六年傳僑若獻玉不知所成敢私布之杜注布陳也此條布陳皆訓列併者事之列也說文併竝也羅者方言羅謂之離離謂之羅郭注皆行列物也

昶（丑大反）達聖明泰嵩疏亯（呼行反）徹通也

說文通達也釋名通洞也無所不貫洞也昶者陸機五等論譬猶衆目則天網自昶嵇康琴賦固以和昶而足耽矣李善注並引此文玉篇昶通也本此達者釋名達徹也周書顧命克達殷集大命熹平石經達作通周頌載芟驛驛其達箋達出地也

棨出地亦通徹之意聖者說文耳部義也洪範睿
作聖傳于無事不通之謂聖應劭風俗通義聖者
聲也聞聲知情故曰聖也是聖為耳之通也明者
目之通也說文明照也明無不照故無不通也廣
韻明通也本此泰者序卦傳義也乾鑿度孔子曰
泰者天地交通陰陽用事長養萬物也菩者袿進
士馥曰通作毒說文毒害人之屮往往而生从屮
毒聲古文从刀蔔棨屮讀若徹徐鉉曰丨上下通
也象屮木萌芽通徹地上也徐鍇本古文本从竹
故繫傳云南方竹亦有毒者馥謂刀蔔當為刀蔔

从畗部⿱⺮畗字⿱⺮畗毒並訓厚音義皆同疏者說文云
部義也張協七命內無疏蹊外無漏迹高者經典
相承作亨乾彖詞元亨利貞子夏傳亨通也大有
九三公用享于天子王弼釋亨為通左氏昭四年
傳是以先王務脩德音以亨神人杜注亨通也徹
者說文支部義也莊子外物篇目徹為明耳徹為
聰鼻徹為羶口徹為甘心徹為知知徹為德
虔畏賓齋亟憝稟力甚音懍反浚三閏反悛此緣反誠信高尊
敬也
賈誼書道術篇接遇肅正謂之敬反敬為嫚說文

敬肅也釋名敬警也恒自警肅也大雅常武既敬既戒箋敬之言警也晉語臼季曰夫敬德之恪也恪于德以臨事其何不濟虔者左氏成十六年傳虔卜于先君注虔敬也魯語少采夕月與太史司載糾虔天刑畏者服之敬也鄭注曲禮云心服曰畏曾西曰吾先子之所畏賓者說文賓所敬也地官鄉大夫以禮禮賓之先鄭注賓敬也左氏僖三十三年傳相敬如賓齋者中庸齋莊中正足以有敬也亟者亟敬聲之轉字當為茍說文茍自急敕也己力切方言自關而西秦晉之間凡相敬愛謂

之亟憼者說文心部義也懔浚者懔亦作禀方言禀浚敬也秦晉之間曰禀齊曰浚吴楚之間自敬曰禀禀又通作廪漢書循吏傳此廪廪庶幾德讓君子之遺風矣顏師古注廪廪言風采也悛者且泉切玉篇悛敬兒本此誠者商書太甲鬼神無常享享于克誠信者左氏僖七年傳守命共時之謂信高者繫詞傳崇高莫大乎富貴言人所敬也尊者曲禮夫禮者自卑而尊人雖負販者必有尊也孟子天下有達尊三爵一齒一德一是也

拌普千反又伴音撽苦孝反又苦交反捐音沿振覂甫奉反又方犯反投委揹

緣反

藻棄也

說文棄捐也从廾推華棄之从𠫓𠫓逆子也孝經曰五刑之屬三千罪莫大于不孝如淳曰焚如死如棄如者謂不孝子也不畜于父母不容于朋友故燒殺棄之周禮秋官掌戮凡殺其親者焚之故鄭氏謂焚如殺其親之刑刑人之喪不居兆域不序昭穆故燒殺棄之不入于兆也此倉頡制字之義也拚撽者方言拚棄也凡揮棄物楚謂之拚或謂之敲郭注今汝穎間語亦然說文敲橫擿也擿亦棄也撽敲字異音義同捐者說文手部義也曹

植三良詩誰言捐軀易殺賊誠獨難振者曲禮振書端書于君前有誅孔疏振拂去塵也臣不豫慎將文書薄領于君前臨時乃拂整也覂者漢書食貨志大命將泛顏師古注泛本作覂投者方言凡揮棄物淮汝之間謂之投左氏文十八年傳投諸四裔杜注投棄也曲禮無投與狗骨孔疏投致也棄其骨與犬也楚詞天問投之於水上鳥何燠之王逸注投棄也委者孟子天時篇委而去之離騷委厥美以從俗兮王逸注委棄也撱者他果切玉篇撱俗云落

抗（口反）𢏖弙（於娛反，又口孤反）憮（呼音）磔（竹厄反）彀（古侯反）彍（廓音又郭音）

披攎（丑于反）遫（丑力反）瞋（嗔音）張也

上文張大也說文張施弓弦也此所釋者凡為張大之義不止弓弦也抗者說文抗或从木是杭即抗也攷工記梓人毋或若如不寧侯不屬于王所故抗而射女注抗張也弙者弓之張也說文弙滿弓有所鄉也玉篇弙張也本此憮者張大之意漢書張敞傳為婦畫眉長安中傳張京兆眉憮應劭曰憮大也孟康曰音詡北方人謂媚好為詡畜磔者莊子盜跖篇無異于磔犬流豕釋文引此文漢

書景帝紀攺磔曰棄市顏師古注磔謂張其尸也揚雄長楊賦磔裂屬國李善注亦引此文詹事凡曰磔張聲相近彀者弩之張也說文彀張弓也小雅行葦引說文張弓曰彀彍者說文彍弩滿也讀若郭淮南兵略訓疾若彍弩字或作彍漢書吾丘壽王傳十賊彍弩百吏不敢前張晏曰彍音郭顏師古注引滿曰彍披者說文以旁持曰披詹事凡曰披亦有分張之意按披疑振之譌漢書王莽傳莽休沐出振車騎顏師古注振張起也攎邀者方言文王篇攎張也本此舊本攎譌為攄今訂正䐜

眷目之張也說文瞋張目也史記張耳傳將軍瞋目張膽淮南人間訓使狐瞋目植覩見必殺之勢雉亦知驚憚遠飛以避其怒矣

躔（直然反）歷逝去趨（七于反）徥（直䏶反又仕旨二音）流步遵遳（魚華反）蹠（只石反）遂般從逯（音鹿）轉隨巡充畧將進由駕帶貫䟺（示亦反）逭（乎館反尚書曰逭逃也）遺䪫踚（倫音方言為藥）遡吉行也

說文行人之步趨也釋名兩腳進曰行行抗也抗足而前也躔歷者方言躔歷行也日運為躔月運為逡郭注運循行也說文躔踐也歷過也漢書律歷志舉終以定朔望分至躔離弦望左思吳都賦

未知英雄之所踁逝者說文逝往也玉篇逝去也往去皆行也去者說文去人相違也玉篇去行也本此趨者釋名疾行曰、趨趨赴也赴所至也爾雅釋宮堂上謂之行堂下謂之步門外謂之趨曲禮帷薄之外不趨堂上不趨注行而張足曰趨玉藻趨以采齊注路門之樂節至應門謂之趨偍者方言偍用行也朝鮮洌水之間或曰偍說文偍偍行貌通作偍荀子脩身篇難進曰偍又通作媞爾雅釋訓媞媞安也孫炎曰媞媞行步之安也流者說文流水行也今文尚書泰誓有火自上復于下至于王屋流之為鵰王肅注流行也鄒陽上書吳王轉粟流輸千里不絕李善注引鄭注禮記云流猶行也步者淮南人間訓走者人之所以為疾也步者人之所以為遲也釋名徐行曰步步捕也如有所伺捕務安詳也周書召誥王朝步自周則至于豐詩疏引鄭注步行也堂下謂之步豐鎬異邑而言步者告武王之廟即行出廟入廟不以遠為文恭也少儀未步爵不嘗羞吳語以安步王志鄭氏韋昭並解步為行皇侃論語義疏凡人一舉足為跬跬三尺也兩舉足為步步六尺也遵遂者方言

文郭注遵遠行皃說文遵循也蹠者淮南說林訓蹠越者或以舟或以車雖異路所極一也遂者晉語夫二國士之所圖無不遂也韋昭注遂行也般者司馬相如子虛賦般乎裔裔郭璞曰羣行皃或說般當為服左氏昭八年傳康叔所以服宏大也注訓服為行從者說文從隨行也阮瑀為曹公作書與孫權云更無從事又引廣雅從行也逯者方言文說文逯行謹逯逯也轉者說文轉運也離騷路不周以左轉兮王逸注轉行也隨者說文隨从也此條從隨同訓行義相成也巡者說文巡視行

也左氏襄三十一年傳憂樂同之事則巡之杜注巡行也晉語臣從君還軫巡于天下太元攡云天日錯行陰陽更巡潘岳射雉賦巡丘陵以經略兮韋昭徐爰等皆訓巡為行巡通作徇爾雅釋文引張博士字詁云徇今巡字徇說文作𢓜云行示也周詩乃命其旅曰徇韋昭注徇行也漢書高祖紀二世使使斬之以徇顏師古注徇行示也司馬法曰斬以徇言使人將行徧示衆士以為戒充者玉篇充行也本此略者左氏隱五年傳吾將略地焉注謂總攝巡行之事又宣十一年傳略基址注略

行也小顏漢書注凡言畧地者皆謂行而取之用功力少將者鄭風丰云悔予不將兮周語未將事毛傳韋注並解將為行孟子以君命將之趙岐注將者行也始以君命行禮墨子節用篇古者聖王為大川廣谷之不可濟于是利為舟楫足以將之進者釋名進引也引而前也由者曹植雜詩將騁萬里塗東路安足由說文作𨓜行𨓜徑也玉篇𨓜疾行也駕者說文駕馬在軛中行之象也帶者方言文郭注帶隨人行也貫者古亂切玉篇貫行也本此射者楚詞天問皆歸射鞠而無害厥躬王逸

注躬行也逭遀者方言逭遀步也緇衣篇不可以逭注逭迸也蹡者方言文郭注音跳蹡之蹡廣韻蹡出走也與躍同舊本蹡譌蹌曹音亦誤倫今据方言訂正遡者亦方言文說文逆流而上曰泝洄泝向也水欲下違之而上也或作遡吉者字當為趌說文趌趨怒走也

齡

齡稔棋朞年也

爾雅釋天夏曰歲商曰祀周曰年唐虞曰載說文年穀熟也春秋傳大有年鄭注禮文王世子云年天氣也張守節引孫炎說年取年穀一熟齡者文

王世子云夢帝與我九齡陸德明作聆云本亦作齡後漢書田巴報馮衍書百齡之期未有能至王粲從軍詩昔人從公旦一征輒三齡齒者釋名齒始也少長别始乎此也以齒食多者長也食少者幼也文王世子云古者謂年齡齒亦齡也左氏昭元年傳使后子與子干齒杜注以年齒高下而坐稔者說文稔穀孰也左氏昭元年傳鮮不五稔王充曰王者有過異見于國不改災見艸木不改災至身若年穀和孰不至及身而亡故曰鮮不五稔祺者說文祺復其時也引虞書祺三百有六旬令

廣雅疏義卷一

堯典作朞通作基士虞禮朞而小祥注古文朞皆
基堯母碑朞亦作基○案左太沖雜詩注引歲年
也今無此文孫侍御說

罡

㱚死二反又資利反⿰歹羸羅外反又力臥反賫財賜反⿰歹列音例殙音昏殟音溫殜
音枼殗於業反疞音吁疥音介疫音役梗卬巨恭反腄女乙反⿰歹危⿰歹委委媚
反又于為反病符命反又補命反⿰羊叕九劣反又若悅反痵揆季反⿸疒酋音猶又夷狩反
瘿于楚反⿸疒朱音曹疝所閒反齲區禹反⿸疒市反己反醫古內反瘍音亦癇
音閒痳音林⿸疒虎音斯⿸疒妻於危反瘚巨月反又厥音痔音時瘀于去反⿸疒樂始藥反又
以灼反疓女駭反又而亥反疴音阿疕尼入反痟音消⿸疒烏於發反又渴音⿸广干居滿
切庖白教反⿸疒丸音丸瘤音留痒音羊鼽音求痰勑鎮反今疢字疰音注⿸疒長病

也

釋名疾病者客氣中人急疾也病並也並與正氣在膚體中也說文疾病也病疾加也鄭注論語云疾甚曰病又曰病疾益困也㱦者說文戰見血曰傷或為惛死而復生為㱦㱻者說文㱻畜產疫病也左氏桓六年傳謂其不疾瘯蠡也㱻蠡字異音義同殨者玉篇殨病也本此通作潰呂氏春秋孟春紀仲父之病矣潰甚高誘注病困也潰亦病也引公羊傳大青者何大潰也𣧑者玉篇𣧑病也本此通作㾐春秋莊二十年夏齊大災公羊傳大災

者何大瘠也大瘠者何痾也何休注痾者民疾疫也𣧑痾同瞀者亂之病也說文瞀瞀也殟者傷寒論所云溫病也殟溫古字通殜殗者方言殗殜微也宋衛之間曰殗自關而西秦晉之間凡病而不甚曰殗殜郭注病半臥半起也殗或作殟殜或作殜廣韻殗殜不動皃疛者玉篇疛病也本此疥者說文疥搔也禮記釋文引曰疥搔瘍也釋名疥齘也癢搔之齒類齘也天官疾醫夏時有痒疥疾疫者說文疫民皆病也梗者大雅桑柔誰生厲階至今為梗卭者小雅巧言匪其止共維王之卭箋卭

病也腲⿰歹宛竝未詳⿰歹委者說文歹部義也通作痿病者說文寎臥驚病也⿸疒叕者玉篇⿸疒叕病也本此痵者說文痵氣不定也玉篇痵心動也亦作悸⿸疒酒者玉篇⿸疒酒病也本此癭者頸之病也說文癭頸瘤也玉篇癭頸腫也釋名癭嬰也在頸嬰喉也⿸疒朱者字書無此字攷玉篇⿸疒犬直高切⿸疒犬疾也疑即此字疝者說文疝腹痛也釋文陰腫曰隤氣下隤也又曰疝亦言詵也詵詵然引小腹急痛也又曰心痛曰疝疝詵也氣詵詵然上而痛也史記倉公傳臣意胗之曰湧疝也又云脉來難者疝氣之客于膀胱也

齵者說文稱齒蟲也或作齲史記倉公傳齊中大夫病齲齒釋名齲朽也蟲齧之齒缺朽也痳者北里切說文痳瘕也醫者玉篇醫腰痛也集韻醫病也居代切本此瘍者說文瘍脈瘍也玉篇瘍脈病人病相染也舊本曹音亦誤然今訂正癇者說文疒部義也玉篇癇小兒瘨病後漢書王符傳貴忠篇嬰兒常病傷于飽也哺乳多則生癇病今本潛夫論哺乳太多則必掣縱而生癇痳者說文痳疝病也釋名痳懍也小便難懍懍然也瘧者思移切玉篇瘧痿瘧也痿者素問痿論大經空虛發為飢

痺傳為脉痿史記韓王信傳僕之思歸如痿人不忘起說文痿痺也玉篇痿不能行也痺溼病也瘚者素問瘚論黃帝問瘚之寒熱者何也岐伯對曰陽氣衰于下則為寒瘚陰氣衰于下則為熱瘚王砯注瘚謂氣逆上也釋名瘚逆氣從下瘚起上行入心脇也痔者說文痔後病也釋名痔食也蟲食之也素問生氣通天論因而飽食筋脉橫解腸澼為痔南山經禱過之山浪水出焉其中有虎蛟食者可以已痔瘀者說文瘀漬血也楚詞九辨形銷鑠而瘀傷王逸注身體焦枯被病久也瘵者說文

𤻲治也或作療陳風衡門泌之洋洋可以樂飢鄭本作𤻲箋云泌水之流洋洋然飢者見之可飲以𤻲飢天官瘍醫凡療瘍注止病曰療左氏襄二十六年傳不可救療杜注療治也方言療治也衆經音義引蒼頡篇療治病也疬者玉篇疬病也本此痾者說文疒部義也玉篇痾同痾漢書五行志及人謂之痾痾病皃言寖深也又云言之不從時則有口舌之痾文選注引高彪與馬融書公令養痾傲士疷者玉篇疷瘔病也痟者說文痟酸痟頭痛天官疾醫春時有痟首疾注痟酸削也首疾頭痛也

玉篇痟渴病也釋名消㵋㵋渴也腎氣不周于胸胃中津液消渴故欲得水也𤸷者玉篇瘍中熱也亦作暍說文暍傷暑也漢書武帝紀元封四年夏大旱民多暍死顏師古注中熱而死也淮南俶真訓暍者望冷風于秋皯者古旱切說文皯面黑氣列子黃帝篇燋然飢色皯黣皰者說文皰面生氣也淮南說林訓潰小皰而發痤疽高誘注皰面氣也皯者玉篇皯病也本此瘤者釋名瘤流也血流聚所生瘤腫也說文瘤腫也玉篇瘤瘜肉也衆經音義引蒼頡篇瘤小腫也痒者說文痒瘍也玉篇

癢與痒同鼽者說文鼽病寒鼻窒也月令季秋行夏令民多鼽嚏呂覽民多鼽窒高誘注鼽讀為仇怨之仇釋名鼻塞曰鼽鼽久也涕久不通遂至窒塞也疢者釋文疢熱病也小雅小弁疢如疾首箋疢猶病也釋文本又作疹同左氏襄二十三年傳季孫之愛我美疢也疰者釋名注病一人死一人得復氣相灌注也疰注字異義同瘬者知醆切說文瘨腹脹與瘬同顏師古注急就篇注瘬四體强急難用屈申也古通用張左氏成十年傳晉侯將食張如廁呂氏春秋季春紀鬱處腹則為張為府

集韻引廣雅瘓瘲病也今無此文

痂音加 瘃陟録反 疥 瘙蘇刀反 ⿸疒帝丁世反 瘍音陽 癬四淺反 ⿸疒喿三到反

⿸疒閻音鹽 傷 瘚苦夬反又工決反 胗音軫 痦普廻反 ⿸疒馬馬嫁反 創初良反 也

釋名創戕也戕毀體使傷也說文刅傷也或作創

玉篇瘡痍也古作創痂者古瑕切說文痂疥也繫

傳作乾瘍也玉篇痂瘡疥也瘃者說文瘃中寒腫

覈漢書趙充國傳將軍士寒手足皸瘃文穎曰皸

坼裂也瘃寒創也疥者上文以疥為病此又析言

之以為創之病也瘙者先到切玉篇瘙疥瘙也⿸疒帝

者玉篇⿸疒帝牛頭瘡也瘍者說文瘍頭創也曲禮頭

廣雅疏證卷一

有創則沐身有瘍則浴鄭注醫師職云身傷曰瘍癬者說文癬乾瘍也釋名癬徙也浸淫移徙處日廣也故青徐謂癬為徙也史記越世家吳有越腹心之疾齊與吳疥瘕也索隱云疥瘕音介𣅀是瘕與癬同也瘵者玉篇瘵與瘙同𤺋者弋廉切玉篇𤺋瘡也本此傷者說文人部義也瘥者玉篇瘥羊蹄間瘥疾也胗者章忍切　玉篇胗脣瘍也釋名胗展也瘥搔之提展起也痞者玉篇痞瘡也本此𤻅者說文𤻅蝕創玉篇𤻅牛馬病又目病一曰惡氣著

𡚻𩐢蜀壹弌也

說文一古文作弌𡚻者玉篇𡚻一也本此今通作来蜀者方言一蜀也南楚謂之蜀郭注蜀猶獨耳爾雅釋山獨者蜀郭注蜀亦孤獨壹者說文壹專壹也詩都人士民德歸壹鄭注壹者專也表記節以壹惠注壹獨為一士冠禮壹揖壹讓注古文壹皆作一是壹一字異音義同

高畐音嚮庠將牧㱿頤䛊陶畜旅充養也

說文養供養也古文作𢽾高者爾雅釋詁崇高也充也說文充高也下文充為養則高亦養也畐者

說文高獻也从高省曰象進孰物形今經典相承作享小雅天保吉蠲為饎是用孝享左氏成十二年傳享以訓恭儉宴以示慈惠庠者說文庠禮官養老夏曰校殷曰庠周曰序孟子滕文公篇庠者養也舊本庠譌痒今訂正將者小雅四牡不遑將父呂氏春秋季夏紀將之以神氣百節虞歡毛傳高注並云將養也墨子尚賢中篇內有以食飢息勞將養其萬民牧者方言牧飤也郭注謂牧飤牛馬也說文牧養牛人也小雅無羊云牧人乃夢穀者小雅小弁民莫不穀箋穀養也戰國策求百姓

之飢岕者收穀之頤陶者方言台陶養也晉衛燕魏曰台秦或曰陶郭注台猶頤也音怡台頤古通用萗頤養已見爾雅釋詁此當從方言作台畜者釋名引孝經說孝畜也畜養也邶風日月畜我不卒楚詞大招孔雀盈園畜鸞皇只鄭箋王注並訓畜為養通作蓄晉語蓄力一紀可以遠矣韋昭注蓄養也旅未聞充者方言文地官充人注充猶肥也養繫牲而肥之

蘊崇委一偽反冣在遇反畜龍茨材反咨壘力反水積在又茲子私反
反寢子反鴆殖搢目反熟秭補諮履父反反又穗丁垂禾反反又貯積

子賜反又子亦反也
說文積聚也月令仲秋命有司趣民收斂多積聚𥁃
者方言文也說文𥁃積也引春秋傳曰𥁃利生孽
崇者大雅鳧鷖福祿來崇傳崇重也廣韻崇聚也
皆積之意也𥁃崇二字經典亦連言之左氏隱六
年傳芟夷縕崇之杜注崇聚也方言縕崇也𥁃縕
義同委者地官遺人掌邦之委積注委積者廪人
倉人計九穀之數足國用以其餘共之少曰委多
曰積公羊傳君子之為國也必有三年之委束晳
補亡詩穡我王委充我民食廣韻委積也本此取

者說文门部義也嗇者方言文郭注嗇者貪故有積蓄嗇通作穡周書洪範土爰稼穡王肅曰種之曰稼斂之曰穡小雅信南山曾孫之穡箋斂稅曰嗇書正義穡惜也言聚蓄之可惜也古亦省作嗇石經魯詩殘碑不稼不嗇特牲饋食禮主人主寫嗇于房注嗇者農之成功少牢饋食禮宰夫以籩受嗇黍注收斂曰嗇字皆省禾茨者說文茨以茅葦蓋屋注小雅甫田如茨如梁傳茨積也壘者土之積也說文壘軍壁也張載七哀詩兆邱何壘壘稽者禾之積也說文稽積禾也引詩曰稽之秩秩

兮今周頌良耜作穡之栗栗是穡穡同也寖者水之積也與浸通夏官職方揚州其浸五湖注浸可以爲陂灌溉者莊子逍遥游大浸稽天殖者貨之積也列子楊朱篇原憲窶于魯子貢殖于衛原憲之窶損身子貢之殖累身揲者蓍之積也說文揲閱持也易繫詞傳揲之以四以象四時秭者數之積也周頌豐年萬億及秭傳數萬至萬曰億數億至億曰秭孔疏云定本集注皆云數億至萬曰秭今按說文數億至萬曰秭秭則定本是也梐者玉篇梐小積也貯者直呂切說文貝部義也公羊僖三

年傳無貯粟漢書食貨志積貯者天下之大命通作著史記貨殖傳積著之理

憖憯翳㥄欺羊反又九力反憮音武㤿於撿反又于劍反欽年震愛也

大雅烝民愛莫助之傳愛隱也箋愛惜也說文㤅惠也古文作㤅今經典相承作愛㤅者說文云痛也以痛為愛猶今人以疼我為愛我也憯者孫侍御志祖曰徐北溟云曹子建贈丁儀詩注引憯愛也此憯字即惜字之悞徐名鯤蕭山人翳者方言翳薆也薆愛古字通用㥄者方言亟愛也東齊海岱之閒曰亟自關而西秦晉之閒凡相敬愛謂之

廣雅疏證一

巨六

亟㥛亟字異義同憮俺者方言憮俺愛也宋衛邠
陶之間或曰憮或曰俺又云憮俺愛也韓鄭曰憮
晋衛曰俺爾雅釋訓矜憐憮俺之也鄭注憮俺猶
憮拍謂慰恤也憮俺撫掩字異義同款者說文款
意有所欲也謝靈運還舊園作見顔范二中書詩
曾是反昔園語往寔款然牟者方言文宋魯之間
語通作侔玉篇侔貪愛也荀子榮辱篇侔侔然惟利
飲食之見楊倞注侔侔愛欲之皃震者古與振通
周南螽斯宜爾子孫振振兮傳振振仁厚也是震
有仁愛之意故震亦為愛

悽音淒憮矜悼憐㥯音隱哀也

釋名哀愛也愛乃思念也說文哀閔也方言悽憮矜悼憐哀也齊魯之間曰矜陳楚之間曰悼趙魏燕代之間曰悽自楚之北郊曰憮秦晉之間或曰矜或曰悼郭注悽亦憐耳按悽憐聲相轉矜古通用小雅鴻鴈爰及矜人傳矜憐也曲禮七年曰悼注悼憐愛也嵇康養生論世皆知笑悼李善注悼哀也笑其不善養生而又哀其促齡也憐者又說文心部義也㥯者古隱字趙岐孟子注隱痛也痛即哀耳

龕岑資敓徒活反采掇知力反又反丁活反搴九件反摭之亦反芼亡報
反集摡許既反扱初洽反有撤抗烏葦反摘陟革反府擥力其反又
力敢反索所白反撈牢音又力幺反撟几小反又几消反穌賴攎仄加反操
力刀反撩力幺反探天含反抯莊加反又子洽反收斂捕音步汲九及反
有撤音徹挻式延反又丑延反摻所減反銛他典反抍之丞反收攟舉蘊
反揜窃畧剝勦勅交反又初教反撏才含反捊皮候反取也
說文取捕取也史記魯仲連傳為人排難解紛而
無取也龕者法言重黎篇或問義帝初矯劉龕南
陽李執曰劉高祖龕取也司馬光注龕與戡同沈
約安陸王碑龕世拯亂之情王儉褚淵碑龕亂寕

民之德察僉亂猶商書言取亂侮亡也李善注並引此文岑者疑當為涔集韻涔與罧同積柴水中以聚魚又作槮注云積柴水中以取魚資者小爾雅文易曰萬物資始釋文鄭注資取也孝經資于事父孟子居之安則資之深越語大夫種曰賈人夏則資皮冬則資絺旱則資舟水則資車以待乏也孔趙韋並釋資為取敓者釋文敓彊取也引周書曰敓攘矯虔今呂刑作奪攘古字通采者說文采捋取也周南芣苢薄言采之傳采取也掇者說文掇拾取也芣苢薄言掇之傳掇拾也淮南說林

說兕虎在于侯隨侯之珠在于前弗及掇者先避
患而後就利桓寬鹽鐵論感洪水身親其勞簪墮
不掇挂冠不顧搴者楚詞九歌搴芙蓉兮木末王
逸注搴手取也史記叔孫通傳故先言斬將搴旗
之士索隱引方言南方取物為搴亦作攓方言攓
取也南楚曰攓又作摙說文摙拔取也引楚詞朝
摙批之木蘭兮本離騷作搴爾雅釋言芼摙也孫
炎曰皆擇菜郭璞曰拔取菜也摭者方言摭取也
陳宋之間曰摭說文拓拾也或作摭禮器云有順
而摭也孔疏摭猶拾取也法言問明篇摭我華而

不食我寘張衡思元賦擥若華而躊躇芼者周南
關雎左右芼之傳芼擇也廣韻芼謂拔取菜也芼
以蘋蘩為藻集者廣韻集聚也聚與取義相成也
摡者字當作塈召南摽有梅頃筐塈之傳塈取也
箋謂夏已晚頃筐取之于地玉篇引詩作摡益俗
寫以土著左邊譌手旁耳扱者說文扱收也又云
趿進足有所擷取也是扱趿同曲禮以箕自向而
扱之注扱讀曰吸廣韻扱取也本此有者芣苢薄
言有之傳有藏之也是有為取而藏之撤者通作
徹豳風鴟鴞徹彼桑土傳徹剝也是撤為剝而取

之也扼者說文搹把也或作扼喪服傳苴絰大搹左本在下注盈手曰搹搹扼也中人之扼圍九寸士喪禮絰苴大鬲注鬲搤也中人之搤圍九寸是搹或省作鬲摘者說文摘拓果樹實也一曰指近之也府者取而聚之也淮南說林訓過府而負手者希不有盜心玉篇府取也本此攬者與擥同說文擥撮持也玉篇擥手擥取也亦作攬離騷夕攬洲之宿莽王逸注攬采也洪興祖補注攬取也𡨦者方言文自關而西語說文𡨦入家搜也通作索離騷瓊茅以筳篿兮撈者方言文郭注謂鉤撈也撟

者說文撟舉手也自關以西凡取物之上者為撟捎舊本曹音二几字俱譌几今訂正穌者素㳒切說文穌把取禾若也通作蘇離騷蘇糞壤以充幃兮王逸注蘇取也⿰犭頁者方言文太元達次七達于砭割前亡後賴攎者方言攎取也南楚之閒凡取物溝泥中或謂之攎釋名攎叉也五指俱往也摷者張衡西京賦摷鯤鮞殄水族薛綜注摷殄言盡取之撩者玉篇撩手取物探者說文探遠取之也繫詞傳探賾索隱穀梁隱元年傳已探先君之邪志列子天瑞篇手目所及無不探也衆探取已見爾

雅釋詁此疑有誤也抯者方言文南楚之間凡取物溝泥中謂之抯說文抯挹也讀若樝棃之樝收者小爾雅收斂也說文收捕也左氏襄二十七年傳何以恤我我其收之斂者說文斂收也捕者說文手部義也漢書灌夫傳遣吏分曹逐捕揣者說文揣攝取也張衡西京賦揣飛鼯薛綜注揣捎取之也李善音大結切扱者說文扱引水于井也廣韻扱取也本此有撤二字重出案此撤字有音而上文無音疑此處是而上文衍也挻者方言文楚部或謂之挻老子挻埴以為器掺者鄭風遵大路

摻執子之袪兮傳摻擥也鈷者方言文郭注謂挑取物越岐注孟子以言鈷之云鈷取也孫奭音義丁云字書及諸書並無此鈷字其字从金拚者玉篇拚音蒸又上聲撜拯同聲類云承古拚字明夷六二爻詞拚馬壯吉子夏傳拚取也王肅云拚拔也收重出𢹬者說文𢹬拾也方言𢹬取也郭注𢹬古捃字魯語收𢹬而烝韋昭注𢹬拾也史記十二諸侯年表各往往捃摭謂拾取之馮衍顯志賦捃桓文之譎功掩者方言文自關而東曰掩漢書貨殖傳又況掘冢博掩犯姦成富顔師古注掩謂掩

搫取人物也通作捹說文捹自關以東謂取曰捹司馬相如子虛賦捹翡翠上林賦捹焦朋竊者說文盜自中出曰竊尚書微子攘取神祇之犧牷牲畧者方言文于道曰略略強取也左氏成十二年傳略其武夫以為己腹心股肱爪牙杜注畧襄四年傳匠慶請木季孫曰略注不以道取曰略齊語犧牲不略則牛羊遂韋昭注略奪也剝者夏小正八月剝棗剝也者取也勦者曲禮毋勦說注勦猶擥也謂取人之說以為勦說舊本勦譌剿今訂正撏者方言文魯衛楊徐荆衡之間曰撏玉篇撏取

也捋者說文捋引取也謙象傳君子以裒多益寡
鄭荀虞董蜀才並作捋多益寡云取也裒字說文
所無石經作裦裦从衣从釆釆與孚同故或作捋
或作裦也
殢殔出反熾困戁苦計反殃音桂殀他計反殈音覺殔音皙又三歷反殙音昏
殟母溫反冎五達反亢乎郎反疲羸力追反券去願反御巨暑反又去逆反
欸烏嫁反窮乎終憊皮怪反極也
爾雅釋詁盡至也齊風南山曷又極止傳用釋詁
殢者困之極也大計天計二切玉篇殢極困也說
文作蔥盡也殔者倦之盡也方言瘃倦也郭注今

廣雅疏義卷一

江東呼極為𣨻外傳曰余病𣨻矣又云𤸃極也郭注江東呼極為𤸃倦聲之轉也案外傳者晉語彼𣨻作喙通用字也韋注喙短氣皃玉篇𣨻困極也或作𤸃困者境之極也其字从木在口中困壼之象也𢢽者說文𢢽備也通作罄郭注爾雅云今江東呼厭極為罄今監本爾雅作為罄誤唯永樂大典載陸佃爾雅新義所引郭注不誤𣧑殀者玉篇𣧑殀𣧑也殀殀喘也殀殀困極也舊本𣧑譌砄𣧑譌炔今並訂正𣩘𣨙者玉篇𣩘𣨙欲死皃殙者說文殙瞀也殟者上文訓為病此又為病之壼廣其

義以曉人也冋者玉篇冋辟也亢者高之極也乾上九亢龍有悔子夏傳亢極也文言傳亢龍有悔與時偕極惠棟曰蔡邕月令章句極者至而還之詞陽道窮剛反為弱即與時偕極之義也亢當音苦浪反曹音呼郎反非也通作抗馬融長笛賦蓋滯抗絕李善注引子夏喪服傳抗極也疲者倦之極也說文疲勞也通作罷玉篇罷極也羸者瘠之極也說文羸瘦也券者勞之極也說文券勞也又云倦罷也攷工記輈人終日馳騁而不倦注故書倦或作券後鄭云券今倦字也論語居之無倦釋

文倦亦劵後漢涼州刺史魏君碑施舍不劵是劵與倦同通作惓淮南人間訓是由病者已惓而索良醫也雖有扁鵲俞跗之巧猶不能生也御疲之極也史記子虛賦徼谻受屈集解谻音劇駰按郭璞曰谻疲極也言獸有倦遊者則徼而取之索隱引司馬彪云谻倦也謂適其倦者大昭案說文御徼御受屈也即用相如賦文是御谻字異義同通作御說文御勞也其虐切弞者廣韻啞不言也㰤同啞窮者說文穴部義也楚詞九歌橫四海以焉窮王逸注窮極也橫行四海安有窮極也乎者言之

極也說文乎語之餘也終者釋名終盡也惰者困之極也說文惰憖也或作痡莊子讓王篇孔子窮于陳蔡之間七日不火食藜羹不糝顏色甚憊列子周之尹氏有老役夫晝則呻吟即事夜則昏憊熟寐通作備遯象傳有疾備也鄭注備困也是備與惰通

慦師惟嗟上世反醮左焦反悴才遂反愁慼桓慎怛丁達反惴拙瑞反惆於聊反又于流反悺去宮反悺音貫忦公拜反㦚婢典反辨慯音傷惂音坎恩呼困反慭牛覲反瞖丁念反濟音祭惄泥歷反澀音遝憂也

說文𢝊愁也經典相承作憂慼者痛之憂也說文慼痛也通作閔邶風柏舟覯閔既多傳閔也憂也又作憫玉篇憫憂也師者易雜卦傳比樂師憂慛者悲之憂也本書釋訓慛慛悲也噎者方言文也𩈣者說文𩈣面焦枯小也或作顦悴者說文心部義也方言悴傷也宋謂之瘁通作瘁文選注引倉頡篇瘁憂也𩈣悴二字古人亦連用之左氏傳引逸詩雖有姬姜無棄蕉萃楚詞漁文顏色憔悴王逸注皯黴黑也說文顇顦顇也班固答賓戲朝為榮華夕為顦顇玉篇顦顇憂也𩈣顦蕉憔悴瘁萃

穎並字異音義同愁者說文心部義也慼者亦作慽說文慽憂也通作戚周書金縢未可以慼我先王鄭注戚憂也未可以憂怖我先王桓者方言文舊本桓為怕盧學士云怕者迫也訓憂亦可通慎者亦方言文宋衛或謂之慎怛者慯之憂也檜風匪風中心怛兮傳怛傷也方言怛痛也宋玉風賦中心慘怛通作旦衛風氓云信誓旦旦孔疏定本旦旦猶怛怛說文怛憯也或作㥁引詩信誓㥁㥁爾雅釋訓晏晏旦旦悔爽忒也釋文本或作㥁同惴者懼之憂也說文惴憂懼也秦風黃鳥惴惴其

慄怮者說文心部義也玉篇怮憂懣也悺者玉篇悺憂皃或作⿰忄𠂤悺者說文心部義也彼作悹同悹悹憂無告也悺同上通作痯爾雅釋訓痯痯病也小雅杕杜四牡痯痯傳痯痯罷皃罷病則可憂也忦者亦說文心部義也⿱⿰豕辛心者亦說文心部義也辨者疑是曹音轉寫者譌為正文耳慯者亦說文心部義也惂者說文惂憂困也口感切慁者亂之憂也說文慁憂也左氏昭六年傳主不慁賓杜注慁患也患與憂同義慭者傷之憂也方言慭傷也楚潁之間謂之慭郭注引詩曰不慭遺一老亦恨傷

之言也腊者方言文宋衛或曰濟腊郭注腊者憂
而不動也濟者亦方言文陳楚或曰濟惄者方言
惄傷也汝謂之惄說文惄憂也通作愵說文愵憂
貌讀與惄同召南汝墳惄如調飢韓詩作愵溼者
方言文陳楚或曰溼自關而西秦晉之間凡志而
不得欲而不獲高而有墜得而中亡謂之溼郭注
溼者失意潛沮之名

剖判嚳反口沃膀普狄反又裂衮離墳析三反亦斯析簩
塗音刞反彼列異劐反徒谷別布布真反仁反又刻班分也

說文分別也从八从刀刀以分別物也剖者說文

剖判也左氏襄十四年傳與汝剖分而食之杜注中分為剖漢書高帝紀始剖符分封功臣曹參等為通侯顔師古注剖破也與其合符而分授之也判者說文刀部判分也玉篇判分散也周頌閔予小子繼猶判渙傳判分也礐者疑與觷通骨之分也說文觷治角也爾雅釋器象謂之鵠角謂之觷觷礐與鷽並聲相近劈者釋文劈破也集韻劈分也本此裂者繒之分也說文裂繒餘也淮南道應訓譬之猶廓革者也廓之大則大矣裂之道也參者方言文齊曰參王粲登樓賦夜參半而不寐分李

実

菩注引方言離者方言蠡分也楚曰蠡秦晉曰離
墳者土之分也楚詞天問地方九則何以墳之王逸
注墳分也謂九州之地凡有九品禹何以能分別
之乎白虎通義三墳墳分也論三才之分天地人
之始也析者木之分也說文析破木也一曰折也
楚詞九章令五帝以析中兮王逸注析猶分也斯
者方言斯離也齊陳曰斯陳風墓門斧以斯之傳
斯析也大雅板云無獨斯畏箋斯離也按離析皆
分也折者說文𣃔斷也从斤斷艸篆文以手作折
案斷即分也筡者方言筡箄析也析竹謂之筡說

宦

文筡折竹笢也讀若綮寨折當為析分之象也別者說文別分解也經典相承作別通作北說文兆分也从重八孝經說曰故上下有兆虞書分北三苗鄭注北猶別也蓋古文北从二人作𠂢別字重二八作兆二字相似因誤作北虞翻奏鄭解尚書違失事目乃云分北三苗北古別字鄭又訓北為別誠可怪也按說文丫部云兆古文別許慎學于賈逵逵傳古文尚書鄭亦從逵故釋古今字同有何可怪異者說文異分也从廾从畀畀予也徐鍇曰將欲予物先分異之也禮曰賜君子小人不同

曰劀者木之分也說文劀判也爾雅釋器木謂之劀郭注引左傳山有木工則劀之玉篇劀分也本此通作度魯頌閟宮是斷是度別者玉篇廣韻俱無此字疑攽之誤說文攽分也引周書曰乃惟孺子攽亦讀與彬同今本誥洛攽作頒布還切刻者玉篇刻割也班者說文班分瑞玉也乇上六乘馬班如惠棟曰馬將行其羣分乃長鳴故襄十八年春秋傳曰有班馬之聲班猶分別也舊本班誤斑今訂正

隓許規反敗圮徹破碎崩隤頹音陁大何反又大可反陁直紙反陊

定

達反可殆麗莫反知撽音敫壞也
說文壞敗也古文作𪑾籀文作𣀔爾雅釋詁壞毀
也隓者城之壞也說文敗城阜曰隓篆文作㩎春
秋定十二年叔孫州仇帥師墮郈季孫斯仲孫何
忌帥師墮費杜注墮毀也方言隓壞也俗作隳潘
岳西征賦豈斯宇之獨隳敗者說文敗毀也籀文
作𣀔又云退敗也引商書曰我興受其退是敗退同
也屠者說文屠刳也漢書高祖紀令屠沛徹者小
雅十月之交徹我墻屋楚詞天問何令徹此岐杜
王逸注徹壞也破者石之壞也壞人之軍亦為破

說文破石碎也碎者散之壞也說文碎䃺也又云瓶破也二字通用淮南泰族訓事碎難治也法煩難行也陳琳檄吳文大兵一放玉石俱碎崩者山之壞也說文崩山壞也古文作𨻐春秋僖十四年沙鹿崩穀梁傳高曰崩京房剥傳小人剥廬厥妖山崩復傳崩來元咎自上下者為崩厥應大山之石顛而下隤者說文隤下隊也宋玉高唐賦傾崎崖隤通作穨禮記泰山其穨乎玉篇隤壞下隊下也阤者方言文說文阤小崩也漢書東方朔傳宗廟崩阤顏師古注阤穨也陁者即阤之異文太元銳

上九陵峥㟚峭陁測曰陵峥㟚峭鋭極必崩也陊者說文陊落也張衡西京賦程功致巧期不陁陊玉篇陊壞也本此殆者方言怠壞也郭注謂壞落也殆怠字異義同㜮者爛之壞也說文㜮爛也楚詞招魂㜮散而不可止些王逸注㜮碎也通作糜孟子糜爛其民而戰之漢書賈山傳萬鈞之所壓無不糜滅者散者說文𢿫飛𢿫也

揨直耕反撞直江反鈌音決撽⿰重刂音衝扭女六反⿰扌虫大鴻反擣音禱刏居祁反又公內反抌丁感反築劏音牒又丁尼反抵音底⿰扌必音邲又普必反又自必反掙楚耕反鍼音針刺七亦反也

說文刺直傷也揨者玉篇揨刺也本此撞者說文撞凡擣也戰國策迫則杖戟相撞張衡西京賦徒搏之所撞㧙玉篇撞擊也揨撞皆从手舊本並譌从木今訂正鈌者說文金部義也撽者陟利切說文撽刺也一曰刺之財至也舊本譌爲桎梏之桎曹音知佚反亦誤今訂正⿰重刂者尺容切玉篇⿰重刂刺也本此䂇者說文矛部義也又音女久切䂇者玉篇䂇刺矛也擣者都浩切說文擣手推也一曰築也此篇擣築並訓刺小雅小弁我心憂傷惄焉如擣淮南脩務訓夫怯夫操利劍擊則不能斷刺則

不能入及至勇武擬捲一擣則搰𢶍傷𩶊儁本擣

訛从木今訂正刉者說文刉劃傷也玉篇刉切刺

也扰者食𨈵切方言扰推也說文扰深擊也築者

說文築擣也擣為刺築亦刺也𠞰者集韻𠞰刺也

本此抵㧙者方言文郭注皆矛戟之䂎所以刺物

者也又云㧙推也南楚凡相推搏為㧙掙者集韻

掙刺也本此鍼者所以刺也職深切

刵耳志反 劊古外反 刓五丸反 𠟐尊本反 割 𠞊楚律反 刌村本反 切

殊 絕 刜音佛 斮反反 畧 截反慈 頡 剸大拙 丸兖 反反 又 刖 祝 斬 剪 尚楚

亂反 反又 楚 刖 音彫 刎 反匕 粉 剔 反在 侯 剽 音栗 剬 反拙 兖 鋡 又他 息點 熏反

反顛才彫反剬苦拜反斷拙兗反刈音乂劖士咸反剿力涉反剝二卄反斷也

說文斷截也經典相承作斷釋名斷段也分為異段也刵者耳之斷也說文刵斷耳也鄭注呂刑與說文同劊者說文刀部義也困九五劓刖京房作劓劊刓者說文刓剸也漢書韓信傳刻印刓忍不能予蘇林曰刓者刓角之刓與摶同手弄角訛不忍授也剸者玉篇剸斷也本此劃者說文劃剝也玉篇劃裁也左氏襄三十一年傳猶未能操刀而使割也剿者玉篇剿割斷也本此刌者說文刌切

也玉篇扚切斷也特牲饋食禮扚肺三切者骨之
斷也說文切扚也玉篇切斷也本此爾雅釋器骨
謂之切鄭司農周禮注云殊曰切殊者離之斷也
左氏昭二十三年傳斷其後之木而弗殊制師過
之乃推而壓之漢書骨肉之親解而不殊絕者絲
之斷也說文絕斷絲也𢇍古文絕釋名絕截也如割
截也漢書路溫舒傳𢇍者不可復屬顏師古注𢇍
古絕字剬者扶弗孚弗二切左氏昭二十六年傳
苑子剬林雍斷其足劉向九歎執棠谿以剬蓬兮
王逸注剬砍也斮者說文斮斬也周書斮朝涉之

睨爾雅釋器魚曰斮之樊光云斮斫也漢書張釋之傳用紵絮斮陳漆其間截者說文戈部義也剸者說文以為𩠐之或體體字文王世子篇其刑罪則纖剸亦告于甸人鄭注剸割也淮南脩務訓水斷龍舟陸剸犀甲文選注引字林剸截也刖者足之斷也說文刖絕也玉篇刖斷足也祝者周書泰誓祝降時喪公羊哀十四年傳子路死子曰天祝予穀梁哀十三年傳祝髮文身列子湯問篇南國之人祝髮而倮注家皆云祝斷也斬者說文斬截也斬法車裂也翦者玉篇翦斷也本此刅者玉篇

刖斷取也刖者檀弓篇不至者刖其人史記張耳陳餘傳兩人相與為刎頸交荀子强國篇剥脫之砥厲則劙盤盂刎牛馬忽然耳玉篇作伆引廣雅伆斷也是本又作伆剢者玉篇剢斷也本此集韻剢徂侯切引字林云細斷也剌者玉篇剌斷也本此剬者說文剬斷齊也法言魯仲連傷而不剬藺相如剬而不傷銛者字當為銽說文金部義也其字从昏古活切銛是銛屬从舌息廉切隸書昏古不分故譌為銛曹氏不能是正輒音他點息廉二反失之矣斲者木之斷也玉篇斲刈穫也剬者玉篇

剬斷也本此𣃔者說文𣃔截也刈者草之斷也說文刈芟草也玉篇刈穫也離騷願竢時乎吾將刈剿者說文刀部義也剿者玉篇剿減削也劓者鼻之斷也說文劓刑鼻也或作劓睽六三天且劓虞翻去割鼻為劓也

敏逞佪僥士緘反趨楨雷對反儵音叔倏音叔傂慈葉反朓天弔反蹂酉帚反躁子到反駛山吏反儇音繏挑大了反摇扇拊方于反舞勮去力反又具御反汨于筆反悠音叔一作儵𩗓音忽赽公穴反鬵仕林反又潛音說文讀若岑跋大月反越于月反齊疾也

釋名疾截也有所越截也爾雅釋言疾壯也郭注

壯壯事謂速也敏者說文攴部義也釋名敏閔也進叙無否滯之言也故汝頴言敏曰閔也大雅生民履帝武敏歆傳敏疾也孔安國注論語云敏者識之疾也逞者行之疾也方言逞疾也楚曰逞說文楚謂疾行為逞丑郢切佝者說文人部義也史記五帝本紀黃帝幼而佝齊集解佝疾齊速也言聖德幼而齊速也儳者左氏僖二十二年傳聲盛致志鼓儳可也注乘其陣未成列急攻之後漢書何進傳進驚馳從儳道歸營趨者行之疾也釋名疾行曰趨𢱧者玉篇引此文作頪从米儵者莊子

大宗師篇翛然而往翛然而來而已矣釋文翛本又作儵徐邈音叔向司馬彪云儵儵疾貌通作儵楚詞九歌儵而來兮忽而逝倏倢者說文足部義也通作倏說文倏走也讀若叔倢者與倢同說文倢佽也佽便利也方言儇宋楚之間謂之倢郭注言便倢也便倢與疾義相成也通作捷離騷夫惟捷徑以窘步王逸注捷疾也又通作疌說文疌疾也朓者月之疾也土了切漢書五行志晦而月見西方謂之朓劉向以為朓者疾也君舒緩則臣驕慢故日行遲而月行疾也李善文選注引尚書五行傳

晦日而月見西方謂之朓朔而月見東方謂之側匿鄭注朓猶條達也條達行疾貌側匿猶縮縮行遅貌舊本朓訛从目今訂正曹音天吊反亦誤踈者走之疾也史記項羽本紀餘騎相踈踐躁者說文作趮疾也趮躁古今字釋名躁燥也物燥乃動而飛揚也月令仲夏處必掩身毋躁注躁猶動也是躁為動之疾駚者玉篇駚疾也本此古通作𢿱說文𢿱列也讀若迅迅亦疾也儇者說文譞疾也儇譞字異義同齊風還云揖我謂我儇兮傳儇利也利與疾同義張衡南都賦儇才齊敏授爵傳觴

註

挑者，與佻同，土彫切。方言：「佻，疾也。」郭注謂輕疾也。

挑者與佻同土彫切方言佻疾也郭注謂輕疾也
爾雅釋訓佻佻契契愈遐急也左思吳都賦儇佻
坌並搖扇者方言文燕之外鄙朝鮮洌水之間曰
搖扇㨃舞者方言文郭注謂急疾也彼文舞作撫
字異義同勵者廣韻勵疾也本此汩者去之疾也
方言汩疾行也南楚之外曰汩郭注汩汩急流也
枚乘離騷汩予若將不及兮王逸注汩去皃疾若
水流也枚乘七發汩乘流而下降兮或不知其所
止司馬相如上林賦汩乎混流揚雄甘泉賦涌醴
汩以生川慫者玉篇慫疾也本此颮者風之疾也

盡

說文颮疾風也通作忽離騷忽反顧以遊目兮王逸注忽疾也趀者玉篇趀走也通作決莊子逍遙遊篇吾決起而飛槍榆枋釋文引李頤云決疾皃騖者未聞曹音說文讀蒙岑寀寀蒙當作若踆者說文踆輕也輕則疾義相因也玉篇踆走皃越者廣韻越走也齊者寀齊疾已見爾雅釋詁此當作齌字之譌也說文齌炊餔疾也在詣切離騷反信讒而齌怒王逸注齌疾也　集韻引廣雅偈疾也郎傑切今無此文

腆土典反婚烏縑反又烏撿反酏音純㤠音列膱子冉反胋大念反䐶子荘

反䐺代反紺醅皇翼滑黨貢布璝反彼寄反失之矣膺熹音希琇音秀甘珍旨甜大反嫌烝旨升反將英暟音凱娍媛豔音艷珇音祖美也

說文美甘也从羊从大羊在六畜主給膳也美與善同意此通釋美之名也腆者膳之美也說文腆設膳腆腆多也郊特牲篇幣必誠詞無不腆嬌者陳風澤陂碩大且儼釋文本又作曮矜莊貌韓詩作嬌釋文引詩與韓詩同酏者酒之美也玉篇酏美也本此通作純離騷昔三后之純粹兮王逸注至美曰純曹音純舊本譌作紀今訂正婜者女之

美也玉篇⿱列女美也本此膱貼⿰月朁⿰月覃者皆味之美也玉篇膱初減切膱臉膱羹也貼徒兼切大羹也⿰月朁子含切腤⿰月朁煮魚肉⿰月覃食味美也集韻臉膱以豬腸脣椒芥醯鹽為之⿰酉朁者胡之美也七稔切廣韻⿰酉朁小甜集韻⿰食朁子朕切引廣雅⿰食朁美也是本又作⿰食朁皇者大之美也爾雅釋詁皇皇美也少儀祭祀之美齊齊皇皇鄭注皇讀如歸往之往單言之亦為美離騷朕皇考曰伯庸王逸注皇美也翼者廣韻翼美也本此滑者利之美也內則調以滑甘說文滑利也黨者言之美也上文釋黨為善是也貢

者飾之美也說文賁飾也王肅周易注賁有文飾黃白色謝莊宣貴妃誄脩詩賁道李善注引此文賁者小爾雅文豳風狼跋云公孫碩膚大雅文王殷士膚敏傳並云膚美也馬融注易噬膚云柔脆肥美曰膚法言淵騫篇張騫蘇武之奉使也執節没身而不屈王命雖古之膚使其猶劣諸熹者鄭注樂記云訢讀為熹猶蒸也下文蒸為美故熹亦美也琇者石之美也衛風淇澳充耳琇瑩傳琇瑩美石也說文作琇云石之次玉者通作秀漢書賈誼傳河南守吳公聞其秀才召置門下秀才美才

也文選江淹雜體詩青松挺秀萼謝贍答靈運詩華宗誕吾秀李善注竝引廣雅秀美也是本或作秀甘者味之美也說文甘部義也釋文甘含也人所含也周書洪範稼穡作甘董子曰甘者中央之味也宋玉招魂此皆甘人王逸注甘美也言此物食人以為甘美珍者珍美已見爾雅釋詁此當作殄厚之美也古殄與腆通燕禮寡君有不腆之酒鄭注古文腆作殄邶風新臺籧篨不殄箋當作腆腆善也上文腆爲美殄亦美也旨者甘之美說文旨部義也孔安國注論語云旨美也通作指周書

大誥率寧人有指疆土王莽假作旨顔師古訓爲美也甜者說文甘部義也从甘从舌舌知甘者今俗作甜非是蒸通作烝大雅文王有聲云文王烝哉釋文引韓詩烝美也將者貌之美也管子形勢解將將鴻鶬貌之美者也貌美故民歌之故曰鴻鶬將將維民歌之英者才之美也魏風汾沮如云美如英注萬人爲英嵇康琴賦英聲發越采采粲粲李善注引此文嗤者德之美也方言文郭注嗤嗤美德也娥者女之美也方言秦晉之間凡好而輕者謂之娥又云秦晉之間美貌謂之娥秦有㮺

娥之臺說文秦晉謂好曰娙娥列子楊朱篇鄉有處子之娥姣者媛者王眷切鄘風君子偕老云邦之媛也傳美女爲媛箋媛者人所依倚以爲援助也說文媛美女也人所援也美女爲媛爾雅釋訓文艷者色之美方言文宋衛晉鄭之間語又云美色爲艷說文艷好而長也左氏桓元年傳目逆而送之曰美而艷宋玉招魂長髮曼鬋艷陸離些王逸注艷好也珇者玉之美也方言文○陸士衡招隱詩注引秀美也集韻引臉美也徒念切今無此文

周儕等比倫匹臺敵儺輩也

說文輩若軍發車百兩爲輩補妹切太元攡云位各殊輩回行九區孔衡薦禰衡表若衡等輩不可多得周者說文周比各訓密比既爲輩周亦同之也儕者說文儕等輩也仕皆切左氏襄三十年傳吾儕小人列子黃帝篇今吾心無順逆者也則烏獸之視吾猶其儕也等者說文等齊簡也从寺寺官曹之等平也比者論語竊比於我老彭揚雄解嘲五尺童子羞比晏嬰與夷吾倫者說文人部義也王逸九思哀我兮寡獨靡有兮齊倫匹者大雅

文王有聲云作豐伊匹傳匹配也文選注引白虎通義庶人稱匹夫何言其夫妻爲偶也配偶與輩皆義相成也臺敵者方言臺敵匹也東齊海岱之間曰臺自關而東秦晉之間物力同者謂之臺敵爾雅釋詁敵匹也當也說文敵仇也讎者爾雅釋詁讎匹也郭注讎猶儔也

梅每罍反赧女板反怍音昨㥏土典反𩑶之忍反𦖼音祕瞢莫贈反惛天德反忸女六反怩音尼慼子六反忩恧女六反慙也

小爾雅不直失節謂之慙說文慙媿也梅者方言文晉曰梅莫改武罪二切赧者面之慙也方言赧

愧也秦晉之間凡愧而見上謂之赧郭注引小爾雅曰面赤愧曰赧說文赧面慙赤也趙注孟子云赧赧然面赤心不正之貌也怍者心之慙說文心部義也論語其言之不怍馬融注怍慙也亦作怎太元上次五鳴鶴升自深澤階天不怎測曰鳴鶴不怎有諸中也通作作莊子讓王篇行脩于內者無位而不作㤨者方言荊揚青徐之間曰㤨若梁益秦晉之間言心內慙矣說文青徐謂慙曰㤨左思魏都賦㤨墨而謝劉逵注㤨慙也𩑺者說文顏色𩑺䫱是羞媿之貌䫱來𩑺切䫱者方言趙魏之

間自愧謂之聁郭注音宻亦音祕瞢者晉語臣得其志而使君瞢是犯也韋昭注瞢慙也莫鳳切𢡓者方言𢡓愧也晉或曰𢡓梁宋曰𢡓郭注𢡓亦慙貌也㤜怩者亦作忸怩者語君忸怩顏韋注忸怩慙貌趙岐孟子注忸怩而慙慼咨者亦作慼咨方言忸怩慙歰也楚郢江湘之間謂之忸怩或謂之慼咨恧者心之慙亦方言文也山之東西自愧曰恧小爾雅心慙曰恧漢書王莽傳敢爲激發之行處之不慙恧陸厥奉内兄希叔詩相如恧溫而麗李善注恧慙也亦作聏奴陸切玉篇引埤蒼聏慙

也說文作悳是悳聽同

爾雅義疏卷一終　　上

廣雅疏義卷一附

廿一

廣雅疏義卷第二

嘉定錢大昭晦之甫撰

誕肆杲睦懇苦恨反如上聲道之惇信也

呂氏春秋離俗覽凡人主必信信而又信誰人不親天行不信不能成歲地行不信草木不大賈誼書道術篇期果言當謂之信釋名信申也言以相申東使不相違也誕肆者史記扁鵲傳中庶子曰先生得無誕之乎鄭注表記云肆猶放恣也是誕肆皆非誠信之謂而此俱以爲信者古人言語反覆相通非特徂為存亂為治也即如允者信也而

爾雅釋詁又訓為侫此以諔肆為信亦其例也杲者說文杲明也玉篇杲日出也明信如杲日猶詩言謂予不信有如皦日也䁥者通作穆方言穆信也顏延之元后哀策文壹政穆宣李善訓穆為信懇者通作豤漢書劉向傳故豤豤數千死亡之誅顏師古注曰豤豤款誠之意也音懇悙者方言文燕曰悙

為已知瘵是嫁反蠲除慧間瘳瘉移主反也

說文瘉病瘳也漢書高祖本紀漢王病瘉藝文志以瘉為劇顏師古並云瘉讀與愈仝愈差也通作

愈孟子云昔者疾今日愈瘉瘉愈音義同為者左
氏成十年傳疾不可為也已者列子仲尼篇龍叔
謂文摯曰此奚疾哉奚方能已之乎枚乘七發太
子曰諾病已請事此言又云霍然病已知瘥蠲除
慧間瘳者並見方言其文曰差間知愈也南楚病
愈者謂之差或謂之間或謂之知知通語也或謂
之慧或謂之憭或謂之瘳或謂之蠲或謂之除郭
注間言有間隙慧憭皆意精明蠲亦除也素問云
二刺則知說文瘥瘉也瘳疾瘉也差瘥同孔安國
論語注少差曰間文王世子云旬有二日乃間注

間猶瘳也枚乘七發伏問太子玉體不安亦少間乎

食閻慫音悚慂音勇勵音厲勸也

說文勸勉也虞書勸之以九歌俾勿壞論語舉善而教不能則勸食閻慫慂者方言云南楚凡已不欲喜而旁人說之不欲怒而旁人怒之謂之食閻亦謂之慫慂慫息勇切慂與恐切勱者勉之勸也力制切後漢書祭遵傳璽書勉勵古作勱說文勱勉力也引周書曰用勱相我國家讀若厲通作厲漢書宣帝本紀厲精更始

有司股肱陪儓音臺皁隸牧圉臣也

白虎通義臣者纏堅也屬志自堅固說文臣牽也事君也象屈服之形有司者說文司臣司事于外者大禹謨茲用不犯于有司股肱者尚書大傳元首明哉股肱良哉元首君也股肱臣也太玄割次五測云割其股肱亾大臣也陪有曲禮云列國之大夫入天子之國曰某士自稱曰陪臣某儓者方言儓農夫之醜稱也南楚凡罵庸賤謂之田儓郭注㑌儓駑鈍貌或曰僕臣儓亦至賤之稱也玉篇儓與儓也通作臺左氏昭七年傳人有十等輿臣

隸隸臣僚僚臣僕僕臣臺孟子蓋自是臺無餽也皁者方言擺梁宋齊楚北燕之間或謂之皁郭注養馬器是養馬之臣謂之皁也隸者左氏隱五年傳皁隸之事注士臣皁皁臣輿輿臣隸玉篇隸僕隸牧者方言牧司也小雅無羊云牧人乃夢孟子今有受人之牛羊而為之牧之者圉者說文圉圉人掌馬者鄭注夏官圉師云養馬曰圉

婘音拳孅音纖娃烏佳反嫷大果反孌力兖反嬽音權姚音遥娧通外反純珇音徂眊莫對反婠一凡反又一剜反突窈窕妦音丰忨音汗妧音玩媌莫交反又莫狡反婩魚伴反婧楚革反鮮思延反頔音狄㜅休六反麗

佳婞平妓反釥七小反嫽音了姣古卯反祩充朱反又竹揄反齋則皆反
媉音喔嫺於支反腆巳平反嬮烏驗反又焰反姝充朱反又竹揄反姽牛委
反又牛果反嫿音獲𡤞音賛又才旦反婍音綺妍婽古雅反嬥徒聊反又徒了反
嬈音蕘娙五丁反又户丁反蘇訖陋又禮方牢反祖才吕反䄎且久反妙
媆而兗反媨子六反又才六反妀起之反又乞之反又芳之反嫋尺救反嫈音營
又音瑩嬰音於魏於戊反婥音綽約娬音武媚嬽音淵姍素丹反好也

說文好美也釋名好巧也如巧者之造物無不皆善人好之也鄭風緇衣之好兮傳好猶宜也小雅何人斯驕人好好傳好好喜也方言自關而西秦晉之閒凡美色謂之好婘者便利之好也具員切

齊風還云揖我謂我儇兮韓詩還作婘薛君章句婘好貌陳風澤陂碩大且卷釋文本亦作婘檀弓執女手之卷然髮之好亦為卷說文鬈髮好貌引詩曰其人美耳鬈案齊風盧令傳鬈好貌婘卷鬈古字通嬴者方言文宋魏之間語郭注言嬴嬴也說文嬴从女羸省聲此作嬴不省以成切娃者方言娃美也吳楚衡淮之間曰娃故吳有館娃之宮說文娃圜深目貌或曰吳楚之間謂好曰娃揚雄反離騷資娵娃之美髢左思吳都賦幸乎館娃之宮劉注吳俗謂好女為娃嫷者方言嫷美也南楚

之外曰嫷郭注言姣嫷也説文南楚之外謂好曰嫷列子揚朱篇公孫穆好色皆擇稚齒婑媠者曹植七啟形嫿服兮揚幽若嫿嫷同孌者壯之好也齊風猗嗟孌兮傳孌壯好貌邶風泉水孌彼諸姬傳孌好貌小雅車舝思孌季女逝兮傳孌美貌美與好同義孉者具員切玉篇孉即婘之别體字姚者説文姚嬈也荀子非相篇莫不美麗姚冶奇衣婦飾血氣態度擬于女子娧者説文女部義也宋玉神女賦侻薄裝李善注侻好也與侻同按姚娧二字古人亦連言之方言眺説好也郭注謂忭悦

也姘娗是媄此作姚娧字異義同故春秋傳宋公子說字好父純者方言文離騷云昔三后之純粹兮王逸注至美曰純珇者玉之好方亦言文上文釋珇為美此又為好也義相成也眊者通作毣方言毣好也郭注毣毣小好也媢者說文媢體德好也讀若楚郤宛窔者深之好烏叫切玉篇窔與突同窈窕者周南關雎窈窕淑女傳窈窕幽閒也方言美心為窕郭注言幽靜也又云美狀為窕郭注言閑都也又云窕美也陳楚周南之間曰窕楚詞九歌子慕予兮善窈窕王逸注窈窕好貌姅者字

受古堂新藏

㾦切方言趙魏燕代之間謂好曰妦郭注言妦容也玉篇妦容貌通作丰鄭風子之丰兮傳丰豐滿也方言釋文作妦舊本妦訛从丰曹音亦訛半今訂正忓者乎旦切上文釋忓為善善與好義相近也妧者五館切玉篇妧好也本此媌者方言自關而東河濟之間謂好曰媌郭注今關西人呼好為媌說文媌目裡好也列子周穆王篇簡鄭衛之處子娥媌靡曼者張湛注娥媌妖好也⿰女屰嫧者齊之好也方言⿰女屰嫧好也南楚之外通語也說文嫧齊也玉篇⿰女屰嫧鮮好貌集韻⿰女屰好也謂婦人齊正貌

列子力命篇巧佞愚直婩斫便辟四人相與游于世殷敬順釋文斫音酌婩斫容止峭獻也字林云婩齊也斫齒略反案婩斫即婩婧也婧斫聲相轉鮮者方言文小雅北山鮮我方將傳鮮美也美亦好嵮者徒激切玉篇嵮好也本此嫡者說文嫡媚也適此畜呂氏春秋離俗覽云周書曰民善之則畜也不善則讎也高誘注畜好也案古音畜與好同孟子畜君者好君也正借同音之古訓以曉人如巡狩者巡所守也洚水者洪水也征之為言正也仁也者人也皆是故嫡亦為好麗者呂氏春秋

恃君覽云列精子高謂其侍者曰我何若侍者曰公姣且麗高誘注姣麗皆好貌也嵇康贈秀才入軍詩麗服有暉佳者楚詞九章好姱佳麗兮又大招云姱修滂浩麗以佳只淮南修務訓曼頰皓齒刑夸骨佳不待脂粉芳澤而性可說者西施陽文也古詩燕趙多佳人美者顏如玉曹植詩南國有佳人容華若桃李嫮者楚詞大招朱唇皓齒嫭以姱只王逸注嫭姱好貌嫭一作嫮張衡思元賦增嫮眼而蛾眉玉篇嫮下引楚詞嫮目宜笑或作嫭是嫭嫮同也釥嫽者方言文青徐海岱之間曰釥

或謂之嫽好凡通語也郭注今通呼小姣潔喜好者爲嫽釥玉篇釥美金也宋玉舞賦貌嫽妙以妖冶嫽通作僚說文僚好貌姣者方言自關河濟之間謂好曰姣郭注言姣潔也說文姣好也玉篇姣妖媚也陳風月出佼人僚兮釋文佼字又作姣楚詞九歌靈偃蹇兮姣服列子楊朱篇鄉有處子之娥姣者又云豐屋美服厚味姣色史記蘇秦傳後有長姣美人袾者說文袾佳好也引詩曰靜女其袾𡣍者說文𡣍材也玉篇𡣍下引詩云有𡣍季女媉者烏谷乙角二切玉篇媉好也本此嬾者玉篇

嫺美容貌瞴者說文瞴婁微視也是瞴爲目之好
也嬮者說文女部嬮義也通作靨淮南說林訓靨輔
在頰前則好楚詞大招靨輔奇才宜笑嘕只姝者
方言趙魏燕代之間謂好曰姝說文姝好也邶風
靜女其姝宋玉神女賦貌豐盈以莊姝兮是姝爲
女之好也士之好者亦爲姝鄘風干旄彼姝者子
是也通作㚾說文㚾好也亦引詩靜女其㚾姽者
曹音牛委五果二切說文姽閑體行姽姽也過委
切又云姽婐姽也一曰弱也五果切此分明二字
字曹氏不宜混而爲一疑古本廣雅兩字俱有曹

氏分音後人因形相似而一之且取曹音而倂之

㜸集韻娩博推好也又云娩姝娩好貌是丁度所

見廣雅已無娩字矣嫿者靜之好也朝麥切說文

嫿靜好也宋玉神女賦既娩嫿于幽靜兮㜺者白

好也說文㜺白好也玉篇襸好也亦作㜺婍者去

倚切玉篇婍下引此文姸者五堅切方言自關而

西秦晉之故都謂好曰姸玉篇妡好也婽者玉篇

婽好也本此嬥者說文嬥直好也嫙者似宣切說

文女部義也齊風子之還兮韓詩還作嫙薛君章

句嫙好貌娙者長之好也說文娙長好也史記外

成世家邢夫人號娙娥蘣者花之好也說文蘣黃華玉篇蘣好貌本此禮未詳祖者事之好也說文祖事好也䄟者衣之好也玉篇䄟好也類篇䄟美好貌䄟𧝤音義同妙者玉篇妙神妙也莊子寓言篇九年而大妙郭象注妙善也漢書李夫人傳妙麗善舞通作眇楚詞九歌美要眇兮宜修王逸注要眇好貌眇一作妙說卦傳妙萬物而為言王肅作眇音妙媆者柔之好也說文媆好貌媨者字當作遒文選答賓戲云說難既遒其身乃囚李善注引應劭曰遒好也文心雕龍云及仲宣靡密發端必

廣雅疏義卷二

遒按遒音字秋切曹音媨為于六才六二反非也讀若蹴者是醜女之稱說文媨醜也一曰老嫗也以媨為好失其義矣妓者說文妓婦人貌嫣者集韻嫣好貌本此嫈者說文嫈小心態也廣韻嫈嫇新婦貌又云嫇好貌嫢者細之好也方言嫢細也自關而西秦晉之間凡細而有容謂之嫢或曰徥說文嫢媞也秦晉謂細腰為嫢魏赤亦細之好也方言魏細也秦晉謂細而有容曰魏婥約者玉篇婥約好貌約通作汋莊子逍遙篇藐姑射之山有神人居焉淖約若處子釋文引李頤云淖約柔弱

貌司馬彪云好貌楚詞九章外承歡之汋約兮王逸注汋約好貌婥媚者通作婥說文婥媚也媚說也史記上林賦婥約嫺姌嫋索隱引埤倉婥媚悅也通俗文頰輔謂之嫵媚又佞幸傳非獨女以色媚士宦亦有之嫇者說文女部義也本書釋訓嫇嫇容也是嫇為容之好姍者行之好也上林賦便姍嫳屑郭璞曰衣服婆娑貌顏師古注言其行步安詳也又漢書外戚傳立而望之何姍姍其來遲也

搼（音峯）嵩（音端）標（必沼反）顛杓（的音又斤入反）緒杪流苗裔機（音譏）末

逸周書元首曰末易卦爻初為本上為末說文木上曰末捀者玉篇捀者木上也芳容切耑者說文耑物初生之題也上象生形下象其根也多官切通作端標者說文標木杪末也管子伯言篇大本而小標盧諶贈劉琨詩綿綿女蘿施于松標通作蔈說文蔈末也顛者說文作槙上林賦夭蟜枝格偃蹇杪顛陸機荅張悛詩芳樹發華顛杓者莊子庚桑篇我其杓之人耶郭象注不欲為物標杓漢書律歷志玉衡杓建天之綱也如淳曰杓音猋斗端星也是杓為斗之末也緒者方言末緒也南楚

或曰端說文緒絲耑也杪者說文杪木標末也王制冢國制國用必于歲之杪注杪末也方言杪小也木細枝謂之杪郭注言杪梢也流者原為水之本為流水之末也苗者末之末也裔者小爾雅文離騷帝高陽之苗裔兮晉語延及寡君之紹續昆裔王逸韋昭並云裔末也懱者通作𢺕說文𢺕魅也蔑末古通用故說文[illegible]或作抹

瞞已鳥反懱平郭反𢜶音諳愕吾各反達勃㬥反獡式若反㣿音約恒

透叔音世人以此為跳透字他候反未是矣趯他的反駭憚大汗反驚也

爾雅釋詁驚懼也說文驚馬駭也瞞者玉篇瞞下

引倉頡篇瞯驚也其字从耳舊本訛从目今訂正愯者聳之驚也玉篇愯驚也本此愯通作嚄史記外戚世家韓嫣曰上言太后有女在長陵武帝乃自往迎取之使武騎圍其宅家人驚恐女亾匿内中牀下扶持出門令拜謁武帝下車泣曰嚄大姊何藏之深也詔副車載之索隱曰嚄烏百反葢驚怪之詞耳正義曰嚄失聲驚愕貌寱者寢之驚也魚祭切莊子天運篇不得㝱必且寱焉愕者通作咢春官占夢二曰噩夢杜子春云噩當爲驚愕之愕謂驚愕而夢說文作咢㝱爾雅釋樂徒擊鼓曰

咢孫炎曰聲驚咢也班固西都賦猶愕眙而不能階李善注引李書愕驚也達者方言文惕者亦方言文宋衛南楚凡相驚曰惕或曰遻郭注皆驚貌也說文南楚謂相驚曰惕本方言也⿰忄勺者方言文郭注猶云恐灼也⿰忄勺灼音義同或說⿰忄勺當為悼說文悼懼也陳楚謂懼曰悼書傳卓勺互通說文焯字引書焯見三有俊心今書作灼此其證也怛者列子周穆王篇知其所由然則無所怛莊子大宗師篇子來將死妻子環泣子犁往問之曰叱避無怛化言死猶化勿驚怛之攷工記鄭注不能驚怛

透者方言文左思吳都賦驚透沸亂集韻透式竹切趯者跳之驚也釋訓趯趯跳也駭者說文駭馬驚也公羊哀六年傳諸大夫見之背色然而駭國語晉郤大駭莊子在宥篇夫施及三王而天下大駭矣莊子外物篇憚赫千里釋文云言千里皆懼宋玉招魂君王親發兮憚青兕王逸注發射也憚驚也

紓摯負二反又至音藏勑筆反呈俙許皆反屬時欲反蜆七會反毳音芋

毹門悼反冐字也必無胥字邊以毛吐外反形聲不然或未劇口白反又口郭反劙力支反

袒解也

說文解判也紓摯者方言抒㦤解也郭注抒音抒
井之抒㦤胡計反紓抒古通用摯㦤字異義同左
氏襄二十九年傳禍未歇也必三年而後能紓杜
注紓解也葴呈者呈當作逞方言葴逞解也左氏
六年成元年傳俱云乃可以逞楚詞哀時命志
憾恨而不逞兮杜預王逸並云逞解也又與程通
說文程袒也袒衣縫解俑者玉篇俑解也本比屬
者說文屬連也此以屬為解反覆相訓美惡不嫌
同詞也蜕者皮之解也說文蛻蛇蟬所解皮也淮
南說林訓蟬飲而不食三十日而蜕蛻者芳浿切

安古堂抄藏

玉篇毻耗也虒耗則空空則解義相因也毻者玉
篇但云陽果切廣韻不收此字集韻毻鳥易毛也
或作毤按鳥易毛如蟬蛇之蛻與解義合集韻又
引廣雅毻解也蓋因曹憲疑毻為能故集韻引之
劙者玉篇劙解也廣韻劙皆木皆本此劙者荀子
彊國篇莫邪劙盤盂刎牛馬楊倞曰劙割也音戾
玉篇劙解也本此袒者衣之解也文莧切淮南人
間訓晉公子重耳過曹曹君欲見其骿脇使之袒
而捕魚說文袒衣縫解也舊本袒偽裎今訂正

躡汝涉反蹬丁鄧反跂去豉反踰音樂跈才矜反又乃展反今之踐字蹀音牒

蹍女展反蹈音道踐蹂如酉反蹋徒臈反跐側買反蹠之石反履也

說文履足所依也釋名履以足履之因以名之也此專釋踐履之名也蹋者釋名蹋懾也登其上使懾服也史記秦始皇本紀蹋足行伍之閒班固答戲彼皆蹋風塵之會揚雄甘泉賦躡不同之委蛇蹬者疑通作此條蹋跂蹌字書皆訓登則蹬即登也晉音失之跂者方言跂登也蹌者餘灼切玉篇蹌登也跈者玉篇跈蹈也蹀者徒篋切淮南俶真訓足蹀陽阿之舞蹍者莊子天下篇釋文蹍本亦作跈又外物篇釋文跈本或作蹍是蹍即跈之異

文也淮南精神訓虎豹可尾虺蛇可蹍而不知其
所由然王融曲水詩序跨蹍昌姬蹈軼炎漢蹈者
說文蹈踐也釋名蹈道也以足踐之如道路也踐
者說文足部義也釋名踐殘也使殘壞也曹植七
啟當軌見藉偵足遇踐蹂者說文厹獸足蹂地也
篆文作蹂玉篇蹂踐也小雅四月箋山有美善之
草生于梅栗之下取其寔蹂踐而害之令不得蕃
茂漢書揚雄傳蹂蕙圃踐蘭塘蹋者說文蹋踐也
釋名蹋榻也榻著地也趙至與嵇茂齊書蹴崑崙
使西倒蹋泰山令東覆通作蹹漢書漢光傳霍氏

奴入御史府欲蹋大夫門跐者釋名跐弭也足踐
之使弭服也玉篇跐蹋也列子天瑞篇若躇步跐
蹈也張湛注皆踐蹈之貌莊子秋水篇且彼方跐
黃泉而登大皇左思吳都賦雖有雄虺之九首將
抗足而跐之蹠者楚詞九章眇不知其所蹠劉歆
遂初賦蹠三台而上征兮曹植七啟蹈虛遠蹠

騃支音又巨支反勁古畏反堅剛者鞕巨反䰐䝯之反忍𠢕巨反月勑
年音𡬶撣悏七浙反又四應反摘啻音鈔倞悖快於亮反強巨兩反也
說文彊弓有弓也騃者說文騃馬彊也玉篇騃勁
也勁者說文力部義也左氏宣十二年傳中權後

勁舊本勁訛剄今訂正堅者剛之強也說文堅剛也攷工記函人不摯則不堅剛者德之強也說文剛斷也耆者左氏昭二十三年傳不懦不耆杜注耆彊也鞼者淮南本經剛而不鞼鞼未詳勝者勉之強也說文勝勞也勑莫者方言侔莫強也北燕之外郊凡勞而相勉若言努力者謂之侔莫玉篇勑勑勉也勑侔字異音義同詹事兄曰論語文莫猶人也欒肇注燕趙之間謂勉強為文莫今語猶然文莫即侔莫聲之轉也憚憸者方言皮傳彈憸強也秦晉言非其事謂之皮傳東齊陳宋江淮之

間謂之彈憸郭注謂强語也憚彈字異義同𢳆鈔者方言虜鈔强也郭注皆强取物也方言又云虜奪也𢳆虜字異音義同倞者說文人部義也通作勍左氏傳二十二年傳勍敵之人悖快者方言鞅悖强也郭注謂强戾也悖快與侼鞅字異音異義同

幾紀隍五結反厲阽音鹽刖一刮反又月音又五刮反𢻃宜反反傒音兮醯冉鐮力霑反危也

說文危在高而懼也釋名危阢也阢阢不固之言也幾者說文幾微也殆也从𢆶从戍戍兵守也𢆶而兵守者危也左氏宣十二年傳利人之幾而安人

之亂杜注危也矜者小雅菀柳居以凶矜傳矜危也隉者說文隉危也班固說不安也困九五劓刖荀與陸績王肅本皆臲卼云不安也鄭康成注劓刖當為倪伔周書秦誓邦之杌隉孔傳杌隉不安言危也厲者大雅民勞以謹醜厲傳厲危也包咸論語注危厲也是厲危同義阽者余廉切小爾雅疾甚謂之阽說文阽壁危也離騷阽余身而危死兮王逸訓阽為危漢書文帝紀或阽于死亡如淳曰阽近邊欲墮之意皆危象也刖者馬融長笛賦巔根跱之槷刖兮李善注槷刖危貌或說隸書

舟月不分字當為刖說文刖船行不安也讀若兀張協七命摐刖峻挺李善注搖刖危貌刖通作扤方言儀謂之扤扤不安也郭注船動搖之貌攷工記是以大扤注扤動搖貌䃈者王篇䃈危也本此傒醯丹鎭若方言文東齊猗物而危謂之傒醯偽物謂之冄鎭傒傒同

漻力彫反又力巧反淑音孰湜音寔洌音列澂直陵反渟所定反瀲匹妙反淰力感反潚音蕭廡潟一劑反清也

說文清朖也澂水之貌釋名清青也去濁遠穢色如青也漻者說文漻清深也莊子天地篇漻乎其

清也淑者說文淑清湛也湜者常職切說文湜水清底見也邶風谷風云涇以渭濁湜湜其沚洌者說文洌水清也引易曰井洌寒泉食良薛切澂者方言文後漢書儒林傳贊千載不作淵源誰澂通作澄淮南泰族訓澄列金木水火土之性高誘注澄清也左思詠史詩左眄澄江湘浮者未詳瀲者方言文郭注妨計反司馬相如上林賦轉騰瀲洌澰者玉篇澰與瀲同力驗切清也本此潚者說文潚深清也廉者吏之清也釋文廉斂也自檢斂也天官小宰以聽官府之六計弊群吏之治一曰廉

善二曰康能三曰康敬四曰康正五曰康法六曰
康辨　玉篇康清也本此澫者古達切木華海賦滲
澫浩汗　玉篇澫清也本此
穌　蘇昏平括音禾反　孚乳腹穀奴候反春秋之穀鳥　孺與育乳生也
說文生進也象艸木生出土上坤彖傳至哉坤元
萬物資生文選注引劉瓛周易義云自無出有曰
生穌者素泒切玉篇穌死而更生也通作蘇左氏
宣八年傳殺之絳市六日而蘇秳者禾之生也集
韻秳生也本此或說秳疑活之訛楚詞天問化為
黃熊巫何活焉王逸注活生也字者漢書嚴安傳

五穀蕃熟六畜遂字顏師古解字為生說文字乳
也史記五帝本紀鳥獸字微虞書作孳尾是字與
孳通故說文序云字者言孳乳而浸多也乳者史
記倉公列傳菑州王美人懷子而不乳索隱曰乳
音人喻反乳生也呂氏春秋季夏紀夏后氏孔甲
田于東陽萯山天大風晦盲孔甲迷惑入于民室
主人方乳說文云人及鳥生子曰乳獸曰產腹者
詹事兄曰腹與孚聲相近易說卦坤為腹坤道資
生故取腹象桂進士馥曰疑當作癁廣韻癁病重
發也發即生穀者左氏宣四年傳楚人謂乳穀說

文㲄乳也濡者而遇切說文濡乳子也與者雛騶
各與心而娛姤王逸注與生也舊本與訛與今訂
正育者說文育或作毓地官大司徒以𠙶艸木注
毓生也乳字重出疑孚之訛孚者鳥之生也說文
孚卵孚也从爪从子徐鍇曰鳥之孚卵皆如其期
烏裒恒以爪反覆其卵也
貸福⿺辶咅是騻反倅寸對反也墳盈也
說文盈滿器也墨子經篇盈莫不有也貸者他代
切盈而假以與人也福⿺辶咅者皆副也盈而後有副
也匡謬正俗云副貳之字本為福以衣畐聲西京

賦云仰福帝居傳寫舛訛轉衣為示讀者便呼為福祿之福失之遠矣忠案此福字與簉倅為一科亦當為福左氏昭十一年傳僖子使助薳氏之簉注簉副倅也張衡西京賦屬車之簉載獫猲獢薛綜注簉副也江淹雜體詩中坐溢朱組步櫚簉瓊弁嵇康琴賦猶有一切承間簉乏初救切逸周書糴匡解餘子倅運孔晁注倅副也廣韻簉倅也舊本倅下無也無今据盧學士校本增憤者方言憤自為也周語陽癉憤盈韋昭注憤積也蔡琰詩心吐思兮胸憤盈石崇王明君辭苟生亦何聊積思

常憤盈憤通作墳樂記粗厲猛起奮末廣賁之音作而民剛毅鄭注賁讀爲墳墳怒氣充實也

營量商揣如毀反又丁果反又尺兖反硂七全反擬泚且礼反測圖謜音元稱挍擬矱于縛反又于虢反又居縛反隱度也

大雅皇矣帝度其心傳心能制義曰度營者衆經音義引蒼頡篇營部也謂量度而部署之也量者稱之度也說文量稱輕重也離騷羌内恕己以量人王逸注量度也商者說文商以内知外也漢書律歷志商之爲章言也物成孰可章度也荀悅漢紀商者量也物盛而可量度也白虎通義商賈篇

商之為言商其遠近度其有無通四方之物故謂之商也陸機吳趨行淑美難窮紀商搉為此歌李善引許慎淮南子注商推麤略也言商度其麤略也揣者高之度也方言度高為揣杜氏昭三十二年傳計丈數揣厚薄老子道德經揣而稅之不可長保傳奕本作敵音揣量也史記英布列傳果如薛公揣之陳平曰生揣我何念淮南人間訓凡人之舉事莫不先以其知規慮揣度而後敢以定謀文選引鬼谷子測深揣情硂者衡之度也玉篇硂度也本此通作銓淮南子縣子于銓衡文選注引

倉頡篇銓稱也注銓所以稱物也說文銓衡也擬
者說文手部義也魚已切鼎彖傳君子以正位凝
命翟本凝作擬云度也通作儗曲禮儗人必于其
倫注儗猶比也按比儗亦商度訛者本書釋言訛
測也訛測皆為度也測者深之度也說文測深所
至也玉篇測深也廣深曰測淮南說林訓以篙測
江篙終而以水為測惑矣班固答賓戲云欲從堥
敦而度高乎泰山懷氿濫而測深乎重淵舊本測
訛側今訂正圖者計之度也說文圖計畫難也釋
名圖度也畫其品度也非有先生論圖畫安危揆

度得失顏延之元后哀策文圖光玉繩李善注引此文謜者語之度也魚怨切說文謜徐語也徐語亦商度之意稱者說文稱銓也春分而禾生日夏至晷量可度禾有秒秋分而秒定律數十二秒而當一分十分而寸其以為重十二粟為一分十二分為一銖故諸程品皆以禾樂記云律大小之稱比終始之序挍者考之度也齊語昔我先君合羣叟比挍民之有道者韋昭注挍考合也揆者離騷皇覽揆余初度兮揆揆度已見爾雅釋言必不重見此當為葵小雅采菽天子葵之傳葵揆也說文

廣雅疏義

揆葵也戴侗六書故引唐本說文揆度也彠者說
文蒦規蒦商也一曰蒦度也或作彠从尋尋亦度
也引楚詞曰求矩彠之所同今本離騷作矱王逸
注矱亦度也彠矱字異音義同㥯者心之度也商
書盤庚尚皆隱哉崔瑗座右銘隱心而後動李善
注引劉熙孟子注隱度也

叢七庚反蔄莫郎反趣趨音又無住反矜遽也

說文遑窘也謂窘迫也叢者廣韻無此字不知所
從未詳其義蔄者方言茫遽也吳揚曰茫郭注謂
遽矜也今北方通然也蔄茫古通用趣者七句切

說文趣疾也矜者方言矜奄遽也陳潁之間曰奄
秦晉或曰矜或曰遽
仄陋褊必善反⿰亻⿰齒隹音城迫隘烏賣反窄側白反陿音匣也
說文陜隘也侯夾切詩釋文陿本作狹依字應作
陜仄者說文仄側傾也從人在厂下玉篇仄陋也
阻力切陋者說文陋阨陜也荀子修身篇少見曰
陋褊者魏風葛屨維是褊心楚詞七諫淺智褊能
兮王逸注褊狹也張衡西京賦勞則褊于惠⿰亻⿰齒隹者
下介切⿰亻⿰齒隹陜也⿰亻⿰齒隹當為狹通作⿰齒隹揚雄反離騷何
文肆而質⿰齒隹應劭曰⿰齒隹狹也迫者說文迫近也史

訖索隱引說文敀窄也玉篇迫逼迫也隘者說文䧢陋也从𨸏𦐖聲𦐖籀文嗌字或作隘宋玉高唐賦勢薄岸而相擊兮隘交引而卻會李善注至迫隘之處其流交引而卻相會張衡西京賦右有龍坻之隘窄者玉篇窄迫也陋也或作迮小雅雨無正箋急迮且危後漢書竇融傳囂勢排迮不得進退注排迮猶迫蹙也通作笮說文笮迫也漢書文三王傳李太后與爭門措指晉灼曰措置字借以為笮耳顏師古音壯客切為門扇所笮嵇康聲無論云聲無主于哀樂猶簁酒之囊漉雖笮具不同

而酒味不變也

教導指揥音帝敕音勑告復白諟鳥反報眂音示語也

說文語論也釋名語敘也敘己所欲說也詩傳直言曰言論難曰語鄭注周禮云發端曰言答述曰語文王世子篇登歌清廟既歌而語注語談說也教者說文教上所施下所效也釋名教傚也下所法傚也蔡邕獨斷諸侯言曰教導者說文導導引也釋名導陶也陶演己意也指者玉藻篇凡有指畫于君前用笏漢書蕭何傳發蹤指示獸處者人也離騷指九天以為正兮王逸注指語也揥者審

之語也都計切㩆之言審諦也敕者誡之語也說
文敕誡也釋名敕飭也使自警飭不敢廢慢也小
雅楚茨既匡既敕箋祝釋嘏詞以敕孝孫盤古者
教戒之詞曰教告者覺之語也釋名上敕下曰告
告覺也使覺悟知己意也楚詞九章明告君子王
逸注告語也復者曲禮少閒願有復也注復白也
白者說文謞白也玉篇白告語也漢書高帝紀上
令周昌選趙壯士可令將者白見四人後漢書鍾
皓傳鍾瑾常以李膺言白皓謏者玉篇謏語也本
此眡者與示同說文示所以示人也釋名示示也

過所至闕津以示之也楚詞九章窮不知所示王逸注示語也

蔚音慰薈烏外反庡於幾反隱翳也

方言翳掩也郭注謂掩覆也陸機文賦理翳翳而愈伏蔚薈者草之翳也說文薈草多貌引詩曰薈兮蔚兮庡者身之翳也廣韻庡藏也隱者牆之翳也說文隱蔽也

頑萬彥反康怐苦候反愗音茂儒輸娍音越戇竹降反惷反中愚也

荀子修身篇非是是非謂之愚楊倞注以非為是

以是為非則謂之愚賈誼新書深知禍福謂之知之知反知為愚說文愚戇也頑者左氏文十八年傳頑嚚比周劉楨贈五官中郎將詩小臣信頑鹵李善注引李尤東觀賦臣雖頑鹵慕小雅斯千歎咏之美嚚者魚巾切左氏僖二十四年傳口不道忠信之言為嚚怐愗者荀子非十二子篇世俗之溝猶瞀儒嚾嚾然不知其所非也楊倞注溝瀆猶怐怐愚也猶猶豫也瞀闇也又儒效其愚陋溝瞀而冀人之已為知也注溝音寇愚也溝瞀無知也漢書五行志作區瞀與此同義楚詞九辨直怐愗

而自苦玉篇怐愗愚也本此怐溝區愗瞀字異音義同儒輸者方言文荀子修身篇勞苦之事則偷懦轉脫楊倞注偷當為輸輸城者于厥切未詳戇慧者說文心部義也漢書汲黯傳甚矣汲黯之戇也惷者亦說文心部義也表記云惷而愚淮南道應訓惷乎若新生之犢而無求其故

罷㤈去卷反煩御巨脚反賢搞苦告反勦子小反又楚交反疑誤也禮記曰無勦說鄭注云勦由擥也謂取人之說不訓為勞春秋傳無及于鄭而勦民焉用之牡訓為勞然則勦从刀而勦以力明矣肩秘往勞也

說文勞劇也用力者勞古文作𢠸罷者符羈切說

文㾊字云罷病也通作疲說文疲勞也惓者說文力部義也上文釋惓為惄又訓為勞義相成也煩者嵇康與山巨源絕交書心不耐煩廣韵煩勞也本此御者與御同詳見極下賢者小雅北山大夫不均我從事獨賢孟子釋之曰此莫非王事我獨賢勞也犒者因其勞而慰藉之也左氏傳三十二年傳以乘韋先牛十二犒師玉篇犒餉軍與犒同古通用槀周官槀人注鄭司農云槀讀犒師之犒主冗食者故謂之犒書序孔傳槀勞也勅者說文力部義也左氏宣十二年傳無及于鄭而勅民昭

九年傳焉用速成其以勦民也杜注並云勦勞也㞕者動之勞也方言文說文㞕動作切切也秘者廣韻祕勞也本此通此毖周書大誥天閟毖我成功所孔傳言天慎勞我周家成功所在往者方言㞕往勞也郭注㞕㞕往來皆劬勞也舊本往訛住今訂正

潛丞沈溺湼乃結反湮音因渨烏回反淪沒也

說文㲼沈也玉篇沒溺也經典通作沒潛者方言潛涵沈也楚郢以南曰涵或曰潛丞者因其沒而出之也辰陵切揚雄羽獵賦丞民乎農桑集韻引

廣雅涵沒也是本又作涵通作承列子黄帝篇使弟子並流而承之張湛注承音拯引方言出溺為拯沈者直深切戰國策智伯攻趙圍晉陽而水之城之不沈者三版玉篇沈沒也本此溺者檀弓篇死而不吊者三畏厭溺說文作休云沒也玉篇休奴的反引孔子曰君子休于日小人休于水經典通用溺湼者方言湼休也湼休聲相轉故並為沒湮者說文水部義也於真切瀎者亦說文水部義也淪者商書微子篇今殷其淪喪玉篇淪沒也本此

數諑音卓謫徒革反怒結讓爽譴誅過訟責也

說文責求也數者所纔切左氏傳乃執子南而數之戰國策范睢之數須賈漢書高祖之數項羽司馬喻巴蜀檄因數之以不忠死亡之罪皆計其罪而責之也諑者離騷謠諑謂余以善淫王逸注諑猶譖也方言諑愬也楚以南謂之諑玉篇諑責也本此謫者邶風北室人交徧謫我傳義也左氏成十七年國子謫我列子力命篇窮年不相謫發張湛注謫謂責其過也史記申屠嘉列傳議以謫罰侵削諸侯方言謫過也南楚以南凡相非議人謂

之讁或謂之衇謫讁古通用怒者方言謫怒也故怒亦謂責義相成也詰者問之責也說文詰問也鄭注禮記云詰謂問其罪也讓者詞之責也說文讓相責讓左氏昭二十五年傳且讓之杜解讓爲責周語讓不貢韋昭注讓譴責也史記張耳陳餘列傳張耳責讓陳餘以不肯救趙與者方言與故也過與責義相近譴者說文譴謫問也小雅小明畏此譴怒傳罪責也誅者孔安國論語注義也周官太宰職誅以馭其過注誅責讓也過者漢書高祖紀聞將軍有意督過之訟者包咸論語注訟猶

責也言人有過莫能自責者也史記呂后本紀大
尉尚恐不勝諸呂未敢訟言誅之
題大反兮睎望目䀩截七反才䁥七楚祭扎反反又窺苦反盍覘耻淹
反覰睹音覒耄音闞苦反暫盼乎反際覤竀耻反敬覵古反莧眽參音
睍乎反典睌必反限睍居反恚覗司音看覓麦免音音又曝力反惟靚
狄音睥善反計睨五反計眄匕反見睞來反代瞰若反[illegible]睇弟音睵堪音
眂支音瞗彫音矕馬反扳瞍走反公瞜烏反見矆需反縛[illegible]平反愁瞀
口反計眯祕音占蔄覼且七居絜反反又眐以反戰診真又敏音反陣覼五貫
反視也
洪範視曰明說文視瞻也釋名視視是也察是非也

題者說文題顯也玉篇題視也達麗切本此睎者香衣切方言睎眝也東齊青徐之間曰睎班固西都賦睎秦嶺郭璞江賦飛廉無以睎其蹤望者說文望出亡在外望其還也釋名望茫也遠視茫茫也目者周語國人莫敢言道路以目史記陳丞相世家陳平去楚渡河船人疑其有金目之漢書高祖紀范增數目羽擊沛公顏師古注動目以諭之張衡東京賦目訖阿房薛綜注目視也略者盧各切方言略眄也吳揚江淮之間或曰略又云略視也吳揚略郭注今中國亦云目略也職者玉篇職

䁓也子來切截同上䁓者說文䁓察也左思魏都賦有䁓呂梁玉篇䁓視也本此窺者說文窺小視也班固西都賦魚窺淵覘者說文覘窺也左氏成十七年傳公使覘之曰信檀弓我喪也斯沾注沾讀曰覘覘視也又晉人之覘宋者注覘闚視也學記呻其佔畢注佔視也晉語公使覘之韋昭注覘微視也淮南俶真訓昔公牛哀轉病也七日化爲虎其兄掩戶而入覘之則虎搏而殺之高誘注覘視也方言貼占視也凡相竊視南楚或謂之貼或謂之占是覘沾貼占古字通用睹者說文睹見也

古文作覩文言傳聖人作而萬物覩禮運云以陰陽為端故情可睹也覒者擇之視也莫袍切說文覒擇也玉篇引詩曰左右覒之廣韻覒邪視也亦作毷莫報切闞者玉篇闞視也本此盻者恨之視也說文盻恨視也魏志許褚傳馬超問虎侯安在太祖顧視褚褚瞋目盻之超不敢動觀者說文觀諦視也釋名觀翰也望之延頸翰翰也穀梁隱五年傳常事曰視非常曰觀竀者說文竀正視也覵者廣韻覵視也本此眽者莫獲切說文眽目財視也玉篇眽相視也揚雄河東賦眽隆周之大寧睍

者說文睍出目也唐書韓愈傳低首下心伈伈睍
睍睌者說文睌睌睯目視貌本書釋訓睌睌視也
廣韻睯䀎睯無畏視也䁌者玉篇䁌視也本此覗
者息咨切方言自江而北相竊視謂之覗玉篇覗
視也本此看者說文看睎也或作䩔吳志周魴傳
看伺空隙覓者說文覛衺視也顏師古注揚雄傳
云脈古覓字周語古者太史順時覛土韋昭注覛
視也張衡西京賦覛往昔之遺館趙至與嵇茂齊
書涉澤求蹊披榛覓路大昭案隸書𠂢似爪誤作
爪𠂢又誤為爪加於見上遂成覓字古本作覛也

俗又造作覔字云不見為覔失之遠矣瞟者方言䁵視也南楚謂竊視曰䁵郭注亦言瞟也玉篇瞟視也亦作䁘本此覰者七亦切玉篇覰觀也睥睨者玉篇睥左睥右睨說文睨衺視也左氏哀十三年傳余與褐之父睨之莊子山木篇雖羿逢蒙不能眄睨也史記信陵君列傳俾倪故久立離騷忽臨睨夫舊鄉漢書灌夫傳辟兩宮閒顏師古注辟睨傍視也埤俾即睥也說文陴城上女牆俾倪也睥睨俾睨辟睨俾倪字異音義同眄者說文眄目偏合也一曰衺視也方言睎眄也自關而西秦晉

之間曰眄左思咏史詩左眄澄江湘睞者說文睞目童子不正也玉篇睞旁視曹植洛神賦明眸善睞李善注睞旁視也鮑照舞鶴賦奔機逗節角睞分形瞰者楊雄解嘲鬼瞰其室張衡西京賦瞰宛虹之長髻玉篇瞰視也本此睇者小爾雅文特計切方言睇眄也陳楚之間南楚之外曰睇說文睇目小視也夏小正來降燕乃睇睇者眄也眄者視可為室者也內則篇在父母舅姑之所不敢睇視楚詞九歌既含睇兮又宜笑王逸注睇微眄貌⿰目武者廣韵平聲內不收此字未聞眡者常利切說

文眡古文視字瞗者都僚切說文瞗目孰視也讀若雕矕者說文矕目矕矕也班固荅賓戲云矕龍虎之文舊矣晉灼曰矕視也馬融廣成頌右矕三塗左概嵩嶽睃者子夋切方言睃視也南楚謂竊視曰睃或謂之緍緍中夏語也闚通語也自江而北謂之貼玉篇睃視也本此瞜者說文瞜目相戲也方言瞜視也東齊曰瞜凡以目相戲曰瞜郭璞音烏扳反矆者說文矆大視也玉篇矆與矆同木華海賦矆睒無度瞍者玉篇瞍直視也睧者說文睧省視也玉篇睧窺也䀸者兵媚切說文䀸直視

也通作覘莊子徐無鬼篇譬之猶一覘也司馬彪云覘暫見貌占者方言凡相候謂之占占猶瞻也與覘同詳見覘下省者祭之視也說文省視也漢書文帝紀且吾農民甚苦而吏莫之省顏師古注省視也覷者說文覷拘覷未致密也或借用狙漢書張良傳良與客狙擊秦皇帝顏師古注狙謂密伺之字本作覷睋者說文遺相顧視而行也玉篇睋與遺同診者說文言部義也史記扁鵲列傳特以診脉為名耳司馬彪云診占也後漢書王喬傳詒上方診視注診亦視也覷者玉篇覰視也本此

〇集韻引廣雅䁻視也見視也市之切今俱無此文

枉於往反橈女教反𣂏盭音戾蟠步千反宛烏因反蹇古免反骫音委傴依矩反僂力兩反卷古萬反詰詘迟音隙曲也

說文象曲器受物之形古文作𠙺釋名曲局也相近局也經典相承作曲枉橈者說文枉衺曲也橈曲木呂氏春秋仲秋紀斬殺必當無或枉橈枉橈不當反受其殃高誘注淩弱為枉違彊為橈楚詞九章施黃棘之枉策王逸解枉為曲漢書昭帝紀數以邪枉干輔政顏師古注枉曲也以邪曲之事

而干求也折者旨熱切玉藻折還中矩史記灌夫傳吾益知吾壁中曲折請復往盭者說文盭弼戾也讀若戾棨盭與戾通說文戾曲也从犬出户下戾者身曲戾也蟠者鄱陽獄中上書蟠木根柢輪囷離奇班固荅賓戲云故夫泥蟠而天飛者應龍之神也項岱曰如應龍蟠屈而升天冤者說文冤屈也兔在冂下不得走益屈折也桂進士馥云益當作善觠者角之曲也巨員切說夫觠曲角也骫者骨之曲也於詭切說文骫骨耑骫奊也玉篇骫骨曲也漢書枚皐傳其文骫骳曲隨其事顏師古

注詘猶言屈曲也淮南厲王傳皇帝戲天下正法而許大王傴僂者左氏昭七年傳一命而傴再命而僂枚乘七發雖有淹病滯疾猶將伸傴起躄說文傴僂也僂尪也或言背僂孔叢子子思曰禹湯文武及周公勤思勞體或折臂望視或禿骭背僂聾者玉篇聾曲也本此詰詘者說文詘詰詘也玉篇詘枉曲也揚雄長楊賦迺展人之所詘李善注詘古屈字王逸九思思哽饐兮詰詘詘舊本詰訛結今訂正迟迟者行之曲也綺戟切說文迟迟曲行也莊子人閒世卻曲釋文云字書作迟引廣韻迟曲

也今說文廣雅俱作迟

剶勑傳反⿰各刂音落剃他帝反剔他覓反也

說文新補剔字云解骨也士喪禮四鬄去蹄注鬄解也今文鬄作剔通作鬄說文鬄鬀髮也剶者玉篇剶丑全切削也去枝也⿰各刂者玉篇⿰各刂力各切剔也本此剃者玉篇剃鬄也除髮也古作鬀說文鬀鬄髮也大人曰髡小兒曰鬀盡及身毛曰鬄

緶婢延反緝七立反⿰衤齊音資緁且立反也

說文緁緶衣也廣韻⿰衤疌褋緣亦作緁漢書賈誼傳白縠之表薄紈之裏緁以偏緒晉灼曰以偏諸緁

著衣也顔師古注緶音妾謂以偏諸緶著之也緶者說文緶緁衣也廣韻緶縫也緝者古緁字說文緁或作緝楚詞九懷懷襞英衣兮緹䌰襍者即夷切說文齌緶也

高厲㨖踊音勇騰躍陞音升跳摇祖潛貢顛頂弼備筆反尚營上也

說文上高也此古文篆文作上高者周頌敬之毋曰高高在上郭璞注爾雅釋親云高者言最在上古詩十九首何不策高足厲者嵇康贈秀才入軍詩淩厲中原玉篇厲高也本此㨖者息拱切張衡

南都賦結根竦本張協七命舉戈林竦通作聳廣
韻聳高也李善注長楊賦云竦與聳古字通踊者
余隴切說文踊跳也騰躍者莊子逍搖游六斥鷃
笑之曰我騰躍而上不過數仞而下淮南原道訓
蹈騰崑崙高誘注騰上也乾九四或躍在淵荀爽
注躍上也陞者玉篇陞與升同上也易序卦傳聚
而上者謂之升商書若升高自必下跳者說文跳
躍也徒遼切釋名跳條也如草木枝條務上行也
搖祖者方言文又云祖搖也潛者詹事兄曰潛之
訓上亦亂訓治徂訓存之類以相反為訓貢者奉

之上也禹貢序禹別九州隨山濬川任土作貢玉篇貢上也本此顛頂者方言文頭之上也齊語班序顛毛墨子修身篇華髮墮顛猶者亦方言文彼作粥同尚者覲禮云上介皆奉其君之旂置于宮尚左鄭注古文尚作上孟子舜尚見帝趙岐注尚上也劉知幾史通引尚書璇璣鈴云尚者上也上垂天文以布節度如天行也營未聞

㙴障陘音陘否拘隔也

說文隔障也古亦作鬲漢書韋元成傳起敦煌酒泉張掖以鬲婼羌㙴者古作邕說文邕邑四方有

水自邕成池者漢書王莽傳長平館西岸崩邕涇水不流顏師古注邕讀曰壅障者說文阜部義也又云墇擁也二字通用隉者玉篇隉工定切隔也本此否者廣韻否塞也易否卦閉塞之象曹植求通親親表今之否隔友于同憂拘者拘罪人于囹圄亦障隔漢書司馬遷傳陰陽之術太詳而衆忌諱使人拘而多畏顏師古注拘曲礙也曲礙亦隔意

誂大鳥反誀如志反訹戍音謏素了反又三六反誘三酉反又所六反也

說文𧩙相訹呼也或作誘玉篇誘引也相勸動也

舊本以素了三六二反併作誘者非是今訂正訛者說文訛相呼誘也史記吳王濞傳使中大夫應高訛膠西王誀者玉篇誀誘也本此詸者說文詸誘也通作怵漢書食貨志善人怵而為奸邪李奇曰怵誘也動心于奸邪也武帝紀元狩元年詔曰怵于邪說如淳曰見誘怵于邪說也顏師古注怵或體詸耳詸者誘也音戌亥之戌䛜者辭之誘也蘇后切廣韻䛜詸誘詞

嬹虛應反悅怤音敷愉忔許乞反欯虛一反謳⿱世女丈例反歖欣休禔紛怡喜也

說文喜樂也古文作歖通作憙史記周本紀無不欣喜漢書郊祀志天子心獨憙顔師古注憙讀曰喜劉寬碑陰河東郡聞憙漢書地理志續漢書郡國志皆作聞喜嬹者說文嬹說也漢大長公主名嬹俗本誤作嫖悅者說文說說釋也益彖傳民說無疆經典通作說孟子本作悅怟愉者方言文郭注怟愉猶呴喻也漢瑟調曲隴西行好婦出迎客顔色正敷愉敷愉疊韻形容之詞玉篇怟喜也悅也樂也聘禮私覿愉愉焉荀子王霸篇安重閒靜莫愉焉楊倞注愉樂也愉通作愈說文愈下引

書有疾不悆悆喜也忔者玉篇忔喜也本此通作
扢莊子讓王篇子路扢然執千而舞司馬彪云扢
喜貌欯者說文欠部義也本書釋訓欯欯喜也謳
者荀子議兵篇近者謳謳而樂之玉篇謳喜也本
此姕者許列切說文姕妜也妜得意妜妜玉篇姕
喜也本此歡者說文歡喜樂也檀弓篇啜菽飲水
盡其歡樂記篇欣喜歡愛樂之官也亦作懽說文
懽喜歉也孝經故得萬國之懽心以事其先王欣
者說文欣笑喜也月令篇慶賜行遂無不欣悅周
語事神保民莫不欣喜亦作忻史記管晏傳贊余

雖為之執鞭所欣慕焉休者逸之喜也周官作德心逸日休禔者方言文郭注有福即喜紛怡者亦方言文湘潭之間曰紛巳或曰巸巳

謣呼氐反吁虛于反又于音欸哀音醫於今反唯諾然詒於麗反譍也

說文新補譍字云以言對人也經典通用應謣吁者方言謣吁然也郭注皆應聲也虞書帝曰吁欸醫者方言欸醫然也南楚凡言然者曰欸或曰醫楚詞九章欸秋冬之緒風洪興祖補注欸然也通作唉說文唉譍也五音集韵唉慢譍也莊子知北游云狂屈曰唉釋文引李頤注音熙應聲徐邈音

烏來反玉篇謦是也發聲也廣韻謦相言應詞唯者以水切說文唯諾也曲礼文名無諾先生召無諾唯而起鄭注應詞唯恭于諾孔安國論語注直曉不問故答曰唯也皇侃疏唯猶今言應爾也諾者說文言部義也管子形勢解聖人之諾已也先論其理義計其可否義則諾不義則已故其諾未嘗不信也小人不義亦諾不可亦諾言而必諾故其諾未必信也故曰必諾之言不足信也孝子輕諾者必寡信袁淑做樂府白馬篇一朝許人諾然者說文作嘫云語聲也宋玉神女賦含然諾其不

分分訡者玉篇訡譍㲉本此

睎希音睢鸊音㷭峯子字今之峯火宜作此㷭虞闞候望也

釋名望惘也視遠惘惘也孟子云守望相助睎者

說文目部義也法言睎驥之馬亦驥之乘睎顏之

人亦顏之徒也顏常睎夫子矣李軌注睎望也言

顏回常望孔子也睢者昌各切集韻引廣雅睢望

也舊本訛从鳥雀之雀今訂正㷭虞者方言文郭

注今云烽火是也說文㷭燧候表也邊有警則舉

火闞者說文門部義也通作瞰班固東都賦瞰四

夾而抗棱李善注引字書瞰望也候者說文候伺

望也夏官候人注候候迎賓客之來者其職曰各掌其方之道治與其禁令以設候人

糅女又反 穰女亮反 𥽜力的反 殽雜也

方言雜集也說文雜五采相合也鄭語先生以土與金木水火雜以成百物韋昭注雜合也糅者說文粈雜飯也玉篇糅與粈仝離騷芳與澤其雜糅兮淮南原道訓所謂天者純粹樸素質直皓白未始有與雜糅者也穰者玉篇穰雜也本此𥽜者玉篇𥽜雜糅食也殽者說文殽相雜錯也漢書食貨志鑄作錢布皆用銅殽以連錫顏師古注連錫之

別名謂以連與錫雜銅而為錢也

媮他候約⿸广京良者世人作⿸广京禣之鯀險磷音玄禪音丹禰
反⿸广京水傍著京失之矣
口草彿非反世人以此為他縑反世人水傍
反菲芳菲之菲失之矣移沾著亦失之又以此
沾字為罳亦失禣步各反世人作禪禣之也
之也罳字宜然禣艸下著薄亦失之矣

釋名薄迫也單薄相逼迫也玉篇禣襌衣也媮也
約也儉也磷也菲也沾也義皆本此經典相承作
薄媮者左氏襄三十年傳晉未可媮也注媮薄也
通作愉說文愉薄也小雅鹿鳴視民不恌傳恌愉
也又通作偷包咸論語注云不偷薄也約者方言
葯薄也郭注謂薄裡物也葯約字異義同玉篇⿰氵約

薄也本此惊者說文亢部義也水部又云涼薄也
是二字通此曹以水旁京為失誤矣緜者說文緜
聯微也險者古與儉通左氏襄二十九年傳大而
婉險而易行史記險作儉荀子俗儉而百姓丕楊
倞注儉通為險漢劉修碑動乎儉中今易作險是
二字通也說文儉約也磏者石之薄也力鎮切論
語磨而不磷玉篇磷薄也本此禪者衣之薄也喪
大記袍必有表不禪說文禪衣不重都寒切褐者
表之薄也玉篇褐表裏菲者方言文郭注謂微薄
也馬融論語注菲薄也諸葛亮出師表不宜妄自

菲薄移者疑是袳字形相相近而譌也集韻袳典可切衣弱也弱與薄同義沾者說文沾益也通作姑史記竇嬰傳魏其者沾沾自喜耳顏師古曰沾沾輕薄也予謂沾沾與姑姑同說文姑小弱也一曰女輕薄善走也或讀若占

絅古熒反獧俱冋反又俱眄反僄四昭反疾陖先訊反陗且肖反怦普衡反又普耕反窘逵殞反巹祖迴反字書赦類音為局促促長迫遒徐留反蹙子六反矜笘音苦桓公鄧反亟幾憶反緊居忍反清躝急也

說文急褊也釋名急及也操切之使相逮及也絅者說文絅急引也獧者古縣切說文犬部義也文

云儇急也音義並同慓者說文慓疾也通作剽漢書地理志自全晉時已患其剽悍顏師古曰剽急也輕也玉篇慓急也本此疾者繫詞傳惟神也故不疾而速詩大雅旻天疾威傳疾猶急也左氏襄五年傳必改行而疾討陳注疾急也月令季冬征鳥厲疾陖者通作駿周頌噫嘻駿發爾私弟子職若有賓客弟駿作皆言急也陗者王褒四子講德論宰相刻峭大理峻法李善注引廣雅峭急也是本又作峭悍者楚詞九辯心悍悍兮諒直玉篇悍心急也窘者說文窘迫也離騷夫惟捷徑以窘步

王逸注窘急也⿸尸是者玉篇趗迫也速也或作促廣韻趗趗連迫者盧諶贈劉琨詩并書云致感之途或迫乎茲遒者說文遒迫也或作遒楚詞招魂分曹並進遒相迫些潘岳秋興賦悟時歲之遒盡兮鮑昭還都道中作詩獵獵風遒慼者禮器篇不然則已慼廣韻慼急也本此古通用蹴矜者方言矜遽也急遽同義⿱⺮吉者玉篇廣韻俱無此字集韻⿱⺮吉竹名或省作⿱⺮吉又云⿱⺮吉皺也又云苦急也苦即⿱⺮吉之譌然則正文當為⿱⺮吉音釋當為⿱⺮吉也⿰木亙者古恒切說文⿰木亙引急也淮南繆稱訓治國譬如張瑟大

弦絙則小弦絶矣高誘注絙急也拒絙字異義仝亟者說文亟敏疾也鄉風北風既亟只且傳亟急也通作茍說文茍自急敕也緊者說文緊纏絲急也江淹雜體詩霜露一何緊桂枝生自直清躡者方言文曹植七啟忽躡急而輕騖李善注景日景也躡之言疾也

捏音呈掄音崙撟音矯捎所交反擠音在廣撫揀音東選擇也

說文擇柬選也書呂刑罔有擇言在躬孝經口無擇言身無擇行捏者直庚切本詳掄者說文手部義也地官山虞凡邦工入山林而掄材不禁注掄

猶擇也晉語君掄賢人之後有常位於國者而立之亦掄逞志虧君以亂國者之後而去之韋昭注亦爲擇通作論呂氏春秋仲春紀古之善爲君者勞于論人而佚于官事高誘注論猶擇也撟捎者方言撟撟捎選也自關而西秦晉之間凡取物之上謂之撟捎郭注此妙擇積聚者也擶者側角切廣韻擶捎也通作穱宋玉招魂稻粢穱麥王逸注穱擇也擇麥中先熟者也虞未聞撨者先弔先凋二切玉篇撨擇也本此揀者文選注引侯瑾箏賦察其風采揀其聲音玉篇揀擇也本此古作柬說

文柬分别簡之也荀子修身篇柬理也楊倞注柬與簡同邶風簡兮簡兮箋簡擇也夏官趣馬簡其六閑鄭注簡差也王制簡不肖以絀惡玉篇簡選也又通作練抆柬七發練色娛目李善注引埤蒼云練擇也舊本音釋柬亦譌揀今訂正選者說文辵部義也齊風猗嗟舞則選兮箋選者謂于等倫最上魯語君不命吾子吾子請之其為選事乎韋昭注選事自選擇其職事也荀子儒效篇遂選馬而進楊倞注選簡擇也通作撰淮南說山訓撰良馬者非以逐狐狸將以射麋鹿也

摳苦侯掀虛言反出春抗揚擎渠迎[illegible]拱翻子恒翥
反秋亦訓為舉江齒外反寯音俱反錄
之頯反亦翹仰仰發扛音僱反搴音暴反糾析
言為署音
蒸之上敍四勝擔輿揭尚興聳舁舉也
敍蒸拼證職
說文舉對舉也摳者衣之舉也說文摳摳衣升堂
玉篇摳挈衣也曲禮云兩手摳衣掀者說文掀舉
出也左氏成十六年傳乃掀公以出于淖杜注亦
為舉抗者小雅賓之初筵云大侯既抗攷工記梓
人故抗而射女文王世子篇抗世子法于伯禽毛
鄭皆云舉也淮南說山訓百人抗浮不若一人挈
而趨孔融薦禰衡表任座抗行曹植七啟抗皓手

而清歌通作炕揚雄甘泉賦炕浮柱之飛榱兮顔師古注炕與抗仝舉也揚者說文揚飛舉也擅弓篇杜蕢揚觶謂之杜舉鄉飲酒義篇盥洗揚觶鄭注亦以揚為舉擎者玉篇擎持也廣韻擎舉也本此拲者居竦切說文拲攤也廣韻拲抱持是拲為抱之舉也䎖者鳥之舉也廣韻䎖舉也本此通作曾楚詞九歌翾飛兮翠曾王逸注曾舉也翥者方言文楚謂之翥郭注謂軒翥也楚詞遠遊鸞鳥軒翥而翔飛曹植七啟翔爾鴻翥翹者張衡南都賦翹遥遷延李善注翹遥輕貌何晏景福殿賦彼吴

蜀之湮滅固可翹足而待之李善注引此文玉篇翹舉也本此仰者說文人部義也繫詞傳仰則觀象于天是仰為首之舉也卬者古仰字發者廣韻發舉也本此扛者古雙切說文扛橫關對舉也史記項羽本紀籍長八尺餘力能扛鼎法言或問力能扛鴻鼎揭筆旗知德亦有之乎曰百人也舊本扛譌从木今訂正偁者偁舉已見爾雅釋言以音釋證之則字當為爯說文爯并舉也搴者衣之舉也與攓同說文攓摳衣也淮南人間訓江之始出岷山也可攓裳而越也暴者食之舉也說文暴舉

食者糾者過之舉也地官大司徒五黨爲州使之相賙杜子春云賙當爲糾謂糾其惡左氏昭六年傳糾之以政杜注糾舉也拼者溺之舉也說文拼上舉也或作撜經典相承作拯明夷六二拯馬壯吉馬融曰拯舉也左氏宣十二年傳目于眢井而拯之亦作撜淮南齊俗訓子路撜溺高誘注撜舉也升出溺人勝者手之舉也孟子力不能勝一匹雛張衡西京賦衆形殊聲不可勝論李善注引此文擔者釋名擔任也任力所勝也左氏莊二十二年傳弛于負擔舊本擔訛从木今訂正輿者衆之

舉也戰國策百人輿瓢而趨揭者高之舉也說文揭高舉也漢書陳涉傳贊揭竿為旗太華海賦候勁風揭百尺尚者楚詞天問不任汩鴻師何以尚之王逸注尚舉也言鯀才不任治水衆人何以舉之乎輿者地官遂大夫三歲大比則帥其吏而輿甿文王世子云乃命有司行事輿秩節鄭注並云輿猶舉也廣韻輿舉也本此轝者輿轝仝以諸切說文擧對舉也舁者衆之舉也說文舁共舉也以諸切舊本舁訛與今訂正

句降窐窆碑艶反窊烏瓜反揑埝乃頰反[illegible]都念反挳除立反隮

頹音折按下也

說文下底也底下也句者曲之下也古侯切周南樛木傳木下句曰樛降者下江古巷二切說文阜部義也召南草蟲我心則降傳降下也周頌閔予小子云陟降庭止鄭解降為下穀梁莊三十一年傳降猶下也堯典釐降二女于嬀汭離騷維庚寅我以降注皆釋為下案降下已見爾雅釋言此降字有誤窪者地之下也說文窪窊也窆者棺之下也說文窆葬下棺也春官家人職及窆執斧以涖窊者汙之下也說文窊汙衺下也馬融長笛賦窊

隆詭戾李善注窊隆高下貌是窊為下也埕者柱之下也乃結切方言云凡柱而下曰埕捻者陷之下也都念切亦方言文郭注謂陷下也𡫸者屋之下也說文𡫸屋傾下也通作墊方言墊下也屋而下也墊說文墊下也左氏成六年傳墊隘莊子外物篇然則廁足而墊之致黃泉司馬彪云墊下也墱者陷之下也說文塭下入也墱塭古字通隤者壞之下也徒回切說文隤下隊也漢書食貨志因隤其土以附苗根顏師古注隤謂下之也折者上文折曲也曲亦向下之象按者說文手部義也漢

書藝文志黃帝岐伯按摩十卷梁簡文帝箏賦陸離抑按磊落縱橫

賆步曲反貤弋豉反附胕坿坿音附又音拊埤符彌反陪賘方寄反賢以瑞反贕思俊反饒贏隅音罵貳勘酮俞潤沾潼音童益也

說文益饒也从水皿皿益之意也賆者玉篇賆益也本此貤者說文貤重次第物也玉篇貤益也本此漢書武帝紀無所流貤附者論語為之聚斂而附益之孟子附之以韓魏之家趙岐曰附益也助者孔安國論語注助猶益也大雅烝民愛莫助之坿者說文土部義也呂氏春秋孟秋紀坿墻垣補

城郭高誘注坿讀如符坿猶培也埤者說文埤增也邶風北門政事一埤益我陪者土之益也說文陪重土也左氏昭五年傳飧有陪鼎玉篇陪益也本此貱者予之益也說文貱迻予也玉篇解貤為貱是移予之意皆為益也賢者玉篇賢以膳羊閑二切媕挐也⿰貝番者玉篇⿰貝番益也本此饒者食之益也說文饒飽也又訓益為饒知饒亦益也贏者利之益也說文贏有餘賈利也左氏昭元年傳賈而欲贏而惡囂乎隅者亡化切方言文郭注謂增益也貳者副之益也說文貳副益也曲禮云雖貳不

涬斟者方言文南楚凡相益而又少謂之不斟酌者酒之益也說文酌盛酒行觴也玉篇酌益也本此俞者適作愈愈亦益也古字通用潤者文之益也曹操與楊修書昔丁敬禮常作小文使僕潤飾之沾者少之益說文水部義也他兼切通作酟文選注引劉梁七舉云酟以醯醢和以蜜飴酟與沾同潼未詳。集韻引廣雅埕益也直立切今無此文蓋涉上而誤耳

沮子念反潤湆音泣浥漸洳音如潯淖女孝反莊子以此字為淖亦澄也

說文澄幽溼也从水一所以覆也覆上而有水故

淫也㬎省聲釋名淫浥也沮者澤之濕也魏風汾
沮洳傳沮洳其漸洳者潤者水之淫也洪範水曰
潤下湆者去急切說文湆幽淫也浥者露之淫說
文水部義也名南厭浥行露傳厭浥淫意也釋文
浥本又作挹同漸者染之淫也子艷切衛風氓云
漸車幃裳洳者澤之淫也如庶切說文浮漸淫也
玉篇浮或作洳同溽者暑之淫也說文溽淫暑也
月令土潤溽暑大雨時行郭璞江賦林無不溽淖
者泥之濕也說文淖泥也左氏成十六年傳有淖
于前乃皆左右相違于淖漢書韋元成傳當晨入

廣天雨淖不駕駟馬車而騎至廣門按音釋云莊子亦以此為淖淖當為溼

頷五感反慘振訊搖扤盪通音勇奮勨音蕩撼手感反掁音謂擡音臺揌素來反掉捎扮扶粉反揮音腪揣初委反摷力刀反扤弋異反又弋尚反搈音容衝佅賦蝡如兖反東風動也

說文動作也𨓆古文樂記動之以四時頷者頭之動也去金切曹音五感反非也左氏襄二十六年傳迎于門者頷之而已杜注頷搖其頭說文玉篇並引作頷列子湯問篇巧夫頷其頤則歌合律張湛注頷猶搖頭也頷訓搖故為動也今本左傳作

頷作頜……

頷誤㣯者集韻頷㣯動也又云頷頷首動也是㣯頷仝玉篇作頷動頭也桑感切振者月令蟄蟲始振曹植七啟鐘鼓俱振潘岳寡婦賦長松萋分振柯訊者通作迅論語迅雷樂記訊疾以雅注訊奮訊也釋文本又作迅是訊為雷之動也搖者說文手部義也左氏昭二十三年傳乃搖心矣月令以搖養氣宋玉招魂鏗鐘搖簴扤者說文手部義也小雅正月天之扤我如不我克考工記輪人輻廣而鑿淺則是以大扤通作抈晉語其置本也固矣故不可抈也五忽切盪者徒朗切繫詞傳八卦相

盪釋文引桓敬道云盪動也左氏昭二十六年傳震盪播越史記樂書音樂者所以動盪血脈也通作蕩月令仲冬諸生蕩注蕩謂物動萌芽也呂氏春秋季春紀無或作爲淫巧以蕩上心高注亦爲動舊本盪誤蕩今訂正慂者與涌同史記上林賦洶湧滂潰奮者豫象傳雷出地奮張衡思元賦奮余榮而莫見兮王蒿奮動也本此勨者余兩切疑與漾同水之動也集韻勨動也本此撼者說文作揻云搖也韓愈詩蚍蜉撼大樹可笑不自量通作感召南無感我帨兮傳感動也說文感如字又胡

坎反核者手改切曹音謂疑誤玉篇核摵動也撞
摠者玉篇撞動搋也摠搋也撞摠也掉者徒弔切
說文掉搖也左氏昭十一年傳末大必折尾大不
掉漢書蒯通傳蒯生一士伏軾掉三寸舌捎者所
交切未聞扮者玉篇扮動也本此揮者繫詞傳發
揮於剛柔而生爻嵇康琴賦伯牙揮手鍾期聽聲
張協七命撫促柱則酸鼻揮危弦則流涕注皆訓
為動揣揲並未聞抌者玉篇抌動也與扰同本此
搈者余隴切說文搈動搈也衝倲者方言文彼作
衝俶字異音義仝賦者亦方言文郭注賦歛所以

擾動民也蝡者說文虫部義也漢書匈奴傳跂行喙息蝡動之類東者釋文東部義也尚書大傳東方者何也動方也物之動也漢書律歷志少陽者東方東動也陽氣動物于時為春白虎通義東方者動方也萬物始動生也風者易繫詞風以動之詩序風風也沈重云上風是國風風下風即是風伯鼓動之風崔靈恩集注本下作諷劉瓛云動物曰風託音曰諷

摧挫摺力合反踒於皮反擖公八反捐䪧詘曲蜀擿呂闔反制

天折也

說文折斷也廣韻折斷而猶連也常列切離騷恐嫉妬而折之王逸注恐妬我正直欲必折挫而敗也摧者說文手部義也非回切王逸九思魁壘擠摧兮常困辱注云擠摧折屈也挫者則臥切攷工記輪人凡揉牙外不廉而內不挫注挫折也史記酷吏列傳蜀守馮當暴挫班固西都賦脫角挫脰摺者說文摺敗也楊雄解嘲范雎以折摺而危穰侯晉灼曰摺古拉字公羊莊元年傳拉榦而殺之史記公子彭生抱魯桓公上車摺其脇腰者烏過切說文踒足跌也案荀子正論篇蹎跌碎折不得

頃矣是跌亦折也撟者字當為遺說文遺撟也撟
當為搚廣雅搰搚撟並訓折則當為折明矣王襃
洞簫賦或渾沌而潺湲兮獵若枚折李善注枚折
似枚之折也獵聲也又引廣雅獵折也獵皆遺之
譌抈者說文手部義也魚厥切太元羹上九車軸
折其衝抈詘者說文詘屈襞曲者廣韻曲委曲罰
者凡獄訟直者得伸不直者受罰罰所以折之也
撟者說文作㩘云搰也玉篇撟與搚仝虛業切制
折古字通莊子庚桑楚篇夫尋常之溝巨魚無所
還其體而鯢鰌為之制釋文制折也言小魚得曲

折也夭者說文夭屈也洪範凶短折夭之謂也曾語其夭札也唐固云未名曰夭韋昭曰不終曰夭莊子逍遥游篇背負青天而莫之夭閼釋文引司馬彪注夭折也潘岳西征賦夭赤子于新安

庱辯謾黠儇許緣反憭音了詑他和反𢞬莫佳反又莫諧反諣音華詖彼寄反寄曉捷鬼慧也

說文慧儇也左氏成十八年傳周子有兄而無慧大戴禮慧種生聖癡種生狂漢書昌邑王清狂不惠慧惠古字通論語好行小慧釋文魯讀慧爲惠今從古皇侃本作惠文選陳琳檄吴將校部曲文

注引論語亦作列子逢氏有子少而惠惠即慧也此所釋者皆欺謾巧詐之慧也虔者方言文郭注謂慧了又云虔謾也郭注謂黠慧也辯者賈誼書道術篇論物明辯謂之辯反辯為訥或說辨與諞通說文諞便巧言也引周書㦰㦰善諞言論語友諞佞謾者方言秦謂慧曰謾郭注言謾訑訑說文謾欺也楚詞惜往日或訑謾而不疑黠者方言自關而東趙魏之閒謂慧曰黠又云嫉慧也郭注今名黠為鬼嫉儇者方言文荀子非相篇鄉曲之儇子楊倞曰方言儇疾也又曰慧也與喜而翾義同輕

薄巧慧之子也楚詞惜誦忘儇媚以背衆兮王逸曰儇佞也洪興祖補注儇慧也憭者說文心部義也力小切陳風月出佼人憭兮𧬈者方言楚謂慧曰𧬈郭注他和反亦今通語說文沇州謂欺曰詑𧬈詑字異者義同玉篇𧬈慧也本此戀者方言晉謂慧曰戀諽者公核切玉篇諽智慧也誡者玉篇誡慧也本此曉者玉篇曉慧也本此捷者方言宋楚之間謂慧曰倢郭注言便捷也捷倢音義仝鬼者方言自關而東趙魏之間或謂慧曰鬼郭注言鬼衇也

欪呵苔反咍上今唏許几反又御谷巨畧反听魚隱反嗞子慈反哂覓唸乙餘反嗔音引許與反嗢乙滑反嘫火雅反咦大尸反弞與哂反訂咥烏格反笑也

釋名笑鈔也頰皮上鈔者也莊子盜跖篇人上壽百歲中壽八十下壽六十除病瘦死喪憂患其中開口而笑者一月之中不過四五日而已矣隸釋王政碑時言樂笑干祿字書咲通笑予案說文竹部本無笑字今有之者徐鉉所補也古用笑字何以知之女部娱為女子笑貌然則不从女者即笑字矣隸書艸竹不分變為笑耳李陽冰乃謂竹得

風其體夭屈如人之笑真臆說也吹者玉篇吹笑
不壞顏也桂進士馥曰玉篇吹字與說文弞字次
第正同廣韻有弞無吹可見廣雅吹字後人所加
當存弞而去吹也咍者呼來切楚詞九章又衆兆
之所咍王逸注咍笑也楚人謂相啁笑曰咍左思
吳都賦東吳王孫輾然而咍啼者說文口部義也
御谷者並其虐切御當作⿰口御說文谷口上阿也从
口上象其理或作⿰口御或作臄小雅行葦嘉殽脾臄
傳臄函也疏引服虔通俗文口上曰臄口下曰函
揚雄羽獵賦遙臄乎紘中晉灼曰口之上下名為

噱然則臄與噱通說文噱大笑也漢書云趙李諸侍中皆談笑大噱是噱噱啣谷音義同故啣谷皆為笑也听者說文口部議也相如上林賦無是公听然而笑史記集解引郭璞注听笑貌集韻引廣雅齗笑也欵即听字之異文嗞者集韻听笑也本此哂者式忍切論語夫子哂之馬融曰哂笑也孫綽遊天台賦哂夏虫之疑冰莞者疑莧之譌論語夫子莞爾而笑釋文莞作莧云華版反本今作莞夬九五莧陸夬夬虞翻注莧悅也讀若夫子莧爾而笑之莧莧亦訓笑故何晏曰莧爾小笑貌是漢

以來論語皆作張博士時尚未譌莞也楚詞漁父篇莞爾而笑王逸注笑離齗也莞一作莧然則楚詞亦是莧字傳寫者改為莞也唹者玉篇唹笑貌本此嗔者余犇切玉篇嗔大笑也嗢者玉篇嗢嗢噱笑不止也嵇康琴賦留連爛熳嗢噱終日李善注引服虔通俗文樂不勝謂之嗢噱嗢烏沒切噱巨略切㘓者玉篇㘓笑也本此咦者玉篇咦笑貌集韵南陽謂失笑為咦欪者古哂字式忍切說文笑不壞顏曰欪通作矧曲礼笑不至矧注齒曰矧大笑則見欲矧哂音義同舊本欪訛吹今訂正詘

者若后切說文𧦝扣也如求婦先𧦝叕之廣韻𧦝
先相𧦝可本書釋訓𧦝𧦝笑也啞者說文口部義
也法言學行篇或人啞爾笑曰須以發策決科。
集韻引廣雅𪘏笑也今無此文
誅罰戮虔伐肆刈殺也
說文殺戮也釋名罪人曰殺殺竄也埋竄之使不
復見也誅者說文誅討也玉篇誅殺也集韻引廣
雅戕殺也疑即誅之異文罰者廣韻引春秋元命
包云网言為詈刀詈為罰罰之言网陷于害戮者
說文戈部義也虔者方言文青齊淮楚之閒語左

氏成十三年傳虔劉我邊陲伐者夏官大司馬以九伐之法正邦國注諸侯有違王命則出兵以征伐之諸侯之于國如樹木之有本根是以言伐云又曰賊賢害民則伐之注春秋傳曰粗者曰侵精者曰伐又曰有鐘鼓曰伐則伐者兵入其境鳴鐘鼓以往所以聲其罪而誅討之肆者夏小正肆遂也或曰肆殺也刈者說文乂芟艸也或作刈

厮音斯徒牧閭侍御僕從扈養任平聲甬辯令保庸童役謂命使也

說文使令也厮者息移切公羊宣十二年傳厮役

廝養注艾艸為防者曰廝汲水漿者曰役養馬者曰廝炊烹者曰養漢書張耳傳有廝養卒謝其舍蘇林曰廝取薪者也養養人者也韋昭曰析薪為廝炊烹為養案詩云斧以斯之斯之義為斬伐故取薪者為廝玉篇儩役也賤也蓋斯或从人隸變為廝說文無廝字古只用斯徒者天官冢宰胥十有二人徒百有二十人注此民給徭役者疏胥有才智為什長徒給使役故一胥十徒也漢書入貲志賦共車馬甲兵士徒之役牧者說文牧養牛人左氏昭七年傳皁隸牧圉閏者字當作賃聲之誤

也說文儥庸也荀子議兵篇是其去儥市傭而戰之幾矣淮南說山訓被羊裘而儥固其事也侍者說文侍承也釋名侍時也尊者不言常于時供所當進者也御者說文御使馬也古文作馭釋名御語也尊者將有所欲先御之也亦言職卑尊者所勒御如御牛馬然也射義御於君所注御猶侍也僕者說文僕給事者古文作䑑從者說文從隨行也扈者戾古切扈之言護也所以擁護也相如上林賦扈從橫行又養馬者為扈已見上文養者廝養也解見廝下史記儒林傳兒寬貧無資用常為

弟子都養索隱曰家貧為弟子造食也任者說文任保也邶風燕燕仲氏任只箋任者以恩相親信也是任為信之使也甬者方言甬賤稱也自關而東趙魏宋楚之閒保庸謂之甬辯者周書酒誥勿辯乃司民湎于酒孔傳辯使也勿使汝主民之吏湎于酒令者使令也說文作伶秦風車轔寺人之令韓詩作伶云使令也保者鶡冠子伊尹酒保太公屠牛漢書欒布傳窮困賃庸于齊為酒家保孟康曰酒家作保保庸也可保信故謂之保顏師古注謂庸作受顧也為保言保可任使後漢書杜根

傳因得逃竄爲宜城山中酒家保注言爲人傭力保任而使之也庸者與傭同傭賃也史記司馬相如傳與庸保雜作童者說文男有罪曰奴奴曰童女曰妾通作僮漢書衛青傳季與主家僮衛媼通僮者婢妾之總稱是婢妾亦得稱僮也役者說文役戍邊也古文作伇春官瞽矇掌九德六詩之歌以役太師注役爲之使也莊子庚桑楚篇老聃之役有庚桑者謂者釋名謂猶㥜也猶得敕不自安㥜㥜然也廣韻㥜怫㥜不安也命者說文口部義也堯典乃命羲和

⿰女畜休六反嫉嫪力高反又力報反嫭手故反妎音械媢亡篤反妒也

說文妒婦妒夫也名南小星序夫人無妒忌之行注以色曰妒以行曰忌離騷各興心而嫉妒王逸注害色為妒⿰女畜者說文⿰女畜媢也廣韻同疑媢之訛嫉者說文㑵妎也或作嫉同秦悉切周南樛木序言能逮下而無嫉妬之心焉亢倉子用道篇同道者相愛同藝者相嫉離騷衆女嫉余之蛾眉兮舊本嫉訛⿰女⿸疒長今訂正嫪嫭者說文嫪婟也婟嫪也爾雅說文云廣雅婟妒也聲類婟嫪類惜也字書作嫭同據此則嫭與婟同古本廣雅作婟字也張衡

思元賦洛妒媷之難並兮想依韓以流亡妒者說文女部義也胡蓋切娟者莫到切說文媢夫妒婦也顏氏家訓云太史公論季布云禍之與自愛姬生于妬媢以至滅國又漢書外戚傳亦云成結寵妾妒媢之誅此二媢並當作娼娼亦妒也義見禮記三倉且五宗世家亦云常山憲王后妒媢王充論衡云妒夫媢婦生則忿怒鬬訟益知媢是妒之別名不得言媢

辛淫通媱窕妷音逸婸大朗反報媟也

說文婬私逸也通作淫小爾雅男女不以禮交謂

之淫上淫曰烝下淫曰報旁淫曰通幸者方言幸
烝淫也漢書外戚傳謳者進帝獨說子夫帝起更
衣子夫侍尚衣軒中得幸舊本幸訛夲方言幸誇
夲皆非也今訂正烝者左氏桓十六年傳衛懿公
烝于夷姜服虔注上淫曰烝烝進也自進上而與
之淫也舊本烝字訛蒸今訂正通者詩正義云左
氏傳文姜如齊齊侯通焉服虔云傍淫曰通言傍
者非其妻妾傍與之淫上下通名也墻有茨序云
公子頑通于君母左氏傳孔悝之母與其豎渾良
夫通皆上淫也齊莊公通于崔杼之妻蔡景侯為

太般娶于楚通焉皆下淫也以此之通者總名故服虔又云凡淫曰通是也媱窕者方言遥窕淫也九疑荆楚之鄙謂淫曰遥江湘之間謂之窕又云江沅之間謂戲爲媱郭注遥言心遥蕩也窈窕治容媱遥音義同舊本媱訛婬今訂正劮婸者方言佚婸媱也郭注跌踼兩音玉篇婸戲婸也劮佚字異音義同報者左氏宣三年傳文公報鄭子之妃詩正義引服虔注鄭子文公叔父子儀也報服也淫親屬之妻曰報漢律淫季父之妻曰報

襲馺反袁酉逯眔及也

說文及逮也公羊傳及者何與也反猶汲汲也襲

者楚詞九歌芳菲菲其襲予王逸注襲及也駇者

駇馬行相及也楊雄甘泉賦輕先疾雷而駇遺風

逮者與逮同方言之文關之東西曰逮說文逮及也

又云隶及也又云隸及也引詩曰隸天之未陰雨

按逮及已見爾雅釋言故作此逮眔者古眔字力

追切公羊傳及者何眔也舊本眔譌眔今訂正

轅若耕反齎呼閒反徑音賢固改確口反車賢良確牛牛衣哀反反又

錯指公音湝又反錯敢音鞭臣牢擊也

玉篇擊口閒切堅也道作堅大雅生民實堅實好

月令季冬水澤腹堅䪼者玉篇廣韻俱無此字案
䪼與䡓仝說文䡓車堅也口莖切聲義相近即此
矣賢者玉篇賢堅也本此侄者之日切廣韻侄堅
也本此固者小雅天保亦孔之固夏官掌固修城
郭溝池樹渠之固攻者小雅車攻我車既攻確者
文言傳確乎其可[不拔]釋文引鄭注確堅高之貌
莊子應帝王篇確乎能其事舊本確訛礶今訂正
賢者說文臤堅也古文以為賢字故賢亦為堅大
雅卷阿正義引說文賢堅也以其人能堅正然後
可為人臣故字从臣按此疑釋名之文誤以為說

文也艮䃓者方言文郭注名石物也說卦傳艮爲小石說文䃓礏也宋玉高唐賦振陳䃓䃓張衡思元賦行積冰之䃓䃓舊本艮訛良今訂正鍇鐕者方言文自關而西秦晉之間曰鍇吳揚江淮之間曰鐕五音集韻鐕堅也本此鞕者牛更切玉篇鞕堅也本此俗作硬杜甫詩書貴瘦硬方通神蘇軾詩硬黃小字臨黃庭臣者白虎通義臣者纏堅也厲志自堅固也牢者史記外戚世家欲連固本根

牢甚玉篇牢堅也本此

挺秀𩱦拔擢涌溢戴出允反茁側劣反喬生出也

說文出進也象草木益滋上出達也釋名出推也推而前也挺者說文挺拔也徒鼎切月令荔挺出鄭注荔挺連文誤也挺字屬下舊說皆然史記陳涉世家果笞廣尉劍挺廣起奪而殺尉孫綽遊天台山賦嗟台嶽之所奇挺諸淵碑文含珪璋而挺曜李善注並引此文秀者陸機演連珠懸景東秀則夜光與碔砆匿曜李善注懸景日也秀出也李康運命論本秀于林風必摧之堆出于岸流必湍之䚥者文角切廣韻䚥屋角與桷仝屋角亦上出也扳摳擢者方言摳擢拔也說文拔擢也擢拔也

擢引也木華海賦擢拔五嶽李善注引此文孟子宋人有閔其苗之不長而揠之者張衡西京賦徑百常而莖擢薛綜注莖特也擢獨出貌廣韻擢出也本此涌者余隴切爾雅釋水濫泉正出正出涌出也詩疏引李巡注水泉從下上出曰涌泉溢者器滿而滕出也𢧢者古文蠢攷工記則春以功注春讀為蠢蠢作也出也通作春尚書大傳春出也物之出也蕐者方言蠢律始也本書釋詁作蠢蕐是蕐為始出也茁者名南彼茁者葭傳義也趙岐孟子注茁生長貌說文茁艸初生出地貌裔者方

言裔末也是裔爲初出之耑也生者說文生象草木生出土上呂氏春秋孟春紀不知義理生於不學高誘注生猶出也文選注引劉瓛易注云自無出有曰生生得性之始也

殫音丹索既渴所蔭滲盪涸鶮音悤汔許乞反熇去反鳳湫澌音斯泣力反二醻子反瞿殘粦方反問寫䐗都果反徒果反又稍煎子延反鋌達反咢央盡也

說文盡器中空也易繫詞書不盡言言不盡意左氏哀元年傳去惡莫如盡曲禮君子不盡人之歡

殫者說文殫極盡也司馬相如子虛賦殫覩人物

之變態張衡西京賦殫所未見通作單周頌單厥心箋義云歲既單矣史記春申君列傳王之威亦單矣徐廣云本亦作殫司馬貞曰單盡也小雅天保俾爾單厚箋單盡也索者說文澌水索也牧誓維家之索孔傳索盡也左氏襄八年傳悉索敝賦既者春秋桓三年秋七月壬辰朔日有食之既公公羊傳既者何盡也穀梁傳既者盡也文選注引易辨終備云日之既陽德消鄭康成注日既日食明盡也渴者水之盡說文水部義也渠列切周禮地官草人凡糞種渴澤用鹿疏云渴故時得水今

乃渴也通作竭月令仲春無竭川澤又通作歇方
言歇涸也左氏宣十二年傳得臣猶在憂未歇也
杜注歇盡也所者力之盡也說文所伐木聲也引
曰伐木所所今本作許許古字通用淮南道應訓
今夫舉大木者前呼邪許後亦應之此舉重勸力
之歌也蔭未詳滲漉者滲色蔭切玉篇滲滲漉也
徐鍇本說文漉水下貌或作渌繫傳云水下所謂
滲漉攷工記慌氏清其灰而盝之說文無盝字即
渌也月令無漉陂池方言盝涸也郭注謂渴也又
云渌極也郭注滲漉極盡也盝盝渌漉字異音義

同涸者乎各切說文涸渴也周語水涸而成梁月令仲秋水始涸淮南主術訓不涸澤而漁高誘注涸澤漉也史記封禪書秋涸凍索隱引字林涸竭也玉篇涸盡也本此急者疑是急字蓄之盡也王制國無六年之蓄曰急汔者說文汔水涸也引詩曰汔可小康熇者湿之盡也玉篇熇盡也本此湫者子小切疑通作潐說文潐盡也子肖切澌者方言方水之盡也息移切涖者下之盡也司馬相如上林賦涖涖下瀨釂者飲之盡也曲禮長者舉未釂少者不敢飲注盡爵曰釂淮南道應訓魏文侯

受觴而飲釂不獻高誘曰釂盡也說苑善說篇魏文侯與大夫飲酒使公乘不仁為觴政曰飲不釂者浮以大白文侯飲而不盡釂公乘不仁舉白浮之張協七命千鍾電釂萬燧星繁通作檄說文檄盡酒也殲者許芳切玉篇殲盡也本此糞者除之盡也說文糞棄除也左氏昭三年傳糞除先人之敝廬曲禮凡為長者糞之禮必加帚于箕上通作坌說文坌埽除也讀若糞舊本糞訛糞今訂正寫者傾之盡也司夜切俗作瀉玉篇寫盡也本此小雅蓼蕭我心寫兮箋輸寫其情意無留恨也枚乘

七發輸寫淟濁束皙補亡詩賓寫其誠主竭其心鬐未聞稍者方言文所教切煎者亦方言文汁之盡也內則煎醢天官內饔掌王及后世子膳羞之割亨煎和之事儀禮既夕凡糗不煎通作剪左氏襄八年傳剪焉傾覆杜注剪盡也張衡西京賦錫用此土而剪諸鶉首薛綜注剪亦為盡鏇者空之盡也方言鏇空也南楚凡物空盡者曰鏇集韻鏇大梗切引廣雅盡也是本又作鏇夾者離騷時亦猶其未央王逸注央盡也

軥音備輗音兒聳輓音晚攣援摯音至扽音頓㧖達可反根爭反根攎

盧音扔音仍扱楚洽反據搐音宿柜捈悇途二音揄擢控苦貢反抓烏麻

反彎關音又烏還反引也

說文引開弓也漢書律歷志十丈為引引者信也

此所釋者牽挽之引也軥者所以引車前進也說

文軥軶下曲者其俱切左氏襄十四年傳射兩軥

而還服虔曰車軶兩邊叉馬頸者軥者孫侍御云

輗亡技切引也集韻輗眉教切引車也牽者說文

牽引前也少宰職云飱牽鄭司農云牽牲牢可牽

而行者引春秋傳曰犧牽竭矣宋玉招魂牽於俗

而蕪穢通作掔揚雄羽獵賦掔象犀李善注掔古

牽字輓者說文輓引之也史記劉敬列傳婁敬脫
輓輅索隱曰輓者牽也漢書景帝紀國得發民輓
喪顏師古注輓與挽同攀者說文𠬜引也从反廾
或作撰晉語以藩為軍攀輦即利而舍韋昭注攀
引也莊子馬蹄篇烏鵲之巢可攀援而闚楊雄反
離騷纍既𠬜夫傳說兮奚不信而遂行顏師古注
𠬜古攀字通作扳公羊隱元年傳諸大夫扳隱而
立之援者說文手部義也大雅皇矣以爾鉤援傳
鉤鉤梯也所以鉤引上城者儒行云舉賢援能鄭
注援猶引也摯者引以相見也大宗伯以禽作六

定

摯以等諸臣孤執皮帛卿執羔大夫執雁士執雉庶人執鶩工商執雞拕者玉篇拕都困切引也本此拕者說文拕曳也託何切漢書嚴助傳拕舟而入水又與拖同禮少儀僕者負良綏申之面拖諸幦疏云綏申于面前而引之可置車幦上也案爾雅釋文引廣雅拖引也李善注羽獵賦亦引作拖是本又作拖根者玉篇根胡根切輓也攎者說文攎挐持也洛胡切扔者廣韻扔引也如乘切本此扱者集韻扱丑立切引也本此據者鄒陽上吳王書張耳陳餘從兵之據以叩函谷李善注據引也

言相引以為撓也揺者說文揺蹴引也通作縮周語縮取備物以鎮撫百姓韋昭注縮引也揺者古恒切說文揺引急也上文釋揺為急此又為引皆本說文也捈者同都切說文捈臥引也法言云捈中心之所欲通諸人之嚍嚍者莫如言廣韻捈捈引也舊本脫捈字案曹氏音釋揺下有捈途音三字明是漏落捈字今補正揄者說文手部義也羊朱切史記貨殖列傳揄長袂躧利屣枚乘七發揄流波李善注言引流波以自潔擢者拔之引說文手部義也控者弓之引亦說文手部義也匈奴名

引弓曰控弦班固西都賦弦不再控抓者玉篇廣韻抓引也俱本此彎者說文彎持弓關矢也淮南原道訓彎棊衛之箭高誘注彎引也

柔耎佯反而兗反呂静音碨臑乃第反劣懦奴玩反又奴卧反愞而審反疑之羨女寸反又而兗反嬈女孝反脃七歲反栠又荏如甚反又如深反愞乃卧反靹納音弱也

說文弱橈也上象橈曲彡象毛氂橈弱也弱物并故从二弓左氏宣十二年傳衆散為弱漢書息夫躬傳賈延墮弱不任職柔者質之弱也老子人生也柔弱其死也堅強通作輭說文輭耎也耎者而

究切戰國策鄭魏者楚之耎國莊子胠篋篇惴耎之虫司馬遷傳以耎脆之體說文耎讀若畏偄玉篇耎柔也佯者余章似羊二切玉篇佯下引博雅弱也𠬢者皮之弱也說文𠬢柔皮也玉篇𠬢弱也或爲耎本此舊本𠬢訛反今訂正闒者力之弱也說文闒智少力劣也啓事兄曰闒即爾雅戚夷長脊而泥之泥郭注泥少才力古音爾尼相近易繫于金柅說文作檷詩飲餞于禰韓詩作怩劣者說文力部義也力輟切法言云彼以其回顏以其貞顔其劣乎懦者說文懦駑弱者也嬬弱也左氏昭

元年傳晉少懦矣諸侯將往杜注懦弱也或作懦同荀子修身篇偷懦憚事漢書倪寬傳善屬文然懦于武舊本懦訛从巾今訂正恁者曹音而審反又云疑之葢疑其與下文栠字同也羑者古無弱訓涉下而誤耳以音釋女寸而兗二反攷之當是媆字之譌說文媆好貌而兗切徐鉉曰切韻又音奴困切今俗作嫩非是廣韻嫩弱也媆同上嬈者疑當橈易曰棟橈本末弱也漢書高祖紀謀橈楚權服虔曰橈弱也顏師古音女教反其字从木棄說文訓弱為橈知橈亦弱也脆者說文脆小耎易

齗也。小雅采薇「薇亦柔止」，箋謂脃脕之時。考工記弓人「夫角之末，遠于刲而不休于氣，是故脃。脃故欲其柔也」。晉語「臣脃弱弗能忍俟也」。老子「萬物草木其生也柔脆，其死也枯槁。故堅強者死之徒，柔弱者生之徒也」。淮南本經訓「柔而不脆」。通作膬。說文「膬，耎易破也」。老子「其膬易判」，傳奕本膬作脆。枚乘七發「飲食則溫醇甘膬」。㑞者，說文「㑞，弱皃」。通作荏。論語「色厲而内荏」，孔安國曰「荏，柔也」。小雅巧言、大雅抑並云「荏染柔木」。楚詞九章「諶荏弱而難持」。音釋云「又荏者猶言」，亦作荏也。愞者，漢書武帝紀天漢三年太守以畏愞棄市玉篇愞弱也本此靹者奴荅切玉篇靹耎也廣韻靹腝皃舊本弱也二字在懦怯之下以羨嬈脆栠愞靹六字竄入下文欲訓内今訂正

便乃反歁欿口感反羨顲貪歛呼濫反又呼甘反欦呼縑反將闍欲也

說文欲貪欲也曲禮欲不可從疏云心所貪愛為欲便者通作蠕史記律書選蠕觀望集韻蠕音而兗切索隱曰蠕音輭選蠕謂動身欲有所進取之狀也舊本訛在上文弱訓愞下今訂正歁者他含

切說文歠欲得也讀若貪羨者似面切說文羨貪欲也大雅皇矣無然歆羨曹植七啟耽虛好靜羨此永生孫綽遊天台山賦亦何羨乎層城李善注引韓詩薛君章句羨願也願者魚怨切方言劉欲思也劉與願古字通貪者大雅桑柔貪人敗類離騷眾皆競進以貪婪兮王逸注愛財曰貪愛食曰婪歛者玉篇歛欲也本此又云䀞乞戲物呼濫切或作歛欽者說文覬欽幸也玉篇歛呼南切貪欲也又云欽義與歆同將者張衡東京賦及將祀天郊報地功薛綜注將欲也郭璞遊仙詩蹇修時不

存要之將誰使闓者古道豈説文豈欲也與覬覦字義同齊風載驅箋豈讀當爲闓是豈與闓字異義同

受古堂抄藏

廣雅疏義卷二終

廣雅疏義卷三

嘉定錢大昭晦之甫譔

廣雅卷三

㨢亡旦反又亡九反擠宣音挴母磊反忼歊音懆操音饕他高反飻鐵音⿺乚壹阿怏反又於既反嗇歁苦感反欿口感反欲婪來南反利遴力晉反茹如與反嗜𩐁慘七參反饞苑音又袁音貪也

賈誼新書辭利刻謀謂之廉反廉為貪說文貪欲物也釋名貪探也探入他分也㨢擠未詳廣韻擠與愃同挴者方言文也楚辭天問穆王巧挴夫何為周流王逸釋挴為貪玉篇挴莫改切貪也本此

通作每史記伯夷列傳引賈生語衆庶馮生鄒誕生本馮作每孟康曰每貪也索隱曰每者冒也即冒貪之義後漢書論云豈其負困委屈足以每其生哉梅亦作挴廣韻挴多改切貪也忨者五換切說文忨貪也引春秋傳曰忨歲而激日習部又引作翫歲而愒日今本左氏昭元年傳作翫歲而愒日杜注翫愒皆貪也通作玩繫辭傳所樂而玩者釋文引馬融注玩貪也忨翫玩古字通懆者先到切集韻懆貪也本此饕者說文食部義也或作叨後漢書黨錮傳以貪叨誅死王符潛夫論減無禮

而行貪叨飻者他結切說文飻貪也引春秋傳曰謂之饕飻今本左氏文十八年傳作飻杜注貪財曰饕貪食曰飻亄嗇者方言文也荆汝江湘之南凡貪而不施謂之亄或謂之嗇或謂之悋悋很也郭注亄亦懿謂慳貪也說文嗇愛嗇也左氏襄二十六年傳釁于勇嗇于禍杜注嗇貪也歁者方言文楚謂之貪南楚江湘之間謂之歁說文歁食不滿也讀若坎欲者上文貪欲也此又為貪義相成也說文欲讀若貪欲者上文貪欲也此又轉相訓呂氏春秋仲夏紀天使人有欲人弗得不求高誘注欲貪也婪者說文女部

義也杜林說卜者黨相詐驗為婁通作惏說文河内之北謂貪曰惏左氏昭二十八年傳貪惏無饜賈逵云惏者食也其人貪者財利飲食無知饜足僖二十四年傳狄固貪惏釋文引方言云殺人而取其財曰惏疏所引同今方言無此文利者坊記先財而後礼則民利注利猶貪也遴者與吝同易其往吝說文引作遴漢書多用遴魯安王晚節遴王莽傳性實遴嗇茹者方言吴越之間凡貪飲食者謂之茹嗜者方言文說文嗜嗜欲喜之也饕者方言文也慘者與㜗同七感切說文㜗婪也饞者玉篇饞於元切貪也本

此

蹈（巨勿反）膂墾劤（音靳）威力也

周官司勳治功曰力此專釋勇力也蹈者方言文郭注律蹈多力貌膂者力舉切亦方言文東齊曰蹈宋魯曰膂又云膂力田也郭注謂耕墾也墾者康很切亦方言文郭注耕墾用力舊本墾訛懇今訂正劤者居僅切玉篇引埤倉云劤多力也威者呂氏春秋孟秋紀凡兵也者威也威也者力也民之有威力性也

何詰譏詒偵（勑驚反）質言訣（於映反又音兩）詵（史巾反）稽考問也

說文問訊也魯頌泮水淑問如皋陶何者說文誰何也賈誼過秦論陳利民而誰何李善注誰何問之也漢書有誰何卒如淳曰何謂何官也何休公羊傳注據疑問所不知者曰何詰者說文言部義也去吉切月令詰誅暴慢以明好惡注詰謂何問其罪窮治之也譏者譏察亦問也王制關執禁以譏禁異服識異言通作幾地官司關國凶札則無關門之征猶幾資者古與咨通禮記緇衣民惟曰怨資周書作咨是也左氏襄四年傳訪問于善為咨偵者廣韻偵偵問也古通作貞春官天府季冬

陳玉以貞來歲之媺惡注問事之正曰貞鄭司農云貞問也易曰師貞丈人吉問于丈人國語曰貞于陽卜質者之日切太元經爰質所疑宋衷曰質問也言者春官冢人及筮言鸞車象人注言問其不知法度者訣者集韻訣問也上去二聲並收本此詵者說文詵致言也稽者漢書賈誼傳婦姑不相說則反脣而相稽通作卟說文卟卜以問疑也讀與稽同書曰卟疑今洪範作稽考者古通用攷大雅文王有聲云考卜維王傳考猶稽也

何服能任也

説文勝任也周官太宰職以任百官注任猶傳也説文何儋也商頌元鳥百禄是何傳何任也通作荷左氏昭七年傳其父析薪其子弗克負荷釋文本亦作何通作賀方言賀儋也自關而西隴冀以往謂之賀凡以驢馬馲駝載物者謂之負佗亦謂之賀服者周書旅獒無替厥服舊本服訛般今訂正能者説文能獸堅中故稱賢能而彊壯稱能傑也釋名能該也無物不兼該也鄘風定之方中傳建國能命龜田能施命作器能銘使能造命升高能賦師旅能誓山川能説喪紀能誄祭祀能語君

子能此九者可謂有德音可以爲大夫

超越踰跇丑世反抗絕騰過跨涉渡也

說文渡濟也通作度漢書賈誼傳度江河無維楫超者釋名超卓也舉脚有所卓越也孟子挾泰山以超北海越者說文越度也度渡同踰者說文踰越也越爲渡踰亦渡也跇者玉篇跇渡也本此通趩說文趩超特也抗者與抗同說文抗或作杭衛風河廣一葦杭之絕者爾雅釋水正絕流曰亂大雅公劉疏引孫炎曰直橫渡也孔穎達疏水以流爲順橫渡則絕其流故爲亂騰者躍之渡也過者

說文足部義也跨者說文足部義也苦化切左氏昭十三年傳康王跨之涉者說文涉徒行厲水也衛風載馳大夫跋涉傳水行曰涉爾雅釋水由膝以上為涉方言過度謂之涉濟郭注猶今云濟度風度通義涉始于足足率長十寸十寸則尺一躍三尺法天地人再躍則涉

招命靚才性反名呼也

說文呼外息也評召也今經典借用呼禮曰父命呼唯而不諾招者說文招手呼也衛風匏有苦葉云招招舟子傳招招號名之貌王逸楚詞注以手

曰招以口曰名命者上文釋命爲使此又爲呼義相成也堯典云乃命羲和靚者說文靚名也本書釋言又云名靚也皆相呼之名名者說文口部義也夏書甘誓乃名六卿齊風自公召之

詾閱讙譊女交反號吪嗃虎谷反嚾奐音訆叫音獋豪音狗虎苟反吠雊訏虎都反噭嘹力弔反鼓哹鳴也

說文鳴鳥聲也玉篇鳴聲出也此所釋者上自人之聲下及鳥獸之聲皆具焉詾者許容切小雅節南山降此鞫詾傳魯頌泮水不告于詾箋並去詾訟也通作哅荀子解蔽篇聽漢漠以爲哅哅呂

氏春秋先識覽誠能決善衆雖諠譁而弗爲變功之難立也其必由哅哅邪國之殘亡亦猶此也故哅哅之中不可不味也中主以之哅哅也止善賢主以之哅哅也立功道作訩史記高祖本紀天下訩訩勞苦數歲漢書東方朔傳君子不爲小人訩訩而易其行或作詾蜀志趙雲傳天下詾詾未知孰是鬩者許激切說文鬩恒訟也引詩也兄弟鬩于牆从門从兒兒善訟者也周語人有言曰兄弟讒鬩侮人百里韋昭注鬩侮也王逸九思競佞諛兮讒鬩讙者呼官切說文讙譁也樂記鼓鼙之聲

讙讙以立動荀子儒效篇天下應之如讙譊者說文譊恚呼也號者魏風碩鼠誰之永號阮籍詠怀詩孤鴻號外野咷者徒刀切說文楚謂兒泣不止曰噭咷漢書韓延壽傳噭咷楚歌服虔音咷爲滌嗃者莊子則陽篇夫吹筦也猶有嗃也釋文嗃許交反管聲也嚾者呼官切說文嚾呼也讀若讙訆者古弔切說文訆大呼也左氏襄三十年傳或訆于宋太廟通作嘂說文嘂高聲也一曰大呼也獆者乎刀切說文嗥咆也譚譚長說作獆从犬左氏襄十四年傳豺狼所嗥戰國策兕虎嗥之聲若雷

霆楚詞招隱士猨狖羣嘯兮虎豹嘷淮南覽冥訓犬羣嘷而入淵鮑昭蕪城賦風嘷雨嘯狗者玉篇狗牛鳴也亦作呴文選注引春秋潛潭巴云里社此里有聖人出其呴百姓歸之宋均注呴鳴之怒者吠者扶廢切說文吠犬鳴也召南野有死麕云無使龍也吠傳龍狗也非禮相陵則狗吠莊子徐無鬼篇狗不以善吠為良司馬彪曰不別客主而吠不止雊者古候切說文雊雄雉鳴也雷始動雉鳴而雊其頸小雅小弁雉之朝雊尚求其雌訆者說文訆召也嗷者古弔切曲禮毋嗷應注嗷號呼之

聲也公羊昭二十四年傳昭公于是噭然而哭司馬相如長門賦白鶴噭以哀號兮謝靈運登石門最高頂詩噭噭夜猨啼嘹者玉篇嘹嘹嘹喨廣韻嘹亮聞遠聲集韻嘹喨鳴也鼓者繫詞傳鼓之以雷霆離騷呂望之鼓刀兮王逸注鼓鳴也嘑者荒烏切舂官雞人夜嘑旦以嘂百官釋文嘑本又作呼徐鍇本說文嘑號也○噭鳴訓中疑有上文呼訓中字誤在此者如譊號嚚訆訏噭嘑明明是呼故疑之也

嗟嘆呻吟也

黃雅先生云三

說文吟呻也大雅板云民之方殿屎傳殿屎呻吟也列字子周穆王篇晝則呻呼而即事夜則昏憊而熟寐殷敬順釋文呻呼音申吟呂氏春秋仲夏紀夫婦失宜民人呻吟嗟者釋名嗟佐也言之不足以盡意故發此聲以相佐也說文作𧪞云咨也一曰痛惜也嗟者說文嘆吞歎也一曰太息也通作歎說文歎吟也王風中谷有蓷云嘅其嘆矣釋文嘆本又作歎呻者失人切說文口部義也

燅辥廉反 廉 衮 音退 腊反 丈入 爗音曤 燡反 弋涉反 又丑涉反 又土合 湯 爚音藥

也

以火溫肉曰爚以灼切說文爚爇也爇當為熱熱溫也燅者說文燅於湯中爚肉或作錴儀禮有司云乃燅尸俎注燅溫也古文燅皆作尋記或作燖春秋傳曰若可燖也亦可寒也通作爓詳廉切禮器篇郊血大饗腥三獻爓一獻肉注爓沈肉于湯也玉篇作膶衮者烏痕切說文衮炮肉以微火溫肉也腤者玉篇腤瀹也生熟半也集韻腤引博雅瀹也爚瀹古字通郊特牲篇腥肆爓腍祭注爓或為腤爓者字當為鬻說文鬻內肉及菜湯中薄出之此與燅訓於湯中爚肉同或謂之爓爚聲相近

故借用火𤈦亦爲爚也煠者玉篇煠爚也集韻煠瀹也並本此湯者他浪切廣韻湯熱湯也

供平聲奉獻御奏晉漸躍前陞敕耻力反案說文从攴束聲今勅字勞勅字代及奮揖饗薦許進也

釋名進引也引而前也說文進登也供者九容切說文供設也一曰供給周書無逸文王不敢盤于游田以庶邦維正之供檀弓篇賛也宰夫也非刀已是供是供爲物之進也通作龔說文龔給也奉者秋官大司寇大祭祀奉犬牲注奉猶進也獻者地官鄉大夫獻賢能之書於 王注獻進也張衡東

京賦然後以獻精誠奉禋祀薛綜訓獻為進御者晉語朱也當御韋昭注御進也蔡邕獨斷云御進也凡進者皆曰御也張衡西京賦奉命當御李善注奉傳詔命而進當進也奏者說文本部義也从屮从屮屮上進之義江處士聲曰本屮皆進也廾則奉而進之故奏為進此於六書為會意晉者晉彖傳義也說文晉進也日出萬物進釋名釋州國云晉進也其土在北有事於中國則進而南也索晉進已見爾雅釋詁此當作搢搢者說字新附字古用晉春官典瑞王晉大圭鄭司農云晉讀為搢紳

之搢謂插于紳帶之間若帶劍也搢薦聲相近搢
紳或為薦紳故搢薦皆為進也漸者楚詞漸冉而
不自知兮法言學行篇或問進曰水或曰為其不
舍晝夜歟曰有是哉滿而後漸者其水乎說文作
趝進也躍者文言傳或躍在淵進無咎也前者說
文云不行而進謂之歬从止在舟上經典通用前
陞者古作升呂氏春秋孟秋紀農乃升穀高誘注
升進也張衡西京賦升觴舉燧李善訓升為進敕
者讀與畟同敕畟聲相近說文畟治稼畟畟進也
引詩曰畟畟良耜奮者奮勉亦進意揖者論語揖

亟馬期而進之廣韻揖進也本此纂者食之進也士戀切說文纂具食也或作饌論語有酒食先生饌馬融曰饌飲食也鄭康成作餕儀禮注云古文纂者皆作餕是餕爲古文纂也薦者祭義云卿大夫有善薦于諸侯棨薦進已見爾雅釋詁此當作荐荐與薦通左氏襄四年傳戎狄薦居漢書終軍傳北胡隨畜薦居是荐薦同也許者大雅文王有聲云昭茲來許傳許進也

旁濶暝及匕狄衍貌素慮廣也

方言廣遠也旁者逸周書世俘解旁生魄孔晁注

旁廣也闊者苦栝切廣韻闊廣也本此瞑未詳衍者縈詞傳大衍之数五十王廙蜀才並云衍廣也藐紊者方言文慮未詳

羨狙雅反又才知反燥熯而善反又罕音焟昔音睎嫯五高反煎㷌初絞反炕抗音暵漢音又呼但反熱貪力反爇衛音鑠曹音又才刀反燩口縶反焇消音焚胋枯音熇苦老反燔濂巨音烿許勿反焪穹之去聲灱大交反乾𣊾泣音膊普各反昁拂音炕煬恙音烈晅敢鄉反瞟匹妙反曬所賣反曝也

說文暴晞也从日出廾米攷工記㡛氏湅絲以涚水漚其絲七日去地尺暴之孟子秋陽以暴之曝

與㬥同𤆍者說文𤆍束炭讀若䕫楚宜切𤆍與𤆍
同燥者蘇到切說文燥乾也文言傳火就燥說卦
傳燥萬物者莫暵于火熯者說文熯乾兒王充論
衡熯一炬火爨一鑊水焟者思亦切玉篇焟乾也
通作昔肉之曝也說文㫺乾肉也以殘肉日以晞
之與俎同意籀文作腊釋名腊乾肉也天官腊人
掌乾肉凡田獸之脯腊注火物解肆乾之謂之乾
肉若今涼州烏翅矣腊小物全乾噬嗑六三噬腊
肉馬融曰晞于陽而煬于火曰腊虞翻曰离日暵
之為腊俎以半肉昔以殘肉故說文云與俎同意

也晞者許衣切方言文暴五穀之類東齊北燕海岱之郊謂之晞小爾雅云晞乾也秦風蒹葭白露未晞小雅湛露匪陽不晞傳並云乾也楚詞九歌晞女髮兮陽之阿㸑煎者方言熬煎火乾也凡以火而乾五穀之類自山而東齊楚以往謂之熬凡有汁而乾謂之煎說文熬乾煎也或作㸑煎熬也淮南本經訓煎熬焚炙調齊和之適以窮荊吳甘酸之變鬻者方言焣火乾也秦晉之間或謂之焣郭注焣即鬻字也說文鬻熬也㷅焣鬻鬻字異音義同炕者苦浪切說文炕乾也小雅瓠葉燔之炙

之傳炕火曰炙孔疏炕舉也謂以物貫之而舉於火上以炙之暵者說文暵乾也耕暴田曰暵王肅注說卦傳云暵火氣也玉篇暵熱氣也熯者說文熯以火乾肉熭者子劌切太公六韜曰中不熭是謂失時操刀不割失利之期說文熭暴乾火也漢書賈誼傳曰日中必熭孟康曰日中盛者必暴熭也舊本熭訛慧今訂正熮未聞燉者苦角切玉篇燉大乾物廣韻燉乾燥也焇者思遥切玉篇焇乾也亦作銷焚者附袁切說文作燓胋𣩈者與枯槁同曝之乾極也胋當為殆說文殆枯也燔者附袁切

說文燔爇也𤎩者巨庶切玉篇𤎩乾𤎩也㷉者玉篇㷉熅也㷉炑火煨焪者去仲切玉篇焪乾也集韻焪曝也本此炒者玉篇炒乾也暴也乾者居寒切玉篇乾燥也說卦傳離為乾卦虞翻注火日暵燥物故為乾卦㬐者去立切玉篇㬐欲乾也膊者方言文東齊及秦之西鄙言相暴僇為膊燕之外郊朝鮮洌水之閒凡暴肉發人之私披牛羊之五藏謂之膊說文膊薄脯膊之屋上昲者孚未切方言昲乾物也炕重出煬者餘亮切方言文說文煬炙燥也烈者亦方言文大雅生民載燔載烈傳貫

之加于火曰烈晅者乾燥也暵者方言晞曬暴也暘楚通語也郭注今皆北方通語或云暵玉篇暵置風日中令乾曬者方言文暴五穀之類秦晉之間謂之曬又曰曬乾物也漢書中山靖王傳白日曬光幽隱皆照

閒誣移與紙反又與支反益增被僨尚加也

說文加語相增加也閒者字當爲讕說文讕詆讕也或从閒詆讕亦誣加之意誣者武扶切說文言部義也周語其刑矯誣韋昭注加罪無辜曰誣移者玉篇移加也本此益者不足而加之也增者說

文增益也譄加也古字通用被者禹貢西被于流沙漢書高帝紀高祖被酒顏師古注被加也爲酒所加謝混游西池詩迴阡被陵闕李善注言加大皁而逼城闕也匽未詳尚者論語好仁者無以尚之盖子皜皜乎不可尚已廣韻尚加也本此

甈去滯反鎛瑕壆音閗斯拆彈補買反牾抓必麥反捇呼虢反睚䏶隟斬栽到多侯反掝呼麥反抇呼沒反又乎沒反辟普歷反擕音衛劃呼獲反漓戈縈反劐呼獲反又口獲反裂也

說文裂繒餘也齊語戎車遊車之裂韋昭注裂殘也甈者魚列切說文甈康瓠破甖或作𤮊爾雅釋

器康瓠謂之甈周官牧人職凡外祭毀事注故事毀為甈杜子春云甈當為毀法言先知篇甄陶天下者其在和乎剛則甈柔則坯罅者呼迓切說文罅裂也从缶缶燒善裂也又云墫坼也或作隭罅墫隭字異音義同瑕者胞之裂也管子制分篇故凡用兵者攻堅則軔乘瑕則神房元齡注瑕猶虛胞也璺斯者璺亡奮切方言秦晉器破不而殊其音謂之廝器破而未離謂之璺春官太卜注兆者其象似玉瓦原之璺罅釋文璺舊許靳反沈重依聶氏音問云依字作璺璺玉之坼也廝斯古字通

坼者丑格切說文坼裂也引詩曰不坼不疈月令仲冬地始坼後漢書安帝紀日南地坼長百餘里𤗚者集韻作捭引博雅裂也捭與擺同聲集韻擺開也當即一字故曹音補買反也作𤗚者形之譌牾者五故切未詳抓者字當為脈集韻脈分也或作劈匹麥切舊本抓誤从爪今訂正捇者說文手部義也呼麥切睚眦者目之裂也上五懈五皆二切下士介切漢書原涉傳好殺睚眦于塵中獨死者甚衆張衡西京賦睚眦蠆芥屍僵路隅隙者壁之裂也說文隙壁際孔也文選注引字林云从皁

旁二小夾白也隟隙古今字斬者說文斬截也斬注車裂也舊本斬訛斬今訂正裁者帛之裂也說文裁制衣也到者玉篇到小裂也本此栻者玉篇廣韻栻裂也本此扫者玉篇扫亦捐字穿也劈者說文劈破也携者俞炔切廣韻携携裂本此剩者玉篇劂解也劂籀文劂與劂同䲨者說文䲨劊裂也以水切劐者玉篇劐裂也本此

鬜楷及瞎鬎口八及鬐瞎口本及又音頌口骨及禿也

說文禿無髮也王育說倉頡出見禿人伏禾中因以制字釋名禿無髮沐禿也沐者髮下垂禿者無

髮皆無上皃之稱也髗者說文髗鬜禿也通作顱說文顱頭鬜少髮也鬝者玉篇鬝禿也集韻髗鬝禿也並本此髻者五結切玉篇髻鬝禿也本此頢者說文頁部義也廣韻頢皃禿○集韻瘌其例切引廣雅禿也今無此字或即鬝字之異文

爰喛呼館反又虎元反方言音段慍愁也

說文愁憂也爰喛者方言爰喛哀也郭注哀而恚也又云爰喛恚也楚曰爰秦晉曰喛皆不譍而彊荅之意也郭注謂悲恚慍者說文慍怒也案爰喛之義方言為恚為哀慍之義訓怒玉篇兼訓恚疑此愁字恚之訛也

馮齘音械苛音何嫛篇悅反又普列反覣於危反盈戲憚忿慍謓怖

漢赫𪏆巨錦反又渠領反悖恚侲音庋婜陟反衛惐呼反迷訮虛反娩

訶大哥反搋苦暫反歠虛葛反諸音時訢音血詷魚刮反哩音涅喤戶育

反譴請怒也

說文怒恚也馮齘苛者方言文楚曰馮小怒曰齘

陳謂之苛郭注馮恚盛皃楚詞曰康回馮怒齘言

喋齘也苛相苛責也說文齘齒相切也乎介切玉

篇喋齘切齒怒也陸機從軍行涼風嚴且苛李善

注引宋均春秋緯注苛者切也嫛者說文嫛易使

怒也覣盈者方言覣盈怒也燕之外郊朝鮮洌水

之間凡言呵叱者謂之魏盈覣魏不同皆當作覣玉篇覣盛皃此言怒之盛形相涉而譌也戲憚者亦方言文齊曰戲楚曰憚忿者周書君陳爾無忿疾于頑孔傳無忿怒疾之也愠者說文心部義也韓詩車舝以愠我心薛君章句愠怒也楚語夫民心之愠也若防大川焉潰而所犯必大矣韋昭注愠怒也謓者昌真切說文謓恚也㤄者蒲昧切說文㤄恨怒也引詩曰視我㤄㤄今本小雅白華作邁邁釋文引韓詩作㤄㤄薛君章句㤄㤄意不說好也漢赫者方言文大雅皇矣王赫斯怒文選

注引埤倉哮赫大怒也棄哮漢聲相近類者亦方言文郭注類類恚皃也廣韻類類齘切齒怒皃悸者其季切說文悸心動也恚者於避切說文恚恨也玉篇恚恨怒也㑦者力計切玉篇㑦怒也本此娺者丁滑切說文娺疾悍也悈者玉篇悈怒也本此詽者言之怒也說文詽諍語詽詽也類篇詽怒也本此訶者說文訶大言而怒也後漢書文苑傳禰衡言不遜順黃祖慙乃訶之唬者虎之怒也玉篇唬虎怒皃噭者玉篇噭訶也亦作唱諸者昌脂切玉篇諸訶怒也𧦝者呼決切玉篇𧦝怒訶也[illegible]

者玉篇詡怒也訶也喤者集韻引此文又云訶也或作諻喤者說文喤小兒啼譴者去戰切小雅小明畏此譴怒舊本譴訛从遣今訂正謅者側草切玉篇謅怒也本此通作謫方言謫怒也○集韻引廣雅[忄勺]怒也丁歷切今無此文疑涉下而誤也

惜恫勅公反灼音灼怛哀傷癆老到二音又力彫反毒憯七點反𧊅那達反懆音菜瘌羅達反蘓丑略反又呼各反蛬按此蛬字衆楫出里耳疼音彤悤悲慇殷慇痠音酸譗桐痛也

釋名痛通也通在膚脈中也說文痛病也玉篇痛傷也惜恫者並說文心部義也大雅思齊云神罔

時恫灼怛者方言文上之樂切下當割切玉篇怮痛也説文怛憯也檜風匪風顧瞻周道中心怛兮傳怛傷也孔疏怛者驚痛之言故為傷也宋玉風賦中心慘怛哀者周書大誥允蠢鰥寡哀豳風破斧云哀我人斯惕者式諒切玉篇惕痛也本此痨毒者方言凡飲藥傅藥而毒北燕朝鮮之間謂之痨自關而西謂之毒陸機歎逝賦毒娛情而寡方阮籍詠懷詩感慨懷辛酸怨毒常苦多李善注並引此文憯者説文心部義也小雅十月之交云胡憯莫懲莊子庚桑楚篇兵莫憯于志鏌鋣為下怛

十九

者玉篇坦痛也蠚也本此憏者楚草切方言憏刺也自關而西秦晉之間或曰憏郭注憯憏小痛也瘌者方言凡飲藥傅藥而毒南楚之外謂之瘌痢痛也蠚蠚者玉篇蠚痛也亦作蠚棄蠚漢書田儋傳作蠚是二字通用攷音釋蠚下有出里二字疑即重出二字倒誤疼者徒冬切玉篇疼痛也本此恖者初力切說文心部義也彼作惻同易井卦井渫不食為我心惻悲愍慇者竝說文心部義也豳風七月云女心傷悲左氏昭元年傳吾代二子愍矣惄者乃歷切方言齊宋之間謂痛曰惄瘦者先

九切玉篇痠痠疼譫者方言文郭注謗譫怨痛也說文譫桐者白虎通義云喪服以桐杖何桐者痛也　○集韻瘵女腤切引廣雅痛者今無此文

喘喙又檝反咶虎夬反忥虛氣反⿰虫欠虎央反欭漢家反⿰容欠苦訝反奄⿺鬼古音姑息也

說文息喘也喘者說文喘疾息也昌沇切史記倉公列傳令人喘逆氣不能食漢書王莽傳匈喘膚汗喙者方言文自關而西秦晉之間語郤獻子傷曰余病喙韋昭注喙短氣貌咶者廣韻咶息聲古

用喟說文喟太息也氣者與咽同方言咽息也東齊曰咽欶欱者上呼洽切下呼飢切玉篇欶欶欱氣逆也欱欶欱舊本欱譌歙今訂正欲者容加切玉篇欲出氣也舊本欲作歌祡玉篇歌大張口笑也非其義今訂正奄者方言文也於檢切䖛者古胡切廣韻䖛䖛息禮記作姑舊本䖛譌䖛䖛今訂

正

炎音淫灼焵音同焯文藥反煦火遇反炘虛隱反煆呼嫁反㶣音哀爆布角反又普角反又步角反煉燒焫而悅反䕼音然灸煬烈爚炙爟古亂

說文爇燒也左氏僖二十八年傳爇僖負羈氏淮南兵略訓毋爇五穀毋焚積聚烎者直廣切說文烎小爇也灼者說文灼炙也魯語如龜焉灼其中必文於外漢書霍光傳灼爛者在于上行顏師古注灼謂被燒炙者也烔者徒東切玉篇烔熱貌廣韻烔熱氣烔烔出字林焯者廣韻焯火氣集韻焯爇也本此煛者玉篇煛熱也炘者許斤切楊雄甘泉賦乘景炎之炘炘顏師古曰光盛貌玉篇炘與焮同熱也左氏昭十八年傳司馬司寇列居火道行火所焮注焮炙也釋文許靳反集韻焮爇也煆

者方言煦煆熱也乾也郭注熱則乾燥焣者烏耒切玉篇焣熱也爆者說文爆灼也徐鉉曰今俗音豹火烈也集韻爆熱也本此煉者郎甸切說文煉鑠治金也王充論衡女媧氏煉五色石以補蒼天燒者說文火部義也式昭切月令仲夏毋燒灰戰國策因燒其券焫者郊特牲篇既奠然後焫蕭合羶薌玉篇焫與爇䕼者如延切說文然燒也或作䕼漢書五行志見巢䕼盡墮地中顏師古注爇古然字是䕼然爇音義同炙者之石切說文炙炮肉也小雅瓠葉傳炕火曰炙煬烈爚炙者方言煬烈

暴也煬翕炙也郭注今江東呼火猛熾爲煬四字玉篇皆訓熱煬余尚切熻許及切熻翕古字通舊本烈訛裂今訂正爟者說文爟取火于日官名舉火曰爟引周禮曰司爟掌行火之政令或作烜

周帀辯接選延徧也

說文徧帀也虞書舜典徧于羣神小雅天保徧爲爾德周者地官大司徒周知九州之地域注周猶徧也益象傳莫益之徧詞也孟喜曰周帀也今本作偏檀弓四者皆周注周帀也晉語三周華不注之山韋昭注周帀也帀者子荅切說文帀周也从

反之而帀也周盛説淮南人間訓魯君令人閉城門而捕之圍三匝帀與匝同辨者字當作辯辯古文徧鄉射禮司射乃比衆耦辯注衆賓射者降比之耦乃徧大射儀大夫辯受酬注今文辯作徧鄉飲酒禮衆賓辯有脯醢注今文辯皆作徧樂記其治辯者其禮具注辯徧也史記辯于羣神今尚書作徧春秋傳子言辯舍爵于季氏之廟杜注辯徧也荀子脩子篇扁善之度楊倞注扁讀爲辯韓詩外傳君子有辯善之度是辯徧同也接者交之徧也選延者方言文

爾雅疏證卷三

里凥閭術凾閈圢宇慇廛在於處所此墟㽗鄌多郎反

聚落凥古魚反凥案説文从尸几聲也今居字乃箕居字也古慮反

説文凥處也从尸得几而止孝經曰仲尼凥凥謂閑凥如此經典通作居里者小爾雅文鄭風將仲子兮無踰我里傳里居也二十五家為里大戴禮記王言篇三百步為里千步為井釋名五鄉鄰為里方一里之中也雜記里尹主之鄭注引王度記百户為里疏云案别録云王度記似齊宣王時淳于髡等所説也撰考云古者七十二家為里洛誥傳古者八家為鄰三鄰為朋三朋為里鄭云蓋虞

夏時制也張衡西京賦秦里其朔實爲咸陽薛綜註里居也宄者集韻作宄引廣雅宄居也閭者說文閭里門也閭侶也二十五家相羣侶也大司徒職令五家爲比使之相保五比爲閭使之相受杜子春云閭二十五家也術者說文䢼里中道篆文作巷今作巷同鄭風叔于田巷無居人傳巷里塗也又丰云俟我乎巷兮傳巷門外也離騷五子用失夫家巷巷讀爲衖衖者字當爲壼說文壼宮中道从口象宮垣道上之形引詩曰室家之壼閈者侯旰切說文閈閭也汝南平輿里門曰閈左氏襄

三十一年傳高其閈閎圩者疑厈之訛呼旱切說文厂山石之厓巖人可居籀文作厈字者說文字屋邊也籀文作寓繫詞傳上棟下宇大雅緜云聿来胥宇周語使各有寧宇以順及天地韋昭注宇居也離騷爾何懷乎故宇愍者方言文江淮者青齊之間語文選雜詩宴慰及私居廛者亦方言文東齊海岱之間語說文廛一畝半一家之居魏風伐檀傳一夫之居曰廛周禮遂人夫之廛注廛居也城邑之居古通用壇序官廛人注故書廛為壇杜子春讀壇為廛管子五輔篇辟田疇利壇宅荀

子云足壥宅是壥壇古字同在者文言傳在下位
而不憂蔡邕獨斷云天子以四海為家謂所居為
行在所漢書武帝紀徵詣行在玉篇在居也本此
於者古文烏字烏即鄔也馬融長笛賦序獨卧郿
平陽鄔中李善注平陽鄔聚邑之名也服虔通俗
文營居曰鄔棠鄔通作塢塢村塢也玉篇於居也
本此處者說文処止也得几而止或作處召南殷
其靁莫或遑處吕氏春秋仲春紀民無常處見利
之聚無之去毛傳高注並云處居也所者鄭風太
叔于田獻于公所商頌殷武有截其所箋所處也

北者古文丘字去留切玉篇引此文鮑昭結客少
年場行去鄉三十載復得還舊邱墟者潘岳西征
賦窺秦墟于渭城李善注引聲類云墟故所居也
謝靈運從游京口北固應詔詩墟囿散紅桃宙者
說文宙舟輿所極覆也玉篇宙居也本此鄙者玉
篇引此文一曰五百家為鄙今作黨聚者說文聚
會也邑落曰聚落者獸之居也左思吳都賦剽掠
虎豹之落沈約安陸王碑由是傾巢舉落望德如
歸

懈慢悇退音縊他反丁絡遲繹闡讀託反山謾延緩昌反善弛

退甘韜緩也

釋名緩浣也斷也持之不急則動搖浣斷自放縱也說文緩綽也或作緩懈者說文懈怠也大雅烝民云夙夜匪解與懈同慢者說文慢惰也鄭風大叔于田叔馬慢忌傳慢遲也釋文作嫚云本又作慢慄者他沒待戴二切玉篇慄忽也怢同上息忽緩不及事也縕者說文系部義也讀與聽同或作緹紹者虫招切大雅常武匪紹匪游箋紹緩也釋文引徐邈云鄭康成讀尺遙反舊本紹訛為絲勞即紿之紿曹憲音待亦誤今訂正遲者說文遲徐

行也引詩曰行道遲遲或作遟籀文作遲楊雄甘泉賦徘徊招搖靈迟迡兮李善注迟迡即棲遲也繟者昌善切文説繟帶緩也老子德經繟然而善謀闡者與繟音義同通作嘽樂記其樂心感者其聲嘽以緩譠者言之緩也玉篇譠慢言也謾者毋官切漢書兩龔傳嫚謾亾狀案謾與慢字異義同挻未聞疑與延同左氏襄十四年傳晉人謂之遷延之役緩者説文緩偏緩也與繟同弛者弓之緩也施氏切説文弛弓解也或作𢐅退者方言文郭注謂寬緩也説文徥卻也一曰行遲也古文作退

甘者味之緩也謂和緩也鞱者廣韻鞱寛也通作
㹗說文㹗牛徐行也讀若滔

儋由胥輔佐佑虞護勸救吹扇埤役賻助也

說文助佐也左右佐字釋名助乍也乍往相助非
長久也儋者釋名儋任也是自任為儋助人任亦
儋也由胥輔者方言由胥輔也吳越曰胥燕之北
鄙曰由郭注胥相也由正也皆謂輔持大戴禮記
千乘篇國有四輔尚書大傳古者天子有四輔臣
前曰疑後曰丞左曰輔右曰弼佐佑者上則箇切
下云九切古作左右說文左手相左助也右手口

相助也泰象傳以左右民商頌長發實左右商王尚書大傳舜為左右書序周公為師召公為保相成王為左右徐鍇曰今俗别作佐佑周禮乃立天官冢宰以佐王均邦國注佐猶助也佑通作祐繫詞傳易曰自天佑之吉無不利子曰祐者助也虞者玉篇虞助也本此護者救之助也説文護救視也史記蕭相國世家數以史事護高祖勸者勉之助也説文勸勉也廣韻勸助也本此救者護之助也商書太甲尚賴匡救之德吹扇者方言文郭注吹嘘扇拂相佐助也埤者小雅節南山天子是毗

箋毗輔也王肅作埤說文無毗字作俾者是役者役夫所以助人者也賻者喪之助也秋官小行人若國札喪則令賻補之鄭司農云謂賻喪家補助其不足也

斐音莊𧝓音蕩賁人奔音周易賁卦今人多彼寄反失之容𥥍潤餋文字飾也

說文飾𧝓飾釋名飾拭也物穢者拭其上使明由他物而後明猶加文于質上也斐者女之飾也側羊切說文妝飾也从牀者後漢書梁冀傳冀妻孫壽美而善為妖態作愁眉啼斐妝古字通𧝓者衣

之飾也徐兩切説文禒飾也史游急就篇禒飾刻畫無等双漢書外戚傳禒飾將醫往問疾顔師古注禒盛飾也通作象虞書予欲觀古人之象鄘風君子偕老云象服是宜傳象服尊者所以爲飾賁者序卦傳賁者飾也致飾然後亨則盡矣鄭注賁卦云賁變也文飾之貌王肅云有文飾黄白色孫侍御曰周易賁卦高誘讀爲鶉之賁賁之賁可證曽音之不誤容穴者並余封切周官保氏教國子六儀一曰祭祀之容二曰賓客之容三曰朝廷之容四曰喪紀之容五曰軍旅之容六曰車馬之容

是容貌所以為締也古作頌說文頌皃也漢書儒林傳魯徐生善為頌顏師古注頌讀與容同楊統碑廣考斯之頌儀舊下容下重容字說文容古文作宂下容疑即古文之宂猶下文掏即搯亦並舉也今訂正潤者大學篇富潤屋養者廣韻養飾也本此文者說文云文錯畫也象交文攷工記畫繪之事青與赤謂之文是文為采之飾也左氏僖二十四年傳身將隱焉用文之字者辭之飾也太平御覽引春秋說云字者飾也

捈
捈塗他刀掏憲案即史虎拘萬挹斟呼
音搯反上搯舀音庠音擊反搯

反
斢抒反待與也
說文抒挹也大雅生民或舂或揄傳揄抒臼也捈者同都似嗟二切說文斛抒也讀若荼捈斛古字通搯掏者說文搯捾也集韻搯或作掏本此音釋舀者以沼切說文舀抒臼也引詩曰或簸或舀或作抭或作𦥷儀禮有司云二手執挑匕柄以挹湆注挑謂之歃讀如或舂或抭之抭字或作挑者秦人語也今文挑作抭地官舂人注亦引詩或舂或抭作抭者韓詩鄭先通韓詩故讀从之詩釋文云揄說文作舀舀抭揄音義同說文簸字誤當爲舂

戽者乎古火故二切玉篇戽抒水器也通作⿰氵戽本書釋器⿰氵戽斗謂之柜⿱䜌斗者說文⿱䜌斗抒滿也挹者說文手部義也小雅大東不可以挹酒漿傳挹斞也⿰舌斗者玉篇⿰舌斗抒也本此斞者舉朱切說文斞挹也小雅賓之初筵云賓載手仇箋仇讀曰斞挹也舊本蚪訛斞今訂正

黜闕虧缺拂發棄除祛離揭避放逸走徃遯行怯莫謝渡谷去也

說文去人相違也黜者抑之去也虞書黜陟幽明玉篇黜去也本此闕者左氏成十三年傳又欲闕

蘬我公室虧者實之去也史記蔡澤列傳月滿則虧缺者少之去也周書君牙咸以正罔缺拂者顏延之應詺讌由水詩滯瑕難拂玉篇拂去也本此通作刜劉向九歎刜讒賊于中廇兮王逸註刜去也又通作弗大雅生民以弗無子傳弗去也去無子求有子發者齊風東方之日云履我發兮傳發行也此條發行皆訓去或說發當作廢字之誤也喪大記云疾病君大夫徹縣士去琴瑟寢東首于北牖下廢牀注廢去也去牀庪其生氣反也眾者古與朅通衛風碩人庶士有朅韓詩作桀朅為去

故禁亦為去也除者唐風蟋蟀日月其除祛者去魚切文選殷仲文南州桓公九井作詩感祛吝亦泯注引薛君韓詩章句祛去也舊本祛譌裕今訂正離者夏書嗣征畔官離次玉篇離去也本此朅者去竭切說文去部義也宋玉九辯車既駕兮朅而歸淮南說山訓也以束薪為鬼朅而走高誘注夜行見束薪以為鬼故去而走司馬相如大人賦朅輕舉而遠遊顏師古注朅去意也舊本朅譌碣今訂正遯者鄭注易遯卦云遯去逃去之名通作遁後漢書杜林傳上下相遁李善注謂上下相匿

以文避去也放者曲禮無放飯注去手餘飯于器中廣韻放去也本此逸者逃之去也說文逸失也以兔兔謾詑善逃也走者士相見禮將走注走猶去也玉篇走去也本此往者左氏昭七年傳取而臣以往注往去也論語不保其往也鄭注往猶去也何能保其去後之行遯者說文遯遁也遁逃也商書微子吾家耄遯于荒玉篇遯去也本此行者左氏僖五年傳宮之奇以其族行杜注行去也抾莫者方言文齊趙之總語也抾摸猶言持去也抾莫與抾摸字異音義同謝者說文謝辭也去楚詞

九章願歲并謝與長友兮王逸注謝去也渡者玉篇引此文谷者疑即谷字之訛㐫古去字或說谷疑爲郤說文得郤也

斬割鎃裂摫音規裁也

上文裁裂也此又析言之斬者說文斬截也裁截義同割者肉之裁也說文割剝也玉篇割截也鎃者木之裁也方言文梁益之閒裁木爲器曰鎃鎃又斲也晉趙之閒謂之鎃漢書藝文志則苟鉤鎃析亂而已顏師古注鎃破也音劈案玉篇鎃音的普錫二切裁名也舊本鎃訛鍼今訂正裂者繒之

裁也上文裁也此又轉相訓攕者方言文渠益之
間裁帛為衣曰攕左思蜀都賦鈲攕兼呈
揩戩㦰扱插也
說文插剌肉也　玉篇插剌入也揩者即刃切鄭注
樂記云揩插也戩者小雅鴛鴦戩其左翼韓詩章
句戩捷也捷其噣于左也捷插同義㦰者說文㦰
緘衣㦰也又云鍼所以縫也二字通用皆插入也
扱者楚洽切周南芣苢薄言襭之傳扱衽曰襭李
康運命論扱衽而登鍾山藍田之上則夜光璠璵
之珍可觀矣善注引此文

腬音柔、䑋音𢪛僇苦交反泡白交反傀古迴反腗孚二反狀四反又韓燈
蘊茂昆渾昌阜溢腯音突肥[illegible]火計反浡盛也
盛者豐厚肥大之皃方言作眓腬者耳由切説文
腬嘉善肉也玉篇腬肥美也䑋者方言文秦晉語
也梁益之間凡人言盛及其所愛偉其肥盛謂之
䑋郭注肥䑋多肉通作壤漢書鄒陽傳壤子王梁
代䑋壤字異義同如兩切僇者亦方言文陳宋之
間語郭注僇胖麤大皃力庖切泡者亦方言文江
淮之間語郭注泡肥洪張皃音庖傀者亦方言文
自關而西秦晉之間語也郭注言瓌瑋也説文傀

偉也或作瓌玉篇傀聲類以為傀字傀傀瓌字异
音義同𦢊者亦方言文郭注𦢊咽充壯也玉篇𦢊
盛肥也匹傋切韋者于鬼切說文韡盛也引詩曰
萼不韡韡韡韡同煒者筠輙切方言盈盛也薀者
方言文郭注薀譪盛皃茂者草之盛也說文茂艸
豐盛昆者方言文彼作焜古字通用渾者胡本切
亦方言文郭注們渾肥滿也昌者鄭風丰云子之
昌兮傳昌盛壯皃呂氏春秋仲夏紀賢者以昌不
肖者以亡高誘注昌盛也阜者鄭風大叔于田云
火烈具阜傳阜盛也楚詞大招人阜昌　法言問

道篇法度彰禮樂著㫖栱而視天民之阜也王逸
采咸並訓阜為盛溢者說文溢器滿也滿亦盛意
脂者他骨切方言𦝫脂也郭注脂脂肥充也說文
牛羊曰肥豕曰脂周頌我將箋我奉養我享祭之
牛羊皆充盛肥脂𠁵禮豚曰脂肥肥者說文肥多
肉也左氏桓六年傳博碩肥脂㬝者玉篇㬝盛皃
引埤倉㬝肥大也渟者蒲忽切玉篇渟渾也渾訓
盛渟亦盛也

𡟵具癸反又聚惟反　𡍮孳慘反所艦精䌫粺細纖死反詹微緜紗

𢈽莫可反　懱私萊燮𠜂音弊蓶音悅抄反彌治背止反子列區眇

𡮲鄗小也
說文小物之微也嫢者細之小也方言嫢細也自
關而西秦晉之閒凡細而有容謂之嫢郭注嫢嫢
小成皃說文秦晉謂細腰為嫢通作穌說文穌小
頭穌穌也簀若規笙者方言笙細也秦晉之閒凡
細皃謂之笙揫摻者方言揫摻細也斂物而細秦
晉謂之揫或曰摻說文䪂收束也或作䪂或作揫
精者亦細小也糳者說文糲米一斛舂為九斗曰
糳粺者說文粺毇也毇米一斛舂為八斗也舊本
粺訛粺今訂正細者說文細微也周書旅獒不矜

細行傳輕忽小物纖者方言文自關而西秦晉之
郊梁益之間凡物小者曰纖說文纖細也通作孅
司馬相如上林賦嫵媚孅弱微者說文作𢼸眇也
經典通用微孟子云乃孔子則欲以微罪行緜者
說文緜聯微也小雅緜蠻傳緜蠻小鳥貌眇者乙
肖切玉篇眇眇廷小貌舊本眇訛紗今訂正麽者
漢書敘傳又況么麽尚不及數子鄭氏曰麽音麽
小也晉灼曰此骨偏麽之麽顏監從鄭音謂么麽
皆微小之稱詹事兄攷異云說文無麽字而有髍
字髍瘺病也與麽同么言其小麽言其病童謠所

稱見一蹇人言欲上天隗囂少病蹇以是判之也
晉說得之大昭棄麼當作靡張博士時尚未必有
此麼字也方言繒帛之細者曰纖秦晉曰靡此作
靡本方言也轉寫者譌為麼曹音莫可反非也懱
者與蔑同方言本細枝江淮南楚之間謂之蔑周
書君奭文王蔑德降于國人疏引鄭注蔑小也周
語鄭未失周未失周典王而蔑之韋注訓蔑為小
法言云視日月而知衆星之蔑也仰聖人而知衆
星之蔑也仰聖人而知衆說之小也私策癹者方
言私策小也凡物小者秦晉梁益謂之私木細枝

燕之北郊朝鮮洌水之間謂之策青齊兖冀之間謂之葼故傳曰父母之怒子也雖折葼笞之其惠存焉左思魏都賦弱葼係實葼子紅切㡀者與敝同春秋傳稱敝邑敝器敝賦皆謙言小也舊本㡀訛㡀今訂正葰杪者方言文凡草生而初達謂之葰本細枝謂之杪左思吳都賦鬱兮葰茂玉篇葰戈芮切草生狀肖者方言文通作哨考工記大匈燿後有力而不能走注燿讀曰哨哨小也說文哨不容也尐者亦方言文孟子力不能勝一匹雛趙岐注匹小也孫奭音義云丁公著本匹作尐區者

漢書胡建傳穿北軍壘以爲賈區顔師古注區者小屋之名若今小菴屋之類故衛士之屋謂之區眇者方言文説文眇一目小也釋名月匡陷急曰眇眇小也藐者左氏僖九年傳以是藐諸孤潘岳寡婦賦孤女藐焉始孩鄙者釋名鄙否也小邑不能遠通也呂氏春秋孟夏紀子張魯之鄙家也學於孔子高誘注鄙小也司馬相如子虛賦臣楚國之鄙人也李善注引此文

㦖配倰來登反儠力葉反檄簡楕大果反劉呂儥音瀆遚暘音悵

從挺耻延反鋋耻輦反杼隑牛哀反脩蔓繹覃尋將枚袤長

廣雅疏證卷三

三六

也
說文長久遠也从兀兀者高遠意也鬱巸者方言
文郭注謂壯大也倰者玉篇倰長也廣韻倰儯長
貌本此儣者說文儣長壯儣儣也引春秋傳曰長
儣者相之擻箾並禾闌橢者玉篇橢狹長也通作
隋鄭注儀禮云隋方曰匧釋文云隋狹而長也又
通作嶞爾雅巒山嶞郭注謂山形長狹者矧呂者
方言文東齊曰㢶宋魯曰呂郭注㢶古矧字儥者
說文人部義也徒回切迒者方言文也爭朗切暘
者丑亮切潘岳西征賦華實敷榮桑麻條暢李善

注引此文通作蘤說文蘤艸茂也從者東西曰橫南北曰從皆言長也將容切挻者以然切方言延長也延與挻同玉篇挻長也本此通作挻說文挻木長也商頌殷武松桷有挻梴挻古字通鋋者玉篇鋋長也本此杼者直呂切方言云燕記曰豐人杼首杼首長首也燕謂之杼舊本杼譌从手今訂正隑者司馬相如賦臨曲江之隑州兮史記集解引漢書音義隑長也脩者方言文小雅六月四牡脩廣傳脩長也戰國策鄒忌脩八尺離騷路曼曼其脩遠兮古與條通禹貢厥木惟條條亦長也蔓

者草之長也無販切左氏隱元年傳無使滋蔓蔓難圖也舊本蔓訛蔓今訂正繹者絲之長也方言文說文繹抽絲也覃者說文覃長味也大雅生民實覃實訏傳覃長也尋者方言文自關而西秦晉梁益之閒凡物長謂之尋周官之法度廣為尋將者宋玉九辯恐余壽之弗將王逸注懼我性命之不長也枚末詳袤者地之長也說文東西曰廣南北曰袤張衡西京賦量徑輪考廣袤

乾倢蹻巨略反狢口堯反杭戶感反湛魋巢猛壯㺜力反反又力忍反、武猨偈怒驍健也說文健伉也釋名健建也能有所建為也乾者易說卦傳文也虞翻注精剛自勝動行不休乾象傳云天行健𠊱者疾葉切說文𠊱佽也佽便利也蹻者周頌酌云蹻蹻王之造傳蹻蹻武貌顏延之赭白馬賦捷趫夫之敏手李善注引此文是蹻與趫古字通說文趫善緣木走之才讀若王子蹻狢者牽幺切集韻狢犺健也本此疑與獟同獟五弔馨幺二切張衡西京賦趫悍虓豁如虎如貙李善注引史記匈奴傳誅獟悍獟與趫同舊本狢訛挌以音釋證之則狢字是也犺者苦狼切說文犺健犬

也⿺鬼咸者胡減切玉篇⿺鬼咸健也本此⿺鬼巢者士交切玉篇⿺鬼巢剽輕爲害之鬼也廣韻⿺鬼巢疾貌巢者字當作躁集韻躁行捷也通作勦廣韻輕捷也猛者說文猛健犬也壯者鄭注易大壯云壯者氣力浸彊之名獜者說文犬部義也引詩曰盧獜獜武者楊雄羽獵賦徽車輕武李善注引此文狡者楊雄長楊賦簡力狡獸李善注引此文廣韻狡健也本此偈者近烈切玉篇偈武貌引衛風伯兮偈兮太元云輔其折廬其闕其人睴且偈怒者馬之健也左氏定八年傳林楚怒馬後漢書第五倫傳鮮車怒馬

高誘曰怒讀如彊弩之弩方言弩猶怒也匡謬正俗云怒字古讀有二音今山東河北人讀書但知怒有去聲失其真矣驍者古么切說文驍良馬也玉篇驍勇急捷也通作梟漢書高祖紀北貉燕人來致梟騎助漢應劭曰梟健也張晏曰梟勇也若六博之梟也

攱古委反閣堪輂恭錄反加輿載也

文言傳坤厚載物周語夫利百物之所生也天地之所載也攱者玉篇攱載也本此閣者本書釋宮栽閣也栽當為載故載物亦謂之閣堪者輂方言

文郭注𢓜與亦載物者也加未詳與者古與車通用易曰大車以載

䌘弋冉反㓒魚劫反又且葉反接撚乃典反未連似㮚讀屬結續也

說文續連也䌘㓒者方言文秦晉續折謂之䌘繩索謂之㓒郭注䌘音剡㓒音妾椄者字當為接說文接續也未撚未者方言嬛蟬䌘撚未續也楚曰嬛蟬出也楚曰蟬或曰未及也玉篇䌘續也廣韻撚以指撚物連者玉篇連合也大雅皇矣執訊連連朱傳連連屬續貌似者小雅斯干似續妣祖周

頌良耜以似以續粟者說文粟嘉穀實也引孔子曰粟之為言續也粟孔子云云春秋說題詞文太平御覽引之古人續作賡爾雅賡續也郭注引書乃賡載歌孔傳亦訓賡為續賡字从庚庚亦有續義小雅大東西有長庚傳庚續也孔疏日入後有明星言其長能續日之明是也說文庚位西方象秋時萬物庚庚有實也粟與穀皆于秋時庚庚有實故說文並以續釋之屬者說文屬連也深衣篇續衽鉤邊注續猶屬也經解篇屬辭比事鄭注屬猶合也連合皆與續義相近結者晉語必屬怨焉

注屬結也屬為續結亦續也

癘力記反又力趐𤸷音節瘥生戈反疽癰也

靈樞經癰疽篇岐伯曰營衛稽留於經脉之中則血泣而不行不行則衛氣從之而不通壅遏而不得行故熱大熱不止熱勝則肉腐腐則為膿然不能陷骨髓不為焦枯五藏不為傷故命曰癰癰者其皮上薄以澤說文癰腫也釋名癰壅也氣壅否結裹而潰也癘者說文疒部義也𤸷者子結切玉篇𤸷癰也瘡也癤同上瘥者說文瘥小腫也素問生氣通天論汗出見溼乃生瘥者痱王砅注陽氣

發泄寒水制之熱怫肉餘鬱于皮裏甚爲痤疿微
作疿癚疿風癔也疽者説文疽癰也靈樞癰疽篇
黄帝曰何謂疽岐伯曰熱氣淳盛下陷肌膚筋髓
枯内連五藏血氣竭當其癰下筋骨良肉皆無餘
故命曰疽疽者上之皮夭以堅上如牛領之皮史
記項羽本紀范增疽發背而死張守節曰疽附骨
癰也
肬尤音 胮肚江反 肛虎江反 膱匹聊反 膮呼堯反 胅大結反 痕五根反
偅時勇反 很音脽 腫也
説文腫癰也釋名腫鍾也寒熱氣所鍾聚也肬者

四三

羽求切說文肬贅也籀文作黕釋名肬卯也出皮上聚高如地之有卯也荀子宥坐篇今學曾未知肬贅則具然欲為人師楊倞注肬贅結肉莊子天下篇附贅縣疣疣肬黕字異義同胮肛者玉篇胮肛張大貌肛腫也集韻引埤蒼胮肛腹脹也䐃脝者玉篇䐃脝腫欲潰也脝䐃脝集韻引廣雅瘽腫也是本又作瘽胅者集韻胅腫也本此痕者釋名痕根也急相根引也集韻痕五斤切引此文尰者說文瘇脛氣足腫引詩曰既微且瘇籀文作尰爾雅釋訓骭瘍為微腫足為尰孫炎曰皆水溼之疾

也小雅巧言篇此人君下溼之地故生微尰之疾尰者弋笑切未聞

料亂紕有麻反又扶規反督篤雉救仲摎力反雕撩䟽理也

説文理治玉也周書周官論道經邦燮理陰陽料者晉書王徽之傳當相料理玉篇料理也本此亂者文選雪賦注亂者理也總理一賦之終也紕者方言文秦晉之間語顚風于旄素絲紕之傳紕所以織組也總紕于此成之于彼是紕爲絲之理也督者亦方言文凡物曰督之絲曰繹之篇者古與督通莊子養生主篇緣督以爲經謂背縫也方言

繞緗謂之襪裺郭注衣督脊也故篤督皆為理雉
者方言文也敹者廣韻敹理也本此摞者力戈切
玉篇摞理也本此舊本作攃今訂正撩者說文手
部義也洛蕭切通作繚莊子盜跖篇繚意絶體而
爭此釋文繚音了又魯弔反理也統者他綜切周
書周官冢宰掌邦治統百官孔傳統理百官
黯䶍勃片呺於句虛去死俞音艴反嘔反噢反繻反色也
虞書以五采章施于五色謂采色也禮記色容顛
顛色容厲肅謂人面顏色也此熏采色顏色言之
黯者許極切玉篇黯赤黑色也䶍者面之色也許

力切玉篇赩大赤色艵者普丁切說文艵縹色也
楚詞玉色艵以晚顏兮宋玉神女賦艴薄怒以自
持兮李善注引廣雅艴色也又引方言注艴怒色
青貌是本又作頩通作恲淮南齊俗訓仁發恲以
見容高誘注恲色也嘔吺者喜之色也方言嫗色
也郭注嫗煦好色貌案上文怤愉喜也郭注方言
云怤愉猶呴喻也嘔娓吺呴皆音義同繻者說文
繻繒采色
讙譙應嚾反譴讀詰郤諯釧音又至緣反讓也
說文讓相責讓讙者方言文北燕曰讙許元切譙

者說文譙譊也讀若嚼古文作誚引周書曰王亦未敢誚公方言譙讓也齊楚宋衛荆陳之間曰譙自關而西秦晉之間凡言相責讓曰譙郭注譙字又作誚史記、萬石君列傳子孫有過失不譙讓爲便坐對案不食漢書高祖紀樊噲亦譙讓羽顏師古注譙讓以詞相責也譴者說文譴謫問也讀者槃責訓內有謫無讀怒訓內有讀無謫知讀即謫也詳見責訓下詰者呂氏春秋似順論昭釐侯至詰庫令高誘注詰讓也郤未聞謫者說文謫相讓也

廣雅疏義卷第四

嘉定錢大昭晦之甫撰

揚讀曉謂道說也

說文說談說玉篇說始悅切言也釋也揚者鄘風墻有茨不可詳也釋文詳韓詩作揚薛君章句揚猶道也舊本揚訛从木今訂正讀者詩鄘風傳讀抽也鄭箋抽猶出也曉者說之明也說文誨曉教也諄告曉之孰也漢書元后傳未曉大將軍注曉猶白也謂者楚辭九章云人心不可謂兮王逸注謂說也王巾頭陀寺碑稱謂所絕道諸地官土訓

廣雅疏義卷四 一

掌道地圖以詔地事注道說也說地圖九州形勢山川所宜告王以施其事也

澇老刀反汏瀾簡竹淅桒狄反滌潒音湯溞素高反澡音早沐浴湔子堅反濯沫呼內反洒也

說文洒滌也玉篇洒先禮先殄二切濯也左氏襄二十一年傳洒濯其心一以待人通作洗繫詞傳聖人以此洗心退藏于密史記高祖本紀使兩女子洗足澇者玉篇汏洗也本此瀾者剛限切說文瀾淅也淅者米之洗也說文淅汏米也玉篇淅洗也本此孟子接淅而行淮南兵略訓百姓開門而

詩之淅米而儲之惟恐其不來也滌者豳風七月云十月滌場春官大宗伯祀大神則視滌濯滌者徒黨切玉篇云滌今作蕩案滌蕩雙聲故皆為洒溞者米之洒也大雅生民釋之溞溞玉篇溞溞淅米聲澡者身之洒也子皓切說文澡洒手也儒行篇儒有澡身而浴德沐者頭之洒也說文沐濯髮也衛風伯兮豈無膏沐浴者身之洒也說文浴洒身也天官宮人共王之沐浴湔者說文湔手澣之戰國策君獨無意湔祓濯者說文濯澣也大雅桑柔逝不以濯孫綽遊天台山賦過靈谿而一濯沫

者面之洒也說文沬洒面也古文作𩕳周書顧命王乃洮𩕳水漢書律歷志引作洮沬水馬融注𩕳𩕳面也說文無𩕳字𩕳之譌也漢書淮南王長傳高帝蒙霜露沬風雨顏師古曰沬亦𩕳字沬洗面也字从午未之未通作靧內則面垢燂潘請靧足垢燂湯請洗

魝結音切刌反寸本膾劊初律反割也

說文割剝也上文割斷也裁也此又分有釋之魝者魚之割也說文魝楚人謂治魚讀若鍥切刌者釋文切刌也刌切切也上文切刌皆云斷此又為割

義相成也膾者說文膾細切肉也釋名膾會也細切肉令散分其赤白異切之已乃會合和之也少儀篇牛與羊魚之腥聶而切之為膾注聶之言牒也先藿葉切之復報切之則為膾剝者親給切說文剝傷也

闑

闑闑亢闑要口音也正音于小切徼許堯反迣制音遮也說文遮遏也漢書高帝紀新城三老董公遮說漢王闑者說文闑門遮也戰國策晉國之去梁也千里有餘無山河以闑之史記楚世家雖儀之所甚願為門闌之廝者亦無先大王通作闌方言竝國

也郭注謂蘭圂也孟子既入其苙趙岐注苙蘭也
漢書王莽傳與牛馬同蘭顏師古注蘭謂遮蘭之
若牛馬蘭圈也閑者說文閑闌也家人初九閑有
家馬融注以閑為闌周書畢命雖收放心閑之惟
艱亢者通作抗儀禮既夕云抗木横三縮三注抗
禦也所以禦止土者闌者廣韻闌隔也古用要孟
子使數人要子路徼者伊消切司馬相如子虛賦
徼𤟹受屈史記集解云駰案郭璞曰𤟹疲極也言
獸有倦游者則徼而取之索隱引司馬彪云謂遮
其倦者案徼通作邀張衡西京賦不徼自遇薛綜

曰邀遮也迣者征例切說文迣迾也晉趙曰迣漢書兩龔傳部落鳴鼓男女遮迣晉灼曰迣古列字也顏師古曰言聞桴鼓之聲以為有盜賊皆當遮列而追捕之案玉藻篇列而不賦注列之言遮列也李善注顏延之赭白馬賦引服虔通俗文天子出虎賁伺非常謂之遮列

貣茶音塗差且假貸僣也

說文僣假也此與借同義孫侍御云僣疑借之譌貣茶者方言倩茶借也此本貣茶傳寫之譌或說貣疑當作貰說文貰貸也貸既為僣貰亦僣也茶

同都切差者初佳切春官大宗伯以軍禮同邦國注同謂威其不協僭差者且未詳假者王制篇大夫祭器不假左氏桓六年傳取於物為假貸者玉篇貸假也借盈也地官泉府凡民之貸者與其有司辨而授之

錉音旻措似亦反耡士魚反貢租賦徹稩酒胃反披征賨在宗反發方又反稅也

說文稅租也王制篇古者公田藉而不稅春秋宣十五年初稅畝漢書食貨志稅給郊社宗廟百神之祀天子奉養百官祿食庶事之費錉者說文錉

業也賈人緡通作緡漢書武帝紀初算緡錢李斐曰緡絲也以貫錢也一貫千錢出算二十也顔師古注謂有儲積錢者計其緡貫而稅之又食貨志諸賈人末作貰貸賣買居邑貯積諸物及商以取利者雖無市籍各以其物自占率緡錢二千而算一諸作有租及鑄率緡錢四千算一匿不自占占不悉戍邊一歲沒入緡錢耤者說文耤帝耤千畝也古者使民如借故謂之耤通作籍天官甸師掌帥其屬而耕耨王籍周語不籍千畝韋昭注籍借也借民力以為之風俗通義今民間名曰官田古

若使民如借故曰籍田耡者説文商人七十而耡耡耤税也地官遂人以興耡利甿以時器勸甿注鄭大夫讀耡為耤杜子春讀耡為助謂起相佐助又里宰歲時合耦于耡注與遂人同後鄭謂耡者里宰治處也于此合耦使相佐助因放而為名是耡助古字通貢者書序云禹別九州隨山濬川任土作貢孔傳任其土地所有定其貢賦之差天官太宰以九貢致邦國之用孟子夏后氏五十而貢租者説文租田賦也史記孝文帝本紀其除田之租税又馮唐傳軍布市之租索隱曰謂軍中立市

市有稅稅即租也漢書昭帝紀罷榷酤官令民得以律占租如淳曰律諸當占租者家長身各以其物占占不以實家長不身自書皆罰金二斤沒入所不自占及賈錢縣官也賦者說文賦斂也禹貢厥則惟上上錯孔傳賦謂土地所生以供天子太宰職五曰貢賦以取其用後鄭注口率出錢也今之算錢民謂之賦此其舊名與漢書食貨志賦共車馬甲兵士徒之役充實府庫賜予之用徹者大雅公劉徹田為糧孟子周人百畝而徹䅌者玉篇䅌直就切稅也本此舊本䅌訛⿰扌冑今訂正秛者普

陂切玉篇被禾租征者地官小司徒施其職而平其政注政稅也政當作征又載師凡任地國宅無征注征稅也言征者以共國政也賨者說文賨南蠻賦也又云幏南郡蠻夷賨布後漢書南蠻傳武陵歲令大人輸布一疋小口二丈是謂賨布巴郡蠻歲民戶出幏布八丈二尺左思魏都賦賨幏積墆琛幣充仞李善注引風俗通義槃瓠之後輸布一匹二丈是謂賨布廩君之巴氏出幏布八丈漢馮緄碑收逋賨布三十萬匹賩賨同發者玉篇發市肺切賦斂也舊本發訛䝮今訂正

紩于栗反　緤魚刧反　組亘覓反　繙彌縪音畢縫也

説文縫以鍼紩衣也魏風葛屨可以縫裳天官縫人掌王宮之縫線之事紩緤者玉篇紩緤繢縫也緤紩緤也組者説文組補縫也此即衣裳綻裂之綻組綻古今字組或作袓史記白起王翦列傳集解引何晏説非但憂平原之補袓患諸侯之捄至也索隱曰袓字又作綻舊本組訛組今訂正繙者所力切玉篇繙縫也本此舊本繙下有色字此是曹憲所音傳寫者誤入本文也應刪去今訂正彌者左氏傳彌縫其闕縪者布一布結二切玉篇縪

冠縫也儀禮既夕云冠六升外縪纓條屬厭

總隱靳反幽布耕反紹呂音綮略音絣百猛反又布耕反也

漢書揚雄傳絎之以象類皆灼以絣為雜顏師古

以絣為併戰國策妻自組甲惠士奇禮記云併以

連之雜以撰之所以箴縷綵繖之間攕揳嘅齵之

郤是古合甲之法也總者玉篇總總衣也廣雅總

縫衣相著幽者玉篇無此字廣韻絣振繩墨也幽

同上是幽即絣之異文紹綮者上力與切下力若

切玉篇紹綮紩衣也綮紹綮

絎下孟反紕符夷反又紕之反又泊尹反緣也

說文緣衣純也以絹切玉藻篇緣廣半寸注緣飾邊也絎者玉篇絎縫紩也廣韻絎刺縫紕者鄘風干旄素絲紕之箋素絲為縷以縫紕旌旗之旒縿玉藻篇縞冠素紕注紕緣邊也

䀯顡媚音漢漫惘亡本也懣滿音也

說文懣煩也禮問喪篇悲哀志懣氣盛史記倉公列傳故煩懣食不下則絡脈有過䀯顡者方言文郭注謂憤懣也顡說文作䫱云涉水䫱蹴符真切漢漫者亦方言文也朝鮮洌水之間謂之漢漫舊本漫訛為漢字音釋今訂正惘者字當作悶字書

廣雅疏證卷四　八

無惘字說文悶懣也爾雅懪懪邈邈悶也賈誼旱雲賦羣生悶滿而愁憒嚴夫子哀時命云遂悶歎而無名

貶損削黜硍苦巻反撤耗退音退肆掊步侯反扒所斤反刮古滑反放筆皆反脩古巻反殺瘝音哀䫉爽劣減也

說文減損也樂記篇禮主其減貶者說文貶損也公羊隱二年傳何以不氏貶何休注貶猶損也損者說文手部義也左氏文十七年傳克減侯宣多注減損也是損減同義削者地之減也大司馬職野荒民散則削之注削其地王制篇君削以地黜

者位之減也說文黜貶下也左氏襄十年傳子駟與尉止有爭將禦諸侯之師而黜其車杜注黜減損也⿰歹艮者集韻⿰歹艮減也本此撤者去之減也廣韻撤去也經典通用撤秏者字當作秏玉篇秏減也引詩秏斁下土又禾部云秏正作秏漢書董仲舒傳秏矣哀哉顏師古注秏虛也大雅雲漢詩秏字王制視年之豐秏唐石經並作秏退者古退字色淺淡為退是色之減也肆者罪之減也春秋莊二十二年肆大眚掊者謙象傳君子以裒多益寡釋文裒字書作掊引廣雅云減也玉篇引易作掊云

掊猶減也本亦作裒是掊裒字異音義同抓者減上以益下也說文抓从上把也刮者盾之減也攷工記刮摩之工攷者分之減也說文攷分也屏者玉篇屏差也今為降殺者所界切文王世子篇親親之殺也注殺差也士冠禮記以官爵人德之殺也注殺猶差也繫詞傳古之聰明叡知神武而不殺者夫虞翻注乾坤坎離反覆不衰癈者病之減楚追切說文疒部義也通作衰荀子相地而衰政楊倞注衰差也九章算術謂差分為衰分顛爽並未詳劣者力之減也說文劣弱也从力少

維紲縱隨絹反縻目羈反紭直宏反係也

說文係絜束也趙岐孟子注係累猶縛結也或說係當作糸說文糸繫也維者小雅白駒篇縶之維之傳維繫也公羊昭二十四年傳且夫牛馬維婁注繫馬曰維繫牛曰婁紲者說文曰紲糸也或作緤左氏僖二十四年傳臣負羈紲少儀篇犬則執緤孔疏緤繫犬繩也離騷登閬風而緤馬王逸注緤繫也縱者辭戀切說文縱以長繩繫牛也馬融長笛賦植持縱纆縻者說文縻牛轡也或作⿰糹多漢書匈奴傳羈縻不絕紭者戶萌切廣韻紭網紭也漢

書揚雄傳逢嚎乎紘中

切直方義也

說文誼人所宜也古仁義字如此威儀字作義今仁誼字經典通用義釋名義宜也裁制事物使合宜也白虎通義義者宜也斷決得中也切直者爾雅丁丁嚶嚶相切直也言朋友之義在于切磋相正直也方者文言傳直其正也方其義也君子敬以直內義以方外

懷就息惰大果反罷還返還免廷歸也

說文歸藏文作歸懷者檜風匪風傳義也周語民

神怨痛無所依懷韋昭注懷歸也就者古與集通小雅小旻是用不集傳集就也韓詩外傳作就周書顧命克達殷集大命蔡邕石經集作就古者集就同書集為鳥之歸故就亦為歸息者方言文也息者作勞而休止故有退歸之義隋者集韻隋埋祭餘也埋有歸義罷者遣之歸也說文罷遣有罪也从网能言有賢能而入网即貰遣之禮少儀篇師役曰罷左氏襄三十年傳皆自朝布路而罷公羊昭十三年傳衆罷而去之墨子非攻篇吴有離罷之心皆言罷遣師役使歸也還者往之歸也說

文遝復也返者去之歸也說文返還也引商書曰祖甲返春秋傳返作彶退者與退同朝之歸也衛風碩人大夫夙退論語子退朝禮少儀篇朝廷曰退免者仕之歸也廣韻免止也廷者說文廷往也漢書刑法志歸而往之是為王矣舊本廷訛廷今訂正

抮（音軫）盭（音戾）乖（音乖）違外（侈遠反）遻（揀各反）偭（音面）偝也

此向偝之偝也禮記投壺毋偝立注不正鄉前古通用背抮者火典切玉篇抮引戾也通作軫方言軫戾也郭注相乖戾也盭者即計切說文盭弼戾

也漢書膠西于王端傳爲人賊盭顔師古注盭古戾字言其性賊害而狠戾也𠀤者古乖字說文作𠅊戾也廣韻乖背也本此違者潘岳關中書盧諶違命李善注引此文舛者昌兖切說文舛對卧也从夂㐄相背揚雄說作踳遺者說文遺迹遺迹是逶之訛玉篇遺逶遺也偭者鮮緬切離騷偭規矩而改錯玉篇偭下引漢書偭𤰈獮以隱處偭面背也

幬逆由反幏音蒙幎音覓幔莫汗反幞福郭反幕茇葺子立反又旦立反

菱此葰之去聲幔音悍憮音吁睸弇冒覆也

說文覆蓋也大雅生民鳥覆翼之檀弓篇見若覆夏屋者矣幭幪者方言幬幪覆也郭注字或作𧶠音俱波濤之濤又云幪巾也郭注巾主覆者故名幪也葉幪莫弘切說文幪蓋衣也通作蒙左氏襄十年傳狄虒彌建大車之輪而蒙之以甲以為櫓杜注蒙覆也幭幬幪俱字異音義同幭者士喪禮幎目用緇呂氏春秋貴直論夫差將死曰死者如有知也吾何面以見子胥於地下乃為幎以冒面死淮南原道訓舒之幎於六合注幎覆六合言滿天地間也說文幎慢也周禮有幎人業天官序

官冪人注以巾覆物曰冪其職掌共巾冪冪幎同幔者說文幔幕也釋名幔漫也漫漫相連綴之言也帲者法言吾子篇震風淩雨然後知夏屋之為帲幪也幕者方言文天官幕人掌帷幕幄帟綬之事注王出宮則有是事在旁曰帷在上曰幕幕或在地展陳于上帷幕皆以布為之茨者說文茨以茅蓋屋釋名茨次也次草為之也周書梓材惟其塗塈茨莊子讓王篇原憲居魯環堵之室茨以生草葺者說文葺茨也左氏襄三十一年傳繕完葺牆釋文徐音集覆也謂以草覆牆也顏延之陶徵

士誄汲流舊噭蒼字家林蔓者七捻切說文艸部
義也幓若徒到切小雅爾𡇬覆照也說文𡇬幬覆
照也禮說辟如天地之無不持載無不覆幬幓𡇬
幬字異音義同幠者說文巾部義也荒乎切小雅
斯干箋芋當作幠幠覆也喪大記篇幠用斂衾幬
者莫鳳切公羊隱元年傳車馬曰賵注賵猶覆也
弇者爾雅弇蓋也郭注謂覆蓋冐者邶風日月下
土是冐玉篇冐覆也本此

惶怖魑魚記反儸充涉反猜忴公大反又公械反蟬咺火袁反謾音蠻
台音夷脅閱怵惕蛩音拱拱音恭征音征伀音鍾恎多結反⿰忄冬音冬畏

恐遽其去反懼也
説文懼恐也古文作愳惶者乎光切説文惶恐也漢書朱博傳王卿得敕惶怖李尤函谷關賦侯伯過而震惶怖者普故切説文悑惶也或作怖淮南詮言訓故福至則喜禍至則怖後漢書第五倫傳其巫祝有依託鬼神詐怖愚民皆案論之魋者玉篇魋懼也本此懾者服之懼也説文懾心服也通作懾曲禮篇貧賤而知好禮則志不懾猜恀者恨之懼也方言猜恀恨也玉篇猜恀皆云懼也本此
蟬喧謾台脅闟者方言謾台脅闟懼也燕代之閒

曰謾台齊楚之間曰脅閱宋衛之間凡怒而譩噫謂之脅閱南楚江湘之間謂之撣咺郭注謾台蠻怡二音譩噫謂憂也噫央媚反脅閱猶潤沭也咺香遠反脅亦作愶玉篇愶以威力相恐愶也閱亦作憪廣韻憪惶恐也或作潤怵惕者周書冏命怵惕惟厲說文沭恐也乾九三夕惕若厲釋文引鄭注惕懼也左氏襄二十二年傳國家罷病不虞薦至無日不惕杜注惕為懼李尤函谷關賦蕃鎮造而惕息蛩供者方言蛩供戰慄也荊吳曰蛩供蛩供又恐也郭注鞏恭兩音說文供戰慄也玉篇供

恐也征伀者方言征伀遑遽也江湘之閒凡窘猝怖遽或謂之征伀王褒四子講德論百姓征伀無所措其手足玉篇征之成切征伀懼也伀職容切怔忪懼也征怔伀忪同怪佟者玉篇怪佟遑遽也佟徒冬切畏者說文畏惡也从白虎省鬼頭而虎爪可畏也震象傳雖凶無咎畏鄰戒也恐者恐懼已見爾雅釋詁此不重出疑字之誤遽者左氏襄三十一年傳豈不遽止楚詞九章敺遽以離心兮

蕪婺亡反成薄荒瑕歲也

說文歲蕪也荀子王伯篇塗歲則塞楊倞注歲與

同蕪者地之薉說文艸部義也宋玉招魂䕺于俗
而蕪穢王逸注不治曰蕪多草曰穢菱者乙之切
玉篇菱草木蕪蔓也舊本菱訛菱今訂正薄者說
文薄林薄也楚詞九章王逸注草木交錯曰薄荒
者草之薉也說文荒蕪也一曰草掩地也瑕者玉
之薉也顏延之應詔讌曲水詩有悔可悛滯瑕難
拂李善注引此文

擓苦懷反抆音吻挸古典反揤子與反撫音嘯拭也

玉篇拭清淨也聘禮賈人北面坐拭圭大戴禮釁
廟篇雍人拭羊擓者玉篇擓摩拭也抆者武粉切

楚詞九章孤子唫而抆淚兮王逸注抆拭也漢書
朱博傳馮翊欲洒卿耻抆拭用禁顏師古注抆拭
摩也江淹別賦瀝泣共訣抆血相視視者公殄切
玉篇攡拭面也亦作挸抑者玉篇抑狙粟切拭也
本此攗未聞

㔋鑑音又檻音劖鑯七廉反剡易斂反銳役抉反銛纖音利
也

說文利銛也㔋者古銜切玉篇㔋劖細切也集韻
㔋利刀也本此劖者說文劖利傷也禮聘義廉而
不劖義也方言凡草木刺人自關而東或謂之劖

鑯者說文鑯銳也剡者說文剡銳利也繫辭傳剡木為矢漢書賈誼傳剡手以衝仇人之胸淮南氾論古者剡耜而耕楚辭橘頌曾枝剡棘案剡利已見爾雅釋詁疑有誤也鋭者說文鋭芒也籀文作𠛼漢書禮樂志上方征討四夷銳志武功顏師古曰銳利也言一意進求若兵刃之銳利銛者說文利銛也此與从昏者有別墨子親士篇今有五錐此其銛銛者必先挫賈誼弔屈原賦莫邪為鈍兮鉛刀為銛晉灼曰世俗謂利為銛徹顏師古音弋占反

抓壯孝反 搣音蔑 擸落合反 揢可瞎反 擿恥革反 搔也

内則疾痛苛癢而敬抑搔之漢書枚乘傳夫十圍之木始生如蘖足可搔而絶顔師古注搔抓也説文搔括也括當為刮抓者側交切玉篇抓抓痒也莊子徐無鬼篇有一狙焉委蛇攫抓見巧乎王搣者居月切説文搣以手有所把也逸周書抓有身而不敢以噬循有蚤而不敢以搣擸者古滑切説文擸刮也揢者説文揢擸也擿者説文手部義也續漢書輿服志簪以瑇瑁為擿

餥非音又匪音 飵昨音又似故反 飴女霑反又如甘反 唉噭音 嗌饐烏困反又于恨

韋匪亮支夫曰

七

反饐五困反滄緇寒反餔音逋啜時月反又豬芮反嘗餉饕士眷反茹食也

釋名食殖也所以自生殖也餐飵餂者方言餐飵食也陳楚之內相謁而食麥饘謂之餐楚曰飵凡陳楚之郊相謁而餐或曰飵或曰餂秦晉之際何陰之間曰䭇饐此秦語也郭注饘糜也音旃畫飯為餐謁請也䭇惡恨反饐五恨反今關西呼食欲飽為䭇饐說文繫傳相謁相見後設麥飯以為常禮如今人之相見飲茶也粲餐食已見爾雅釋言此因方言文而連及之啖者徒敢切說文啖噍啖

也一曰噉玉篇噉食也亦作啖漢書叔孫通傳呂后與陛下共苦食啖如淳曰食無菜茹無啖啖者說文噬啗也玉篇噬齧噬也易曰頤中有物曰噬嗑左氏哀十二年傳國狗之齧無不噬也⿰食急⿰食豈者說文云秦人謂相謁而食麥曰⿰食急⿰食豈湌者說文餐呑也或作湌釋名餐乾也乾入口也餔者說文餔日加申時食也籀文作逋國語國中童子無不餔也呂氏春秋下壺⿰歹食以餔之楚詞漁父何不餔其糟啜者說文啜嘗也玉篇啜茹也釋名啜絕也乍啜而絕于口也檀弓篇啜菽飲水嘗者說文嘗口

味之也曲禮篇君有疾飲藥臣先嘗之注嘗度其所堪餉者說文餉饟也饕者說文饕其食也或作餮馬融論語注餮飲食也茹者方言文也吳越之間凡貪飲食者謂之茹郭注今俗呼能粗食者謂之茹禮運篇茹其毛孫綽遊天台山賦絕粒茹芝李善注引列仙傳讚吞水須茹芝莖

儽六羅反又力羅反疲勞懈惰怠餐女草反嬾洛瀚反也

說文嬾懈也怠也一曰臥也通作孏後漢書王丹傳每歲農時輙載酒肴于田問候勤者而勞之其惰孏者耻不致丹皆兼功自厲儽者盧對切說文

㦖嬾解也疲勞者說文疲勞也勞劇也勞劇則嬾也舊本勞下有也字衍勞訓已見上文此也字衍今訂正㦖者古𤹪切說文㦖怠也惰者說文惰不敬也引春秋傳曰執玉惰或作惰古文作媠左傳執玉惰曲禮言不惰論語語之而不惰皆作惰漢書韋元成傳無媠爾儀兩龔傳媠謾亾狀皆作媠怠者說文怠慢也越者語得時無怠時不再來餐者說文云楚謂小兒嬾餐

晻烏感反薆音愛翳奣烏繒反壅蔽障也

說文障隔也亦作墇擁也呂氏春秋季春紀開通

路無有障塞高誘注障壅也晻若說文晻不明也楚詞九思雲霓紛兮晻翳通作掩月令篇處必掩身注掩猶隱翳也薆者說文薆蔽不見也亦作薆離騷衆薆然而蔽之漢書律歷志昧薆于未翳者爾雅蔽者翳郭注樹蔭翳覆地也楚語縱過而翳諫韋昭注翳障也左思詠史詩歸來翳負郭薈者說文薈艸多皃引詩曰薈兮蔚兮艸多亦障蔽也壅者古作邕許見隔訓下蔽者鄭注論語為政篇云蔽塞也

繙彌厲設沓縫瀼際接稽交合也

說文合合口也繬彌者方言嗇聻合也繬字說文所無彌疑作檣檣絡絲具也繬彌與嗇聻同屬者玉篇屬附也近也附近亦相合之意或說屬當為屬之欲切形相似而譌也地官州長各屬其州之民而讀灋鄭注屬猶合也設者玉篇設合也本此沓者楚詞天問天何所沓十二焉分王逸注沓合也言天與地合會何所縫者衣之合也說文縫以鍼紩衣也左氏昭二年傳敢拜子之彌縫敝邑注彌縫猶補合也灋者事之合也今人語猶云合法孫侍御說際者說文際壁會也淮南精神訓與道

為際與德為鄰高誘注際合也接者表記篇君子之接如水廣韵接合也本此稽者天官小宰聽師田以簡稽鄭司農云稽合也交者月令仲冬虎始交鄭注交猶合也楚辭九章解篇薄與雜菜兮備以為交佩王逸釋交為合班昭東征賦望河洛之交流兮李善注引此文

瀧音籠涿陟角反露溼濡澰落感反溺淪氾濅子禁反潤濈作麃反漸瀌音麃漚惡侯反澆許堯反漼口角反淳市倫反沃音屋淙士降反溢滿閔反淋音林潅音觀灓音鸞濧徒內反漫音曼渥泥土角反瀆也

說文漬漚也玉篇漬浸也史記貨殖列傳漸漬于失教瀧涿者方言瀧涿謂之霑漬郭注瀧涿猶瀨滯也說文瀧雨瀧瀧皃涿流下滴也露者說文露潤澤也霑者說文霑雨霂也法言問道篇不戰而屈人兵堯舜也霑項漸襟堯舜乎濡者邶風匏有苦葉傳義也人朱切渰者木華海賦爾其為大量也則南渰朱崖李善注引此文溺者沉溺淪者淪沒皆霑漬也氾者孚梵切說文氾濫也濫濡上及下也湰者鄭注夏官職方云浸可以陂灌溉者浸浸同潤者說卦傳雨以潤之聘義篇溫潤而澤職

者說文水部義也公羊莊十七年齊人殲于遂傳殲者何殲漬也衆殺戍者也樊毅乞復華下民租田算狀仍雨甘雪殲潤宿麥漸者子廉切衛風淇云漸車帷裳潘岳懷舊賦水漸軌以凝沍李善注引此文漉者黑無切玉篇漉與潕同漚者說文漚久漬也陳風東門之池可以漚麻傳漚柔也孔疏謂漸漬之使柔勒也案攷工記㡃氏以涗水漚其絲注漚漸也楚人曰漚齊人曰涹澆者說文澆沃也古堯切淮者說文淮灌也舊本淮訛濯今訂正浮者說文浮渌也內則篇浮獒煎醢加于陸稻上

沃之以膏曰淳熬注淳沃也攷工記鍾氏淳而漬之周語王乃淳濯饗醴韋昭注淳沃也沃者說文渓溉灌也沃渓古今字淙者說文淙水聲也郭璞江賦淙大壑與沃焦溢者玉篇溢漬也本此淋者說文淋以水沃也揚雄羽獵賦淋離廓落灌者莊子消搖游時雨降矣而猶浸灌淮南泰族訓若春雨之灌萬物也渾然而流沛然而施無地而不澍無物而不生桓寬鹽鐵論沛若時雨之灌萬物莫不興起也灓者洛官切說文灓漏流也澍者玉篇澍濡也瀀者于求切說文瀀澤多也引詩曰既瀀

既渥今小雅信南山作㵐古字通渥者說文渥霑
也秦風終南顏如渥丹箋渥厚漬也攷工記渥淳
其帛左氏哀八年傳拘鄫人之漚菅者鄭注攷工
記引其渥菅釋文渥烏豆反與漚同是渥為古文
漚也浞者說文浞濡也

踏他币反蹠只易反蹈遙音又躍音𨁆拂音踴躍踙陟劣反蹶厥音竦
跖丑例反跳也

說文跳躍也釋名跳條也如草木枝條務上行也
踏蹶蹈𨁆者方言踏蹈𨁆跳也陳鄭之間曰蹈楚
曰蹶自關而西秦晉之間曰跳或曰踏說文踏跋

也蹠楚人謂跳躍曰蹠跖跳也⿰足弗跳也踊者說文足部義也左氏僖二十八年傳曲踊三百檀弓篇辟踊哀之至也有算為之節文也通作𧻓說文𧻓喪辟𧻓躍者大雅旱麓魚躍于淵張衡西京賦鋋不苟躍薛綜注躍跳也通作趯說文趯踊也漢書李尋傳涌趯邪陰顏師古注趯與躍同蹳者玉篇蹳跳也本此蹳者說文足部義也班固西都賦狂兕觸蹷蹵若上文釋踈為上此又為跳義相成也⿰足斤者方言楚謂跳曰⿰足斤玉篇⿰足斤踰也

傺耻制反眙耻利反止待立逗也

廣雅疏義卷七

說文逗止也史記韓長孺列傳廷尉當恢逗撓當斬集解引應劭曰逗曲行避敵也索隱引如淳曰軍法行而逗留畏撓者要斬服虔曰逗音企後漢書光武帝紀不拘以逗留法李賢注逗古住字舊本逗訛逼今訂正傺眙者方言文也南楚謂之傺西秦謂之眙逗其通語也郭注逗即今住字眙謂住視也離騷忳鬱邑余侘傺兮王逸注傺住也楚人名住曰傺楚詞九章思美人兮擥涕而竚眙止者玉篇止住也本此待者說文待竢也立者說文立住也从大立一之上釋名立林也如林木森然

三五

各駐其所也

硫音並㒩翫肆俗習也

皇侃論語義疏習是修故之稱也晏子曰汨常移質習俗移性不可不慎也硫㒩者方言文郭注謂玩習也硫以成切說文作㥅習也字異音義同翫者說文翫習猒也亦作忨肆者說文肄習也篆文作肆左氏文四年傳臣以為肄業及之也曲禮云君命大夫與士肄注肄習也君有命大夫則與士展習其事謂欲肆所發為也俗者說文人部義也釋名俗欲也俗人所欲也管子曰藏於官則為法

長淮先生説曰

上句

施于國則成俗歇冠子曰田不因地不能成穀化不因民不能成俗

崪音萃離空椑臺待也

繫詞傳君子藏器于身待時而動儒行云儒有席上之珍以待聘崪者疾醉切玉篇崪待也本此離未詳空者方言文郭注來則實也椑未聞臺者詹事凡曰臺之為待是解臺榭之名以音見義也古人登臺書雲物亦有待義

欝悠慎婧瞎憛他甘反憮恁音淰又如深反侖音淪思也

釋名思司也凡有所司捕必靜思忖亦然也欝悠

慎䝼者方言文晉宋衛魯之間謂之鬱悠東齊海岱之間曰䝼秦晉或曰慎凡思之皃亦曰慎郭注鬱悠猶鬱陶也㬝者昨鹽切憂之思也方言㬝憂也宋衛或曰㬝憚者憚悇亦憂思也詳見本書釋訓憮者愛之思也罔甫切怤者玉篇怤念也侖者力迍切說文亼部義也通作倫玉篇倫思也

仳鼻之反倠許惟反娸音欺婄音倍儓音臺嚴蒲比反頮爽音又差文反𩑶丁可反噅欽危反臛音權睽音逵頦音該顝苦沒反䫏音欺醜也

說文醜可惡也釋名醜臭也如臭穢也仳倠者楚

詞九歎西施斥于北宮兮仳倠倚于彌盈王逸注仳倠醜女也說文仳倠醜面倠通作婎說文婎醜也娸者去其切說文女部義也杜林說漢書枚皐傳其賦有詆娸東方朔又自詆娸顏師古注娸醜也婄者蒲口切說文婄不肖也讀若竹皮箁儓䑒者方言儓䑒農夫之醜稱也南楚凡罵庸賤謂之田儓或謂之䑒郭注儓音臺㑺儓駑鈍皃或曰僕臣儓亦至賤之號也䑒音棥丁健皃也廣雅以為奴字作棥音同萊儓通作嬯說文嬯遟鈍也闒嬯亦如之頪者玉篇蝢醜也本此須嗚臛朕者淮南

修務訓啳⿰月癸哆噅籧篨戚施雖粉白黛黑弗能為
美者嫫母仳倠也高誘注皆醜皃案⿰月雚渠圓切⿰月癸
渠追切啳與⿰月雚哆與頦字異音義同劉峻辨命論
夫靡顏膩理哆噅顣頦形之異也李善注引服虔
通俗文噅口不正也頦者戶來切說文頁部義也
顝者說文顝大頭也讀若魁䫏者去其切說文䫏
醜也今逐疫有䫏周禮方相氏敺疫掌蒙熊皮注
冒熊皮者以驚敺疫癘之鬼如今魌頭也太平御
覽引應劭風俗通義俗說亡人魂氣遊揚故作魌
頭以存之言頭魌魌然盛大也或謂魌頭為觸壙

殊方語也列子仲尼篇見南郭子果若欺魄而不
可與接殷敬順釋文云字書作欺䫏大而醜也淮
南精神訓視毛嬙西施猶䫏醜也通作倛荀子非
相篇仲尼之狀面如蒙倛愼子曰毛嬙西施天下
之至姣也衣之以皮倛則見之者皆走也䫏魌倛
欺字異音義同

問詠諀（匹爾反）訾（子移反又紫音）誹（福尾反）詆（嫡禮反）傷譖謗訴皐
訕譭（毀音卽譭謗之毀今毀乃訓壞也）

玉篇譭許委切謗也怨言也與毀同論語誰毀誰
譽舊本譭訛諻字書所無今訂正間者古莧切曹

植贈白馬王詩蒼蠅間白黑讒巧令親踈李善注引此文諑者猪角切離騷謠諑謂余以善淫王逸注諑猶譖也諀者玉篇諀訾也訾者管子形勢解毀訾賢者之謂訾推譽不肖之謂譽訾譽之人得用則人主之明蔽而毀譽之言起鄭注喪服四制云毀曰訾淮南泰族訓春秋之失訾高誘注春秋貶絶不避王人書人之過相訾也誹者說文誹謗也史記平準書張湯奏顏異當九卿見令不便不入言而腹誹詆者說文詆苛也一曰訶也史記汲黯列傳刀筆吏專深文巧詆陷人于罪傷者傷之

為譭義之通行者耳譖者公羊莊元年傳注如其事曰訴加誣曰譖謗者說文言部義也左氏莊二十二年傳敢辱高位以速官謗訴者說文訴告也引論語曰訴子路于季孫或作遡或作愬辠者害之皺也說文辠犯法也秦以罪為辠字訕者說文訕謗也少儀篇為人臣下者有諫而無訕玉篇訕毀語也

鍪思列反鍇甫袠反錌于檢反敤苦米反又口卧反椓卓音鍛短館反推直追反也

玉篇推木推也史記信陵君列傳朱亥袖四十斤

鐵椎椎殺晉鄙此釋椎擊之異名也⿱執金者脂利切說文⿱執金羊箠耑有鐵錙者後漢書杜篤傳錙鑁株林⿰金奄者于劫切玉篇⿰金奄椎也本此敠者說文敠研治也㧻者知朔切淮南說林訓椎固百柄不能自㧻玉篇㧻擊也鍛者玉篇鍛椎也本此李善注七命引倉頡篇鍛椎也馬融長笛賦靁叩鍛之岌峇兮桼說文段椎物也俗加金旁

台音夷既抎云粉反墜逸失也

說文失縱也台既者方言文宋魯之間曰台抎者說文抎有所失也引春秋傳曰抎子辱矣今左氏

成二年傳作隕戰國策齊宣王曰寡人愚陋守齊國惟恐失抎之墨子天志篇國家滅亡抎失社稷呂氏春秋季夏紀昭王抎于漢中高誘注抎墜也音顛隕之隕是抎隕古今字墜者爾雅墜落也說文作隊從高隊也通作隊石經論語殘碑未墜于地隸釋云板本作墜漢書王莽傳不墜如髮敘傳厥宗亦隧墜皆作隧逸者說文兔部義也从辵兔兔謾訑善逃也

行隊戾（矢音）棘設鋪（判反）逋田神列陳也

上文陳列也此又廣其義也行者寒岡切左氏隱

十一年傳鄭伯使卒出豭行出犬雞杜注百人爲卒二十五人爲行吳語陳士卒百人以爲徹行百行韋昭注徹通也以百人通爲一行百行爲萬人謂之方陳隊者徒對切左氏文十五年傳楚子乘馹會師于臨品分爲二隊襄十年傳右拔戟以成一隊杜注百人爲隊高誘淮南注云軍二百人爲隊李衛公兵法引司馬法五人爲伍十伍爲隊戾者施視切玉篇戾與矢同書序皋陶矢厥謨大雅卷阿以矢其音春秋隱五年公矢魚于棠皆言陳也棘者楚辭天問啟棘賓商九辯九歌王逸注棘

陳也言啟能修明禹業陳列宮商之音備其禮樂也設者說文設施陳也小雅出車設此旐矣經解云繩墨誠陳不可欺以曲直規矩誠設不可欺以方圜鋪者大雅常武鋪敦淮濆鄭解鋪為陳田者說文田陳也樹穀曰田古者田陳同聲齊之田氏亦為陳猶填塵同聲可通用也神未詳列者楚辭九懷顧一列兮無從王逸注欲陳忠謀道隔塞也

○集韻㯹郎甸切引廣雅陳也今無此文

嫽音了誂大鳥反遾音叔楴音帝嬈那鳥反戲也

說文謔戲也衛風淇奧云善戲謔兮戲下音釋有魆字未審其故遼未詳謔者說文謔相呼誘也戰國策楚人有兩妻人謔其長者長者詈之謔其少者少者許之透掎並未聞嬈者說文嬈擾戲游弄也

歊許反謞　漏泄也

此言泄漏也管子君臣下篇古言牆有耳者微謀外泄之謂也歊者方言戲泄歊也楚謂之戲泄漏者左氏僖四年傳齊寺人貂始漏師于多魚荀子脩身篇易忘曰漏

三十

謇居免反極軋于八反䟟吃隸音又气音也

說文吃言蹇難也又云欲口不便言也二字古通用並居乙切史記韓非列傳非為人口吃不能道說而善著書漢書周昌傳為人口吃吃同謇極軋䟟者方言謇極吃也楚語也或謂之軋或謂之䟟郭注謇極亦北方通語軋鞅軋氣不利也䟟語䟟難也今東又名吃為喋苦葉切

悲悠悼惄悴憖魚靳反愍感痛嘆殤慯也

慯與傷同上文慯憂也此又廣其義悲者豳風七月女心傷悲悠者憂之慯也悼惄悴憖者方言文

自關而東汝潁陳楚之間通語也汝謂之惄秦謂之悼宋謂之悴楚潁之間謂之慦郭注詩云不慦遺一老亦恨傷之言也衛風氓云躬自悼矣傳悼傷也愍若漢書蓋寬饒傳諫大夫鄭昌愍傷寬饒感者王粲登樓賦心悽愴以感發兮李善注引此文痛者左氏成十三年傳斯是用痛心疾首史記秦本紀寡人思念先君之意常痛于心嘆者說文嘆吞嘆也一曰太息也殤者釋名未二十而死曰殤殤傷也可哀傷也舊本殤訛殦不成字今以訂正

逞勑領反苦曉恔音校快也

說文快喜也旅象傳得其資斧心未快也孟子然後快于心與後漢書蓋勳傳欲得快司隸校尉誰可作者逞苦者方言文自山而東或曰逞或曰苦郭注苦而為快者猶以臭為香治為亂徂為存此訓義之方反覆用之是也左氏桓六年傳今民餒而君逞欲楚辭大招逞志而究欲注並云逞快也曉恔者方言曉恔苦快也自關而東或曰曉或曰逞江淮陳楚之間曰逞宋鄭周洛韓魏之間曰苦東齊海岱之間曰恔自關而西曰快郭注即狡獪

戲亦快事也孟子于人心獨無恔乎趙岐注恔快也㑀敎切

梗劇棘傷策刺壯箴也

箴與鍼同謂鍼刺也方言凡草木刺人北燕朝鮮之間謂之策或謂之壯自關而東或謂之梗或謂之劇自關而西謂之刺江湘之間謂之棘梗者古杏切張衡西京賦梗林為之靡拉劇者居衞切聘義云廉而不劇義也注劇傷也釋文引字林劇利傷也棘若楚詞橋頌曾枝圓棘傷者傷劃人也策棘者上楚革切下切賜切爾雅茦刺郭注艸刺針

也茦茦同刺說文作莿針箴古今字壯者馬融注
易大壯云壯傷也
清濟籍禮反湑思呂反浚滰巨仰反𣸣音筆笮側白反漦士宜反又士疑反又勅之反瀌子紹反又子肖反麗所佳反又所飢反盝音祿
也
說文漉浚也或作淥即此盝字冬官㡃氏清其灰
而盝之盝淥漉字異音義同清者謂以水盝物澄
汰垢濁取其清者也濟者玉篇濟手出其汁也亦
作擠湑者說文湑莤酒也一曰浚也小雅伐木有
酒湑我箋謂以茅泲之而去其糟也浚者私閏切

說文浚抒也案說文漉並訓浚是浚亦漉也湨
者說文湨浚乾漬米也引孟子曰夫子去齊湨淅
而行津者廣韻津去汁笮者側駕切廣韻笮酒器
也案說文解笮爲迫謂以糟狀壓酒迫之而出去
其滓也漉者爾雅漉盝也郭注漉漉出涎沫𣿅者
說文𣿅釃酒也一曰浚也麗者廣韻以爲釃之異
文說文釃下酒也小雅伐木釃酒有藇傳以筐曰
釃以藪曰湑玉篇麗𨓰也本此

侏儒𡟫若織反嫁音喙錍布兮反紕子兮反𡌵生未反𤼵在細反蕭
菩禮反⿸疒奇子綺反⿸疒付附俱反又付禹反𦡊音旋⿰犭罷步揩反⿰𧾷出竹律反又嶡劣反

覺崔虎反矣曰

三十二

𥎊彫音孑吉音了居反欪升短也

說文短有所長短以矢爲正魯語僬僥氏長三尺短之至也荀子非相篇帝堯長帝舜短文王長周公短仲尼長子弓短侏儒者王制云瘖聾跛躃斷者侏儒百工各以其器食之注侏儒短人也晉語侏儒不可使援淮南主術訓短者以爲朱儒枅櫨高誘注朱儒梁上戴蹲跪人也是柱之短者亦名侏儒侏朱同𤟍猭者玉篇𤟍猭短小皃猈𤝁者玉篇猈𤝁短小皃史記日者列傳卑疵而前索卑疵與猈𤝁同𤝁又通作訾管子形勢篇訾讆之人勿

與任大又云小謹者不大立訾食者不肥體是皆以訾為短小也㛹姕舊本作姕㛹今訂正𡰪者玉篇𡰪短也本此㿪者玉篇㿪物生不長也𪘶者方言凡物生而不長大亦謂之𪘶又曰㿪痾者玉篇痾𡰪也㾓者方言東陽之閒謂短曰㾓郭注言俯視之因名云玉篇㾓俛病也𦢊者似沼切方言文也郭注便旋庳小皃㯰者亦方言文桂林之中謂短㯰㯰通語也𤷒者亦方言文郭注蹶𤷒短小皃音疕贅之贅廣韻𤷒吳人呼短通作叕淮南人閒訓聖人之思修愚人之思叕高誘注叕短也𥄎者

丁么切玉篇㹦犬短尾通作貂釋名釋舟篇䑠貂也貂短也孑孓者臂之短也說文孑無右臂也孓無左臂也皆象形升未詳

揫拱俱隴反鞆音丙鞏固也

小雅天保詩傳固堅也揫者字秋切卿飲酒義云秋之為言愁也注愁讀為揫揫斂也是物斂則固也通作遒豳風破斧四國是遒傳遒固也拱者讀若易鞏用黃牛之革鞆者方言文郭注謂堅固也鞏未詳

𨁼普的反扑普卜反又普角反監雜趚七洛反又步屖即同上音造七到反

蘔音茉突暴猝錯忽反也

說文猝犬从艸暴出逐人也又云踤蒼踤二字通用通卒漢書劉向傳期日迫卒顏師古注卒讀曰猝碊朴者方言文郭注碊音劈歷之劈朴音打撲之撲謂急速也𥈆雜者亦方言文郭注𥈆音古皆倉猝也舊本𥈆訛監今訂正趚者說文趚蒼卒也讀若資𠂔者此咨切玉篇𠂔歷盜視與覗同是見之猝也造者論語造次必于是蘔突者方言蘔卒也江湘之間凡卒相見謂之蘔相見或曰突郭注謂蒼卒也蘔音翡齊風甫田突而弁兮暴者說文

三五

廣雅疏義卷二

暴疾有所趣也玉篇暴猝也本此今吳人稱猝然寒暖曰暴寒暴熱暫者商書盤庚暫遇姦宄左氏僖三十三年傳婦人暫而免諸國○集韻迊普活切引廣雅猝也今無此文

誧布乎反奊胡結反䫌普啟反俔菲彼音化被草木款音韋陂必何陀徒歌反傾畸戲音義倆匹緣反俄迺亦陀反阿阪哨七笑反回哇于家反差策霞反剌落末反險阻頗隤徒回反徑夕蕭𩕲音哦衺也

說文徐鉉本衺奊也徐鍇本衺紕也繫傳紕謂帛文疏紕衺戾也誧者玉篇誧衺也廣韻誧衺也衺

三五

愛古堂抄藏

衺皆衺之訛𡗝者說文𡗝頭衺骫𡗝態也顊者頭之衺也匹米切說文顊傾首也俔與睨同視之衺也五計切爾雅龜左俔不類右俔不若釋文俔亦有本作睨莊子馬蹄篇加之以衡軛齊之以月題而馬知介倪馬之知而能至盜者伯樂之罪也釋文李云介倪猶睥睨也𠂢者古懷切說文𠂢戾也𠂢𠈃古今字惠民以為乖字亦通說詳下文彼者陂發切玉篇彼邪也本此𩏑者朋非切說文𩏑戾也陂者碑偽切方言文陳楚荊揚曰陂樂記云商亂則陂注陂傾也陀者玉篇陂陀靡迤也宋玉招

魂侍陂陁坒陁陀同傾者說文傾仄也曲禮云凡視上于面則敖下于帶則憂傾則姦畸者田之衺也居宜切說文畸殘田也荀子天論篇道之所善中則可從畸則不可為戲者驅為切春官喪祝注執披備傾戲釋文戲音虧偏者說文偏頗也洪範無偏無陂遵王之義俄者方言俓衺也自山而西凡物細大不純者謂之俄郭注言俄傜也說文俄行傾也引詩曰側弁之俄張華鷦鷯賦鷹鸇過猶俄翼李善注引此文迤者說文迤衺行也引書曰東迤北會于滙張衡東京賦立戈迤戛薛綜注矛

置車上邪柱之李善注迤邪也阿若釋名偏高曰阿邱阿荷也如人擔荷物一邊偏高也文選西都賦注引韓詩章句曲景曰阿皆言衺也阪者甫晚步坂二切說文阪山脅也爾雅陂者曰阪郭注陂陀不平哨者投壺云其有枉矢哨壺注枉哨不正皃惠士奇禮說云夏官形方氏𠌶離之地鄭康成讀𠌶為佤哨之佤𠌶離者佤邪離絕也說文玉篇皆無佤字而玉篇于𠌶部加𦻏訓為𦻏斜苦蝸切𦻏斜者猶佤邪也上文云衺此又云哨卽鄭注之佤哨矣回者小雅小旻謀猶回遹晉語君臣上下

各厭其私以縱其回毛傳韋注並云回邪也左氏文十八年傳靖譖庸回哇者聲之衺也法言哇則鄭李軌注哇邪也謝靈運擬陳琳詩哀哇動梁埃通作㰦五音集韻㰦邪也于佳切差者說文差不相值也通作槎賈逵國語注槎邪斫也刺者盧達切楚詞獨乖刺而無當王逸注刺邪也險者春官典同險聲斂注險謂偏弁也險則聲斂不越也般庚云今汝聒聒起信險膚阻者說文阻險也險為衺阻亦衺也頗者頭之衺也滂禾切說文頗頭偏也隤者阜之衺也說文隤下隊也徑者路之衺也

老子云大道甚夷而民好徑夕者室之裏也晏子春秋景公新成柏寢之臺使師開鼓琴師開左撫宮右彈商曰室夕公曰何以知之師開對曰東方之聲薄西方之聲揚公召大匠曰室何為夕大匠曰立室以宮矩為之于是召司空曰立宮何為夕司空曰立宮以城矩為之明日晏子朝公公曰先君太公以營邱之封立城曷為夕晏子對曰古之立國者南望南斗北戴樞星彼安有朝夕哉然而以今之夕者周之建國國之西方以尊周也呂氏春秋季夏紀是正坐于夕室也其所謂正乃不正矣

居相正本卷四

高誘注言其室邪不正徒正其坐自以為正乃不正之謂也蕭者曲禮云左手執簫鄭注簫弭頭也謂之蕭簫邪也蕭簫字異義同鵝者五柯切玉篇鵝或謂俄是頹即俄之異文也

訋釣反儹譃誑音詒與反之諓許反㚇謬靡反幼追嚜眉反北杘耻棃

反愭力反兮忚虎反兮謾干反莫譠託反寒猶譎詐僞護達反各

膠誣詿乖反賈記湯反厄調突虞欺也

賈誼書道術篇仁義修立謂之任反任為欺說文欺詐欺也訋者玉篇訋欺也本此集韻訋下珍切引此文舊本訋訛詢今訂正譃者說文言部義也

三六

與誑同曲禮云幼子常視無誑詒者說文詒相欺詒也穀梁定元年傳夫請者非可詒託而往也必親之者也注代託猶假寄列子黃帝篇既而狎侮欺詒郭注方言云汝南人呼欺為讉訑亦曰詒音殆經典或借用紿史記高祖本紀高祖為亭長素易諸吏乃紿為謁集解引應劭曰紿欺也音殆索隱引韋昭曰紿詐也劉氏曰紿欺負也謾者說文言部義也公羊文三年傳此伐楚也其言救江何為謾也漢書息夫躬傳虛造詐謾之謀謬者說文謬狂者之妄言也遁者孟子遁辭知其所窮嚜尿

者方言嘿杘猶也江湘之間凡小兒多詐而獪或謂之嘿杘郭注嘿音目杘丑夷切嘿杘潛狡也嘿通作墨列子力命篇墨杘單至嘽咺憋懯四人相與游于世胥如志也窮年不相知情自以智之深也㦜忚也謾譠者方言譠謾㦜忚皆欺謾之語也楚郢以南東揚之郊通語也楚詞九章或訑謾而不疑王逸注張儀詐欺不能誅也訑忚同玉篇㦜忚欺謾之語譠謾欺也猶者方言猷詐也郭注猷者言故為詐猷與猶同譎者說文譎權詐也益梁曰謬欺天下曰譎論語晉文公譎而不正鄭注譎者

詐也詐者說文言部義也荀子修身篇匿行曰詐哀公篇鳥窮則啄獸窮則攫人窮則詐僞者說文僞詐也地官大司徒以五禮防萬民之僞而教之中左氏襄三十年傳淑慎爾止無載爾僞謏者玉篇謏欺也本此膠者方言膠譎詐也涼州西南之間自關而東西或曰譎或曰膠詐通語也左思魏都賦牽膠言而踰侈誣者說文誣加也表記云受祿不誣注不信曰誣註者說文註誤也史記張儀列傳夫不顧社稷之長利而聽須臾之說註誤人主無過此者漢書息夫躬傳疾註誤之臣思黃髮

之言詑者說文沇州謂欺曰詑楚詞惜往日或詑謾而不疑調者徒聊切調譃亦欺也突者廣韻突欺也本此虞者魯頌閟宮無貳無虞傳虞誤也左氏宣十五年傳我無爾詐爾無我虞

葴耻筆反飭戒福胲音該具備也

先事而具謂之備無物不有亦謂之備玉篇備預也葴者方言文左氏文十七年傳以葴陳事杜注葴敕也敕與飭同皆備也飭者耻力切亦方言文彼作敕同說文敕誡也謂告誡之使備也戒者亦方言文說文戒警也从廾持戈以戒不虞曾子問

篇君出疆以三年之戒以擯從注戒猶備也荀子儒效篇周公勝敵而愈戒張衡東京賦雖萬乘之無戒猶怵惕于一夫注皆訓為備福者祭統篇福者備也備者百順之名也晐者古才切說文晐兼晐也吳語一介嫡女執箕帚以晐姓于王宮韋昭注晐備也通作該穀梁哀元年傳此該之變而道之也離騷甯戚之謳歌兮齊桓聞以該輔注皆訓為備又通作賅莊子齊物論賅而存焉釋文引司馬彪注晐備也舊本晐訛胲今訂正具者釋文具共置也廣韻具備也辦也

殘音殘柄肄戈反至㧜也
古文櫱作㮆枿即㮆也殘者在安切玉篇殘歹食之餘也與殘同柄未詳肄者方言㧜餘也秦晉之問曰肄周南汝墳伐其條肄傳肄餘也斬而復生曰肄

俜普經反侹他鼎反遊挑大了反俠也
漢書季布傳為任俠有名注同是非為俠又謂任使其氣力俠之言俠也以權力俠輔人也俜者說文俜使也使是俠之訛又云俠俜也是俜俠同義通作甹說文甹俠也三輔謂輕財者為甹侹者方

言侹代也江淮陳楚之間曰侹是侹為輕財代人任事也遊者戰國策士未有為君盡遊者楚詞卜居將遊大人以成名乎挑者史記蘇秦列傳莫若挑霸齊而尊之正義云挑執持也棄代人任事把持主謀皆遊俠之事也

豉胃樹反倮音果敢武仡魚乙反勇也

賈誼書道術篇持節不恐謂之勇反勇為怯說文勈氣也或作𢦒古文作恿釋名勇踴也遇敵踴躍欲擊之也皇侃論語義疏引李充曰陸行而不避虎兕者獵夫之勇也水行不避蛟龍者漁父之勇

也鋒刃交于前視死若生者烈士之勇也知窮之
有命知通之有時臨大難而不懼者仁者之勇也
故仁者必有勇勇者不必有仁致者為之勇也玉
篇致為也廣韻致勇也本此惈者古火切玉篇惈
勇勝也通作果左氏宣二年傳殺敵為果致果為
為毅敢者說文𠭥進取也籀文作𢽎經典通用敢
虞書誰敢不讓敢不敬應廣韻敢勇也本此武者
周南兕罝赳赳武夫左氏宣十二年傳夫武禁暴
戢兵保大定功安民和衆豐財者也仡者說文仡
勇壯也公羊宣六年傳祁彌明力士也仡然從盾

而入何休注仡然勇壯皃

蹵酒六反躓竹利反蹟才他反跐此買反又子爾反蹚敞音跃丁戾反蹻詩表反蹋大臘反今蹹字如此失之矣

上文蹋為履此又廣其訓也蹵者史記燕世家蹵之以足淮南氾論訓黃衰微舉足蹵楚恭王之體恭王乃覺恐其失禮高誘注謂舉足蹵楚君也與蹴同孟子蹴爾而與之趙岐注蹴蹋也躓者說文躓路也引詩曰載躓其尾左氏宣十五年傳杜回躓而顛蹟者玉篇蹟蹋也本此聲與蹠同跐者釋名跐弭也足踐之使弭服也左思吳都賦將抗足而

跐之注跐躝也堂者集韻堂蹋也本此跐者玉篇
跐躝也本此蹹者玉篇廣韻蹹蹋也本此舊本蹹
訛嗒今訂正

⿰黑攴烏成反悔于例反𢡺聿醉反悆以去反忽⿰忄巟乎晃反腆詄徒結反

⿰忄隶音退怵忘

說文忘不識也玉篇忘不憶也儀禮士冠禮壽考
不忘莊子達生篇氣下而不上則使人善忘⿰黑攴者
方言文也于⿰扌監切說文⿰黑攴忘而息也舊本⿰黑攴訛以
魚今訂正悔未聞𢡺者羊季切玉篇𢡺忘也本此
悆者說文心部義也忽者小雅谷風遺棄予如遺

箋云如遺者如人行道遺忘物忽然不省存也怳若劉向九歎償夫怳惚散若流兮洪興祖補注引廣雅怳忘也是本又作怳腆者方言文也他典切誺者說文言部義也㥆者他對他沒二切玉篇㥆忘也本此通作怢王褒四子講德論故美玉蘊于碔砆凡人視之怢馬良工砥之李善注引廣蒼怢忽忘也舊本㥆訛㥽今訂正怢者莫達切玉篇怢忘也本此

誦說精講論也

說文論議也釋名論倫也有倫理也皇侃論語義

疏叙論字有三途第一捨字制音呼之為倫倫者
次也言事義相生首末相次也倫者理也言蘊含
萬理也倫者綸也言經綸今古也倫者輪也言義
旨周備圓轉無窮如車之輪也第二捨音依字為
論言必先詳論人人僉允然後乃記第三倫論無
異蓋南人呼倫事為論事北士呼論事為倫事音
雖不同義趣一也誦者楚詞九章惜誦以致愍兮
王逸注誦論也王融策秀才文進講誦志以沃朕
心説文説談説虞書庶頑讒説法言五經之為衆
説郭精詳講者兑衆傳君子以朋友講習左氏隱

五年傳皆于農隙以講事也魯語夫仁者講功而智者處物韋昭注講論也

註兄反 侒 紀疏記學栞晉刋誌識也

左氏定十年傳叔孫氏之甲有物杜注物識也此言記識也註者賈公彥云注者于經之下自注巳意使經義可申故云注也註注同紀者識之使有綱紀太史公書有本紀是也司馬貞曰紀者記也本其事而記之疏者說文作疋疋記方言云舊書疋記故俗語不失其方一說疏通也識之使其義通達曉暢也記者說文記疏也釋名記紀也紀識

之也如辨名記三朝記之屬是也學者古人說經各有專家學為一字之學如何休注公羊傳稱學是也栞者古刊字刻識之也說文栞槎識也誌者列子楊朱篇太古之事滅矣孰誌之哉與志同左氏昭四年傳旦而皆召其徒無之且曰志之杜注志識也

塌徒盍反疊徒亦反鬌都果反䨲音洛零墜遺墮也

漢書刑法志法度埥顏師古注埥即墮字塌者玉篇嶞墮也塌者古文疊者詹事兄曰疊墮聲相近鬌者髮之墮也既夕禮注兒生三月剪髮為鬌說

文鬌髮隋也䨣者雨之墮也說文䨣雨零也舊本
䨣下音釋有廣音二字未知其故零者艸之墮也
説文凡草曰零木曰落墜者玉篇墜落也本此古
通古墜遺者鄭注鄉飲酒義云遺猶脫也忘也

廣雅疏義卷四　愛古堂抄藏

廣雅疏義卷四

廣雅疏義卷第五

嘉定錢大昭晦之甫撰

廣雅卷三

序俓字儠反䡪佴如志反秩班坒毗利反又毗栗反芘毗利反差初宜反第次也

此言秩序之次也考工記畫繢之事青與赤相次赤與黑相次也左氏襄二十三年傳敬共朝夕恪居官次序者古用敘說文敘次第大雅行葦序賓以賢箋謂以射中多少為次第左氏宣十二年傳內官序當其夜注序次也春官小宗伯掌四時祭

祀之序事離騷春與秋其代序兮使者疾葉切說文使佽也業小雅車攻決拾既佽箋佽謂手指相次比也使佽同義故使亦為次孳者昨甘所斬二切未詳佴者說文佴佽也爾雅佴貳也郭注佴次即副貳司馬遷報任少卿書僕又佴之蠶室李善注引如淳曰佴次也若人相次也秩者虞書望秩于山川公羊疏引鄭注秩次也編以尊卑次秩祭之古作豑說文豑爵之次第也引虞書曰平豑東作班者小爾雅文左氏桓六年傳使諸侯之大夫戍齊齊人餽之餼使魯為其班周語王耕一發班

三曲禮班朝治軍注皆云次也𡍮者說文𡍮地相次比也通作比漢書諸侯王表諸侯比境周匝三垂𤰞師古注比謂相接次也𥫗者五篇𥫗次也本此差者說文差貳也貳副皆次也後漢書荀爽傳故天子娶十二天之數也諸侯以下各有等差事之降也第者左氏哀十六年傳楚國第我死令尹司馬非勝而誰古用弟字說文弟韋束之次弟也釋名第第也相次第而上也

惎巨記反恉音旨志意也

說文意志也从心察言而知意也惎者左氏傳惎

凡四見或為毒或為教字書俱無意訓疑當諅廣韻惎志也渠記切指者職雉切說文心部義也通作旨繫詞傳其旨遠志者在心為志少儀篇問卜筮曰義與志與義則可問志則否注義正事也志私意也孔疏若卜筮者是公義則可為卜筮若所問是私心志意則不為之卜筮

鞩音臾孼先列反⿰歹月在安反⿱列巾音列燼孑贏蔹側流反憏遺餘也

說文餘饒也此釋用而不盡之餘也鞩者與朱切玉篇鞩餘也孼也孼者說文孼斷也盖斷而復萌也與櫱同意一說字當作櫱說木⿰扌獻伐木餘也或

作蘖列者說文列禽獸所食餘也通作殘列者五
篇列刀制切帛餘也左思魏都賦秦餘徙列通作
烈方言烈餘也晉衛之間曰烈秦晉之間或曰烈
又通作裂說文裂繒餘曰左傳紀裂繻字子帛漢
書終軍傳關吏與軍繻蘓林曰繻帛邊也舊關出
入皆以傳傳煩因裂繻頭合以為符信也易既濟
繻有衣袽集解引盧氏云繻者布帛端末之識也
案端末即邊也今俗謂之機頭是裂為繒帛之餘
也燼了者方言了盡餘也周鄭之間曰盡或曰了
青齊楚之間曰了自關而西秦晉之間炊薪不盡

大雅桑柔之閒具禍以燼箋災餘曰燼說文㶳大餘也燼蓋㶳字異義同贏者利之餘說文贏有餘賈利也左氏昭元年傳賈而欲贏而惡囂乎注言譬如商賈求贏利者不得惡諠囂之聲漢書食貨志操其奇贏顏師古曰奇贏謂有餘財而聚奇異也菆者爾雅菆小葉菆有小義故亦為餘陸氏爾雅釋文兼存諸葉阻留二反非也幓者帛之餘也先列所例二切說文幓殘帛也急就篇帙幓囊橐不亘殘遺者樂記云一唱三歎有遺音者矣離騷依彭咸之遺則張衡西京賦璿弁玉纓遺光儵爚

薛綜注遺餘也儻熻有餘光也
鐀音遣捲去晚反摘摘音又竹厄反掇竹利反摶大丸反也
說文摶圜也此釋擱也摶擱古今字玉篇
擱擱捲集韻擱粉餌鐀者去善切玉篇鐀乾麵餅
也捲者去遠切說文捲粉也玉篇捲與捖同摘者
玉篇摘拈也掇未詳
𩮜錯汗反𢒼落汗反彪必邹反斒音班璘音鄰彨迫姦反彬福巾反或千荀反
昈音户純文也
說文云文錯畫也象交文又云彣戫也古字通用
樂記云禮減而進以進為文樂盈而反以反為文

注文猶美也善也粲者唐風葛生角枕粲兮彰者玉篇彰鮮明也通作爛楚詞九章青黃雜糅文章爛兮彪者說文彪虎文也彡象其文法言或問言成文動成德何以也曰以其弸中而彪外也辬者布還切說文辬駁文也今俗作斑璘者力神切玉篇璘㻞文貌又玉色光彩張衡西京賦瓀珉璘彬通作瞵揚雄甘泉賦璧馬犀之瞵[目扁]彪者布還切說文彪虎文彪也彬者說文份文質備也引論語曰文質份份古文作彬彧者說文戫有文章也戫彧字異義同東漢人已借彧為戫故荀彧字文若

盱者候古切方言效盱文也張衡西京賦赫盱盱
以宏敞紇者亦方言文
囙胎健勑反逮逃也
此方言文也郭注皆謂逃叛也健音難揵之揵五
篇健下引方言逃也舊本本健訛㨗并音釋亦訛
逮今据方言訂正
攋唎音埏筵柂遂量盼介音既活浪反畢殄終音碎辛音竟也
說文樂曲盡為竟此攋埏筵柂是綿亘之竟遂量
盼既是疆域之竟畢殄碎是終盡之竟攋埏者方
言文郭注攋洛頻反埏音延史記司馬相如傳下

沂八埏集解引漢書音義埏若食埏地之八際也舊本埏訛挻今訂正筵柦者亦方言文秦晉或曰絚或曰竟楚曰筵班固賓戲絚以年歲西都賦北彌明光而亘長樂說文柦竟也古文作亙是柦絚亘古字同舊本筵訛挻今據方言訂正遂者曲禮户開亦開户闔亦闔有後入者闔而勿遂漢書灌夫傳有詔劾灌夫罵坐不敬繫居室遂其前事顏師古注遂竟也盧諶贈劉琨詩書云若公肆大惠遂其厚恩李善注引此文畺者說文畺介也或作壃小爾雅疆竟也周語畺有寓望韋昭注疆境也

公羊昭元年傳疆運田者何與莒為竟也何休注
疆境也漢書外戚傳精浮游而出畺又王子侯表
以諸侯王畺土過制顏師古注畺亦壃字白石神
君碑萬壽無畺張公神碑畺界家静樊敏碑華南
西畺朱龜碑綏我土畺呂君碑慎守畺易是畺疆
壃並同畍者古拜切與界同說文田部義也孟子
域民不以封疆之界畍者亦說文田部義也舊本
畍訛吭今訂正畢者周書大誥予曷敢不于前寧
人攸受休畢擅引篇生事畢而鬼事始殄者之成
切玉篇殄殁也今作終釋名終盡也禮記君子曰

終小人曰死殌者子聿切說文大夫死曰殌釋名大夫曰卒言卒竟也殌卒同終殌皆人之竟也

傳數音誰子隹反即因度集從圍酉歸孝稠苦本反就也

說文就高也玉篇就從也成也即也久也傳者疑與傳同未詳誰者玉篇誰就也本此即者方言文論語亦可以即戎矣包咸注即戎就兵也王制必即天倫鄉飲酒禮衆賓序升即席鄭皆訓為就因者說文囗部義也繫傳能大者衆圍就之也度者孝經援神契度就皆孝也故此度孝皆為就集者周書武成大統未集大雅未明小雅小旻傳並云

集就也從者左氏成十七年傳泣而為瓊瑰盈其懷從而歌之注從就也曲禮謀于長者必操几杖以從之漢書高祖紀我十五日必定梁他復從將軍注皆解從為就廣韻從就也本此閩者方言文舊本閩訛閏不成字且閩是習見之字故無音釋今訂正玉篇閩就也本此酉者說文酉就也八月黍成可為酎酒歸者上文釋就為歸此釋歸為就轉相訓也孝者舊唐書禮儀志引孝經援神契云天子孝曰就故孝為就也稇者方言文郭注稇恪本反稇稇成就貌說文稇絭束也玉篇廣云並云

成熟皆于就義為近舊本將稛字溷入下文屠訓內又誤為門捆之捆今据方言訂正

㓹記歷反刲苦圭反刳看姑反屠也

說文屠刳也周禮地官凡屠者斂其皮角筋入于王府史記信陵君列傳乃市井之人鼓刀以屠㓹者玉篇易解骨也㓹同上屠也刲者說文刲刺也歸妹上六士刲羊馬融注刲刺也法言修身篇如刲羊刺豕罷賓犒師惡在犂不犂也玉篇刲屠也本此刳者說文刳判也玉篇刳屠也

翬呼韋反鶱䎖即恒反翥諸慮反方言音曙[illegible]大仙反翧音喧翷音鄰[illegible]

玄音翗呼攅反翴音連翾呼緣反翋力合反𦒉大合反䳑音聿翻反三六

翗飛也

說文飛鳥翥也象形古通作蜚史記周本紀蜚鴻滿野蘇秦列傳毛羽未成不可以高蜚韓勑後碑蜚于蒼天張公神碑駕蜚魚夏堪碑魂蜚揚昏作蜚輩者說文翬大飛也小雅斯干如翬斯飛爾雅釋鳥鷹隼醜其飛也翬騫者虛言切說文騫飛皃張衡西京賦鳳騫翥于甍標咸遡風而欲翔舊本騫訛从馬今訂正翻者玉篇翻飛皃翥者說文翥飛舉也爾雅翥醜𦑝楚詞遠遊鸞鳥軒翥而翔飛

翧者玉篇翧飛皃翧者許元切玉篇翧飛也翷者力仁切玉篇翷飛皃翃者乎萌切玉篇翃虫飛也翃䎘同翍者玉篇翍羣鳥弄翅也集韻引廣雅翍䎗飛也今本有翍無䎗疑有脱誤𦒍者力仙切玉篇𦒍飛皃翾者說文翾小飛也繫傳引文子曰翾飛蝡動張衡思元賦翾鳥舉而魚躍兮翋𦑂者說文翋飛皃翋翋同玉篇翋𦑂飛皃𦑂翋同左思吳都賦鷹瞵鶚視趁趨翋𦑂鴥者余律切說文鴥鸇飛皃秦風晨風鴥彼晨風𦒎者玉篇鷫飛皃又飛殺棄此與肅肅其羽之肅古今字撟者孫綽遊天

台山賦整輕翮而思矯江淹雜體詩思乗扶搖翰
卓然陵風矯李善注並引此文通作翻方言翻飛
也玉篇翮飛貌翔翮翱高飛也

鑿昨音鬲早市洛沿反反又欮反居月掘搰反呼沒斛反他聊抉反于穴

挑穵凡音又掌刹反穿也

說文穿通也召南行露誰謂雀無角何以穿我屋
鑿者說文鑿穿鑿也釋名鑿有所穿鑿也爾者說
文爾以錐有所穿也欿者玉篇欿握也掘者衢勿
切說文掘搰也搰詞傳掘地為臼孟子辟若掘井
既夕記掘坎通作闕左氏隱元年傳若掘地及泉

貝佳流陵長反

抇者玉篇抇穿也亦搰字荀子正論篇抇人之墓
斛者穿之器也爾雅斛謂之疀抉者說文抉挑也
通作穵說文穵穿也挑者吐彫切說文訓抉為挑
則其義同也窀者說文窀穿地也小宗伯職卜葬
兆甫窀亦如之注鄭大夫讀窀皆為穿杜子春讀
窀為毳毳皆謂葬穿壙也今南陽名穿地為窀聲如
腐脃之脃

撈音彭撅居月反戉本作刖未詳戈旨擿雉戟反投也
說文投擿也曲禮云無投與狗骨撈撅戉並未詳
擿者直隻切說文手部義也史記刺客列傳荊軻

廢乃引七首以擿秦王俗別作擲晉書孫綽傳書作天台山賦以示范榮期曰卿試擲地當作金石聲也通作擿莊子徐無鬼篇齊人蹢子于宋者蹢與擿同

苦翁虛及反烪音哀煜夷六反熺音晞熾也

說文熾盛也苦翁者方言文張衡思元賦溫風翁其增熱兮烪者烏來切玉篇烪熱也煜者說文煜燿也玉篇煜火焰也又盛貌漢書敘傳其餘焱飛景附煜霅其間者蓋不可勝數潘岳笙賦啞嚾煜熠李善注盛多貌又引此文嘻者許其切木華海

賦熺炭重燔劉楨贈五官中郎將詩明鐙熺炎光李善注引此文同又潘岳閒居賦熙春寒往注引又作熙是本又作熙

悲翡音又芳尾反悲悢惆悵也

說文悵望恨也玉篇悵惆悵失志也悲悲者方言文郭注謂悢惆也方言悲作菲字異音義同集韻引廣雅悲悵也下介切所見有異本歟悢者力黨切尚二切玉篇悢慷悢不得志也又悢悢惆悵也宋玉九辯愴怳懭悢兮王逸注中情悵惘意不得也惆者敕周切玉篇惆悵悲愁也荀子禮論篇惆

憇不嗛揚雄逐貧賦惆悵失志呼貧與語

怤音孚愉以朱反兑度外反解說也

此釋喜說之說也或作悅同皇侃論語義疏悅者懷抱欣暢之謂也怤愉者義本方言上文釋為喜此又為悅義相成也兑者說卦傳文荀子修身篇饒樂之事則佞兑而不曲揚倞注兑悅也言佞悅于人以求饒樂之事不曲謂直取之也解者曉之說也佳買切樂記云及其久也相說以解

僄匹妙反毛媥音篇娀音曰狎傷以戭反蚩侮侃音凡懱忽輕也

玉篇輕不重也僄者方言文郭注音飄零之飄荀

子修身篇怠慢僄棄則炤之以禍災楊倞注僄輕也謂自輕其身也後漢書班固傳雖輕迅與僄狡毛者大雅烝民德輶如毛漢書司馬遷傳死有重于泰山或輕如鴻毛媥者勞連切說文媥輕貌娍者王伐切說文女部㦰也狎者論語狎大人左氏昭二十年傳水懦弱民狎而玩之傷者說文人部義也蚩者赤之切後漢書明帝紀尚書皆宜抑而不省示不為豿子蚩也侮者說文侮傷也傷易傷之訛古文作侮漢書五行志慢侮之心生陳平傳然大王資侮人外戚傳侮聖人之言顏師古並云

侮古侮字侃者扶咸切方言文也楚凡相輕薄謂之相侃或謂之僄潊侍御云侃又作凡玉篇凡字注引此文輕也㦗者莫結切說文㦗輕易也引蒼書曰以相陵㦗忽者後漢書崔駰傳公受班固而忽崔駰案令賦稅有釐毫絲忽忽亦輕之至也通作曶漢書揚雄傳于時人皆曶之惟劉歆及范逡敬馬顏師古注曶與忽同謂輕也

寘田音䓕土佳反又土洛反闐括壊杜音克貫㥦乃結反又乃煩反閑⿰土舌丁列反絜叡千外反略一活反又女剄反堙塞也

說文寋窒也鄭注中庸云塞猶窒也塞寋古字通

十二

窴者說文穴部義也徒年切是詞天問洪泉極深何以窴之漢書溝洫志令羣臣從官自將軍以下皆負薪窴決河班彪北征賦罹填塞之阨災李善注引廣雅填塞也是本又作填廑未聞闐者說文闐閉也是閉塞之意括者方言括閉也通作㕝說文㕝塞口也𡑞者徒古切玉篇𡑞填也塞也或作𢾭說文𢾭塞也案𡑞通作杜夏官大司馬犯令陵政則杜之注杜者杜塞使不得與隣國相通管子輕重篇城陽大夫嬖寵被絺綌鵞鶩含餘秫伯叔父母遠近兄弟皆塞而不得衣飢而不得食欲盡

忠于國能爭以令台城陽大夫滅其位杜其門而不出鞅鞅相秦太子犯法刑其傅公子虔故趙良曰公子虔杜門不出已八年矣漢書趙充國傳使虜法千人守杜四望陿中兵豈得入哉顏師古注杜塞也充者邶風旄邱褎如充耳箋充耳塞耳也言衛之諸臣顏色褎然如見塞耳無聞知也孟子云仁義充塞賫者鄭注禮記解塞爲實實亦塞也敜者乃叶切說文支周書費誓敜乃阱閉者文言傳天地閉月令云天地不通閉塞而成冬玉篇閉塞也本此垢者未詳集韻垢陟列切引廣雅垢塞

也未知孰是絮者漢書張釋之傳用紵絮斮陳漆其間言椁之隙處斬紵絮以塞之𥨷者説文穴部義也讀若虞書𥨷三苗之𥨷今書𥨷作竄竄匿也从鼠在穴中凡自匿曰竄納之穴中閉塞之曰𥨷許所引書古文也略未詳舊本略為略今据音釋訂正堙者説文作垔塞也引書曰鯀垔洪水今洪範作堙左氏襄二十五年傳井堙木刊堙垔陻字異音義同

礲落東反礪希鑠甎人佳反𤭛音臾剴五哀反扢古礙反又古對反差掔音研鍇懥揩看皆反硐音同擓口淮反鎣胡冥反磃音斯扨七結反

砥音止磋磨也

說文摩研也繫詞傳剛柔相摩京房相磑切也馬融曰摩切也樂記云陰陽相摩注摩猶迫也磨摩古今字礲者說文礱礲也晉語張老曰天子之室斲其椽而礱之加密石焉韋昭注礱磨也荀子性惡篇鈍金必將礱厲然後利礲礱同礪者玉篇崦嵫礪石可磨刃古用厲說文厲旱石也公劉詩取厲儒行篇砥厲廉隅左氏哀十六年傳勝自厲劍呂氏春秋士容論四隣來虛奪之以兵事是謂厲禍高誘注厲摩也鮑昭蕪城賦飢鷹厲吻皆不从

石希鑠者方言文燕齊摩鋁謂之希甄者廣韻甄甄屑瓦洗器甄者初兩切說文甄磋垢瓦石徐鍇曰以碎瓦石去垢通作磢郭璞江賦奔溜之所磢錯剒者說文剒摩也抪者玉篇抪摩也案抪當為刉說文刉刀不利于瓦石上刉之通作槩曹植贈丁儀王粲詩承露槩泰清李善注云西都賦抪仙掌與承露引廣雅抪摩也槩與抪同古字通差者疑即古磋字揅者禦堅切說文手部義也通作研繫詞傳研幾蜀才作揅鑙者廣韻作含切未詳孫侍御云鑙疑錯字江賦注引錯摩也鑢者良據切

大雅抑曰白圭之玷尚可磨也箋玉之缺尚可磨鑢而平說文鑢錯銅鐵也揩者張衡西京賦揩枳落李善注引字林揩摩也硐者大公切馬融長笛賦鏓硐隤墜李善注引此文五篇硐摩也本此捱者玉篇捱摩拭也本此鎣者烏定切集韻鎣磨也本此左思招隱詩聊可瑩心神江淹雜體詩瑩清無餘滓李善注並引廣雅瑩磨也是本又作瑩𥗥者思移切玉篇嘶磨也本此扨者廣韻扨磨也本此通作沏木華海賦激勢相沏李善注沏摩也砥者諸氏切說文底柔石也或作砥山海經崦嵫之

其中多砥礪淮南說山訓砥利劍者非所以斬縞衣將以斷兕犀又修務訓劍待砥而後能利磋者玉篇磋治象也〇集韻引廣雅揩摒摩也今本無摒字

詾予音訍丑家反賢羊瑞反惹汝沓反又汝灼反諳於劍反㧜拏女家反也

說文拏牽引也後漢書馮衍傳禍拏未解兵連不息李賢注拏謂相連引也詾者都叫切玉篇詾拏也本此訍者玉篇不收此字廣韻設絲設語不解也女加切疑即訍矣賢者羊閑切玉篇賢媕拏也

或作諳廣韻賢媕也以瞻切舊本賢訛覽今訂正
惹者方言拏揚州會稽之語也或謂之惹郭注惹
言情惹也諳者方言拏或謂之諳郭注諳言誣諳
也說文媕誣拏也諳媕古字通㧎者日之切玉篇
㧎拏也本此舊本㧎訛誀誀音釋女家反予攷玉篇
不收誀字女家之音當在下文拏下此倒誤也今
訂正

媱遥音愓陽音嬉虛之反劮逸音遊遨契孤八音戲也

上文婇訛透掃嬈戲也此復申明之也媱愓嬉者
方言媱愓遊也江沅之間謂戲為媱或謂之愓或

謂之戲荀子修身篇加惕悍而不順楊倞注韓侍郎云惕與蕩同王逸九思音晏行兮要媱洪興祖補注引方言媱遊也說文媱曲肩行也惕放也舊本媱訛婬今訂正劮者餘質切玉篇劮豫也遊者玉篇遊遨遊也與游同古文作𨒪敖者說文敖出游也玉篇遨遨遊也敖遨同契未詳

踼腸音𤼵務音跪拜布界反也

說文𢷎首至地也拜揚雄說以兩手下春官太祝辨九𢷎一曰稽首二曰頓首三曰空首四曰振動五曰吉𢷎六曰凶𢷎七曰奇𢷎八曰褒𢷎九曰肅

捧以享右祭祀𨁈癹者方言東齊海岱北燕之郊跪謂之𨁈癹郭注今東郡人亦呼長跪為𨁈癹跪者說文足部義也李登聲類跪跽也

傑巨工反㑣音春訽呼遘反乎遘反又居候反剔天歷反馬詈罵也

說文罵詈也釋名詈迫也以惡言被迫人也列子周穆王篇數罵杖撻無不至也傑㑣者方言文燕之北郊曰傑㑣郭注羸小可憎之名也傑音邛竹之邛方言又云庸謂之㑣轉語也訽者說文詬謑詬恥也或作訽左氏襄十七年傳重邱人閉門而訽之杜注訽罵也昭二十年傳余不忍其訽杜注

訽恥也釋文本或作詢同荀子非十二子篇無廉恥而忍謑詬楊倞注謂罵辱也本或作謑詢王逸九思違群小兮謑詬注謑恥辱垢陋之言也剔末詳馬者馬罵音相近語有輕重耳故亦為罵也詈者說文网部義也釋名詈歷也以惡言相彌歷也亦言離也以此掛離之也周書無逸小人怨女詈女離騷申申其詈予王逸注申重申也言重詈我淮南說林訓嬰兒詈老莫之疾也

攍音盈旅何縢音鄧擔帶甘反也

此用方言文也說文儋何也釋名擔任也任力所

幐也漢碑負擔字多作儋方言攍䞓賀幐儋也齊楚陳宋之間曰攍燕之外郊越之垂甌吳之外鄙謂之䞓南楚或謂之攍自關而西隴冀以往謂之賀凡以驢馬馲駝載物者謂之負佗亦謂之賀攍亦作贏賈誼過秦論贏糧而景從後漢書鄧禹傳鄧公贏糧徒步旅與䞓同上文䞓力也此又為擔義相成也舊本旅訛核形相近而誤也今据方言訂正何與荷同說文人部義也小爾雅荷擔也左氏昭七年傳其子弗克負荷杜注荷擔也釋文本亦作何方言作賀音義同也幐者郭注方言云今

江東呼僧兩頭有物為滕音鄧舊本滕訛捲今据方言玉篇訂正

爢靡皮反爤蕎普衛反胹音而飪而枕反饎充志反秸音酷酋似流反羞礪桀研孰音憲棄說文解字以丮亯即孰是也音𩰫與孰誰之孰無異唯顧野王玉篇孰加火未知所出也

說文孰食飪也玉篇熟爛也孰熟古今字祭義云亨熟羶薌爢者說文爢爛也爛者說文火部義也或作燗大雅生民疏引說文爛火孰也方言爛孰也自河以北趙魏之閒火孰曰爛左氏定三年傳邾子自投于牀廢于爐炭爛案爤爛燗字異義同

䰞者字當爲𩰲即烹字也古作亯說文亯象進孰物形通作亨左氏昭二十年傳以亨魚肉禮運以炮以燔以亨以炙鄭注亨煑之鑊也方言亨孰也嵩嶽以南陳潁之閒曰亨胹者如之切方言文也自關而西秦晉之郊曰胹說文胹爛也左氏宣二年傳宰夫胹熊蹯不孰楚詞招魂胹鼈炮羔有柘漿些餁者與飪同方言文也徐揚之閒曰飪說文飪大孰也飪恁並古文飪孔安國論語注失飪失生熟之節也聘禮唯羹飪筮一尸鄭注古文飪作腍餁飪恁腍字異義同饎者方言文自河而北趙

廣雅疏義卷

魏之間氣熟曰饎說文饎酒食也䊠糦並或體也官饎人注鄭司農云主炊官也特牲饋食禮主婦視饎爨故書饎作䊠又特牲饋食禮注炊黍稷曰饎古文饎作糦周禮作䊠秸者禾之熟也口篤切玉篇秸禾大熟通作酷方言酷熟也穀熟曰酷秸酷音義同酋者方言文久熟曰酋月令乃命大酋注酒熟曰酋鄭語毒之酋腊者其殺也滋速韋昭注精熟為酋腊極也羞礪者方言文彼作羞厲古字通礫者午堅切舂之熟也玉篇礫亦作研說文云研䃺也

愛古堂抄藏

愋音爰諒㥞音遂䁥音低㦗音革覺敵佇竹呂反又立佇反諝思與反又思余反黨開曉晳智也

說文智識詞也釋名智知也無所不知也荀子修身篇是是非非謂之知楊倞注能辨是為是非為非謂之智也賈誼書道術篇深知禍福謂之智反智為愚舊本智訛為于智二小字今據方言訂正愋諒者方言文愋許袁切㥞者雖遂切玉篇㥞意思深也與㥞同䁥者王者西方曰狄䁥注䁥之言知也今異部有言狄䁥者㦗者公厄切玉篇㦗智也本此覺者古岳古孝二切說文覺寤也一曰發

也廣韻覺知也本此叡者說文叡深明也通也㤓
者玉篇㤓知也集韻引廣雅諝智也是本又作諝
諝者說文言部義也通作胥天官冢宰胥有十二
人注胥讀如諝謂其有才知為什長黨者方言文
楚謂之黨郭注黨朗也解寤貌聞者說文聞知聞
也䎽古文曉者方言文楚或曰曉孫綽遊天台山
賦之者以路絕而莫曉李善注引此文哲者方言
文齊宋之間謂之哲說文哲知也或作悊古文作
嚞大雅瞻卬哲夫成城箋哲多謀慮也離騷夫惟
聖哲以茂行兮王逸注哲智也法言問明篇或問

哲曰旁明厥思案哲智已見爾雅釋言此疑當作悊

封垤（徒結反）坻（直尸反）場（音腸）也

此言聚土之場也舊本音釋誤音傷今記正封者方言文楚郢以南蟻土謂之封檀弓篇于是封之崇四尺注聚土曰封垤者方言文中齊語也說文垤螘封也豳風東山鸛鳴于垤傳垤螘冢也趙岐孟子注垤蟻封也坻者方言文梁宋之閒蚍蜉䵷鼠之場謂之坻潘岳籍田賦坻場染屨舊本坻訛坘音釋直尸反亦誤今訂正

杜踦虛居反遴良鎮反䟾師急反也

說文䟾不滑也杜踦者方言文趙曰杜山之東南或曰踦郭注今俗語言䟾如杜杜梨子䟾因名之遴者說文遴行難也漢書王莽傳性寔遴嗇

絓口乖反挈八反儣音獷介孤寡音稟索唯特獨也

說文獨犬相得而鬬也故羊為羣犬為獨也絓挈儣介者方言絓挈儣介特也楚曰儣晉曰絓秦曰挈獸無偶曰介郭注儣古獷字小雅正月哀此儣獨左氏哀十四年傳逢澤有介麇焉集韻引此文介獨也是本又作介孤者說文孤無父也釋名孤

顧也顧望無所瞻見也學記云獨學而無友則孤陋而寡聞寡者小爾雅云凡無夫無妻通謂之寡左氏襄二十七年傳齊崔杼生成及彊而寡墨子辭過篇內無拘女外無寡夫又云天下之男多寡無妻女多拘無夫索者檀弓云吾離羣而索居鄭注索猶散也物散則獨故為獨也唯者白虎通義禮曾子問曰唯天子稱天以誄之唯者獨也明天子獨于南郊耳嵇康琴賦能盡雅琴唯至人兮李善注引賈逵曰唯獨也特者左氏昭十四年傳收介特杜注介特單身民也士昏禮其實特豚注特

猶一也晉語子為我具特羊之饗韋昭注特一也凡牲一為特二為牢王逸九思哀我兮介特注介特獨也馬融廣成頌䋣溪侈之華譽顧介特之寔功注介特謂孤介特立也

惃衮昆二音惚勿音頓愍眠迷殹反眩惑蚩愮遥音攖嬰音撓乃飽反又乃孝反慁乎困反攪古巧反猾紛緼于昆反又于粉反惷嗔尤反妄望音怓女交反憒古每反叛殺逆亂也

爾雅夢夢訰訰亂也惃惚頓愍眠眩者方言惃惚頓愍惛也楚揚謂之惃或謂之惚江湘之間謂之頓愍或謂之氐惆南楚飲毒藥懣謂之氐惆亦謂

之頊惛猶中齊言眠眩也玉篇愂蒲骨切迷亂也
說文誖亂也或作悖文選養生論喜怒悖其正氣
李善注引廣雅悖亂也愂悖誖悖音義同舊本頊
訛頻今據方言訂正商書說命篇若藥不瞑眩厥
疾不瘳離騷世幽昧以眩曜兮王逸注眩曜惑亂
貌惑者說文心部義也通作惐荀子不苟篇誰能
以己之僬僬受人之掝掝又通作或論語子張問
崇德辨惑釋文本亦作或孟子無或乎王之不智
也蚩者張衡西京賦鬻良雜苦蚩遠邊鄙李善注
引此文劉峻廣絕交論天下蚩蚩惱者方言蚩惱

悖也鄭注謂悖惑也舊本恠訛怪今訂正攖者於盈切莊子庚桑楚篇不以人物利害相攖呂氏春秋孟春紀能養天之所生而勿攖之謂天子撓者說文撓擾也左氏成十三年傳撓亂我同盟莊子駢拇篇自虞招仁義以撓天下也淮南說林訓使水濁者魚撓之王巾頭陀寺碑無為之寂不撓慁者說文慁擾也史記范雎列傳天以寡人慁先生徐廣曰亂先生也索隱曰慁猶汩亂之意通作圂文選風賦注引字林圂亂也攪者說文手部義也小雅何人斯祇攪我心傳攪亂也陸機嘆逝賦豈

兹情之足攪猾者虞書蠻夷猾夏左氏昭二十六年傳毋助狡猾玉篇猾亂也本此通作滑周語滑夫二川之神韋昭注滑亂也荀子成相篇無鈹滑史記滑稽楊倞司馬貞並訓為亂列子黃帝篇美惡不滑其心紛者宋玉招魂班其相紛兮王逸注紛亂也法言吾子篇童而習之白首紛如也注言皓首猶亂也縕者漢書蒯通傳即束縕請火于亡肉家顏師古注縕亂麻法言孝至篇齊桓公之時縕而春秋美邵陵習亂也李軌注縕亦亂也惷者說文心部義也左氏昭二十四年傳王室日惷惷

馬說文引作惷三體石經作戴古字通安者說文女部義也怓者說文心部義也大雅民勞以謹惛怓傳惛怓大亂也憒者亦說文心部義也蜀志蔣琬傳事不當理則憒憒矣楚詞心煩憒兮意無聊王逸注憒亂也叛者左思蜀都賦累轂疊跡叛衍相傾劉逵注叛亂也般者說文般相雜錯也王逸九思般亂兮紛挐逆者說文屰不順也今通作逆孔子燕居篇勇而不中禮謂之逆

蹇蹇音妯抽音摎叔餃反又平餃反騷獪柯邁反躁作誥反又竈音煩擾也

說文擾煩也蹇妯者方言文人不靜曰妯秦晉曰

蹇齊宋曰妯郭注謂躁擾也妯音迪獿者說文獿
獿亥吠也玉篇獿犬擾駭也廣韻嫪擾亂騷者說
文馬部義也大雅常武徐方繹騷傳騷動也檀弓
云騷騷爾則野獪者古外切說文獪狡獪也躁者
則到切繫詞傳躁人之詞多月令云君子齋戒處
必掩身毋躁通作譟說文譟擾也煩者說文訓擾
為煩煩亦擾也玉篇煩憒悶煩亂也
逴物角反又一卓反綦巨基反騷踙踔物角反跛布可反踦居綺反[足奄]烏感反又烏含反又烏洽反蹇也
說文蹇跛也釋名蹇跛蹇也病不能作事今托病

似此而不宜執事役也違者說文辵部義也方言自關而西秦晉之間凡蹇者或謂之違體而偏長短亦謂之違綦者鄭注士喪禮云綦讀如馬絆綦之綦疏云馬有絆名為綦然則蹇者之狀亦如馬之有絆繳騷者方言文吳楚偏蹇曰騷踙者女輒切穀梁昭二十年傳踂者何也曰兩足不能過齊謂之綦楚謂之踂衛謂之縶舊本踂訛聚今訂正𨈁者方言文齊楚晉曰𨈁玉篇𨈁蹇也踦者說文踦一足也魯語踦跂畢行無有處人韋昭曰踦跂絆蹇也𨈁者玉篇𨈁蹇也本此

糶酤衒(辛典反)賣調詅(力政反)⿰貝居(音居)賺賣(麥塚反)也

說文賣出物貨也地官司市掌其賣價之事糶者說文糶出穀也史記貨殖列傳販穀糶千鍾徐廣曰糶出穀也音掉酤者古護切漢書景帝紀禁酤酒顏師古注酤謂賣酒也潘岳閒居賦牧羊酤酪以俟伏臘之費衒者黃絢切說文衒行且賣也或作衒法言問道篇衒玉而賈石者其狙詐乎王逸九思欲衒鬻兮莫取注行賣曰衒賣者說文賣衒也从貝𡉉聲讀若育通作粥王制不粥于市舊本賣訛賣今訂正調未詳詅者力丁切玉篇詅衒也

顏氏家訓吾見世人至于無才思自謂清華流布醜拙亦以衆矣注南號為詅癡符賂者姜魚切玉篇賂賣也本此賺者徒陷切玉篇賺重賣也

薄雜市買也

說文買市也从网貝引孟子曰登壟斷而网市利天官小宰聽賣買以質劑薄未詳糴者說文糴市穀也左氏莊二十八年傳臧孫辰告糴于齊孟子無遏糴市者說文市買賣所之也風俗通云市恃也養贍老小恃以不匱也繫詞傳日中為市致天下之民聚天下之貨交易而退各得其所

彙音謂櫝音推方明肖似醜類也

説文云類種類相似唯犬為甚荀子禮論篇禮有三本天地者生之本也先祖者類之本也楊倞注類種也左氏襄二十三年傳子産廢良而立太叔曰請舍子明之類後漢書劉平傳平抱弟仲女曰仲不可以絶類彙者泰初九拔茅茹以其彙釋文彙類也法言君子篇仙亦無益子之彙矣吳祕注彙類也太元周首云陽氣周神而反乎始物繼其彙司馬光注萬物各繼其類周復其道也種者之隴切大雅生民誕降嘉種商書盤庚無俾易種于

玆新邑地官草人以物地相其宜而為之種方者孟子云立賢無方明未聞或說疑朋字之訛朋友各從其類也肖者說文肖骨肉相似也不似其先故曰不肖也方言西南梁益之間凡言相類者亦謂之肖法言學行篇螟蛉之子殪而逢蜾蠃祝之曰類我類我久則肖之矣通作宵漢書刑法志夫人宵天地之貌應劭曰宵類也頭圓象天足方象地顏師古注宵義與肖同似者說文徐鍇本似象肖也繫詞傳肖即似也爾雅釋草綸似綸組似組東海有之帛似帛布似布華山有之醜者楚語官

有十醜爲德醜孟子地醜德齊韋昭趙岐並云醜類也

疙居乙反又魚乙反騃魚駭反僮惛音昏狂悖蒲没反瞀旨升亡莫反眊鄧反瘍音易癡也

說文癡不慧也又云儗騃也方言癡騃也癡儗字異義同左氏成十八年傳周子有兄而無慧不能辨菽麥注豆麥殊形易別故以爲癡者之候不慧蓋世所謂白癡漢書韋賢傳今子獨壞容貌蒙恥辱爲狂癡光曜晻而不宣疙者玉篇疙癡貌本此說文作忥云癡貌疙忥古今字騃者漢書息夫躬

傳外有直項之名內寔騃不曉政事顏師古注騃
愚也通作痴玉篇痴五才切癡痴也本此獃僮者
玉篇僮僮幼迷荒者易蒙彖詞匪我求童蒙童蒙
求我釋文引廣雅童癡也鄭風褰裳狂童之狂也
且傳狂行童昏所化也玉篇引詩及毛傳作僮晉
語僮昏不可使謀賈誼新書道術篇及慧為童是
僮童古字通五音集韻僮癡也本此惛者說文惛
不憭也漢書劉向傳臣甚惛焉顏師古注惛謂不
了言惑于此事也狂者說文狂狾犬也古文作忹
莊子消搖游篇吾以是狂而不信也釋文引李頤

集解狂癡也誖者漢書董仲舒傳或誖繆而失其統與疏廣傳我豈老誖脊者說文脊駭也讀若丞廣韻脊癡貌本此甿者周禮遂人以下劑致甿注變民言甿異外內也甿猶懵懵無知貌也瘍未聞

伸愓（愓音一本作傷）矯（居夭反）揉（而毛反）展侹（達鼎反）繩矢當直也

說文直正見也玉篇直不曲也準當也伸者屈之直也繫詞傳尺蠖之屈以求伸也愓者平之直也徒黨切玉篇偒他恭切直也是顧野王所見廣雅本作傷也玉藻云行容愓愓釋文音傷又音湯直而疾也矯者說卦傳坎為矯輮疏云使曲者直為

撟使直者曲爲輮史記平津侯列傳撟矢控弦注正曲使直也離騷矯菌桂以紉蕙兮王逸注矯直也輮者人久切說文煣屈申木也煣揉仝攷工記揉輻必齊注揉謂以火撟之馬融長笛賦撟揉斤械李善引鄭注周禮作以火撟之展者方言舒勑展也展與伸同意侹者玉篇侹正直貌通作挺左氏襄五年傳引詩云周道挺挺注挺挺正直也又通作脡曲禮鮮魚曰脡祭注脡直也繩者說卦傳巽爲繩直大雅緜云其繩則直禮記深衣負繩及踝以應直淮南天文訓子午卯酉爲二繩注繩直

也說林訓出林者不得直道行險者不得履繩注繩亦直也漢書律歷志繩者上下端直經緯四通也矢者小雅大東其直如矢當者晉語朱也當御韋昭注當直也上文是不曲之直此是準當之直也

温煖音暖⿰火聶女涉反焫奴本反曣于見反㬗乃見反暘於冏反⿰日難乃旦反又乃達反燠于菊反燂音潛煗奴管反也

說文煗温也温者鄭注禮記云温讀爲燖温之燖王襃聖主得賢臣頌襲狐貉之温者不憂至寒之淒愴煖者況袁切禮王制篇七十非帛不煖王逸

九思風習習兮龢煖㸎者玉篇㸎熯也或作㬹从日焫者乃因切玉篇焫熱也曣者史記封禪書至中山曣㬈漢書郊祀志作晏温是曣與晏古通用㬗者玉篇㬗燠也暍者說文暍傷暑也淮南人間訓武王蔭暍人于樾下左擁而右扇之而天下懷其德㬮者說文㬮安㬮温也又巾部懮讀若水温㬮燠者說文燠熱在中也秦風無衣安且燠兮傳燠煖也陸德明作奧云本又作燠小雅小明日月方奧傳奧煖也燠奧同燂者似鹽切說文燂火熱也內則云五日則燂湯請浴

愛古堂抄藏

庸比音鼻倢大鼻反佽音次更跲音劫遞伙遷反代也

說文代更也虞書天工人其代之庸比倢佽更者方言庸恣比倢更代也江淮陳楚之閒曰倢餘四方之通語也郭注今俗亦名更代作為恣作也案說文倢代也佽遞也佽恣字異義同路未聞遞者說文遞更易也呂氏春秋季春紀乃謀並行詐術遞用高誘注遞代也宋玉招魂二八侍宿射遞代些王逸注遞更也迭者說文迭更迭也方言佚代也齊曰佚郭注佚音蹉跌之跌文選注引方言作迭說卦傳迭用柔剛

鋡音含愖龕音堪受盛平聲也

說文盛黍稷在器中以祀者也廣韻盛受也召南采蘋于以盛之維筐及筥天官甸師掌帥其屬耕耨王籍以供齍盛鋡龕受者方言鋡龕受也齊楚曰鋡揚越曰龕受盛也猶秦晉言容盛也郭注今云龕囊依此名也堪者上文釋堪為載此又為盛義相成也受者說文受相付也杜甫詩野航恰受兩三人

氾敷劒反浼音滿洼烏娃反又厄家反染潤音球濩乎郭反辱點污也

說文污薉也賈誼書道術篇放理潔靜謂之行反

行爲污氾䤋洼灟者方言氾浼灟洼洿也自關而
東或曰洼或曰氾東齊海岱之間或曰浼或曰灟
䤋與浼同武罪切說文浼汙也引孟子曰汝焉能
浼我灟余廉切說文海岱之間謂相汙曰灟染者
漸漬而汙也商書胤征舊染汙俗咸與維新濩者
張協七命溟海渾濩涌其後辱者士昏禮今吾子
辱注以白造緇曰辱老子德經大白若辱黕者說
文黕小黑也漢書司馬遷傳遷足以發笑而自黕
也通作玷束晳補亡詩鮮侔晨葩莫之玷辱李善
注引孝經鉤命訣云名毀行廢黕辱先人王逸楚

詞注點污也點站古字通

匈挑音質流奮歡音譁一反尿蔿于彼反涅仙卦變匕化音也

說文匕變也經典通用化匈若通作陶呂氏春秋昆吾作陶高誘注昆吾為夏伯制作陶冶埏埴為器張華答何劭詩洪鈞陶萬類李善注引廣雅陶化也是本又作陶質未詳流者鄭注中庸云流猶移也移即變化之意奮者呼官切方言文廣韻奮化也舊本奮訛藿今訂正譁蔿涅者方言蔿譌譁湼化也北燕朝鮮洌水之間曰涅或曰譁鷄伏卵而未孚始化之時謂之涅郭注蔿音花譌譁皆化

聲之轉也說文涅黑土在水中也論語涅而不淄孔安國涅可以染皂是涅取染化之義仙者說文僊長生僊去又云真僊人髮形而登天也釋名老而不死曰仙仙遷也遷入山也故其制字人旁作山也玉篇引聲類云仙今僊字莊子云千歲厭世去而上僊卦者六十四卦變化無窮也變者禮記動則變變則化

孷力移反 孳音慈僆音輦類音綿匹耦孿呂患反也

說文孿一乳兩子也淮南修務訓孿子之相似者惟其母能知之孿學同孷孳僆者方言陳楚之間

凡人嘼乳而雙產謂釐孳秦晉之間謂之僆子自關而東趙魏之間謂之孿生玉篇孷力辭切孳孖雙生也孖子辭切僆里翦力見二切鷄鴨成僆又引文字音義云江東呼畜雙產謂之僆釐孳孖俱字異音義同𩕳者彌仙切方言𩕳雙也南楚江淮之間曰𩕳玉篇𩕳雙生也匹者左氏成二年傳若以匹敵耦者說文耦耒廣五寸為伐二伐為耦鄭注攷工記云古者耜一金二人併發之左氏桓二年傳嘉耦曰妃怨耦曰仇又桓六年傳人各有耦

㩉下忦反梗介猛反㥠猛也

此方言文也晉魏之間曰㩉韓趙之間曰挭齊晉曰㥠案左氏昭十八年傳令執事㩉然授兵登陴杜預注㩉然勁忿貌說文無㩉字徐鍇曰當作僩太昭謂當作瞯文選馬汧督誄瞯然馬生李善注引左氏傳㩉然登陴云㩉與瞯同

騰以證反庇不異反寓儀注反羈餬侂託音寄也

說文託寄也東方朔非有先生論吳王曰寡人獲先人之功寄于衆賢之上舊本寄託脊今訂正騰者方言文寄物為騰庇寓者方言文齊衛宋魯陳

晉汝潁荆州江淮之間曰庇或曰寓說文庇蔭也寓寄也或作庽左氏襄二十四年傳子産寓書于子西以告宣子曲禮云大夫寓祭器于大夫士寓祭器于士鄭注寓寄也言寄覬已後還羈者古與寄通周禮遺人以待羈旅注故書羈作寄杜子春云寄當為羈餬者户吳切方言文寄食為餬說文餬寄食也左氏隱十一年傳餬其口于四方侂者他各切方言文凡寄為託說文侂託並云寄也是古字通宋玉招魂東方不可以託些王逸注託寄也案侂古文作宅士相見禮宅者在邦則曰市井

之臣在野則曰草莽之臣注今文宅爲託是宅即古文託字

害曷（乎葛反）胡盍何也

何休公羊傳注據疑問所不知者曰何皐陶謨禹曰何害者何割切小爾雅文周南葛覃害澣害否周書大誥王害不違卜曷者說文曰部義也小雅菀柳曷予靖之傳曷害也胡者邶風日月胡能有定傳義也大雅生民箋胡之言何也呂氏春秋仲秋紀人主其胡可以無務行德人愛人乎高誘注胡何也盍者左氏桓十一年傳盍請濟師于王檀

引篇子盡慎諸

薄怒文農勉也

說文勉强也薄怒者方言釗薄勉也秦晉曰釗或曰薄故其鄙語曰薄努猶勉努也南楚之外曰薄努自關而東周鄭之間曰耐釗齊魯曰勖茲郭注薄努如今言努力怒努字異音義同文未詳農者說文農耕也从晨由聲夙夕為夙臼辰為晨為農者宜勉力也皇侃論語義疏農者濃也是耕田之人也言耕田所以使國家倉廩濃厚也

歸餉饋䭾問遺也

地官有遺人左氏隱元年傳請以遺之以醉切歸者古文饋字論語詠而歸鄭本歸作饋云饋酒食也魯讀饋為歸今從古史記仲尼弟子列傳詠而歸徐廣曰一作饋聘禮歸饔餼五牢鄭注今文歸或為饋士虞禮注饋猶歸也餉者說文餉饟也仲虺之誥乃葛伯仇餉傳葛伯遊行見農民餉于田者殺其人奪其餉裴松之魏志注以所著典論及詩賦餉孫權饋者說文饋餉也天官膳夫凡王之饋注進物于尊者曰饋士虞禮特豕饋食注饋猶歸也以物與神及人皆言饋樾者士喪禮君使人

襚鄭注襚之言遺也衣被曰襚公羊傳口實曰含衣服曰襚穀梁傳衣衾曰襚舊本襚訛从木今訂正問者鄭風女曰雞鳴傳義也左氏僖十年傳若重問以召之哀二十六年傳衛侯使以弓問子貢曲禮云凡以弓劍苞苴簞笥問人者鄭注問猶遺也

刊可寒反剟竹劣反剌力活反剽匹妙反剗楚簡反[巤刂]音獵削也

玉篇削刻治也刊者說文刊剟也秋官柞氏夏至日令刊陽木而火之注謂斫去次地之皮通作栞

漢書地理志隨山栞木顏師古曰栞古刊字研其木也玉篇刊削也本此舊本刊訛　升今訂正剟者說文剟刊也玉篇剟削也漢書賈誼傳盜者剟寢戶之簾顏師古注剟謂割取之也又王嘉傳掇去宋宏注掇讀曰剟剟削也去其名也班固沛泗水亭碑銘勒陳東征剟擒三秦郭璞爾雅序剟其瑕礫剟者玉篇剟削也剝者玉篇剝削也本此剗者秋官薙氏注以耜側凍土剗之漢書敘傳草剗五等制立郡縣玉篇剗削也本此通作鏟鮑昭蕪城賦鏟利銅山李善注引倉頡篇鏟削平也剷

者力涉切玉篇劀減削也○集韻劀懸圭切引廣雅削也五音集韻十齊引廣雅挑𠛈封劀削也今本無挑𠛈封劀四字

旻音炔䚌古力反僝士免反又士春反譯觀形覞式冉反儀貌見也

說文見視也旻者古恚古迴二切玉篇旻見也亦作眘同本此䚌者玉篇䚌見也本此僝者堯典方鳩僝功孔傳僝見也譯者方言譯傳也譯見也郭注傳宣語即相見也漢書百官表典客屬官有譯官令丞淮南泰族訓夷狄之國重譯而至說文譯傳譯四夷之言者觀者說文觀見也觀古文禮運

篇以陰陽為端故情可睹也形者越語天地未形而先為之征其事是以不成章昭注形見也覞者說文覞暫見也引春秋公羊傳曰覞然公子陽生儀者呂氏春秋似順論今夫射者儀毫而失墻畫者儀髮而易貌言審本也高誘注儀望也望與見同義皃者與貌同容貌所以表見也

寥（聊音）呐（乃狛反）穵（乙八反）寥（力凋反）崝（士耕反）嵤（宏音）淵洿（烏音）彌

邃幽暗窈窱（天了反）藏井掊（步侯反）深也

玉篇深邃也遠也寥者說文廫空虛也今作寥落蕭切陸機歎逝賦或寥廓而僅半謝朓贈西府同

[illegible]

倐詩廖廓已高翔李善注並引此文㘰者廣韻㘰深也本此又集韻坹呼決切引廣雅坹深也㘰坹形近未知孰是穵者說文穵空大也玉篇穵深也本此豂者說文豂空谷也崝嵤也者說文崝嶸也嶸崝嶸也本書釋訓崢嵤深冥也宋玉高唐賦俯視崝嶸窐寥窈冥司馬相如上林賦刻削崢嶸揚雄河東賦陟西岳之嶢崝顏師古注謂嶕嶢而崝嶸也又甘泉賦似紫宮之崢嶸顏師古曰崢嶸深邃也淮南繆稱訓岸崝者必阤高誘注崝峭也阤落也崝嵤與崢嶸同淵者邶風燕燕其心塞淵傳

義也小爾雅淵深也涔者楚詞天問川谷何涔王逸注涔深也言川谷于地何以獨涔深乎爾未詳邃者離邃切小爾雅文說文邃深遠也離騷閨中既以邃遠兮宋玉招魂高堂邃宇王延壽魯靈光殿賦洞房叫窱而幽邃幽者幽深已見爾雅釋言疑此幽字誤也暗者玉篇暗不明也深則不明義相成也窈者說文窈深遠也莊子在宥篇至道之精窈窈冥冥班固西都賦步甬道以縈紆又杳窱而不見陽李善注引廣雅杳深也是廣雅別有杳字今脫之也窱者說文窱杳窱也張衡西京賦望

辝蘇以徑廷眇不知其所返辭綜辝蘇徑廷過度之意也言入其中者皆迷惑不識還道也藏者蔽之深廣韻藏隱也匿也廾者疑當作弊說文弊深池也孫侍御云廾有深義不必作弊括者方言文

叔季幼稚孩穉力救反少也

此釋少長之少也叔季者釋名仲父之弟曰叔父叔少也叔之弟曰季父季癸也甲乙之次癸最在下季亦然也說文季少稱也魏風陟岵傳季少子也幼者說文幺部義也釋名幼少也言生日少也曲禮人生十年曰幼學楚詞九歌竦長劍兮擁幼

艾王逸注幼少也稚者說文稺幼禾也玉篇稚與稺同爾雅幼稺也方言稺小也稺年小也詩魯頌釋文從稙曰稺韓詩云幼稚也禾之幼為稺而人之少亦借用稺衛風載馳衆稺且狂史記五帝本紀教稺子孩者說文咳小兒笑也孩古文从子史記扁鵲列傳不能若是而欲生之曾不可以告咳嬰之兒稚者說文云稚之莫子為雞爾雅釋鳥莫作暮雞作鷄同

稀 秝音歷 闊遠疏也

上文疏通也此又廣其訓楚詞九歌疏緩節兮安

[illegible]

罕

歌王逸注疏布也稀者說文稀疏也與希同堯典鳥獸希革鄭注夏時鳥獸毛疏皮見秝者說文秝稀疏適也玉篇秝稀疏秝秝然呂氏春秋辨土篇稼疏而不適謂分布不均故二禾相比稀疏乃適挂進士額曰周禮遂師及窆抱磨鄭注磨者適歷執綍者名也疏云謂天子千人分布于六綍之上謂之適歷者分布稀疏得所名為適歷也顧謂適歷即適林闊者說文門部義也遠者疏遠亦常語耳

摐平慢反又官許䴡音麗壓尼匝反摶音團飾檮著犬略反也

此言相倚箸也擐者體之著也左氏成二年傳擐甲執兵又成十三年傳文公躬擐甲冑麗者物之著也說文麗艸木相附麗土而生引易曰百穀草木麗于土玉篇麗附著也壓者高之著也魯語夫棟折而榱崩吾懼壓焉韋昭注壓笮也搏者手之著也徒官切曲禮云毋搏飯飾者物之著也稱未詳

䪼俱遵反圜還旋反捐音沿圖市宣反也

玉篇圖圜也䪼者說文䪼小頭䪼䪼也讀若規是䪼與規圜矩方之規通也䪼䪼同圜者說文圜天

體也說卦傳乾為天為圜攷工記輿人規之以眡其圜也捐者疑與圓同火懸切廣雅圓規也挂進士顏曰捐當為塌說文云女穽女穽即圜土也

擦而卷反堁苦卧反埃于奚反坌普寸反又步頓反塺磨音恐埋字坏音未坺步落反塵也

說文𪋻鹿行揚土也經典通用塵小雅無將大車祇自塵兮壤者潘岳射雉賦忽交距以接壤李善注引此文堁者淮南齊俗訓原人之性蕪穢而不得清明者物或堁也高誘注堁坋塵也埃者說文土部義也離騷溘埃風余上征王逸注埃塵也又

魚父篇安能以皓皓之白而蒙世俗之塺埃乎堅
者說文堅塵埃也坌者說文坋塵也坌坋同塺者
說文土部義也莫括切劉向九歎愈氛霧其如塺
王逸注塺塵也抹若摩鉢切玉篇抹塵壞也坺者
房越切說文土部義也○集韻引廣雅垺塵也今
無此文

訣于敬反又于丙反謓烏到反號聲乃尼反誋忌音詐風諭告也

上文告語也此又申其訓訣者上文訓訣為問訣
又為告也謓者玉篇廣韻謓語也號者乎刀切呼
而告之也聲者乃經乃定二切玉篇聲告也本此

誋者渠記切玉篇誋告也本此訴䛐說文言部義也論語訴子路于季孫史記龜筴列傳王有德義故來告訴風俗風謗亦告也漢書嚴助傳令助諭意風指于南楚越諭者說文言部義也秋官訝士掌四方之獄訟諭罪刑于邦國

揻直利反說文直二反敵䁲蒳匕殄反又匕安反衛猎儓音臺配亢對貞當也

上文當直也言相值也此又申言其訓揻者說文手部義也敵者左氏桓八年傳不當王非敵也少儀云敵者曰某固願見皆謂敵體相當棄敵當已

見爾雅古適與敵通此或是邉之譌䁥未詳㒼者
説文㒼平也讀若蠻又云芇相當也讀若門芇文
異義同衡者廣韻衡當也衡同上本此揞者古奚
切玉篇揞計當也儓者上文釋臺敵為輩故又為
當也配者釋名配輩也一人獨處一人往輩耦之
也玉篇配當也本此亢者左氏襄十四年傳晉禦
其上戎亢其下注亢猶當也漢書終軍傳臣年少
材下泒于外官不足以亢一方之任顏師古音抗
通作伉張衡西京賦威懾兕虎莫之敢伉薛綜注
伉當也對者大雅皇矣帝作邦作對周頌清廟對

越在天傳俱云對配也配對俱相當也貞者周書
洛誥我二人共貞馬融注貞當也
聳吺音雙講反方言睟音宰睽五入反眩音宏聵五怪反聾也
說文聾無聞也文選注引蒼頡篇聾耳不聞也聳
睟睽者方言睟聳也半聾梁益之間謂之睟秦晉
之間聽而不聰聞而不達謂之睟生而聾陳楚江
淮之間謂之聳荊揚之間及山之東西雙聾者謂
之聳聾之甚者秦晉之間謂之瞯吳楚之外凡無
耳者亦謂之瞯言其瞯者若秦晉中土謂墮耳者
明也郭注言聉無所聞知也外傳聾聵司火聳息

拱切瞨作亥切膶五滑切䀏者㾕萌切玉篇作聐引博雅聾也聧眩同聵者說文耳部義也

約縛萦音紐繂萃貴反又萃鬼反䋖綑苦本反𢶍之善反繃市耕反緷

家音擽下結反圈苦本反㯻九流反輹福音紳紘帶絡落音繶億音纏

綾說音𨋭占典反繳束也

說文束縛也从口木小雅白駒生芻一束約者說文約纏束也釋名約約束也小雅斯干約之閣閣管子樞言篇先王不約束不結紐約束則解結紐則絕縛者爾雅釋器十羽謂之縛縛亦綑束名也一說縛當作縳說文縳束也釋名縳薄也使相薄

者也左氏僖六年傳許男面縛銜璧紐者說文紐
系也一曰結而不可解楚詞九歎情素結于紐帛
王逸注紐結束也緯者夏小正農緯厥耒緯束也
鞠未聞絪者說文絪絭束也魯語諸侯之使絪載
而歸韋昭注絪絭也檀者玉篇檀禾束也繃者說
文糸部義也墨子尚同篇禹葬會稽桐棺三寸葛
以繃之緷者古本切說文緷緯也百羽當相緯也
地官羽人凡受羽十羽為審百羽為摶十摶為縳
鄭注審摶縳羽數束名也爾雅曰一羽謂之箴十
羽謂之縳百羽謂之緷其名音相近也一羽有名

蓋失之矣蔡羽束之名周官爾雅不同此言繹本
雅訓也摞者玉篇摞束縛也圛者玉篇闡東也本
此摎者說文摎縛殺也玉篇摎絞也喪服傳曰殤
之絰不摎垂不絞其帶之垂也轐者說文轐車軸
縛也子夏易傳轐車不伏菟虞翻以為車之鉤心
夾軸之物釋名轐伏也伏於軸上也鉤心從輿心
下鉤軸也縛在車下與輿相連縛也紳者帶之束
也說文紳大帶也玉篇紳束也本此紘者冠之之束
也說文紘冠卷也詩正義云紘者纓之無緌從下
而上者也祭義云天子冕而朱紘諸侯冕而青紘

此諸侯當以青爲組在冕下仰屬之故士冠禮注云有笄者屈組爲紘垂爲飾無笄者纓而結其條是也帶者衣之束也釋名帶蔕也著于衣如物之繫蔕也咎者搭客所以束物繶者于力切玉篇繶條也纏者說文纏繞也絯者公才切玉篇絯約也莊子天地篇方且爲物絯郭象注將遂使後世拘牽而制物稟者說文稟小束也玉篇稟或作秉禾十把緻者說文緻三糾繩也坎文詞繫用徽纆

鑑鏡光景暟音凱臨曜照也

說文照明也淮南說林訓受光于隙照一隅受光

于牖照北壁受光於户照室中無遺鑑者與鑒同左思魏都賦暉鑒挾振覿延之直東宮答鄭尚書詩皓月鑒丹宮鏡者本書釋器鑑謂之鏡故鑑鏡皆為照也光者說文光明也釋名光晃也晃晃然也亦言廣也所照廣遠也景者說文景光遠也王融曲水詩序說神明以景俗李善注引此文暟臨者方言文玉篇暟照也口亥切晉語臨長晉國者韋昭注臨監也即照察之義燿者說文火部義也鄭語黎為高辛氏火正以淳燿惇火

帝禘祥審諟于計反諦狄麗反地提音帝也

罢

玉篇諟審也諦也帝者說文帝諦也王天下之號也後漢書李雲傳孔子曰帝者諦也李賢注引春秋運斗樞云五帝修名立功修德成化統調陰陽招類使神帝之為言諦也鄭康成注審諦于物色也諦者說文禘諦祭也續漢志引張純云禘之言諦也何休公羊傳注禘猶諦也審諦無所遺失禮記疏引賈逵云禘者遞也審諦昭穆遷主遞位孫居王父之處也詩疏引崔靈恩云禘以夏者以審諦昭穆序列尊卑夏時陽在上陰在下尊卑有序故大次第而祭之故禘者諦也第也祥者古與詳

通詳具善訓下亂文詳審議也書蔡仲之命云詳乃視聽邛風墒有炎不可詳也傳詳審也審者說文寀悉也知寀餘也徐鍇曰冖覆也釆別也能包覆而深別之也或作審書說命乃審厥象禮樂記云審聲以知音審音以知樂審樂以知政而治道偹矣諟諦者方言文吳越曰諟諦郭注諟音翳諦音帶玉篇諟諦審諦也地者白虎通義云地之言施也諦也應施變化審諦不設釋名地諦也五土所生莫不審諦也

緜亡巾反緜羲麗設布張為戲許寄反施也

罣

施說文作𢼊敷也讀與施同玉篇施張也虞書以
五采彰施于五色縮縣者方言文秦曰縮趙曰縣
吳越之間脫衣相被謂之縮縣郭注相覆及之名
也義者惪棣周易述云庖犧孟京作伏戲伏讀為
服戲讀為化古訓音與義並舉故云伏服也戲化
也大昭寀伏犧古亦作伏羲戲與化聲義並舉化
與為古字相通堯典平秩南訛周禮注作南譌小
雅民之訛言說文作譌言羲戲同字故義亦得訓
為施也麗者周書多方不克開于民之麗呂刑越
茲麗刑孔鄭並云麗施也設者說文設施陳也繫

詞傳聖人設卦以觀象布者莊子列禦寇篇施于人而不忘非天布也古與敷同説文敷㰴也聘禮管人布幕于寢門外注今文布作敷商頌敷政優優左氏成二年昭二十一年傳並引作布政禹貢筱蕩既敷夏本紀作竹箭既布顧命敷重蔑席説文引作布重莫席二字通用故布為㰴也張者説文張施弓弦也呂氏春秋季春紀琴瑟不張鐘鼓不修高誘注張施也宋玉招魂羅幬張兮王逸注亦為施為者爾雅造作為也造作皆有所設施也戲者古通羲羲為㰴故戲亦施也

遟晏後旰稺晚也

說文晚莫也玉篇晚後也史記李斯傳君何見之晚遟者說文遟徐行也離騷及年歲之未晏兮王逸注晏晚也後者說文後遟也旰者說文日部義也左氏襄十四年傳日旰不召杜注旰晏也漢書張湯傳日旰天子忘食稺者禾之晚也說文稺幼禾也通作徲說文徲久也讀若遟又云久行遟久久

担旦答摅扑揩竹略杓竹歷打馬代抛片交㧊布音
音反反又音反又晢
于兩耻渠方舌反又者步結反又
中抉反扶反擊普結反撻揩音捉普奚反

㨮音影拍普捎反㧾苦忽反㧊步必反摽孚免反又怖交反㩧普角反又步角反揪拍忘學反毃音殿揨音彭𢭃烏核反敘音格批普迷反摞布后反墟音嘘㨁他得反挏作蜍反揙尋力反毃口果反敫音口嶽五咢反敝索蒦反搏㩉許美反拊方主反又芳圭反擊撼所革反捭布蟹反撻擮攷音考擊口弔反撞音侃敫音所敁口餓反又大司反擽音歷擈音勞擶山有反擊却間反又却皆反搉苦學反應剡擊也

說文擊攴也玉篇擊打也史記叔孫通列傳拔劍擊柱担者丁但切玉篇担拂也担拂同訓擊通作笪說文笪笞也當割切笞者說文竹部義也丑之切史記高祖本紀人乃以嫗為不誠欲笞之揲者

之壘切說文摭以扶擊也荀子正論篇摭笞臏脚淮南道應訓大司馬捶鉤者年八十矣而不失鉤芒高誘注捶鍛銀擊也扑者史記刺客列傳高漸離舉筑扑秦皇帝列子說符篇楊朱之弟曰布衣素衣而出天雨解素衣衣緇衣而反其狗不知迎而吠之楊布怒將扑之楊朱曰子無扑矣子亦猶是也嚮者使汝狗白而往黑而來豈能無怪哉擠者玉篇擠亦作擠擊也扚者都了切說文扚疾擊也打者說文新附字云擊也都挺切穀梁宣十八年傳邾人戕繒子于繒捝殺也范甯注謂捶打陸

德音頂王延壽夢賦打三顱撲苕蕘案五音集韻打都挺切引廣雅掊也是古用打故許叔重不收打字也伐者說文人部義也鼓之聲為伐小雅采芑鉦人伐鼓是也魚之聲亦為伐月令伐蛟是也木之聲亦為伐宋五風賦蹷石伐木李善注伐聲是也抛者擲之聲也玉篇抛擲也徐鉉曰左氏傳通用摽抪者五音集韻抪擊也本此抶者說文抶以車鞅擊也抶者說文抶笞擊也左氏文十八年傳歜以扑抶職杜注抶擊也又襄十七年傳子罕親執扑以行築者而抶其不勉者莊子則陽篇然

後抶其背折其脊撆者說文手部義也王褒四子講德論僭勝撇波而濟水不如乘舟之逸也李善注撇與撆同撻者鄉飲酒罰不敬撻其背遽古文撻引書曰遽以記之春官小胥撻其怠慢者注撻猶抶也抶以荆扑列子黃帝篇斫撻無傷痛張湛注撻打也撦者諸野尺野二切玉篇撦擊也本此㧙者說文㧙反手擊也玉篇引左氏傳㧙而投之今莊十二年傳作批釋文引字林批擊也嵇康琴賦觸㧙如志李善注㧙與批同摬者乙慶切說文摬中擊也玉篇摬傷擊也拍者廣韻拍打也揔者

玉篇揔推擊也㧌者玉篇㧌推擊也列子黃帝篇既而狎侮欺詒攩㧌挨抌亡所不爲摽者說文手部義也左氏哀十二年傳長木之斃無不摽也㩧者玉篇㩧擊也本此扵者手旅切玉篇扵擊也本此挀者說文挀拊也廣韻挀擊也本此𥴩者徒魂切說文𥴩搒也搒者北孟切字當从木廣韻榜木片謂以木片擊也漢書張耳傳吏搒笞數千司馬遷報任安書受搒箠挨者說文挨擊背也㪉者古伯切玉篇㪉擊也本此批者史記刺客列傳奈何以見陵之怨欲批其逆鱗哉集解批音白結切索

隱批謂觸擊之莊子養生主篇批大郤釋文引字林擊也淮南道應訓智伯與趙襄子飲而批襄子之首大夫請殺之襄子曰先君之立我也曰能為社稷忍羞豈曰能刺人哉曹植七啟批熊碎掌搣者說文搣衣上擊也攄者口居切攄擊也本此得者玉篇得拳打也拘者玉篇拘擊也本此揊者玉篇揊擊也本此㱿者字當作㱿集韻㱿擊也本此曹音口杲反是口果之訛攷者說文攴部義也古厚切地官司關凡四方賓客攷關則為之告通作扣論語以杖叩其脛孔安國注扣擊也擴者玉篇

擨擊也本此敂若玉篇敲敂擊也摶者玉篇摶手擊也孟子今夫水搏而躍之可使過顙揚雄羽獵賦搏元猨李善注引此文雋本搏訛搏今訂正撠者去竒切玉篇撠擊也本此拊者皐陶謨予擊石拊石擊重出搣未詳拼者説文拼兩手擊也左思吳都賦拉捭摧藏李善注捭兩手擊絕也撻重出疑㩣之訛集韻㩣他達切引廣雅擊也撓者莫結切未詳攷者説文攷敂也通作考唐風山有樞子有鐘鼓弗鼓弗考傳考擊也莊子天地篇金石有聲不考不鳴擊者説文擊旁擊也公羊宣六年傳

公怒以斗摮而殺之何休注摮猶㩧也摮謂旁擊頭項莊子至樂篇見空髑髏髐然有形撽以馬捶釋文撽與擊同㩧者爭廣切玉篇㩧搥打也攷未詳攷者玉篇攷擊也本此擽者郎的切潘岳射雉賦擽雌妬異徐爰注擽捋擊也擽者小子切說文擽拘擊也張衡東京賦擽昆聊⿰扌肅者玉篇⿰扌肅擊也本此案挍⿰扌肅與捎同揚雄甘泉賦捎夔魖扶獝狂捎與扶皆擊也掔者疑與挳同說文挳擣頭也口莖切搉者苦角切說文搉敲擊也漢書五行志高后支斷戚夫人手足搉其眼以為彘⿸厂⿱重心者呂氏春

秋似順論齊令章子將而與韓魏攻荆荆唐蔑將而應之高誘注應擊也通作膺魯頌閟宮戎狄是應刺皆豳風七月詩傳義也舊本扑搘扚拋並訛从木今俱訂正

淟他典反涊那典反渨烏回反涹烏禾反輸乎管反汙洿音烏淖褭教反渥古没反澳于六反濊織音又大末反淰咏感反溷乎困反濁也

說文濁瀆也汁滓演瀆也淟涊者玉篇淟涊垢濁也涊淟涊惡醉貌揚雄反離騷紛纍以其淟涊兮應劭曰淟涊穢垢也劉向九歎切淟涊之流俗王逸注淟涊垢濁也渨涹者玉篇渨涹濁也本此韓

者說文䞓赤色也讀若浣又云澣濯衣垢也或作浣是澣澣古字通汙者說文汙薉也賈誼道術篇叕理潔靜謂之行反行為汚洿者說文洿濁水不流也哀都切淖者泥之濁也說文淖泥也左氏成十六年傳有淖於前乃皆左右相違於淖渥者漬之濁也說文湮厚清也○集韻及五音集韻淰乃感切並引廣雅濁也今無此文

北攷伏也

玉篇伏匿也說卦傳坎為隱伏北者尚書大傳北方者伏方也史記集解引尸子曰北方者伏方也

陽氣伏于下于時為冬攷未詳

材寶綸理魯牖予裕道也

釋名道導也所以通導萬物也玉篇道理也材者詹事凡曰材與才同天地人為三才謂天道地道人道也寶者禮記天不愛其道地不愛其寶是道與寶同義廣韻寶道也本此綸者疑當作倫說文倫道也葉廣韻倫道也本此理者玉篇理道也本此魯未聞牖者大雅板天之牖民傳義也箋云道民以禮義通作羑周書康王之誥惟周文武誕受羑若馬融王肅並云羑道也史記周本紀西伯因

羑里尚書大傳文王有四隣以免于牖里之害是牖羑同字說文𦎫古文作羑或作誘故台南野有死麕傳誘道也玄者楊子太元經元也若天道也地道也人道也兼三道而天名之注天地人三者俱謂之元元天也故以天名也文選曹植責躬詩元化滂流李善注引廣雅元道也謂道德之化也又盧諶贈劉琨詩郭有道碑文注並引此文舊本元訛今訂正裕者方言文也東齊曰裕

𠩄於甲反㥦苦挾反憾乎感反哿古我反俔他括反可也

說文可肎也𠩄者衆經音義引蒼頡篇伏合人心

曰猒愿若說文愿快也漢書文帝紀天下人民未有愿志文選謝靈運石壁精舍還湖中詩意愜理無違注引廣雅愜可也是愿愜同感者玉篇感許今切集韻愢五感切可也本此哿者小雅正月哿矣富人傳義也說文哿可也侻者法言君子篇荀卿非數家之書侻也司馬光注侻可也宋玉神女賦侻薄裝李善注侻可也言薄裝正相堪可

錭桃音鈲大兀反但拙職厥反頑鈌鈍也

說文鈍錭也史記陳丞相世家士之無耻頑鈍嗜利者亦多歸漢通作頓漢書淮南王安上疏不勞

一卒不頓一戟頓與鈍同錭者徒刀切說文金部義也鈯者廣韻鈯鈍也本此伹者似魚祥閭二切說文伹掘也玉篇引廣雅伹鈍也集韻引亦作伹舊本伹訛但音釋度滿反亦誤今訂正拙者才之鈍也說文拙不巧也老子大巧若拙離騷離理弱而媒拙兮王逸注拙鈍也頑者玉篇頑鈍也本此銖者市朱切淮南齊俗訓其兵戈銖而無刃高誘注楚人謂刀鈍為銖

戲㱇許記反嘵云堯反嘵音堯惻愴愁慼悲也

上文悲痛也慯也此又廣其訓戲者經典中於戲

悲歎之聲也匡謬正俗云嗚呼歎詞也古文尚書
悲為於戲今文尚書悲為嗚呼而詩皆於乎文有
古今之變義無美惡之別末代哀誄祭文則為嗚
呼封拜冊命則為於戲不究根本妄分兩義非也
欷者說文欷歔也離騷曾歔欷余鬱邑兮王逸注
歔欷哀泣之貌也漢書中山靖王傳悲者不可為
累欷顏師古注欷歔欷也唴哴者方言自關而西
秦晉之間凡大人少兒泣而不止謂之唴哭極音
絕亦謂之唴平原謂啼極無聲謂之唴哴郭注唴
丘尚反哴音亮是唴哴字異音義同惻者說文惻

痛也玉篇惻楚刀切悲也本此愴者說文愴傷也宋玉九辯愴怳懭悢兮玉篇愴悲也本此愁感者上文訓為憂此又為悲義相成也廣韻愁悲也本此

剝絕鬌落也

此言隓落也剝者馬融注易剝卦云剝落也絕者離騷雖萎絕其亦何傷兮王逸注絕落也鬌者鄭注儀禮既夕云兒生三月鬋髮為鬌說文鬌髮墮也

脮安烏反腲鮾諾每反䵝代䵋七敢反黴音眉露漫莫旦反淹穲音每

殃音央殕敷九反腐音父𣦸音朽俶音叔俠斯殐宋旦反與敗也

說文敗毀也胺者玉篇胺肉敗也一曷切鯘者當爲鮾玉篇鯘奴罪切魚敗也廣韻鮾魚敗案說文魚敗曰餒其字从食蹷者說文蹶僵也左思魏都賦劍閣雖嶛憑之者蹶蹶蹷同伐者說文人部義也黲者色之敗也說文黲淺青黑也陸機漢功臣贊上黲下黷黴者武悲切說文黴中久雨青黑楚詞九歎顏黴黧以沮敗兮淮南脩務訓舜黴黑又說山訓文公棄荏席從黴黑咎犯辭歸露者方言文左氏昭元年傳勿使有所壅閉湫底以露其體

是露為形之敗也漫淹者亦方言文溼敝為漫水
敗為淹⿰禾黑者亡載切稼之敗也玉篇⿰禾黑禾傷雨也
殃者說文殃咎也殕者腐之敗也玉篇殕敗也本
此腐者爛之敗也說文腐爛也㱙者說文㱙或作
朽包咸注論語云朽腐也月令孟春其臭朽釋文
本亦作㱙㡀者衣之敗也毗祭切與敝同說文㡀
敗衣也从巾象衣敗之形舊本㡀譌甫今訂正俠
斯者方言褸裂湏捷挾斯敗也南楚凡人貧衣被
醜獘謂之須捷或謂之褸裂或謂之俠斯器物獘
亦謂之挾斯俠挾字異義同⿰歹柬者力翰切玉篇⿰歹柬

五七

愛古堂抄藏

敗也亦作燗爽者宋玉招魂露雞臛蠵厲而不爽
些王逸曰爽敗也楚人名羹敗曰爽○集韻蒬於
袁切引廣雅䅬蒬敗也今無此文

廣雅疏義卷五

[illegible]

廣雅疏義卷第六

嘉定錢大昭晦之甫撰

詮錄贊只戲反撰訧巳虔反敍音教備饌具也

說文具共置也詮者說文言部義也此錄切錄者文之具也公羊隱十年傳春秋錄內而略外贊者屬之具也釋名贊屬也撰生一肉屬著體也撰者孔安國論語注義也通作譔楚辭大招云聽歌譔只王逸注譔具也訧者玉篇訧具也本此今作庀敍者古文教字是誡之具也備者豫之具也玉篇備皮袐切預也饌者食之具也說文饌具食也或

卷弟四 釋詁

作僎通作僎說文僎具也鄭康成注論語云僎讀曰詮故詮僎同訓具也

掔卯珍反牭四音狠戾怪質音又多結反愎符逼反掔忮很十恕反也

玉篇很戾也本作很說文很不聽从也一曰盭也吳語今王將很天而伐齊韋注很違也掔者牛之很也說文掔牛很不從引也牭者玉篇牭思二切牛很也狠者大之很也玉篇狠五閑切犬鬭聲舊本狠訛狼今訂正徐北溟曰如依舊文狠戾連講亦有很義戾者說文戾曲也通作盭怪者玉篇怪恁性也愎者左氏傳十五年傳愎諫違卜杜注很戾也又宣十二年傳剛愎不仁說文無愎字弦部盭弼戾也足古通用弼摯者摯與鷙同故有很義忮

者說文忮很也

韜含裕容宨窊乎化反寬也

爾雅寬綽也孫炎曰性之裕者郭璞曰謂寬量裕也說文寬屋寬大也虞書寬而栗鄭注寬謂度量寬宏韜者魯南宮韜字子容故韜容皆釋爲寬也廣韻韜寬也本此含者文言傳含萬物而化光通作函曲禮云席閒函丈攷月令羞以含桃釋文本亦作函是含函同也裕者周書康誥裕乃以民寧容者說文容盛也寬則能盛故爲寬也宨者寬而深也窊者玉篇窊寬也本此通作摦廣韻摦寬也

親僟傍附切摩鄰比隱局阿侍夾古匣反次適迫促近也

說文近附也親者文言傳本乎天者親上本乎地者親下爾雅釋文引蒼頡篇親近也僟者與戚同一切經音義九引戚近也周書金縢未可以戚我先生孔傳戚近也逸周書文酌解取戚免拮孔鼂注近也傍者說文人部義也附者淮南說林訓附耳之言聞於千里注附近也切者文選長楊賦請略舉其凡而自覽其切焉李善注引張晏云切近也摩者左氏宣十二年傳御靡旌摩壘而還注摩

近也學記云相觀而善謂之摩鄭注相切磋也淮南說林訓若磨之與齒堅柔相摩而不相敗注摩近也鄰者釋名鄰連也相接連也皋陶謨臣哉鄰哉鄰哉臣哉孔傳鄰近也言君臣道近相須而成小雅正月洽比其鄰傳解鄰爲近張衡東京賦始于宮鄰卒於金虎薛綜曰鄰近也比者說文比密也左氏文十八年傳頑嚚不友是與比周注比近也屬者文選西都賦注引韓詩云翰飛屬天薛君章句屬附也案附近義相埒局者文選魏文帝與朝歌令吳質書塗路雖局官守有限李善注局近

也所者讀若婠嫛之嫛左氏昭二十年傳阿下執事注阿比也阿比皆近也侍者廣韻侍近也本此夾者周書拝材云懷夾孔傳懷遠爲近又多方云爾曷不夾介又我周王孔傳夾近也汝何不近大見治于我周王次者次第亦相近也適者說文適迫也或作迺迫者說文辵部義也離騷吾令羲和弭節兮望崦嵫而勿迫王逸注欲令日御按節徐行望日所入之山且勿附近促者說文促迫也

排擠子諧反摧擽抵丁禮反𢪛音戎斥𨀁推也

說文推排也大雅雲漢云則不可推傳推去也排

者說文排擠也楚辭九歎云遂見排而逢讒班固西都賦排飛闥而上出擠者說文擠排也莊子人閒世云故其居因其脩以擠之簡文云擠排也荀子仲尼篇抑有功而擠有罪楊倞注擠排也言重傷之也又解蔽篇不好辭讓不敬禮節而好相推擠推者說文推擠也楚辭九思云魁壘擠摧兮常困辱攘者說文手部義也晉語文公曰攘推賢也古揖攘字如此今所備用者是責讓之讓抵者說文抵擠也𢫦者玉篇𢫦如勇切推車也案𢫦與軵同說文軵反推車令有所付也讀若茸而隴切淮南氾

論訓相戲以刃者太祖軵其肘注軵擠也漢書馮奉世傳再三發軵則曠日煩費如淳曰軵推也斥者文選長楊賦斥芬芳而不御謝靈運七里瀨詩遺物悼遷斥劉公幹贈五官中郎將詩四節相推斥李注並引此文羼即舜字詹事兄曰風俗通皇霸篇舜者推也循也言其推行道德循堯緒也

種直龍反疊尊臧醇醲渥陸稍音達厚也

廣韻厚厚薄又重也種者玉篇種複也增益也舊本種譌爲穜稑之穜今訂正疊者說文曡揚雄說以爲古理官決罪三日得其官乃行之亡新改爲三田衆經音義引蒼頡篇曡重也積也尊者方言

文也玉篇䔳乳兖切厚也本此黬者亦方言文廣
䪹黬厚也本此醇者說文醇不澆酒也邯鄲淳魏
受命述云樹深根以厚基播醇澤以釀味東京賦春醴惟
醇薛綜注醇厚也醇醲者酒之厚也說文醲厚酒也淮南主術訓肥醲甘肥
醲甘肥非不美也渥者漬之厚也邶風簡兮云赫
如渥赭傳渥厚漬也陸續並未聞
龍和利芬尼調龢和也
賈誼書道術篇剛柔得適謂之和反和爲乖說文
龢調也讀與和同經典通用和龢者周頌酌我龍
受之商頌長發何天之龍傳並云龍和也利者說

文利从和省和然後利易文言傳利者義之和也又云利物足以和義子夏易傳利和也芬者方言文也郭注芬香和調尼凡者禮記中庸仲尼祖述堯舜仲尼孔子字漢安昌侯張禹云仲者中也尼者和也調者說文言部義也地官調人注調猶和合也慮者一切經音義二十三又二十五並引廣和也慮廣之訛○一切經音義二十二引諧和也今撫此文

轈

音魂軏音抗轎奇廟反又奇朝反軻五浪反也

玉篇軻牛向切轎軻轈者說文軏軥也軏者玉篇軏口恭切軏軻轎者玉篇轎小車也

獲戮羞恥㲄苦反丈辱也

說文辱恥也从寸在辰下失耕時於封畺上戮之也獲者玉篇獲辱也婢之賤稱也戮者夏書甘誓予則帑戮汝孔傳非但止汝身辱及汝子言恥累也周禮序官掌戮注戮猶辱也羞者否六三包羞孟子無羞惡之心非人也恥者說文心部義也殺者未聞玉篇居蓺切

屑姘音靜圭潔也

說文新附潔字云瀞也古用絜鄭注鄉飲酒義云絜猶清也屑者鄘風不屑髢也邶風不我屑以傳並云屑絜也趙岐孟子注屑潔也姘者說文姘靜

[illegible]

也周語静其巾幕韋注静潔也圭者孟子卿以下必有圭田趙岐注圭潔也通作蠲詩曰吉蠲爲饎傳蠲絜也鄭注秋官蜡氏云蠲讀如吉圭惟饎之圭圭絜也陸氏釋文並云蠲舊音圭穆天子傳云天子具蠲齊牲郭注蠲者潔也蠲音圭呂覽云臨飲食必蠲絜高誘曰蠲讀爲圭

讒嫉殺㺛山減反賊也

荀子修身篇害良曰賊説文賊敗也讒者左氏昭五年傳於人爲言賊言爲讒故曰有攸往主人有言言必讒也莊子漁父篇好言人之惡謂之讒荀

子脩身篇傷良曰讒嫉者說文嫉妎也或作嫉廣
韻俟下引廣雅賊也是本又作俟殺者說文殺戮
也抮者說文抮賊疾也玉篇抮賊也本本此

涂音塗娉音聘妨猛害也

釋名害割也如割削物也說文害傷也涂娉未詳
妨者說文女部義也猛者玉篇猛害也本此

伸舒勃展也

楚辭九歌云展思詩兮會舞王逸注展舒也伸者
說文伸屈伸玉篇伸舒也舒勃者方言文也東齊
之間凡展物謂之舒勃

賓侄底乙文六

七

㯹禁掕落登反又羲陵反閣坐沈宿蹟矣竣此循反挂礙鋪脾綝恥林反処昌汝反憲按說文解字从久且咹遏音又蝌棠反跱直反李振堆庚反杓渟音亭憤音質趩音畢躋蹷音又所甘反伲女几反又女禮反騃音頫騺音致蹓徙如反恭羌蕩反止也

上文止逗也鄘風相鼠傳止所止息也㯹者韋昭國語注㯹止也長楊賦陵夷而不㯹顔師古亦訓爲止禁者玉篇禁記鴆切止也本此掕者說文掕止馬也里甑切閣者說文閣所以止扉也坐者說文坙止也从土从畱省上所止也古文作坐沈者上文云沒也沈又爲止也宿者說文宀部義也蹟

者足所止也說文迹步處也或作蹟矣者辭之止也雖在句中不以爲義說文矣語已詞也詩曰顏之厚矣出自口矣是也踆者說文踆偓踆也引國語曰有司已事而踆玉篇踆止也本此挂者本又作絓文選劉峻辨命論才絓中庸在於所習李善注引廣雅絓止也礙者說文石部義也法言問道篇聖人之治天下也礙諸以禮樂吳祕注礙止也晉孫綽遊天台山賦凝思幽巖江淹別賦舟凝滯于水濱李善注並引廣雅凝止也是本又作凝鋪脾者方言文也緐者說文糸部義也処者說文処

止也得几而止或作處咹者疑與按同大雅皇矣以按徂旅傳按止也孟子按作遏史記周本紀王按兵母出漢書高帝紀吏民皆按堵如故跱者玉篇跱除几切引爾雅曰室中謂之跱跱王也跱今本爾雅作時上當作止字之訛也一切經音義一引此文元應云字詁古文峙今作跱同謂亭亭然獨止立也振者通作堂王延壽靈光殿賦技堂杈枒而斜據張載注堂或作振字按說文堂距也又云歫止也是振堂皆有正義拘者說文句部義也渟者水之止也張衡南都賦貯水渟洿一切經音

義一引埤蒼水止曰渟字書水滯也憒者玉篇憒之日切止也本此趕者天官宮正職禁凡邦之事蹕鄭司農云國有事王當出則宮正主禁絕行者若今時衛士填街蹕也蹕蹕字異義同蹕者玉篇蹕止也本此柅者姤初六繫于金柅王肅作柅其从手槃駐者上扶元切下竹利切玉篇槃槃駐止也或作拱蹐者說文蹐時蹐不前也㨗者上文云極也勞也㨗又為止也一切經音義十三引懲止也華嚴經音義上引已止也今俱無此文

⿰歹色烏孔反⿰歹農女孔反⿰歹果乎果反⿰歹妻音妻⿰歹亥白才反⿰歹吉音棄⿰歹冉音那⿰歹華音華

⿰多孚音浮⿰多支之豉反⿰多冘丁含反繁盛饒僉怒與植多也

說文多重也玉篇多衆也大有郺𧝎者方言文南楚凡大而多謂之郺或謂之𧝎凡人語言過度及妄施行亦謂之𧝎玉篇郺大多也或作⿰多力𧝎郺𧝎盛多皃通作濃後漢書崔駰傳若夫紛濃塞路注引方言濃盛多也⿰多果若史記陳涉世家夥頤涉之爲王沈沈者說文旡部云讀若楚人名多夥多部又云齊謂多爲夥案方言云凡物盛多齊宋之郊楚魏之際曰夥是齊楚皆以多爲夥也玉篇⿰多果楚人謂多也⿰多委者玉篇⿰多委於果切多也本此⿰多支者玉

篇㚊多也通作㚊鄭語計億事材兆物收經入行㚊極故王者居九畡之田韋昭注㚊備也數極于㚊萬萬曰㚊九畡九州之極數也⿰多吉⿰多冉者玉篇⿰多吉邱一切多也⿰多冉奴多切多也並本此⿰多辛者玉篇⿰多辛所陳切多也周南螽斯釋文說詵所中反說文作⿰多辛音同案今本說文無⿰多辛字⿰多孚⿰多支⿰多兒者玉篇⿰多孚状留切多也⿰多支章移之豉二切多也⿰多兒多也並本此西京賦炙炰夥清酤⿰多支⿱敏多者商書仲虺之誥實繁有徒孔傳繁多有徒衆左氏昭三年傳於是景公繁于刑有鬻踊者杜注繁多也通作蕃左氏昭二

十八年傳鄭書曰惡直醜正實蕃有徒周書芮良
夫解實蕃有徒漢書文帝紀無乃百姓之從事於
末以害農者蕃顔師古曰蕃亦多也盛者方言𥈤
多也𥈤與盛同饒者上文釋爲益此又爲多義相
成也僉者堯典僉曰於孔傳僉皆也是僉亦衆多
之意恕未詳輿者左氏僖二十八年傳聽輿人之
誦注輿衆也稙未聞文選魏都賦注引夠多也古侯切又景福殿賦注引趙多
也紙移切集韻紙郞其切引組多也今俱無此文
尊柤本反榮蓴大丸反萃蘊指叜走公反寯音俊漨音湊叢薔都
溥蕴崇灌雜洨贅綫苗反搸林屯集宗族洿音烏總兪許反

反

葉輸始朱反會積聚慈僉反也

說文聚會也邑落曰聚䔿者說文䔿叢艸也西京賦苯䔿蓬茸南都賦森䔿䔿而刺天是䔿為草之聚也藂者與叢同玉篇藂如叢切聚也通作藂潘岳籍田賦瓊鈒入藂李善注引蒼頡篇藂聚也䔿者說文䔿蒲叢也常倫切舊本尊訛䔿曾音大凡反亦非也今訂正萃者方言萃集也東齊曰聚蘊者玉篇蘊紆文切聚也聚草艸薁大也一切經音義二十三引此文元應云說文蕰蘊字林蘊積也大昭案左隱年傳蘋蘩蘊藻之菓杜注蘊藻聚藻也措未聞發者玉篇發聚也本此爲未詳湊者說文湊水上人所會也楚辭九歎云順波湊而下降王逸注湊

聚也逸周書作雒解云乃作大邑成周于土中城
方千七百二十丈郛方七百里南繫于洛水地因
于郟山以為天下之大湊孔鼂注湊會也淮南注主
術訓湯之時七年旱以身禱于桑林之際而四海
之雲湊千里之雨至注湊會也會與聚同義叢者
說文叢聚也虞書元首叢脞哉疏引鄭注云叢脞
總聚小小之事以亂大政周書無逸云是叢于其
身孔傳叢聚于其身蓄者說文蓄積也邶風我有
旨蓄箋蓄聚美菜都者穀梁傳云民所聚曰都堯
典曰幽都孔傳謂所聚也薄者說文薄林薄也蘊

者已見上文必不重出此當爲薀說文薀積也玉篇溫於彩切聚也疑本此崇者左氏文十八年傳崇飾惡言注崇聚也古有薀崇連文者左氏隱六年傳芟夷薀崇之灌者夏小正灌也者聚生者也爾雅灌木叢木又云木族生爲灌雜者說文雜五彩相合方言雜集也叢者上文釋爲積叢又爲聚義相成也贊者漢書武帝紀元狩元年詔曰毋贊聚如淳曰贊會也榛者說文榛菆也文選注引字林榛木叢生也仕巾切林者說文平上有叢木曰林高誘注淮南說林訓云木叢生曰林屯者雜騷

屯余車其千乘兮五臣文選注屯聚也藂屯通作敦揚雄甘泉賦敦萬騎于中營兮顏師古注敦讀曰屯屯聚也曹植七啟鳥集獸屯然後合圍集者鳥之聚也說文雧羣鳥在木上也或作集東京賦總集瑞命綷綜注集眾也宗者宋玉招魂云室家遂宗族者同姓所聚也白虎通宗族篇族者湊也聚也謂恩愛相流湊也生相愛死相哀痛有會聚之道故謂之族尚書堯典以親九族毛詩葛藟序周室道衰棄其九族昏禮請期辭曰惟是三族之不虞周禮小宗伯掌三族之列名涔者水所聚也漢書食貨志猶塞

川原爲潢洿也總者說文總聚束也淮南道訓應萬物之總皆閱一孔注總衆聚也舊本總訛總曹音思亦誤今訂正翁葉者方言撲翁葉聚也楚謂之撲或謂之翁葉翰者說文翰委輸也會者公羊傳云會及皆暨與也會猶最也何休注最聚也積者說文禾部義也儒行云不祈多積文選顏延年應詔觀北湖田收詩注引摘聚也一切經音義二十三引府聚也今並無此文

主戍門戰守也

此言與守也主者玉篇主守也戍者大夫稱主戍者說文戍守邊也王風揚之水云不與我戍申傳

戍守也門者左氏襄九年傳門于鄟門獸者說文云獸守備者

餘凡總同皆也

說文皆俱詞也餘者說文餘饒也玉篇餘皆也本此凡者說文凡最括也商書微子云凡有罪辜乃罔恒獲鄭注凡猶皆也案史記作皆有罪辜春官御史掌贊書凡數長揚賦云請略其凡總者玉篇總子孔切皆也本此文選顏延之車駕幸京口侍遊蒜山詩邑總社地靈李善注引廣雅總皆也舊本總訛緫今訂正同者說文同合會也玉篇同共

也並與皆義相近

修敹略道句越抑㦰慈反頡擷撥傳反葛封繕時反扇傳列

疏竘訽貌攻捲音權荆摇亦反咴㾓亂理㲾治也

玉篇治修治也修者孔安國注論語修慝云修治

也治惡為善也擅弓云古不修墓淮南修務訓修

彭蠡之防注皆訓治蓺者治種植之事也略者說

文略經略土地也禹貢嵎夷既略馬融曰用功少

曰略道者論語道千乘之國句者小爾雅文也越

者疑當作趣形相近而訛玉篇趣渠俱切治也與

趯同抑者孟子昔者禹抑洪水而天下平趙岐曰

廣雅疏義卷

抑治也截者字當大雅常武截彼淮浦王師之所傳截治也撤者與徹同說文無撤字古用徹也大雅公劉徹田為粮傳徹治也撥者說文手部義也商頌長發元王桓撥傳撥治也公羊哀十四年傳撥亂世反諸正莫近于春秋楚辭九章巧倕不斲兮孰知其撥正劉向南九歎撥諂諛而匡邪何休王逸並訓治對者說文對譍無方也漢文帝以為責對而為言多非誠對故去口以士案責對即窮治之也繕者左氏傳繕完葺墻莊子繕性篇繕性于俗崔譔曰繕治也傳者大司樂注云禹治水傳

土言其德能大中國也列者字當為梨說文梨攘
也攘泰梨已治者疏者西京賦疏龍首以抗殿均
貌者方言均貌治也吳越飾貌為均舊本貌訛貌
今訂正攻者小爾雅文周書召誥太保乃以庶殷
攻位于洛汭孔傳以衆殷民治都邑之位于洛水
北攷工記攻金攻木等工鄭注攻治也撩剃未詳
搖者與恎同方言恎療治也江湘交會謂醫治之
曰恎或曰療舊本搖下有亦嗟反三大字案此三
字搖字之音切也嗟當作妖傳寫者譌為正文尒
今訂正療者說文𤻲治也或作療陳風衡門云泌

之洋洋可以樂飢鄭本作㵈箋云泌水之流洋洋

然飢者見之可飲以㵈飢天官瘍醫職凡療瘍注

云止病曰療左氏襄二十六年傳不可救療杜注

療治也亂者說文𤔔治也亂治已見爾雅釋詁

㲋不重出此當作𤔔說文𤔔治也理也理者玉之

治也說文理治玉也湅者儀禮喪服云小功布衰

裳湅鄭注湅者治去莩垢不絕其本也士虞禮湅舊經帶鄭

注湅治也文選海賦𪔂陵巒而嶄鑿注引𪔂治也一切經音義引等治也今俱無此文

側

𨓏纖子反六綅始反件瘢子反就燋子反笑綰學反扳搊抽音意栄

即加綟而反家縮也字也

說文縮蹴也玉篇縮退也止也側匿者與反慝同說文無慝字匿當讀爲慝漢書五行志朔而月見東方謂之仄慝劉向以爲仄慝者不進之意君肅急則臣恐懼故日行疾而月行遲也劉歆以爲肅者王侯縮朒不任事臣下弛縱故月行遲也說文朔而月見東方謂之縮朒仄慝即縮朒也縬者玉篇縬縮也鄭注鄉飲酒禮云古文縮爲蹙是蹙縬同也舊本縬爲蹴蹙既以足不必更用足旁今據玉篇訂正𦁥欶瘯者玉篇𦁥九兔切瘯莊救切瘯莊挍切皆云縮也本此館未聞搒者孫侍御云搒据曹音即抽字抽

有縮義縱者玉篇縮也本此廣韻縱衣縱也有縮義

贅袚祑反受入獲德𤔲得也

說文得行有所得也贅者玉篇贅之銳切得也本此受者說文受相付也入者說文入內也象从上俱下也玉篇入納也進也獲者玉篇獲得也本此德者樂記云德者得也釋名德得也得事宜也皇侃論語疏德者得也言人君為政當萬物之性故云以德也故郭象曰萬物皆得性謂之德古德與得通易剥卦君子得輿京房作德輿與詩碩鼠莫我肯德高誘注呂覽引作得論語民無得而稱焉釋

文本亦作德老子云從事于德者同于德從事于失者同于失傳爽本作得史記孟嘗君列傳齊湣王不自得索隱曰得一作德項羽本紀吾為若德漢書作公得營者楚辭天問云何往營班祿不但還來王逸注營得也

樊苗憍（嬌音）怚倨傲侮慢傷（余及）賜也

說文傷輕也玉篇以豉切蠻苗者南蠻有苗皆輕傷之語憍者玉篇憍居高切逸也廣韻憍恣也怚者說文怚驕也倨者說文倨不遜也傲者說文傲倨也通作傲小雅桑扈彼交匪敖漢書五行志引

作匪徼匪傲曲禮云敖不可長投壺云無憮無敖侮者字亦作侮漢書陳平傳大王資侮人慢者說文慢不畏也釋名慢漫也漫漫無所限也玉篇慢，輕侮也左氏襄三十一年傳大官大邑所以庇身也我遠而慢之杜注慢易也

樹

莖軨崇粗盼無反申睺音睺吳素蓧科本也

說文木下曰本呂氏春秋季夏紀百仞之松本傷于下而末槁于上高誘注本根也樹者說文樹生植之總名莖者枝葉之本也說文莖枝柱玉篇引說文莖艸木幹也軨未詳玉篇無軨字疑幹之訛

文選文賦注及一切經音義二又十七並引之宗者晉語云禮賓矜窮禮之本宗也韋注宗本也呂氏春秋愼大覽以天爲法以德爲行以道爲宗高注宗本也戴侗曰宗祭祖禰之室也故廟曰宗廟祧祊曰宗祊祏曰宗祏器曰宗器王宗廟祭祀者曰宗子曰宗主職宗廟祭祀者曰宗人其正曰宗伯祖者人之本也物本乎天人本乎祖朐者玉篇朐本作鍭筭貌也翭者說文翭羽本也方言翭本也郭注今以鳥羽本爲翭舊本翭訛睺今訂正昊者方言昊大也說文昊昊大言也素者王褒洞簫賦

惟詳察其素體葆科者廣韻科本也本此文選洞簫賦惟引原本也一切經音義本也今俱無此文

度素高反又色御反索略祈讀子縣反詞子諸反乞匃各末反祔拂舞反藪絿求音請摹暮音摳求也

玉篇求索也度度者說文作搜求也方言搜求也秦晉之間曰搜就室曰搜度搜字異義同索者說文索入家搜也玉篇索式白切與索同宋玉招魂云長人千仞惟魂是索些王逸曰索求也史記留侯世家大索天下求賊甚急略者方言略求也於道曰略祈者說文祈求福也春官大祝掌六祈注云

祈唲也謂為有災變號呼告于神以求福護者玉篇護有所求也本此詞者說文詞知處告言之漢書淮南王安傳多予金錢為中詷長安顏師古注詷有所候伺也乞者玉篇乞去乙切求也經典相承作乙佐氏傳乞食于野人匃者說文匃气也玉篇匃古害切行請也拊未聞藪者藪之言求也會歐藏藪中書烈山澤以求之也鋉者字本以求亦得有求義此釋名之例也請者玉篇請求也乞也說文乙請子之候鳥也引明堂月令元鳥至之日祠于高禖以請子蓁請子即求子也募者說文募廣求也柩者柩之言求也皇皇如有求而弗得也

揣鞫陶音桃拂蕀埽素考反寫雪擊步千反擂音擠婢綿揪呼高

貫扶流民長六

七

反

拡撥博當反拔除也

上文除去也此又釋其訓也揣未聞蠲者方言云南楚病愈者或謂之蠲或謂之除揚雄劇秦美新云適秦政慘酷尤煩者應時而蠲傳亮為宋公修楚元王墓教可蠲復近墓五家注引郭注方言蠲除也陶者與掏同掏擇亦除粗取精也拂者上文釋為去拂又為除也一切經音義五引此文元應云謂除去塵土也拂拭也糞者說文糞棄除也以廾推𠦒棄米也官溥說似米而非米者矢字方問切左氏昭三年傳糞除先人之敝廬曲禮凡為長

若箕之禮必加帚于箕上以箕自向而扱之其塵不及長者通作坌說文坌埽除也讀若糞少儀云埽席前曰拚拚與坌同舊本叢記糞今據一切經音義十引訂正拚者說文拚棄也文選東京賦埽項單於垓下薛注埽除也張孟陽七哀詩蕪廣不及埽注引此又毛詩邶風泉水云以寫我憂傳寫除也雪者史記秦穆公謂三帥曰子其悉雪恥淮南氾論訓大夫種輔翼越王句踐而為之報怨雪恥馬融長笛賦澡雪詬滓擧者潘岳射雉賦擊場挂翳摒者五篇摒必政切摒除也本此通作屏論語屏四惡孔安國曰屏除也嵇康琴賦金石寢聲匏竹屏氣舊本摒下有焷綿二小

廣雅疏證卷六

下

字徐北滇曰北便字之音也一切經音義十三十
八十九並引摒除也音摒擋元應云謂掃飾摒除也此是曹憲舊音當
据改俀者說文俀安也人有不便更之从人更房連切舊本便譌復今依盧學士改正拚者
玉篇拚除也亦拔田草棄說文薅拔去田艸也籀
文作薅或作茠引詩曰既茠荼蓼是拚與茠同耘
者說文𦔳除苗間穢也或作蕓小雅甫田或耘或
耔傳耘除草也漢書食貨志引詩作芸是耘𦔳蕓
芸字異音義同撥者國語云王耕一撥文選謝惠
連祭古冢文以物振撥之一切經音義二十一引砕除也今無此大
蹲存音跠夷音㞜夷音啟肆踞也

說文踞蹲也漢書高祖紀沛公方踞牀顏師古曰
踞反食也蹲踆者說文蹲踞也玉篇踆羊脂切踆
踞王延壽魯靈光殿賦却負載而蹲跠踆古作夷
論語原壤夷俟𡰥者與踆同玉篇𡰥弋之切踞也
啟者爾雅推啟跪也郭注小跽釋名云啟一舉體也
肆者鄭注表記云肆猶故恣也

欿呼監反呼故反又欽居反乙匃音葛貸誣諂於反䌷投施稗孚反夷

稟付載埤分越以乞去反乙匃遺予也

說文予推予也欿欿者冀其予也玉篇歛欲也說
文欿幸也匃者玉篇匃占曷切乞也此篇匃乞同

二十

訓予也貸者借之予也說文貸施也詍誽者方言詍誽與也吳越曰詍荆齊曰誽與授者說文手部義也裨者益之予也說文裨接益也稟者穀之予也說文稟賜穀也禮記中庸既稟稱事付者說文付與也从寸持物對人高宗肜日云天既孚命正厥德漢書孔光傳所引及蔡邕石經孚作付孔光既引此文而釋之曰民不順德天既付命罰之戴者說文云分物得增益曰戴古載與戴通春秋戴國釋文作載石經作戴周頌絲衣載弁俅俅箋云載猶戴也陳留戴國本亦作載故隋時置戴州埤

者方言文也分者析之予也玉篇分與也越未詳
以者廣韻以與也乞者求之予也玉篇乞求也匄
未詳遺者贈之予也小雅大保詩傳語遺也爾雅
釋言貽遺也是遺與詒皆予也

闃口決反䨩音零⿱罒丁天頂反⿱罒令音冷⿱穴天呼穴反寮磟音寮豁火活反坳
仍反挾北音部竅音叫廓虛⿺乚由音由素科空也

說文空竅也玉篇空畫也闃者玉篇闃古穴切闃
闃無門戶也䨩者玉篇䨩魯丁切古文靈此訓為
空未審所出⿱罒丁⿱罒令者玉篇⿱罒丁⿱罒丁⿱罒令小空皃⿱罒令力頂
切⿱穴天者說文⿱穴天穿也玉篇⿱穴天與闃同空也寮者說

文𧮰空谷也豁者說文豁通谷也司馬相如上林賦谽呀豁閜又宜春宮賦通谷豁兮谽谺坳者上文釋為深坳又為空也丠者古文丘字漢書楚元王傳過其丘嫂食孟康曰西方謂亡女壻為丘壻丘空也兄亡空有嫂也陳琳為曹洪與魏文帝書恐猶未信丘言必大噱也窾者集韻窾空也莊子道大窾向秀讀為空淮南原道訓員者常轉窾者主浮高誘曰窾空也舟船之屬窾通作款爾雅款足者謂之鬲史記封禪書其空足曰鬲索隱曰款者空也言其足中空也漢書蘇林注足中空不實

者名爲㝡也廓者鮑昭舞鶴賦景物澄廓李善注引此文廣者玉篇虛空也本此㠯者廣韻㠯以周切空也本此素者魏風伐檀不素餐兮左氏定十一年傳與其素厲寧爲無勇毛傳杜注皆云空也科者科空一聲之轉

移貿莫反敃恤施失異反夷談火敎反狄假變奪敓亦政反也

此釋移易之易也敓與易同移者說文作迻遷徙也經典通移貿者說文貿易財也文選韋曜傳奕論家龍之服金石之樂足以兼棋局而貿博弈矣任昉爲范雲求立太宰碑表藏諸名山則陵谷遷

貿李善並云貿易也恤未聞施者小雅何人斯云

我心易也韓詩易作施施易聲相近故施亦為敭
夷者鄭注凌人職云移尸曰夷于堂詖者詹事兄曰詖即交
字易繫詞交易而退狄者白虎通義狄者易也淮南子云俞兒狄牙嘗
淄澠之水而别之狄牙即易牙也説文逖古文作
逷是狄與易通故狄亦為敭假者左氏傳鄭伯以
璧假許田變者説文變更也齊風猗嗟四矢反兮
韓詩反作變薛君章句變易也奪者玉篇奪易也
本此

繁艐肙宗旅摟所郎反卉吁尾反林甾風上謂衆也

說文衆多也緐者玉篇緐多也盛也多盛即衆意
殷者鄭風溱洧殷其盈矣傳意也天官太宰職陳
其殷後鄭注殷衆也謂衆士也莊子應帝王云天
根遊於殷陽司馬彪訓殷為衆左思魏都賦殷殷
衆內員者說文員物數也玉篇員官數也夏官庾
人職正校人員選注云正員選者選擇可備員者
平之宗者采玉招魂室家遂宗王逸注宗衆也旅者
士冠禮云東面旅占天官旅下士鄭注旅衆也下
士治衆事者崇旅衆長見爾雅釋詁必不重出疑
旅字之訛莊子養生主云族庖月更刀釋文引崔

爾雅疏證卷六

孟

譔注族衆也搜者說文搜衆意也魯頌泮水束矢其搜卉者草之衆也說文芔艸之總名也林者木之衆也高誘注淮南說林訓云木叢生曰林苗者廣韻苗衆也本此風者疑凡之譌故有衆訓丘者孟子云得乎丘民為天子玉篇丘衆也聚與衆義相近諸者玉篇諸非一也皆言也○魏都賦注引猥衆也今無此文

有常沙音堅沚音止性質也

鄭注樂記云質猶个也有者玉篇有質也本此常者孫侍御云常有質義沙者需九二需于沙坎之中文乃水中之剛者故曰沙沚未聞性者大雅烝民箋天之

生依氏其性有物象五行仁義禮智信也疏引孝經援神契云性者生之質命者人所稟受也

司典尚質魁古迴反敞掌撫許既反作主也

此言職掌之主也司者詩鄭風羔裘邦之司直傳義也魯語寡君不佞不能事疆場之司章注司主也主疆場吏也逸周書命訓解天生民而成大命命司德正之以禍福法言重黎篇賢者司禮小人司㦏注皆釋爲主典者說文作敟云主也今經典通用典虞書有能典朕三禮左氏傳命我先人典司宗祏尚者淮南覽冥訓位賤尚枲高誘注尚主

三五

也菜枲耳菜名也主有官者至微賤也質者左氏襄九年傳且要盟無質神弗臨也杜注質主也魁者古文尚書殲厥渠魁二有主義敵者古與適通論語無敵適也無莫也鄭本適作敵公羊莊二十四年傳戎將侵曹曹羈諫曰君請勿自敵也春秋繁露作君無自適大戴禮千乘篇而況有強適在前亦以適為敵自敵適同也呂氏春秋云帝也者天下之適也高誘注適適主也掌者周禮云乃立天官冢宰使師其屬而掌邦治注云掌主也概未詳作者說文作主階也法言重務黎篇或問仲尼大聖則天曷不胙李軌

注胙主也是胙胙通

慼遒薄愮迫也

上文迫近也此復廣其訓也慼者說文新附慼字云迫也李善文選注遒蹴字遒者說文遒迫也或作遒張衡思元賦遒白露之為霜薄者左氏僖二十三年傳欲觀其裸浴薄而觀之成十六年傳楚薄師薄干險杜注薄迫也愮者說文愮迫也讀若求

齰上白反 齺土角反 齮五綺反 齕乎謁反 ⿰齒出正乙反 齦苦很反 ⿰齒其敢音

⿰齒可卬才反 ⿰齒來丁沓反又多來反 齇竹加反 ⿰齒卒上滑反 噬咥秩頡反 ⿰齒堯五巧

矣

反

咏陟學反齧也

說文齧噬也齰者說文齰齧也或作齚漢書鄧通傳太子入問疾上使太子嗽癰而色難之顏師古曰齰齧也出其膿血史記灌夫列傳魏其必内愧杜門齚舌自殺索隱引說文齚齧也是齰齚同又作咋東方朔答難云狐豚之咋虎顏師古曰咋嚙也齺者說文齺齰也荀子王伯篇齺然上下相信而而天下莫之敢當楊倞注齺齒相近也然上下相向之皃齮齕者說文齮齧也齕齧也齊高齮秦王齮皆字齕漢書田儋傳齮齕首用事者墳墓矣

如淳曰齮側齧也齕齩也玉篇云禮爲削瓜庶人齕之莊子駢拇篇駢于拇者決之則泣枝于手者齕之則啼淮南道應訓故周鼎著倕而使齕其指齜者說文齜齰齒也玉篇齜齧也本此王舊本齜訛齚今訂正齦者說文齒部義也齻者玉篇齻卭之切齧也本此齣者玉篇齣大齧也齵齧者玉篇齵噍齧聲齧齵齧大齒也案大齒疑當作大齧齰者說文齒部義也噬者王弼周易注噬齧也左氏哀十二年傳國狗之齧無不噬也咥者履彖辭云不咥人馬融注咥齕也齩者玉篇齩齧也本此啄

廣雅疏義卷六

者宋玉招魂云虎豹九關啄害下人些王逸注啄齧也

壃場限平簡反畔界也

說文畍境也界畍同疆者一切經音義十三引作畺說文畺界也从畕三其界畫也或作壃場者說文新附字云壃也小雅信南山云壃場翼翼毛傳場畔也戴侗曰漢書單作易焉本場埶場攷爾雅釋文場羊石反引廣雅云界也一切經音義十三引揚畍也元應音以赤反今据訂正限者艮九三艮其限馬云限要也鄭荀虞同畔者說文畔田界也左氏傳如農之有畔劉向九歎注江河之畔無隱大王逸注畔界也

搴音蹇天於表反抽捊蒲滑反揠於八反擢音蜀拂戎踚音藥拼蒸之上聲拔也

說文拔擢也上文釋拔為出此又申其訓也搴者爾雅芼搴也某氏曰搴猶拔也列子天瑞篇攓蓬而指張湛注攓拔也攓搴並與搴同天未詳一切經音義二引此文抽者楚辭九章與美人抽怨兮王逸注為君陳道拔恨意也廣韻抽拔也捊者玉篇捊拔也本此揠擢拂戎者方言文也自關而西或曰拔或曰擢自關而東江淮南楚之間或曰戎東齊海岱之間曰揠郭注今呼拔艸心為揠烏拔

反說文揠拔也孟子云宋人有閔其苗之不長而揠之有趙岐曰揠挺拔之欲亟長也史記范雎蔡澤列傳崔杼淖齒管齊射王股擢王筋莊子駢拇篇擢德塞性以收名聲司馬彪云擢拔也潘岳爲賈謐作贈陸機詩擢應嘉舉自國而遷踰折者方言踰折拔也出水爲折出火爲踰也踰踰同玉篇餘灼切拔也折亦作拯左氏宣十二年傳目于眢井而拯之杜注出溺爲拯明夷六二用拯馬壯吉王肅注拯拔也

鋪浦乎反㪔散音𢿏麗音說文李衣反抪片乎反敝列播莫班賦布

也

玉篇布陳列也鋪者大雅常武鋪敦淮濆鄭箋解鋪爲陳韓詩作敷是古字通也離騷跪敷衽以陳辭兮王逸注敷布也散者説文㪔分離也今通用散廣韻㪔布也本此抪者漢書中山靖王傳塵埃抪覆昧不見泰山顔師古曰抪亦布散也音鋪敶者列之布也説文敶列也直刃切列者上文釋布爲列列又爲布轉相訓也播者虞書播時百穀孔傳播布也潘岳爲賈謐作贈陸機詩況乃海隅播名上京莫未詳班者方言班徹列也北燕曰班賦

者爾雅班賦也小爾雅云須賦布也

抑按作爲反又子寸反又子迴反𢏡於涉反又乙甲反攤乃旦反據識去反按安去之聲也

說文按下也舊本曹音安去二字蓋安之去聲也今訂正抑者說文抑按也史記三王世家綠恩寬忍抑案不揚雖騷屈心而抑志兮王逸曰抑案也洪興祖曰案讀若按按者左氏定八年傳涉佗捘衛侯之手說文捘推也𢏡者說文𢏡一指按也王褒洞簫賦挹抐擫擟順叙卑述張衡南都賦彈琴擫籥擪擫同桀擪又通作壓莊子外物篇壓其

顏釋文本亦作摩同淮南泰族訓所以貴扁鵲者非貴其隨病而調藥貴其壓息脈血知病之所從生也攤者玉篇攤按也本此據者玉藻云君賜稽首據掌致諸地疏云覆左手按于右手之上也老子道德猛獸不據注以爪按拏曰據廣韻據按也本此

掫壯后反質已癸然音集爲備刑文平搆名紘呼縣反今人以爲呼幽反失之矣凡弓弩琴瑟弦皆以弓成也

說文成就也未詳質者大雅緜縣虞芮質厥成傳義也春官詛祝職以質邦國之劑信曲禮疑事毋質

少儀毋身質言語鄭注云成也案質字疑有誤以爾雅釋詁已有此文也巳者說文巳巳也四月陽氣巳出陰氣巳藏萬物見成文章然者淮南說林訓兔絲無根而生蛇無足而行魚無耳而聽蟬無口而鳴有然之者也集者小雅黍苗我行既集箋義也左氏桓五年傳既而萃於王卒可以集事杜注集成也又成十三年傳用集我文公晉語車無退表鼓無聽聲軍事集矣漢書陸賈傳迺欲以新造木集之越屈强於此為者淮南天文訓歲大旱禾不爲高誘注為成也備者齊風猗嗟儀既成兮

箋成猶備也是備成同義漢書禮樂志安世房中歌熙事備成顏師古曰福熙之事皆備成也刑者王制云刑者侀也侀者成也一成而不可變立者離騷恐修名之不立王逸曰立成也平者小雅節南山誰秉國成傳成平也是平成同義夏官大司馬以位王平邦國鄭注平成也棄平成已見爾雅釋詁此疑有誤也構者小雅四月我日構禍傳義也通作構史記黥布列傳事已構索隱曰構成也又通作覯左氏成六年傳郇瑕氏土薄水淺其惡易覯杜注覯成也名者廣韻引春秋說題辭云名

成也絃未詳　一切經音義廿二引造成也今無
此文
歉告簟反　堇謹音　儉約媘生景反　減屌楚立反　屖丈立反又雉立反　頗
劣虔虧少也
說文少不多也歉者食之少也說文歉歉食不滿
穀梁傳一穀不升謂之歉堇者漢書地理志秋堇
堇物之所有應劭曰堇菫少也儉者用之少也賈
誼書道術篇廣較自斂謂之儉潘岳藉田賦防儉
于逸李善注引此文約者上又釋為稱約又為少
義相成也媘者說文媘減也通作省荀子仲尼篇

有災繆者然後誅之故聖王之誅也綦省矣楊倞注省少也減者說文減損也左氏昭十四年傳三數叔魚之罪不為末減曰義也夫屝屣者說文屝從後相躡也屝屣也廣韻屝屣前後相次也頻者文選天監三年策秀才文九流七略頗嘗觀覽李善注引此文劣者力之少也說文劣弱也虔未詳虧者氣之少也說文虧氣損也或作虧

屯陟倫反驙知焉反蹇音謇展訒音刃赾音謹憎音增懹人尚反畏憚䟃遴閔反㤥病難也

此言艱難也屯者說文屮部義也屯象傳屯剛柔

二五

始交而難生驙者說文駗馬載重難行也驙駗驙也引易曰乘馬驙如馬馳曰驙如不進之皃震爲馬馵足故驙如也蹇展者方言文也齊晉曰蹇山之東西凡難皃曰展荆吳之人相難謂之展若秦晉之言相憚矣齊魯曰燀案蹇彖傳云蹇難也序卦傳同訒者論語云仁者其言也訒孔安國曰訒難也赾者說文赾行難也讀若菫邛堇切憎懁者方言憎懁憚也陳曰懁郭注相畏憚也玉篇懁憚也相畏也畏者說文畏惡也玉篇畏難本此憚者說文憚忌難也一曰難也魯語師丈儺以難小國

章注憚難也離騷豈余身之憚殃兮王注憚難也歰者說文歰不滑也通作譅楚詞七諫言語訥譅兮王注譅難也遴者說文遴行難也引易曰以往遴病者論語憲問云堯舜其猶病諸孔安國曰病猶難也

畏諄之閏反訧音尤蘖御別反戚子六反戮辠也

說文辠犯法也秦以辠似皇字改為罪畏者徐北溟云禮記檀弓死而不弔者三畏厭溺主人或時以非罪攻己不能有以說之死之者又漢書多有坐畏愞棄市者諄者方言文郭注謂罪惡也訧者說文訧罪也引周書曰報以庶訧邶風綠衣俾無訧兮蘖者說

文蘖或作櫱疑與讞通說文讞議辠也與法同意一說蘖當為辥字之譌也說文辥辠也戚者辠人戚鼻苦辛之憂戮者左氏傳童子言焉將為戮矣

搑而容反扙斂扱初匝反拼蒸之上聲叢撍古會反收也

小爾雅收斂也周頌維天之命云我其收之傳收聚也案收取已見上文此又廣其訓也搑者字當作搑集韻搑如容切收也本此扙者孫侍御云扙拭也有收義歛者說文斂收也扱者說文手部義也爾雅釋器扱謂之擷曲禮以箕自向而扱之鄭注扱讀曰吸拼者救助出溺亦收之也通作振禮記中庸振河海而

燮古堂抄藏

不洩叢未詳撸者玉篇撸捉也本此郭璞爾雅序云會稡舊說釋文云會本又作撸

餅必井反餌音耳餧飤也

舊本飤誤作食孜食訓已見上此依一切經音義二又十三十八二十又二十四引改正說文飤糧也玉篇飤夕恣切食也飼同上餅者說文餅麪餈也釋名餅并也溲麪使合并也胡餅作之大漫冱也亦言以胡麻著上也蒸餅湯餅蝎餅髓餅金餅索餅之屬皆隨形而名之也餌者文選遊南亭詩注引蒼頡篇餌食也桓寬鹽鐵論夫香餌非不美

也龜龍聞而深藏鸞鳳見而高逝者知其害身也
餧者玉篇餧於偽切飼也本此通作萎說文萎食
牛也

佐望靗恥敬反覹音眉候閱孤限反覗音司也
覗視已見上文此又廣其訓也佐未聞望者孟子
守望相助甘氏天文占攉四星在轅尾西邊地警
備烽候相望玉篇望無放切伺也靗者玉篇靗丑
鄭切覗也此本此亦作偵舊本靗訛靗今訂正覹
者說文覹司也無非切候者說文候伺望也又云
逢燧候表也周禮郊有候館國語曰候不在疆閱

者左氏莊八年傳使閽公曰捷吾以女為夫人

⿱叩木音叩耦和諧也

說文諧詥也又云龤樂和龤也二字通用⿱叩木未詳

耦者陸機文賦徒悅目而偶俗李善注引此文又

云耦與偶古字通和者與龢同說文龢調也

矇蒙瞍蘇苟音目反瞽盲也

釋名盲茫也茫茫無所見也說文盲目無牟子淮

南氾論訓盲者行於道人謂之左則左謂之右則

右過君子則易道遇小人則陷溝壑何則目無以

接物也矇者說文矇不明也鄭衆周禮注有目眹

而無見謂之矇韋昭周語注有眸子而無見曰矇法言修身篇三年不目日視必旨三年不目月精不矇瞍者說文瞍無目也釋名瞍縮壞也鄭衆周禮注有目無眸子謂之瞍韋昭周語注無眸子曰瞍瞽者說文瞽目但有眹也釋名瞽鼓也瞑瞑然目平合如鼓皮也鄭衆周禮注無目眹謂之瞽

蔚音尉縟辰力其俱反又音句在九反騤數也

廣韻數所角切頻數也蔚者一切經音義七引之元應云蔚於謂反文章也紋彩繁數也縟者喪服傳云喪成人者其文縟鄭注縟猶數也傳毅舞賦

潤細體之苛縛劬者說文新附劬字云勞也小雅
鴻雁劬勞于野薛君章句劬數也驟者左氏哀十
二年傳吳公子慶忌驟諫吳子服虔云驟數也楚
詞九歌時不可兮驟得王逸亦訓數

嫴音姑媮音偷聊苟且也
玉篇且語辭嫴者玉篇嫴公奴切苟且也通作盬
方言盬且也郭注盬猶𧆛也又通作姑孟子王曰
姑舍女所學而從我內則云姑與而姑使之趙岐
鄭康成並云姑且也媮者宋玉九辯餼食不媮而
為飽兮衣不苟而為溫棄媮通作偷玉篇偷以庾

切爾雅佻偷也謂苟且也聊者檜風素冠聊與之同歸兮鄭箋聊猶且也離騷聊須臾以相羊王注聊且也苟者王風君子于役苟無飢渴秦風采苓苟亦無信鄭箋並云苟且也

秉握攬捉把撮錯括反搤烏革反擁操錯高反捦音琴搹音厄拈念甜反抩而隴反掤洲之上聲擭於縛反又居傅反又於虢反扣攕音纖接撫齎子兮反奉持也

說文持握也釋名持跱也跱之丁手中也秉者說文秉禾束也聘禮云四秉曰筥鄭注此秉為刈禾盈手之秉握者說文握搤持也臺古文握文選選

注引淮南詮言訓惷無所鑒謂之狂生高誘曰惷
持也是用古文攬者說文擥撮持也釋名攬斂也
斂置手中也離騷擥木根以結茝兮王逸注持也
攬擥字異音義同捉者釋名捉促也使相促及也
握也淮南詮言訓善博者不欲牟不恐不勝平心
定意投得其齊行由其理雖不必勝得籌必多把
者說文把握也楚詞九歌盍將把兮瓊芳王逸曰
把持也漢書王温舒傳皆把其陰重罪而縱使督
盜賊撮者釋名撮捽也暫捽取之也漢書律歷志
最量多少者不失圭撮應劭曰圭自然之形陰陽

之始也四圭曰撮三指撮之也搤者說文搤捉也史記劉敬列傳不搤其肮班固西都賦扼猛噬李善注云說文捉搤也搤與扼古字通擁者說文擁抱也釋名擁翁也翁撫之也操者說文操把持也釋名操抄也手出其下之言也捦者說文捦急持衣捦也或作㩒搹者說文搹把也或作扼鄭注喪服傳去盈手曰搹搹扼也中人之扼圍九寸一切經音義二十又二十五並引作扼元應云扼又作搹同拈者說文拈掫也釋名拈黏也兩指翕之黏著不放也掤者說文掤并持也撮掫者說文掫

拈也丁愜切案抓拈恆訓拈既為持抓亦持也舊本抓訛抓曹音鄒之上聲亦誤今訂正蒦者說文蒦从手持隹一切經音義十二又十三又十六並引作擭元應云擭於虢反引西京賦擭獑猢薛綜曰謂握取之也扣扣者說文扣牽馬也呂氏春秋仲秋紀為韓原之戰晉人已環繆公之車矣晉梁由靡已扣繆公之左驂矣高誘曰扣持也攕者說文攕理持也史記日者列傳攕纓正襟後漢書崔駰傳當其無事則躐纓整襟案攕躐皆當作攕按接者廣韻接持也本此撫者釋名撫敷也敷于以拍

之也楚詞九歌撫長劍兮玉珥王逸注撫持也齋
者說文齋道持也奉者說文奉承也俗作捧釋名
持捧奉也兩手相逢以執之也　集韻掅千定切
引廣雅掅持也今無此文

啜時月反嚌在細反啐倉快反試嘗也

上文嘗食也此又申其訓也啜者說文啜嘗也爾
雅啜茹也釋名啜絕也下啜而絕于口也檀弓云
啜菽飲水嚌者說文口部義也玉篇嚌至齒也周
書顧命云太保受同祭嚌宋玉小言賦烹虱脛切
蟣肝會九族而同嚌猶委餘而不殫啐者倉憒切

玉篇啐嘗也鄉飲酒禮云坐啐酒鄭注啐亦嘗也雜記曰小祥之祭主人嚌之衆賓兄弟啐之鄭注嚌啐皆嘗嚌至齒啐入口試者玉篇試始志切嘗也本此　集韻引廣雅啐山芮切嘗也嚵士冉切嘗也䶪嘗也今無此文

批子爾反又了米反捳音岳堯音堯搣音滅掅且定反捽旬律反也

說文捽持頭髮也昨沒切荀子正論篇詈侮捽搏淮南氾論訓孝子之事親和顔卑體奉帶運履至其溺也則捽其髮而拯非敢驕侮以救其死也漢書司䞨傳上不使捽抑而刑之也又西域傳張翕

捽主頭罵詈批者說文手部義也捪者玉篇捪吳角切捽也抨即捽之訛巄者午交切集韻引廣雅巄捽也巄與㨶同捽即捽之訛摵者說文摵批也匕列切揤者玉篇揤捽也本此

某命鳴名也

說文名自命也某者玉篇某音毋不知名者云某周書金縢云惟爾元孫某疏引鄭注諱之者由成王讀之也命者文選陳太邱碑文赫矣陳君命世是生李善注引廣雅命名也史記索隱云張耳亾命晉灼曰命者名也謂脫名籍而逃匿則削除名

籍故爲亾也李陵書云信命世之材四子講德論況乎聖德滂滂巍巍民氓所不能命者哉是用論語文也蓋命與名通舊本命訛令今訂正鳴者夏小正五月鴂則鳴鴂者百鷯也鳴者相命也

挅都果反料央肖反斢音的程斠音角量也

說文量稱輕重也挅者玉篇挅量度也說文作揣云量也舊本挅訛从木今訂正料者說文料量也引周禮曰求三料玉篇料量也今作庚唐固注周語云十六斗曰庚唐蓋以庚爲料斢者玉篇斢丁狄切量也本此程者荀子致士篇程者物之準也

程以立數楊倞注程度量之總名月令孟冬校度程鄭注度謂制大小程謂器所容也楚辭九章伯樂既沒驥焉程兮王注程量也言騏驥不遇伯樂則無所程量其才也斛者說文斛平斗斛也玉篇斛量也古琢切今作角月令仲春角斗甬鄭注角平之也呂氏春秋仲秋紀選練角材欲其精也高誘注角猶量也漢書蕭何傳講若畫一講與斛同義一切經音義二及十四二十二又二十四並引作角元應云古文斛同　一切經音義九引槩量也今無此文

爻彖放視教學效也

說文效象也爻彖者說文爻交也彖易六爻頭交也玉篇彖似豕切亦與像同繫詞傳爻也者效此者也彖也者象此者也放者五篇放甫往切效也墨子注儀篇巧者能中之不巧者雖不能中放衣以從事視者孟子大夫受地視伯元士受地視子男教者釋名教傚也下所法傚也說文教上所施下所效也學者說文斆覺悟也篆文作學又云季效也

藎綍反子代職幹故士事也

爾匡亂名卷六

説文事職也蠱者序卦文也玉篇蠱公戶切事也縡者五音集韻云縡事也出字林揚雄甘泉賦上天之縡杳旭卉兮李善注云毛詩上天之載無聲無臭縡與者同業禹貢冀州既載鄭注載之言事事謂作徒役也載師序官注云載之言事也職者周禮設官分職幹者文言傳貞者事之幹也又云貞固足以幹事周書多士爾厥有幹有年于茲洛孔傳汝其有安事有豐年於此洛邑故者周語云且無故而料民韋昭注故事也漢書禮樂志大臣特以簿書不報期會為故顏師古曰故謂大事也

士者毛詩鄭風褰裳豳風東山小雅祈父周頌敬之傳並以士為事也孝經疏引白虎通云士者事也任事之稱也故禮辨名記曰士者任事之稱也傳曰通古今辨然不然謂之士

棲𢧵棚步宏反又負萌反閣樺苟八反殘子田反攱古彼反也

玉篇攱居委切𢧵也棲者玉篇棲鳥棲也亦作栖舊本棲訛从手字書無此文今訂正𢧵棚閣殘又見釋宮解詳于後彼𢧵作栽殘作棧樺者玉篇樺鼓也鼓即攱之訛殘者字當為棧

濘寧定切涅塗泥也

左氏傳辱在塗泥久矣濘者玉篇濘泥也左氏傳戎馬旋濘而止管子地員篇不滓車輪不汚手足文選張協七命云何異促鱗之游汀濘注引張升與任彥堅書今將老弱處于窮澤漸漬汀濘當何聊賴涅者說文涅黑土在水中也塗者說文新附塗字云泥也古用涂

𨗨納妠奴闇反入也

說文入內也象从上俱下也𨗨者詹事凡曰㚢入也見易傳𨗨疑是㚢字納者玉篇納奴荅切內也妠者玉篇妠奴紺切取也又奴荅切姶妠聚物也

取厲役靡偽印於信反方為也

爾雅作造為也禹貢大陸既作史記作大陸既為

取未詳厲者方言文也吳曰厲爾雅厲作也為與

作同義役者周書牧誓以役西土馬融注役為也

少儀云謂之社稷之役鄭解役為為又表記注云

役之言為也靡未聞偽者古與義為通左氏昭二

十五年傳臧昭伯之從弟會為讒于藏氏史記為

作偽王風兔爰我生之初尚無造傳造偽也義與

為同印者方言文也甌越曰印方未詳

朋黨毖秘音右頻比音比木之比一也音鄰比之比

四一

注疏長卷六

爾雅比輔也說文比密也朋者說文朋古文鳳象形鳳飛羣鳥從以萬數故以爲朋黨字唐風椒聊碩大無朋傳朋比也黨者漢書劉向傳分曹爲黨往往羣朋說文攩朋羣也黨攩字異義同惑未詳右者說文右助也又云手口相助也相助亦比意頻者復六三頻復厲无咎惠棟曰頻比也三與初二相比故厲之正故无咎漢書哀帝紀郡國比比地動王嘉傳共皇寢廟比比當作頻師古皆云比比猶頻頻也

賴仰忋古亥反又改音依恃也

說文恃賴也小雅蓼莪無母何恃賴者漢書高祖紀始大人常以臣亡賴應劭曰賴恃也仰者通作卬說文卬望欲有所庶及也恃者玉篇恃也仰也依者說文依倚也玉篇依怙也

嬖婞書幸因友變親也

說文親至也爾雅釋文引蒼頡篇親愛也近也嬖者說文嬖便嬖愛也婞者與幸同說文徐鍇本云婞見親也漢書佞幸傳非有材能但以婉媚貴幸與上臥起因者大雅皇矣因心則友傳義也喪服傳繼母之配父與因母同鄭注因猶親也友者周

南關雎琴瑟友之箋同志為友愛者管子版法云凡衆者愛之則親利之則至是故明君設利以致之明愛以親之徒利而不愛則衆至而不親徒愛而不利則衆親而不至舊本愛訛受今訂正

爽曉眸騰軼佚渡[illegible]邐徑歷更過也

說文過度也爽者方言文也郭注謂過差也張衡東京賦今捨純懿而論爽德薛綜曰舍純大懿美之德而專論爽差之過失曉者亦方言文也眸者字當作牟玉篇廣韻並云牟過也騰者離騷騰衆車使徑待王逸注騰過也軼者玉篇軼車相過也

上林賦軼赤電張博士彼注軼過也佚者商書盤庚云惟予一人有佚罰舊本佚作逸案逸過已見爾雅釋言必不重出故定為佚佚逸古字通孟子遺佚而不怨孫奭音義佚與逸同論語夷逸熹平石經作夷佚渡者方言云過度謂之涉濟贏者淮南子益春始贏孟秋始縮是贏過縮不及也邐者說文邐行邐邐也俓者孫侍御云疑徑之譌或經字歷者說文止部義也更者玉篇更古衡切歷也

悛七緣反懌音亦譁音華䁈失甗反又以戰反改更庚輸更也

論語更也人皆仰之孔安國曰更改也悛懌者方

言悛懌改也自關而東或曰悛或曰懌郭注引論語曰悅而不懌案左氏襄四年傳羿猶不悛杜注悛改也諽者說文言部義也又云革獸皮治去其毛革更之是諽革音義同左氏襄十四年傳患則救之失則革之杜注革更也呂氏春秋季春紀言無遺者集肌膚不可革也高注革更也眡者廣韻眡更視見皃說文作遺舊本眡訛从日今訂正改者說文攴部義也晉語乃改館晉侯韋注改更也離騷何不改此度王注改更也庚者釋名釋天云庚猶更也鄭注月令云庚之言更也列子黃帝篇

五年之後心庚念是非口庚言利害夫子始一解顔而笑七年之後從心之所念庚無是非從口之所言庚無利害夫子始一引吾並席而坐漢書律歷志改更于庚白虎通義五行篇庚者物更也魏志文帝紀注引詩推度災云庚者更也輸者玉篇輸式朱切更也本此

遁兆腓眺𨑹音企亾今移徒諱避也

說文避回也遁者逃之避也說文遁逃也文選四子講德論是伯牙去鍾期而舜禹遁帝堯李善注引此文兆者疑比之訛奔比亦避意腓者小雅采

薇小人所腓傳腓辟也舊本腓訛从目今訂正通作肥易曰肥遁又遁作萉後漢書幽通賦安慆慆而不萉兮鄧展曰萉避也眺者疑當為跳字之譌也漢書高祖紀云漢王跳姚如淳曰音逃謂走也𨑨者玉篇𨑨郎致切避也本此亾者說文亾逃也今未聞移者玉篇移遷也徙也說文作迻徙者居之避也說文徙迻也碩鼠詩序箋云古者三年大比民或于是徙地官比長職徙于國中及郊則從而授之注云徙謂不便其居也或國中之民出徙郊或郊民人徙國中皆從而付所處之吏譴者公

羊閔元年傳春秋為尊者諱為親者諱為賢者諱戰國策罰不諱強大史記商君列傳華陽涇陽等嬖斷無諱案名之避亦為諱左氏桓六年傳周人以諱事神名終將諱之晉以僖侯廢司徒宋以武公廢司空先君獻武廢二山檀弓云卒哭而諱

剥脱膳皷（之善反）嫚（音晚）徹膚扑皮非違畔渙（音喚）攜（平圭反）

陶（大甫反）遺離也

玉篇離散也去也剥者革之離也鄭司農注太宰職云革曰剥脱者肉之離也說文脱消肉也爾雅肉曰脱之禮記疏引李巡曰肉去其骨曰脱膳未

閒皺⿸尸曼若皮之離也玉篇皺皮也⿸尸曼無阬無顏二切皮脫也廣韻皺皮寬集韻⿸尸曼離也謂皮脫也離微未詳膚者說文臚皮也或作膚玉篇膚皮也以膚為離所未聞朴者說文朴木皮也本書釋器鐵朴謂之碩是木鐵之與質離者皆為朴也皮者說文剥取歍草若謂之皮方言云秦晉言非其事謂之皮傳後漢書張衡傳後人皮傳注云謂不湥得其情核皮膚淺近强相傳會是離而强合之意也乖者說文乖戾也从丫而北北古文別違者乖風谷風中心有違傳義也乖者古與叛通劉向九歎

始法言于廟堂兮信中塗而叛之渙者說文渙流散也㒞者說文㒞有二心也通作攜謝靈運登石門最高頂詩守道自不攜李善注引賈逵國語注攜離也㒞未詳遺者楚詞九歌遺余佩兮醴浦王逸注遺離也文選七啟云亦將有才人妙伎遺風越俗注引此文　集韻引廣雅敵離也龍都切今無此文

守恒彌音弥就迡音遲餘腒腆中典反長舊曠久也

玉篇久遠也長也易曰有親則可久守者守而不去是久也恒者雜卦傳文彌者說文作镾久長也

宋玉招魂容態好比順彌代些王逸注彌久也就
者玉篇就久也未此迡者說文遲或作迡廣韻遲
久也餘未詳脂者說文北方謂鳥腊曰脂鄭司農
注庖人云脂乾雉腆未詳長者說文長久遠也䔄
者說文䔄久也今作壽春秋繁露云壽之為言猶
讐也自行可久之道者其壽讐于久自行不可久
之道者其壽亦讐于不久曠者陸機為顧彥先贈
婦詩音息曠不達李善注引此文

畏仇懟度會反患慝土勒反凶虓音虐訢謣訧音尤辱谷憋塀列
反又芳列反譆𧩓音慉才周反鉗奇炎反憚大汗反疺拂飯反痓叱至反

嵬刀追反嫉毒貉音麥傞三盍反又素合反倲音爽憎憎烏外反廚土虔反又士簡反惡也

玉篇惡不善也釋名惡扼也扼困物也畏者形之惡也說文畏惡也从甶虎省鬼頭而虎爪可畏也史記仲尼弟子列傳且王必惡越索隱曰惡猶畏也仇者一切經音義及八上引此文又引三蒼怨偶曰仇蓋據左桓二年傳也惡者法言修身篇君子微慎厥德悔吝不至何元憝之有李軌注元憝大惡也玉篇憝惡也憞同上惠者廣韻惠惡也慝者釋名慝態也有姦態也左氏昭二十五年傳杜

廣雅疏證卷六

兕

注慝姦惡也逌作忒洪範氏用僭忒釋文引馬融
注忒惡也凶者洪範凶短折鄭注皆是夭枉之名
未齔曰凶未冠曰短未婚曰折說文凶惡也象地
穿交陷其中也玉篇凶短折也虐者與虐同殘賊
惡也與殺同義論語不教而殺謂之虐左氏宣
十八年傳凡自內虐其君曰殺呂刑惟作五虐之
刑墨子引作五殺之刑訢者字書無此文當為訴
之訛是譖之惡也玉篇訴訟也告訴冤枉也謗者
毀之惡也說文謗毀也玉篇一切經音義六引此
文又引國語左氏史謗之賈逵曰對人道其惡曰

謗也謗對他人道其惡也訧者過之惡也說文訧罪也引周書曰報以庶訧邶風綠衣俾無訧兮傳訧過也辱者玉篇辱惡也本此咎者說文咎災也从人从各各者相違也書序殷始咎周鄭注咎惡也始畏而惡之拘于羑里態者方言文也徐爰射雉賦注云雉性悍憝讟者怨之惡也左氏昭元年傳民無謗讟慉者方言文也郭注慘瘁惡事也鉗者亦方言文也南楚凡人殘罵謂之鉗憚者方言憚怛惡也郭注心怛懷亦惡難也疲者方言疲惡也殘罵又謂之疲玉篇疲惡也㤆芳萬反萬惡心

也痓者玉篇痓惡也通作恎郭注方言云疲痓恎惡腹也玉篇恎徒結切惡性也羸者體之惡也說文羸瘦也嫉者妬之惡也王逸楚辭章句害賢為嫉毒者害之惡也說文毒害人之艸貉者說文引孔子曰貉之為言惡也莫白切㑪者玉篇㑪傝㑪也傝他盍切傝㑪惡也一曰不謹皃舊本㑪訛傄今訂正傸者玉篇傸又丈切惡也本此憎者說文心部義也憎者廣韻憎惡也本此孱者弱之惡也漢書張耳陳餘傳吾王孱王也孟康曰冀州人謂懦弱為孱通作僝玉篇僝僝僽惡罵也

𧫷平孝反論音睢詄音逸奪過謬誺音賚誖布分反詿音卦迷誤也

說文誤謬也𧫷者說文𧫷闕臣鉉等按今篇韻音皓又音鄰注云誤也論者言之誤也玉篇論羊照切誤言也詄未聞奪者說文作奪手持奞失之也是奪為守之誤也過者左思魏都賦過以汎漂之單慧李善注引鄭氏周禮注過猶誤也謬者說文謬狂者之妄言也誺者玉篇誺力代切誤也本此詿者玉篇詿誤也本此通作悂揚雄解嘲云故有造蕭何之律于唐虞之世則悂矣班固車騎將軍竇憲北征頌悂蒙識而復戾順李善注云悂誤也

又䰰都賦注引廣蒼云悜用心并誤也註者說文言部義也漢書息夫躬傳疾註誤之臣迷者離騷云及行迷之未遠王逸迷誤也　文選運命論注引賦誤也今無此文

評訂田鼎反準音准迮抨平令反平也

玉篇平齊等也均也評者玉篇評皮柄切平言也又音平訂者議之平也說文訂平議也周頌天保箋以此訂太王文王之道卓爾與天地合其德釋文訂待頂反反沈重直丁反譜云參訂時驗謂平比之也字詁云訂平也孔疏云訂者比並之言準

者水之平也說文準平也繫詞傳易與天地準釋文京房云準等也鄭康成云中也平也漢書律歷志準者所以揆平取正也管子水地篇準者五量之宗也延若玉篇引風俗通云迋者平也又正也國家朝迋也舊本廷訛延曹音于放反亦誤今訂正枰者集韻引云枰平也皮命切舊本枰訛从手今訂正

捭布買反發張闓裕撦充野反坼疑即勑輅字也啟闢辟音闖為靡反

闓古海反磔閻苦閜開也

說文開張也捭者鬼谷子云捭之者開也言也陽

也闔之者閉也默也陰也後漢書馬融傳擺牲班禽李賢注引廣雅擺開也字書擺亦捭字也音布買反文選張協七命鋸牙捭李善注引廣雅捭開也晉書作擺是捭擺古今字發者師上九開國承家故春秋傳鄭公子發字子國爾雅愷悌發也愷或作闓與開同故發亦開也張者孔子弟子琴牢字子開亦字子張張與開同義潘岳西征賦張舅氏之姦漸李善注引此文闡者說文闡開也引易曰闡幽文選赭白馬賦注引聲類云闡大開也裕未詳撦者玉篇撦開也本此通作奓莊子知北遊

云何甘日中奓戶而入釋文奓郭象處野反又音奓司馬彪云開也坼者土之開也說文作⿰土㡿裂也啟者張衡西京賦豈啟度于往舊薛綜曰啟開也案啟說文作启開也闢者說文闢開也或作闢引虞書曰闢四門江布衣聲曰闢从𠬞在門中象推門之形故其義爲開此于六書爲指事也闓者說文闓闢門也魯語闓門與之言韋昭曰闓闢也一切經音義七引此文元應云字詁今作闓同于彼皮引三蒼闓小開門也閻者方言楚謂之閻郭注亦開字也說文閻開也磔者玉篇磔竹格切張也

闓苦者方言闓苦開也東齊戶謂之闓苦又曰闓開也郭注謂開門也閜者說文閜大開也大下切司馬相如賦谽呀豁閜

⿰歹甬谷音殐速音⿰歹壁壁音⿰歹斤折音殙昏音⿰歹賁方問反歺五葛反也

玉篇歺辟也⿰歹甬殐若 五篇⿰歹甬古鹿切⿰歹甬殐死皃殐思祿切與觳觫同集韻觳觫懼死皃孟子若無罪而就死地⿰歹壁⿰歹斤者玉篇⿰歹辟蒲狄切⿰歹辟⿰歹斤欲死皃⿰歹斤先狄切殙者上文病也極也殙又為歹也說文殙瞀也⿰歹賁者玉篇⿰歹賁殨也 集韻⿰歹卯眉教切引廣雅⿰歹卯歺也今無此文

儐音賓贊唱引道也

道與導同說文導導引也儐者說文儐導也或作擯案古亦作賓史記錄尚書輒以故訓代經文于虞書寅賓出日云敬道出日是賓訓道也又賓于四門疏引鄭注賓讀爲儐謂舜爲上儐以迎諸侯漢書律歷志擯賓賓導也贊者說文贊見也徐鍇曰執贄而進有司贊相之唱者說文唱導也引者說文訓導爲引故引亦導也史記韓長孺列傳奉引墮車蹇注云爲天子導引而墮車跛舊本引譌弘今訂正

壽

貌竘音口妖倚嬌反佞工婾音偷巧也

說文巧技也小雅雨無正巧言如流箋巧猶善也貌竘者方言竘貌治也吳越飾貌為竘或謂之巧妖者說作媄巧也司馬相如上林賦妖冶嫺李善注引字書妖巧也呂氏春秋云列精子高謂侍者曰我奚若侍者曰公妖且麗佞者說文佞巧讇高材也工者說文二巧飾也象人有規榘也宋玉招䰟工祝招君王逸注工巧也婾者說文婾巧黠也

躔馳輦反踈匹迹反解迒乎朗反踵之隴反蹤子龍反軌武行徑轍迹也

說文迹步處也或作蹟釋名跡積也積累而前也躔者纍纍之迹也跡者鹿之迹也桑谷切說文作𪋻云鹿迹也古亦作速同解者麕之跡也迒者兔之迹也說文 迒 獸迹也或作𨁈釋名云迒者行不由正亢陌舊本迒譌亢今据正德本改正山谷草野而過也踵者字當爲偅說文偅相迹也䡬者車之迹也說文作䡬云車迹也釋名蹤從也人形從之也古亦作從召南羔羊傳委蛇行可從迹也釋文從字又作蹤軌者潘岳閑居賦孫綽天台山賦傅亮爲宋公修張良廟教李善注竝引廣雅

軌迹也廣韻軌車迹也舊本軌訛軏今訂正武者履帝武敏歆武迹也大雅繩其祖武周頌嗣武受之傳並云武迹也士相見禮執玉者則唯舒武鄭訓為迹離騷云及前王之踵武本又作賦集韻引廣雅賦跡也行者玉篇行乎孟切行迹也徑者說文徑步道也轍者玉篇轍車行迹

追駟木隨逐也

說文逐追也追者說文辵部義也離騷背繩墨以追曲駟者論語駟不及古末未聞隨者儀禮鄉射禮其門容弓距隨長武注始前足至東頭為距後

足來合而南面爲遹

㩤錘又直危厧音鼎錪音腆鎮珍㙠重也

說文重厚也㩤者玉篇㩤稱錘也漢書律陸歷志㩤者銖兩斤鈞石也所以稱物平施知輕重也錘者方言文也宋魯曰錘本書釋器㩤謂之錘厧者玉篇厧丁挺大練二切重也本此錪者方言文也東齊之間曰錪鎮者周語爲摯幣瑞節以鎮之韋昭曰鎮重也珍者文選沈約新安江水至清淺深見底貽京邑游好詩春言訪舟客茲川信可珍李善注引此文㙠者玉篇㙠禹鬼以貴二切引埤蒼曰

瑰瑋珍琦或作偉

紉女珍切攵絆紉音繩索也

說文索艸有莖葉可作繩索从𣎵糸玉篇糾繩曰索小爾雅云大者謂之索小者謂之繩顏師古注急就篇云索總謂切撚之令緊者也夏書五子之歌凜乎若朽索之馭六馬豳風七月宵爾索綯紉者說文紉繟繩也離騷紉秋蘭以爲佩王逸曰紉索也紆者說文綧字注紆未縈繩或說疑紩之訛形相近也玉篇紩索也持栗切紉者玉篇紉七忽切索也本此繩者說文繩索也漢書律歷志繩者

上下端直經緯四通也

離解㾷披碎布散也

上文釋散爲布此又申其義也離者分之散也方言參蘇分也秦晉曰離　玉篇離散也本此解者孔安國尚書序逃難解散漢書張耳陳餘傳今獨王陳恐天下解也注東京賦注解罘放麟薛綜注解放也注謂離散其心也㾷披者方言文也東齊聲散曰㾷器破曰披秦晉聲變曰㾷器破而不殊其音亦謂之㾷說文㾷散聲舊本㾷訛从广今訂正披者左氏成十八年傳今將崇諸侯之姦而披

其地杜注披猶分也昭五年傳又披其邑注披析也分析皆與散義相近案披當从木說文披析也毛本誤作折碎者說文碎䃺也上文釋碎爲壞碎又爲散也案碎當作𤮿說文𤮿破也布者散布釋詁中互相訓也

廣雅疏義卷六

廣雅疏義卷第七

嘉定錢大昭晦之甫撰

廣雅卷四

廢措錯故反弛失旨反縱寘音摯奠肆捨蕩逸放恣䍐即古文置也鉒音注署佷豫反置也

說文置赦也玉篇置竹利切安置廢者小爾雅文公羊宣八年傳去其有聲者廢其無聲者鄭志荅張逸云廢置也於去者為廢故曰廢以廢為置猶亂為治徂為存故為今曩為曏苦為快臭為香藏為去左氏文二年傳廢六關家語作置六關措者

小爾雅倉頡篇及說文並云措置也淮南說山訓物莫措其所脩而用其短也高誘亦訓置措通作錯書序殷既錯天命釋文引馬融注錯廢也論語錯枉包咸曰廢置邪枉弛者說文弛弓解也或作弛魯語文公欲弛孟文子之宅韋注弛毀也縱者說文縱舍也玉篇縱置也放也恣也寘者玉篇寘置也本此左氏昭四年傳夫子疾病不欲見人使寘饋于个而退杜注寘置也肆者春秋莊二十二年肆大眚穀梁傳肆失也失古佚字與逸同謂逸囚也鄭注表記云肆猶放恣也案此篇逸放恣皆

謂置也捨者說文捨釋也蕩者通作愓說文逸放也徒朗切逸者上文釋爲去與置義相成也集韻引作逷同放者論語隱居放言包咸注放置也不復言世務恣者說文恣縱也此篇恣縱皆置也罷者玉篇収部作罷豬吏切古文置鉒者玉篇鉒送死人具也竹句切廣韻鉒置也淮南說林訓以瓦鉒者全以金鉒者跛以玉鉒者發署者玉篇署置也漢書項籍傳部署豪桀顏師古注分部而署置之

斡意括反㩻音短運邅逭遁韻譴喘移敗丑致反攪音毗轉也

說文轉運也玉篇轉知篆切迴也斡者楚辭天問云斡維焉繫王逸注斡轉也漢書賈誼傳萬物變化固亡休息斡流而遷或推而還如淳訓斡爲轉張茂先勵志詩大儀斡運機者玉篇機都管切轉簻也運者莊子逍遙游是鳥也海運則將徙于南冥釋文引司馬彪注運轉也楚詞九歎腸一夕而九運王逸曰一夕九轉欲還歸也邅者玉篇邅張連除連二切轉也離騷邅吾道夫崑崙兮王逸注邅轉也楚人名轉曰邅逭遹者上文釋爲行此又爲轉也玉篇逭乎館切遹余六切並云轉也譴喘

者方言謰喘轉也郭注謰喘猶宛轉也舊本謰訛
讀今訂正移者玉篇移遷也徙也易也敡者卽移
易之異文梔文未聞

甾昊俟反拎音針專職端緒紬直留反業也

釋名業捷也事捷乃有功業也甾未聞拎者方言
文也郭注謂基業也專者說文專紡專棄端緒紬皆
訓業則紡專亦業也職者玉篇職業也天官太宰
九曰閒民無常職注謂無事業者端者玉篇端緒
也緒與業同義緒者史記張蒼傳緒正律歷文穎
曰緒業也紬未聞

交贅旨歲反凝戾擬質撫嘆亡各反保隱據刋定也

說文定安也交者合之定也贅者會之定也漢書武帝紀毋贅聚如淳曰贅會也凝者成之定也虞書皋陶謨庶績其凝釋文引馬融注凝定也顏延之五君詠吐論知凝神戾者止之定也小雅雨無正靡所止戾傳戾定也擬者述之定也與譺同法言學行篇譺學行吳祕注譺擬述也古或通用質者平之定也周禮序官質人注質定也撫者安之定也說文撫安也嘆者靜之定也與莫同大雅皇矣求民之莫箋求民之定位所歸就也皇矣文云

貊其德音釋文引韓詩作莫其德者音云莫定也爾雅釋詁嘆定也彼釋文云嘆本亦作莫是張博士所見爾雅本作莫故此作莫必不與爾雅同也保者居之定也唐風山有樞他人是保大雅思齊無射亦保箋竝云保居也隱者安之定也方言隱定也據者依之定亦方言文卬風栢舟不可以據傳據依也刊者識之定也通作衎方言衎定也郭注衎然安定也

餒烏草反餓餧奴罪反飢也

說文飢餓也虞書舜典黎民阻飢餒者說文餒飢

讀若楚人言恚人餓者說文食部義也檀弓云昔者衛國凶飢夫子爲粥與國之餓者餒者楚語民之羸餒日日已甚荀子臣道篇若食餧人漢書谷永傳云餧死於道以百萬數

戔音殘痢力達反廁寄衛反字林音卯計反凋多聊反憲按說文凋落凋字从仌彫刻彫字从彡雕鷙雕字从隹爽痍音夷壯創庠傷也

說文傷創也舊本傷訛陽今訂正戔者言之傷也說文戔賊也引周書曰戔戔巧言痢者毒之傷也說文楚人謂藥毒曰痛痢廁者刺之傷也說文銳芒也籀文作㓹凋者木之傷也說文凋半傷也爽

者逸周書謚法解義也老子云五味令人口爽張衡南都賦其甘不爽瘈者金之傷也説文疒部義也倉頡篇同通作夷易序卦傳夷者傷也左氏成十六年傳察夷傷服虔注金創為夷舊本瘈訛从广今訂正壯者易大壯卦馬融虞翻並解壯為傷方言云凡草木刺人北燕朝鮮之閒或為謂之壯郭注今淮南呼壯為傷創者肉之傷也説文辦傷也或作創痒者疑當為戕聲之譌也詹事兄曰當是痒之譌

投敪音卓石撻揰大結反摘池戟反今人以為摘擲字如此也

上文擿投也此人申其義也投者左氏昭五年傳受其書而投之注投擲也宋玉招魂懸人以娭投之深淵王注亦訓擿豛者廣韻豛打也搥者法言問道篇及搥提仁義絕滅禮學玉篇搥丁回切摘也摘是擿之訛揘者玉篇揘摘也本此

黔首氓民也

大雅靈臺疏引孝經援神契云民者冥也賈誼新書大政篇民之為言瞑也春秋繁露深察名號篇民者瞑也米出禾中而禾未全美善出性中而性未全善民之號取之瞑也黔首者說文黔黎也秦

謂民為黔首謂黑色也周謂之黎民氓者方言文也

詉(若迴反)啁(竹交反)譀(呼濫反)詀諴(音咸)譺(魚記反)㒟周調(達弔反)也

上文調欺也和也啁也譀也此又申明其義及互相訓也詉者玉篇詉調戲也案說文作悝啁妃張衡東京賦由余以西戎孤臣而悝繆公於宮室李善注悝猶嘲也啁者文選任昉出郡傳舍哭范僕射詩㒟俊相嘲謔李善曰倉頡篇啁調也字書嘲亦調也譀者說文譀誕也詀者玉篇詀乎卦切調

也本此諴者說文諴和也譺者玉篇譺啁調也奠周者啓事兄曰奠調數相近調本从周故周有調義集韻引廣雅訊調也桑移切今無此文

縊經閿音流絞也

說文絞縊也呂氏春秋慎行論崔杼歸無歸因而自絞也高注絞經也縊者說文縊經也左氏桓二十六年傳夷姜縊經者楚詞天問伯林雉經維其何故王逸曰伯長也林君也謂晉太子申生為後母驪姬所譖遂雉經而自殺閿者說文閿經繆經也

⿰黍斤音謹⿰黍朱音朱又無株反⿰黍女音汝⿰黍啇竹革反黐恥知反䵑音日黏女霑反也

說文黏相著也眾經音義引倉頡篇粘合也攷工記輪人雖有深泥亦弗之溓也鄭司農云溓讀為黏謂泥不黏著輻也⿰黍斤者玉篇⿰黍斤居近切黏也⿰黍朱者玉篇⿰黍朱張俱切粘也⿰黍女者方言⿰黍女黏也齊魯青徐自關而東或曰⿰黍女玉篇⿰黍女而與切黏也⿰黍啇者玉篇⿰黍啇黏飯也黐者玉篇黐黏也廣韻黐膠所以黏鳥䵑者說文䵑黏也或作䵒爾雅䵒膠也郭注膠黏方言䵑黏也關東或曰䵑○集韻引廣雅[illegible]黏也是義切今無此文

貲音資產資財龜貝貨也

說文貨財也貲者說文貲小罰以財自贖也漢律民不繇貲錢二十二通作訾揚雄羽獵賦富既與地虖侔訾顏師古曰訾與貲同產者說文產生也孟子有恒產者有恒心資者說文貝部義也玉篇資用也財者周禮太宰以九賦斂財賄鄭注財泉穀也左思魏都賦財以工化李善注引此文云財與材古字通龜者漢書食貨志天用莫如龍地用莫如馬人用莫如龜王莽制龜寶四品元龜距冉長尺二寸直二千一百六十為火朋貝十朋公龜

九寸以上直五百為壯貝十朋侯龜七寸以上直三百為幺貝十朋子龜五寸以上直百為小貝十朋是也貝者說文貝海介蟲也古者貨貝而寶龜周而有泉至秦廢貝行錢案王莽制貝貨五品大貝四寸八分以上二枚為一朋直二百一十六壯貝三寸六分以上二枚為一朋直五十幺貝二寸四分以上二枚為一朋直三十小貝寸二分以上二枚為一朋直不十不盈寸二分漏度不得為朋率枚直錢三也

令

琴敎魚與反㪟多感反制禁也

八

上文釋禁爲止此又申其義也令者上之禁也說文令發號也管子君臣篇天子出令于天下諸侯受令于天子大夫受令于君子受令于父母琴者心之禁也說文琴禁也風俗通義琴者禁也禁之于邪以正人心也敔者樂之禁也說文敔禁也釋名敔御也御止也所以止樂也炈者集韻五音集韻並引傳雅炈禁也舊本炈訛炈今訂正制者法之禁也說文制止也

僷音葉疊襞必益反䌰之涉反冤於表反韏俱爲反結詘也

上文釋詘爲曲此又廣其義也僷者玉篇僷與攝

切楚詞哀時命云衣攝偞以儲與兮王注攝偞不舒展也案不舒展于詘義為近集韻偞詘也本此疊者集韻疊屈也屈與詘同襞襵者衣之詘也說文襞韏衣也玉篇襵詘也揚雄反離騷固不如襞而幽之離房司馬相如子虛賦襞積褰縐顏師古注襞積即今帬襵冤者兔之詘也人有屈抑亦為冤枉者木之詘也月令仲秋命有司申嚴百刑毋或枉橈韏者草之詘也通作綣淮南人閒訓兵橫行天下而無所綣高注綣屈也結者糸之詘也結詘雙聲故結亦為詘

複祫古祑反增絩以致反積壘襞成仍鄭複重直用反也

玉篇重直答切疊也曹音直用反誤也複者衣之重說文複重衣也喪大記小斂君大夫士皆用複衣複衾通作復漢書張良傳從復道望見諸將如淳曰復音複上下有道故諸之復道顏師古曰復讀曰複案集韻引廣雅複重也是本或作複祫者廣韻祫複衣或作祑增者說文增益也文選西京賦井幹壘而百增注引廣雅增重也絩未詳積者說文積聚也壘者魏文帝善哉行還望故鄉鬱何壘壘潘岳懷舊賦墳壘壘而積接壘李善注並引

此文襲者左氏哀十五年傳卜不襲吉杜注襲重也表記云卜筮不相襲通作習鄭注大司徒云故書襲爲習是習爲古文襲周書金縢乃卜三龜一習吉左氏襄十三年傳先王卜征五年而歲習其祥祥習則行成者爾雅一成爲敦邱再成爲陶邱三成爲昆侖邱郭注成猶重也楚辭天問璜臺十成誰所極焉呂氏春秋季夏紀有娀氏有二佚女爲之九成之臺高注成猶重也仍者因之重也說文仍因也鄭者漢書王莽傳非皇天所以鄭重降符命之意詹事兄曰鄭重雙聲字復者說文復往

來也管子形勢篇言而不可復者君不言也行而
不可再者君不行也
䏚音斐又普骨反曙昕許斤反昞音丙較音角發卓離灵音滛晫炤音昭
燿音燿冏古丙反烜音咺晝光顯耿晃音晃僤達汗反晈彰落汗反
皉卿炎反曉曎音亦怈音曳視晣音制昱炎六反曠昭晤音悞旳音的
旭音最又忽老反微焞他魂反闓看每反陽杲粲錯汗反烓烏攜反又烏缺
反又圭惠反又口并反堂彰著明也
說文明昭也大雅皇矣傳照臨四方曰明明者月
之明也說文朏月未盛之明也周書召誥丙午朏
傳朏明也月三日明生之名孔疏引周書月令云

十

三日粤朏與曰通漢書律歷志引古文月采篇云三日曰朏王應麟謂月采當作月令本孔疏也朙朏同曙者曉之明也小爾雅云曙明也史記平原君列傳贊平原君翩翩濁世之佳公子也然未睹大體楚詞九章思不眠以至曙司馬相如長門賦澹偃蹇而待曙王延壽夢賦于是雞知天曙而奮羽忽嘈然而自鳴昕者旦之明亦小爾雅義也說文昕旦明日將出也士昏禮云凡行事必用昏昕文王世子云天子視學大昕鼓徵昞者玉篇昺碑景切明也亦作昞案昞通作炳班固兩都賦序

云大漢之文章炳焉與三代同風李吾注引倉頡篇炳著明也較者文選西征賦較而朝之炳煥廣絶交論較言其容李善注並引此文發者早之明也齊風敝笱齊子發夕小雅小宛明發不寐韓詩薛君章句竝云發旦也卓者覲禮云奉束帛匹馬卓上九馬隨之鄭注卓讀如卓王孫之卓卓猶的也案玉篇的明見也故卓亦為明離者離彖辭云明兩作離大人以繼明照于四方虞翻逸象云離為明炅者燎之明方言炅眼明也説文炅小熱也玉篇炅徒甘切燎也晫者盛之明也玉篇晫都角

切明盛皃炤者玉篇照明也炤同上班固西都賦登降炤爛爗者與燿同左氏哀二十三年傳君命瑤非敢燿武也石經作爗周語先王燿德不觀兵韋昭曰燿明也蔡琰詩卓衆來東下金甲燿日光冏者牖之明也說文冏窻牖麗廔闓明賈侍中說讀與明同江淹雜體詩冏冏秋月明李善注引倉頡篇冏大明也烜者火之明也玉篇烜況遠切火盛皃秋官司烜氏下士六人注烜火也晝者日之明也說文晝日之出入與夜為界光者照之明也說文光明也从火在人上光明意也釋明光晃也

晃晃然也亦言廣也所照廣遠也小雅南山有臺云樂只君子邦家之光箋光明也顯者說文顯頭明飾也大雅文王有周不顯傳顯光也耿者晉語若入必伯諸侯以見天子其光耿于民矣韋注耿猶昭也離騷耿吾既得此中正王逸注耿明也案耿通作景說文耿光也景光也小雅車舝景行行止箋景明也士昏禮婦乘以几姆加景注景之制蓋如明衣加之以為行道禦塵令衣鮮明也景亦明也今文景作憬案今文作憬當俱永切與詩之褧衣褧裳中庸之尚絅同禮記釋文絅本又作穎士昏禮被穎黼注穎禪也玉藻禪為絅顈即景褧塵所周說文無絅字古用褧也說文耿从炯省聲故褧同絅耿景聲相近故邶風柏舟傳耿耿猶儆儆也

晃者玉篇晃乎廣切說文作晄明也僤未聞疑闡之訛玉篇闡昌善切明也皎者玉篇皎公鳥切明也彰者色之明也玉篇彰鮮明也皉者方言文也

曉者小爾雅方言說文並云明也曎者方言晄曎明也郭璞音亦通作圛洪範曰圛鄭注圛者色澤而光明也舊本曎訛作䁺今訂正怈者玉篇怈余世切明也視者目之明也論語視思明管子宙合篇目司視視必順見見察謂之明晣者說文晣昭晣明也引禮曰晣明行事張衡思元賦死生錯而不察雖司命其不晣李善注引此文昱者說文昱明日也玉篇昱日明也廣韻昱日光也楊雄太元元告云日以昱乎晝月以昱乎夜司馬光云昱明也曠者說文曰鄉義也後漢書竇融傳義士則曠若

癸曚昭者說文昭日明也堯典百姓昭明小雅鹿鳴德音孔昭孔傳與鄭箋並解爲明魯語夫祀昭孝也韋昭注昭明也明孝道也通作炤小雅正月亦孔之炤中庸作昭漢譙敏碑盛德炤明亦以炤爲昭昭者說文晤明也引詩曰晤辟有標的者說文曰部義也淮南說林訓的的者獲提提者射高注的的明也爲衆所見故獲旭者說文旭日旦出皃一曰明也邛風匏有苦葉云旭日始旦傳旭日始出謂大昕之時楊雄太元從次二云方出旭旭司馬光曰旭旭日始出未明之閒曹憲音勗又音忽老反者詩釋文云旭說文

皓若好字林呼老反爾雅釋文云旭旭謝嶠詩王
反郭璞呼老反案今本說文作讀若勖者疑徐鉉
改也唐以後人不復知旭有好音故廣韻三十二
晧亦不收旭字矣微者法言問明篇或問明曰微
或曰微何如其明也曰微而見之明其詩乎焞者
說文焞明也鄭語以淳燿焞大天明地德闇者說
文以冏為闇明則闇亦明也陽者說文陽高明也
豳風七月云我朱孔陽傳陽明也白虎通義高陽
者陽猶明也道德高明也杲者說文杲明也从日
在木上玉篇杲古老切日出也衛風伯兮云杲杲

出日也粲者色之明也玉篇粲鮮好皃烓者竈之明方言烓明也說文烓行竈也玉篇烓煁也堂者室之明也釋名堂猶堂堂高顯皃也彰者文之明也說文彰文彰也皋陶謨彰厥有常鄭王並釋為明通作章堯典平章百姓鄭注章明也士冠禮記章甫注云章明也殷質言以表明丈夫著者小爾雅義也列子仲尼篇在己無居形物其著張湛注形物猶事理也事明自明非我之功也案著古著字

滄瀙(錯定反)冷洞(乎若反)清涇凍滓(七碎反)寒也

說文寒凍也从人在山下以茻薦覆之下有冰滄
者說文仌部義也逸周書周祝解之天地之間有
滄熱孔晁注滄寒也列子湯問篇日初出滄滄涼
涼及其日中如探湯荀子正名篇疾養滄熱漢書
枚乘傳欲湯之滄一人炊之百人揚之無益也不
如絕薪止火而已鄭氏注音愴愴之愴寒也瀙者
說文瀙冷寒也集韻七刀切引此文云瀙寒也冷
者說文仌部義也玉篇力頂力丁二切洞者玉篇
洞古迥切冷也清者說文清寒也呂氏春秋仲春
紀大寒既至民煖是利大熱在上民清是走涇者

[illegible]

玉篇涇巨幷切寒也本此凍者說文凍冰也月令孟冬地始凍淬者說文淬滅火器也方言淬寒也舊本瀙冷洞譌从水淬譌从仌今俱訂正

惟國誧議慮憚於汶反許聽娸謀也

說文慮難曰謀左氏襄四年傳咨難為謀惟者方言惟凡思也詩釋文引韓詩云惟念也國未詳疑圖之譌誧者玉篇誧匹布切謀也議者玉篇議魚寄切謀也慮者方言慮謀思也夏官大司馬云大役與慮事韓非解老云白公勝慮亂又云越王慮伐吳漢書賈誼傳慮亡不帝制而天子自為者顧

師古曰慮大計也惲者方言文郭注謂議也玉篇惲謀也議也計者說文計算也史記項羽本紀項梁召諸別將會薛計事聽者洪範聽曰聰聰作謀媒者說文媒謀也謀合二姓周禮序官媒氏注媒之言謀也謀合異類使和成者

㝵音宜緣遵躚逡七循反揗無中反循也

說文循行順也左氏昭七年傳循牆而走束晳補補詩循循彼南陔㝵未聞緣者玉篇余泉切因也遵者說文辵部義也謚法解云遵循也周南遵彼汝墳躚逡者方言躚逡循也日運為躚月運為逡

揹者上文釋為順與循義相成也舊本循下無也字今案此七字與下表訓不類故加也字以別之

襮音博裔方外旌表也

玉篇表衣外也說文作襮襮者玉篇襮布各切衣表也裔者玉篇裔表也方者唐事兄曰古讀方表聲相近書堯典光被四表四表猶四方四方外者玉篇外表也旌者太公六韜云旌別淑慝表其門閭周語云為車服旗章以旌之韋昭曰旌表也

彊繹困苦終竟死殑卯知反窮也

說文窮極也疆者界之窮也豳風七月稱彼兕觥萬壽無疆繹者絲之窮也玉篇繹以右切終也困者食之窮也尚書大傳行而無資居而無食謂之困苦者勢之窮也莊子庚桑楚云吞舟之魚碭而失水則蟻能苦之終日玉篇終窮也竟者樂之窮也說文竟樂曲盡為竟死者生之窮也說文死澌也人所離也白虎通義庶人曰死死之言澌精氣窮也𣧑者說文𣧑棄也俗語謂死曰大𣧑舊本𣧑字誤入下文非訓內今訂正

餘盈匪勿非也

說文非違也从飛下𣁋取其相背釋名非排也人所惡排去也餘者玉篇餘非也本此盈未詳盧校作猗餘盈也增也字孫侍御云疑猗與奇通匪者玉篇匪甫尾切非也易曰匪寇婚媾小雅杕杜匪載匪來箋匪非也勿者玉篇勿非也

臝力果反裎音呈徒裼袒也

說文袒衣縫解也左氏昭二十年傳使華寅肉袒執蓋臝者說文臝袒也或作裸淮南原道訓故禹之裸國解衣而入衣帶而出因之也舊本臝訛从女今訂正裎者說文裎袒也徒者但也說文解但

為裼故徒亦袒也裼者說文裼袒也爾雅襢裼肉袒也李巡曰襢裼脫衣見體曰肉袒孟子云雖袒裼裸程於我側

瘞薶窖窌音滔又音孝反都墊多念反伏竄㡛屏必反豋宲音保匿揞阿感反揜音奄錯庳寢粵𥨏音歷藏也

玉篇藏隐也葬者形之藏也禮記曰葬也者藏也欲人之不得見也說文及釋名並云葬藏也薶者死之藏也與埋同說文薶瘞也釋名葬不如禮曰埋埋痗也趨使葬腐而已窖窌者果之藏也月令仲秋穿竇窖鄭注方曰窖倉頡篇窖地藏也漢書

蘇武傳迺幽武置大窖中顏師古曰舊米粟之窖而空者也攷工記匠人囷窌倉城逆墻六分鄭注穿地曰窌荀子議兵篇云則必發夫掌窌之粟以食之楊倞注地藏曰窌掌窌主倉廩之官又榮辱篇餘力布有囷窌註云窌窖也地藏曰窖都者事啓兂曰春秋傳人所聚曰都都又與豬通水所聚也則都亦有藏義墊若水之藏也虞書云下民昏墊伏者犬之藏也說文徐鍇本云伏犬伺人玉篇伏匿也易曰坎為隱伏竄者鼠之藏也說文竄匿也从鼠在穴中周語自竄于戎狄之閒韋昭注竄匿也扆者與依通顧命云狄設黼扆綴衣牖閒南嚮春官司几筵云

安古堂校藏

凡大朝覲大饗射凡封國命諸侯王位設黼依依前南鄉鄭注依其制如屏風然覲禮云天子設斧依於戶牖之閒鄭注依如今綈素屏風也曲禮云天子當依而立諸侯北面而見天子曰覲釋文依本又作扆明堂位云天子負斧依南鄉而立鄭注斧依為斧文屏風於戶牖之閒爾雅牖戶之閒謂之扆漢書徐樂傳南面背依攝袂而揖王公顏師古曰依讀曰扆案斧依即黼扆也衣之言隱也故依亦為藏鄭以屏風況依者據漢制而言扆當天子所立處之後若為天子屏翳其風故取名焉釋

名扆倚也在後所依倚也屏風言可以屏障其風
也屏者說文屏蔽也通作屏周書金縢我乃屏
與珪孔傳屏藏也白虎通義云所以設屏何以自
障也示不極臣下之敬也天子德大故外屏諸侯
德小故內屏宲者說文宲藏也引周書曰陳宲赤
刀今書顧命作寶周禮天府注引書亦作寶匿者
說文匿亡也玉篇匿亡隐也揞揜錯摩者方言文也
荊楚曰揞吳揚曰揜周秦曰錯陳之東鄙曰摩玉
篇揞藏也廣韻揞手覆也說文揜覆也寝者說文
寝卧也釋名寝寝也所寝息也小雅斯干云乃安

斯寢興者陸機君子有所思行云善哉膏粱士營生奥且博李善注引此文同鮑昭蕪城賦重江複關之隩李善引云隩藏也是本又作隩窔者廣韻寂寥無人郎擊切又音卿集韻引作寥从穴

𢿢音麗紽大何反抴夷細反閲數也

說文數計也𢿢者方言文也通作麗大雅文王其麗不億傳麗數也紽者召南羔羊素絲五紽傳義也玉篇紽絲數也抴者廣韻抴數也舊本抴訛从木今訂正閲者說文閲具數于門中也左氏襄九年傳商人閲其禍敗之釁杜注閲猶數也

占讖楚譖反檢證譣廉殮反又魚斂反今人以馬爭僉字爲證譣失之矣也

說文譣問也占者說文占視兆問也春官占人云君占體大夫占色史占墨卜人占坼呂氏春秋云羲和作占日尚儀作占月后益作占歲讖者說文讖譣也史記賈生列傳發書占之策言其度索隱曰策漢書作讖引說文讖譣言也漢書哀帝紀待詔夏賀良等言赤精子之讖檢未聞證者說文證告也楚辭九章故相君莫若君兮所以證之不遠王逸注證驗也

締音第縎音骨總括結也

說文結締也締者說文締結不解也魏都賦締構之初萬色譬焉縎者說文系部義也王逸九思心結縎兮折摧總者說文總聚束也離騷總余轡乎扶桑王注總結也括者說文括絜也絜與結通故鄭注大學云絜猶結也漢書公孫田劉傳贊云括囊不言容身而去顏師古曰括結也易坤六四交詞曰括囊无咎无譽言自閉慎如囊之括結也

嬄音橋糾豕材材也

材與才通嬄者玉篇嬄居天居獸二切妹身白糾

者說文𤗼讀若詩糾糾葛屨是糾𤗼聲義相同也彖者繫詞傳彖者材也王篇彖他亂切才也

雙耦娌音里匹孿息日貳乘勝再兩二也

說文二地之數也从偶一雙者鳥之二也說文雙隹二枚也王逸九思嗟英俊兮未為雙注雙匹也耦者攷工記匹人云耜廣五寸二耜為耦一耦之伐廣尺深尺鄭注古者耜一金二人併發之娌者妯娌亦稱築娌方言娌偶也舊本娌訛媢今訂正匹者人之二也大雅文王有聲傳匹配也左氏成二年傳若以匹敵方言臺敵匹也孿者生之二也

淮南脩務訓孿子之相似者唯其母能知之方言云凡人嘼乳而雙產自關而東趙魏之間謂之孿生說文孿一乳兩子也學孿同息曰未詳貳者說文貳副益也坊記云惟卜之日稱二君鄭注三當為貳惟卜之時辭得云君之貳其爾楚辭九章事君而不貳兮王逸注貳二也乘者鴈之二也楊雄解朝云乘鴈集不為之多雙鳧飛不為之少方言云飛鳥曰雙鴈曰乘勝未詳再者事之二也左氏傳一之為甚其可再乎說文再一舉而二也兩者分之二也繫辭傳分而為二以象兩

贈𧜟賻賵遺（遺與之遺）齎送也

爾雅賸將送也贈者玩好之送也秦風渭陽何以贈之傳贈送也說文贈玩好相送也𧜟者衣衾之送也說文𧜟衣死人也春秋文九年秦人來歸僖公成風之𧜟公羊傳衣服曰𧜟穀梁傳衣衾曰𧜟士喪禮云君使人𧜟注云𧜟之言遺也衣被曰𧜟說苑修文篇天子文繡衣各一襲到地諸侯覆跗大夫到髁士到髀賻者貨財之送也春秋隱元年大王使宰咺來歸惠公仲子之賵公羊傳車馬曰賵說苑修文篇喪事有賵者蓋以乘馬束帛天子

乘馬六匹諸侯四匹大夫三匹元士二匹下士一匹天子束帛五匹元三纁二各五十尺諸侯元三纁二各三十尺大夫元一纁二各三十尺元士元一纁一各二丈下士綵縵各一匹庶人布帛各一匹天子之駟乘馬六匹乘車諸侯四匹乘輿大夫曰參與元士不用輿遺者地官遺人注以物有所餽遺也左氏隱元年傳未嘗君之羹請以遺之齎者說文齎待遺也周禮掌皮職歲終則會其財齎注云齎所給予人以物曰齎今時詔書或曰齎計吏春官小祝設道齎之奠後鄭謂齎猶送也

攄勑魚反展舊摛勑離反初禹霱音芋綏舒也

說文舒伸也攄者班固西都賦願賓攄懷舊之蓄念李善注引此文展者上文云舒勃展也此又轉相訓也舊者玉篇舊舒也本此摛者說文手部義也潘岳射雉賦摛朱冠之赩赫何晏景福殿賦若摛朱霞而耀天文李善注並引此文初者初舒聲相近故義同禹者玉篇禹舒也本此霱者說文霱讀若禹是禹霱音義同故皆云舒也綏者玉篇綏安也案安而不迫舒之義也

僭掜五禮反擬也

說文擬度也儗僭也二字通用僭者說文僭假也徐錯曰春秋傳唯名與器不可以假人是僭也棿者漢書揚雄傳作太元五千文有首衝錯測攡瑩數文棿圖告十一篇

獪爪遺反猾音滑獿奴卒反𢯎奴絞反又乎絞反擾也

擾訓已見卷五中獪𢯎亦重出猾者玉篇亂也黠也小兒多詐也擾者說文獿𢯎也玉篇獿與猱同

姉初洽反懀音會恇音匡侉看孤反怯去劫反也

說文㹤多畏也杜林說作怯荀子不苟篇與時屈

廣雅疏證卷七

二十四

伸柔從若蒲葦非懾怯也賈誼新書道術篇持節不恐謂之勇反勇為怯婂者說文婂疾言失次也讀若懾懾者玉篇懾許劫切以威力相恐懾恇者說文心部義也恗者玉篇恗恐也怯也憂也

嬗十扇反嫇五丁反娭音熙侮獲婢也

說文婢女之卑者鄭注曲禮云婢之言卑也嬗嫇未詳娭者說文娭卑賤名也玉篇娭虛基切婦人賤稱侮獲者方言云臧甬侮獲奴婢賤稱也荊淮海岱雜齊之閒罵奴曰臧罵婢曰獲齊之北鄙燕之北郊凡民男而婿婢謂之臧女而婦奴謂之獲

亡奴謂之臧亡婢謂之獲皆異方罵奴婢之醜稱
也自關而東陳魏宋楚之間保庸謂之甬秦晉之
間罵奴婢曰侮

緜聯𦃃乙足反綴陟月反及鎖系韋連也

玉篇連合也及也緜者說文緜聯微也聯者周禮
太宰職三曰官聯鄭司農云聯讀為連古書連作
聯聯謂連事通職相佐助也說文聯連也从耳耳
連于頰也从絲絲連不絶也張衡西京賦西有玉
臺聯以昆德𦃃者說文𦃃約也玉篇𦃃連也舊本
𦃃訛暴今訂正綴者賈逵國語注綴連也張衡西

京賦綴以二華及者公羊傳及者何與也瑣者徐
鍇說文繫傳引左思詩嬌語若連瑣系者說文系
繫也牽者上文牽引也引亦連也

掍音混綷蔑并集合稽醜共同也

說文同合會也掍者說文手部義也方言掍同也
宋衛之閒或曰掍郭璞音衮衣之衮王褒洞簫賦
掍其會合綷者方言綷同也宋衛之閒曰綷說文
綷會五采繒色舊本綷訛粹今訂正蔑者說文蔑
并也并者說幷相從也玉篇并同也并同上集者
爾雅集會也合者玉篇合同也稽者堯典曰若稽

古帝堯鄭注稽同古天也言堯能順天而行之與之同功史記樗里子甘茂列傳滑稽多智索隱曰鄒誕生音滑稽或解云滑亂也稽同也言便捷之人言非若是言是若非謂能亂同異也醜者方言文也東齊曰醜趙岐注孟子云醜類也類亦同也共者說文共同也

了闋已訖也

說文訖止也了者玉篇了訖也本此闋者說文闋事已閉門也文王世子云有司告以樂闋已者玉篇已止也畢也訖也

黮勑感反又都甚反黕音荏竊姦私也

說文厶姦衺也韓非曰蒼頡作字自營為厶今經典通用私賈誼新書道術篇兼覆無私謂之公反公為私黮䵃者方言文也郭注皆冥闇故為陰私也竊者說文云盜自中出曰竊姦者說文女部義也玉篇姦古顏切姦邪也

聰措公反聆郎丁反瞟匹照反聺七奈反瞑馬年反許聽也

說文聽聆也釋名聽靜也靜然後所聞審也玉篇聽他丁他定二切尚書五事四曰聽孔傳察是非聰者說文聰察也書曰聰作謀管子宙合篇耳司

聽聽必順聞聞審謂之聰古亦作恖漢書郊祀志恖明上通顏師古曰恖與聰同怜者說文聆聽也玉篇聆郎丁切引蒼頡篇耳聽曰聆法言五百篇聆德前世清視在下鑑莫近于斯矣聽者玉篇聽匹妙切聽裁聞也又行聽也瞑者玉篇瞑莫田切引埤蒼云注意聽也許者說文言部義也左氏隱元年傳公弗許

抐而秩反揾於粉反搙奴通反栭柱也

玉篇拄張庾切指拄也抐者玉篇抐乃几切揾抐也揾者廣韻揾沒也搙者玉篇搙女角切揾也栭

者玉篇㧜日之切拏也

諆及乎啟 詒羞媿𩕄𨟻恥也

上文釋恥為辱此又申其義也諆詒者說文諆恥也或作誤詒誤詒恥也或作詢荀子非十二子篇無廉恥而忍諆詢楊倞注謂罵辱也本或作諆詢左氏昭二十年傳子死亡有命余不忍其詢杜詢恥也釋文詢許候反本或作詬離騷忍尤而攘詬王注詬恥也舊本詬作話形相涉而誤也曹音乎介反失之矣今訂正羞者上文釋為辱又為恥也媿者爾雅媿慙也說文媿或作愧从恥省𩕄者說

文⿰頁粦⿰頁彡⿰頁粦也案上文以⿰頁彡為慙則⿰頁粦亦同故為恥也⿰齒頁⿰頁粦同鄙者楚詞九章易初本迪兮君子所鄙王注鄙恥也

諺譯𠪺禪傳也

廣韻傳轉也諺者語之傳也說文諺傳言也譯者音之傳方言文也說文譯傳譯四夷之言者淮南泰族訓夷狄之國重譯而至桓寬鹽鐵論越人夷吾戎人由余待譯而後通而並顯齊秦漢書百官公卿表典客屬官有譯官令丞𠪺者籀文臚字晉語風聽臚言于市韋注臚傳言也周禮象胥干寶

賁、匡氏戊又二二　天

注云今鴻臚漢書蘇林注云上傳語告下曰臚莊子釋文引向秀注從上語下曰臚傳是也禪者國之傳也孟子引孔子曰唐虞禪夏后殷周繼

誦諍爭孟反語議話話吪吾禾反曰言也

法言問神篇捈中心之所欲通諸人之嚍嚍者莫如言故言心聲也呂氏春秋離謂篇云言者以前意也說苑談叢篇言猶射也括既離弦雖有所悔焉不可從而追已釋名言宣也宣彼此之意也誦者古之言也大雅桑柔誦言如醉箋見誦詩書之言則冥臥如醉國語云聞一二之言必誦志而納

之以訓道我誶者瞋之言也玉篇誶瞋語也集韻誶言很也語者叙之言也說文直言曰言論難曰語釋名語叙也叙己所欲說也議者誼之言也玉篇議謀也呂氏春秋孟秋紀士之議也非苟語也必當理然後議高誘注議言也蔡邕獨斷云其有疑事公卿百官會議若臺閣有所正處而獨執異意者曰駮議駮議曰某官某甲議以為如是下言臣愚戇議異其非駮議不言議異其合於上意者文報曰某官某甲議可話者善之言也說文話合會善言也大雅抑告之話言傳話言古之善言也

商書盤庚乃話民之弗率馬融曰話言也案話言已見爾雅此當作譮譮籀文話話者典之言也說文話訓故言也大雅烝民古訓是式箋古訓先王之遺典也張傳士雜字云話者古今之異語也吪者偽之言也與訛同小雅正月民之訛言箋訛偽也曰者說文曰詞也

誧普乎反証音征譏諍諭音諭辭諫也

說文諫証也玉篇諫正也更也誧者謀之諫也說文誧人相助也玉篇誧匹布切謀也証者說文言部義也譏者與幾同微之諫也諭語事父母幾諫

諍者止之諫也說文諍止也玉篇諍諫諍也通作爭荀子臣道篇有能進言於君用則可不用則死謂之爭諭者理之諫也說文諭告也誶者離騷謇朝誶而夕替王逸注誶諫也引詩曰誶予不顧

訓誨諷誥譔助轉反校勸學教也

荀子修身篇以善先人者謂之教楊倞曰先謂首唱也說文教上所施下所傚也釋名教傚也下所法傚也訓者順之教也說文訓說教也張衡東京賦不窮樂以訓儉薛綜曰訓教也思元賦仰先哲之元訓兮誨者曉之教也說文誨曉教也引詩曰

誨爾諄諄小雅鶴鳴序誨宣王也箋誨教也疏上言規此言誨者規謂正其已失誨謂教所未知孔安國書傳誨教也左氏襄十四年傳使師曹誨之琴杜訓爲教諷者誦之教也說文諷誦也凡諷諫者誦成言以納箴諫故解諷爲誦誥者上之教也與告同釋名上敕下曰告告覺也使覺悟知己意也譔者專之教也說文譔專教也校者孟子夏曰校校者教也勸者勉之教也說文勸勉也學者覺之教也說文斅覺悟也篆文作學文王世子云故學之爲父子焉學之爲君臣焉學之爲長幼焉父子君臣長幼之道得而國治鄭注學教也皇侃論語義疏引白虎通云學覺也悟也言用

先王之道導人情性而使自覺悟而去非取是積成君子之德也

崩頻偃仆趈（戶谷反）趚（山谷反）臥僵（音薑）也

說文僵僨也釋名僵正直畺然也玉篇僵舉良切引莊子推而僵之說僵也荀子仲尼篇可炊而僨也楊倞曰炊與吹同僨當為僵言可以氣吹之而僵仆崩者說文作崩云山壞也頻者說文解仆為頻故頻亦僵也偃者說文人部義也玉篇偃乙蹇切引論語草上之風必偃偃仆也仆者釋文仆踣也頻踣而前也玉篇仆芳遇切傾倒貌趈趚者玉

篇趍趨偃仆卧者說文卧休也从人臣取其伏
也玉篇卧眠也息也
怳呼講反㾂恥律反瘨丁田反㚸旬縣二音㾊音弔僑巨出反犻古制反
徺五校反倀音長狂也
上文狂癡也此又廣其訓也說文狂犻犬也怳者
皃之狂也說文怳狂之皃玉篇怳𢣷怳㾂者走之
狂也說文㾂狂走也讀若欻通作怴春秋桓五年
甲戌己丑陳侯鮑卒公羊傳云曷為二日卒之怴
也何休云怴者狂也瘨者說文瘨病也玉篇瘨狂
也㚸者玉篇㚸狂也㾊者玉篇㾊都叫切狂也僑

者玉篇僪下引甘泉宮賦捎夔魖而抶獝狂本亦作獝猘者犬之狂也與瘈同左氏襄十七年傳國人逐瘈狗入于華臣氏漢書五行志引作猘犬通作猘淮南氾論訓鄭子陽剛毅而好罰其於罰也執而無赦舍人有折弓者畏罪而恐誅則因猘狗之驚以殺子陽獟者玉篇獟猘狗也狂狗也佷者說文人部義也

訂

田鼎反 訂圖謀慮議也

上文議言也此又廣其義也訂者說文訂平議也評者玉篇評皮柄切平言也又音平圖者說文圖

畫計難也謀者説文慮難曰謀玉篇謀謀計也慮者方言慮謀思也

否弗倗朋音又普等反紕音彼此相得之彼不也

玉篇不弗弗也否者説文否不也徐鍇曰不可之意見於言故从口弗者夏官諸子職司馬弗正鄭注弗不也倗者玉篇倗不也本此紕者方言紕不知也郭注今淮楚閒語呼聲如非也舊本曹音彼此相得棄當爲音彼此相得之彼今訂正

姦宄竊盜也

説文盜私利物也左氏文十八年傳竊賄爲盜姦

者說文姦私也宄者說文宄姦也外爲盜内爲宄讀若軌桒宄與軌通左氏成十七年傳長魚矯對晉厲公曰亂在外爲姦在内爲軌虞書寇賊姦宄史記作軌漢書元帝紀殷周法行而姦軌服顏師古曰軌與宄同竊者說文云盜自中出曰竊地官山虞云凡竊木者有刑罰注云竊盜也

䰻牛志反慎忌畏恐也

說文恐懼也古文作志䰻者上文云懼也䰻又爲恐也慎者方言慎憂也憂與恐義相成也忌者鄭注表記云忌之言戒也玉篇忌畏也畏者上文云

廣雅疏義卷二 二三三

懼也與恐義同

纍俱反綠綄音緩繚音了繞綢繆紿音侍絡縈音酌纏也

說文纆繞也纍者說文纍約也綄者玉篇綄手官胡管二切桂進士馥曰案綄當爲莞說文莞竿也竿筳也筳維絲莞也繚者說文繚纆也繞纆也楚辭九歌繚之兮杜衡王逸注繚纏束也洪興祖補注繚纏也何晏景福殿賦繚以藻井綢繆者唐風綢繆傳綢繆纏緜也說文綢繆也綢繆紿者說文紿絲勞即紿絡者宋玉招魂鄭緜絡些王注緜纏也絡縛也縈者漢書司馬相如傳纖繳施說文

繫生絲縷也

駕陵載乘也

釋名乘升也登亦如之也豳風七月亟其乘屋傳乘升也駕者左氏昭元年傳子木之信稱於諸侯猶詐晉而駕焉杜注駕猶陵也玉篇駕乘也本此詩疏引許慎五經異義云天子駕數易孟京春秋公羊說天子駕六毛詩說天子至大夫同駕四士駕三詩云四騵彭彭武王所乘龍旂承祀六轡耳耳魯僖所乘四牡騑騑周道倭遲大夫所乘謹案禮王度記曰天子駕六諸侯與卿同駕四大夫駕

三士駕二庶人駕一說與易春秋同鄭駁云元之聞也周禮校人掌王馬之政凡頒良馬而養乘之乘馬一師四圉四馬爲乘此一圉者養一馬而一師監之也尚書顧命諸侯入應門皆布乘黄朱言獻四黄馬朱鬣也既實周天子駕六校人則何不以馬與圉以六爲數顧命諸侯何以不獻六馬王度記曰大夫駕三經傳無所言是自古無駕三之制也陵者陸機曰出東南隅行妍迹陵七盤李善注引此文載者說文車部義也釋名載戴也在其上也五音集韻載乘也本此

惠愛恕利人仁也

說文仁親也古文作忎周禮六德仁鄭注愛人以及物惠者說文惠仁也徐鍇曰爲惠者心專也愛者說文㤅惠也古文作𢜤今經典通用愛鹽鐵論仁者愛之効也恕者說文心部義也左氏傳恕思以明德逸周書程典云慎德必躬恕恕以明德管子版法篇取人以己者度恕而行也度恕者度之於己也己之所不安勿私於人離騷羌內恕己以量人兮王逸注以心揆心爲恕文選注引李登聲類云恕人心度物也利者養之仁也唯仁者能養

人士虞禮云告利成鄭注利猶養也人者釋名人仁也仁生物也故易曰立人之道曰仁與義法言問道篇仁以人之義以宜之禮記中庸仁者人也鄭注人也讀如相人偶之人以人意相存問之言又表記云仁者人也鄭注人也謂施以人恩也春秋傳曰執未有言舍之者此其言舍之何也人也疏云引之者證人是人偶相存受之義也

遾禮兮反徐舒逋訥疏鈍遲也

說文遲徐行也詩曰行道遲遲籀文作遟遾者說文遾徐也玉篇遾遲也漢書高帝紀遲明圍宛城

三市史記作遂明徐者說文徐安行也孟子子謂之姑徐徐云爾舒者說文舒緩也召南野有死麕云舒而脫脫兮傳舒徐也逋未聞訥者論語君子欲訥於言包咸曰訥遲鈍之疏者陸機連珠云鼙鼓疏繁以節繁弦之契李善注引此文鈍者與頓通說文以篤為頓遲即此

⿱宀冓古候反　昔闇暮夜也

說文夜舍也天下休舍也玉篇引傳曰夜暮也君子有四時朝以聽政晝以訪問夕以修令夜以安身然則夕之夜猶晝也⿱宀冓者玉⿱宀冓篇夜也引詩曰

中冓之言中夜之言也亦作𦷧詩釋文引韓詩
云中𦷧中夜謂淫辟之言也昔者周禮敘官腊人
注昔之為言夕也穀梁莊七年傳日入至于星出
謂之昔王逸楚詞章句昔夜也引詩云樂酒今昔
今詩作夕崔譔莊子注昔夕也管子小匡云旦昔
從事旦昔即旦夕也列子周穆王篇有老役夫昔
昔夢為國君張湛注昔昔夜夜也樂府飲馬長城
窟行云夙昔夢見之李善注引此文闇者祭義云
夏后氏祭其闇暮者古用莫說文莫日且冥也
从日在茻中齊風東方未明云不夙則莫傳莫

晚也

昒音勿昧晻烏感反䁪冥也

說文冥幽也小雅斯千歲歲其冥荀子勸學篇無冥冥之志者無昭昭之明昒者說文昒尚冥也漢書郊祀志冬至昒爽顏師古曰謂日尚冥蓋未明之時也昧者說文昧闇也堯典宅西曰昧谷孔傳昧冥也日入于谷而天下冥故曰昧谷仲虺之誥云兼弱攻昧孔傳闇則攻之倉頡篇昧冥也言抵冒暗冥也晻者說文晻不明也漢書劉向傳云不務自修深惟其故而反晻昧說大顏師古曰晻不

明也讀與暗同荀子不苟篇是姦人將以盜名于晻世者也竊者說文冥部義也

學𢡊（音忽）寤（音忽）害（即瘩字）梗（音梗）覺也

說文覺寤也學者教之覺也說文斆覺悟也篆文作學白虎通辟雍篇學之為言覺也悟所不知也故學以治性慮以變情𢡊者卧之覺也玉篇𢡊呼骨切寢熟也寤者驚之覺也說文寤卧驚也火滑切害者寐之覺也說文害寤也通作寤周南關雎寤寐求之傳寤覺也楚詞九歌惟極浦兮寤懷王注亦訓覺梗者性之覺也方言梗覺也郭注謂直

也

倚於綺反豎建封蒞蒔時志反置隑巨代反企棄音即古文企字起立也

說文立住也从大立一之上釋名立林也如林木森然各駐其所也倚者易說卦傳參天兩地而倚數禮記中庸中立而不倚豎者說文豎豎立也建者周禮惟王建國鄭注建立也說文建立朝律也玉篇建豎立也封者國之立也說文封爵諸侯之土也蒞者與植同木之立也方言樹植立也燕之外郊朝鮮洌水之間凡言置立者謂之樹植蒔者

三六八

方言蒔殖立也書云播時百穀鄭康成時讀若蒔玉篇蒔植立也置者荀子非十二子篇無置錐之地而王公不能與之爭名古與植通金縢植璧秉珪疏引鄭注植古置字論語植其杖而耘商頌那置我鞉鼓箋置讀曰植隑企者病之立也企古文企方言隑企立也東齊海岱北燕之郊委痿謂之隑企郭注腳躄不能行也起者說文起能立也禮曰請業則起請益則起又曰君子問更端則起而對

停怨愇音瑋㥟乎佳反悇音采㤄公八反又音介悔吝懟直未反憾乎淡

反
很音很恨也
說文恨怨也倖者玉篇倖蒲没切很也很是恨之
訛怨者說文怨恚也愇者玉篇愇韋鬼切怨恨也
㥿者說文㥿怨恨也讀若膎倸者玉篇倸七海切
恨也忦者玉篇忦古黠切恨也悔者說文心部義
也離騷雖九死其猶未悔王逸注悔恨也吝者說
文吝恨惜也懟者說文懟怨也孟子則廢人之大
倫以懟父母憾者玉篇憾恨也左氏傳叔又有憾
于寡人很者玉篇很胡懇切很戾也諍
訟也

品限音限耕侔竱都奐反又端音等䐶巨反殯砡玉牛反六婩魚淺反嫧

反楚草斷珉楚角反洒思禮反齊也

說文齊禾麥吐穗上平也淮南脩務訓故立天子以齊高注齊等也品者漢書李尋傳百里為品孟康曰品同也玉篇品齊也本此限者玉篇限諸眼切齊也列子楊朱篇百年壽之大齊殷敬順釋文齊限也耕者田之齊也說文耕古者井田侔者說文侔齊等也竱者說文竱等也齊語竱本肇末韋昭注竱等也肇正也謂先等其本以正其末也等者簡之齊也說文等齊簡也从竹从寺寺官曹之

等平也珚者玉篇珚齊玉也砡者玉篇砡齊也廣
韻砡齊頭皃𡟑嫧者好之齊也上文以𡟑嫧爲好
又爲齊也斷者截之齊也說文斷齊也珉者玉篇
珉齊也洒未詳

廣雅疏義

【清】錢大昭 撰

中

上海古籍出版社

廣雅疏義卷第八

嘉定錢大昭晦之甫譔

稟奉衆祿也

春官天府注云祿之言穀也詩疏引孝經援神契云祿者録也取上所以敬録接下下所以謹録事上楚語云成王每出子文之祿必逃王止而後復韋注祿奉也稟者說文稟賜穀也中庸云既稟稱事奉者天官大宰注云祿若今月奉也案奉與俸同玉篇俸祿也粟者論語原思爲之宰與之粟九百

諄之閏反憎誒毒疾㤥下代反患勩音曳癉多賀反苦也

廣韻苦勤也患也諄憎者厭之苦也方言云宋魯凡相惡謂之諄憎苦秦晉言可惡矣諄者忌之苦也玉篇誒毒苦也亦作㥏毒者害之苦也玉篇毒苦也害人艸也病者疾之苦也說文病疾加也㤥者恨之苦也說文㤥苦也玉篇㤥恨苦也患者禍之苦也說文患憂也眾經音義引蒼頡篇患禍也勩者勞之苦也小雅雨無正莫知我勩傳勩勞也舊本勩訛勣今訂正癉者病之苦也說文癉勞病也

礦孤猛反梗鞼巨位反丁亢羌强也

此釋剛强之異名也礦者獷之强也玉篇礦强也侗[illegible][illegible]也礦同上梗者方言梗猛也故梗亦强也鞼者常之强也淮南本經訓剛而不鞼高注鞼折也丁者實之强也說文徐鍇本云丁夏時萬物皆丁壯成實玉篇丁强也太歲在丁曰强圉白虎通義反行篇丁者强也釋名丁壯也物體皆丁壯也亢者力之强也上文丁當也力强能當之也姜者爭之强也表記引詩鶉之姜姜鄭注姜姜爭鬬惡皃羌者玉篇羌去火切强也本此

二

眷顧對陽面背卬嚮也

嚮與向同不背也眷者說文眷顧也引詩云乃眷西顧玉篇睠與眷同小雅大東睠言顧之傳睠反顧也顧者說文顧還視也玉篇顧瞻也對者對即嚮亦常語也陽者啓事兒曰陽之訓嚮猶陰之訓闇以聲寄義也面者周書召誥面稽天若疏引鄭注面猶回向也夏官撢人使萬民和說而正王面注云面猶向也使民之心曉而正鄉王通作偭說文偭鄉也引少儀云尊壺者偭亓鼻首者劉向九歎云登昆侖而北首兮王逸曰首嚮也太元戾測

曰東南射咒不得其首也司馬光曰乖戾之家失其所向印者玉篇印魚兩切向也本此

悛丑全反又子眷反　惎五介反又居力反　愨質懂謹也音

懂與謹同玉篇懂渠斤居近二切憖也悛者說文悛謹也惎者飾之謹也說文惎飾也愨者說文愨謹也荀子正名篇故其名莫敢託為奇辭以亂正名故其民愨愨則易使易使則公故壹于道法而謹于循令矣質者樸之謹也玉篇質樸也廣韻質謹也

勸春音劼公八反　勃勸苦没反　仂力音又勤音勤也

說文勤勞也勬者玉篇勬九員九媛二切勤也劼者慎之勤也說文劼慎也周書酒誥汝劼毖殷獻臣勃者排之勤也說文勃排也勛者玉篇勛勤也仂者玉篇仂六翼二切勤也案仂與力同大雅烝民威儀是力箋力猶勤也勤威儀者恪居官次不解于位也舊本仂在勤下案玉篇勬勛皆訓勤不訓仂集韻勬劼並引廣雅勤則勤仂二字傳寫倒誤也今訂正

𥜽麃音禳而羊反祰公老反又公篤反禱音禱賕音求謝也

玉篇謝辭也廣韻謝辭謝也𥜽者數祭之謝也禳者除殃之謝也祰者告祭之謝也禱者求福之謝

也賕者求福之謝也說文賕以財物枉法相謝也漢律諸爲人請求于吏以枉法而事已行者皆爲司寇急就篇受賕枉法忿怒仇顏注以財求事曰賕言受人財者枉曲正法忿怒良直反言爲仇讐也

砰普耕反磅普行反硡音宏磕苦大反豰音彤硠力當反又力蕩反砏普斤反磤音隱銵苦萌反鎗側庚反鍠音横錚楚耕反玲呂丁反瓏嘈音曹啐昨未反聲也

說文聲音也砰者大之聲也列子湯問篇徐以氣聽砰然聞之若雷霆之聲文選注引字書砰大聲

也磅者落之聲也玉篇磅石聲也廣韻磅小石落聲砿者廣韻砿下引玉篇云石聲也今本玉篇硡石也無砿字文選注云硡與訇音義同宋玉風賦耾耾雷聲李善注云埤蒼耾耾風聲又引廣雅耾聲也是本又作眩磕若楚辭九章憚涌湍之磕磕潘岳籍田賦鼓鞞砿隱以砰磕李善注引字指云磕大聲案磕當作磕說文磕石聲毃者說文毃擊空聲也徒冬切硠者說文硠石聲史記司馬相如子虛賦礧石相擊硠硠磕雷聲砏者楚辭九懷鉅寶遷兮砏磤王注太歲轉移聲磕磑也廣韻砏砏

汎水石礉者何晏景福殿賦聲訇礉其若震李善注引毛萇詩傳礉雷聲也案詩殷其靁即此字俗加石也鍧者玉篇鍧與鏗同口耕切鏗鏘金石聲也鎗者說文鎗鐘聲也鍠者說文鍠鐘聲也引詩曰鐘鼓鍠鍠錚者說文錚金聲也玉篇錚與鎗同玲瓏者說文玲玉聲法言五百篇瓏瓏其聲者其質玉乎玲瓏同太元經云匕被瓏玲注謂瓏玲金玉之聲瓏力恭切集韻引埤蒼玲瓏玉聲嘈哳者鼓之聲也玉篇嘈才力切聲也哳五葛切曷二切嘈嘈哳哳嶻同上劉歆遂初賦鴈邕邕以遲遲兮

野觀鳴而嘈嘈張衡東京賦奏嚴鼓之嘈囐薛綜曰嘈囐鼓聲集韻引此文云嘈囋聲也囋才達切或作啈

⿺風京⿺風胃音謂飂音流颮必昭反颰音忽⿺風戉呼越反⿺風肅思六反颸楚飢反⿺風壽逐留反⿺風必步力反風也

繫辭傳風以動之王逸楚辭章句風爲號令故風動而萬物搖釋名風兗豫司冀横口合脣言之風氾也其氣博氾而動物也青徐言風踧口開脣推氣言之風放也氣放散也⿺風京者與京同爾雅北風謂之涼風詩邶風云北風其涼月令孟秋之月涼

風至說文颮作飆颹者說文颹大風玉篇于貴切飂者說文飂高風也潘岳西征賦吐清風之飂戾玉篇作飀力周切飆者說文飆扶搖風也或作颮爾雅扶搖謂之猋詩疏引李巡云扶搖暴風從下升上故曰猋猋上也孫炎云迴風從下上曰猋月令云則猋風暴雨總至猋飆飊同莊子逍遙遊云博扶搖而上者九萬里司馬彪注上行風謂之扶搖淮南原道訓扶搖抮羊角而上高誘注扶搖如羊角曲縈而上也颮者玉篇颮與颮同呼沒切說文颮疾風也颭者玉篇颭風也廣韻颭許聿切小

六

[illegible]

風皃颬者廣韻颬許月切小風𩗗者廣韻𩗗風聲飂者玉篇飂力幺切風皃飂者左思吳都賦翼飂風之瀏瀏兮劉逵曰飂疾風江淹雜體詩戾戾飂風㷼颵者廣韻颵風颮颮者玉篇颮怫結切小風也

繕音勝緻音致衲音納鞔亡于反靪音玎絇音辭䈂犬例反鞴五革反鞔說音兑𣫍音卓補也

說文補完衣也玉篇補治故也繕者說文糸部義也夏官繕人注繕之爲言勁也善也漢書高祖紀繕治河上塞顔師古曰繕補也緻者密之補也玉

篇緻他二切紩也縫補敝衣也衲者玉篇衲奴荅
切補也鞔者革之補也說文鞔履空也靪者履下
補之也說文靪補履下也絧者玉篇絧才荅切補
也箇者竹之補也玉篇箇以竹補缺也鞨者玉篇
鞨履頭也靴者玉篇靴徒外切補具飾也䙝者衣
之補也玉篇䙝多木切補也

擕持音溘苦合反倚放奇仛託奇附依也

說文依倚也玉篇依怙也助也擕者方言文也郭
注謂可依倚之也溘者廣韻溘依也集韻引作濭
倚者任之依也宋玉招魂彷徉無所倚王注倚依

也放者慕之依也天官食醫職凡君子之食恒放焉鄭注放猶依也晉語若定王室而殘其姻族民將焉放韋亦訓依寄者物之依也說文寄託也侂者與侂同說文侂寄也附者近之依也玉篇附依也

幾尾總音忽紗音少糸音覓絤音戔細麼微也

廣韻微妙也細也少也幾者動之微也說文幾微也繫辭傳知幾其神乎幾者動之微也尾者說文尾微也釋文尾微也承脊之末梢微殺也尾與微古通用尚書鳥獸孳尾史記五帝本紀作字尾微

戰國策云信如尾生高高誘以為魯人即論語之微生高也莊子或作尾或作微古今人表有尾生高尾生畮顏師古曰即微生高微生畝也總者玉篇總呼骨切微總也廣韻總微也紗者太原堅次六云緎㡜紗〻縣於九州司馬光注緎德之輕者故言紗〻糸者絲之微也說文糸細絲也象束絲之形司馬彪輿服志云凡先合單紡為一糸四糸為一扶五扶為一首五首為一文絤者玉篇絤與緬同說文緬微絲也細者說文糸部義也麼者玉篇麼亡可切小麼

⿱髟付付音⿱髟貴邱位反⿱髟采且代反髽側爪反鷄斯䯻按說文即籀文髻字也髻也

髻與䯻同字或作結又作紒徐鍇本說文䯻簪結也徐鉉本亦有䯻字又新附髻字云古通作結此字後人所加桂進士馥曰王侍御念孫云案曹憲云說文䯻即籀文髻太平御覽引說文髻結髮也則見說文原有髻字而髻之重文士冠禮將冠者采衣紒鄭注紒結髮也古文紒為結紒之或作髻結猶結之或作䯻今說文䯻字訓為簪結乃後人所改徐鉉不察反以髻字為後人所加誤矣玉篇

髻字注云結髮也髻字注云同上此皆本于說文其下文云說文古拜切簪結也則宋人以誤本說文竄入者耳髻者說文髻結也鬠髻者說文鬠屈髮也方言云鬠帶髮帶幧頭也自河以北趙魏之閒其偏者謂之鬠帶或謂之髮帶郭注今之偏疊幧頭也髮亦結也髽者說文髽喪結士喪禮云婦人髽于室鄭注云始死婦人而纚將齊衰者骨笄而纚今言髽者亦去笄纚而紒也齊衰以上至笄猶髽髽之異於髻髮者既去纚而以髮為大紒如今婦人露紒其象也鄭注儀禮喪服篇云髽露紒

也猶男子之括髮斬衰括髮以麻則髽亦用麻以麻者自項而前交于額上却繞紒如著幧頭焉左傳疏云髽之形制禮無明文鄭衆云枲麻與髮相半結之馬融云屈布為巾高四尺著于額上雞斯者禮記問喪篇云親始死雞斯徒跣鄭注雞斯當為笄纚聲之誤也笄纚括髮也今時始喪者邪巾貊頭笄纚之存象也孔疏笄謂骨笄纚謂縚髮之縚言親始死孝子先去冠惟留笄纚也○集韻髻癡廡切引廣雅髻也今無此文

敼音韋軭音匡孤音乎紉咈音佛抮音顛很䙼音狠𪔵音麗也

說文盭弼戾也讀若戾漢書張耳陳餘傳贊云何鄉者慕用之誠後相背之盭也顏師古曰盭古戾字敎者說文敎戾也軖者車之盭也說文軖車戾也通作匡攷工記輪人云審其菑蚤不齵則輪雖敝不匡注云菑與爪不相佹乃後輪敝盡不匡剌也鄭司農云匡枉也弧者楚詞七諫正法弧而不公王逸注弧戾也君之正泛膠戾不用衆皆背公而向私也紭未聞咈者說文咈違也引周書曰咈其耇長抮者玉篇抮火典切引戾也狠者說文狠吠鬭聲五還切舊本狠譌狼今訂正很者說文很

盤也胡懇切舊本音訛狠今訂正

肖似類鼎象也

玉篇象亦作像說文像象也荀子議兵篇曉然皆知脩上之法像上之志而安樂之肖者上文云類也肖又為象也似類者說文佀象也又云類種類相似唯犬為甚管子七法篇義也名也時也似也類也比也狀也謂之象呂氏春秋季冬紀進視梁下類有人注類象也鼎者鼎彖曰鼎象也李鼎祚引九家易云卦易是鼎鑊烹飪之象亦象三公之位上則調和陰陽下則撫育百姓鼎能熟物養人故

云象也

猱奴絞反獿音遶狡音絞訬士交反毚音讒獪也

說文獪狡獪也猱者智之獪也方言捪獪也江湘之間或謂之無賴或謂之猱郭注偭愐多智也恪交反玉篇猱獪也獿者猴之獪也玉篇獿與猱同上文擇獿為擾與此義相成也狡者犬之獪也玉篇狡古卯切猾也獪也訬者輕之獪也說文訬擾也一曰訬獪讀若毚淮南修務訓越人有重遲也而人謂之訬高誘注訬輕利急音抄漢書敘傳之江都訬輕顏師古曰謂輕狡也左思吳都賦則有

任俠之靡輕訬之客㲋者兔之獪也小雅小弁躍躍㲋兔傳狡兔也

剖辟浦壁反片胖音判半也

說文半物中分也从八从牛牛為物大可以分也剖者分之半也左氏襄十四年傳與女剖分而食之杜注中分為剖辟與劈同破之半也說文劈破也片者木之半也說文片半木也从半木胖者體之半也天官腊人云祭祀共膴胖注云鄭大夫云胖讀為判杜子春云禮家以胖為半體元謂胖之言片也析肉意也說文胖半體肉也

斞音俱妁音酌斟酌也

說文酌盛酒行觴也斞者說文斞挹也玉篇斞九娛切酌也小雅賓之初筵賓載手仇箋仇讀曰斞挹也妁者說文妁酌也斟酌二姓也斟者說文斟勺也玉篇斟酌也

曰欥惟飢毋雖兮者其各有烏豈也予些先許反只詞也

說文詞意內而言外也舊本詞下無也字今就文義補正曰者說文曰詞也象口氣出也堯典曰若稽古帝堯孟子王曰叟趙岐注曰詞也皇侃論語

十二

義疏曰者發端之語也又引說文云開口吐舌謂之為曰張衡東京賦曰止曰時薛綜注曰詞也案曰通作聿小雅角弓見晛曰消大雅抑曰喪厥國釋文引韓詩作見晛聿消聿喪厥國大雅緜予曰有先後予曰有奔走楚辭王逸章句引詩於聿有奔走予聿有先後是曰與聿通舊本曰訛日今訂正欥者說文欥詮詞也引詩曰欥求厥寧漢書敘傳幽通賦欥中龢為庶幾兮顏師古曰欥古聿字文選欥作聿是欥與亦聿通也惟者凡之詞也方言惟凡思也容齋三筆云六經用字有不同者維

唯一也。而詩在為維，在易為唯，在書為惟，飢未詳。每者，爾雅每有雖也，莊子庚桑楚云每發而不當，釋文每雖也，衆經音義引蒼頡篇每非一定之詞也。雖者，玉篇雖詞兩說也，論語云雖曰未學。兮者，說文兮語所稽也，詩曰其實七兮，緇衣之宜兮是也。者若，說文者別事詞也。其者，商書微子云若之何其，鄭注其語助也，齊魯之閒聲如姬。各者，說文各異辭也。而者，玉篇而語助也，乃也，皇侃論語義疏云而猶因仍也，公羊宣八年傳而者何難也。烏者，說文烏取其助氣，故以為烏呼，玉篇烏語詞，釋名烏舒也氣憤滿故發此聲以舒寫之也今經典多作嗚文選注引薛君韓詩章句嗚歎詞也豈者玉篇豈安也焉也引書曰怨豈也明也者玉篇也斯也所以窮上成文也詩曰何其處也必有與也是也乎者說文乎語之餘也孔安國論語注云焉目乎哉皆詞也詩曰亶其然乎些者語之詞也宋玉招魂何為四方些是也沈括曰今夔峽湖湘及南北江潦人凡禁呪句尾皆稱些乃楚人舊俗大昭案爾雅皆此也釋文皆郭音些案廣雅韻些辭也息計反又息賀反謂語餘聲也是些本當作呰故

說文不收些字只者說文只語已詞也鄘風柏舟母也也天只只不諒人只左氏襄二十七年傳諸侯歸晉之德只

沬既央極已也

玉篇已止也畢也訖也沬者離騷芬至今其猶未沬王逸注沬已也既者周南汝墳既見君子傳既已也地官鄉師也云既役則受州里之役要注云既已也張衡東京賦文德既昭央者楚辭九歌爛昭昭兮未央王逸注央已也謝朓觀楚使下都夜發新林至京邑詩大江流日夜客心悲未央李善注引

此文極者小雅青蠅讒人罔極淺極已也

𢦓吞泯絕止消烕翾悅反滅也

爾雅滅盡也絕也夷者王粲贈士孫萌詩天降喪亂靡國不𢦓陸機挽歌妍姿永𢦓泯吞者漢書項籍傳贊并吞八荒之心泯者玉篇泯彌忍彌資二切滅也左氏成十六年傳是大泯曹也周語今語大泯其宗祊注皆訓滅絕也班彪北征賦超絕迹而遠游李善注引此文止未詳消者說文消盡也廣韻消烕也烕者說文烕滅也火死于戌陽氣至戌而盡引詩曰赫赫宗周褒姒烕之

恬大兼反 倓大濫反又達甘反 憺徒敢反又徒濫反 怕普白反 怗他頰反又都簞

反 蓦莫音 宋坰反乃頰 安情靜也

說文靜審也玉篇靜息也廣韻靜安也恬者方言

文也淮南原道訓大丈夫恬然無思澹然無慮又

人間訓閒清靜恬愉王褒洞簫賦時恬淡以綏肆李

善注引此文倓者玉篇倓靜也本此憺怕者說文

憺安也怕無爲也司馬相如子虛賦怕乎無爲憺

乎自持老子道經我獨怕兮其未兆怗者陸機文

賦或妥怗而易施李善注引此文玉篇帖靜也本

此蓦者說文蓦宋也通作嗼宋者說文宋無人聲

廣雅疏證卷八

或作誄方言宷安靜也江湘九疑之郊謂之宷楚詞遠遊云野宷漠其無人通作啾呐者玉篇呐莫也宷莫然清靜之皃安者方言文也說文安靜也釋名安宴也晏晏然和喜無動懼也情者古情與靜通故為靜也表記云義而順文而靜鄭注靜或為情逸周書官人云情忐而寬貌莊而安大戴禮官人情作靜周書又云飾貌者不靜大戴禮作不情是也或說情當作青潘岳射雉賦涉青林以游覽兮李善注引薛君韓詩章句青靜也

靈子醫龔刀恭反覡呼的反巫也

十五

說文巫祝也女能事無形以舞降神者也靈子也王逸注楚詞云楚人名巫為靈子春秋傳申公巫臣字子靈醫者說文云古者巫彭初作醫故醫亦為巫盤者玉篇盤巫也本此覡者說文覡能齊肅事神明也在男曰覡在女曰巫

攙士銜反捈塗剡挍音今會稽有剡縣音古鑯子廉音剡挍翻未知此音出何文字反銳也

上文銳利也此又廣其義也攙者字當為鑱說文鑱銳也捈未詳剡者鋒之銳也說文剡銳利也晉語大喪大亂之剡也不可犯也韋注剡鋒也漢書

賈誼傳剡手以衛仇人之胷鐵者說文鐵鑴也徐鍇曰今俗作尖非是○集韻鍰將廉切引廣雅銳也今無此文

扻傅末反拂㨮音彭挾押聚輔也

玉篇輔相也廣韻輔助也弼也扻者出之輔也拂者古與弼同謀之輔也孟子云入則無法家拂士荀子臣道篇有能抗君之命竊君之重反君之事以安國之危除君之辱功伐足以成國之大利謂之拂㨮者引之輔也說文㨮所以輔弓弩挾者說文挾俾持也釋名挾夾也在旁也押者玉篇押古

狎切輔也本此翼者周書大誥予翼以于玉篇翼輔也

臿初洽反䃎作何反𥑮數鐵反碭音蕩糳子洛反捶之桒反𦦷丁老反

毇𥽜楚尚反䃗音消舂失鐘反也

說文舂擣粟也古者雝父初作舂臿者說文臿舂去麥皮也䃎者玉篇䃎舂擣也𥑮碭者玉篇𥑮舂也碭徒黨切舂也並本此舊本䃎𥑮碭皆訛从日今訂正糳糲米一斛舂為九斗曰糳捶者杖之舂也說文捶以杖擊也𦦷者玉篇𦦷舂也亦作擣𦦷同毇者說文毇小舂也初蔡切𥽜者說文云舂

麥為桑舊本桑訛从木今許正磴者說文云舂已復擣之曰磴

巉士杉反巗五衘反岑崟音吟巑在丸反岏嶕辥焦反嶢音堯阢音兀嵬牛迴反又牛尾反嵯峩顤音堯顟五高反遼音遼巢音巢陗且笑反挑七消反卲亢苦浪反喬音橋厲尊極競彌尚崪子恤反高也

說文高崇也象臺觀高之形釋名高臯也最在上臯韜諸下也巉巗者玉篇巉巉巗高危皃宋玉高唐賦登巉巗而下望兮謝朓郡內登望詩巉嵒帶遠天李善注引廣雅作巉嵒岑崟者說文崟山之岑崟也魚音切岑山小而高鉏箴切司馬相如賦岑

岑參差日月蔽虧江淹雜體詩岑崟還相蔽李善注引郭注方言云岑崟峻皃巑岏者宋玉高唐賦盤岸巑岏劉向九歎登巑岏以長企兮王逸曰巑岏銳山也謝朓和王著作八公山詩茲嶺復巑岏李善注引字林云巑岏銳山也玉篇巑岏銳上也嶕嶢者說文嶢嶕嶢山高皃焦嶕同方言云嶢高也班固西都賦內則別風之嶕嶢黃香九宮賦登嶕嶢之崔臺闚天門而閃帝宮陶潛挽歌四面無人居高墳正嶕嶢李善注引字林嶕嶢高皃阢嵬者玉篇阢午曰切崔也亦作峞說文嵬高不平也

班固西都賦彌乃正殿崔嵬層搆厥高臨乎未央

李善注引長門賦正殿嵬以造天嵯峩者說文嵯
山皃巀嵯峩也楚詞招隱士云山氣巃嵸兮石嵯
峨王逸注嵯峨巀嶭峻蔽日也巓巍者說文巍高
長頭五弔切贅：顤高也五到切玉篇顤高大也
遼巢若玉篇嶚力幺切嶚巢山高巢士交切遼嶚
同張衡南都賦嵣峵嶚剌李善注嶚山高而相戾
也集韻引此作嶚巢陗者說文陗陖也與峭同史
記李斯列傳峭塹之勢異也索隱云峭峻也高也
謝靈運過始寧墅詩岩峭嶺稠疊李善注引云峭

高也是本文作跳䠷者啓事見曰跳祧之謞祧之言超也超有高義卲

者說文卲高也法言脩身篇公儀子董仲之才之卲

也李軌訓卲為高桒部引以舊本訛从邑今訂正亢者易乾上

九亢龍釋文引子夏傳亢極也通作杭樂記云上

如抗上如隊淮南說山訓申徒狄負石自沈于淵

而溺者不可以為抗注云抗高也繁欽與魏文帝牋

云大不抗越細不幽散李善注引云抗高也是本

又作抗又通作阬說文阬閬也閬門高也喬者說

文喬高而曲也禹貢厥木維喬周頌般隮山喬嶽

桒喬高也見爾雅釋詁必不重出致爾雅釋山銳

丸

廣雅疏卷六

而高嶠釋文引字林作嶠云山銳而長也巨照反此喬疑嶠之訛厲者孔融薦禰衡表史魚厲節曹植七啟懼聲教之未厲李善注引此文尊者攷工記輪人云部尊一枚注云尊高也極者玉篇極高也本此競者廣韻競高也本此弼者方言文也尚者左思招隱詩相與觀所尚李善曰尚高也謂中心之所高尚也崒者說文崒危高也爾雅釋山崒者厜㕒郭注謂峯頭巉巖班固西都賦巖峻崷崒

嶅下遙反侑又音儷諧耦也

釋名耦遇也二人相對遇也左氏桓二年傳嘉耦

安古堂抄藏

曰妃怨耦曰仇敵者玉篇敵居戴切偶也俏者說
文俏耦也讀若祐或作俏儷者士冠禮云主人酬
賓束帛儷皮兩鹿皮也士昏禮云注麗兩也春秋傳
曰鳥獸猶不失儷法言君子篇必進易儷也必退
易儷也進以禮退以義難儷也是儷為耦也諧者
上文釋耦為諧此又轉相訓也
州郡縣道都鄙邦域邑國也
說文國邦也玉篇小曰邦大曰國州者牧之國也
釋名州注也郡國所注仰也禹貢釋文引春秋說
題辭云州之言殊也郡者守之國也古郡小于縣

周書作雒解云國方千里分為百縣縣有四郡郡有四鄙左氏哀二年傳上大夫受縣下大夫受郡是也至秦初置三十六郡以監其縣則郡大於縣矣水經注引黃義仲十三州記云郡之言君也改公侯之封而言君者至尊也郡守專權君臣之禮彌崇今郡字君在其左邑在其右君為元首邑以載民取名于君謂之郡縣者令長之國也古之名縣有三總王畿之內曰縣天子之寰內是也六遂之內有縣凡二千五百家則五家為鄰五鄰為里四里為酇五酇為鄙五鄙為縣是也三百里至四

百里為縣則稍甸縣鄙是也釋名縣〻也縣係于郡也水經注引風俗通義百里曰同總名為縣〻元也首也言當元靜平徭役也黄義仲十三州記云縣弦以貞直言下體之居鄰名之位不輕其誓施繩用法不曲如弦〻聲縣故以取名道者遷之國也漢書百官表云有蠻夷曰道都者治之國也漢時郡所治稱都後漢書安帝紀徙金城郡都襄武臧洪傳徙為東郡太守都東武陽是也釋名云國城曰都者國君所居人所都會也鄙者釋名鄙否也小邑不能遠通也玉篇云周禮五酇為鄙

小國去都遠邨未聞域者商頌奄有九有韓詩作奄有九域說文或邦也或作域邑者漢書百官表皇太后皇后公主所食曰邑桀夏商天子所居名邑商頌殷武商邑翼翼四方之極傳商邑京師也書多士言天邑商逸書言西邑夏大邑周是也是以白虎通義夏曰夏邑殷曰商邑周曰京師尚書曰率割夏邑謂桀也在商邑謂紂也文王演易據夏商之禮故于无妄六三云邑人之災亦以天子所居為邑也諸侯亦稱邑春秋傳云敝邑是也說文邑國也从口先王之制尊卑有大小从卩

攜挈撣[illegible]音提也

說文提挈也釋名提地也臂埀所持近地也說文攜者說文手部義也又云㩦不能行為人所引曰㩦㩦是亦提攜之異文挈者說文挈縣持也釋名挈結也結束也又持之也淮南說山訓百人抗浮不若一人挈而趨撣者說文撣提持也徒旱切

刭乙羊反刑刲剄古鼎反也

說文剄刑也玉篇剄以刀割頸也刭者玉篇刭刎也集韻引廣雅刭刎也刑者玉篇刑與刑同說文刑剄也舊本刑訛刑字書無此字刲者玉篇刲下

圭

于切剄也舊本刻訛刻今訂正

剾烏侯反剅音頭剈音淵剜於桓反也

玉篇剜削也剾剜也剅徒溝切剾也剈於懸切剜也並本此○集韻剄衣駕切引廣雅剜也今無此文疑涉上而誤

孕重妊音任娠振身二音身媰壯板反㑗音身也

玉篇㑗式神切妊身也孕者說文孕褢子也漸九三婦孕不育淮南原道訓毛者孕育注孕者懷胎重者詩毛傳身重也鄭箋重謂褢孕也廣韻作𨈡云婦人娠也杜用切妊者說文妊孕也玉篇妊汝

鳩切妊身懷孕也娠者說文娠女娠身動也左氏哀元年傳后緡方娠漢書高祖紀已而有娠應劭曰娠動懷任之意孟康曰娠音身漢史身多作娠古今字也玉篇娠失人之刃二切妊娠也身者大雅大明云太任有身生此文王媰者說文媰婦人妊身也引周書曰至于媰婦玉篇媰仕于仄鳩二切

偁稱之平聲奘羽音謏絁音與與疑音孝譽也

說文譽偁也玉篇譽余恕切聲美也又音余偁者說文偁揚也玉篇引左氏傳禹偁善人與稱同今

本左傳作稱獎者說文獎族犬厲之也玉篇獎子養切譽本此譝者玉篇譝視陵切譽也通作繩左氏莊十四年傳繩息媯杜注繩譽也與者鄭注射義云譽或為與是與譽古字通曹憲與音之下有疑字亦疑其與譽同歟孝者孝經援神契云鄉大夫行孝曰譽謂言行布滿天下能無怨惡遐邇稱譽是榮親也

皃陌豹反奕裕心形容也

上文容飾也此文廣其訓也古作頌說文頌皃也皃者說文皃頌儀也或作䫉籀文作貌說文佗倄文篇

書曰五事一曰貌貌者男子之所以恭敬婦人之所以姣好也行步中矩折旋中規立則磬折拱則抱鼓其以入君朝尊以嚴其以入宗廟敬以忠其以入鄉曲和以順其以入州里鄉黨之中和以親奕者方言奕容也自關而西凡美容謂之奕玉篇奕弋名切美容也裕者陸機皇太子宴元圃宣猷堂有令賦詩云茂德淵沖天姿玉裕李善注引此文心者漢書五行志云傳曰思心之不容是謂不聖思心者思慮也容寬也孔子曰居上不不寬吾何以觀之哉言上不寬大包容臣下則不能居聖

位是心為皃之容也形者詩序云頌者美盛德之形容

廋所留反蔽潛慝恩適隱也

說文隱蔽也玉篇隱匿也廋者方言文也郭注廋音搜索之搜謂隱匿也晉語有秦客廋辭于朝韋注廋隱也謂之隱伏譎詭之言問于朝東方朔曰非敢試之乃與為隱耳是也通作蒐左氏文十八年傳服讒蒐慝注蒐隱也蔽者玉篇蔽隱也本此潛者說文潛藏也廣韻潛水伏流匿者玉篇匿亡隱也恩者廣韻恩隱也適者說文適逃也玉篇適

隱也離騷後悔遁而有他王注遁隱也

僭忒𠁥𢀩古巷反差楚儀反也

說文𢀩貳也𢀩不相值也玉篇差參差不齊也僭者湯誥云天命弗僭孔傳僭差也通作替漢書王子侯表忒僭差失軌顏師古曰僭古僭字忒者易豫彖曰四時不忒通作貣管子云如四時之不貣𠁥者玉篇𠁥古懷切差也今作乖𢀩者玉篇𢀩差也今為降

頍音規圖彫刻畫也

說文畫界也象田四界聿所以畫之釋名畫挂也

二五

以五色挂物上也頮者說文頮讀若規是規畫也圖者說文圖畫計難也玉篇圖畫形也呂氏春秋云史皇作圖釋名圖度也畫其品度也彫者說文彫琢文也書五子之歌云峻宇彫墻法言問道篇或問彫刻衆形者匪天歟曰以其不彫刻也如物刻而彫之焉得力而給諸文寡見篇玉不彫璵璠不作器刻者說文刻鏤也爾雅木謂之刻

歿音沒繹結結冬終也

釋名終盡也歿者人之終也說文歾終也或作歿繹者絲之終也玉篇繹終也結者事之終也冬者

時之終也說文冬四時盡也漢書律歷志冬終也物終藏乃可稱白虎通義冬之為言終也

揄以朱反墮剝免脫也

上文脫離也此又廣其訓揄墮者方言云揄㯐脫也剝者爾雅曰肉曰脫之郭注剝其皮也是剝為脫也免者左氏成十六年傳免使者而復鼓注免脫也晉語郤至甲胄而見客免胄而聽命韋注訓為脫也

酺薄乎反又薄故反醵吸許急反濔音弭歠也

說文歠歠也釋名飲奄也以口奄而引咽之也酺

者說文酺王德布大歙酒也史記文帝紀酺五日集解云文頴曰漢律三人以上無故羣飲罰金四兩今詔橫賜得令會聚飲酒五日索隱曰趙武靈王滅中山酺五日是其所起遠也醵者說文醵會飲酒也或作𨡔禮器云周禮其猶醵與鄭注合錢飲酒為醵吸者郭璞江賦吸翠霞而夭矯李善注引此文渳者說文水部義也緜婢切

師尹工官也

說文官吏事君也師者地官師氏注師教人以道者之稱也大戴禮云昔者周成王幼在襁褓之中

太公為太師尹者春秋繁露云湯受命變夏作殷作官于下洛之陽名官曰尹工者周頌嗟嗟臣工傳工官也鄭箋上是諸侯之鄉大夫是也

日室經實也

說文實富玉也高實不空也日者說文日實也太陽之精不虧爾雅疏引春秋元命苞云日實也光明盛實白虎通義日之為言實也常滿有節室者說文宀部義也釋名室實也人物實滿其中也經者檀弓云經也者實也鄭注所以表哀戚又鄭注喪服云經之言實也明孝子有忠實之心

廣雅疏義卷八

貫增誄累也

說文絫增也貫者財之累也說文貫錢貝之貫離騷貫薜荔之落蘂王注貫累也增者物之累也說文增益也誄者行之累也云曾子問云賤不誄貴幼不誄長禮也鄭注誄累也累列生時行迹誄之以作謚釋名誄累也累列其事而稱之也

承受詔繼也

說文繼續也承者說文承受也玉篇承次也左氏宣十二年傳子擊之鄭師為承楚師必敗杜注承繼也受者古與更通左氏昭二十九年傳以更豕

倖之後史記更作受儀禮燕禮云更爵注云古文更為受韶者樂記篇文也鄭注韶之言紹也玉篇韶繼也紹也舜樂也

趧音卑殊撥又通末碎音卒絶也

釋名絶截也如割截也說文截斷絲也趧者左思魏都賦至于山川之倬詭李善注引廣雅倬絶也是本又作倬殊者木之絶也玉篇殊絶也本此左氏昭二十三年傳斷其後之木而弗殊邾師過之乃推而蹷之撥者本之絶也大雅蕩枝葉未有害本實先撥鄭箋撥猶絶也碎者生之絶也說文云

大夫死曰碎公羊隱三年傳大夫曰卒與碎同

頀護音戶挾護也

說文護救視也史記蕭相國世家何數以吏事護高祖頀者玉篇頀　故切濩樂名白虎通義湯曰大護者言湯承衰能護民之急也頀護同戶者說文戶護也半門曰戶釋名戶護也所以謹護閉塞也挾者方也文也郭注扶挾將護方言本或作扶字之訛耳廣韻挾護也

巛懦㦗謹音擭茹柔也

上文柔弱也此又申釋之虞書柔而立鄭注柔謂

性行和柔〻者陸氏周易釋文云坤本又作巛巛今字也同困魂反雜卦傳乾剛坤柔儒者說文儒柔也術士之稱禮記鄭氏目錄云儒之言優也柔也能安人能服人左氏傳齊人歌曰唯其儒書以為二國憂慬者玉篇慬几隱切柔也擾者尚書云擾而毅徐廣曰擾〻一作柔說文擾牛柔謹也以牛夒聲玉篇擾而小而照二切從也馴尚書擾而毅字如此擾同上茹者草之柔也離騷攬茹蕙以掩涕兮王注茹柔耎也

攏聾音捕輔音扮浮問反挟煩音擠在細反也

[illegible]

說文穧穫刈也小雅大田云此有不斂穧䆍者玉篇䆍力公切䆍穧補者玉篇補扶甫切禾積也廣韻捕禾穳積也秎者玉篇秎〻穧也廣韻秎穧扮穫也管子立政篇雖有凶旱有所秎穫挾者玉篇挾居恊切挾穧也

䃓(音遺)碻(音的)罸伐也

說文伐擊也䃓者玉篇䃓古切罸也廣韻同碻者玉篇碻丁狄切磓也廣韻同罸者廣韻引元命包云网言為詈刀詈為罸〻之言网陷于害

韗(音䰟)般(音班)旋還也

說文還復也𨊻者廣韻𨊻還也車相避也戶昆切般者說文般辟也象舟之旋明夷六二夷于左股馬融王肅作般云旋也日隨天左旋也通作班還軍曰班師左氏襄十年傳請班師杜注班還也旋者古與還同魏風行與子還兮釋文本亦作旋齊風子之還兮韓詩作嫙

明覺赫發也

玉篇發明也明者上文釋發為明〻又為發轉相訓也玉篇明發也本此覺者說文見部義也赫者廣韻赫發也本此

觪才几反長㸬步器反挾也

挾余詳觪長㸬字書俱無挾訓玉篇觪角初生㸬符沸切勇壯也

䪹音坙摹莫乎反劅烏角反刑也

刑與形古通用詩儀刑文王潛夫論引作形孫叔敖碑因埋掩其刑又辟患害于無刑馮緄碑遺令賊刑而已皆義作形䪹者玉篇䪹駭耕切䪹刑也巔頊樂名摹者說文摹規也玉篇摹規摹也劅者玉篇劅刑也集韻劅形也

𦍙縕漫音曼饒也

上文饒益也多也此又廣其義釋者厤事兄曰月令可以時足糞有饒益之義也縕者與蘊同方言云糞田疇者饒也瀀者說文瀀澤多也

引詩曰既瀀既渥今信南山詩作優

縫際期會也

說文會合也縫者衣之會也舊本縫訛絳今訂正際者壁之會也說文際壁會也期者時之會也離騷指西海以為期王注期會也

宿次低都俾反施失以反舍也

王篇舍舒夜切處也宿者客之舍也說文宿止也周頌客之宿宿次者師之舍也左氏莊三年傳凡

師一宿為舍再宿爲信過信為次師六四師左次荀爽曰次舍也低者字當為邸說文邸屬國舍漢書文帝紀至邸而議之顏師古曰郡國朝宿之舍在京師者宿名邸〻之至也言所歸至也苑者詹事瓚曰宿次為傳舍之舍苑則舍釋之舍也似亦可通

程見經示也

釋名示〻也過所至關津以示之也程者張衡南都賦致飾程盤李善注引此文見者說文見視也視與示同曲禮幼子常視毋誑鄭注視今之示字經者常也常道以示人也

肆申倈音來伸音申也

上文伸理也直也展也此又廣其義肆者秋官掌戮云凡殺人者踣諸市肆之三日注云肆猶申也陳也申與伸同申者玉篇申伸也本此倈未聞

佻音窕抗絓乎卦反縣也

說文縣繫也春官小胥職云正樂縣之位王宮諸侯軒縣卿大夫判縣士特縣辨其聲佻抗者方言佻抗縣也趙魏之間曰佻自山之東西曰抗燕趙之郊縣物于臺之上謂之佻郭注了佻縣物皃絓者楚詞九章心絓結而不解兮王注絓懸也淮南

人間訓小人不知禍福之門戶妄動而絓羅網潘岳悼亡詩遺挂猶在壁李善注引曰挂懸是本又作挂

韞音蘊圍裝音莊包憶於問反裹也

說文裹纏也大雅公劉云乃裹餱糧韞者玉篇韞於昆切裹也本此圍者廣韻圍圖也遶也通作韋漢書成帝紀建始元年拔甘泉時中大水十韋以上顏師古注韋與圍同裝者說文衣部義也包者說文已象人裹姓已在中象子未成形也名野南有死麕白茅包之傳裹也憶者玉篇憶裹也本此

扞搷田音對揚也

說文揚飛舉也扞搷者方言扞搷揚也郭注謂播揚也玉篇搷達年切揚也對者廣韻對揚也本此

奏箋戔音表表音詔箭條記勅勑摽必饒反諫七賜反撽牛歷反書書音也

釋名書庶也紀庶物也亦言著也著之簡紙永不滅也說文叙云著于竹帛謂之書書者如也呂氏春秋君守篇蒼頡作書高誘注蒼頡生而知書寫倣鳥迹以造文章法言問神篇彌論天下之事記久明遠著古昔之㖦㖦傳千里之忞忞者莫如書

廣雅疏義

書心畫也奏者釋名奏鄒也鄒狹小之言也蔡邕
獨斷云奏者亦需頭其京師官但言稽首下言稽
首以聞其中者所請若罪法刻案公府遞御史臺
公卿校尉送謁者臺也箋者說文箋表識書也詩
釋文箋本亦作牋同字林云箋表也諸也案鄭注
六藝論云注詩宗毛為主毛義若隱略則更表明
如有不同即下已意使可識別也表者下言上曰
表思之於內表施於外也獨斷云表者不需頭上
言臣某言下言臣某誠惶誠恐稽首頓首死罪死
左方下附曰某官臣某甲上文多用編兩行文少

以五行詣尚書通者也公卿校尉諸將不言姓大夫以下有同姓官别者言姓章曰報聞公卿使謁者將大夫以下至吏民尚書左丞奏報聞可表衣報已奏如書凡章表皆啟封其言密事得帛囊盛詔者釋名云詔書語昭也人暗不見事宜則有所犯以此示之使昭然知所由也獨斷云詔書者詔誥也有三品其文曰告某官云云如故事是爲詔書羣臣有所奏請尚書令奏之下有制曰天子荅之曰可若下某官云云亦曰詔書羣臣有所奏請無尚書令制之字則荅曰已奏如書本官下所當至

亦曰詔冊者說文冊符命也諸侯進受於王也象
其禮一長一短中有二編之形古文作笧釋名云
漢制約勑封侯曰冊〻蹟也勑使整蹟不犯之也
獨斷云策者簡也禮曰不滿百文不書于策
其制長二尺短者半之其次一長一短兩編下附
篆書起年月日稱皇帝曰以命諸侯王三公其諸
侯王三公之薨于位者亦以策書誄謚其行而賜
之如諸侯王之策三公以罪免亦賜策文體如上
策而隸書以一尺木兩行唯此為異者也條者一
一疏舉若木之有枝條也漢書元帝詔曰條奏無

有所諱廣韻條教也記者說文記疏也釋名記紀也紀識之也漢書蕭望之傳侍詔鄭朋奏記于蕭望之注記書也奏記自朋始文心雕龍後漢始有公府奏記記之言志進己志也勑者釋名勑飭也使自警飭不敢廢慢也獨斷云戒勑刺史太守及三邊營官被勑文曰有詔勑某官是為戒勑也世皆名此為策書失之遠矣勅者與勑同玉篇勅誡也今作勑標者字當為幖說文幖幟也幟與識通諫者與刺同釋名云書稱刺書以筆刺紙簡之上也書姓名于奏白曰書刺作再拜起居字皆達其

體使盡書遶徐引筆書之如畫者也下官剌曰長制長書中央一行而下之也又曰爵里剌書其官爵及郡縣鄉里也檄者說文檄二尺書史記張儀別傳云為文檄告楚相漢書高祖紀吾以羽檄徵天下兵顏師古曰檄者以木簡為書長尺二寸用徵召也其有急事則加鳥羽插之示速疾也魏武奏事云今邊有警輒露檄插羽釋名檄激也下官所以激迎其上之書文也

元良餑音勃䭒音息聎音道镺烏老反堅長也

卷三之長為長短之長此是長幼之長也元良者

爾雅元良首也首亦長也易文言曰元者善之長也玉篇引釋詩云云長也廣韻良長也餗餽未詳䠷趹者玉篇䠷乃倒徒到二切長也趹於倒於到二切趹䠷長也吳都賦卉木趹蔓堅者廣韻堅長也本此○集韻引廣雅䠷驕長也今無此文疑即䠷趹之或體字

剫魚既反刵耳志反割剸截也

說文㦰斷也剫者說文剫刑鼻也引易曰天且剫或作劓刵者說文刵斷耳也割者玉篇割截也剸者玉篇剸之亂之沇二切斷也舊本剸訛剪字書

無此字今訂正

扎鱗撿音簡甲也

釋名鎧或謂之甲似物孚甲以自禦也扎者左氏成十六年傳蹲甲而射之徹七扎焉淮南說山訓令被甲者以備矢之至若使人必知所集則懸一扎而已矣揚雄太元云比扎為甲賈公彥周禮疏云一葉為一扎「末陷耳知甲以七扎為數也舊本」右路石奮投而擊繆公之甲中之者已六扎矣六扎者惟一扎未陷耳知甲以七扎為數也舊本扎訛禮今訂正鱗者魚之甲也說文鱗魚甲也撿者

孝備九究也

說文撿押也押从甲有甲義摩箏究說

說文究窮也玉篇究深也盡也孝者孝經援神契云士行孝曰究當細明審資親事君之道是能榮親也備未聞九者說文九陽之變也象其屈曲究盡之形乾鑿度云易變而為一一變而為七變而為九九者氣變之究也乃復變而為一漢書律歷志黃鍾為天統律長九寸者所以究極中和為萬物元也白虎通義云尚書以親九族、、之所以九何九、之為言究也親疏恩愛究竟也

補全棺丸完也

說文完全也補者衣之完也說文補完衣也玉篇補治故也全者說文全完也篆文作全純玉曰全舊本全訛令今訂正滌侍御云盧按令作合想亦以意改棺者白虎通義棺之為言完所以藏尸令完全也丸者詹事兄曰丸完以音同取義釋名皆用此例

襲倚因也

說文因就也淮南原道訓禹之決瀆也因水以為師神農之播穀也因苗以為教襲者鄭注中庸云

襲因也潘岳西征賦街衢如一庭宇相襲李善注引此文倚昔上文釋倚爲倚爲依々亦因也

盈滿繹充也

上文充滿也塞也此又申其義也盈滿者說文盈滿器也滿盈溢也繹者上文繹終也案鄭注士冠禮云終充也故繹亦為充

奸夌音陵敢犯衄女六反也

說文衄鼻出血也廣韻衄俗作䶊々案今俗以惡名加人曰䶊是犯之也奸者淫之䶊也說文奸犯婬也古寒切夌者越之䶊也說文越夌也通作陵

玉篇陵犯也敢者勇之衂也說文作𠭥進取也廣韻敢勇也犯者侵之衂也說文犯侵也玉篇犯抵觸也

柴醉反棨展鈓音壬慍於問反奉音卷也

爾雅羋中辨謂之拳此篇上文拳曲也詘也茲所釋者未知其指柴展未聞玉篇慍拳也本此集韻引此文云鈓拳也舊本鈓訛飪今訂正

慎必慼敕也

說文敕誡也小雅楚茨既匡既敕箋祝釋嘏詞以敕者孫益吉者教戒之辭曰敕慎者說文慎謹也

古文作昚史記虞卿列傳云此飾詞也王昚勿予必若玉篇必敎也本此太原度次八云赤石不奪節氏之必測曰石赤不奪可與要也藏者方言藏敕戒備也左氏傳以藏陳事杜注藏敕也棄藏敕一聲之轉

粈女久反雜錯廁也

玉篇廁測吏切雜也粈者飯之廁也說文粈雜飯也雜者色之廁也說文雜五彩相合急就篇分別部居不雜廁錯者詞天問九州安錯王逸注錯廁也言九州錯廁禹何所分別之張協七命錯以瑶

英鏤以金華李善注引此文

廣汜撰素博也

玉篇博廣也廣者居之博也說文廣殿之大屋也汜者水之博也楚詞九歎臨深水而長嘯兮且倘佯而汜觀王注汜博也撰未詳素者方言貌素廣也故素亦為博

踦居綺反際邊厓旁陳音檢偏資方也

方訓已見卷一彼為方正之方此是方隅之方也史記扁鵲列傳以其言飲藥三十日視見垣一方人索隱曰方猶邊也言能隔墻見彼邊之人踦者

篇踦恐人踦乃身迂乃心踦曲迂避也際者玉篇
際方也本此邊者玉篇邊畔者廣韻邊方也厓者
已見前篇方訓中旁者士喪禮鄭注云今文旁為
方是旁為古文方也隩者已見前卷方訓中偏者
廣韻偏不正也鄗也脊者字當為脊說文阪山脊

觸冒墨音搪唐音敎長戾反衝揬突音也

玉篇揬達骨切衝揬也觸者說文觸抵也冒者說
文冒冡而前也搪者玉篇搪達郎切搪揬也廣韻
作摚云傏突不遜劉邵人物志彊毅之人狠剛不
和不戒其彊之搪突馬融圍棊賦守規不固分為

相唐突唐突與搪揬同集韻搪揬觸也歁者玉篇廣韻俱不收未詳衝者孔叢諫格虎賦耳目喪精値網而衝鮑昭蕪城賦製磁石以禦衝李善注引曰衝突也揬突同刻窮歁口陷反究音救貧也

刻窮歁口陷反究音救貧也

說文貧財分少也古文作𡧍刻未聞窮者說文窮極也歁者玉篇歁貧也本此究者說文究病貧也

災炭⿰火節子栗反𤇈熷炧四者反也

說文炧燭𤇈也徐野切災者籀文烖字釋名災裁也火所燒滅之餘炭者說文炭燒木餘也玉篇𤇈

灺也𤐃者玉篇𤐃灺也𦘔者說文𦘔火餘也玉篇𦘔才進切灺也燼同上通作盡方言盡餘也自關而西秦晉之間炊薪不盡曰藎𤏸者說文𤏸焦也玉篇𤏸子刀切𤏸燒也廣韻燒火餘木也

熝烏高反煾音恩煨烏回反㷇呼勿反熅於云反也

玉篇熅煙也漢書蘇武傳置熅火顏師古曰熅謂聚火無焱者也熝者玉篇爊於刀切温也爊當作熝廣韻爊埋物灰中令熟通作鑣說文鑣温器也煾者說文㶲炮肉以微火温微也烏痕切玉篇煾與㶲同煨者玉篇煨盆中火熝也㷇者玉篇作㷇

熅也烼烌火煨廣韻烼大煨起皃

歕普頓反啈孚萬反咽巨須反哯牛典反呁鈎峻反哊有六反欲其表反歐於苟反㱿許角反吐也

說文吐寫也玉篇吐他古也他故二切口吐也歕者玉篇歕普門普悶二切口含物歕散也啈者玉篇作啈吐也咽者玉篇咽欲吐皃哯者說文哯不歐而吐也玉篇哯不顧而吐也廣韻哯小皃歐乳也呁者玉篇呁吐也哊者玉篇哊吐也欲者玉篇欲歐吐也歐者說文欠部義也㱿者說文㱿歐皃左氏哀二十五年傳褚師聲子襪而登席公怒辭曰

臣有足疾若見之君將轂之杜注轂嘔吐也舊本轂譌轂今訂正○集韻引廣雅嘔吐也羽粉王分二切今無此文

埳苦敢反隮甘陷反賊減反陷也

說文陷高下也一曰陊也埳者玉篇埳陷也隮者玉篇隮陷也賊者說文賊目陷也苦夾切舊本賊譌从目今訂正

庸庴由以用也

說文用可施行也庸者說文用部義也齊風南山齊子庸止王風兔爰尚無庸毛傳並云庸用也庴

者行之用也聘禮云問幾月之資鄭注資行用也由者尙書盤庚若顛木之有由蘖孔傳釋由為用左氏襄三十年傳以晉之多虞不能由吾子使吾子辱在泥塗久矣杜注由用也以者說文呂用也以呂同

懠在細反慅音草愁也

說文愁憂也懠者詹事兄曰詩云天之方懠：愁聲相近慅者玉篇慅蘇勞切愁也通作騷楚語伍舉曰德義不行則邇者騷離而遠者距違注騷愁也離畔也王應麟曰伍舉所謂騷離屈平所謂離騷皆楚言也秋者鄉飲酒義云西方曰秋：之為言愁也春秋繁露云陰始于秋：之為言猶湫：也湫：者憂

悲之狀也

朦厖上江反又上項反攘豐也

玉篇豐大也朦厖者方言朦厖豐也自關而西秦晉之間凡大皃謂之朦或謂之厖豐其通語也攘者年之豐也商頌自天降康豐年攘攘莊子庚桑楚云居三年畏壘大攘玉篇攘如年切豐也

揩由品式也

說文式法也大雅下武云下土之式毛傳式法也揩者禮記云今世之行後世以為揩玉篇揩口駭切式也由者方言文也品者廣韻品式也二品則

生訟三口乃能品量

晚殿背尾負後也

玉篇後前後也晚者日之後也上文釋後為晚此又轉相訓也呂氏春秋季冬紀意者秦王不肖主也君從以難之末晚也注晚後也殿者軍之後也史記周勃世家擊章邯車騎殿集解云如淳曰殿不進也臣瓚曰在軍後曰殿背者身之後也說文背脊也尾者玉篇尾末後梢也負者義與背同明堂位云負斧依鄭注負之言背也

蔫於然反菸於去反矮於危反葾於元反也

玉篇蔥敗也萎蔥也蔫者說文蔫菸也菸者說文菸，矮也宋玉九辯葉菸邑而無色兮文選五臣注言草木殘瘁也矮者說文矮病也

沃錞是闐反堪輖音周摯竹利反⿰齒旨音啟低也

玉篇低垂也沃者柔之低也小雅隰桑其葉有沃傳沃柔也柔則低而下垂義亦通也錞者平之低也與錣同曲禮云進矛戟者前其錣鄭注予底曰錣堪未聞輖者重之低也既夕記云志矢一乘軒輖中鄭注輖蟄也靡人注云反覆猶軒輖也軒輖猶軒摯摯者頓之低也說文摯低也邇作輕小雅

廣雅疏義卷

六月如輊如軒傳輊摯也亦作蟄見儀禮注淮南人間訓道者置之前而不輦錯之後而不軒錯者首之低也說文䭫下首也康禮切周禮太祝辨九拜一䭫首注云䭫首頭至地也蔡邕獨斷云漢承秦法羣臣上書皆言昧死言王莽盜位慕古法去昧死曰稽首光武因而不改朝臣曰稽首稽首非朝臣曰稽首再拜公卿侍中尚書衣帛而朝曰朝臣諸營校尉將大夫以下亦為朝臣

嵜音旖旅捭必耳反客也

說文寄寄也嵜若玉篇嵜其騎切寄也客也與僑

同旅者楚詞寥廓兮羈旅而無友張衡思元賦顧羈旅而無友兮舊注旅客也覊者玉篇覊羇客也

象狄鞮間覘配敬反諜郵音尤置行李關驛也

說文驛置騎也玉篇驛譯也道也象狄鞮者王制云南方曰象西方曰狄鞮鄭注鞮之言知也今冀部有言狄鞮者淮南齊俗訓羌氐僰翟嬰兒生皆同聲及其長也雖重象狄鞮不能通其言教俗殊也高誘注象狄鞮譯也象傳狄鞮之語也間覸也覘者玉篇覘丑鄭切譯也亦作偵諜者說文諜軍中反間也郵者說文郵境上行書舍置者風俗

通義漢改郵為置：者度其遠近之閒置之也史記孝文帝本紀太僕見馬遺財足餘皆以給置傳索隱曰續漢書云驛馬三十里一置故樂彥亦云傳置一也言乘傳者以傳次受名乘置者以馬取匹如淳曰律四馬高足為傳置四馬中足為馳置四馬下足為乘置一馬二馬為軺置急乘一馬曰乘也行李者左氏僖三十年傳行李之往來杜注使人襄八年傳一介行李杜注行八亦作行理昭十三年傳行理之命注使人周語行理以節逆之韋注理吏也關者漢都關中置關都尉以察偽游

用傳出入○盧校驛下增驛字

廣雅疏義卷八

[illegible]

廣雅疏義卷八

甲六

愛古堂抄藏

廣雅疏義卷第九

嘉定錢大昭晦之甫譔

廣雅卷五

釋言第二

説文云直言曰言釋名言宣也宣彼此之意也詩之成句聯字以為言一字則言蹇而難會有二言者祈父肇裡之類也三言者綏萬邦屢豐年之類也四言者關關雎鳩葛之覃兮之類也五言者誰謂雀無角何以穿我屋之類也六言者昔者先王受命有如召公之

臣之類也七言者如彼築室于道謀尚之以瓊華乎而之類也八言者十月蟋蟀入我牀下我不敢效我友自逸之類也古亦有以一句為一言者左傳臣之業在揚之水卒章之四言謂第四句不告以告人也又趙簡子稱子太叔遺我以九言論語一言以蔽之曰思無邪管子君臣篇古者有二言墻有耳伏寇在側呂氏春秋似順論云齊桓公即位三年三言而天下稱賢羣臣皆說去肉食之獸去食粟之鳥去絲罝之網高誘曰是三言也此

皆指一句為一言然論語子貢問一言子曰其恕乎以恕為一言淮南人間訓靖郭君客曰臣請道三言曰海大魚漢書東方朔傳云臣朔固已誦四十四萬言皆以一字為一言也上篇釋詁每一義訓少則二字多則數十字此篇所釋或二字或一字皆以通古今之語抉雋書雅記之奧也

央極中也

上篇首言始此篇首言中皆放爾雅之式而廣之

央者說文央中央也秦風蒹葭云宛在水中央荀

于正論篇令人或入其央瀆竊其豬彘揚倞注央瀆中瀆也極者說文稱棟也釋名棟中也居屋之中也周禮設官分職以為民極鄭注極中也周書度訓解口爵以明等極孔晁曰極中也漢書律歷志太極元氣函三為一極中也元始也楚詞九歎引日月以指極兮王逸釋極為中

駭驚起也

說文起能立也駭者說文駭驚也文選甘泉賦注引蒼頡篇駭驚也萊木華海賦翔陽逸駭于扶桑之洋陸機猛虎行崇雲臨岸駭李善注皆引此文

通作跤五音集韻跤胡槩切起也驚者說文驚馬駭也通作警文王世子云天子視學大昕鼓徵所以警眾也鄭注警猶起也

息歸返也

說文返還也本書釋詁息歸也返歸也息歸文為返義相成也

奉貢獻也

說文獻宗廟犬名羹獻玉篇獻奉也奉者春官司服云共其衣服而奉之注云奉猶送也貢者說文貢獻功也玉篇貢獻也本此

冪覓音幔莫汗反閹淹音也

閹遮作掩覆也冪者玉篇冪亡狄切覆搏巾也又鼏盖也禮器云疏布鼏注云鼏或作幕是鼏即幕也公食大夫禮云冪者若束若編注云凡鼎鼏盖以茅為之長則束本短則編其中央此盖令其緻密不洩氣也幔者說文幔幕也釋名幔漫也漫相連綴之言也

令召靚恥敬反亦為靚粧之靚似政反敬疑則屈靚之靚也今多云靚師僧則其字矣也

說文靚召也疾正切令多用請令者說文令發號也玉篇令命也召者說文召評也呂氏春秋似順

論今召客者酒酣歌舞鼓瑟吹竽高誘注召請也

乾元天也

易繫辭傳乾天也故稱乎文元者易文言傳天元

而地黄宋玉招魂云懸火延起兮元顏烝王逸注

元天也言懸鐙林木之中其火延及燒于野澤烟

上烝天使黑色也淮南說山訓求美則不得美不

求美則美矣求醜則不得醜求不醜則有醜矣不求

美又不求醜則無美無醜矣是謂元同高誘曰元

天也天無所求也人能無所求故以之同也漢書

郊祀歌元氣之精回復此都顏師古曰元天也言

天氣之精回旋反復于此

儀招來也

來古亦作徠儀者方言云儀佫來也陳穎之間曰儀招者說文招手呼也王逸楚詞章句以手曰招以口曰名

𨑨音謗薄致也

本書釋詁致至也此又廣其義也𨑨者導之致也與謗同說文𨑨相訹呼也薄者始之致也本書釋詁薄至也與此義相成也

循率述也

說文述循也邶風日月報我不述傳述循也士喪禮云筮人許諾不述命鄭注述循也既受命而申言之曰述循者爾雅遹循也孫炎云遹古述字是循述同義率者夏小正云率者循也循率皆為述也左氏宣十二年傳今鄭不率通作帥覲禮云帥乃初事鄭注今文帥作文王世子云武王帥而行之

揾烏沒反又烏困反抐奴沒反擩而專反周禮六曰擩祭也

說文擩染也春官太祝九祭六曰擩鄭司農云以肝肺菹擩監醢中以祭也公食大夫禮云賓升

[illegible]

席坐取韭菹以辯擩於醢上豆之間祭鄭注擩猶

染也搵者說文搵沒也抐者玉篇抐搵抐也

班秩序也

本書釋詁序次也此又廣其義也班者分之序也

左氏昭二年傳逆從逆班杜注班列也秩者虞書

汝作秩宗孔傳秩序也說文作䄷云爵之次弟也

娋反宗敎犯侵也

本書釋詁侵淩也此又廣其義也娋者說文娋小

侵也息約切集韻娋所敎切侵也言為人所侵侮

犯者說文犯侵也玉篇犯抵觸也

訝於禮反諴成五下反又音警五交反也未詳集韻諴文斬反引廣雅警也

穜莫稚也

本書釋詁稚少也此又廣其義也僮者說文僮未冠也今通用童莫者爾雅稚之暮子為鷚郭注晚生者說文引作莫子是莫為稚也

皸音軍皵音昔皯錯古反也

玉篇皯干胡切皸皯也皸者玉篇皸居云切足坼裂也皵者玉篇皵思亦七亦二切皴散也本皮甲錯也案古與錯通易繫辭傳錯綜其數虞翻注逆

六

廣雅三上卷十

上曰錯

㨔子戚反播搖也

本書釋詁搖動也此又廣其義也㨔者說文㨔搖也徐鉉曰今別作撼非是播者論語播鞀武孔安國曰播猶搖也三禮圖云眡瞭掌凡樂事播鼗擊頌磬笙磬：言擊鼗言播：即搖之可知也

仍重再也

說文再一舉而二也廣韻再重也仍者說文仍因也廣韻仍重也重者廣韻重複也疊也直容切

鎮綏撫也

說文憮安也一曰循也鎮者靜之撫也左氏傳鎮撫其社稷綏者安之撫也爾雅綏也

羸腹瘠也

瘠說文作膌瘦也古文作㾊周禮大司徒云其民皙而瘠左氏襄二十一年傳瘠則甚矣杜注瘠瘦也羸者說文作瘠臞也

課

揣測委反丁果反又試也

說文試用也引虞書曰明試以功課者說文言部義也是辭天問僉曰何憂何不課而行之王逸注課試也揣者方言文也郭注揣度試之

黃氏雅疏卷之九

揵敏亟也

說文亟敏疾也揵者廣韻揵疾也敏者說文敏疾也大雅生民履帝武敏歆傳敏疾也

曼莫無也

小爾雅云曼無也法言重黎篇神怪茫茫若存若亡聖人曼云吳祕注神怪無實聖人無云莫者小雅角弓莫肎下遺箋莫無也

刜音拂斵音卓斫也

說文斫擊也之若切列子黃帝篇斫撻無傷痛刜者玉篇刜扶弗孚弗二切斫也本此斵者說文斤

部義也楚辭九歌澌冰兮積雪王注澌所也舊本澌訛判玉篇廣韻俱無此字今訂正

䰞普衡反鬺音傷飪音荏也

方言飪熟也徐揚之間曰飪䰞者說文䰞煑也从鬲羊聲玉篇䰞式羊切煑也亦作𩰲與鬺同廣韻𩰲亦作䰞鬺者漢書郊祀志禹收九牧之金鑄九鼎象九州皆嘗鬺亨上帝鬼神顏師古注鬺亨也韓詩采蘋云于以鬺之唯錡及釜

土吐瀉悉也反也

玉篇瀉傾也廣韻瀉吐瀉土者鄭注禹貢云地當

廣雅疏義卷九

陰陽之中能吐生萬物者曰土又大司徒注云以萬物自生焉則言土土吐也釋名土吐也能吐生萬物也白虎通義土在中央吐含萬物土之為言吐也說文土地之吐生萬物者也吐者說文吐寫也寫與瀉同

糗去久反麴丘六反少食也

釋名食殖也所以自生殖也糗者說文糗熬米麥也釋名糗齲也飯而磨之使齲碎也天官籩人職糗餌粉餈鄭司農云糗熬大麥與米也後鄭謂糗者擣粉熬大豆麴者本書釋器云𪌌蔆謂之麴玉

篇䴢摸也

夗音范專音轉簿也

說文專六寸簿也今刊本誤簿為簙又云簙局戲也六箸十二棊也古者烏曹作簙方言云簙謂之蔽或謂之箘秦晉之間謂之簙吳楚之間或謂之蔽或謂之箭裏或謂之夗專或謂之匴璇或謂之棊郭注專音轉匴璇或曰竹器所以整頓簙者銓旋兩音荀子大略篇云六六之簙楊倞注六六即六博也余之簙局亦二六相對也楚辭招魂菎蔽象棊有六簙些王逸注菎玉也蔽簙箸以玉飾之

也投六箸行六棊故謂之六簙也史記范雎蔡澤列傳君獨不見夫博者乎或欲大投或欲分功舊本簙訛為轉盍轉字是曹憲所音誤作正文又以簙字雜入　條今並訂正

圍棊弈也

方言云圍棊謂之弈自關而東齊魯之間謂之弈桓譚新論云俗有圍棊或言是兵法之類也其上者張置疏遠多得道而為勝中者務相絕遮要以爭便利下者守邊趨作罫目生於小地邯鄲淳藝經云棊局從横各十七道白黑棋子各一百五十

按舊本圜棊下衍傳字今訂正

泚千禮反溉才代反又賊音測也

測者解見本書擇詁度下泚者本書擇詁泚測皆訓度泚又為測也溉者玉篇溉測也本此

皮膚剝也

本書釋詁剝離也脫也說文云剝取獸革者謂之皮易剝卦爻詞剝牀以膚是皮膚皆言剝也戰國策聶政自皮面抉眼

山龍彰也

說文云彰文彰也通作章攷工記山以章水以龍

[illegible]

十

鄭注章讀為樟々山物龍水物皋陶謨云予欲觀古人之象日月星辰山龍華蟲作會宗彝藻火粉米黼黻絺繡鄭注自日月至黼黻凡十二章天子以飾祭服日也月也星也山也龍也華蟲也六者畫以作繪施于衣也宗彝也藻也火也粉米也黼也黻也六者紩以為繡施于裳也

調

譤也于閑反也

本書釋詁譤調也此又轉相訓也

戊

秀茂也鄉許昏反救也

本書釋詁茂盛也戊者釋名戊茂也物皆茂盛也

鄭注月令云戊之言茂也秀者玉篇秀思救切出
也榮也脩救未聞

[illegible]音[illegible]竊淺也

[illegible]未詳竊者說文虎部云竊淺也爾雅夏扈竊元
秋扈竊藍冬扈竊黃桑扈竊脂棘扈竊丹郭注皆
因其毛色以爲名也又名云虎竊毛謂之虦貓大
雅韓奕有貓有虎傳貓似虎而淺毛者也

閧乎降反又乎貢反戰鬭也

鬭與鬥同玉篇鬭當候切爭也史記孔子世家云
李平子與郈昭伯以鬭鷄故得罪魯昭公閧者說

十一

文閧鬬也引孟子曰鄒與魯閧戰者說文戈部義也

隅陬側反厓角也

物之有四隅者謂之四角後漢書欒夷傳四角胡王是也隅者說文隅陬也玉篇隅牛俱切角也皇侃論語義疏云隅角也牀有四角屋有四角皆曰隅也譬如屋有四角已示之一角餘三角從類可知通作嵎孟子虎負嵎趙岐訓陬陬者說文陬阪隅也戰國采策有雀生鷇于城之陬也高誘注陬隅也宋玉高唐賦陬互横梧李善注引此文

廉柧（音泒）棱（力曾反）也

此言邊側也說文廉仄也鄉飲酒禮云設席于堂廉鄭注側邊曰廉柧棱者說文柧棱也棱柧也文選西都賦設璧門之鳳闕上柧棱而棲金雀

備晐（古采反）咸也

此用方言文也晐彼作該郭注咸猶皆也備者廣韻備咸也皆也晐者玉篇晐古才切咸也本此

奇尤異也

釋名異者異于常也奇者晉語衣之偏裻之衣佩之金玦僕人贊聞之曰君賜之奇奇生怪怪生無

常韋昭注奇異也漢書高祖紀公始常欲奇此女
與貴人顏師古曰奇異也謂纇而異之而嫁于貴
人張衡東京賦奇樹珍果薛綜訓為異尤者說文
尤異也

敖放妄也

敖慢放肆皆妄為也賈誼新書云以人自觀謂之
度反度為妄莊子庚桑楚云蹠市人之足則辭以
放驁說文引廣雅驁妄也是本又作驚釋文引廣
雅驁妄也是本又作鶩

貶費損也

本書釋詁損減也此又廣其義也貶者說文貶損也費者說文費散財用也玉篇費孚味切損也本此

焚燎燒也

本書釋詁燒爇也此又廣其義也焚者說文作燓燒田也焚燓同秋官掌戮云凡殺其親者焚之注焚燒也燎者說文燎放火也左氏傳救火之燎于原

燀音闡爨字如炊也

說文炊爨也燀者說文火部義也左氏昭二十年

黃侃先生文已

上

傳和如羹焉水火醯醢鹽梅以亨魚肉燀之以薪杜注燀炊之也周語云火無災燀韋昭注燀炊起皃爨者說文爨齊謂之炊爨

諍爭足反　訣諂也

說文謂訣也或作諍大戴禮云君子不謂富貴以為己說諍者法言問明篇諍言敗俗諍好敗則玉篇無諍孚疑與佞同說文佞巧讇高材也訣者說文訣諂也莊子漁父篇云不擇是非而言謂之訣希意道言謂之諂荀子脩身篇云以不善先人者謂之諂以不善和人者謂之訣楊倞注先謂首唱

胡臥反

拂拍博裘又搏也

玉篇搏補俗切手繫也又拂拍皆言繫也書曰搏

拊拊琴瑟

懲愎徒落又忘人音也

說文忘懲也懲懲者說文懲忘也左氏昭二十八年

傳吾懲舅氏矣列子云北山愚公懲山北之塞出

入之迂離騷豈余心之可懲王注懲艾也忘艾

字異義同愎者玉篇愎懲也本此

救菌几也敎距困也

說文凡最括也枚者方言文也玉篇枚莫回切箇也左氏襄十八年傳以枚數闔二十一年傳識其枚數皆謂箇也箇者與个同方言箇枚也說文箇竹枚也大射儀云搢三挾一个鄭注个猶枚也士虞禮云俎釋三个鄭注个猶枚也今俗或名枚曰個音相近是枚箇皆總括之數故謂之凡也殺距用未詳

遷徙移也

移說文作迻遷徙也遷者衛風氓以我賄遷傳遷徙也徙者說文作辿迻也

侙愼憤音工也廙音梟治也

廣韻憤憒也古紅切粢憒䰚愼之譌侙者說文侙惕也引春秋國語曰於其心侙然廙治未詳

澗音的沰音託磓心對回也

玉篇磓亦作塠譴磓者玉篇磓丁狄切磓也沰者玉沰篇他各切磓也並本此

移脫遺也

本書釋詁遺墮也此申其義也移除侍御云自此移彼多有遺脫也脫者鄭注鄉飲酒義云遺猶脫也是脫遺同義

卑齊也

専疑當作剬初誤作㫗再誤作専說文剬斷齊也

㵎歌音漘唐音淖女孝反也

說文淖泥也左氏成十六年傳有淖於前杜注淖泥也㵎者說文㵎多汁也淮南原道訓甚淖而㵎高誘注㵎亦淖也饘粥多瀋者曰㵎漘者玉篇廣韻並云池也

真是此也

爾雅茲斯此也真未詳是之為此語所通行者耳

將⿰𠂤豦渠音帥也

帥率古字通玉篇率山律切將領也又云帥與悅

同今名將帥字將者說文將帥也緣若玉篇𠂤阜
二部俱無以音釋致之疑即渠魁字
死澌也
方言澌盡也說文死澌也人所離也釋名云人始
氣絕曰死死澌也就消澌也鄭注檀弓云死之言
澌也消盡為澌白虎通義云庶人曰死魂魄去亡
死之言澌精氣窮也
龍光寵也
說文龍尊居也小雅蓼蕭為龍為光傳龍寵也周
頌酌我龍受之箋龍寵
黃侃說長文元

蔿音花譌五戈反譁五爪反也
方言蔿譌譁化也北燕朝鮮洌水之間或曰譁玉篇
譌化也妖言曰譌說文譁讙也
涕泣淚也
玉篇淚力季切涕淚也涕者說文涕泣也陳風澤
陂傳云自目曰涕自鼻曰泗玉篇目汁出曰涕泣
者說文聲無出涕曰泣
跧莊匍匐也
說文匍手行也匐伏地也邶風谷風匍匐救之鄭
箋匍匐言盡力也禮記檀弓及漢書谷永傳並引

作扶服鄭注閒傳云匍匐或作扶服是古字通也跧者說文跧卑也蔡也莊緣切莊者玉篇莊敬皃是跧莊與匍匐皆恭敬卑下之意

眳音茗晴七艇反䜹齒眞反今人作息如此失之也

說文䜹恚也玉篇䜹昌仁切今作嗔眳晴者玉篇眳彌併莫井二切眳晴不悅皃晴子盈切

猜阻疑也

說文疑惑也猜者左氏昭三年傳君若不有寡君雖朝夕辱於敝邑寡君猜焉杜注猜疑也玉篇猜千才切疑也本此阻者玉篇阻疑也壯舉切○文

廣雅疏義卷

選長揚賦意者以為事周隆而不殺李善注引廣
雅意疑也今無此文

䨡音含霃士林反霖也

左氏隱九年傳凡雨三日以往為霖䨡者說文䨡
久雨也玉篇䨡胡耽切多雨也霃者玉篇霃雨聲

賀皆嘉也

爾雅嘉美也善也賀者說文賀以禮相奉慶也玉
篇賀以禮物相慶加也皆聲事兄曰皆嘉聲相近

易與如也

虞書堯典如五器公羊隱八年疏引鄭注如者以

二十

物相授與之易者玉篇易余亦切象也按象有相若之義故爲如也與者漢書高祖紀問陳豨將皆故賈人上曰吾知與之矣乃多以金購豨將顔師古注與如也言能如之何也張衡西京賦此何與於殷人屢遷李善注引此文言欲遷都洛陽何如殷之屢遷乎

恑古彼反覆反也

說文反覆也恑者說文恑變也玉篇恑居毀切異也覆者玉篇覆反覆審覆察也

[illegible]

𡩡與索同繫辭傳探賾索隱審者說文審悉也知宷諦也篆文作審覆若爾雅覆審也番覆又皆為宷也

輸攋音獺墮也

說文云敗城𨸏曰隓篆文作墮輸者公羊隱六年鄭人來輸平傳云輸平猶墮成也何言墮成敗其成左氏昭四年傳寡君將墮幣焉服虔曰墮輸也墮與隓同攋者方言攋隓壞也郭注攋洛旱反玉篇廣韻並作襰以示

償報復也

說文復往來也荀子臣道篇以德復君而化之大忠也楊倞注復報也償者說文償還也鄭注曾子問云復猶償也莊子庚桑楚云因以死償節釋文引廣雅償報也復也報者鄭注小宰職云復之言報也反也

詩意志也

詩者虞書詩言志鄭注詩所以言人之志意也詩序云詩者志之所之也在心為志發言為詩樂詩云詩言其志歌咏其聲舞動其容鄭注三者本志無此本於內不能為樂也孔子閒居云志之所至

詩亦志焉鄭注志謂恩意也言君恩意至于民則其詩亦至也呂氏春秋慎大覽云湯謂伊尹曰若告我曠夏盡如詩高誘曰詩志也賈誼新書道德篇詩者志德之理而明其旨令人緣之以自成也故曰詩者此之志者也楚辭九章云竊賦詩之所明王逸曰詩志也言鋪陳其志以自證明也法言寡見篇說志者莫辯乎詩詩譜序疏引春秋說題辭云在事為詩思慮為志詩之為言志也說文詩志也意者越語君行制臣行意韋昭注意志也莊子刻意篇刻意尚行釋文引廣雅意志也玉篇意

志也本此：條傳本譌作詩志意也案志意已見

本書釋詁今訂正

眷奊 音逵 顧也

說文顧還視也檜風匪風顧瞻周道傳迴首曰顧

眷者說文眷顧也小雅大東睠言顧之傳睠反顧

也眷睠同奊者說文奊頭衺骫奊態也胡結切

癙 方尹反 瘕 辭箭反 蛘 音養 也

說文蛘搔蛘也與痒通癙瘕者玉篇癙大痒瘕小

痒

趲 作滿反正音作但反 獨 式藥反 虘 在何反 也

[illegible]

下

此言不親之象也說文虘虎不柔不信也趙者玉篇趙散走也猲者說文猲犬猲猲不附人也

兼綷又布分并也

說文幷相從也兼者禾之并也說文兼并也兼持二禾左氏昭八年傳濡子長矣而相吾室欲兼我也杜注兼并也綷者絲之并也玉篇綷纃并也通作悴五音集韻悴遂迷切意併也或作悴同

褻黷狎也

本書釋詁狎輕也玉篇狎易也近也習也褻者說文褻私服黷者說文黷握持垢也

覺穌寤也

說文寤寤也通作寤覺者本書釋詁寤覺也此又轉相訓也穌者通作蘇楚辭九章云蘇世獨立橫而不流兮王注蘇寤也言自知為讒佞所害心中覺寤然不可變節橫立自持

諸旃之也

此言語詞也玉篇之發聲也諸古孔安國尚書傳諸之也旃者毛萇詩傳旃之也秦風采苓箋云旃之言焉也舍之焉舍之焉謂謗訕人欲使見黜退也

竝偕俱也

說文俱偕也呂氏春秋季秋紀與劑貌辨俱高誘曰俱偕也竝者樂記故事與時並名與功偕鄭注偕俱也楚辭九章士固有不竝兮王注並俱也偕者說文偕俱也邶風擊鼓與子偕老孟子古之人與民偕樂毛萇趙岐並云偕俱也

僾僤音逆饋也

本書釋詁饋遺也此又廣其義也僾者乃管切舊本脫此字攷集韻引廣雅僾僤饋也一曰女嫁後三日餉女為僾女今據集韻所引補正僤者說文

云野饋曰餫左氏成五年傳晉荀首如齊逆女故
宣伯餫諸穀杜注運糧饋之敬大國也
紩著飛處反紩也
納通作衲玉篇衲奴荅切或作衲又云衲補也或
作納紩者說文紩縫也直質切著者廣韻著補也
趽音方跰巨追反跉俱違反也
跉與踺同玉篇踺他達也足跌也趽者初學記引
何承天纂文云趽曲脛馬也跰者說文跰曲脛也
漢書賈誼傳又苦跰盭詹事凡曰跰既跰之說
噭聲苦弔反教也
賈白說長矣乙

尺竹反、竹六切

說文欬逆氣也釋名欬刻也氣奔至出入不平調若刻物也嗽者玉篇嗽桑奏切咳嗽也謦者說文謦欬也淮南道應訓惠孟見宋康王蹀足謦欬疾言曰寡人所說者勇有功也不說為仁義者也

劁才彫反穫少郭反刈也

說文乂芟艸也或作刈玉篇刈穫也離騷願竢時乎吾將刈王注刈穀曰穫劁者玉篇劁刈穫也穫者說文穫刈穀也小雅大東無浸穫薪傳穫刈也

詆音底諆呵也

玉篇呵許多切責也與訶同說文訶大言而怒也

詆者說文詆訶也譙者本書撰詁譙讓也譙又為呵也管子立政篇里尉以譙于游宗游宗以譙于什伍什伍以譙于長家

平均賦也

說文賦斂也平均者史游急就篇遠取財物主平均顏師古曰儈有貴賤又當有轉送費用不欲勞擾故立平準均輸之官求方言云燕之北鄙東齊北郊凡相賦斂謂之平均

勃快懟也直類反

說文懟怨也勃快者說文快不服懟也於亮切方

畢自流長發九

二三

言云鞅傍懟也郭注云亦為怨懟鞅猶怏也史記伍子胥列傳常鞅〻怨望淮陰侯列傳由此日怨望居常鞅〻羞與絳灌等列又高祖本紀此常怏怏今乃事少主絳侯世家此怏〻者非少主臣也漢書皆作鞅〻勃快與傍鞅字異音義同

捽計校也

論語云犯而不校捽者程之校也計者數之校也說文計會也筭也

譏誎七賜反怨也

說文怨恚也譏者說文譏誹也誎者說文誎數誎

也

鏦尺容塋摐尺是江撞也

說文撞凡擣也玉篇橦徒江切擊也鏦者金石之

撞也玉篇鏦與鏓同鏦鎗鏦金石聲也摐者廣韻

摐打鐘鼓也通作鏦玉篇摐撞也漢書南粵太后

鏦呂嘉以矛

稙音陟豫早也

早者先也前也易文言傳由辯之不早辯也稙者

種之早也說文稙早種也魯頌閟宮云稙穉菽麥

豫者慮之早也晉語士蔿曰戒莫如豫豫而後給

廣雅亦長久也

韋注豫備也荀子大略篇先患慮患謂之豫豫則禍不生

囚繫拘也

說文拘止也左氏僖二十八年傳及拘宛春于衛囚者周禮序官掌囚注囚拘也至拘繫當刑殺之者初學記引風俗通云囚遒也言辭窮情得以罪誅遒也禮罪人寘諸圜土故囚字為口守人案囚拘已具爾雅此重出也繫者玉篇繫力佳切繫也

俚懃頼也

本書釋詁頼恃也俚者漢書季布欒布田叔傳贊

云其盡無俚之至耳無俚猶無賴言無可依賴也

慜未詳

救慎謹也

說文謹慎也救者說文救誡也慎者本書釋詁慎

敕也敕慎又為謹也

逋甍亡也

說文亡逃也玉篇亡死也逋者逃之亡說文辵部

義也晉語俘以其逋逷奔背而建立之韋注逋亡

也甍者死之亡也玉篇甍呼肱切亡也

賛叔屬也

說文屬迮也贅者大雅桑柔具贅卒荒傳義也公羊襄十六年傳君若贅旒然何休曰贅繫屬之辭叔者聞詹事兄曰叔之為屬即伯仲叔之叔叔為屬猶仲為中也

州譔士免反又此尊反殊也

玉篇引蒼頡篇云殊異也州者禹貢釋文引春秋說題辭云州之言殊也譔未聞

目類盧對反節也

玉篇節竹木不通目者學記云先其易者後其節目舊本目訛日今訂正類若說文類絲節也左氏

昭十六年傳刑之頗類服虔讀頗爲頗云不平也

誎促音督篤音促也

說文促迫也誎者說文誎餔旋促也督者廣韻督

率也勸也

稽效考也

說文攷敂也今通用考小爾雅云攷稽也宋玉招魂上無所考此盛德兮王注考校也稽者易履上九視履考祥虞翻訓考爲稽堯典曰若稽古帝堯馬融云堯順考古道地官小司徒云以稽國中及四郊都鄙之夫家九比之數注云稽猶考也效者

玉篇效法效也

斆奴口反孚乳也

乳者詳見本書釋詁斆者本書釋詁斆乳生也斆又為乳也說文斆乳也左氏宣四年傳楚人謂乳斆孚者說文孚乳也又曰孚者言孳乳而浸多堯典云鳥獸孳尾史記作字徐裴駰云乳化曰字舊本字字混入音釋中今訂正

靈禔大兮反福也

玉篇靈祐也禔者說文禔安福也方言禔福也郭注謂福祚也

淩馺 素合反 馳也

說文馳大驅也淩者楚辭大招冥淩浹行王逸曰淩猶馳也嵇康贈秀才入軍詩淩厲中原李善注引劉歆遂初賦發句注以淩厲又引此文馺者說文馺馬行相及也方言云馺馬馳也郭注馺馺疾皃揚雄甘泉賦輕先疾雷而馺遺風

傅亮相也

論語周相師之道也馬融注相導也鄭康成注相扶也傅者說文人部義也亮者周書畢命云弼亮四世孔傳釋為輔佐

臨川紀氏卷九

南壬任也

說文任保也南者漢書律歷志云南呂南任也言陰氣旅助夷則任成萬物也又云太陽者南方南任也陽氣任養物於時為夏白虎通五行篇八月謂之南呂何南者任也言陽氣尚有任生薺麥也說文南草木至南方有枝任也壬者小雅賓之初筵云有壬有林鄭箋壬任也鄭注月令云壬之言任也漢書律歷志懷任于壬白虎通云壬者陰始任釋名壬妊也陰陽交物懷任也至子而萌也

裁辛制也

說文制裁也淮南人閒訓儀表規矩事之制也裁者旅衛西京賦取殊裁于八都薛綜曰裁制也宰者治之制也白虎通諫諍篇謂之宰何宰制也使制法度也

逑鷙執也

說文執捕罪人也逑者楚辭九歌逑長劍兮擁幼艾王逸注逑執也鷙者離騷鷙鳥之不羣兮王注鷙執也謂能執伏衆鳥鷹鸇之類也案說文鷙擊殺鳥也古通用摯夏小正云鷹始摯曲禮云前有摯獸是也○集韻引廣雅擫執也珠玉切今無此

語、匪示反、失之

矣

文

正略要也

大略即大要也江淹雜體詩領略歸一致李善注

引此文正未聞

角抵嫡禮反觸也

說文觸抵也角者漢書作歷志角觸也物觸也而

出藏芒角也抵者說文抵觸也抵通作牴史記集

解序或有抵捂索隱曰抵者觸也捂亦作相抵觸

之名直觸橫觸背曰抵針觸謂之捂下觸謂之抵

牃牃丁含反音戡丁嫡反又厭也

厭有二義二是夢魘之魘衆經音義引蒼頡篇厭夜眠内不祥也俗作魘上是覆壓之壓寱者說文寐寱而厭也徐鍇曰寐厭也寐則神遊神為陰氣所厭不得出也若鬼神其實非也故人寐臥手住心胸上則多厭也瓬者說文瓬屋傾下也傾下則厭所謂傍將厭焉是也俗作壓

馮齋子兮反　裝也僞魚執反　言端也

說文裝裹也馮未聞齋者廣韻齋裝也本此僞言端未詳

樊齋還也進待合反　趙召也

[illegible]

三九

說文邎行垂崖也玉篇邎畔也樊者莊子則陽篇夏則休乎山樊李頤曰樊傍也馬司彪注引此文裔者楚辭九歌蛟何為兮水裔洪興祖補注裔邊也淮南原道訓故雖游于江潯海裔高誘訓裔為邊邎趙邑也未詳

緯丁鬼反衡横也

說文横闌木也廣韻横縱横也緯者說文緯織横絲也衡者說文衡牛觸横大木其角齊風南山衡從其畝說文衡音横本亦作横攷工記玉人鼻寸衡四寸注云衡南文横鄭注檀弓云今禮制衡讀

為衡漢有水衡官衡即横也横一木如桔槔狀今之拜是也王莽作大布黄千黄即横之省文衡山一名梁山謂横梁也

幷絜静也

幷者通作姘說文姘静也絜者古潔字本書釋詁姘潔也姘潔义皆為静也

痎古來反**痁**失占反**瘧**音虐**也**

釋名瘧酷虐也凡疾或寒或熱耳而此疾先寒後熱兩疾似酷虐者也說文瘧熱寒幷作痎者說文痎二日一發瘧内經素問生氣通天論夏傷于暑

秋為痎瘧王砅注夏熱已盛秋陽復收陽熱相攻則為痎瘧者也痁者說文痁有熱瘧

痡音步⿸疒慮音路痞音否也

說文痞痛也玉篇痞補被平几二切腹內結病痡⿸疒慮者玉篇痡溥故切痡⿸疒慮痞病⿸疒慮力故切

糶粟穀也

說文穀熱也百穀之總名白虎通引伏生大傳云神農植穀疏糶者說文米部義也他弔切粟者說文作㮚嘉穀實也

瘖普來反疕匹洱反痂音加也

說文痂疥也繫傳本云痂乾瘍也瘖者玉篇瘖匹

抔切痂也本此疕者天官醫師職有疕瘍者造焉

注云疕頭瘍

草（此老反，作告）造也

爾雅造為也草者論語裨諶草創之法言先知篇

載使子草律曰吾不如宏恭草奏曰吾不如陳湯

竈者釋名竈造也造創食物也

科（魚反）美（偽反）條也畜賁（補悶反）竝也

條者教也本書釋詁條畜也陸機文賦或仰逼於

先條科者說文科程也韋曜博奕論設程試之科

說金爵之賞李善注引此文偽未聞審嘖並也未詳

㢭麗離也

曲禮離坐離立鄭注離兩也月令宿離不貸鄭注離讀如儷偶之儷兌彖云麗澤鄭本麗作離云猶併也是麗與離通㢭未聞疑當作䀝集韻引廣雅䀝離也符非切

儀愈余主反賢也

說文賢多才也儀者周書大誥民獻有十夫大傳作民儀有十夫漢書翟義傳民獻儀九萬夫孟康

曰民之表儀謂賢者案鄭注論語獻猶賢也是儀獻皆賢愈皆勝之賢也玉篇愈勝也論語女與回也孰愈

統已紀也

說文紀絲別也統者說文糸部義也淮南泰族訓繭之性為絲然非得工女煑以熱湯而抽其統紀則不能成絲也已者釋名釋天篇已紀也皆有定形可紀識也漢書律歷志理紀於已

奠祭薦也

薦者進也鄭注天官庖人云備品物曰薦奠者說

[illegible]

文奠置祭也禮有奠祭者名南采蘋云于以奠之祭者玉篇祭薦也本此

攍音盈負也

方言攍儋也齊楚陳宋之間曰攍玉篇攍余征切擔也引莊子云攍粮而趣之案攍古通用嬴賈誼過秦論嬴糧而景從後漢書鄧禹傳鄧公嬴糧徒步

羌乃也羌鄉也鄉章

玉篇羌去火切楚語辭也離騷羌內恕己以量人兮王逸注羌楚人語詞也猶言鄉何為也呂延濟

曰羌乃也王延壽魯靈光殿賦羌瓌譎而鴻紛張載注羌亦乃也說文鄉章也孝經疏引白虎通云鄉之為言章也章善明理也案玉篇羌鄉也乃也章也强也廣韻羌章也强也皆本廣雅此脫强字一訓

㢒間也閒非也䜋犀西音緦思音也彝導音戟也風吹也

舊本㢒閒非也㢒之為非未見所出案廣韻㢒間也嵇康琴賦鋑會㝅㢒李善注㝅㢒謂㝅纓其塡㢒之處也又引廣雅㢒間也今據訂正小爾雅閒非也方言亦有此文孟子政不足閒也趙岐注閒

非也詭孱總及壽戕並未詳風吹者人之噓氣為吹風之動物亦為吹也

曾何也

說文曾詞之舒也方言曾何也湘潭之原荊之南鄙謂何為曾舊本何譌阿今訂正

風放也流演也徊迷也䀢恥林反貰世音又常夜反也

釋名風放也動氣放散也小雅北山或出入風議鄭箋風猶放也流演者說文流水行也又云演長流也徊迷者苟且以徊人是迷惑也䀢貰未聞

䝨音詭睹都古反也壓鎮也

睹者博簺也韋曜博弈論至或睹反衣物徙棊易行李善注引埤蒼睹賭也壓鎮者說文鎮博壓也衆經音義引蒼頡篇壓鎮也

經徑也卦挂掛也

釋名經徑也如徑路無所不通可常用也白虎通義經常也有五常之道故曰五經卦挂者易乾鑿度云卦者掛也掛萬物視而見之故三畫已下為地四畫以上為天物感以動類相應也

譬喻也

說文譬喻也諭若也說苑善說篇客謂梁王曰惠

子之言事也善譬王使無譬則不能言矣明日王謂惠子曰願先生言事則直言耳無譬也惠子曰夫說者固以其所知諭其所不知而使人知之

睽乖也

說文乖戾也賈誼新書剛柔得道謂之和反和為乖睽者說文睽目不相聽也玉篇睽乖也本此

天顛也

說文天顛也至高無上春秋說題辭云天之為言顛也

㪉再音設也竹感也

說文䬸設飪也讀若載案䬸通作載法言先知篇或曰載使子草律李軌注載設也文選注引韓詩薛君章句載設也竹感者白虎通義喪服以竹杖何取其名也竹者慼也桐者痛也慼讀若頻慼之慼

馮登也眩惑也宥赦也參三也

潘岳西征賦馮憑高望之陽隈李善注引廣雅馮登也是本又作憑眩惑者說文惑亂也釋名眩懸也目視動亂如眩物遂遂然不定也說文眩目無常主也宥赦者說文宥寬也赦置也參三者周語云

王御不參一族韋注參三也

令伶力政反也紐擘也夜暮也

秦風車鄰云寺人之令釋文韓詩作伶云使伶紐擘者未聞夜暮者本書釋詁暮夜也此又轉相訓也

寐卧也㗁邱遂反誺万代反也國邦也

說文卧林也从人臣取其伏也又云寐卧也公羊僖二年傳寡人夜者寢而不寐其意也何㗁誺者方言誺不知也玉篇誺丑脂丑利二切不知也誺同上又引埤蒼云㗁不知是諸也國邦者說文曰

部義也

義音宜也㴩滲色譖反也

𡧸即宜字釋名義宜也裁制事物使合宜也白虎通義云義者宜也斷決得中也兼仁義之義說文作誼云人之所宜也㴩滲者本書釋詁滲盪盡也㴩與盪同㴩又為滲也

滕音凌仌反凇悬也害割也

說文仌凍也象水凝之形初學說引韓詩說仌者窮谷氣所聚不洩則結而為伏陰滕者說文滕仌出也引詩曰納于滕陰或作綾天官凌人注夌冰

室也害割者釋名害割也如割削物也周書大誥天降割于我家不少延疏注引鄭注言害不少乃延長之

蹪徒回反一疐陟利反也駔在古反又在郎反會古外反也

邶風終風云願言則疐傳疐路也說文疐礙不行也蹪者玉篇蹪仆也駔會者史記貨殖列傳節駔會徐廣曰駔馬儈也呂氏春秋云段干木晉之大駔也玉篇駔子朗切會兩家之買賣如今之度市也

焠村對反鋻古晛反也恖醜是師反也捽統也内裏也

說文鑒剛也古甸切焠者說文焠堅刀刃也漢書王褒傳聖主得賢臣頌云清水焠其鋒顏師古曰焠謂燒而內水中以堅之也息䛓者䚕字玉篇廣韻俱無疑是息聽也釋文息聽也於內見外之聽明也捽統者未詳內裏者說文裏衣內也玉篇內裏也本此

課第也況茲也茲今也疊懷也收振也摎流音捋落末反課也

本書釋詁第次也廣韻課第也潘岳西征賦收罟課獲孔稚圭北山移文帶絪繆於結課況茲者爾

高佳九義長九

雅兹此也小雅常棣況也永歎傳況兹也又出車
僕夫況瘁箋況兹也兹今者文選注引蒼頡篇今
時詞也兹今常語耳疊懷未詳收振者鄭注中庸
云振猶收也故收亦為振也摎捋者詹事兒曰摎
捋聲相近

摻索減反搡也毖必寄反流也宿留也膏滑澤也又家音括
居滑反也

玉篇摻反執袂也毖流者邛風泉水云毖彼泉水
傳泉水始出毖然流也通作泌說文泌俠流也宿
流者玉篇宿思宙切宿流也史記孝武本紀遂至

東萊宿留之索隱曰音秀溜宿留遲待之意若依字讀則言宿而流亦是有所待並通也膏滑澤者說文膏肥也滑利也澤光潤也又括昔說文义手指相錯也舊本义訛又今訂正

社封也愿愨也風氣也姦偽也

司馬彪續漢志引白虎通云將封東方諸侯取青土苴以白茅各取其向以為封社明土謹敬潔靜也愿愨者說文愿謹也愨謹也左氏襄三十一年傳子皮曰愿吾愛之杜注愿謹善也論語侗而不愿孔安國云謹愿風氣者莊子云大塊噫氣其名

為風宋玉風賦夫風者天地之氣溥暢而至不擇貴賦高不而加焉淮南氾論訓德有盛衰風先萌焉注風氣也萌見

兵防也乾剛也繹搯音抽也忍耐也

器械所以防衛也說文兵械也廣韻引世本曰蚩尤以金作兵器也乾剛者易雜卦傳乾剛坤柔繹搯者說文繹抽絲也又云搯引也或作抽忍耐者論語是可忍也皇侃義疏云忍猶容耐也荀子仲尼篇能耐任之則慎行此道能而不耐任且恐失寵揚倞注忍耐也呂氏春秋審時篇得時者忍饑

高誘曰忍能也能耐也案耐通作能能文忍能也小雅漸漸之石箋豕之性能水釋文能奴代反又作耐漢書食貨志能風與旱蟲錯傳其性能寒其性能暑趙充國傳漢馬不能冬西域傳不能饑渴顏師古皆讀能為耐

片釋也妊音任娠纖刃反疑也即身也粹純也專擅也虞驚也周書呂刑明清于單辭疏云孔子美子路片言可以折獄片言即單辭也禪與單同妊娠者本書釋詁妊娠皆為㑗妊又為娠也粹純者說文粹不雜也顏延年應詔讌曲水詩金昭玉粹李善注引此

三十九

文專擅者說文擅專也廣韻專擅也本此張衡東京賦秦政利嘴長距終得擅場廣驚未聞

㞙年弔反溲所流反也偃仰也浮漂匹照反也卜口也侵淩也

說文㞙人小便也玉篇溲小便也晉語云少溲于豕牢偃仰者小雅北山云或棲遟偃仰浮漂者說文浮氾也漂氾也卜口者卜下一字原闕案集韻引廣雅卧卜也時照切疑即此侵淩者淩通作陵玉篇陵犯也上文犯侵也是侵淩皆犯也

卻退也蹷古越反也趹徒結反蹶古越反也困悴也踶徒計反

說文退却也劉向九歎却騏驥以轉運兮王逸注却退也歷跳者班固西都賦狂兕觸歷李善注引此文跌歷者漢書晁錯傳夫以人之死爭勝跌而不振則悔之無及也服虔曰蹉跌不可復起也困悴者本書釋詁困極也窮也困又悴也

彤鏤也歲遂也遂育也禮體也埻織允反的也

本書釋詁彤畫也彤又為鏤歲遂者白虎通義所以名為歲何歲者遂也三百六十六日一周天萬物死故為一歲遂育者遂音常語耳體者禮器云禮也者猶體也體不備君子謂之不成人注云若

人身體釋名云禮體也得事體也埻的者玉篇的射質也說文埻射臬讀若準埻古今字大元首次三云師或導射豚其埻通作埻後漢書齊武王傳王莽使長安中官著及天下鄉亭皆畫伯升像於埻旦起射之注云東觀記續漢書並作埻

奮訊也奮振也扒音八擘班格反也酲長也播抵丁禮反也

本書釋詁奮訊動也奮又為訊也爾雅振訊也郭注振者奮訊文選注引韓詩章句振奮也故奮亦為振說文振奮也玉篇振奮也本此扒擘者文選西京賦擘肌分理注引後鄭周禮注擘破裂也玉

篇爪鄒敘切孼也本此酲長者詹事兄曰酲者醉
之長播抵未聞
對畣又合反合人以谷字為對谷失之矣也請乞也茖格也蓄才荷反鹹
也
說文對譍無方也大雅皇矣以對于天下箋對荅
也玉篇畣對也桀畣字漢魏時俗所作古用荅也
音釋以畣為正以荅為非誤矣請乞者本書釋詁
請求也請又為乞義相成也茖格未詳蓄鹹者說
文鹵鹹河內謂之蓄沛人言若虘舊本蓄訛从酉
今訂正白虎通義水味所以鹹何是其性也所以

廣雅疏義卷九

北方鹹也萬物鹹與所以堅之猶五味得鹹乃堅
也

沾

天聑反今人以霑知暨反為沾字失之矣益也扸蒸之上聲陞音升也馴擾也
沾益孫侍御云此當作溢見文選七命注引。已見本書釋詁。扸陞者說文
扸上舉也方言扸拔也出休為扸皆上陞之意馴
擾者說文馴馬順也坤初六彖傳馴致其道鄭注
馴從也說文擾牛柔謹也孜柔七發將為太子馴
騏驥之馬李善注引此文

族

湊音奏也威德也眇莫任保也
白虎通義五月律謂之大族何族者湊也言萬物

始大湊地而出也威德者荀子彊國篇威有三有道德之威故威亦德也彤莫者魯靈光殿賦忽瞟彤以響像李善注引此文任保者說文人部義也邶風燕燕仲氏任只箋任者以恩相親信也淮南說山訓不孝弟者或詈父母生子者所不能任其必孝也然猶養而長之注任保也

刑例也䙴音遷遷也殽培片回反也慘錯感反惕苦大反也

王制云刑者例也例者成也一成而不可變故君子盡心焉孔疏此說刑之不可變改上𠛬是刑罰之刑下𠛬是例體之例序官司寇佐王𠛬邦國注

云刑正人之法孝經說曰刑者例也過出罪施貫疏此援神契五刑章文例為著也行刑者所以著人身體過誤者出之實罪者施刑䙴遷者說文䙴升高也或作𨙻七然切漢書地理志引春秋經曰衛䙴于帝丘又郊祀志云湯伐桀欲䙴夏社顏師古注䙴古遷字穀培者書本釋詁穀養也培養同義慘愒者本書釋詁慘貪也玉篇愒去例切貪羨也

戰憚大汗反也祭際也漂匹照反潄也孝畜也

爾雅戰懼也戰栗戰兢皆畏憚也祭際者春秋繁

露云祭之爲言際也案際者人神相接故曰際也漂潎者說文潎於水中擊絮也漢書韓信傳有一漂母哀之韋昭曰以水擊絮曰漂孫侍御云演連珠注引漂潎也疑此潎字誤孝畜者祭祀孝者畜也順于道不逆于倫是之謂畜鄭注畜謂順于德教坊記引詩云先君之思以畜寡人鄭注畜孝也孝經援神契云庶人行孝曰畜言能躬耕力農以畜其德而養其親也

㝗更音償也諵恱美也宫響音祀也尭嘵尭音也

夏官馬質云馬死則旬之内更鄭司農云更償也

淮南詮言訓切之成也不足以更責高誘釋更爲償古更與庚通檀弓云季子皋葬其妻犯人之禾中詳以告曰請庚之鄭注庚償也又與賡通管子國蓄篇智者有什倍人之功愚者有不賡本之事房元齡注賡猶償也是更庚賡字異音義同誦揽美者未詳啚祀者說文啚獻也从高省曰象進孰物形引孝經曰祭則鬼啚之經典通用享大有九三公用享于天子姚信云享祀也堯嶢者白虎通義帝堯謂之堯者何堯猶嶢嶢也至高之皃

畏成也如若也應受也裕足也

呂刑云德威惟畏孔傳行威則民畏服周語夫兵戢而時動動則威韋昭曰威畏也賈誼書道術篇誠動可畏謂之威反威為圂釋名威畏也可畏懼也古畏威通用故畏亦威也如若者玉篇如若也本此應受者應古通膺賈逵國語注云膺猶受也班固東都賦膺萬國之貢珍裕足者法言孝至篇天地裕于萬物萬物非裕于天地李軌注裕足也言萬物取足于天地天地不取足于萬物也說文裕衣物饒也

摸撫也毒憎也趉渠出反衛也叡聖也覰親刀反伺也

說文揞撫也一曰摹也是摸撫義相近玉篇摸手摸也毒憎者史記贊云怨毒之於人甚矣哉廣韻毒憎也本此趣衛未聞睿聖者洪範云睿作聖觀伋未聞

乃汝也造詣也姣古卯反侮也將且也將七將反請也將帥也

虞書云乃言底可績孔傳乃汝也汝言致可以立功造詣者說文詣候至也玉篇造七到切至也姣侮者左氏襄九年傳棄位而姣服虔讀姣為放效之效言效小人為淫將且者邶風簡兮方將萬舞

小雅谷風將恐將懼鄭箋並云將且也將請者鄭風將仲子兮傳義也將帥者已見上文此重出也

正禮也棄捐音懸也捐罷什本反也啥唵乙感反也鄘風相鼠云人而無止釋文引韓詩云止節無禮節也小雅小旻國雖靡止箋止禮也張衡思元賦竦余身而順止兮棄捐捐罷者案捐罷棄也已見本書釋詁棄又為捐捐又為罷轉相訓也啥唵者玉篇唵含也啥通作含莊子云含哺而熙鼓腹而遊

啐倉夬反又倉快反歃所夾反也弘貫也陷潰也僨音顛倒也

啐嘗也已見本書釋詁啐又為歃也說文歃歠也

𢎗貫者玉篇𢎗羊忍切挽弓也與引義同說文僞引為貫也舊本引譌弢今訂正陷潰者說文陷隊也潰漏也傎倒者玉篇傎都曰切倒也本此

莫漠也怕片麥反也袧口豆反襞也穽辭政反坑也

左氏昭二十八年傳德政應和曰莫杜注莫然清靜莫然即漠然也怕者本書釋詁怕靜也張華勵志詩大猷元漠將抽厥緒李善注引廣雅漠泊也是本又作泊舊本脫漠字今訂正孫侍御曰疑是漠莫也怕也怕通泊此一字而兼二訓下文流襄陶淳皆然袧襞者玉篇袧喪服也說文襞韏衣也穽坑者說文阱

陷也或作阱 魯語云鳥獸成設穽鄂周禮雍氏云春令為穽擭溝瀆之利於民者秋令塞阱杜擭鄭注阱穿地為塹所以禦禽獸其或超踰則陷焉世謂之陷阱坑說文作阬云塹阬也秦謂阬為埂楚詞七諫與麋鹿同坑潘岳西征賦儒林填於坑穽

冦鈔策教反也殃咎也需頷也禮書音枯也

說文冦暴也玉篇冦賊冦也又云鈔强取也掠也殃咎者說文歹部義也易文言傳積不善之家必有餘殃呂氏春秋孟春紀稱兵必有天殃高誘注殃咎也說文咎災也殃通作央無極山碑來福除

原自此長缺

四六

央隸釋云以央為㳥吳吳仲山碑而遭禍央嚴訢碑君獲其央皆作央需須者說文需須也遇雨不進立須也又云須待也需彖傳需須也京房易傳需者待也須須字異義同稽袺未詳

覽觀也咸感也劮音逸豫也滛游也瑞符也

覽觀說文見部義也又云觀諦視也離騷皇覽揆余初度兮王逸注覽觀也咸感者易彖傳文左氏昭二十一年傳窕則不咸釋文本或作感患衹曰咸本古文感故下云心是以感作咸者是劮豫者玉篇劮餘質切豫也本此滛游未聞瑞符者取信

之物古以瑞漢以符也序官典瑞注瑞節信也典瑞若今符璽郎太史公本紀漢文帝二年九月初與郡國守相為銅虎符竹使符應劭曰銅虎符第一至第五國家當發兵遣使者至郡國合符符合乃聽受之竹使符者皆以竹箭五枚長五寸鐫刻篆書第一至第五張晏曰符以代古之圭璋從簡易也一説瑞者德之符驗禮記疏引援神契云德及於天斗極明日月光甘露降德及于地嘉禾生蓂莢起秬鬯出德至八極則景星見德至草木則朱草生木連理德至鳥獸則鳳皇來鸞鳥舞麒麟

臻白虎動狐九尾、雉白首德至山陵則景雲出德至深泉則黃龍見醴泉湧河

剝爛也傴僂也諸於也於于也占瞻也周旋也

剝爛雜卦傳文爛〻同舊本剝訛剩字書無此字今訂正傴僂者傴僂曲也已見本書釋詁傴又為僂也諸於於于者皆語助詞諸於未審所出爾雅于於也故於亦為於于占瞻者說文占視兆問也周旋者說文旋周旋旌旗之指麾也周與舟通故為旋也

肆噬也欭丁禮反㥯也簡閑也質軀也質地也

廣雅疏義卷九

廣雅疏義卷九

肆當作逮字之譌也方言云嗟逮也北燕曰嗟故隱者玉篇邸隱也集韻引此文同簡閱者左氏桓六年傳大閱簡車馬也質軀者說文軀體也左思魏都賦稟質遳脃玉篇質軀也本此質地者何晏景福殿賦𩥉虞承獻素質仁形李善注引此文

廣雅疏義卷第十

嘉定錢大昭晦之甫譔

𢙷賀也祇適也䔽藚也脰音豆䬶也

說文𢙷行賀人也賀以禮相奉慶也淮南本經訓當此之時無𢙷賀之利○祇適也○玉篇祇之移切適也本此○䔽藚也○䔽藚皆語辭也漢書伍被傳藚可以徼幸孝經云䔽天子之孝也孔傳䔽者辜較之詞鄭注䔽者譔辭劉瓛云䔽者不終盡之辭○脰䬶也○未聞

㗃於含反又於今反唶子反夜也噭古弔反嘹音了也

說文云宋齊謂兒泣不止曰喑廣韻喑歎聲○噭嘹也○本書釋詁噭鳴也玉篇嘹落簫切嘹亮

軫（音啟）礙（五代反）也腒（巨居反）央也非達也貫穿也

說文軫礙也康禮切礙止也法言君子篇子未覩禹之行水歟一東一北行之無礙也○腒央也○未詳○非達也○說文非違也雙飛下瞂取其相背○貫穿也○說文穿通也貫錢貝之貫衆經音義引蒼頡篇貫穿也通作毋說文毋穿物持之雙一橫貫象寶貨之形

倸（七來反）佞也譀誕也[illegible]令也免儨也科斃也

偲倿皆言才也齊風盧令其人美且偲傳偲才也箋才多才也倿者說文倿巧讇高材也○讇誕也○說文譀誕也荀子修身篇易言曰誕○霝令也○霝通作靈靈令皆善也石鼓文霝雨奔流又鐘鼎文皆以霝為令舊本令訛令今訂正○免隤也○本書釋詁免脫也隤下也皆隕落之意故免又為隤也○科蔡也○科一名蔡宋玉招魂云蔡嘗是食王逸注柴棘為蔡

毀虧也制誓也謂指也節巳也

說文虧氣損也或作虧魯頌閟宮云不虧不崩儒

廣雅疏證卷五下

行云見利不虧其利毀者說文毀缺也爾雅虧毀也。制誓也。曲禮云約信曰誓說文誓約束也釋名誓制也以拘制之也蔡邕獨斷云制書帝者制度之命也其文曰制詔三公赦令贖令之屬是也刺史太守相劾奏申下土遷書文亦如之其徵為九卿若遷京師近官則言官具言姓名其免若得罪無姓凡制書有印使符下遠近皆璽封尚書令印重封唯赦令贖令名三公詣朝堂受制書司徒印封露布下州郡。謂指也。謂者指其人而言之皇侃論語義疏謂者評論之辭也夫相評論

有對面而言有遙相稱評若子謂冉有曰汝不能救與則是對面也孔子謂季氏是遙相稱也○節已也○廣韻節止也已與止同義

居據也據扶也如均也子已似也注理媒也

晉語今不據其安不可謂能謀韋昭注據居也據為居故居亦據也○據扶也○說文據扶持也論語據於德何晏曰據扶也德有成形故可據也晉語民各有心無所據依韋注訓據為扶○如均也○如與班皆是賦與均平之義趙注孟子云班齊等之皃故鄭公子班字子如○子已似也○子謂

三

肖似也說文肖骨肉相似也不似其先故曰不肖已者小雅斯干似續妣祖箋似讀如巳午之巳巳續妣祖者謂已成其宮廟也○注理娸也○未詳

滔漫也昃昳也

說文滔水漫漫大皃堯典浩浩滔天孔傳浩浩盛大若漫天大雅蕩天降滔德傳滔漫也○昃昳也○昃說文作𣅡云日在西方時側也引易曰日𣅡之離通作側既夕禮云曰日側鄭注側昳也謂將過中之時又通作稷豐彖傳日中則昃孟喜本作稷穀梁春秋經戊午日下稷羊公左氏皆作昃范

箋注稷昃也下昃謂晡時尚書中候握河紀云昒明理備至于日稷鄭注稷讀曰側是昃稷同也舊本昳訛跌今訂正

妒媢子庶反也嫮音互嫪力高反又力列反也秩程也腈脂也

說文媢嬌也通作姐嵇康幽憤詩恃愛肆姐不訓不師李善注姐與媢同。嫮嫪也。嫪嫮妒也已見本書釋詁嫮又為嫪也。秩程也。玉篇秩除室切程也本此舊本秩訛从衣今訂正。腈脂也。玉篇腈先結切脆中脂

輸寫也懸抗也溯穌蘇干反也遒錯二反遶音交也

小雅蓼蕭我心寫兮傳我心寫者輸寫其心箋我心寫者輸寫其情意無留恨也漢書趙廣漢傳行之發於至誠吏見者皆輸寫心腹無所隱匿咸願為用張衡南都賦長輸遠逝李善注引此文○繇抗也○本月一日始蘇也釋名朔蘇也月死復蘇生也白虎通義朔之言蘇也明消更生故言朔漢書元朔元年應劭曰朔蘇也穌蘇同○遺逪也○玉篇遺且各切亂也逪遺也今為錯逪古交切會也今作交

汜普潘反尸也資操七高反也緊糾也款叩也[illegible]過迴反和

也

潘漢書伍被傳氾愛蒸庶布德施惠顏師古曰氾普也。資操也。攷工記云或通四方之珍異以資之鄭注資操也。緊紏也。王逸九思心緊絭兮傷懷王逸注緊絭紏繚也。。款叩也。玉篇款口緩切叩也款同上俗作欵漢書宣帝紀百蠻鄉風欵塞來享應劭曰欵叩也皆叩塞門來服從也。御和也。玉篇御和也本此

御營也民眠也供養也序射也矦侯也

大雅江漢來旬來宣箋旬當作營是旬營古字通

故徇亦為營。民氓也。氓民也已見本書釋詁此又轉相訓也。供養也。說文養供養政供亦養也。序射也。序者射也孟子文。矦候也。白虎通義爵篇矦者候也候逆順也

位莅也口禄也要約也逋竄也劁在堯反刟音彫也

廣韻位莅也本此孝經疏引廣雅位涖也莅涖同舊本莅下有禄字疑有脫文今訂正。口禄也。禄上一字原闕。要約也。左氏襄十年傳使王叔氏與伯輿合要王叔氏不能舉其契杜注合要辭要契之辭廣韻要約也本此。逋竄也。逋亡

也已見上文通又為竊也○玉篇剫刈穫也刖丁幺切斷取也刖同上廣韻刈剫草刀斷穗

御侍也撻丈盲反又達郎反距也礙閡五代反也闌閑也

小雅六月飲御諸友箋序官御史注並云御侍也楚辭九章俾山川以備御兮亦訓侍○撻距也○說文撻衺拄也徐鍇曰今俗作撑牚撻距堂與歫同說文牚歫也歫止也通作牚漢書匈奴傳遵與相牚距顏師古注牚謂支拄也○礙閡也○說文礙止也玉篇礙亦作閡閡止也與礙同○闌閑也

○說文閹門遮也閑闌也家人初九閑有家馬融注閑闌也

鐫醉全反又醉完反鑿也水準也眭吳權反瞸虛葉反也

釋名鐫鐫也有所鐫入也說文鐫穿木鐫也鑿穿木也漢書薛宣傳欲遣吏考案恐負舉者恥辱儒生故使掾平鐫令晉灼曰王常為光武鐫說其將帥此為徐以微言鐫鑿遣之也○水準也○說文水準也北方之行月令疏引白虎通云水之為言準也陰化沾濡任生木攷工記云水之以以眡其平沈之均也漢書李尋傳五行以水為本其星元

武婺女天地所紀終始所生水為準平王道公正修朙則百川理落脈通。𥆧瞸也。玉篇𥆧目瞬瞸臉也廣韻𥆧目眇視皃

剿 仄子紹 天也級等也冤枉也書著也刺切也切膾也

剿天也。未聞。級等也。說文級絲次第也玉篇級階級也呂氏春秋孟秋紀皆益其祿加其級高誘曰級等也。冤枉也。枉冤曲也已見本書釋詁冤又為枉也。書著也。賈誼新書道德篇是故著此竹帛謂之書書者著德之理于竹帛而陳之令人觀焉以著所從事故曰書者此之著者

也說文書著也著之簡紙求不滅也○刌切也切膾也○說文刌切也切刌也切文為膾者說文膾細切肉也少儀云牛與羊魚之腥聶而切之為膾鄭注聶之言牒也先藿葉切之復報切之則為膾

委閡也牽挽也劇利也剾（烏鉤反）剅（音頭）也

委閡也○未聞○牽挽也○本書釋詁牽引也牽又為挽義相成也○劇利也○劇利已見本書釋詁此重出○剾剅也○剾剅窊也見本書釋詁剾又為剅

諟（底子反）是（疑上字即是是也 書曰先王顧諟）也君羣也臣縛也

太甲云先王顧諟天之明命孔傳諟是也。君羣也。荀子君道篇君者何也能羣也能羣也者何也曰善生養人者也善班治人者也善顯設人者也善藩飾人者也善生養人者人親之善班治人者人安之善顯設人者人樂之善藩飾人者人榮之四統者俱而天下歸之夫是之謂能羣又王制篇君者善羣也羣道當則萬物皆得其宜六畜皆得其長羣生皆得其命春秋繁露滅國篇君者羣也白虎通義君之為言羣也又云君羣也羣下之所歸心也漢書刑法志從之成羣斯為君矣。臣

繕也。白虎通義臣者繕堅也屬志自堅固

愛僾音愛也指斥也詠譖也書如也淩暴也

愛僾也詹事兄曰詩愛而不見亦作僾或作薆。指斥也廣韻本此。詠譖也。王逸注楚辭云詠譖也。書如也。說文敘云著於竹帛謂之書書者如也書序疏引尚書璇璣鈐云書者如也。淩暴也。淩虐即暴戾也

轔力鎮反轢音歷也謶之若反謫也末衰也擘剖也

說文蹸轢也轢車所踐也班固西都賦蹂躪其十二三李善注躪與蹸同案轔蹸躪字異音義同。

謶譎也○玉篇謶譎也本此集韻引此文同○末衰也○廣韻末弱也衰弱同義○劈剖也○張衡西京賦擘肌分理

憤符粉反盈也劑判也饑古黠反祈也傃音素經也貢功也

憤盈也○已見本書釋詁此重出也○劑判也○本書釋詁劑判分也劑又為判也○饑祈也○集韻饑兼忝切引廣雅所也祈與所未知孰是○傃經也○玉篇傃桑故切向也孔子曰傃隱行怪此以為經未聞也○貢功也○説文貢獻功也天官太宰職賦貢以馭其用注云貢功也九職之功所

稅也
𨁈涓逵反口音書許反正音踦車美反也翹尾也慫恐也書記也
玉篇𨁈偶也廣韻𨁈配也𨁈上同見管子五音集
韻引此文匹迷切踦者公羊傳相與踦閭而語閭
一扇一人在內一人在外○翹尾也○說文翹尾
長毛也○慫恐也○班固西都賦既慫懼於登望
李善注引此文○書記也○漢書項籍傳書足記
姓名而已
掴乎本反柑巨炎反也隑恐代反倚於靡反也膢訖也適牾誤音
也

說文玉篇並云摑手推也○隥陗也○此方言文也郭注江南人呼梯為隥所以隥物而登者也○縢託也○此亦方言文也本書釋詁縢侂寄也侂與托同縢又為託也○適悟也○此亦方言文也郭注相觸迕也案適讀為適見天之適也鄭注適之言責也舊本悟作悟古字通

梗略也鐰(七嬌反)燥(素晧反)也姬基也僾濕也獻(魚别反)疑也

梗略也○此方言文也郭注梗槩大略也○鐰燥也

玉篇鏃鐵剛折○姬基也○論衡奇怪篇姜原履
大人跡跡者基也○優渥也○優通作瀀說文瀀
澤多也引詩曰既瀀既渥○讞疑也○說文讞議
辠也是讞與議疑獄也
揄貫也囮音由圝音由也齎持也彈拼布坓反也遺巳也
說文徐鍇本云揄貫也○囮圝也○說文囮譯也
率鳥者擊生鳥以來之名曰囮讀若譌或作圝是
二字同也○齎持也○見本書釋詁此重出○彈
拼也○彈與撣同說文撣提持也拼撣也玉篇撣
徒安切觸也太元經云遭逢並合撣繫其名拼撣

也拼同上廣韻抨彈也本此。遺已也。說文辵部義也小雅谷風棄予如遺傳遺已也

購古矦反 憒也摘恭也貴尊也賤卑也絜苦結反 缺也

玉篇購以財有所求償。摘恭也。未詳。貴尊也賤卑也。說文貴物不賤也卑賤也執事者玉篇貴尊也賤卑下也不貴也。絜缺也。絜通作契爾雅契絕也郭注今江東呼刻斷物為契斷

傅敷也摘椅也孝度也州浮也臎音翠 肥也

傅敷古字通禹貢禹敷土史記夏本紀作傅土裴駰曰尚書傳作敷司馬貞曰大戴禮作傅土故此

紀依之鄭大司樂注云為傅土漢書文帝紀傅納以言顏師古注傅讀曰敷。掎掎也。左氏襄十四年傳譬如捕鹿晉人角之諸戎掎之掎與角同。孝度也。孝經援神契云諸侯行孝曰度言奉天子之法度得不危溢是榮其祖先也。州浮也詹事兄曰州州浮音相似水中可居曰州亦有浮義䑋肥也。玉篇䑋倉滚切鳥尾上肉也

捊廓也陰闇也迪蹈也儷力計反又郎麗反扶蒲滿反也

白虎通義捊之為言廓也所以開廓闢辟上無令迫搾也。陰闇也。說文陰闇也水之南山北之

集韻引廣雅憭闇也未知即此條否。廸蹈也。法言先知篇為國不廸其法而望其效譬諸算乎李軌注廸蹈也。儺扶也。玉篇儷呂詣切偶也儺上同說文㚘竝行也讀若伴侶之伴

并兼也。穰豐也。則即也。卑庳音埤也。綢他高反韜也

兼并也已見上文此又轉相訓也。穰豐也。商頌烈祖云豐年穰穰。則即也。皆語辭也則即聲相近說文鰂或作鯽。卑庳也。玉篇庳卑下屋也。舊本卑譌畀今訂正。綢縚也。爾雅素錦綢杠郭注以白地錦韜旗之竿是綢為韜也

跑步卓反趵也。妨訪音娉聘音也。県古堯反磔丁格反也

玉篇跑蒲篤切蹴也趵方卓切足擊聲廣韻跑秦人言蹴集韻跑蒲沃切○妨娉也○本書釋詁娉妨害也妨又為娉也集韻引此文音妨淌敫亮切○県磔也。說文県到首也賈侍中說此斷首到縣県字玉篇県縣首於木上　頭以隸反臯秦刑也案県通作梟說文梟不孝鳥也日至捕梟磔之从在木上史記高祖本紀梟故塞王欣頭櫟陽市司馬貞曰梟縣首子木也

辟父役法也下暫也墾苦很反均也僉過音禍也

說文辟法也从節从辛辭制其辠也从口[illegible]用法者也小雅雨無正辟言不信傳訓為法齊辟法已見爾雅此重出。乍暫也。玉篇暫乍士嫁切暫也孟子今人乍見孺子張衡西京賦將乍往而未半。壑切也。均通作昀小雅信南山昀昀原隰傳昀昀墾辟。畬遹也。方言云自關而西秦晉之間人語而過遹謂之遹或曰畬玉篇遹手果切過也

俚式里二音聊也䮒音奇企也扳援也煨音限火也遺離也

方言俚聊也郭注謂苟且也。䮒企也。玉篇䮒

[illegible]

千里馬騠同上紫騠謂與覷覷之覷同故釋為企〇扳援也〇玉篇攀普姦切援引也扳同上〇煤火也〇方言煤火也楚轉語也玉篇煤呼隈切楚人呼火為煤也舊本煤訛為煨曹音隈亦誤今訂正孫侍御云魏都賦引煨爐也疑此火字誤〇遺離也〇詹事兄曰遺失與離去義亦相通

浮游也涑素侯反澣也栔呂計反刻也劃乎圭反剈烏悁反也

玉篇游以周切浮也改浮亦游也〇涑澣也〇說文涑澣也速侯切〇栔刻也〇說文栔刻也通作鍥左氏定九年傳盡借邑人之車鍥其軸荀子勸

學篇鍥而金之朽木不折鍥而不舍之石金可鏤。劇削也。削疑當作削玉篇劇減也削也廣韻引此文云劇削也

牟倍也封（苦攜反）刲也到（多庚反）拘（鉤音又圭音）也謯（嗟音）諑（祿音）也

宋玉招魂戍梟而牟呼五白些王逸注倍勝為牟舊本倍訛陪今訂正。封刲也。本書釋詁封刲屠也封又為刲也。到拘也。玉篇到小裂也廣韻鉤古攜切拘跔裂到跔字異音義同。謯諑也。說文諎婐也廣韻諎諑謯也謯諑也謯諑是謯諑

廣雅疏義卷十

与

之訛

期卒也許與也末垂也踐蹐音籍也酌漱所救反也

莊子庚桑楚云券外者志乎期費陸德明云言若存分外而不止者卒有所費耗也。許與也。本書釋詁許聽也許又為與也。末垂也。末聞。踐蹐也。大雅行葦牛羊勿踐履蹐通作籍漢書灌夫傳太后怒曰在我也而人皆籍吾弟令我百歲後皆魚肉之乎晉灼曰籍蹈也如晉說是踐蹈之義。酌漱也說文酌少飲也玉篇酌余振切酳同上廣韻酳酒漱口也儀特牲饋食禮注云今文

酳為酌少牢士虞禮注並云古文酳為酌酌皆當為酌顏師古注漢書賈山傳云酳者少少飲酒謂食已而蕩口也舊本酌訛酌今訂正

□湀（音進）也調哃也譜（音語）牒也

上一字原闕湀者玉篇湀蘇困切噴水也。調哃也。本書釋詁哃調也此又轉相訓也。譜牒也。玉篇譜布魯切牒也釋名譜布也布列見其事史記十二諸侯年表云讀春秋歷譜諜索隱曰案劉杳云王代世表旁行耶　並效周譜譜起周代藝文志有古帝王譜又自古為春秋學者有年歷

卷廿九 釋言

世系譜諜之説故杜元凱作春秋長歷及公子譜益困於舊説故太史公得讀焉也蕭張協七命云生必耀華名於玉牒李善注引東觀漢記云封禪其玉牒文秘古牒與諜通用史記三代世表云余讀牒記索隱曰音牒牒者紀世謚之書也下云稽諸歷牒謂歷代之譜

齊慄音栗也狄辟匹亦反也災甾也恭肅也泄沫也泄漏也

大禹謨夔夔齊慄○狄辟也○説文云狄之為言淫辟也白虎通義狄者易也辟易無別也○災甾

也。災害字古或通用甾。恭肅也。說文恭肅也洪範云恭作肅疏引鄭注君貌恭則臣禮肅也賈誼書道術篇接遇慎容謂之恭反恭為媟。泄沫也。未聞。泄漏也。漏泄也已見本書釋詁此又轉相訓也

固陋也臺支也表特也誇苦瓜反諏也多禮反也

孟子固矣夫高叟之為詩也趙岐注固陋也學記云獨學而無友則固陋而寡聞。臺支也。方言文也。表特也。楚辭九章歌表獨立兮山之上王逸注表特也。誇諏也。誇諏說文言部義也舊

本譌訛譌今訂正。氐抵也。說文抵木根也爾雅天根氐也史記索隱引孫炎云角元下繫於氐若木之有根舊本抵譌从牛今訂正

廟皃也貳女史反汗也貳焱音然齋楚也慄戰

周頌清廟箋廟之言皃也死者精神不可見但以生時之居立宮室象皃為之耳疏引鄭注孝經云宗尊也廟皃也親雖亡没事之若生為立宮室四時祭之若見鬼神之容貌容皃字異音義同。貳汗也。貳當作膩玉篇膩垢膩也大戴禮曾子疾病篇云與小人游膩乎如入鮑魚之次。貳焱也

○未詳○齊整也○玉篇齊在兮切齊整也○慄戰也○秦風黃鳥惴惴其慄莊子人間世云吾甚慄之大宗師云登高不慄天運云懼之則慄皆恐懼之皃也論語使民戰栗史記悼惠世家股戰而栗方言云惧戰慄也是慄戰同義

條枝也搰掘渠勿切也殃禍也數術也

說文條小枝也○搰掘也○說文搰掘也掘搰也玉篇搰胡沒切掘也左氏傳搰褚師定子之墓焚之本亦作掘搰亦搰字穿也繫辭傳掘地為臼○殃禍也○上文殃咎也殃又為禍廣韻殃禍也本

此。數術也。漢書鼂錯傳人主所以尊顯功名揚于萬世之後者以知術數也公孫丞相傳擅殺生之柄通壅塞之徒（塗）權輕重之數論得失之道使遠近情謟必見于上謂之術

劣鄙也鈔掠也葸慎也姡遇也

法言問明篇仲尼聖人也或劣諸子貢子貢辭而精之然後廓如也廣韻劣鄙也本此。鈔掠也。玉篇鈔楚交楚教二切強取也掠也。葸慎也。葸通作諰荀子議兵篇秦四世有勝諰諰然常恐天下之一合而軋己也楊倞曰漢書諰作鰓蘇林

曰讀如慎而無禮則葸之葸鰓懼貌○媾遇也○
彖傳及序卦雜卦文釋文辭云古文作遘鄭同
律率也㥽情也筡折也蔎蓀也
白虎通義律中大族律之言率也所以率氣令生
也初學記引蔡邕月令章句律率也截竹為管謂
之律律者清濁之率法也聲之清濁以律長短為
度太平御覽引春秋元命苞云律之為言率也所
以率氣令達也宋均注率猶導也○㥽情也玉篇
㥽楚革切情也本此○筡折也○按說文筡折竹
笢也同都切方言云筡折也折竹謂之筡○蔎蓀

也○藙萈候也切說文藙細艸叢生也蓀艸盛之貌本書釋訓藙藙蓀蓀茂也是藙蓀皆茂盛之意

誔訑也慘毒也韙是也扡乃罪反摘也蔿譌也孌揳也

集韻引此文音誔為待咼切或說誔當為誕說文沇州謂欺曰訑誇誕則欺詐○慘毒也○說文心部戔也○韙是也○說文韙是也左氏隱十一年傳犯五不韙莊子天下篇所言之韙不免于非郭象注韙是也通作愇漢書敘傳愇世業之可懷顏師古曰愇與韙同是也○扡摘也○玉篇扡乃果切扡摘趙魏云也○蔿譌也○上文蔿譌譁也蔿

又為㧑也集韻引此文音蔿爲胡瓜切○孌㜇也

○未詳

善胅音又背今嫸之嫸佳也纔暫也粲鮮也紹緊也期時也

本書釋詁佳善也此又轉相訓也○纔暫也○未見所出○粲鮮也○玉篇粲且旦切鮮好皃本此○紹緊也○紹緊絣也已見本書釋詁紹又為緊也○期時也玉篇期巨基切時也

晐包也箋云也葉世也曾是也視比也執脅也，

本書釋詁晐備也又釋言晐咸也晐又為包也○箋云也○詩釋文云箋本亦作牋同薦年反字林

箋表也識也詩正義云鄭以毛學審備遵暢厥旨所以表明毛意記識其事故特稱爲箋此以爲云未詳○葉世也○商頌昔在中葉傳義也淮南修務訓稱譽葉語至今不休注葉世也張衡南都賦固靈根于夏葉○曾是也○未聞○視比也○左氏襄二十一年傳季武子使謂叔孫以公命曰視邾滕注欲比小國檀弓篇公室視豐碑孟子天子之卿受地視侯大夫受地視伯元士受地視子男

○執脅也

譏譴也諭曉也豙挩也踆蹲也諳諷也贈稱也

何休公羊注讖猶譴也。諭曉也。秋官掌交云以諭九稅之利注諭告曉也適作喻論語君子喻於義孔安國曰喻猶曉也。彖稅也。說文稅解稅也彖豕走也。蹏蹲也。本書釋詁蹏踞也夷又為蹲也。諳諷也。未詳。贈稱也。詹事兄曰贈之為稱以音取義

甲押也乙軋也丙炳也癸揆也子孳也丑紐也寅演也辰振也巳㠯也午忤也未味也亥荄也

漢書律歷志出甲於甲奮軋於乙明炳於丙陳揆於癸孳萌於子紐牙於丑引達於寅振美於辰已

盛於巳咢布於午昧薆於未該閡於亥白虎通義其日丙丁者其物炳明癸者揆度也子者孳也丑者紐也未味也鄭注月令云乙之言軋也丙之言炳也癸之言揆也淮南天文訓子者茲也丑者紐也指寅則萬物螾辰則振之也午者忤也魏志文帝本紀注引詩推度災云子者滋也廣韻引環濟要略云子猶孳也孳恤下之稱也孳慈滋字異音義同說文刀部云未物成有滋味也具餘詳見釋天篇

息休也仔克也僞臥弘也僐態也侍承也儆戒也

爾雅休息也荀子大略篇君子息焉小人休焉是息即休也舊本息休在亥萎上今訂正○仔克也○本說文詩曰佛時仔肩○僞□也○僞下一字未全○僖態也○說文僖作姿也繫傳本作姿態也集韻僖時戰切引此文同○侍承也○說文人部義也○儆戒也○說文儆戒也引春秋傳曰儆宮佼交也儆倨也側旁也寢莫洞反今人以夢爲寢失之矣想也逆遣也

說文佼交也古巧切法言修身篇天地交萬物生人道交功勳成集韻佼居效切引此文同○傲倨

也。說文人部義也。側旁也。說文側旁也舊本旁訛房今訂正。㝥想也。春官占夢三日覺夢注云覺時所思念之而夢說說文想冀思也。逆遻也。逆忤也本書釋詁遻偕也與逆同意

㾍疣也注疏也詅衒也皐高也歷逢也匌帀也

玉篇㾍牛具切疣病也。注疏也。玉篇注之諭竹喻二切疏也。詅衒也。孫侍御云詅力政反衒也衒即衒也行且賣也。皐高也。高舊本作匌形相近而訛明堂位云庫門天子皐門鄭注皐之言高也列子天子瑞天篇荀子大略篇竝云望

其璝、皋如也家語困誓篇王肅注皋高貌張衡西京賦實惟地之奧區神皋李善注引廣雅皋局也亦謂神明之界局也局高當為高字之譌也○歷逢也○離騷委厥美而歷茲王逸注歷逢也○匃帀也○說文匃帀也疾閤切

庱𠥺也𢤱寱也慌𢤱也鹹衝也礙距也科品也搪拔也

本書釋詁𠥺隱也　又為𠥺也○𢤱寱也○說文𢤱寱言不慧也玉篇𢤱於列切寐言也左氏哀二十四年傳是𢤱言也服虔云𢤱偽不信也杜注

慸過也。慌⿸疒股也。玉篇慌呼愰切懭慌無思貌亦慌忽。鹹衘也。說文鹹衘也北方味也。礙距也。本書釋詁礙止也釋言礙閡也礙又為距也。科品也。說文科程也程品也是科為程品也。搪揬也。搪揬已見本書釋詁此重出

嬈苛也。媟嬻也。⿸疒奇痤也。銸竹涉反鉆也。媁摧也

說文嬈苛也淮南原道訓其神不嬈高誘注嬈煩嬈也漢書鼂錯傳除苛解嬈文穎曰嬈煩也繞也是嬈與苛同義。媟嬻也。說文媟嬻也嬻媟嬻也。⿸疒奇痤也。本書釋詁⿸疒奇短也玉篇⿸疒奇於綺於

解二切挫也。鍬銛也。說文鍬銛也銛鐵鍬也一曰膏車鐵鈷。㜸摧也。推如推酒之摧說文說文㜸保任也𠌯賃為酒保𠌯均直也今買物倩人計其直謂之㜸計

軍圍也賈固也柰那也甚劇也猥頓也啓竆也時伺也

說文軍圜圍也四千人為軍。賈固也。白虎通義商賈何謂也賈之為言固也固有其用物以待民來以求其利者也。柰那也。玉篇柰那摃切柰何也那奴多切何也是那為柰何二字之合聲

也○甚劇也○玉篇甚劇也本此○猥頓也○李密陳情表猥以微賤當侍東宫李善注引此文○啓窺也○玉篇啓口戾切窺也○時伺也○廣韻引此文

謊忽也僦賃也捕搏也牒流也坼垢也山宣也

集韻謊虎晃切引此文同○僦賃也○玉篇僦子祐切賃也說文賃傭也史記平準書天下賦輸或不償其僦費索隱曰服虔謂雇載曰僦言所輸物不足償其雇載之費也僦音子就人○捕搏也○廣韻捕捉也○牒流也○未詳○坼垢也○玉篇坼

古八切垢扴也。山宣也。說文山宣也宣氣散生萬物韋昭國語注云山川所以宣地氣而出財用太平御覽引春秋說題辭也山之為言宣也含澤布氣調五神也春秋說題辭云山之為宣也含澤布氣調五神也

麥揑也嗟咄也春蠢音蠢也夏嘏也胯音枯奎也

麥揑也。未詳。嗟咄也。玉篇嗟知栗切引此文管子形勢解鳥集之交初雖相驩後必相咄窒本鈔掠之下咄也之上脫落一葉今據別本補正

○春蠢也。飲鄉酒義東方者春春之為言蠢也

産萬物者聖也楚辭大招春氣奮發王逸注春蠢也漢書律歷志春蠢也物蠢生乃動運○夏暇也○暇與假古通用鄉飲酒義南方者夏夏之為言假也養之長之假之仁也尚書大傳夏之為言假也漢書律歷志夏假也物假大乃宣平○胯奎也○說文胯股也奎兩髀之閒集廣韻胯空　切引此文莊子徐無鬼篇奎蹏曲隈

鈋五戈反刓五丸反也薄附也槷宜別反甾阻師反疑為笑音天作孽也也說文鈋吪圜也玉篇鈋削也○薄附也○楚辭九

章脞臊並御旁下得溥分王逸注溥附也○蘖菑也○蘖通作孽妖孽作災害將至

陽揚也月闕也佹去偽反券也將子良反扶也挩兼禮反擬也

舊本陽訛揚今訂正○月闕也○白虎通義月之為言闕也有滿有闕也說文月闕也太陰之精象形釋名月闕也滿則闕也○佹券也○券古倦字玉篇佹疲也○將扶也○周南摎木福履將之箋將猶扶助也小雅無將大車箋將猶扶進也今山東濮州人呼扶為將○挩擬也○玉篇挩吾禮切

莊子曰兒子終日擭手而不掜

昌光也諀匹爾反訾紫音又子弟反也剹力谷反口音華勠力谷反也

說文昌日光也○諀訾也○本書釋詁諀譭也諀

又為訾也王篇諀訾也本此○剹勠也○說文勠

劃也王篇剹直破也

瘛手計反瘲足用反也品式也似若也嗺慈樂反茹也詠訴

也

說文瘛小兒瘛瘲病也漢書藝文志倉創瘛瘲言

三十卷服虔曰音瘳引之瘳顏師古曰小兒病也

○品式也○已見本書釋詁此重出○似若也○

本書釋詁似類也象也似又為若也○嗺茹也○玉篇嚌疾略切嗺嚌也嗺同上○詠訴也○玉篇詠豬角切訴也本此

懾之葉反服也嬾力但反口音魯滿反懇懈音也敂乎虞反敊許戾也反也

說文懾服也又云攝心服也二字通用淮南詮言訓通而不華窮而不懾舊本服訛般今訂正○嬾懇也○本書釋詁懈嬾也此又轉相訓○敂欺也○玉篇敂呼世切敂欺笑意也敂泥娛呼禹二切

打棓婆講反也掣力達反掔研音也辢力達反辛也恀綴也

本書釋詁打擊也玉篇棓與棒同步項切杖也集

韻擳挌也引此文或作扞都挺切舊本打訛从手今訂正○挐掔也○廣韻挐研治○辡辛也○玉篇擇手也本此○怜綴也○未詳

𢉦

音靡宜反無悲反口共也竅孔也㾾力代反癘音例也費耗也

𢉦共也○未聞○竅孔也○說文竅空也淮南精神訓孔竅者精神之戶牖也左思魏都賦峻危之竅也○㾾癘也○玉篇㾾惡病也○費耗也○本書釋言費損也費又為耗也

新

新初也抾去劫反挹於立反也罟古兒反窇步角反也

玉篇新初也本此○抾挹也○玉篇抾印之邱居

二切兩手把也○窖窌也○本書釋詁窖藏也玉篇窌窖也集韻引此文作窌窖也

躄音壁癃音隆也恩賜也瘦伏雷反瘥音諶也訧音支謂也有本作只詞也

說躄人不能行也必亦切又云癃罷病也之籀文作癃史記平原君列傳平原君樓臨民家有躄者槃散行汲平原君美人笑之明日躄者至門請曰臣不幸有罷癃之病而君之後宮笑臣徐廣曰癃音隆病也司馬貞曰罷癃背疾言腰曲而背隆高也案躄與躃同癃與癃同躄者自稱罷癃是躄為

廣雅疏義卷十　　安古堂抄藏

瘥也○惠賜也○玉篇惠恩也賜之衣食曰惠○瘦瘥也○方言瘦病也東齊海岱之閒或曰瘦秦曰瘥郭注謂勞復也玉篇瘥扶又切勞也再病也亦作復瘥是蔵切腹病也腹當作瘦○訊謂也○未詳○音釋云有本作只詞也案只詞已見本書釋詁

匪彼也屎勅吏反口音絺柄也鴑駘也餧於丸反口音烏克反餶於結反也

小雅小旻如匪行邁謀是用不得于道左氏襄八年傳子駟引此詩杜注匪彼也案匪與彼古字通

襄二十七年傳引詩彼交匪敖作彼交匪敖漢書引桑扈詩亦作匪又荀子勸學篇引詩匪交匪紓天子所予今小雅采菽詩上匪字作彼是匪彼同也○㞙柄也○說文㞙籆柄也女履切○駑駘也○文選班彪王命論駑蹇之乘不騁千里之塗注云今馬之下者爲駑又諸葛亮出師表庶竭駑鈍注云謂馬遲鈍者皆引此文○餧餔也○玉篇餧噎也餔或噎字食不下也

寢偃也射繹也脰錯也搿變也拊抵只紙二音也約儉也

寢兵即偃武也○射繹也○射義云射之爲言者

繹也繹者各繹已之志也○脏錯也○未詳○辯
變也○楚辭九辯王逸章句辯變也謂敶道德以
變說君也○梆抵也○說文梆闌足也抵者根也
根亦足也舊本柢訛从手今訂正○約儉也○陸
機文賦豈約之裁李善注引此文玉篇約儉也本
此
咀慈與反嗺慈藥反也捋渫思熱反說文相列反也効驗也角骼格音
也
嗺與嚼同司馬相如上林賦咀嚼菱藕○捋渫也
○楚辭九章發憤以捋情王逸注捋渫也班固西

都賦序或以抒下情而通諷諭傅亮為宋公修張良廟教抒懷古之情。効驗也。玉篇効偕效字荀子議兵篇臣請遂道王者諸侯彊弱存亡之效揚倞注效驗也陸機演連珠明主程才以効業李善注引廣雅効驗也舊本訛為驗驗也今據訂正○角觡也。説文觡骨角之名也玉篇觡居額切麋鹿有格曰觡無枝曰角淮南主術訓桀之力別觡伸鉤

剧

止善反音倒限反口攻也敹憏蕩音也維隅也衄女六反縮也

玉篇剧攻也本此。敹憏也。敹慢耶放憏也。

維隅也○廣韻維隅也淮南天文訓東北為報德之維西南為背陽之維東南為常羊之維西北為蹏通之維高誘注四角為尾棠尾當為維○䋞縮也○䋞縮雙聲月為縮朒水為蹜沑字異義同

噞偃音魚淹反口音喁五恭反也擛去馬反摳也崽所佳反口音死子也

玉篇噞噞喁魚口上出貌說文喁魚口上見○擛摳也○說文擛摳衣也摳摳衣升堂口戾切○崽子也○方言云崽者子也湘沅之會凡言是子者謂之崽若東齊言子矣案崽讀若宰水經注溰水篇至若姹變川童及弱年崽子或單舟採菱或疊

阿折芟

祅於嬌反殀於表反也錉音旻算也彼俾音卑也邐口也離別也

左氏宣十五年傳地反物為祅說文作䄏玉篇殀短折曰殀舊本祅訛从衣今訂正○錉算也○本書釋詁錉稅也錉又為算也○彼俾也○未詳○玉篇俾方示切使也與俾同○邐口也○原闕一字○離別也○別古別字本書釋詁離去也散也又為別也楚辭悲莫悲兮生別離

贅肬音尤也晃暉也裝橡音蕩也蹻音了驕巨小反也箸擁也

三十

必反異也

釋名贅屬也横生一屬著體也肬丘也出皮上聚高如地之有丘也說之肬贅也荀子宥坐篇今學者曾未如肬贅則具然欲為人師楊倞注云肬贅結肉莊子天下篇附贅縣疣太元割次二云割其肬贅利以無穢○晃暉也○晄明也玉篇晃乎廣切光也與晄同說文暉光也未濟六五象傳君子之光其暉吉也○裝㯫也○本書釋詁裝㯫飾也裝又為㯫也○𩥇驕也○玉篇𩥇力小切𩥇驕長貌驕舊本訛為⿱喬馬玉篇無此字今訂正集韻引此

文也上有長字宷前後皆以三字為一條疑彼誤也○窘揮也○未詳

瘵（直慮反）瘇（時勇反）也呑咽也𪆄（而絹反口濁音而緑反𪆄音）也

瘵瘇也○未詳○呑咽也○說文口部義也集韻引此作咽呑也伊甸切○𪆄𨿽也○玉篇𪆄𨿽雞宷郭注爾雅云今呼少雞為𨿽力救切

㶇（哀音）烗（可拜反）也毓長也推也襄久也鄉也

玉篇烗戒切熾也㶇鳥來切炫也宷炫當作烗○毓長也。說文育養子使作善也或作毓周官太宰職園圃毓艸釋文毓古育字邶風谷風昔育恐育鞠傳育長也又既生既育箋育謂長也育長已見爾雅故此作毓○毓又訓稚與鬻通夏小正云鬻也者養也豳風鴟鴞鬻子之閔斯傳鬻稚也○曩久也○曩久已見爾雅釋詁此重出○曩又訓曏已見爾雅釋言鄉與曏古字通

陶喜也憂也滓清也泥也鐮音廉抓音孤也

爾雅鬱陶喜也彼以二字連文此又單以陶為喜也檀弓云人喜則斯陶〻斯詠詠斯猶禮記疏引何允云陶懷喜未暢意也憂也○陶又訓憂孫侍御衛曰一字而兼二訓孟子鬱陶思君爾本有憂喜

交集之會意故其下以象為憂亦憂象喜亦喜承之濘清也○已見本書釋詁此重出○泥也濘又訓泥○左氏傳晉戎馬旋濘而止○鑣抓也○鐮宜與廉抓已見上文此重出

廣雅疏義卷十

廣雅疏義卷十

廣雅疏義卷十

三

愛古堂抄藏

廣雅疏義卷第十一

嘉定錢大昭晦之甫譔

廣雅卷六

釋訓第三

爾雅釋詁訓道也法言問神篇事得其序之謂訓本書釋詁訓順也教也說文訓説教也繫傳云訓者順其意以訓之也爾雅釋文引張博士雜字云訓者謂字有意義也詩疏云訓者道也道物之皃以告人也釋訓一篇重語居多皆是形容之辭有單舉其文與重語

同義者如欣欣喜也遥遥遠也單言欣亦為喜單言遥亦為遠也有單舉其文即與重語異義者如斤斤仁也蒸蒸孝也單言斤單言蒸不可謂之仁與孝矣自紛纕以下或是雙聲或是疊韻或解古義或通俗文要皆道物之形貌以告人故統謂之釋訓焉

顯顯察察著也

廣韻著明也陟慮切顯顯者玉篇廣韻並云顯著也重言之亦為著也大雅假樂云顯顯令德察察者鄭注中庸云察著也楚辭漁父安能以身之察

察賈誼書道術篇纖微皆審謂之察反察為旺淮南道應訓引老子曰其政察察其民缺缺

洞洞（同董二音）屬屬切切恂恂閭閭（魚斤反）翼翼濟濟異異祗祗敬也

洞洞屬屬者孝之敬也祭義云夫婦齊戒沐浴奉承而進之洞洞乎屬屬乎如弗勝如將失之其孝敬之心至也與淮南氾論訓周公事文王也有奉持於文王洞洞屬屬如將不能恐失之可謂能子矣切切者論語朋友切切小雅伐木疏引王肅注鳥聞伐木驚而相命嚶嚶然以與朋友切切節節

貴貴尊長長之

恂恂者誠之敬也論語恂恂如也似不能言者漢書李廣傳恂恂如鄙人誾誾者和之敬也通作言玉藻云二爵而言言斯已矣鄭注言言和敬皃釋文言魚斤切疏引皇侃云謂言為誾義害亦通翼翼者恭之敬也少儀云祭祀之美匪匪翼翼宋玉九辯遵翼翼而無終兮王逸注竭身恭敬何有極也漢書禮樂志王侯秉德其鄰翼翼顏師古曰翼翼恭敬也王粲太廟頌於穆清廟翼翼休徵濟濟者祭之敬也禮記云子之言祭濟濟漆漆然楚語云道其順辭以昭祀其先祖肅肅濟濟如或臨之畏

畏未聞㬫事兄曰書微子迪罔畏畏祇祇者康誥云庸庸祇祇威威顯民孔傳用可用敬可敬刑可刑案依孔傳所解則祇祇似非重語然徐幹中論法象篇云文王祇畏造彼區夏則單言與重言同也

臲臲魚列反卼卼音几嶢嶢音堯危也

臲臲卼卼者玉篇臲臲卼卼不安也困上六困于葛藟于臲卼薛虞作劓杌秦誓邦之杌隉孔傳杌隉不安言危也說文引易作槷䵛鄭康成注易作倪杌說文隉危也班固說不安也皆字異音義同嶢嶢

者廣韻嶢嶕嶢危也是單舉其文皆為危也

戰戰慄慄虩虩所華反懼也

戰戰者小雅小旻戰戰兢兢傳戰戰恐也慄慄者商書湯誥慄慄危懼若將隕于深淵淮南繆稱訓故聖人栗栗乎其內而至乎至極矣慄栗古通用虩虩者易曰震來虩虩馬融云虩虩恐懼皃鄭康成同荀爽作愬愬履九四履虎尾虩虩子夏傳愬愬恐懼皃馬融作愬愬是虩愬同也公羊宣六年傳靈公望見趙盾愬而再拜何休注知盾欲諫以敬拒之是愬愬者恐懼行禮無有敬義○集韻愬

斯莊切引廣雅伀伀懼也今無此文

桓桓𢧐𢧐音莊撟撟赳赳勍勍巨京切競競仡仡豎豎武也

釋名武舞也征伐動行如物鼓舞也故樂記云發揚蹈厲太公之志也桓桓者牧誓云尚桓桓史記集韻引鄭注桓桓威武皃周頌桓云桓桓武王箋桓桓有威武之武王魯頌泮水桓桓于征傳桓桓威武皃𢧐𢧐者莊喜切玉篇𢧐鳥鷙擊勢也廣韻𢧐武也本此法言孝至篇鷹隼𢧐𢧐撟撟者周頌酌云蹻蹻王之造傳蹻蹻武皃魯頌泮水其馬蹻

蹻傳言彊盛也又云蟜蟜虎臣傳蟜蟜武皃釋文蟜本又作蹻亦作蹻居表切是三字音義同也趫趫者說文趫輕勁有才力也周南兔罝赳赳武夫傳武皃案趫趫訓武已見爾雅此重出勍勍者說文勍彊也左氏僖二十二年傳勍敵之人是單舉其文亦為武也競競者說文競彊語也仡仡者秦誓仡仡勇夫傳仡仡勇壯之夫漢書李尋傳秦穆公任仡仡之勇揚雄甘泉賦金人仡仡其承鍾虡兮顏師古注仡仡勇健狀暨暨者其器切玉篇暨武也玉藻云戎容暨暨

矍矍許縛反盼盼匹內反又匹入反曼曼眈眈多含反矕矕蠻之上聲睌睌莫恨反瞥瞥拜音眽眽匹革反眓眓呼活反睊睊公縣反視也

矍矍者，說文：「矍，視遽也。」玉篇：「矍矍，視而無所依之也。」易曰：「震索索，視矍矍。」通作瞿。玉藻「視容瞿瞿」，疏云：「驚遽之皃。」盼盼者，說文：「盼，目冥遠視也。」曼曼者，字當作矎，呼懸切。玉篇：「矎，直視也。」本書釋詁：「矎，視也。」王延壽魯靈光殿賦曰「矎矎而喪精」，張載注曰：「不止也。」眈眈者，說文：「眈，視近而志遠。」頤六四「虎視眈眈」。通作覘。說文：「覘，內視也。」漢竹邑侯相張壽碑覷覷虎視不折其節矕矕晥晥者本書釋詁矕晥視也重言之亦然𥈭𥈭者薄官切說文𥈭轉目視也眽眽者玉篇眽眽姦人視也漢書東方朔傳跂跂脉脉善緣壁顏師古注脉脉視皃王逸九思目眽眽兮寤終朝注云眽眽視皃古詩十九首盈盈一水間脉脉不得語李善注脉脉相視皃王延壽魯靈光殿賦徒眽眽而狋狋作脉者皆眽之譌眓眓者說文眓視高皃集韻眓呼括切引此文同睊睊者說文睊視皃孟子睊睊胥讒趙岐注睊睊側目相視

繾繾囚淺反又治莧反繟繟音闡抌抌音求緩也

繾繾者小雅杕杜檀車幝幝韓詩作繾繾音義同繟繟者本書釋詁繟緩也重言之亦緩也抌抌者渠鳩切玉篇抌緩也本此

嘔嘔烏侯反喻喻嘕嘕許建反欣欣忥忥許氣反欯欯許一反言言語語埶埶音至喜也

嘔嘔喻喻者史記淮陰侯列傳項王見人恭敬慈愛言語嘔嘔漢書作姁姁鄧展曰姁姁和好皃非有先生論說色微詞愉愉呴呴顏師古曰愉愉顏色和也呴呴言語順也文選作煦煦李善注愉愉

喣喣和悅之皃孝經鉤命訣云驩忻慎懼嘔嘔喻喻喣與嘔同音吁嘔通作區呂氏春秋士容論燕雀爭善處于一屋之下母子相哺也區區然相樂也高誘注區區得志皃也喻通作俞莊子天道篇無爲則俞俞郭象注俞俞然從容自得之皃釋文引此云喜也是本又作俞俞聘禮記云私覿愉愉焉嘕嘕者玉篇嘕嘕喜也本此離騷云靨輔奇牙宜笑嘕登徒子好色賦嘕然一笑是單言嘕亦爲喜也欣欣者本書釋詁欣喜也大雅鳧鷖旨酒欣欣傳欣欣然樂也孟子曰舉欣欣然有喜色楚詞

九歌君欣欣兮樂康王逸注喜皃通作訢漢書萬石君傳童僕訢訢如也晉灼曰許慎云訢古欣字賈山傳天下訢訢將興堯舜之道氤氤款款者氤與忻同本書忻釋詁款喜也重言之亦喜也言言語語者大雅公劉京師之野于時處處于時廬旅于時言言于時語語言民各安于京師而喜也藝藝未詳

唏唏虛几反又虛冀反歌歌乎下反嗃嗃火下反呵呵虛多反訶訶口啞啞於百反笑也

音

唏唏者本書釋詁唏笑也歌歌者玉篇歌大張口

七

笑也啁啁者本書釋詁啁笑也呵呵者未聞⿰言口⿰言口
啞啞者本書釋詁⿰言口啞笑也重言之亦為笑也震
彖詞笑言啞啞馬融云笑聲

翼翼衎衎愉愉和也

翼翼者敬之和也離騷鳳皇翼其承旂兮高翱翔
之翼翼王逸注翼翼和皃衎衎者樂之和也漸之
辭鴻漸于磐飲食衎衎愉愉者忠之和也論語私
覿愉愉如也鄭注愉愉顏色和也祭義云愉愉乎
其忠也漢書禮樂志高賢愉愉民所懷顏注愉愉
和樂也

慼慼懆懆音草怮怮於柳反又於流反愁愁忡忡音形契契音挈咥古几反又吁几反烈烈惄惄怛怛多達反憂也

慼慼者本書釋詁慼憂也楚詞心愁鬱鬱之無快居慼慼而不解懆懆者陳風月出云勞心懆兮傳懆憂也怮怮者本書釋詁怮憂也重言之亦憂也愁愁者本書釋詁愁憂也劉向九歎心愁愁而思舊邦忡忡者楚詞九歌極勞心兮忡忡王逸注忡忡憂心皃又哀時命云心煩冤之忡忡契契者文選曹植上責躬應詔詩表注云引孝經鉤命訣云刻骨挈挈勤思察挈挈與絜絜同通作契司馬相

爾雅義疏卷十一

如禪封文挈三神之歡應劭曰挈絕也顏師古音口計反契絕用爾雅文是契挈同矣小雅大東契契寤歎傳契契憂苦也嘔嘔者玉篇嘔憂也烈烈者小雅采薇憂心烈烈箋云憂皃集韻引此作烈烈从心惁惁者古折與制通惁即慸也漢書王吉傳吉上疏諫昌邑王引詩顧瞻周道中心慸兮顏師古注慸古怛字傷也是惁惁與下怛怛字異音義同怛怛者本書釋詁怛憂也齊風云甫田云勞心怛怛

巖巖巘巘五葛反 峩峩嶄嶄音讒 阢阢音兀 嵬嵬牛回反又牛尾反

岌岌魚及反圪圪五乙反高也

巖巖者山之高也魯頌閟宮云泰山巖巖揚雄蜀都賦湔山巖巖漢西嶽華山廟碑巖巖西嶽巘巘者嶻之高也說文巘嶻高皃衛風云碩人云庶姜孽孽釋文韓詩作巘巘長皃呂氏春秋過理篇宋王築為蘗臺高誘注蘗當作巘引詩曰庶姜巘巘高皃也峩峩者石之高也本書釋詁峨高也宋玉招魂增冰峩峩王逸注北方常寒其冰重累峩峩如山嶄嶄者仕咸切玉篇嶄山石高峻皃小雅漸漸之石釋文七銜反亦作嶄嶄阮阮嵬嵬者本

書釋詁阢嵬高也重言之亦高也岌岌者冠之高也離騷高兮冠之岌岌兮王逸注岌岌高皃嵇康琴賦馳岌岌以相屬圪圪者墻之皃也說文圪墻高皃大雅皇矣崇墉言言崇墉仡仡傳言言高大也仡仡猶言言也仡仡字異音義同

雱雱普光反霏霏雰雰瀌瀌彼苗反雪也

說文雪凝雨說物者釋文雪綏也水下遇寒而凝綏綏然也曾子曰陰氣凝而為雪文選注引五經通訓云春洩氣為雨寒凝為雪舊本也字亦譌為雪今訂正雱雱者玉篇雱雪盛皃雱同上邶風雨

雪其雱傳雱盛皃霏霏者芳微切小雅采薇雨雪霏霏傳霏霏甚也潘岳寡婦賦雪霏霏而驟落兮雰雰者小雅信南山雨雪雰雰傳雰雰雪皃楚辭九歎雪雰雰而薄水兮通作紛張衡四愁詩欲往從之雪紛紛瀌瀌者小雅角弓云雨雪瀌瀌傳瀌瀌雪盛皃漢書劉向傳引作麃古字通

霅霅素合反又徒甲反霵霵士林反渢渢小篤反濈濈子立反驟驟林音䨕䨕[?]落音霎霎叉入反霫霫先入反䨶䨶[?]叢音𩃶𩃶[?]秋音雪雨也

霅霅者說文霅霅震電皃霅霅者玉篇霅霅雨聲

湒湒者說文湒雨下也𩆜𩆜者說文作瀶孫侍御曰一切經音義亦引作瀶瀶與說文合䨣䨣者盧各切說文䨣雨零也霊霊者廣韻霊霊大雨也霥霥者莫公切玉篇霥霥雨皃亦作濛霥霥說文作濛微雨也豳風東山云零雨其濛𩄊𩄊者徒的切玉篇𩄊𩄊雨也

颯颯颼颼所留反飋飋飂飂音留飉飉音遼瀏瀏音留風也

颯颯者楚詞九歌風颯颯兮木蕭蕭颯同颼颼者玉篇颼颼風聲飋飋者所乙切玉篇飋秋風通作瑟魏文帝詩秋風蕭瑟天氣涼飂飂者說文飂

高風也通作翏莊子齊物論云而獨不聞之翏翏乎郭象注翏翏長風之聲李頤本作飂飂飂飂者力系切玉篇飂風皃瀏瀏者潘岳寡婦賦風瀏瀏而夙興謝靈運詩瀏瀏出谷飈

𩅰𩅰而羊反䨼䨼奴容反又奴冬反湛湛直減反又牒琗反泥泥那禮反李人以此為涅那低反失之露也

說文露潤澤也釋名露慮也覆露物也𩅰𩅰者與瀼瀼同鄭風野有蔓草零露瀼瀼傳盛皃小雅蓼蕭傳瀼瀼露蕃皃䨼䨼者與濃濃同詩傳濃濃厚皃湛湛者小雅湛露傳云湛湛露茂盛皃泥泥者

蓼蕭傳泥泥霑濡也

坦坦漫漫蕩蕩平也

坦坦者易曰履道坦坦管子樞言篇坦坦之利不以功坦坦之敝不為用故存國家定社稷在卒謀之間耳淮南原道訓大道坦坦去人不遠漫漫者離騷路曼曼其修遠兮釋文曼一作蔓蕩蕩者呂氏春秋引書王道蕩蕩高誘注蕩蕩平易也楚辭九歎路蕩蕩其無人兮王逸注平易皃

渾渾音魂汪汪灝灝音鎬詡詡曠曠大也

渾渾者流之大也法言問神篇聖人之辭渾渾若

川李軌注洪流也汪汪者深之大也後漢書黄憲傳汪汪若千頃之陂澄之不清撓之不濁瀰瀰者水之大也法言問神篇商書灝灝爾宋咸注灝灝猶漫漫也訓詁者言之大也曠曠者明之大也淮南繆稱訓故言之用者昭昭乎小哉不言之用者曠曠乎大哉

栠栠（而審反）嫋嫋（那鳥反）姌姌（如琰反又乃點反）弱也

栠栠者本書釋詁栠弱也重言之亦為弱也嫋嫋姌姌者說文嫋姌也嫋弱長皃

區區稍稍小也

區區者左氏傳采國區區又云是區區者史記管晏列傳以區區之齊在海濱漢書禮樂志河間區區下國蕃臣楚元王傳豈爲區區之禮哉後漢書章帝紀區區管窺豈能照一隅哉隗囂傳區區兩郡以禦堂堂之鋒陸機辨亡論洪規遠略固不厭夫區區者也梢梢者疑當作稍漢書禮樂志王者必因前王之順時施宜有損益即民之心稍稍制作至太平而大備道作哨法言問道篇匪伏匪堯禮義哨哨案鄭注攷工記云哨小也是哨哨即稍稍也

炤炤晰晰皎皎皓皓炳炳灼灼炫炫赫赫曠曠翼翼顯顯明也

炤炤者荀子儒效篇炤炤兮其用知之明也揚倞注炤炤明見之皃炤與照同淮南道應訓扶桑受謝日照宇宙炤炤之光輝四海賈誼旱雲賦日炤炤而無識晰晰者小雅庭燎晰晰傳晰晰明也皎皎者楚詞九歌夜皎皎兮既明皎皎者唐風揚之水白石皓皓傳潔白也炳炳者通作邴莊子大宗師云邴邴乎其似喜乎簡文云邴邴明皃灼灼者陸機吳趨行灼灼光諸華炫炫者說文炫爛燿也

唐抄疏義卷十一

赫赫者小爾雅赫赫明也楚詞大招雄雄赫赫天德明只淮南覽冥訓故至陰飂飂至陽赫赫曠曠者本書釋詁曠明也重言之亦明也翼翼者束晳補亡詩玉燭陽明顯猷翼翼顯顯者上文顯顯訓著此又訓明義相成也

詪詪古很反訔訔魚斤反詻詻音額諦諦呼氣反又呼几反謣謣譊譊女交反語也

詪詪者玉篇詪難語皃訔訔者辨之語也法言問神篇或問聖人之作事不能昭若日月何後世之訔訔也司馬光注訔訔爭辯之皃謂學者爭論是

非詻詻者五陌切玉藻云言容詻詻鄭注教令嚴也墨子親士篇君必有弗弗之臣上必有詻詻之下說文詻論訟也傳曰詻詻孔子容諦諦者玉篇諦語聲諤諤者諍之語也玉篇諤五各切正直之言也楚辭惜誓云或直言之諤諤說苑正諫篇孔子曰良藥苦口利于病忠言逆耳利于行君無諤諤之臣父無諤諤之子兄無諤諤之弟夫無諤諤之婦士無諤諤之友其亡可立而待新序雜言篇周舍有言曰百羊之皮不如一狐之腋衆人之唯唯不如周舍之諤諤史記趙良謂商君曰千人之

諾諾不如一士之諤諤譊譊者爭之語也說文譊恚呼也玉篇譊爭也法言寡見篇譊譊者天下皆訟也又云譊譊之學各習其師蜀志云孟光好公羊春秋而譏呵左氏每與來敏爭此二義常譊譊讙咋裴松之注譊音奴交切○集韻引此文有詡詡語也今無此文

愴愴慛慛才回反悢悢悽悽哀哀悲也

愴愴者楚辭九懷心愴愴兮自憐王逸注意中切傷憂悲楚也慛慛者玉篇慛悲傷也悢悢者玉篇悢力尚切悢悢惆悵也李陵與蘇武詩徘徊蹊路

側 悢悢不得辭揔與山巨源絕交書顧此悢悢如何可言悽悽者說文悽痛也哀哀者小雅蓼莪哀哀父母生我劬勞

暤暤音昊杲杲睢睢音鶴皭皭子爵反景景白也

暤暤者孟子王者之民暤暤如也說文暤皓旰也杲杲者說文杲明也衛風伯兮杲杲出日睢睢者說文睢鳥之白也玉篇睢乎穀切睢睢白也何晏景福殿賦睢睢白馬李善注引詩白鳥翯翯孟子引詩白鳥鶴鶴趙岐注鳥肥胞則鶴鶴而澤好是睢與翯鶴並音義同舊本睢訛矐今訂正皭皭者

玉篇皭在爵子笑二切色皭皭白也景景者疑顥顥之訛說文顥白皃引楚辭曰天白顥顥南山四顥白首人也

泓泓淵淵篠篠音眺窈窈深也

泓泓者說文泓下深皃淵淵者禮記中庸云淵淵其淵楚辭九思川谷兮淵淵注云深皃篠篠窈窈者本書釋詁篠窈深也此文又重言之莊子在宥篇至道之精窈窈冥冥呂氏春秋仲秋紀故善論威者於其未發也於其未通也窅窅乎冥冥乎知其情漢書安世房中歌情思晻晻經緯冥冥窈窅

昒字異音義同

緜緜曼曼延延遲遲長也

緜緜者王風緜緜葛藟傳緜緜長不絕之皃楚辭九章繚緜緜之不可紆古詩青青河畔草緜緜思遠道曼曼者楚辭九章終長夜之曼曼兮王逸注長皃案魯頌閟宮孔曼且碩傳曼長也是單言之亦為長也通作漫漢書郊祀歌蔓蔓日茂顏注言其長久日茂盛也延延者爾雅延長也此重言之言為長遲遲者小雅采薇行道遲遲傳遲遲長遠也孟子云孔子去魯遲遲吾行

瘆瘆吐安反又吐案反又吐阻反騑騑音妃傫傫力罪反又力追反疲也

說文疲勞也本書釋詁疲極也瘆瘆者說文瘆馬病也引詩瘆瘆駱馬騑騑者孚微切小雅四牡騑騑傳行不止之皃玉篇騑病也傫傫者玉藻云喪容纍纍鄭注羸憊皃也老子道德經云儽儽兮若無所歸王充論衡骨相篇東門有人其頸似堯其項若皐陶肩類子產自腰以下不及禹三寸儽若喪家之狗案傫說文作儽傫纍儽字異音義同

屑屑迹迹塞塞省省耿耿警警不安也

自屑屑至省省本方言也其文曰迹迹屑屑不安

也江沅之間謂之迹迹秦晉謂之屑屑或謂之塞塞或謂之省省不安之語也郭注皆往來皃也後漢書王良傳何其往來屑屑不憚煩也潘岳閒居賦尚何能違鄉下也養而屑屑從斗筲之役乎耿耿警警者邶風柏舟耿耿不寐傳耿耿儆儆也耿警聲相近警儆音義同

孜孜汲汲急音惶惶俇俇其往反劇也

劇也孫侍御曰一切經音義引作遽也孜孜者說文孜孜汲汲也書皋陶謨予思日孜孜泰誓云孜孜無怠通作孳漢書蕭何傳尚復孳孳得民和顏

師古注孳與孜同孜孜言不怠也淮南繆稱訓故君子日孳以成煇小人日怏怏以至辱桓寬鹽鐵論古者君子夙夜孳孳思其德小人晨夕孜孜思其力汲汲者禮記問喪篇其往送也望望然汲汲然如有追而弗及也莊子天地篇汲汲然惟恐其似已也法言學行篇堯舜禹湯文武汲汲仲尼惶惶通作忣賈誼新書匈奴篇人之忣忣惟恐其後來至也惶惶者與皇皇同恐懼之劇也孟子云孔子三月無君則皇皇如也佂佂者遑遽之劇也楚辭招魂佂佂而南征兮注佂佂遑遽皃舊本佂訛

今訂正

亹亹（音尾）牟牟冉冉進也

亹亹者宋玉九辨時亹亹而過中王逸注進皃張衡思元賦時亹亹而代序兮牟牟者亡侯切玉篇牟進也冉冉者司馬彪贈山巨源詩冉冉三光馳遊者一何速

𢍎𢍎（卷權反）區區款款愛也

拳拳者司馬遷報任安書拳拳之忠終不能自列顏師古注忠謹之皃文選注引繁欽定情詩何以致拳拳綰臂雙金環案拳通作惓漢書劉向傳惓

惓之義顏師古注惓惓忠謹之意讀與拳同區區者李陵答蘇武書孤負陵心區區之意古詩十九首一心抱區區懼君不察識嵇康與山巨源絶交書野人有快炙背而美芹子者欲獻之至尊雖有區區之意亦已疏矣欵欵者大雅板老夫灌灌傳灌灌猶欵欵也箋老夫諫女欵欵然楚辭卜居吾寧悃悃欵欵朴以忠乎司馬遷報任安書誠欲效其欵欵之愚劉峻廣絶交論苑張欵欵于下泉

悾悾音控愨愨苦角反懇懇苦很反叩叩斷斷都坑反誠也

悾悾者玉篇悾空哄切誠心也太元勤次二有

勤悾悾若于有中庾亮讓中書令表是以悾悾屢陳其款通作空呂氏春秋孝行覽空空乎其不爲巧故也高誘注空空愨也巧故詐僞也愨愨者說文愨謹也玉篇愨誠也包咸論語注悾悾猶愨愨也舊本愨訛慤今訂正懇懇者玉篇誠也揚雄劇秦美新云明旦不昧勤勤懇懇古通用貇漢書劉向傳故貇貇數奸死亡之誅顏師古注貇貇款誠之意也音懇叨叨者疑切切之訛論語切切偲偲小雅伐木詩王肅注鳥聞伐木驚而相命嚶嚶然以與朋友切切節節斷斷者鄭注大學云斷斷誠

一之皃說文云𠜌古文斷引周書曰𠜌𠜌猗無他
技

翍翍匹入切翃翃宏音翩翩匹延反𦒋𦒋大宏反翽翽火外反𦒋𦒋火宏反翥翥翲翲匹饒反𦐂𦐂曳音𦒆𦒆庯音𦒉𦒉翂翂紛音翬翬暉音翾翾火元反飛也

翍翍者玉篇翍飛皃翃翃者本書釋詁翃飛也重言之亦為飛也翍翃同翩翩者說文翩疾飛也小雅四牡翩翩者鵻楚辭九歌飛龍兮翩翩采玉九辯燕翩翩其辭歸兮𦒋𦒋若與薨薨同周南螽斯羽薨薨兮翽翽者說文翽飛聲也大雅卷阿鳳皇

于飛翽翽其羽鄭箋翽翽羽聲也䎗䎗者翾翾者
本書釋詁䎗翪飛也此又重言之集韻䎗飛也本
此決言問明爲朱鳥翪翪歸其肆矣翻翻者陸機
擬古詩翻翻歸雁集棠翻通作拚周頌小毖拚飛
惟鳥韓詩作翻飛文選注引薛君章句翻飛皃鶱
鶱者虚言切說文鶱飛皃本書釋詁鶱飛也舊本
訛从馬今訂正翲翲者玉篇翲飛皃通作飄潘岳
秋興賦鴈飄飄而南飛䎅䎅者余勢切玉篇䎅飛
也䎅　同案䎅通作泄邶風雄雉于飛泄泄其羽
𦒍𦒍者小雅鴻鴈肅肅其羽釋文本或作𦒍同羽

聲也劉楨雜詩方塘含白水中有鳧與鴈安得肅
肅羽從爾浮波瀾翼翼者玉篇翼余力切翹也翁
翁者爭云切玉篇翁翁飛皃莊子山木篇東海
有鳥焉名曰意怠其爲鳥也翂翂翐翐釋文引司
馬彪云翂翂翐翐舒遲皃一云飛不高皃䎀䎀
者說文翬大飛也郭注釋鳥云鼓翅翬翬然飛䎀
翬同趐趐者本書釋詁趐飛也此又重言之

煌煌音皇熠熠倏倏音叔炯炯公迥反晃晃熒熒乎扃反光也

本書釋詁光明照也煌煌者莊子駢拇篇駢于
明者亂五色淫文章青黃黼黻之煌煌非乎潘岳

閒居賦煌煌乎隱隱乎李善注引蒼頡篇煌煌光明也上林賦煌煌扈扈煟者于貴切小雅斯干噲噲其正噦噦其冥箋噲噲猶快快也噦噦猶煟煟也言居之晝日則快快然夜則煟煟然也皆寬明之皃詩釋文引呂忱曰火光皃倏倏者式竹切集韻燄火動皃炯炯者說文炯光也潘岳秋興賦珥金貂之炯炯李善注引廣雅炯炯光也舊本炯訛烱今訂正晃晃者釋文光晃也晃晃然也熒熒者宋玉高唐賦煌煌熒熒奪人光精

蒙蒙冥冥昧昧晻晻烏感反暗也

蒙蒙者宋玉小言賦蒙蒙滅景昧昧遺形冥冥者荀子勸學篇無冥冥之志者無昭昭之明淮南淑真訓能游冥冥者與日月同光太元晦上九云晦冥冥利於不明之貞昧昧者秦誓云昧昧我思之淮南淑真訓至伏羲時其道芒芒昧昧桼左氏襄二十四年傳何没没也没没即昧昧没昧聲相近晻晻者楚辭九歎意晻晻而日頹

堂堂娖娖大丁反又唐兮反彧彧於勒反[illegible][illegible]媞媞淵音娙娙涯音妖妖於宙反申申奕奕儀儀傑傑丑葉反娥娥容也

堂堂者論語堂堂乎張也鄭司農注地官保氏云

車馬之容顛顛堂堂通作棠棠漢忠惠文魯峻碑堂堂忠惠嚴訢碑棠棠容貌皆與堂同娗娗者廣韻娗好也一說娗當作姃與娗同漢書五行志引成王時童謠燕燕尾娗娗而釋之曰尾涏涏美好皃也是亦言其容也彧彧者文之容也嬴嬴者方言嬴好也郭注言嬴嬴也本書釋詁嬴好也嬴嬴同說文嬴以女嬴省作嬴者特不省耳古詩十九首盈盈樓上女李善注盈與嬴古字通嬽嬽者漢書司馬相如上林賦柔橈嬽嬽顏師古注嬽嬽柔屈皃案史記作嫚嫚索隱曰皆骨體耎弱長豔皃引

張博士說嬛嬛猶婉婉也又引廣雅嬛嬛容也是媛本又作嬛嫙嫙者本書釋詁嫙好也重言之又爲容也沃妖申申者論語申申如也夭夭如也馬融注申申夭夭和舒之皃皇侃義疏申申者心和也夭夭者皃舒也申申心申暢故申和也皃舒緩故夭夭也詩云桃之夭夭灼灼其華即美舒義妖夭字異音義同奕奕者本書釋詁奕容也此又重言之儀儀者楊子法言鱗之儀儀宋咸注鱗儀儀而訓儀儀傑者方言奕傑容也自關而西凡美容謂之奕或謂之傑宋衛曰傑陳楚汝穎之間謂之

奭說文僕宋衛之間謂華僕僕廣韻僕僕輕僕美好皃娥娥者古詩十九首娥娥紅紛粧左思詠史詩巖巖高門內李善注引此云巖與峨同

駓駓步悲反 颿颿扶嚴反又扶泛反 驫驫香幽反又以幽反 騤騤古永反 趍趍力盍反 儊儊先栨反 蹡蹡七羊反 走也

駓駓者小雅吉日儦儦俟俟後漢書馬融傳注引韓詩作駓駓俟俟文選西京賦注引薛君章句曰駓行曰俟宋玉招魂逐人駓駓些王逸注駓駓走皃颿颿者玉篇颿馬疾步也集韻颿颿走也本此驫驫者玉篇驫驫走皃左思吳都賦驫駥驫矞李

善注衆馬走皃騑騑者説文騑驂馬也舊本騑訛騑今訂正趧趧者玉篇趧走也從從者玉篇從從走皃蹡蹡者説文蹡行皃玉篇蹡與蹡同左思吳都賦被練鏘鏘劉淵林注行步皃

馥馥休音芬芬馞馞步沒反馠馠呼康反馣馣烏含反馛馛步葛反馡馡匹結反菲菲怫作反蔎蔎設与香也

馥馥芬芬者小雅楚茨苾芬孝祀文選蘇武古詩注引韓詩作馥芬孝祀薛君章句馥香皃小雅信南山苾苾芬芬韓詩苾亦作馥此所釋者用韓詩也何晏景福殿賦馥馥芬芬李善注宋書志

引陸機大暑賦播芳蘪之馥馞馞者司馬相如上林賦晻曖苾勃張守節曰皆芳香之盛也案文選作苾茀郭璞曰香氣盛秘馞也李善曰茀音勃音義同馠馠者集韻馠馠香也本此玉篇作馠香也馣馣者玉篇馣香氣集韻馣馣香也本此馛馛者玉篇馛大香馩馩者玉篇馩小香菲菲者集韻引作馡馡離騷芳菲菲其彌章王逸注菲菲猶勃物芬香皃也通作斐上林賦郁郁斐斐衆香發越張守節云皆芳香之盛也漢書作菲菲郭璞云香氣射散也蔎蔎者識列切說文蔎香草也楚辭九

歎懷椒聊之蔎蔎兮王逸注蔎蔎香皃

眐眐音征靡靡踽踽趑趑企音又巨支反𧼮𧼮音遥施施音余奕奕音亦浮浮趫趫去遥反冉冉彼彼音夷儦儦必嬌反趞趞音錯奝跛跛且反踥踥七葉反夏夏蹈蹈行行章章衛衛行也

眐眐者諸盈切楚辭哀時命云䰟眐眐以寄獨兮王逸注眐眐獨行皃靡靡者王風黍離行邁靡靡傳靡靡猶遲遲也踽踽者區主切說文踽疏行皃唐風杕杜獨行踽踽傳與所親也通作傴列子力命篇汝奚往而反偊偊而步有深愧之色邪趑趑

者說文趆行皃玉篇趆趆走也通作伎小雅小弁鹿斯之奔維足伎伎又通作跂漢書東方朔傳跂跂脈脈善緣壁顏師古曰跂跂行皃趆趆者弋支切玉篇趆走皃施施者弋支切王風邱中有麻云將其來施施傳難進之意箋舒行伺閒獨來見已之皃通作暆說文暆日行暆暆也奕奕者弋石切玉篇奕行也浮浮者大雅云江漢浮浮楚詞九章何回極之浮浮王逸注行皃案書盤庚鮮以不浮于天時是單言浮亦行也趭趭者說文趭善緣木走之才玉篇趭善走也冉冉者而琰切離騷老

冉冉其將至矣王逸注行皃玉篇冉冉行也本此
徒徒者以脂切說彼行平易也儦儦者說文儦行
皃齊風載驅行人儦儦小雅吉日儦儦俟俟傳趨
則儦儦行則俟俟趞趞者七雀切說文趞行皃蹻
蹻者宋玉高唐賦步蹻蹻兮曜殷堂司馬相如子
虛賦纚乎淫淫般乎蹻蹻郭璞曰皆群行皃也跋
跋者說文跋進足有所擷取也集韻跋七入切引
廣雅跋行也脫重文字耳踆踆者玉篇踆踆往來
皃夏夏者說文夏以夊夊行遲曳夊夊夏古文作
夋从足有行義也蹈蹈者疑是滔滔楚詞七諫年

滔滔而自遠兮王逸注行皃行行者疑與流同漢書郊祀歌流流四塞孟康曰流音兗顏師古曰流流流行皃章章者疑與徫同集韻徫徨行不止衛衛者當作蹱蹱集韻引埤蒼躘蹱行不進皃一曰小兒行

憧憧處鍾反般般拌拌徲徲丈支反營營往來也

憧憧者易咸九四憧憧行來釋文引王肅云憧憧行來不絶皃惠棟云之内曰來故四之初為來之外曰往故初之四為往般般者蒲安切玉篇般般往來也拌拌未聞徲徲者通作遲揚雄反離騷昔

仲尼之去魯兮斐斐遲遲而周遊顏師古注斐斐
遲遲往來皃營營者小雅青蠅傳營營往來皃莊
子庚桑楚云全汝形抱汝生無使汝思慮營營楚
辭九章䰟識路之營營王逸注精靈主行往來數
也太元堅次四云小蟲營營
腜腜梅音䑋䑋如字反夒夒昏昏呼許反濯濯䐡䐡呼典反肥
也
腜腜者莫來切大雅緜周原膴膴文選魏都賦注
引韓詩作脢周原脢脢腜脢古字通䑋䑋者方言
䑋肥也夒夒者集韻夒迄力切肥也舊本夒訛夒

訂正奆奆者玉篇引埤蒼奆肥大也集韻奆大肥也顯結切舊本奆訛奆今訂正濯濯者大雅靈臺麀鹿濯濯趙岐孟子注獸肥飽則濯濯司馬相如封禪文濯濯之麟游彼靈時文穎曰肥也膭膭者玉篇膭肥也

泡泡白交切又普交切淘淘音陶沸沸陽陽洹洹音丸湯湯音傷泱於黨反湝湝音諧浩浩潒潒音蕩混混汩汩于密反滂滂沛沛滑滑決決浪浪音郎油油音由泧泧許活反瀌瀌浦彪反流也

泡泡者玉篇泡流皃西山經不周之山東望泑澤

何水所潛也其源渾渾泡泡郭注水濆涌之聲也洶洶未聞疑洶洶之訛楚辭九章聽波聲之洶洶沸沸方味切玉篇沸泉涌出皃西山經峚山丹水出焉其中多白玉是有玉膏其源沸沸湯湯郭注玉膏涌出之皃沸音拂陽陽未詳洹洹者鄭風溱洧方渙渙兮韓詩作洹洹羽元切湯湯者始陽切玉篇湯湯水盛尚書湯湯洪水方割小雅沔水其流湯湯傳波流盛皃班固西都賦覽滄海之湯湯泱泱者小雅瞻彼洛兮維水泱泱湝湝者小雅鼓鐘淮水湝湝傳湝湝猶湯湯也浩浩者乎道切玉

篇浩浩水盛也尚書浩浩滔天管子小問篇云詩有之浩浩者水育育者魚未有室家而安召我居淮南俶真訓浩浩瀚瀚楚辭九章浩浩沅湘兮流汩兮潒潒者徒朗切說文潒水潒瀁也讀若蕩混混者說文混豐流也孟子原泉混混淮南原道訓源流泉浡冲而徐盈混混汩汩濁而徐清枚乘七發混混庉庉同司馬相如上林賦汩乎混流昃昃者說文昃水流也方言汩疾行也南楚之外曰汩揚雄甘泉賦涌醴汩以生川滂滂沛沛者說文滂沛也楚辭九歎波逢洶涌濆滂沛兮左思吴都賦

包湯谷之滂沛是眾言滂沛兮為流也荀子富國篇汸汸若河海揚倞注汸讀為滂水多皃也楚詞九懷云望淮兮沛沛新序刺奢篇歌曰江水沛沛兮舟楫敗兮涓涓者荀子法行篇詩云涓涓源水不雝不塞潘岳射雉賦泉涓涓而吐溜陶潛歸去來詞泉涓涓而始流決決者說文決行流也孟子云告子曰性猶湍水也決諸東方則東流決諸西方則西流是決為行流重言之亦為流也浪浪者離騷攬茹蕙以掩涕兮霑余襟之浪浪王逸注浪浪流皃油油者楚詞九歎江湘油油長流汩兮王

注油油流皃泧泧者呼括切與濊濊同衛風碩人施罟濊濊釋文引韓詩章句濊濊流皃説文濊礙流也滮滮者説文滮水流皃从水彪聲省引詩滮池北流王篇滮與淲同小雅白華篇作淲傳流皃

汎汎扶弓反氾氾扶劍反浮也

汎汎者説文汎浮皃木華海賦或汎汎悠悠于黑齒之邦舊本汎汎下有⿱扶弓⿱扶弓二字案字書俱無⿱扶弓字此必是音汎為扶弓反傳寫者誤併扶弓為一字且重複之耳今訂正氾氾者司馬相如上林賦羣浮文其上汎淫泛濫司馬貞引郭璞曰皆鳥任

二七

颭波自縱漂皃汎音馮泛音芳劍反又引廣雅汎汎氿氿浮也楚詞卜居將氿氿若水中之鳧乎五臣注氿氿鳥浮皃舊本無氿氿二字今據史記索隱補正舊本小注有扶劍二字即氿之音切也

䡩䡩苦莖反 硍硍郎音又力蕩反堅也

䡩䡩者說文䡩車䡩引也舊本䡩訛輴今訂正硍硍者潘岳馬汧督誄硍硍高致李善注引此文

堭堭音皇 篦篦那程反 莫莫萋萋 捀捀布孔反 芊芊音千 芾芾方味反 蓁蓁 薿薿擬音 淠淠匹制反 茀茀弗音 蒼蒼 媄媄於苗反 蔵蔵 幪幪 漠漠 薱薱徒內反 蔚蔚 務務亡內反又亡老反 葆葆

保音𣏟𣏟恭音茂也

葟葟者與皇皇同小雅皇皇者華傳皇皇猶煌煌也說文䔊華榮也或作葟芃芃者大雅行葦維葉泥泥釋文云泥泥張揖作芃芃云草盛也案陸氏所引疑是張博士字詁文莫莫者周南葛覃維葉莫莫傳成就皃萋萋者周南葛覃維葉萋萋傳茂盛皃楚詞招隱士云春草生兮萋萋王逸注垂條吐葉紛華榮也菶菶者說文菶草盛大雅卷阿菶菶萋萋芊芊者列子力命篇美哉國乎鬱鬱芊芊潘岳在懷縣作詩稻栽肅芊芊集韻芊芊茂也本

三十

此通作仟謝朓遊東田詩遠樹曖仟仟李善注仟與芊同芾芾者召南甘棠傳蔽芾小皃蓁蓁者周南桃夭傳至盛皃說文蓁草盛皃通作榛榛盛皃薿薿者小雅甫田黍稷薿薿傳茂盛皃淠淠者小雅小弁萑葦淠淠傳衆也茀茀者說文茀道多艸不可行周語火朝覿矣道茀不可行也大雅皇矣臨衝茀茀傳彊盛也蒼蒼者釋名春曰蒼天陽氣始發也蒼蒼也詩疏引李巡爾雅注云萬物始生其色蒼蒼說苑建本篇管子曰所謂天者非謂蒼蒼莽莽之天也君人者以百姓為天娭娭者說文

木部枖木少盛皃引詩桃之枖枖女部又引作桃之𡝩𡝩是𡝩枖同也今周南桃夭作夭夭傳少壯皃藏藏未詳疑與牂牂同陳風東門之楊傳牂牂盛皃懞懞者大雅生民麻麥懞懞傳茂盛也舊本懞訛从心旁今訂正漠漠者枚乘忘憂館柳賦階草漠漠白日遲遲舊本作莫莫重出今訂正薱薱者玉篇薱草木茂也蔚蔚者蒼頡篇蔚草木盛也革象傳君子豹變其文蔚也虞翻注蔚蔇也案說文蔇草多皃是蔚蔇皆取茂盛之義菽菽葆葆者本書釋文菽葆也解見前篇茻茻者說文茻眾艸

堇

也今經典通用莽呂氏春秋云孰之壤壤也可以為
淅之莽莽也高誘注莽莽均長皃楚詞九章滔滔
孟夏兮艸木莽莽王逸注草木之類莫不莽莽盛
茂
戡戡大含反又大感反謟謟睃音鏕鏕不袄反截截渠渠閑閑勃
勃貌貌亡角反熚熚芊鬼反童童鐵鐵叶會反閬閬彭彭岌
岌旁旁餅餅騤騤音逵驛驛業業翼翼奕奕常常几几
盛也
戡戡者空之盛之廣韻戡戡室深皃案戡與沈音
義同漢書陳勝傳夥頤涉之為王沈沈者應劭曰

沈沈宮室深邃之皃音長含反[illegible]又通作眈張衡西京賦大厦眈眈薛綜注深邃之皃藹藹者士之成也大雅卷阿藹藹王多吉士傳藹藹猶濟濟也劉向九歎讒夫藹藹而漫著兮王逸注盛多皃鑣鑣者飾之盛也衛風碩人朱幩鑣鑣截截者佞之盛也周書秦誓惟截截善諞言渠渠者禮之盛也秦風權輿於我乎夏屋渠渠傳渠渠猶勤勤也閑閑未詳孫侍御云疑閑閑勃勃者法言訓騫篇摯龍鱗附鳳翼巽以揚之勃勃乎其不可及乎藐藐者美之盛也大雅瞻卬藐藐昊天箋藐藐美也煒

燁赤之盛也說文燁盛赤也邶風靜女彤管有煒童童者高誘淮南子序一尺鰼好童童文選詩西兆有浮雲重重如車蓋鐬鐬者聲之盛也說文鉞車鑾聲也引詩鑾聲鉞鉞徐鍇曰今俗作鐬以鐬為斧戉之戉非是案今詩庭燎之次章泮水首章並作噦是鐬噦音義同闐闐者說文門部闐盛皃又口部嗔盛氣也引詩振旅嗔嗔案今小雅采芑作闐闐古字通爾雅振旅闐闐郭注羣行聲通作滇滇漢書郊祀歌泛泛滇滇從高斿應劭曰滇滇盛皃旗部古音徒干反彭彭者滿之盛也齊風載驅

行人彭彭傳多皃易大有匪其彭干寶注彭亨盛滿皃是單言彭亦爲盛也岌岌者高之盛也上文岌岌高也此又爲盛也旁旁者單之盛也鄭風清人駟介旁旁鏘鏘者壯之盛也大雅烝民八鸞鏘鏘宋玉九辯前輕輬之鏘鏘兮王逸注軒車先導聲鏘鏘也說苑建本篇有昭辟雍有賢泮宮田里周行濟濟鏘鏘騤騤者彊之盛也小雅采薇四牡騤騤傳彊也驛驛者生之盛也周頌載芟驛驛其達傳生也業業者大雅烝民四牡業業翼翼者健之盛也小雅采芑四牡翼翼箋壯健皃楚辭九懷

紛翼翼兮上躋王逸注盛氣猥迅陞天衢也奕奕者魯頌閟宮新廟奕奕文選注引薛君韓詩章句言其新廟奕奕盛張衡西京賦六元蚪之奕奕齊騰驤其而沛艾嵇康琴賦粲奕奕而高逝常常者華之盛也說文常或作裳是常裳同字故小雅云裳裳者華几几者盛之盛也豳風狼跋云赤舄几几

仍仍登登趐趐馮馮總總僔僔尊本反甫甫伾伾芬悲反集集師師逯逯鹿祿二音嘽嘽他安反滭滭滻滻產音繽繽紛紛噳噳虞羽反衆也

仍仍者疑與陾陾同大雅緜捄之陾陾傳衆也釋

文陾耳升反登登者用力之衆也大雅緜築之登
登傳用力也廣韻登衆也翹翹者薪之衆也周南
漢廣翹翹錯薪馮馮者聲之衆也大雅緜削屢馮
馮是牆鍛屢之聲馮馮然孔疏上言削下言屢馮
馮是聲故知削牆下土打鍛是屢之聲馮馮然也
總總僔僔者莊子則陽篇是稷稷者何為者耶釋
文稷字亦作總李頤曰聚皃離騷紛總總其離合
兮王逸曰總總猶僔僔聚皃揚雄甘泉賦齊總總
撙撙其相膠葛兮顏師古注總總撙撙聚皃也僔
撙古字通甫甫者魚之衆也大雅韓奕魴鱮甫甫

伾伾者力之眾也魯頌駉以車伾伾集集者聚之眾也玉篇集聚也師師者法言孝至篇麟之儀儀鳳之師師其至矣乎宋咸曰麟儀儀而馴鳳師師而多逯逯者疑當作娽娽說文娽隨者衆也嘽嘽者小雅采芑戎車嘽嘽傳嘽嘽衆也淠淠者小雅小弁萑葦淠淠傳淠淠衆也舊本譌為卓卓今據集韻所引訂正漼漼未聞繽繽紛紛者淮南俶真訓繽紛蘢蓯高誘注繽紛雜糅也離騷佩繽紛其繁飾兮王逸注繽紛盛皃王褒九懷撫余佩兮繽紛注舞皃揚雄反離騷晴纍以其繽紛顏師古注文

雜也淮南俶眞訓萬物紛紛孰非其有、枚乘七發紛紛翼翼波涌雲流嚶嚶者鹿之衆也說文嚶麋鹿羣口相聚皃小雅吉日麀鹿麌麌傳衆多也也嚶麌同

遼遼逯逯邈眇眇遠也

遼遼者劉向九歎山修遠其遼遼兮王逸注遠皃逯逯者左氏傳鸜鵒來巢遠哉遙遙邈邈者離騷神高馳之邈邈王注遠皃通作藐方言藐廣也郭璞音邈云藐藐曠遠皃是邈藐字異義同眇眇者楚辭九章穆眇眇之無垠兮王逸九思世既卓兮

卅五

遠眇通作渺管子内業篇渺渺乎如窮無極

呦呦於糾反喓喓烏梟反譻譻烏耕反喈喈側楷反嘖嘖音責嚖呼惠反鳴也

呦呦者鹿之鳴也說文呦鹿鳴聲也小雅呦呦鹿鳴喓喓者蟲之鳴也召南喓喓草蟲傳聲也譻譻者鳥之鳴也與嚶嚶同說文譻聲也嚶鳥鳴也小雅伐木鳥鳴嚶嚶箋兩鳥聲喈喈者鵲之鳴亦鷹之鳴也淮南原道訓故夫鳥之啞啞鵲之喈喈豈嘗為寒暑燥濕變其聲也（哉）嘖嘖者鷹之鳴也爾雅行鷹喈喈宵鷹嘖嘖春秋疏引賈逵左傳注行鷹

喈喈呰為民嘔鳥者肯鴈嘖嘖夜為農驅獸者也
嘒嘒者蜩之鳴也與嘒嘒同說文嘒小聲也小雅
小弁蜩嘒嘒
殷殷喤喤鞫鞫呼紇反轞轞音艦欿欿欽欽丁丁竹耕反闐
闐𩐩𩐩音淵轗轗音隱韸韸音逢揀揀音託轔轔音鄰鈴鈴聲也
殷殷者雷之聲也邶風終風殷殷其雷喤喤者鐘
之聲也亦 之聲也周頌執競鐘鼓喤喤通作鍠
說文鍠音呼彭反聲也鞫鞫者車之聲也玉篇鞫
車聲轞轞者亦車之聲也玉篇轞音檻車同左思
吳都賦出車轞轞通作檻王風大車檻檻傳行聲

欿欿者伐木之聲也與坎坎同易坎卦京房劉向作欿魏風伐檀坎坎伐輪兮石經魯詩殘碑作欿欽欽欽欽者鐘之聲也小雅鼓鐘云鼓鐘欽欽丁丁者伐木之聲也小雅伐木云伐木丁丁闐闐者宋玉九辯云屬雷師之闐闐兮闐通作田禮記問喪篇婦人不宜袒故發胸擊心爵踊殷殷田田如壞墙然鼘鼘者鼓之聲也小雅采芑伐鼓淵淵振旅闐闐箋伐鼓淵淵謂戰時進云衆也至戰止將歸又振旅伐鼓闐闐然商頌那云鞉鼓鼘鼘淵鼝同轞轞者車之聲也於斬切玉篇轞車聲通作隱法

言問道篇或問大聲曰非雷非霆隱隱眈眈久而愈盈尸諸聖韸韸者鼓之聲也薄公功大雅靈臺鼉鼓逢逢高誘注呂氏春秋季夏紀引詩作韸韸橑橑者與橐橐同小雅斯干椓之橐橐轔轔者車之聲也楚詞九歌乘龍兮轔轔王逸注車聲通作鄰秦風有車鄰鄰傳衆車聲鈴鈴者策之聲也孫綽遊天台山賦振金策之鈴鈴李善注金策錫杖也鈴鈴策聲

混混乎悃文沌沌大悃反轉也

此言元氣之流轉也莊子在宥篇渾渾混沌沌終

三七

身不離郭象注渾沌無知而任其自復乃能終身不離其本也呂氏春秋仲夏紀太一出兩儀兩儀出陰陽陰陽變化一上一下合而成章渾渾沌沌離則復合合則復離是謂天常高誘注渾讀如袞冕之袞沌讀近屯文選注引春秋命歷序云冥莖無形濛鴻萌兆渾渾泥泥宋均注渾渾混混鷄卵未分也濛濛渾音義同

馮馮翼翼烟烟音因熅熅於分反睢睢許佳反盱盱音吁元氣也

馮馮翼翼者淮南天文訓天地未形馮馮翼翼洞

洞灟灟故曰大昭高誘注馮翼洞灟無形之皃漢書禮樂志馮馮翼翼承天之則烟烟熅熅者班固典引云太極之元兩儀始分烟烟熅熅李善注烟烟熅熅陰陽和一相扶皃也案烟熅通作絪縕易繫詞傳天地絪縕萬物化醇惠棟曰天地絪縕爲復之凶藏于內故未形魏伯陽以天地絪縕爲復之一爻交坤故參同契云易有三百八十四爻據爻摘符符謂六十四卦晦主朔旦震來受符當斯之際天地覯其精日月相撣持雄陽播元施雌陰化黃包混沌相交接權輿樹根基經營養鄞鄂凝

廣雅疏義卷十一

神以成軀衆夫蹈以出蝡動莫不由是言天地合德萬化物醇化生之義然則單言烟煴亦為元氣也

䀹䀹盱盱者莊子寓言篇云而䀹䀹而盱盱而誰與居揚雄劇秦美新云權輿天地未袪䀹䀹盱盱李善注混言沌之始天地未闢萬物䀹盱而不定也五音集韻䀹䀹元氣皃本此盱休俱切

紛紛音紛條條揔揔憒憒音憒惙惙平述反惛惛平昆反忞忞武粉反亂也

紛紛者與棼棼同呂刑云民興胥漸泯泯棼棼孔傳泯泯為亂棼棼同惡逸周書祭公解泯泯芬芬

孔鼂主泯汾亂也魏志夏侯太初傳緬緬紛紛未聞整齊紛棼汾紛字異音義同條條未詳擾擾者晉語范文子曰諸侯皆畔則晉可為也惟有諸侯故擾擾焉莊子天道篇膠膠乎擾擾乎宋玉神女賦紛紛擾擾未知何意劉伶酒德頌俯觀萬物擾擾憒憒者本書釋詁憒亂也此重言之亦為亂也怴怴者未詳惛惛者病之亂也忞忞者法言問神篇傳千里之忞忞者莫如書

僛僛音欺僊僊音仙傞傞素何反舞也

小雅賓之初筵云屢舞僊僊屢舞僛僛屢舞傞傞

此之釋也毛傳傚傚舞不能自正也傞傞舞不止也說文于傚傞皆醉舞皃

蜿

蜿蜿宛音又烏九反蝹蝹[illegible]音動也

此釋龍蛇之動也蝹於君云二切宋玉高唐賦振鱗奮翼蜲蜲蜿蜿李善注龍蛇之皃張衡西京賦海鱗變而成龍狀蜿蜿以蝹蝹薛綜注龍形皃也舊本脫動字今據集韻所引補正

誇

誇誇苦瓜反切切也

桓寬鹽鐵論夫辯國家之政事論執政之得失何不徐徐道理相喻何至切切如此乎

行行更更也

論語子路行行如也漢書公孫田劉傳贊云勇者見其斷辨者騁其詞斷斷焉行行焉顔師古注斷斷辨爭之皃行行剛彊之皃劉邵人物志云道容之動蟜蟜行行

廣雅疏義卷十一

廣雅疏義卷十一

廣雅卷五之上

畢

廣雅疏義卷第十二

嘉定錢大昭晦之甫譔

乾乾健也蹇蹇難也

本書釋詁乾健也重言之亦為健乾九三終君子終日乾乾呂氏春秋士容論乾乾乎取舍不悅而心甚素樸太元經陽氣純剛乾乾萬物莫不殭梁隸釋費鳳別碑乾乾日稷○蹇蹇難也○蹇難已見本書釋詁此復重言之蹇六二王臣蹇蹇通作謇離騷余固知謇謇之為患兮王逸注引周易作謇謇

趯趯他狄反跳也嬥嬥湯的反好也哌哌音派號也
召南草蟲云趯趯阜螽毛傳趯躍也小雅巧言趯趯
毚兔○嬥嬥好也○嬥好已見本書釋詁小雅大
東佻佻公子韓詩作嬥嬥○哌哌號也○虞夏書
云啟哌哌而泣法言寡見篇哌哌之子各識其親
太元勤次三云鷄角之吾其泣哌哌
⿰延攵⿰延攵徐焉反盡也頻頻符賓反比也囂囂呼嬌反虛也
玉篇廣韻俱無⿰延攵字疑與鋋同本書釋詁鋋盡也
故⿰延攵⿰延攵亦為盡○頻頻比也○頻頻猶比比也漢
書梁平王傳比比蒙恩不伏重誅顏師古注比猶

蜎也貲𧷗虛也○法言君子篇信死生齊貧富同貴賤等則吾以聖人為貲𧷗吳祕注莊子託以道家掰其齊一是虛華之大省若是言則吾以聖人六經之旨為𧷗𧷗之虛語耳

章章采也斤斤靳音仁也蒸蒸音升反孝也駸駸楚吟反疾也

說文絨采彰也荀子法行篇故雖有珉之雕雕不若玉之章章楊倞注章章素質明著也○斤斤仁也○未聞蒸蒸孝也○堯典云克諧以孝蒸蒸乂張衡東京賦蒸蒸之心感物曾思○駸駸疾也○

文駸馬行疾也小雅四牡載驟駸駸阮籍詠懷詩青驪逝駸駸陸機挽歌駸駸策素騏版版反也管管落也眊眊亡到反又亡角反思也諓諓音翦善也

大雅板云上帝板板下民卒癉又云靡聖管管不實于亶毛傳板板反也管管無所依繫王符潛夫論引作上帝版版古字通此以管管為浴所未聞也○眊眊思也○疑即泰誓眛眛我思之下解泰誓之諓諓與此類聚可推而知○諓諓善也○說文諓諓善言也

庸庸用也僀僀都計反憭音了也

庸用已見本書釋詁荀子大略篇庸庸勞勞○僀僀憭也○僀字玉篇廣韻俱不收未聞

紛安文反又緫奴孔反不善也崎嶇傾側也輆音亥軩音待不平也

後漢書崔駰傳達旨篇若夫紛緫塞路凶虐播流李賢注引方言緫盛多也○崎嶇傾側也○張衡南都賦下蒙籠而崎嶇左思魏都賦山阜猥積而踦𨅊陶潛歸去來辭亦崎嶇而經邱李善注引埤蒼云崎嶇不安之皃案踦𨅊與嶇崎同亦作敧嶇

說文𢿄陋也○輆䡀不平也○輆口亥切玉篇輆

軩不平軩徒改切䡀軩音義同

蹇產詰詘也詭隨小惡也偃蹇夭撟居夭反也

楚辭九章思蹇產而不釋王逸注蹇產詰詘也相

如上林賦蹇產溝瀆史記集解引漢書音義蹇產

屈折也○詭隨小惡也○大雅民勞云無縱詭隨

○偃蹇夭撟也○相如上林（大人）賦蜩蟉偃蹇怵㚖以

梁倚王延壽魯靈光殿賦傍夭蟜以橫出李善注

特出之皃史記索隱引此文作夭矯古撟蟜蟜通

用故字不同

墆（音帝）翳障蔽也。崢（士耕反）嶸（音宏）深冥也

本書釋詁翳障也墆翳又為障蔽也楚辭九歎舉霓旌之墆翳兮王逸注墆翳蔽隱皃○崢嶸深冥也○本書釋詁崝嶸深也崝與崢同詳見前楚詞遠遊下崢嶸而無地兮張協七命其居也崢嶸幽藹李善注引此文作崢嶸

趻（敕錦反）踔（敕角反）無常也。屏營佂（音征）伀（音鍾）也

莊子秋水篇夔謂蚿曰吾以一足踸踔而行爾無如矣楚辭七諫逢艾親入御于床第兮馬蘭踸踔而日加王逸注踸踔暴長皃陸機文賦踸踔于短

韻李善注引此文又云今人以不定為跙踖不定亦無常也方言𨄮蹇也郭注跛者行跳踔字異義同○屏營征伀也○吳語申胥曰昔楚靈王獨行屏營法言重黎篇六國蚩蚩為嬴弱姬卒之屏營嬴擅其政司馬光注屏營猶旁皇失據之皃孔叢諫格虎賦怖駭內懷迷冒怔忪方言云征伀遑遽也征伀征伀怔忪同

悇悆音又他乎反覃與占反又他紺反懷憂也逍遙懷音褱徉也

說文悆覃也楚詞七諫心悇憛而煩冤兮王逸注憂愁皃馮衍顯志賦終悇憛而洞疑李賢注引廣雅

忩云悇憛惆悵未定也悇悆覃嘾憛字異音義同

○逍遥儴佯也○逍遥古用消摇鄭風清人云河上乎逍遥離騷聊逍遥以相羊王逸注逍遥相羊皆遊也相如上林賦逍遥乎襄羊司馬貞引郭璞云襄羊猶彷徉淮南原道訓逍遥乎廣澤之中而彷徉乎山峽之旁儴襄相佯羊洋俱字異義同

彷徉徙倚也倠其佳反躟而羊反惶劇也徘徊便旋也楚辭遠遊云步徙倚而遥思兮王逸注徬徨東西意愁憒也淮南俶真訓芒然彷徉于塵埃之外而逍遥于無事之業又云甘暝于溷澖之域而徙倚

于汗漫之宇○俇躟惶劇也○宋玉九辯悼余生之不時兮逢此世之俇攘王逸注卒遇潛讒而遽惶也嚴夫子哀時命云慨塵垢之枉攘兮王注枉攘亂也馬融圍棊賦狂攘相救兮先後並沒俇躟與枉攘狂攘同○徘徊便旋也○玉篇徘徊猶彷徨也漢書作裴回張衡西京賦便旋閭閻王逸楚詞注便旋中野立踟蹰也蘇軾詩出門便旋風吹笛

曖音愛曃音逮翳薈也撣音蟬援牽引也

楚詞遠遊云時曖曃其曭莽兮王逸注日月晻黮

而無光也玉篇曖曃不明皃五音集韻曃曖曃其字从日篇本譌从日且又倒為曃曖今並訂正抱朴子外篇繁林翳薈則羽族雲萃元淵浩汗則鱗羣繞赴德業廣則宅心者衆含瑕録用即遠懷近集○撣援牽引也○離騷云女𡠄之嬋媛兮王逸注嬋媛猶牽引也一作撣援張衡南都賦垂條嬋媛李善注嬋媛枝相牽引也撣援與嬋媛字異音義同

躊逐由反躇直魚反猶豫也蹢馳緑反跢池音跦厨音也

躊躇亦作蔦著說文篤箸也宋玉九辯蹇淹留而

躊躇老子云豫兮若冬涉川猶兮若畏四鄰離騷心猶豫而狐疑兮史記呂后本紀猶豫未決索隱引崔浩云猶猨類也卬鼻長尾性多疑顏師古注漢書云猶獸也爾雅猶如麐善登木此獸性多疑慮常居山中忽聞有聲即恐有人且來害之每豫上樹久之無人然後敢下須臾又上如此非一故不決者稱猶豫焉一曰隴西俗謂犬子為猶犬隨人行每豫在前待人不得又來迎候故云猶豫也○蹢躅跢跦也○蹢躅說文作蹢躅姤初六羸豕孚蹢躅釋文云本亦作躑躅不靜也跢跦與踟躕

同郷風静女搔首踟蹰文選注引韓詩作躊躇薛君章句躊躇躑躅也荀子禮論篇則必徘徊焉鳴號焉躑躅焉踟蹰焉然後能去之也揚倞注躑躅以足擊地也踟蹰不能去之皃

翱

翱翔浮游也從谷擧動也跦子六反踖迹音畏敬也

釋名翱傲也言傲游也翔佯也言仿佯也齊風齊子翱翔傳猶彷佯也檜風羔裘翱翔傳猶逍遙也淮南覽冥訓高誘注云翼一上一下曰翱不搖曰翔又俶真訓以鴻濛為景柱而浮揚乎無畛崖之際注云浮揚猶遨翔也又覽冥訓前白螭後奔蛇

浮游消搖棨浮揚即浮游游揚聲之轉耳舊本游訛於今據文選思元賦注所引訂正○從容舉動也○學記云待其從容宋玉登徒子好色賦從容鄭風溱洧之間李善注引此文○跦踖畏敬也○論語踧踖如也跦踧同

般桓不進也結縎音骨不解也裼音曷被不帶也

也初九般桓利居貞馬融注般桓旋也漢仲秋下旬碑作般桓張衡西京賦袒裼戟手奎踽盤桓曹植洛神賦悵般桓而不能去般盤字異義同○結縎不解也○説文結締也縎結也漢書息夫躬絶

命辭云結情兮傷肝悄緝字異義同是結緝為亂之亦不解也。褐被不帶也。離騷何桀紂之猖披兮王逸注猖被衣不帶之皃玉篇褐尺羊切披衣不帶

軫𨊠牛刀反轉戾也陸離參差也𢽳音㦤捇手獲反乖剌也

方言軫戾也郭注相乖戾也文選注引許慎淮南子注軫轉也輓未聞。離陸參差也。玉篇陸陸離猶參差也離騷長余佩之陸離王逸注陸離猶嵾嵯衆皃司馬相如大人賦衍蔓流爛疹以陸離顏師古引張博士說與此同又上林賦牢落陸離

○叡𢡃乖剌也○離騷紛總總其離合兮忽緯繣其難遷王逸注緯繣乖戾也叡緯𢡃繣並同說文叡戾也羽非切

洪涊垢濁也俶汀歷反儻他朗反卓異也魁岸雄傑也

洪涊濁也已見木書釋詁解具於前○俶儻卓異也○司馬遷報任安書古昔富貴而名摩滅不可勝記惟倜儻非常之人稱焉漢書禮樂志云俶儻精權奇抆桼七發忽兮慌兮儻兮相如子虛賦俶儻瀵儻並同○魁岸雄傑也○漢書江充傳充為人魁岸容貌甚壯顏師古曰魁大也岸者有廉稜

如崖岸之形案左思吳都賦其居則高門鼎貴魁岸豪傑劉逵曰魁岸大度也

溾涹汙濊也鍡鑸不平也溾音摧五哀反溰五非反又霜雪也本書釋詁渨涹溺也解見前案溾與渨同楚詞九歎溘渨涹之旖旎兮王逸注渨涹汙濊也○鍡鑸不平也○說文鍡鑸不平也莊子庚桑楚云以北居畏壘之山畏壘與鍡鑸同○漼溰霜雪也○玉篇漼昨回切霜雪皃

迹七咨反雎七魚反難行也瑰瑋琦音奇玩也

夬九四云其行次且釋文次本亦作迹說文及鄭

作赼同七私反馬融云郪行不前也說文倉卒也

王弼云趑趄行止之礙也張載劒閣銘一人荷戟

萬夫趑趄李善注引此文作趑趄○瑰瑋琦玩也

○玉篇瑋瑀鬼以貴二切引埤蒼云瑰瑋珍琦也

揣抗音尹揺捎悉則反也㨃大币反獲音嘽振訊

本書釋詁揣抗揺捎㨃振訊動也此疊舉之揣抗

又為揺揺消㨃獲又為振訊

躹邱六反竆邱弓反謹敬也委蛇逶於悲反衰也

玉篇躹邱六邱弓二切躹竆謹敬皃竆巨弓切竆

論語執圭鞠躬如也如不勝聘禮記執圭入門

鞠躬焉如恐失之釋文躬劉音弓本亦作躬羣經音辨云鞠窮容謹也案躬窮之異文舊本窮訛躬攷集韻引此文躬窮謹敬也今據訂正。委蛇逶袲也。召南羔羊退食自公委蛇委蛇傳委蛇行可從迹也箋委蛇委曲自得之皃釋文韓詩作逶迤楚詞遠遊載雲旗之逶蛇委逶同亦作萎移枚乘梁王菟園賦卷路萎移

怵惕恐懼也。潢下光反又晃音潒音蕩浩溔也

本書釋詁怵惕恐皆云懼也此疊舉之怵惕又為恐懼也。潢潒浩溔也。此言水之潒瀁也

搌音展㨻膳音呂飭音已蕃反展極也㥃音謂怦普耕反忼慨也

玉篇搌丑善切搌㨻醜長皃集韻搌㨻展極也本此○㥃怦忼慨也○玉篇㥃羽魏切怫㥃不安皃怦忼慨也班固車騎將軍北征頌師橫騖而庶御士怫㥃以爭先

徜音常徉戲蕩也

玉篇徜羊食切徜徉猶俳佪也

覾音戚頊失之反籧篨侏儒僬說文無立人旁焦唯有僥字止云焦僥短人也僥音堯瘂烏下反瘖音音僮昏聾瞶五怪反矇瞍八疾也

晉語文公問于胥臣曰吾欲使陽處父傅讙也而

教誨之，其能善之乎？對曰：是在蘧蒢不可使俛，戚施不可使仰，僬僥不可使舉，侏儒不可使援，矇瞍不可使視，嚚瘖不可使言，聾聵不可使聽，僮昏不可使謀。公曰：柰夫八疾何？對曰：官師之所材也，戚施直鎛，蘧蒢蒙璆，侏儒扶廬，矇瞍修聲，聾聵司火，僮昏嚚瘖僬僥官師所不材也，以實裔土。韋昭注：蘧蒢偃人，戚施僂人，僬僥長三尺，侏儒短者。有眸子而無見曰矇，無眸子曰瞍，口不道忠信之言為嚚，瘖不能言者，耳不別五聲之音為聾，生而聾曰聵，僮無知，昏闇亂也。案：規頌說文作鼀鼀詹諸也詩曰得此鼀䵷言其行鼀䵷今詩作戚施字雖各殊音義同也籧篨者木粗竹席用為囷者之名不可使俛之疾有似之也侏儒者本書釋諸詁侏儒短也是八疾之一也焦僥者山海經云大荒之中有小人名曰焦僥之國郭璞注皆長三尺列子湯問篇從中州以東四十萬里得焦僥國人長一尺五寸張湛曰事見詩含神霧瘂瘖者玉篇瘂於假切瘖瘂也說文瘖不能言也釋名瘖唵然無聲也僮昏者物生必蒙左氏傳童子何知聾瞶者文選注引蒼頡篇聾耳不聞也說文瞶生聾也徐

鍇曰謂從生即聾也矇瞍者本書釋詁皆云盲也

解見前篇

展轉反側也㵎呼的反沭怖懅也

展轉反側周南關雎篇文此又以反側釋展轉也

○㵎沭怖懅也○方言脅閱懼也郭注脅閱猶㵎

沭也玉篇㵎㵎沭遑遽也

忸怩慼咨也㦨音蘭呼音乎謰音連謱力主反也

本書釋詁恧怩慼咨皆云慙也此又以慼咨釋忸

怩也忸恧慼慼咨咨字異義同○㦨呼謰謱也○

方言云㦨嘑謰謱也東南周晉之鄙也㦨呼南

爾雅疏義卷十二

楚曰謰謱又云謰謱拏也南楚曰謰謱或謂之支
註或謂之詀號轉語也王逸九思媒女詘兮謰謱
注云謰謱不止皃
[illegible]力反兮怰許詀反兮欺慢也讃音漬詡平報反啁欺也
本書釋[illegible]怰欺也此又為欺慢也○讃詡啁欺也
○未詳
[illegible]音權局匔跧壯卷反也鞅烏郎反囧音冏無賴也
離騷僕夫悲余馬懷兮蜷局顧而不行王逸注蜷
局詰曲不行皃淮南精神訓病疵瘕者捧心抑腹
膝上叩頭踡跼而諦通夕不寐當此之時噲然得

臥則覩戚兄弟歡然而喜眷踡跼局皆字異音義同本書釋言跧莊匍匐也與此意同○鞅罔無賴也。方言云央亡獪也江湘之間謂之無賴凡小兒多詐而獪謂之央亡　央亡與鞅罔同漢書高祖紀始大人常以臣無賴晉灼曰江淮之間謂小兒多詐狡獪為無賴

亭父吏褚卒也

說文卒隸人給事者方言云楚東海之間亭父謂之亭公卒謂弩父或謂之褚說文褚卒也應劭漢書注云舊時亭有兩卒一為亭父掌門閉埽除一

為求盜掌逐捕盜賊更者漢書昭帝紀三年以前
逋更賦未入者皆勿收如淳曰更有三品有卒更
有踐更有過更古者正卒無常人皆當迭為之一
月一更是為卒更也貧者欲得雇更錢者次直者
出錢雇之月二千是為踐更也天下人皆直戍邊
三日亦名為更律所謂繇戍也雖丞相子亦在戍
邊之調不可人人自行三日戍又行者當自戍三
日不可往便還因便住一歲一更諸不行者宜出
錢三百入官官以給戍者是為過更也律說卒踐
更者居也居更縣中五月乃更也後從尉律卒踐

吏一月休十一月也又食貨志云又加月爲更卒已復爲正顔師古曰更卒謂給郡縣一月而更者也正卒謂給中都官者也

綢繆纏綿也䁥眱音夷直視也

綢繆纏綿也唐風綢繆毛傳義也○䁥眱直視也○淮南道應訓言未卒齧缺繼以讐夷被衣行歌而去高誘注讐夷熟視不言皃案眱與夷同玉篇眱與脂大奚二切廣韻眱熟視不言

揚搉角音嫴辜音搉士角反提時音封無慮都凡也

本書釋言枚箇凡也此又總計之凡也春官御史

廣雅疏義卷十二

掌贊書凡數注云自公卿以下胥徒凡數及其見在空缺者揚雄長楊賦請略舉其凡揚搉者莊子徐無鬼篇則可不謂有大揚搉乎郭象曰搉而揚之有大限也淮南子云物豈可謂無大揚搉乎高誘揚搉無慮大數名也左思蜀都賦請為左右揚搉而陳之劉逵注韓非有揚搉篇班固曰揚搉古今其義一也李善曰許慎淮南子注云揚搉粗略也嫴搉未聞提封者漢書刑法志云一同百里提封萬井臣瓚案舊說提最凡言大數也李奇曰提舉也舉四封之內也顏師古曰李說是也說者或

以為積土而封謂之隄封既改文字又失義也無慮者史記平準書天下大抵無慮皆鑄金錢矣司馬貞曰大抵無慮者謂言大略歸制而天子自為者顏師古曰慮大計也是單言慮亦為凡也都者都目也漢有司徒都目司徒總領綱紀故有都目魏文帝與吳質書頃撰其遺文都為一集李善注引此文

釋親第四

禮記大傳云親者屬也淮南說林訓親莫親於骨肉節族之屬連也說文親至也釋名親

襯也言　相隱襯也爾雅釋文引蒼頡篇親愛也近也老子云六親不和有孝慈王弼注六親父母兄弟妻子也史記管晏列傳上服度則六親固張守節曰謂外祖父母一父母二姊妹三妻兄弟之子四從母之子五女之子六也呂氏春秋季夏紀何謂六戚父母兄弟妻子高誘注六戚六親也漢書賈誼傳以承祖廟以奉六親應劭注與呂覽同後漢書馮衍傳念人生之不再兮悲六親之日遠又秦彭傳乃為人設四誡以定六親長幼之禮李

賢注並云夫婦父子兄弟也諸說不同以呂覽為正此篇所釋自宗族以至妻黨婚姻皆及焉蓋人為萬物之靈身有三部部有三族上部胸中至頭中部膈至臍下部臍至足三部各有天地人三三而九神藏五形藏四合為九藏故曰平八索建九紀八索者八體首也腹也足也股也目也口也耳也手也九紀者九藏頭角也耳目也口齒也肺也心也胃也肝也脾胃也腎也令自人之胚胎以至五官百體無不咸備以附於釋親之末於以見

天地之性人為貴焉

翁公音叟爸步可反爹大可反𤕺止奢反父也

釋名云父甫也始生已也翁叟者方言云東齊魯衛之間凡尊老謂之傁或謂之艾東齊秦隴謂之公或謂之翁南楚謂之父或謂之父老漢書高祖荅項羽曰吾翁即若翁亦以翁為父也趙岐孟子注云叟長老之稱猶父也孫奭疏引劉熙注云叟長老之稱依皓首之言爸者廣韻爸父也集韻爸爹父也本此案今浙江衢州人謂父為爸讀若巴爹者南史梁始興王憺傳為都督荊州刺史徵還

朝人歌曰始興王人人之爹赴人急如水火何時復來哺乳我荆土方言謂父為爹（徒我反）故云廣韻爹北人呼父爹者廣韻爹爻吴人呼父

媓（皇音）妣毑婢（畢音）嬭（乃弟反又奴解反）媪（烏道反）姐（茶字書即前毑字）母也

釋名母冒也含生已也媓者方言云南楚瀑洭之間母謂之媓玉篇媓胡光切母也本此妣者鄭注曲禮云妣之言媲也媲于父也古者通以考妣為生存之稱爾雅父為考母為妣郭注引蒼頡篇考妣延年冀州從事郭君碑哀哀考妣追惟寳靈卜

商號咷喪子失名是也自曲禮有生曰父曰母死曰考曰妣之文後儒遂宗其說說文妣歿母也釋名父死曰考考槁也母死曰妣妣比也比之於父亦然也毑者曹音子我子倚二反又于下文姐字云案字書即前毑字舊本毑訛她予攷玉篇姐古文亦作她今據訂正[女畢]者玉篇[女畢]畢溢切引廣雅云母也嬭者玉篇嬭母也又云嫛莫奚莫移二切齊人呼母案嬭嫛疑古通用媼者史記集解孟康曰媼長老尊稱也左師謂太后曰媼愛燕后賢長安君禮樂志地神曰媼媼母別名也案文穎漢

書注云幽州及漢中皆謂老嫗為媼姐者說文云
蜀謂母曰姐淮南謂之社

媦

所交反 盂姊也媦音謂妹也

媦盂姊也○此方言文也郭注云外傳曰主盂咲
我是也案玉篇𡜊姊也廣韻𡜊齊人呼姊○謂妹
也○說文云楚人謂女弟曰媦公羊桓二年傳若
楚王之妻媦無時可也何休注謂妹也爾雅釋文
引纂文云河南人云妹媦也

娣

徒禮反 社妯音逐娌音里娣似先後也

娣社未說孫侍御曰娣字疑涉下文社字當在上

文母也下釋名云少婦謂長婦曰姒言其先來已
所當法似也長婦謂少婦曰娣娣弟也以後來也
或曰先後以來先後言之也妯娌亦作築娌匹也
郭注今關西兄弟婦相呼為築娌漢書郊祀志見
神于先後宛若顔師古注古謂之娣姒今關中俗
呼為先後吴楚俗呼之為妯娌

父榘音矩也母牧也

白虎通義三綱六紀篇父者矩也以法度教子也
說文父矩也家長率教者从又舉杖母牧也从女
象褱子形一曰象乳子也玉篇引蒼頡篇其中有

兩點象人乳形案槼古矩字

兄況也弟悌也

白虎通義謂之兄弟何兄者況也況父法也弟者悌也心順行篤也釋名兄荒也荒大也故青徐人謂兄為荒〔荒〕也弟第也相次第而上也說文兄長也弟韋束之次第也古兄與況通大雅桑柔倉兄塡兮召旻職兄斯引釋文皆音況小雅棠棣況也永歎釋文況或作兄漢書尹翁歸字子兄注兄讀曰況樊毅華嶽碑兄乃盛德洪适云以兄為況是兄況同也

爾雅疏長卷十二　七

子孜音滋孫順也

釋名子孳也相生蕃孳也孫遜也遜遁在後生也白虎通義子者孳孳無已也案孳猶孜孜也

𣪌乃口反婗吾鷄反兒姓子也

𣪌者本書釋詁生也又釋言乳也婗者說文婗嫛婗也釋名云人始生曰嬰兒或曰嫛婗嫛是也言是人也婗其啼聲也兒者說文兒孺子也姓者左氏昭四年傳聞其姓曰余子長矣漢書田蚡傳跪起如子姓

男任也女如也

白虎通義男者任也任功業也女者如也從如人也釋名男任也典任事也女如也婦人外成如人也故三從之義少如父教嫁如夫命老如子言青徐州曰婚婚忤也始生時人意不喜忤忤然也

姑謂之威嫗謂之妻

說文姑夫母也又云威姑也漢律婦告威姑案威姑猶言君姑也說文莙牛藻也从艸君聲讀若威是君有威音逸周書云合閭立教以威為長亦以閭胥為君也夫之母謂之威姑若夫之父謂之君公君公見淮南氾論訓。嫗謂之妻。嫗衣遇切

漢書注文穎曰幽州及漢中皆謂老嫗為媼又嚴延年兄弟五人皆大官母號萬石嫗今以妻訓嫗所未聞也

姑故也姊咨也嫂叟也妹末也

邶風泉水遂[問]我諸姑遂及伯姊爾雅父之姊妹為姑詩疏引孫炎云姑之言古尊老之名也釋名父之姊妹曰姑姑故也言於已為久故之人也白虎通義父之昆弟不俱謂之世叔父之女昆兄俱謂之姑何也以為諸父曰內親也故別稱之也姑當外邊人疏故總言之也○姊咨也○白虎通義姊

者洛也釋名娣積也猶日始出積時多而明也說文娣女兄也案此言洛者因以其先生可洛問也○嫂叟也○說文嫂兄妻也釋名嫂叟也叟老者稱也叟縮也人及物老皆縮小於舊也喪服傳云謂弟之妻婦者是嫂亦可謂之母乎鄭注謂弟之妻為婦者卑遠之故謂之婦嫂者尊嚴之稱嫂猶叟也叟老人稱也妹末也○說文妹女弟也白虎通義妹者末也釋名妹昧也猶日始入歷時少尚昧也

夫扶也妻齊也婦服也妾接也

白虎通義夫者扶也以道扶接也郊特牲云夫也者以知帥人者也注云夫之言丈夫也○妻齊也○說文妻與夫齊者也从女从屮从又又特事妻職也白虎通義妻者齊也與夫齊體也釋名妻齊也士庶人曰妻夫賤不足以尊稱故齊等言也○婦服也○說文婦服也以女持帚灑埽也白虎通義婦者服也以禮屈服也釋名婦服也服家事也○妾接也○白虎通義妾者接也以時接見也釋名妾接也以賤見接幸也

同門謂之壻

壻上疑有脫字釋名云兩壻相謂曰亞言一人取姊一人取妹相亞次也又並來至女氏門姊夫在前妹夫在後亦相亞而相倚共成其禮也又曰友壻言相親友也爾雅兩壻相謂為亞郭注今江東人呼同門為僚壻

妻之父謂之父㚢多可反亦多音妻之母謂之母㚢

方言南楚瀑洭之間謂婦妣曰母㚢稱婦考曰父㚢舊本母㚢上脫之字今訂正集韻引此文妻下皆無之字

君妻謂之小君

邦君之妻與君敵體但國無二君故謂之小君言差小於君也稱諸異邦則稱寡小君矣

男子謂之丈夫女子謂之婦人

說文男丈夫也从田从力男用力于田也又云夫丈夫也周制以八寸為尺十尺為丈人長八尺故曰丈夫大戴禮本命篇男者任也子者孳也男子者言任天地之道如長萬物之義也故謂之丈夫丈者長也夫者扶也言長萬物也○女子謂之婦人○說文女婦人也象形大戴禮本命篇女者如也子者孳也女子者言如男子之教而長其義理

者也故謂之婦人婦人伏於人者是故無專制之義

下義妻謂之嬬須儒二音

說文嬬弱也一曰下妻也歸妹六三歸妹以須荀爽陸績須作嬬陸云妾也舊本妻上脫下字今訂正

婿謂之倩取令反

方言云東齊之間聟謂之倩郭注言可借倩也今俗呼女婿為卒便是也史記倉公列傳黄氏得倩徐廣曰倩者女婿也

人一月而膏二月而脂三月而胎四月而胞五月而筋六月而骨七月而成八月而動九月而躁十月而生

淮南精神訓夫精神者所受于天也而形體者所稟於地也萬物背陰而抱陽冲氣以為和故曰一月而膏二月而胅三月而胎四月而肌五月而筋六月而骨七月而成八月而動九月而躁十月而生形體以成五藏乃形文子九守篇三月而胚四月而胎説文胚婦孕一月也

㱯古來反腜音媒胎也

說文殰殺羊出其胎也腜婦始孕腜兆也胎婦孕三月也

躬體身也

釋文名身伸也可屈伸也躬者士昏禮記云已躬命之又鄉射禮云倍中以為躬鄭注躬身也謂中之上下幅也渠躬身已見爾雅此重出也體者說文體總十二屬也釋名體第也骨肉毛血表裏大小相次第也玉篇體形体也

𦣻謂之頭䪼之然反顙題額頟也頊顱力乎反謂之髑髏

說文頭首也釋名首始也又云頭獨也於體高而

獨也○䪼顏題顙頟也○釋名頟鄂也有垠鄂也故幽州人則謂之鄂也說文頟顙也顙頟也顏眉目之間也題頟也方言云䪼頟顏顙也湘江之間謂之䪼中夏謂之頟東齊謂之顙汝潁淮泗之間謂之顏郭注䪼音旃裘之旃今建平人呼頟為䪼沈形釋骨云橫在髮際前者曰頟顱亦曰頟頟之中曰顏曰庭其旁曰頟角眉間曰闕其下曰下極下極者目間也眉目間亦通曰顏○頊顱謂之髑髏○說文頊顱首骨也又云髑髏頂也

目謂之眼珠子謂之眸

釋名目黙也黙而内識也眼限也童子限限而出也說文目人眼象形重童子也。珠子謂之眸。趙岐孟子注云眸子目瞳子也釋名瞳子瞳重也膚幕相裹重也子小稱也主謂其精明者也或曰眸子眸冒也相裹冒也漢書項籍傳贊舜蓋重童子項羽又重童子顏師古曰童子目之眸子案洞簫賦李善注引此文珠子上有眼字非也

頏（乎郎反）頏頷（音含）顑（音咸）頸脰項也

說文項頭後也釋名項确也堅确受枕之處也頏者說文亢人頸也或作頏領者說文領項也衛風

黃侃箋識卷十二

碩人領如蝤蠐傳領頸也䪿者玉篇䪿於洪切頸毛也亦作䪿頳者玉篇頳視盈切頸者也頸者說文頸頭莖也釋文頸徑也徑挺而長也脰者說文脰項也釋名嚶在頤纓理之中也青徐謂之脰物投其中受而下之也攷工記以脰鳴者又云大體短脰數目顅脰公羊傳宋萬搏閔公絕其脰鄭康成何休皆以脰為頸

輔謂之頰

說文䩉頰也玉篇引左氏傳酺車相依是輔酺同也釋名云輔車其骨強所以輔持口也或曰牙車

牙所載也或曰頰車亦所以載物也或曰䪼車䪼鼠之食積于頰人食似之故取名也凡繫于車皆取在下載上物也沈彤釋骨云耳下曲骨載頰在領後者曰頰車曰曲頰曰巨屈

顄乎感反頤以時反頷音閤也

方言云頷頤頜也南楚謂之頷秦晉謂之頜頤其通語也戴吉士震曰說文頷與頤同訓顄菡從口內口之若從口外言則兩旁為頜頷前為頤不容相假故內經無通稱者

顴音權頄音求也

顴頄說見卷十二

顴古通用權耳目之間為權權在輔上洛神賦靨輔承權是也頄說文作頯云權也夬九三壯于頄釋文翟云面顴頰骨也鄭作頯頯夾面也舊本顴頄下無也字今案顴頰與下頞頔非一類故補也字

頞烏葛反頔音拙也

玉篇頔之劣切漢高祖隆頔龍顏案漢書高帝紀作隆準李斐曰準鼻也文穎曰音準的之準頞者說文頞鼻莖也或作齃釋名頞鞍也偃折如鞍也史記蔡澤列傳先生曷鼻司馬貞曰謂鼻蹙眉

柴子楽反　噣竹救反　啄口也
釋名口空也柴者玉篇柴口也鳥喙也噣者説文噣喙也玉篇噣與咮同引詩曰不濡其噣喙者説文喙口也左氏傳深目而豭喙

咡耳志反　謂之吻
釋名吻免也入之則碎出則免也又取抆也滅唇所出恒加抆拭因以為名也説文吻口邊也或作脗漢書王褒傳傷吻敝策顏師古注吻口角也咡者玉篇咡禮記曰負劍辟咡詔之口旁曰咡

毀齒謂之齔义謹反

廣雅疏義卷十二

說文齔毀齒也男八月生齒八歲而齔女七月生齒七歲而齔秋官司厲云凡有爵者與七十者與未齔者皆不為奴注云齔毀齒也男八歲男七歲而毀齒

噱劇函合音舌也

釋名舌泄也舒泄所當言也噱者說文谷口上阿也或以肉作臄大雅行葦嘉殽脾臄傳臄函也疏引服虔通俗文云口上曰臄口下曰函噱臄古字通揚雄羽獵賦遥噱乎紘中晉灼曰口之上下名曰噱劇未聞疑是噱字之音而溷入正文耳函者

說文㐭舌也象形舌體弓弓

喉嗌（音益）咽也

說文喉咽也咽嗌也嗌咽也・籀文嗌上象口下象頸脈理也案喉與胡通釋名胡互也在咽下象能斂互物也䁘又謂之嗌氣所流通阨要之處也咽咽物也

䯉（火代反）骬（音于）缺盆戜（音弋）也

玉篇肴餘職切缺盆骨䯉胡葛切䯉骬肩骨骬羽俱切䯉骬缺盆骨

肊（於乙反）臆（音憶）胷也

說文說文匈膺也或作肓釋名胷猶啌也啌氣所衝也漢書賈誼傳剚子以衝仇人之匈又循吏傳匈臆結約校官碑野無叩匈之結肌臆者說文肌胷肉也或作臆釋名臆猶抑也抑氣所塞也文選鵩鳥賦口不能名請對以臆膺者說文膺匈也釋名膺塞壅也氣所壅塞也

肱謂之臂

釋名臂裨也在旁曰裨也說文臂手上也左臂上也或作肱小雅無羊麾之以肱傳肱臂也

胳各皆謂之腋

腋說文作亦云大人之臂亦也从大從兩象亦之形又云胳亦下也釋名腋繹也言可張翕尋繹也玉篇腋羊益切肘腋也

膀步光反 胠祛音又可虛反 胉布各反 脅也

說文脅兩膀也膀脅也或曰膀胠亦下也釋名脅挾也在兩旁臂所挾也胉者玉篇胉脅也本此

幹謂之肕音勒

釋名肕勒也撿勒五臟也說文肕脅骨也幹者公羊莊元年傳使公子彭生送之於其乘焉搚幹而殺之案春秋疏及釋文引廣雅並作脅幹謂之肕

肺忿廢反費也心任也肝幹也脾卑也腎時忍反堅也

白虎通義五藏者何也謂肝心肺腎脾也肝之為言干也肺之為言費也情動得序心之為言任也任于思也腎之為言寫也以竅寫也脾之為言辨也所以積精禀氣也釋名云心纖也所識纖微無物不貫心也肝幹也五行屬木故其體狀有枝幹也凡物以大為幹也肺勃也言其氣勃鬱也脾裨也在胃下裨助胃氣主化穀也腎引也腎屬水主引水氣灌注諸脈也

胃謂之肚

說文胃穀府也釋名胃圍也圍受食物也肚者玉篇肚徒古都古二切腹肚

膀音旁胱音光謂之脬片交反

說文脬膀光也釋名胞鞄也鞄空虛之言也主以虛承水汋也或曰膀胱言其體短而擴廣也史記倉公列傳風癉客脬張守節曰脬亦作胞膀胱也淮南說林訓旁光不升俎注旁光胞也膀胱旁光脬胞並字異音義同

腸詳也腹膈也肑百卓反謂之胂

說文腸大小腸也腹厚也釋文腸暢也通暢胃氣

去滓穢也腹複也富也腸胃之屬以自裹盛復于外複之其中多品似富者也○肑謂之胂○未詳

背謂之骶音帝背也

說文背脊也釋名背倍也在後稱也骶者玉篇骶丁計切背謂之骶本此○背也○背字上疑有脫文淥侍御曰一切經音義二十九引作背北也多北字

胂申音謂之脢音梅

易咸九五咸其脢鄭康成云脢背脊肉也王肅云脢在背而夾脊讀爲灰說文胂夾脊肉也脢背肉

也五音集韻脢莫代切背側肉也又莫回切

髀音畢髁口外反又口卧反臀也

說文𩩲臀骨也渠月切臎者玉篇臎倉淚切鳥尾上肉也髁者說文髁髀骨也集韻引𩩲作骨誤

臀音屯謂之脽音佳

說文肩髀也或作脽以肉隼或作臀徒魂切釋名臀殿也高厚有殿遻也脽者說文脽尻也漢書東方朔傳連脽尻顏師古曰脽臀也音誰

腓音肥䏿音啟腨時兗切也

說文腓脛腨也腨肥腸也玉篇䏿苦禮切肥腸也

[illegible]卷十二

易曰咸其腓鄭注腓腸也玉篇云腓腓腸也荀爽作肥

股脚踦居綺反胻乎當反脛也

說文股髀也脚脛也胻脛耑也脛胻也釋名股固也為強固也脚卻也以其坐時卻在後也脛莖也直而長似物莖也莊子徐無鬼云乳間股脚漢書東方朔傳結股脚史記龜策列傳聖人剖其心壯士斬其胻踦者蟰蛸長股謂之跂亦作長踦

膕古獲反曲脚也

玉篇膕曲脚也本此舊本膕下有胐字案胐當在

下條傳寫者誤也今訂正
朏篤骨反臗苦丸反又苦瓫反尻州豚卓音又多鹿反臀也
朏者玉篇朏臀也廣韻朏朏臀俗又作朏舊本朏
說雖在上條今訂正臗者說文作髖云髀上也玉
篇臗尻也尻者說文尻脾也釋名尻廖也尻所在
寥牢深也漢書東方朔傳尻益高舊本尻下衍也
字今訂正州者馬之臀也爾雅白州驠郭注州竅
邢疏馬之白尻者名驠豚者玉篇豚腤朔切尻也
集韻豚臀也或作豚俗作启非案豚通作涿蜀志
周羣傳初先主與劉璋會涪時蜀郡張裕為璋從

事侍坐其人饒鬚先主嘲之曰昔吾居涿縣特多毛姓東西南北皆謂毛也涿令稱曰諸毛繞涿居乎俗即答曰昔有作上黨潞長遷為涿令涿令者去官還家時人有書欲署潞則失涿欲署涿則失潞乃署曰潞涿君先主無鬚故裕以此及之○集韻胥結計切引廣韻胥臂也今無此文

骩五几反骫苦黄反䯊力剛反䯋音括髆音甫髖音寬骬苦亞反也

骩者玉篇骩骼骩也骫䯊者玉篇骫骫䯊股骨也䯋者說文䯋骨耑也古活切髆者疑骰之訛廣雅髂胥骨骰上同髖者說文髖髀上也苦官切骬者

玉篇[骨可]骨骨骼與[骨可]同

廣雅疏義卷十二

廣雅疏義卷十二

廣雅疏義卷第十三

嘉定錢大昭晦之甫譔

廣雅卷七

釋宮第五

繫辭傳上古穴居而野處後世聖人易之以宮室上棟下宇以待風雨蓋取諸大壯墨子辭過篇古之民未知為宮室時就陵阜之地而居穴而處下潤濕傷民故聖王作為宮室淮南齊俗訓廣廈闊屋連闥通房人之所安也世本禹作宮室呂氏春秋高元作宮室尚

書王徂桐宮左傳虢宮為王宮于坏又云作王宮于踐土又云李平子立煬宮詩云作于楚宮又云作于楚室傳云室猶宮也爾雅宮謂之室室謂之宮孟子為巨室趙岐注巨室大宮也是宮室同物此篇所釋上則為梠椽棟桁中則為門扉屏閭下則為階除砌甃旁則為洛遠則橋梁并犴獄囹圄廁之屬無不備焉別古今殊名通遠近異語各從其類而分釋之

庌音雅廡房櫳音龍廬庉徒困反庲音來康七梁反廊館傳庵烏含

反
廠先見反屋庫府廐舍也
釋名云舍於中舍息也說文市居曰舍从亼屮象
屋也口象築也亲市當為市庌者五下切說文庌
廡也夏官圉師職夏庌馬注云故字庌為訝鄭司
農云當為庌庌廡也廡所以庇馬涼也釋名庌正
也屋之正大者也廣韻庌廳也廡者文甫切說文
廡堂下周屋籀文作𢊁釋名大屋曰廡廡幠也幠
覆也并冀人謂之庌漢書名信臣傳覆以廡屋顏
師古注廡周室也左思蜀都賦千廡萬室謝惠連
雪賦初便娟于墀廡房者說文房室在旁也釋名

房旁也在堂兩旁也櫳者字當作龐薄江切說文龐高屋也即此矣說文有櫳字檻也又有龔字房室之疏也繫傳疏即窻俱非此義廬者大雅公劉傳及小爾雅並云廬寄也地官遺人職十里有廬注廬若今野候徒有庌也說文廬寄也秋冬去春夏居釋名寄上曰廬廬慮也取自覆慮也庑者說文庑樓墻也玉篇庑也聚之處康者力才切玉篇康舍也本者康者千清切玉篇康下屋也廣韻康偏康舍也廊者廣韻廊廡也又引文穎說廊殿下外屋也古作郎漢書董仲舒傳游於巖郎之上晉

灼曰郎堂邊廡巖郎謂巖峻之郎也通作琅周禮
大司馬注司馬法鼓聲不過閶鼙聲不過闟鐸聲
不過琅館者鄭風緇衣適子之館兮傳義也地官
遺人掌郊里之委積以待賓客五十里有市市有
候館候館有積說文館客舍也館與官通隨初九
官有渝蜀才作館又與管通穆天子傳官人陳牲
聘禮管人布幕於寢門外鄭猶管猶館也古文管
作官傳者直戀切釋名傳傳也人所止息去後人
復來轉轉相傳無常人也庵者釋名草圓屋曰蒲
又謂之庵庵奄也所以自覆奄也玉篇庵舍也本

此古通用闇尚書大傳高宗梁闇三年鄭康成注闇讀如鶬鶬謂廬也梁闇或作亮陰陰讀為闇猶任讀為南也廠者玉篇廠舍也或作廠同本此屋者說文屋居也从尸尸所主也一曰尸象屋形从至至所至止室屋也皆从至釋名屋亦奧也其中溫奧也庫者說文庫兵車藏也从車在广下釋名庫舍也物所在之舍也故齊魯謂庫曰舍也鄭注曲禮云庫謂車馬兵甲之處也府者鄭注曲禮云府謂寶藏貨賄之處也高誘注戰國策云府聚也淮南說林訓過府而負手者希不有盜心說文府

文書藏也廐者馬之舍也說文廐馬舍也古文作𠆩釋名廐知也知聚也牛馬之所聚也夏官校人六繫為廐廐一僕夫注云自乘至廐二百一十六匹易乾為馬此應乾之策也

堂堭音皇壂音殿也

經文殿屋之文但曰四阿而已秦漢始有殿名釋名殿有殿鄂也陛卑也有高卑也天子殿謂之納陛言所以納人言之階陛也漢書黄霸傳先上殿顔師古注丞相所坐屋也古者屋之高嚴通謂之殿不必宮中也崇漢西嶽華山廟碑凡殿宇字皆

作壁則壁即殿也堂者說文堂殿也堂古文𡊫籀文从高省釋名堂猶堂堂高顯皃也禮器有以高為貴者天子之堂九尺諸侯七尺大夫五尺士三尺白虎通義天子之堂高九尺天子尊故極陽之數九尺也堂之為言明也所以明禮義也堭者古亦作皇漢書胡廣傳監御史與護軍諸校列坐堂皇上顏師古注室無四壁曰堭

反坫（多念反）謂之㙎（音序）

論語邦君為兩君之好有反坫明堂位云崇坫反圭皆在廟中其行禮之所則謂之㙎也焦氏循云

坫者說文云屏也鄭氏云堂角蓋堂上每角為小屏高於堂所如城隅宮隅之設浮思也大射取決拾于坫上則坫又卑於人以崇坫土坫例之其狀可見

廜音徒𢊁音蘇𢉎音魯𢈱音罵粗才祖反幕易𠫋來達反庵也

庵義已見上文廜𢊁者大胡息胡二切玉篇廜𢊁庵也本此風俗通義云平室曰廜𢊁廜𢊁與屠蘇字異音義同𢉎者力古切說文𢉎廡也玉篇𢉎府也庵也本此𢈱者莫嫁切玉篇𢈱庵也本此粗者疑當作㡰子余切說文㡰人所依㡰也幕者𢈱幕

聲相轉故同義易者疑與帟同古易亦通用周禮幕人注鄭司農云帟平帳也幕為庵帟亦為庵矣廁者玉篇廁庵也本此舊本廁訛廁今訂正

橧似陵反又曾音窠巢也

此釋鳥獸所居之名也小爾雅云巢高也又云鳥之所乳謂之巢雞雉所乳謂之窠說文云巢鳥在木上曰巢在穴曰窠从木象形橧者禮運云夏則居橧巢鄭注夏則聚薪柴居其上蓋上古穴居野處故人亦居橧後世既有宮室則橧為豕所寢矣爾雅釋獸豕所寢橧郭璞注橧其所寢蓐詩疏引

舍人注豕所寢草名為橧李巡注豬臥處名橧某氏注臨淮之間謂野豬所寢為橧方言云其檻及蓐曰橧橥者說文橥空也穴中曰橥樹上曰巢

棚步萌反又負宏反棼音墳棧音才碊閣也

此釋複屋棟也本書釋詁棧棚閣碊致也與此義同茲復申明之惠士奇禮記云古之閣即今之樓說文樓重屋也棚者說文棚棧也玉篇棚閣也本此棼者說文棼複屋棟也班固西都賦列棼橑以布翼張衡西京賦結棼橑以相接太史慈討賊賦緣樓行詈手持樓棼慈射之貫手著棼謂著樓簷

下棟栽者字當作載本書釋詁訓閣為載故載亦為閣踐者字當為棧說文棧棚也淮南本經訓延摟棧道高誘注棧道飛閣複道相近

窹悟音謂之竈其脣謂之陘其窓怱音謂之堗突音堗下謂之甄只反寶匋挑音窯遙音也

此釋竈而別其名也說文竈炊竈也从穴鼀省聲或作竈不省釋名竈造也造創食物也史記索隱云淮南子云炎帝作火官死為今之竈神司馬彪注莊子云浩竈神也如美女衣赤窹謂之竈者玉篇引蒼頡篇云楚人謂竈曰窹是也窹寤字異音

義同古𤭛雅同聲故齊公孫竈字子雅其序謂之陘者未審所出其窓謂之坄者説文坄陶竈窓也从土役省聲喪大記云甸人為垼于西墻下正義曰甸人為垼竈以煑沐汁釋文引鄭注儀禮云垼塊竈也舊本坄訛埃今據説文訂正曹憲音突亦誤坄下謂之甄未詳甸窯者説文窯燒瓦竈也餘招切匋者説文匋瓦器竈也古者昆吾作匋史篇讀與缶同集韻引此文連上甄字誤也

搯擦廇韻擂音零招也

説文招搯也力舉切釋名招旅也連旅旅也或謂

之櫋櫋緜也緜連榱題頭使齊平也上入曰爵頭形似爵頭也楣者說文楣秦名屋櫋聯也齊謂之檐楚謂之梠釋名楣眉也近前各兩若面之有眉也檐者余廉切說文檐㮰也又云㮰梠也徐鍇繫傳㮰即連檐木也在椽之耑釋名簷檐也接檐屋前後也櫺者亦作欞方言云屋梠謂之欞郭注即屋檐也亦呼為連緜

榱楚悲反 橑魯好反 桷音角 捸耻緑反又且足反 椽直緣反也

說文椽榱也釋名桷或謂之椽椽傳也相傳次而布列也榱者說文榱秦名為屋椽周謂之榱齊謂

之梢釋名梢或謂之橑在檐旁下列衰衰然垂也橑者說文橑椽也淮南說林訓云蓋非橑不能蔽目梢者古岳切說文梢橑也椽方曰桷釋名梢确也其形細而疎确也漸六四或得其桷翟子元云方曰桷桷椽也字林云齊魯謂椽為桷徐鍇云春秋刻桓宮桷左傳齊子尾抽桷擊扉三慶封將死猶援廟桷動于甍至宋伐鄭則云取桓宮之椽歸為盧門之椽桓公宮鄭廟也以此知齊魯謂之桷也棟者說文棟短椽

攓於斬反棟也

說文棟極也張協七命望玉繩而結極極謂棟也櫋者說文櫋棼也又云棼複屋棟也釋名櫋隱也所以隱桷也或謂之望言高可望也或謂之棟棟中也居屋之中也鄭云鄉射記云是制五架之屋也五[正]中曰棟次曰楣前曰庪賈疏云中脊為棟棟前一架為楣楣前接檐為庪又云凡屋皆五架李如圭曰堂之屋南北五架中脊之架曰棟次棟之架曰楣五架之制通于上下而其廣狹則異爾

甍謂之甑音溜

說文甍屋棟也釋名屋脊曰甍甍蒙也在上覆蒙

屋也左氏襄二十八年傳猶援廟桷動于甍杜注甍屋棟也張衡西京賦甍宇齊平言諸屋棟簷高下等也𤮐者力救切玉篇𤮐屋穩也是亦以𤮐為棟與甍字矣方言瓴謂之𤮐郭注即屋穩故玉篇以瓴為甍字重文焦氏循云甍从瓦宜非木類蓋雨流處瓦之名與桷相近故桷援而桷上之甍動若屋脊與棟居屋之正中廣氏即多力何能援桷而動乎

摶步各反又步谷反謂之析難音亦有本作猶此一本耳曲析謂之欒音鸞

說文摶壁柱也櫨柱上柎也析屋櫨也玉篇摶櫨

枅也字林音枅爲肩云柱上方木淮南本經訓欂栱欂櫨高誘注欂枅也衆經音義引三蒼云柱上方木曰枅一名楷山東河南皆曰枅自關而西皆曰楷舊本音釋雞音下有古所二字衍文也說詳下文礩訓下欒者釋名欒攣也其體上曲攣卷然也張衡西京賦結重欒以相承薛綜注欒柱上曲木兩頭受櫨者左思魏都賦欒櫨疊施張載注欒櫨一也有曲直之殊耳王逸魯靈光殿賦層櫨以岌峩曲枅要紹而環句李善注枅櫨爲一此重言之蓋有曲直之殊耳孫侍御曰欂下疑有櫨字

挌（音節）謂之笮（阻格反）

此挌是附于瓦而在椽上者與爾雅桷謂之挌名同而實異也笮者說文笮迫也在瓦之下棼上釋名笮迫也編竹相連迫笮也爾雅屋上薄謂之筄郭注屋笮蓋笮在棼上棼者複屋棟是爲複笮鄭注攷工記重屋複笮也逸周書作雒解云常累復挌復格與複笮聲相近即複笮矣

楹謂之柱

說文柱楹也楹柱也春秋傳丹桓宮楹徐鍇繫傳楹之言盈盈盈對立之狀釋名楹亭也亭亭然孤

立旁無所依也齊魯讀曰坙坙勝也孤立獨處能勝任上重也又云柱住也左氏昭元年傳叔孫指楹也曰雖惡是其可去乎杜注楹柱也李如圭曰堂之正東西有楹楹之設蓋於前楣之下

礎楚音碼古研反磌真音又徒年反礩質音也

礩者之逸切古通用質穀梁昭九年傳以葛覆質以為槷范甯注椹也漢書王訢傳訢以解衣伏質顏師古曰質鍖也欲斬人皆伏於鍖上也御覽百八十八引說文礩柱下石也古以木今以石礎者楚呂切淮南說林訓山雲蒸柱礎潤碼者思積切

舊本無此字案張衡西京賦雕梁玉碣李善注引廣雅碣礩也之某韻引此文云碶碏磌礩也碏與碣同是古本廣雅有碣字今遺脫也故據此補正玉篇碣柱礩也廣韻碣柱下石皆本此舊本上文枅下音釋衍古研二字疑即碣字之音誤厠于前今亦訂正磌者側鄰切玉篇磌礩也本此通作瑱班固西都賦雕玉瑱以居楹李賢注瑱與磌同楹柱也雕玉為礩以承柱也

窓牖闚也虚亮反

闚讀若嚮明而治之嚮士虞禮云祝啟牖嚮注云

嚮牖一名也通作向豳風七月塞向墐戶傳向北出牖也釋文引韓詩薛君章句向北向窻也衆經音義引蒼頡篇向北出戶也又通作鄉明堂位云達鄉鄭注鄉牖屬謂夾戶窻也每室八窻為四達窻者說文窻通孔也又曰在墻曰牖在屋曰囪象形囪或作窗从穴衆經音義引蒼頡篇窻正牖也釋名窗聰也為內窺外為聰明也牖者說文牖穿壁以木為交窻也从片戶甫譚長以為甫上日也非戶也牖所以見日蒼頡篇牖旁牖也所以助明者也淮南氾論訓夫戶牖者風氣之所從往來而

風氣者陰陽粗捎者也離者必病

丰

蜂音　梯階也坻除離反除也

釋名階階梯也如梯之有等差也說文階陛也陛升高階也丰者說文丰艸盛丰丰也从生上下達也歷階而升亦取上下通達義與玉篇丰階梯也本此梯者說文梯木階也史記云無為禍梯禍梯即詩所云厲階也坻除未聞

窋

拙音　窇步角反　窩文華反　究覆扶福反　窟也

玉篇窟室也穴也說文作堀云兔堀也左氏襄三十年傳伯為有窟室而夜飲酒擊鐘朝至未已朝

者曰公馬在其人曰吾公在窒谷漢書鄒陽傳剛士有伏死堀穴巖藪之中耳顏師古注堀與同䆩者莫永切說文䆩北方謂地空因以為土穴為䆩戶讀若猛窞者玉篇窞土室也又窨也廣韻窞字下引廣雅窨也與今本不同疑彼誤也窩者玉篇窩兔窟也䆪者五丸切玉篇䆪窟也本此舊本䆪譌究今訂正𥤮者說文𥤮地室也詩曰陶𥤮陶穴案今大雅緜作復毛傳陶其土而復之孔疏復者地上為之取土於地復堅而築之也

京庾廩䴢毘音廥古外反匱貢音廯鮮踐二音囷倉也

說文倉穀藏也倉皇取而藏之故謂之倉从省食口象倉形釋名倉藏也藏穀物也地官倉人掌粟入之藏注云九穀盡藏焉以粟為主京者說文口部云圜謂之囷方謂之京是京為倉之方者也集韻引此文此㢊庾者俞主切說文庾水槽倉也一曰倉無屋者釋名庾裕也言盈裕也露積之言也盈裕不可稱受所以露積之也周語野有庾積韋昭注庾露積穀也引詩曾孫之庾如坻如京史記發倉庾應劭曰水漕倉曰庾胡公曰在邑曰倉在野曰庾廩者說文云㐭穀所振入宗廟粢盛倉黃

靣而取之故謂之靣从入回象屋形中有戶牖或作廩从广从禾地官廩人掌九穀之數以待國之匪頒賙賜稍食志云藏米曰廩周頌豐年亦有高廩所以藏齍盛之穗也孔疏對文則藏米曰廩藏粟曰倉其散即通也明堂位米廩有虞氏之庠注云魯謂之米廩虞帝令藏齍盛之委焉記言米鄭言委則以廩之所容兼米兼粟也廩者力木切玉篇廘庾也倉也通作鹿吳語云市無赤米而囷鹿空韋昭注圜曰囷方曰廘廥者說文廥芻藁之藏史記天官書胃為天倉其南衆星曰廥積集解云

如淳曰蜀業積為廥又平準書於是天子遣使者虛郡國倉廥以振貧民徐廣曰廥音膾又趙世家邯鄲廥燒徐廣曰庫廄之名索隱云積蜀業之藏匱未聞廦者思淺切玉篇廦倉也本此囷者去倫切說文囷稟之圜者从禾在囗中釋名囷綣也藏物繾綣束縛之也魏風伐檀胡取禾三百囷兮傳圜者為囷攷工記匠人注囷圜倉

州

州郡府縣廷寺學校庠序辟廱頖宮瞽宗東膠官也說文官吏事君也从宀从𠂤𠂤猶衆也此與師同意曲禮在官言官注官謂版圖文書之處州者說

文云水中可居曰州周遶其旁从二川釋名州注也郡國所注仰也郡者釋名郡羣也人所羣聚也逸周書作雒解國方千里分以百縣縣有四郡郡有四鄙故左氏哀二年傳云上大夫受縣下大夫受郡水經注引黃義仲十三州記郡之言君也改公矦之封而言君者至尊也郡守專權君臣之禮彌崇今郡字君在其左邑在其右君為元首邑以載民故取名于君謂之郡漢官曰秦用李斯議分天下為三十六郡凡郡或以列國陳魯齊吳是也或以舊邑長沙丹陽是也或以山陵泰山山陽是

也或以川原西河河東是也或以所出金城城下得金酒泉泉味如酒豫章樟樹生庭雁門雁之所育是也或以號令禹合諸侯大計東治之山會計國名會稽是也按春秋縣縣大于郡秦漢以後則郡大于縣矣府者說文府文書藏也周官太宰職以八灋治官府注云百官所居曰府案漢書太尉司徒司空所居皆謂之府大將軍亦云府縣者古之名縣有三總王畿之內曰縣天子之寰內是也故漢時猶稱天子曰縣官六遂之內有縣凡二千五百家則四鄙為縣四遂為縣是也三百家至四

百里為縣則稍甸縣都是也水經注引風俗通義百里為同總名為縣縣元也言當元靜平徭役也黄義仲十三州記縣弦也弦以貞直言下體之居都民之位不輕其誓施繩用法不曲如弦弦聲近縣故取以民釋名縣懸也懸係于郡也廷者說文廷朝中也釋名廷停也人所集之處也寺者說文寺廷也有法度者也釋名寺嗣也治事者嗣續於其內之也左傳疏云自漢以來九卿所居謂之寺學校庠序者孟子夏曰校殷曰序周曰庠學則三代共之是也而漢書公孫丞相所奏及說文解字並

云殷曰序周曰庠師說有不同也左氏襄三十一年傳鄭人游于鄉校然明謂子產毀鄉校鄭注詩序云鄭國謂學為校言可以校正道義焦氏循曰王制云耆老皆朝于庠注此庠謂鄉學也此即西郊之虞庠鄉大夫行鄉飲酒禮在此記言主人迎于庠門之外即此庠也序通作豫鄉射禮云豫則鉤楹內堂則由楹外注云今言豫者謂州學也讀如成周宣榭之榭凡室無室曰榭宜从榭州立榭者下鄉也今文豫為序辟廱者大雅靈臺傳水旋邱如璧曰辟廱以節觀者魯頌箋辟廱者築土雝

水之外圜如璧四方來觀者均也韓詩詩天子之學圜如璧壅之以水示圜言辟取辟有德不言辟水言辟雍者取其雍和也所以教天下春射秋饗尊事三老五更南，在方七里之內後漢書明帝臨廦廱冠帶縉紳之人圜橋門而聽者蓋億萬計頖宮者王制天子曰辟雍諸侯曰泮宮詩鄭箋云泮之言半也半水者蓋東西門以南通水北無也天子諸宮異制因形然說文泮諸侯鄉射之宮西南為水東北為墻水經注魯靈光殿之東南即泮宮也在高門直北道西宮中有臺高八十尺臺南水東西一百步南北六十步臺西水南北四百步東西六十步臺池咸結石為之詩所謂思樂泮水也瞽宗者文王世子云春夏學干戈秋冬學羽籥皆于東序春誦夏弦大師詔之瞽宗秋學禮執禮者詔之冬讀書典書者詔之禮在瞽宗書在上庠明堂位米廩有虞氏之詳庠也序夏后氏之序也瞽宗殷學也頖宮周學也鄭注瞽宗樂師瞽矇之所宗也古者有道德者使教焉死則以為樂祖于此祭之東膠者周人養國老于此自古帝王必立大小之學以教天下有虞氏謂之上庠下庠夏后氏

謂之東序西序殷人謂之右學左學周謂之東膠
虞庠皆以養老乞言也

⿰番瓦音潘瓳音胡瓨音亭治甄音真𤭛力佳反瓵夷耳反瓴音零甋音的甓音壁⿰鹿瓦音鹿甎音尊也⿰童瓦音同瓸音百甃側留反也

此釋⿰鹿瓦甎之名也玉篇⿰鹿瓦甓也力木切甎⿰鹿瓦甎之綠切案郭璞注爾雅亦以甓為甗甎也⿰番瓦瓳者玉篇⿰番瓦普安切⿰番瓦瓳大甗甎也瓳户徒切⿰番瓦瓳瓨者徒丁切玉篇廣韻並云瓨甎也治甄未詳滌侍御曰治疑治甄即甄陶之甄𤭛瓵者集韻引曰𤭛瓵甎也瓵盈之切舊本瓵為甌今訂正瓴甋者上力

丁切下丁歷切爾雅瓴甋謂之甓郭注今江東呼瓴甓亦作令辟漢書尹賞傳致令辟為郭顏師古注令辟甋甎也亦作令甓鄭注攷工記云堂涂謂階前若今令甓裓矣賈疏漢時名堂涂為令甓裓也令甓則令之塼也裓則塼道也案瓴甋又名墼說文墼瓴適也甋適古通用甓者並的切說文甓瓴甓也陳風中唐有甓詩疏引李巡爾雅注瓴甋一名甓甎瓸甃者說文甃井壁也側胄切井六四井甃馬融注為瓦裏下達上也干寶云以甎累井曰甃甎瓸者上徒紅切下補格切玉篇甎瓸井甃

也本此

欄音蘭檻手減反櫳音籠梐布平反牢也

說文牢閑養牛馬圈也从牛冬省取其四周帀也欄者畜之牢也通作闌說文闌門遮也古通用蘭孟子既入其笠趙岐注笠蘭也方言笠圂也郭璞注謂蘭圂也漢書王莽傳與牛馬同蘭顏師古注蘭謂遮蘭之若牛馬蘭圈也檻者說文檻櫳也一曰圈廣韻檻闌也案漢書有檻車載罪人之車一如牢也櫳者說文櫳檻也廣韻櫳養獸所也舊本櫳訛櫳案櫳是房室之疏不可借用今訂正梐者

字當作𤟹即犴𤟹也

闥謂之門閈平許反又平介反扇扉也

說文門聞也从二户象形釋名門捫也在外爲人所捫摸也闥者齊風在我闥兮傳闥門内也韓詩章句門扇之間曰闥說文無闥字疑古用闒閈者說文閈門扇也扇者說文扇扉也月令仲春之月乃脩闔扇郭注用木曰闔用竹葦曰扇扉者說文扉户扇也爾雅闔謂之扉

象魏闕也

說文闕門觀也釋名闕在門兩旁中央闕然爲道

也爾雅觀謂之闕孫炎注宮門雙闕舊章懸焉使民觀之因謂之觀禮記疏引白虎通義闕者何闕疑也闕所以飾門別尊卑也易曰艮為門闕虞翻注乾為門艮陽在外故為門闕兩小山闕之象也象魏者天官太宰懸治象之灋于象魏先鄭云象魏闕也左氏哀三年傳魯災季桓子御公立於象魏之外命藏象魏曰舊章不可忘也亦謂之象魏淮南俶真訓身處江湖之上而神遊魏闕之下高誘注魏闕王者門外闕也所以懸教象之書於象魏巍也巍巍高大故曰魏闕惠士奇禮說云宮之

中門曰雉門東西有堂謂之辟左氏莊二十一年傳鄭伯享王于闕西辟言西則有東可知門之外左右有樓謂之觀總名為闕闕外有桴思今之樓古之觀也觀謂之闕罦罳謂之屏正歲五官懸象魏於其上象魏者治象教象政象刑象事象也秦漢兩觀不設五象不懸徒立闕號以應天宿失其義矣禮運云仲尼與于蜡賓出游于觀之上喟然而嘆蜡賓者臘祭先祖祭必有賓羣臣助祭亦曰賓廟在中門外之左祭畢出廟門至中門即懸象魏之處周禮在魯大道不行舊章雖存人亡政息

故孔子得之而歎耳

限謂之丞扶音帙阤仕巳反又士音撵力忍反砌也

此釋門限之名也砌古作切漢書孝成趙皇后傳切皆銅沓冒黃金塗顏師古注切門限也音千結反沓冒其頭也塗以金塗銅上也張衡西京賦設切厓隒李善注切與砌古字通五臣本文選作砌限謂之丞未聞扶者說文作楯云限也閾門楯也繫傳楯所以為限閾左氏僖二十二年傳不踰閾孔疏謂門下橫木為外內之限也匡謬正俗云問曰俗謂門限為門楯何也答曰案爾雅扶謂之閾

郭景純注門限也音切今言門楯是扶聲之轉耳字宜為扶而作切音戺者周書顧命夾兩階戺孔傳堂廉曰戺汗簡戺音俟張衡西京賦金戺玉階橉者玉篇云楚人呼門限曰橉廣韻橉門限也淮南氾論訓枕戶橉而卧者鬼神蹠其首又說林訓雖欲謹亡馬不發戶轔高誘注戶限也楚人謂之轔橉轔字異音義同

橜巨月反橛闑朱苦本反也

此釋梱之名也朱古文困困即梱也說文梱門橜也繫傳謂門兩旁挾門短限今人亦謂門限可以

施其兩旁謂之𢫬限古者多乘車故門限必去之也梱猶歛也歛叩也謂人物出入多觸扣之也橜機者說文橜門梱也呂氏春秋孟春紀出則以車入則以輦務以自逸命曰招蹷之機高誘注招至也橜機門內之位也乘輦于宮中游翔至于橜機故曰務以自逸也詩曰不遠伊邇薄送我畿此不過橜之謂案橜蹷機畿皆字異音義同閫者漢書馮唐傳閫以內寡人制之閫以外將軍制之韋昭曰門中㮞爲閫荀悅漢紀閫作閫說文閫門梱也曲禮士大夫入君門由閫右不踐閾鄭注閫門橛

閾門限也

罘音浮罳音思謂之屏

鄭注玉藻云屏謂之樹今桴思也案罘罳在闕外

釋名屏自障屏也罘罳在門外罘復也罳思也臣

將入請事于此復重思之也崔豹古今注云罘罳

復思也謂臣來謂君行至內屏外復思惟故曰罘

罳也鄭注論語云人君有别内外之門樹屏以蔽

之皇侃義疏云今黄閤用板為障古者未必用板

或用土今太廟中門内作屏障之也

扱謂之閾音藥鍵奇撠反笠扊音及戶牡也

說文闔閟下牡也玉篇闔固閟令不可開古或借用書幢竹筥之籥金縢啟籥見書月令孟冬之月修鍵閉慎管籥戰國策齊君之魯魯人投其籥不果内鍵者方言戶鑰自關而東陳楚之間謂之鍵自關而西謂之鑰周禮司門掌授管鍵以啟閉國門鄭司農云管謂北鍵謂牡鍵亦作楗淮南謬稱訓匠人斲戶無一尺之楗不可以閉藏笠未詳㡯者玉篇㡯渠立切戶牡也本此

閈庖廚也

說文廚庖屋也庖廚也天官庖人注庖之言苞也裹

內曰苞苴通作胞祭統云胞者內吏之賤者也漢書百官表少府有胞人莊子庚桑楚篇湯以胞人籠伊尹釋文胞本又作庖閣者內則云羹食自諸侯以下至於庶人無等大夫無秩大夫七十而有閣天子之閣左達五右達五公侯伯于房中五大夫于閣三於坫鄭注閣以板為之庋食物也

閎謂之衖閧大晧反閎閈里也

此釋里中門也鄭風無踰我里傳里居也二十五家為里此即周禮所謂五家為鄰五鄰為里也閎者說文閎里中門也或作[illegible]衖者爾雅衖門謂之

閭李巡曰閭術頭門也釋文術戶絳反聲類以為巷字閧者與閧同亦謂里門也司馬法曰韓聲不過閭閭者說文閭里門也周禮五家為比五比為閭閭侶也二十五家相羣侶也劉向九歎云達郢都之舊閭王逸注閭里也閈者侯旰切說文閈門也汝南平輿里門曰閈左思蜀都賦里閈對出劉逵注閈里門也盧綰與高祖同里班固曰綰自同

閈

埒力反彤隊音篆墉院廦壁音業即壁墻垣桓音也

說文垣墻也籀文作𩏂釋名垣援也人所依阻以

爲援衛也周書梓材既勤垣墉馬融曰卑曰垣高曰墉大雅板大師維垣傳垣墻也𡐨者說文𡐨周垣也隊者徒玩切說文隊道邊卑垣也墉者說文墉城垣也籀文作𩫖釋名墉容也所以蔽隱形容也爾雅墻謂之墉郊特牲云君南鄉于北墉下士冠禮陳設于房中西墉下士昏禮尊于室中北墉下鄭注墉墻也道作庸尚書大傳天子賁庸鄭注賁大也墻謂之庸大庸正直之墻院者說文寏周垣也或作院舊本院下有也字疑衍文今删正廦者道作壁說文廦墻也又云壁垣也釋名壁辟也辟

禦風寒也墻者說文作牆云垣蔽也釋名墻障也所以自障蔽也○舊本垣音二字在院下孫侍御曰院疑無垣音似當在垣字下今據訂正

埤普計反　堄五計反　堞女墻也

此釋城上短墻也埤堄或作睥睨釋名城上垣曰睥睨言於其孔中睥睨非常也亦曰陴陴裨也言裨助城之高也亦曰女墻言其卑小比之于城若女子之於丈夫也埤一作陴說文陴城上女墻俾倪也籀文作𩫖左氏宣十二年傳注陴城上僻倪孔疏陴城上小墻俾倪者看視之名埤堄睥睨俾

倪僻倪俱字異音同堞者說文作堞云城上女垣也左氏襄六年傳環城傅于堞杜注堞女墻也又襄二十七年傳注堞短墻也淮南兵畧訓莫不設渠壍傅堞而守高誘注堞城上女墻

據巨於反　拵在見反　藩蓽音必　攡音羅　落音洛　地籬也

地籬一名籬釋名籬離也以柴竹作之疏離離也青徐曰据据居也居於中也據者與据同青徐之間語拵者徂悶切說文拵以柴木壅也左氏哀八年傳拵之以棘藩者與籓同說文藩屛也籓蔽也蓽者說文蓽藩落也左氏襄十年傳蓽門圭竇杜

注篳柴門也儒行云篳門圭窬鄭注篳門荊竹織
門也攡者未詳案廣韻攡柴攡也此攡字疑攡之
譌落者與落同漢書鼂錯傳謂立城邑爲中周虎
落鄭氏云虎落者外蕃也若今時竹虎顏師古云
以竹篾相連遮落之此所云落者其是

栅音策謂之搠音朔

說文栅編樹木也楚革切釋名栅蹟也以木作之
上平蹟然也又謂之撤撤緊也詵詵然緊也搠者
栅搠聲相轉案集韻搠色角切引廣雅搠塗也是
涉下而譌耳

黝於糾反又於久反堊惡音又烏故反現峴音又乎典反墐塀音進墍虛既反懮

奴反同塗力反本摋古湛反撰莫典反培裴音封塗也

塗泥也古用涂釋名泥邇也邇近也以水沃土使相粘近也塗杜也杜塞孔穴也黝堊者爾雅黑謂之黝又云地謂之黝墻謂之堊郭注黑飾地白飾墻春官守祧掌廟祧黝堊鄭司農云黝黑也堊白也穀梁莊二十三年傳天子諸侯黝堊大夫倉士黈徐邈曰黝黑柱也堊白壁蓋地與柱宜黑墻宜白范甯穀梁傳注為黝堊皆黑非也說文黝微青黑色鄭司農注守祧云黝讀為幽貫疏幽是北方

北方其色黑欲見地謂之幽取黑義也小雅隰桑有幽其葉有幽傳幽黑色也地官牧人陰祀用黝牲鄭司農讀爲幽幽黑也是黝幽古字通矣說文堊白涂也衆經音義引蒼頡篇堊白土也釋名堊亞也次也先泥之次以白灰飾之也中山經陸郈山其下多堊郭注堊似土白色也地官掌蜃共白盛之蜃郭注盛猶成也謂飾墻使白今東萊謂之叉灰賈疏白盛主於宗廟堊墻也蜃蛤在泥水叉取爲灰攷工記匠人爲世室用白盛注云盛之言成盛以蜃灰堊墻所以飾成宗室是宗廟之墻以白

盛之蜃爲堊其以白土塗墻者總名堊也垷者說文垷涂也墐者渠吝切說文墐涂也豳風七月塞向墐戶傳墐塗也墀者直尼切說文墀涂地也禮天子赤墀玉篇引漢書注丹墀赤地也謂以丹漆地漢書曰王根作赤墀墍者說文墍仰涂也釋名墍猶煟煟細澤皃也書曰維其塗墍茨㥶者乃回乃昆二切說文㥶墀地以巾擱之讀若水溫䨴漢書揚雄傳獿人亡則匠石輟斤而不敢妄斲服虔曰獿古之善塗墍者也施廣領大袖以仰塗而領袖不汙字獿當作㥶漢書誤也玉篇㥶塗也本此

墍者說文墍涂也讀若隴樴者玉篇樴墍也本此塓者玉篇塓塗也本此塓左傳圬人以時塓館宮室即此塓字培者詹事兄曰培益也从土與塗義亦近封者玉篇引白虎通義王者易姓而起天下太平功成封禪以告太平封者金泥銀繩或曰石泥金繩封之以印璽故以封為塗也

椴都館反橜居月反又巨月反揭音碣櫫音豬㦸音戢戙音洞柯音歌柵音策杙音弋也

杙說文作弋云橜也象折木衺銳著形从厂象物挂之也椴者方言云撅燕之東北朝鮮洌水之閒

謂之榝郭注揭杙也江東呼都音榝橜者說文橜
弋也爾雅樴謂之弋郭注橜也揭櫫者說文揭櫫
也秋官蜡氏若有死于道路者則令埋而置揭書
其日月焉鄭司農云揭欲令其識取之今時揭櫫
是也牂者子郎切玉篇牂繫船大弋也戙者徒揀
切玉篇戙船左右大木歌者廣韻無此文字當為
戕各何切玉篇牂戕即牂牁栅者楚革切說文栅
編樹木也釋名栅蹟也以木作之而上平蹟然也
墿亦音軌垣古鄧反衖衕衚蹊徑闌闠羨隧邪除甿古朖反
陌迒戶朗反阡音千道也

說文道所行道也古文作衜墿者餘石切玉篇墿道也本此軌者說文軌車轍也文選王僧達和琅琊王依古詩顧軌莫異轍又懷舊賦注引顏延年纂要解云車跡曰軌堩者禮記曾子問篇葬引至于堩鄭注堩道也衖者說文𨙵里中道篆中道巷今經典通用巷文選注引法言云一巷之市不勝異價一巷之書不勝異意一巷之中必立之平一巷之書必立之師今本法言學行篇誤作一鬨之九二遇主于巷象曰遇主于巷未失道也巷即是故道經言巷傳言道也街者說文街四通道也

莊子有渠公之街漢書典職洛陽有二十四街街
一亭術者説文術邑中道也呂氏春秋子産相鄭
挑李垂于街左思永史詩冠蓋蔭四術蹊者胡計
切説文徯或作蹊釋名云步所用道曰蹊蹊係也
行疾則用之故還係於正道也大雅緜行道兑矣
傳兑成蹊也詩疏引釋文蹊徑也太元經孔道夷
如蹊路微如大輿之憂徑者説文徑步道也釋名
徑經也人所經由也月令孟春審端徑術鄭注術
周禮作遂夫間有遂遂上有徑遂小溝也步道曰
徑離騷夫惟捷徑以窘步兮王逸注徑邪道也關

闠者市之道也張衡西京賦廓開九市通闤帶闠劉逵蜀都賦注云闤市巷也闠市外内門也羨者才線切集韻羨車道冢羨道與衍通用鄭衆注周禮云下平曰衍李奇注漢書云三輔謂山陵閒曰衍然則羨者山陵閒之道歟隊者古隧字說文作𨺅左氏襄二十五年傳當陳隧者杜注隧徑也又隱元年傳隧而相見注隧若今延道薛綜西京賦注隧列肆道也高誘曰隧道也司空治軍遂道邪未詳或說邪當為衺說文匸部云衺徯有所俠藏也謂俠藏于衺徯之道除者疑涂之譌古塗字也

釋名涂度也人所由得通度也呂氏春秋孝春紀游意乎無窮之次事心乎自然之塗高誘注塗道也畂者説文畂陌也趙魏謂陌爲畂陌者即阡陌史記索隱引風俗通南北曰阡東西曰陌河東以東西爲阡南北爲陌沈約學有愁卧詩秋風吹廣陌通作阡陌漢書食貨志秦孝公用商君壞井田開阡陌顏師古注仟佰田間之道也迒者張衡西京賦結罝千里之迒杜蹊塞蹊綜注迒道也通作亢釋名云鹿兔之道曰亢行不由正亢陌山谷草野而行也䢅者玉篇䢅與阡同解見陌下

駃音決𩣡音冽驅驟馳騖騁騰趭子肖反趥千牆反走勑畏反犇也

犇即奔字說文奔走也从夭賁省聲與走同意玉篇犇牛驚出文字集畧駃者班固西都賦要趹追蹤李善注引廣韻趹奔也是本又作趹𩣡者力制切說文𩣡次第馳也馳（驅）者說文驅馬馳也古文作敺文選注引蒼頡篇隨後曰驅易王用三驅鄭康成作敺漢書皆以敺為驅用古文也驟者說文驟馬疾步也小雅四牡云載驟駸駸馳者說文馳大驅也直离切騖者亡遇切說文騖亂馳也穆天子

傳天子西征鶩行至于陽紆之山郭璞云鶩猶馳也相如子虛賦鶩于鹽浦張協七命車協騎競鶩騁者丑郢切說文騁直馳也左傳苟過華臣之門必騁騰趭者趭子笑才笑二切相如大人賦騰而狂趭揚雄河東賦神騰鬼趭顏師古注趭走也左思吳都賦狂趭獷猤劉逵注趭走也舊本趭譌从隹今訂正趍者據音釋則字當為趍集韻趍與迻同引說文跳也過也跳當為趒辵者公羊傳辵階而走公食大夫禮賓栗階升注云栗賓栗也不拾級而下曰辵疏云凡升降有四種云辵者君臣急

諫諍則越三等為乏階越一等為歷階又有連步又有栗階為四等也

塍視陵反埒力閔反堢音保堨多老反塘音唐隉音照曜之照防孚隄音低也

說文隄塘也塍者說文塍稻田畦也爾雅釋文引作稻田畦隄埒畔班固西都賦溝塍刻鏤玉篇塍隄也本此埒者說文埒卑垣也天官掌舍注王行止宿平地築壇又委壝土起堳埒以為宮是埒為築土增高故亦為隄也堢堨者說文堨保也高土也是堢字古作堢與堨義同玉篇堢隄也本此塘

者徒郎切或作塘玉篇塘隄𨺗也棄古用唐字周
語陂唐汙庳以鍾其美韋昭注唐隄也呂氏春秋
尊師篇治唐圃疾灌浸高誘注唐隄以壅水晏子
問下篇治唐園考菲履淮南說山訓壞唐以取龜
發屋而求狸漢書地理志會稽有錢塘縣李賢注
後漢書引錢塘記云昔郡議曹華信義立此塘以
防海水始開幕有能致土石一斛者與錢一千旬
日之間來者雲集塘未集而譎不復取皆遂棄土
石而去塘以之成也陧者之笑切說文陧耕以臿
浚出下盧土也此蓋謂浚出之土似隄耳廣韻陧

隄也本此舊本隉下有音堅之曜四小字當是音照曜之照傳寫者脫落顛倒爾今訂正隉者符方切說文防隄也或作埅爾雅墳大防孫炎曰謂隄周人稻人以防止水鄭注防潴防隄也呂氏春秋似順論巨防容螻而漂邑殺人高誘注巨大防隄也淮南修務訓言禹脩彭蠡之防高誘注防隄也芓者子字當為秄說文秄壅禾本也案謂壅土似隄也

担士家反湝倉故反隁於建反也

隁於憾切或作堰亦作鄢後漢書董卓傳乃於所

度水中僞立隔以為捕魚而㵒從隔下過鄂李賢注云續漢書隔字作堰其字義則同但異體耳玉篇偃以蓄水也租者說文租木閑蓋蓄水之具以木為之耳潛者所責切說文潛所以攤水也

榷

角音彴灼音獨梁也徛居義反又寄音步橋也

說文梁水橋也月令孟冬謹關梁鄭注梁橫橋也獨梁者淮南繆稱訓若行獨梁高誘注獨梁一木橋榷彴者上江岳切下之約切說文榷水上橫木所以渡者也初學記引廣志云獨木之橋曰榷亦曰彴漢書注引韋昭曰以木渡水曰榷顔顔（師）古注

権者步渡橋爾雅謂之石杠今之略彴也案說文権字即孟子徒杠成之杠徛者說文徛舉足有渡也爾雅石杠謂之徛郭注聚石水中以為步渡彴也引孟子曰歲十一月徒杠成或曰今之石橋淮南本經訓積牒旋石以純脩碕高誘注脩碕曲中水所當處也碕倚古字通用步橋者說文橋水梁也東楚謂橋為圯橋可以通徒行故謂之步橋

廟天子五諸侯四卿大夫三士二天子諸侯廟黝堊卿大夫倉士黈土斗反

此釋宗廟之制及其飾也廟制云云者禮緯稽命

徵及孝經緯鉤命決云唐虞五廟親廟四與始祖五禹四廟至子孫五殷五廟至子孫六周六廟至子孫七蓋禹之時祇有高祖以下四親廟至子孫并禹則五湯之時祇有契及四親至子孫并湯則六矣周文武之廟不毀以為二祧始祖之廟亦不毀則為七矣呂氏春秋諭大寬引商書曰五世之廟可以觀恠萬夫之長可以生謀天子之廟五則諸侯卿大夫由此而遞減之矣廟飾云云者穀梁莊二十三年傳文黈說文作黊云鮮明黃也戸圭切

五帝廟蒼曰靈府赤曰文祖黃曰神斗白曰顯紀黑曰元矩

此釋五帝廟名也史記五帝本紀舜受宗于文祖文祖者堯大祖也鄭康成尚書注文祖者五廟之大名猶周之明堂張守節引帝命驗云帝者承天立府以尊天重象也五府者黃曰神斗注云唐虞謂之天府夏謂之世室殷謂之重室周謂之明堂皆祀五帝之所也文祖者亦帝摽怒之府名曰文祖火精光明文章之祖故謂之文祖周曰明堂神斗者黃帝含樞紐之府名曰神斗斗主也土精澄

靜四行之主故謂之神斗周曰太室顯紀者白帝招拒之府名曰顯紀紀法也金精斷割萬物故謂之顯紀周曰總章元矩者黑帝汁光紀之府名曰元矩矩法也水精元昧能權輕重故謂之元矩周曰元堂靈府者蒼帝威靈仰之府名曰靈府周曰青陽

獄犴也夏曰夏臺殷曰羑里周曰囹圄

此釋獄之名也說文獄确也从㹜从言二犬所以守也釋名獄确也實确人之情僞也又謂之牢言所在堅牢也又謂之圜土築其表墻其形圜也又

謂之囹圄囹領也圄御也領錄囚徒禁御之也鄭駮異義云獄者确也囚證于角核之處盧植曰獄相質觳爭訟者也說文犴野狗或作犴荀子宥坐篇獄犴不治楊倞注犴亦獄也詩宜犴宜獄獄从二犬象所以守犴野犬亦善守故獄謂之犴也韓詩薛君章句鄉亭之繫曰犴朝廷曰獄夏曰夏亭云云者夏本紀迺台湯而囚之夏臺索隱曰獄名夏曰均臺皇甫謐曰地在揚翟是也殷本紀帝紂乃囚西伯于羑里淮南氾論訓故桀囚于焦門而不敢自非其所行而悔不殺湯于夏臺紂拘于宣

室而不反其過而悔不誅文王于羑里又云今人所以犯囹圄之罪而陷于刑戮之患者由嗜慾無厭不循度量之故也說文囹獄也圄守之也又云圉囹圄所以拘罪人月令省囹圄蔡邕章句囹牢也圉止也所以止出入皆罪人所舍也疏云崇精問曰獄周曰圜土殷曰羑里夏曰均臺囹圄何代之獄焦氏荅曰月令秦書則秦獄名也漢曰若盧魏曰司空按其說與廣雅不同然焦氏所荅祇是想當然耳左氏宣四年傳囚伯嬴于轑陽是周時已有囹圄矣以此知廣雅之說為可信也崇精所

云周曰圜土者見于周官大司寇及司圜職圜土非獄也蓋罪人未定厥罪之時縛于外朝以待公卿之議議定乃從其罪故此爲言周獄不數圜土坎上六係用徽纆寘于叢棘三歲不得凶鄭注上乘陽有邪惡之罪故縛以徽纆置于叢棘而使公卿以下議之是也

拲謂之梏械謂之桎

說文械桎梏也拲械也桎足械也梏手械也拲兩手同械也或作桊周禮掌囚凡囚者上罪梏拲而桎中罪桎梏下罪梏王之同族拲以爵者桎以待

與罪注先鄭謂拲者兩手共一木也桎梏兩手各一木也後鄭謂在手曰梏在足曰桎中罪不拲手足各一木耳漢書音義韋昭曰兩手共一木曰拲兩手各一木曰梏是施于手者梏之外又有拲也但言桎梏統舉之耳鄭志泠剛問大畜六四童牛之梏元吉注巽為木互體震震為牛之足足在艮體之中艮為手持木以就足是施梏又蒙初六注云木在足曰桎在手曰梏今大畜六四施梏于足不審梏桎足手定有別否答曰牛無手以前足當之桊械者易謂之屨校噬嗑初九屨校滅趾干寶

注屨校貫趾也以械為履故曰屨校漢謂之貫械後漢書李固傳勃海王調貫械上書是也桎梏非宮室而亦入于此因獄犴而類舉之耳

圊圂屏廁也

史游急就篇屏廁清溷糞土壤顔師古注屏僻宴之名也廁之言側也亦謂僻側也清言其處特異餘所當常加潔清也溷者目其穢濁也屏廁清溷其實一耳圊清圂溷屏屏也字異音義同案說文廁清也周禮謂之匽天官宮人掌六寢之修為其井匽先鄭注匽路廁莊子庚桑楚云觀室者周于寢

廟又值其偃焉郭象注偃謂屏廁戰國策宋玉鑄諸侯之象使侍平匽展其臂彈其鼻注云屏當作井匽路廁是也圊者說文作清古字通玉篇圊圂也廣韻圊廁也本此也圂者乎困切說文圂廁也从口豕豕在口中也漢書五行志燕王宮永巷中豕出圂顏師古注圂者養豕之牢也屏者必郢切說文屏蔽也釋名廁言人雜在上非一也或曰溷言溷濁也或曰圊至穢之處宜常修治使潔清也或曰軒前有伏似殿軒也

釋器第六

古者包犧氏之王天下也仰則觀象于天俯則觀法于地旁觀鳥獸之文與地之宜近取諸身遠取諸物畫八卦造書契於是結网罟以教細漁養犧牲以充庖廚故天下稱為庖犧自是而後聖帝哲王代有制作而器用大備說文器皿也象器之口犬所以守之易繫詞傳以制器者尚其象又云備物致用立成器以為天下利莫大乎聖人有虞氏上陶夏后氏上匠殷人上梓周人尚輿皆器用之大者也攷工記審曲面埶以飾五材以辨民器

謂之百工又云知者創物巧者述之守之世謂之工百工之事皆聖人之作也爍金以為刃凝土以為器作車以行陸作舟以行水此皆聖人之所作也故其職有攻木攻金攻皮之工又有刮摩摶埴設色之工焉此篇所釋先之以陶冶次之以漁獵次之以布帛次之以衣服次之以車輿次之以飲食次之以金鐵次之以蠶桑次之以弓矢次之以戈矛次之以度量次之以采飾皆所以裕衣食之原制防衛之術禮法之所以行而日用之不可

以關者也若夫旗幟之器附于釋天鐘鼓之器見于釋器樂皆爾雅之例也至于耕種之器見于釋地舟楫之器入于釋水則以其物衆多故別見焉

盎烏浪反謂之盆

説文盎盆也或作㼜盆盎也爾雅謂之缶郭注盆也方言罃甂謂之盎自關而西或謂之盆或謂之盎其小者謂之升甌郭注云案爾雅甂康壺而方言以為盆未詳也攷工記陶人盆實二鬴厚半寸脣寸盖盆是㲉甗爾雅鼎疑欵足謂之鬲郭注鼎

曲脚也說文鬲鼎屬實五觳斗二升曰觳象腹交文三足古者或以金或以瓦為之款而三足無足則釜也與十斗之斛聲相近而量不同荀子富國篇今是土之生五穀也善人治之則畝數盆一歲再而獲之楊倞注蓋當時以盆為量墨子云子墨子弟子仕於衛而反子曰何故反曰與我言而不當曰待汝以千盆授我五百盆故去之士喪禮云新盆盤瓶鄭注盆以盛水瓶以汲水也禮器云夫奧者老婦之祭也盛于盆尊于瓶鄭注盆瓶炊器也

瓿部音㼴偶音𤮐虛音缶也

說文缶瓦器所以盛酒漿秦人鼓之以節謌象形坎六四樽酒簋貳用缶鄭注文辰在丑丑上值斗可以斟之象斗上有建星建星之形似簋貳副也建星上有弁星弁星之形又如缶天子大臣以王命出會諸侯主國尊于簋副設元酒以缶禮器云五獻之尊門外缶門內壺君尊瓦甒鄭注缶大小未聞壺大一[illegible]石瓦甒五斗孔疏缶尊名列尊之法缶盛酒在門外禮有小為貴者近者小則遠者大缶在門外則大于壺矣是缶為盛酒漿之器也史

記聞相如列傳使秦王鼓缶又李斯列傳擊甕叩缻眞秦之聲也淮南說林訓君子有酒鄙人鼓缶雖不見好亦不見醜是缶為樂器秦人用以節謌也又為汲器比初六有孚盈缶鄭注爻辰在未上値東井井之水人所汲用缶缶汲器春秋襄九年宋災左氏傳具綆缶備水器杜注綆汲索缶汲器瓵甂者上蒲後切下牛口切方言缶謂之瓵甂其小者謂之瓶郭注瓵甂即盆也𤮯者力胡切說文𤮯𠙹也从甾虍聲讀若盧同篆文作罏通作盧漢書食貨志官作酒以二千五百石為一均率開一

盧以賣如淳曰酒家開肆待客設酒盧故以盧名肆臣瓚曰盧酒瓮也言門一瓮酒也趙廣漢入丞相府破盧瓮

題音弟甌一侯反甂音邊也

説文甌小盆也甂似大瓿大口而卑用食方言甂陳魏宋楚之閒謂之題自關而西謂之甂其大者謂之甌鄭注今河北人呼小盆為題子淮南[illegible]論林訓狗彘不擇甂甌而食楚詞九歎甂甌登于明堂兮玉篇題小盆也徒啟切甂補懸切五音集韻題或作瓹

甎（抾去滯音甈反）甈（初鑑反）也

此釋破罌之石也說文甈康瓠破罌或作甈爾雅康瓠謂之甈方言甇甈謂之盎法言云甄陶天下者其在和乎剛則甈柔則坯玉篇甈區滯切瓠壺也破罌也甎方美切甎甈甈器也廣韻甈罌爲甈甎棄玉篇廣韻皆甎甈二字連文據此甎當在甈下疑轉寫倒誤也

甍（多浪反）坈（扗丁罾音甓反）也

玉篇甍大盆也寶甓即鑑字說文鑑大盆也天官凌人春始治鑑注鑑如甀大口以盛水置食物于

中以禦濕氣瓽者說文瓽大盆也漢書游俠傳一旦叀礙為瓽所轠瓨者徒古切玉篇瓨瓶也類篇引此文瓽上有鐺也字非也

𤮺士江反甏牛志反甄音鄒㼜音客㼚音剛㼩多感反瓿音部甊來侯反䍃音由甀直類反𤮍音庶瓮一洞反甖一正反甔多甘反甈音林瓵音臾瓺音暢𤭛瓳所牲反瓬方往反𣪠他騰反甕於貢反𤮐音斯𤭉步美反甇烏行反瓨下江反䍡音霝甈苦計反瓶也

說文瓨𤮺也或作瓶方言瓬㼚甗㼜甄罃甈瓮瓿甄甇罌也靈桂之郊謂之瓬其小者謂之㼚周魏之間謂之甗秦之舊都謂之甄淮汝之間謂之㼜

江湘之間謂之甇自關而西晉之舊都河汾之間其大者謂之甀其中者謂之瓿甊自關而東趙魏之郊謂之瓮或謂之甖東齊海岱之間謂之疑甖其通語也郭注今江東通呼大瓮為瓺亦呼甖為甒子方言又云罃陳魏宋楚之間曰甂或作甒燕之東北朝鮮洌水之間謂之瓺燕之東北海岱之間謂之甂周洛韓鄭之間謂之甀或謂之罃罃謂甄甓謂甔甀郭注甔所謂家無甔石之儲也說文𤭛器也缶瓦器也甇小口甖也瓮甖也甖缶也瓬周家搏埴之工也㼜下平缶也讀若甈罋汲瓶也

甎甖謂之甈鑐瓦器也甇大甖也甋除正切甖也瓨甖也瓬古郎切甖也又云瓬大瓮也瓬瓦屬瓿蒲後切瓿甊小甖也爾雅甌瓿謂之瓵郭注瓿甊小甖長沙謂之瓵玉篇瓵池為切甖也周禮凌人疏云漢時名為甀即今之甕是也淮南氾論訓抱甀而汲高誘注甀武也今兗州小武為甀幽州曰瓦甒者玉篇甒誘盛五升小甖其說非也儀禮既夕篇甒二醴酒鄭注甒瓦器也古文甒皆作廡禮器云君尊瓦甒注瓦甒五斗疏云此瓦甒即燕禮公尊瓦大也三禮圖云案郊特牲疏云祭天用瓦

大瓦瓶盛五齊舊圖云醴瓶以瓦爲之受五斗口徑一尺脰高二寸大守身銳下平底今以黍尺計之脰中横徑宜八寸腹横徑一尺二寸底徑六寸自脰下至腹横徑四寸自腹徑至底徑深八寸乃容五斗之數與瓦大並有盂潘岳馬汧督誄寘壺罏瓶甒以偵之玉篇瓮於貢切大甖也甖於庚切瓦器也甒小甖也列子湯問篇山名壺領狀若甒甀張湛注甒甀謂瓦瓶也史記貨殖列傳醬十甒集解徐廣曰大甖缶也索隱引孟康曰甕受一石故名甒石淮陰侯列傳守儋石之祿者集解應劭

曰齊人名小甖為儋受二斛儋甔古通用玉篇瓶
是朱切小甖也瓵與朱切瓶也荀子大畧篇流丸
止于甌臾臾即㼄也古字通玉篇瓺除向除香二
切瓶也集韻瓺瓶也朝鮮謂罃曰瓺玉篇㼛胡梗
切瓶甑瓶有耳甑山梗切瓶甑也瓶周禮有瓶人
為簋甕於貢切大甖也井九二甕敝漏釋文引鄭
注停水器也儀禮既夕篇甕三鄭注甕瓦器其容
蓋一觳三禮圖云舊圖甕以盛醯醢高一尺受二
斗案醢人醢人王舉則供醢六十甕供醯六十甕
是盛醯醢也今以黍尺計之口徑六寸五分腹徑

九寸五寸底徑六寸五寸五分高一尺腹下漸殺六寸玉篇瓻思移切瓶也瓨者說文瓨古雙切似甖長頸受十升讀若洪史記貨殖列傳醯醬千瓨徐廣曰長頸甖索隱音閑江切舊本瓨譌瓻今據集韻所引訂正𤭛者力丁切玉篇𤭛瓦器似瓶有耳㼾者若結切玉篇㼾受一斗

錪土典反鉼必反鏊敲蛾音鏤虚古切鬲歷音鏝言音鏂烏高反鐈鏊茂音鬻矩皮反鐅昊音錡奇綺二音鬴扶宇反也

說文鬴鍑屬或作釜左氏隱二年傳筐筥錡釜之器杜注有足曰錡無足曰釜方言鍑北燕朝鮮洌

水之間或謂之錪或謂鉼之江淮陳楚之間謂之錡或謂之鏤吳揚之間謂鬲之又云釜自關而西之或謂之釜或謂之釜（鍑）說文云朝鮮謂釜曰錪敵三足鍑也魚錡切鏤釜也盧侯切鬲鼎屬實五觳斗二升曰觳象腹交文三足或作䰛漢令作㽁古文作𩰫象孰飪五味氣上出也即激切鍑釜大口者方副切鏖溫器也鎢剪膠器也郎古切鍪鍑屬莫浮切鬹高三足釜也有柄喙讀若媯𧇊土鍪也从虘号聲讀芳鎬胡到切江淮之間謂釜曰錡顏師古急就篇注云釜所以炊煮也大者曰釜小者曰鍑

鍪似釜而反脣一曰鍪者小釜類即金所謂鬴也亦曰鍑鏞案敧皆錡皆三足釜音義並同字古通用爾雅鼎款足者謂之鬲郭注鼎曲脚也史記蔡澤列傳入韓魏遇奪釜鬲于塗司馬貞曰郭注鼎曲脚者以款訓曲故云曲脚也鬳與鎘通說文鎘是温器故鬳讀同之此足鐙俗字○集韻引廣雅鬲釜也力弋切今文无此

鐈音橋鬲鍐子工反也鋗吁縣反謂之銚音遙今人多作大吊切鎢音烏

錥音育謂之銼坐戈反鑹力戈反

此亦鬴屬也鐈鬲鍐者說文鍐釜屬鐈似鼎而長

足巨嬌切鬲解見上文舊本鋑下無也字今補正
鋗謂之銚者說文銚温器也以抬切鋗小盆也火
懸切漢書李廣傳不擊刀斗自衛孟康曰刀斗以
銅作鐎受一斗晝炊飲食夜擊持行夜名曰刀斗
今在滎陽庫中也蘇林曰形如鋗無緣顏師古曰
鋗即銚也今或呼銅銚鎢錥謂之錥鏀者說文銼
鍑也鏀銼鏀也玉篇銼鏀鍑也鎢鎢錥小釜也錥
温器也

案謂之檮

方言案陳楚宋衛之間謂之檮自關東西謂之案

說文案几屬烏旰切檈圜案也似沿切是案之圜者名為檈玉篇榪思野切案之别名江永曰古人席地而坐寘食於地有几無案案之名始見攷工記玉人案十有二寸棗栗十有二列諸侯純九大夫純五夫人以勞諸侯此案以木為之飾之以玉此案至漢　用之楚漢春秋淮陰侯曰臣去項歸漢漢王賜臣玉案之食案不止盛果實亦可盛肉食也案有大小漢舊儀族案丈二以陳肉食此為大案漢書許后奉案上食孟光舉案齊衡此小案一人舉之以上食其時猶是席地而坐也士昏禮

婦見舅姑以笄盛棗栗加于橋注謂橋以庋笄如今之案又庋尊之器大夫於禁士斯禁鄭注棜斯禁也無足有似于棜大夫用斯禁士用禁如今方案隋長局足高三寸此當為坐前陳食之大案若許后所奉孟光所舉之案未必有足也今時鄉俗有刻木板以盛食物餽人者其制板厚二三寸許長方二丈許其上刻為圓椀之形而淺兩列八椀婚禮既娶後用此板盛果實肉物以餽親鄰婦人此正似古人之玉案孟光舉而齊眉亦正是此器也鄭注言方案者隋長局足高三寸考之史可見

孫權授劍所案有言迎曹公者如此案是也

盂謂之盤

說文槃承槃也古文作鎜籀文作盤薄官切盤者案之類有足曰棊無足曰㮯皆以承尊天官凌人大喪共夷盤氷注云漢禮器制度大槃廣八尺長丈二尺深三尺漆赤中古亦以金為槃左傳季孫宿伐齊取其鍾以為公盤故古文鎜从金也盂者公安切玉篇廣韻俱云盤也本此

匾（布典反）謂之㔸

舊本止有匾字玉篇不收匾惟廣韻二十七銑云

匾方典切匾匾薄也十二齊云匾匾匾薄切湯奚切桼匾字玉篇亦不收未知何物今酺補謂之匾三字以俟知者說文榹槃也或匾與匾同匾其槃之類歟

[illegible]榼苦臘反謂之椑布兮反

說文榼酒器也椑圜榼也玉篇引漢書美酒一椑顏師古急就篇注榼盛酒之器其形榼榼然也椑圜榼也一曰厚榼也五音集韻云椑榼飲器

[illegible]音殽槵殘曲反盫音安盛音戍銚音遙銳柯擢直兒反梋栓七緣反抉音决[illegible]音橋[illegible]拳音又春音椀盂也

說文盂飯器也漢書東方朔傳置守宮盂下顔師古注盂食器也若盋而大今所謂盋盂也案盂亦作杅後漢書明帝紀杅水脯糒而已盤者與盋同士昏禮黍稷四敦明位堂有虞氏之兩敦方言云盂宋衛楚魏之間或謂之盌盌謂之盂或謂之銚鋭盌謂之櫂盂謂之柯海岱東齊北燕之間或謂之盎又云盂謂之㨹河濟之間謂之盜𥃇椀謂之盦盂謂之銚鋭木謂之梋抉郭注捥亦盂屬江東名盂為凱亦曰甌也玉篇㨹子忍切盂也盜子千切𥃇才丹切盜𥃇大盂也柯者荀子正論篇故魯

人以𢵧衛人用柯揚倞注云未詳或曰方言盌之𢵧盂謂之柯今方言無𢵧字玉篇椀謂之梋盂屬也拴未詳玉篇抉古穴切盌渠嬌切並云椀也案抉梋雙聲與盞盌同此乃折而為二非也盋者區奉切玉篇云盋盂也本此椀者於管切說文作盌云小盂也又云甇小盂也二字通用玉篇盌亦作椀

盨又章反[illegible][illegible]音摩揻苦咸反盌雅音閜呼雅反盞側限反盕凡音杯也

說文栝匵也漢書朱博傳食不重味案上不過三

桮方言盃椷盞盪閜𥂕桮也秦晉之郊謂之盃自關而東趙魏之閒曰椷或曰盞或曰盕其大者謂之閜吳越之閒曰盪齊右平原以東或謂之𥂕桮其通語也郭注盃所謂盃者也盞最小桮也說文⿷匚贛小桮也或作⿰木贛古送切椷者古咸胡緘二切玉篇椷杯也盃者魚下切典論云劉表諸子好酒造三爵大曰伯雅中曰仲雅小曰季雅疋古雅字盃即雅也郭注所云伯盃本典論也閜者說文云大桮為閜玉篇𥂕莫加莫多二切盕扶掩孚梵二切並云桮也

斝古駕反醆側眼反爵也

說文爵禮器也象爵之形中有鬯酒又持之也所以飲器象爵者取其名鳴節節足足也案本書釋鳥鳳皇雄鳴節節雌鳴足足宋書符瑞志亦云鳳皇其鳴雄曰節節雌曰足足然則爵其鳳皇歟三禮圖云太宰職享先王贊玉爵後鄭云宗廟獻用玉爵受一升今以黍寸之尺校之口徑四寸底徑二尺上下徑二寸二分圓足案梁正阮氏圖云爵尾長六寸博二寸傅翼足漆赤中畫赤雲氣此非宗廟獻尸之爵斝者說文斝玉爵者也夏曰琖殷曰

斝周曰爵从吅从斗门象形與爵同義或説斝受六升醆者明堂位云爵夏后氏以琖殷以斝周以爵鄭注斝畫禾稼也詩曰洗爵奠斝孔疏琖以玉飾之故前云爵用玉琖仍雕是也殷亦爵形而斝爲禾稼故名斝斝稼也周禮太宰贊玉几玉爵然則周爵或以玉爲之或飾之以玉

䚩拙兗反觛多但反卮音支也

説文卮圜器也一名觛所以節飲食象人卪在其下也易曰君子節飲食韓非子曰堂谿公謂韓昭侯曰今有白玉之卮無當有瓦卮有當君寧何取

曰取瓦卮淮南人間宮人得戟則以刈葵盲者得鏡則以蓋卮不知所施之也漢書高帝紀上奉玉卮應劭曰卮飲酒禮器也古以角作受四升古卮字作觗晉灼曰音支顏師古曰卮飲酒圓器也今尚有之䏙者說文䏙小卮也讀若捶擊之捶通作揣顏注急就篇云揣小卮也上有蓋觛者說文觛小觶也顏注急就篇云觛謂卮之小者行禮飲酒器也

瓠回故反蠡巹居隱反甗魚偃反瓢也

說文瓢蠡也衆經音義引蒼頡篇瓢勺也春官卺

人禜門用瓢齎注云故書瓢作剽鄭司農讀剽為瓢杜子春云瓢謂瓠蠡也齎讀為齊取甘瓠割去柢以齊為尊三禮圖云梓人為飲器爵受一升此匏爵既非人功所為臨時取天可受一升柄長五六寸者為之祭天地則用匏爵故郊特牲曰大報天而主日兆于南郊就陽位也掃地而祭於其質也用陶匏以象天地天之性也方言云𧀞陳楚宋魏之間或謂之簞或謂之櫼或謂之瓢郭注𧀞瓠勺也今江東通呼勺為櫼瓠𧀞或作瓟𧀞楚辭九歎瓟𧀞蠹於筐簏王逸注瓟瓠也𧀞瓢也玉篇蠡

㦶也廣韻蠡瓠瓢也舊本漢書東方朔傳以蠡測海注引張晏曰蠡瓠瓢也舊本蠡作盠盠字玉篇不收廣韻雖有之俗字也今訂正蠡者說文蠡蠡也瓥者玉篇瓥瓢也本此

篷平江反 豆篆音舉 杯落也

說文篷桮笿也古送切笿桮笿也盧谷切方言桮落陳楚宋衛之間謂之桮落又謂之豆筥自關東西謂之桮落郭注桮落盛桮器籠也篆筥杯桮落落笿並字異音義同

籭盈音筲所交反 捅天孔反 揔音總 鍐作管反 箸馳慮反 筩也

此釋箸筩之名也說文籯笭也以成切宋魏謂箸筩為筲籫竹器也方言箸筩陳楚宋魏之間謂之筲或謂之籯自關而西或謂之桶檧郭注箸筩盛朼箸籫也今俗亦通呼小籠為桶檧漢書韋賢傳遺子黃金滿籯謂筐籠之類耳如淳曰籯竹器容三四斗今陳留俗有此器

柶音四匙是支反匕也

說文匕相與比敘也从反人匕亦所以用比取飯一名柶亦作朼鄭注士喪禮云古文朼為匕亦作枇見雜記小雅大東有捄棘匕傳匕所以載鼎實

疏云鼎實煮肉也煑肉皆必實之于鼎必載之者
以古之祭祀享食必體解其肉之胖既大故須以
匕載之載謂出之于鼎升之于俎也士昏禮匕俎
從設鄭注匕所以別出牲體也特牲饋食禮刺心
匕刻鄭注刻若今龍頭少牢饋食禮雍人概鼎匕
俎于雍爨廩人概甑甗匕敦于廩爨鄭注匕所以
匕黍稷者也疏云此雍人云匕者所以匕肉此廩
人所掌米故云匕黍稷也有司徹覆二疏匕於其
上鄭注疏匕匕柄有刻識者雜記云枇以桑長三
反或曰五尺刊其柄有刻識者雜記云與其柄鄭

注所以載牲體者此謂喪祭也吉祭批用棘柶者
說文柶有柶柶匕也士冠禮賓勺觶角柶天官玉
府角柶注角柶角匕也以楔齒士喪禮楔齒用角
柶　三禮圖云醴有柶用角為之鉶有柶用木為之
舊圖云柶長尺攕博三寸曲柄長六寸漆赤中及
柄端臣崇義案聘禮云以柶祭醴尚攕少牢禮云
以柶祭羊鉶遂以祭豕鉶又士冠禮注云柶狀如
匕以角為之者欲滑也今祭鉶之柶既用木亦宜
疏匕淺升為之方得挹鉶芼之湆以祭之也今案
梁阮二氏不辨醴鉶二柶唯云柶圖為勺形無淺

深之語恐失之矣匙者說文匙匕也亦作鍉後漢書隗囂傳奉盤錯鍉注云前書匈奴傳漢遣韓昌等與單于及大臣俱登諾水東山刑白馬單于以徑路刀金留犂撓酒應劭曰留犂飯匕也撓攪也以匕攪血而歃之今亦奉盤措匙而歃也

筴音夾謂之箸

說文箸飯攲也陟慮遲倨二切筴與挾同曲禮羹之有菜者用挾其無菜者不用挾鄭注挾猶箸也今人或謂箸為挾提玉篇箸筴也飯具也本此顏師古急就篇注云箸一名筴所以挾食也案箸或

作楮史記絳侯周勃世家帝召條侯賜食獨置大胾無切肉又不置楮條侯心不平顧謂尚席取楮景帝視而笑曰此不足君所乎索隱曰楮音筯漢書作箸箸者食所用也留侯云借前筯以籌之

龍疏蒲料音斗杓也

大雅行葦疏云引漢制器度注云勺五升徑六寸長三尺杓與勺同說文勺挹取也象形中有實與包同意龍疏蒲者明堂位云其勺夏后氏以龍勺殷以疏勺周以蒲勺鄭注龍龍頭也疏疏刻其頭蒲合蒲如鳧頭也孔疏龍勺者勺為龍頭疏謂刻

鏤通刻勺頭皇氏云蒲謂合蒲當刻勺為鳧頭其口微開如蒲草木而末微者也三禮圖云舊圖龍勺柄長二尺四寸受五升士大夫漆赤中諸侯以白金飾天子以黄金飾臣崇義謹案周禮梓人云勺一升爵一升注云勺酌尊升也今以黍寸之尺計之柄長尺二寸口縱徑四寸半中央横徑四寸兩頭横徑各二寸師儒相傳皆以刻勺頭為龍頭狀又云舊圖疏勺長三尺四寸受一升漆赤中丹柄端臣崇義詳此疏勺亦空如疏杝通疏刻畫雲氣又云蒲勺柄長二尺四寸口縱徑四寸半中央

横徑四寸兩頭横徑各二寸深一寸受一升枓者説文枓勺也少牢饋食禮司宮設罍水于洗東有枓鄭注枓𣂑水器也喪大記沃水用枓正義云用酌枓酌盆水沃尸案龍疏蒲是𣂑酒之勺枓是𣂑水之勺亦名洗勺三禮圖云口徑六寸曲中博三寸長三寸柄長二尺四寸漆赤中柄末亦丹

洱斗謂之摳音甌

玉篇摳船屛斗屛抒水器廣韻摳船𣂑水斗屛屛斗𣂑水器也是洱與屛同摳集韻引作抠同

焅苦篤反謂之焆音娟

說文焅旱氣也玉篇媢焃也也窑二切廣韻焅熱氣也焅熇熱

䜰溪音䜫快音筲所交反䈂呂音也

旅盧古通用䈂即筥盧也說文凵凵盧飯器以柳爲之或作𥬲鄭注士昏禮云笲形如今筥𥬲籚䈂又謂之筥說文筥䈰也䜰䜫者上口奚切下古惠切玉篇䜰䜫大䈂也筲者說文作䈰飯筥也受五升秦謂筥曰䈰鄭注論語云筲竹器容升二升方言䈂南楚謂之筲趙魏之郊謂之𥬲䈂郭注䈂盛飯器也今建平人呼筲

籓甫袁反籮箕也

說文箕簸也顔注急就篇云箕可以簸揚及糞籓者說文云籓大箕也籮者陳魏宋楚之間語出方言

⿰甾夫扶音⿰甾度拍度反㽃徒弔反𤬪步丁反畚本音也

說文畚𤬪屬蒲器也所以盛種周禮挈壺氏挈畚以令軍糧鄭衆注縣畚于廩假之處畚所以盛糧之器故以畚表廩左氏宣十一年傳陳畚築杜注畚盛土器⿰甾夫者附娱切玉篇⿰甾夫小畚也⿰甾度者玉篇⿰甾庶畚也㽃者徒聊切說文㽃田器也通作莜𤬪者

廣雅疏證卷八上　三三

說文𦉥帔也楊雄說𤃬器

𥮆斫音䉴㾕音籆蘇苟反匧泉音音旋正籅於鞠反也

說文籅漉米籔也史記索隱引纂要云籅淅箕也

又引字林云籅漉米籔也音一六反𥮆者玉篇𥮆

盪米具䉴者玉篇䉴䉴籅漉米竹器也籔者說文

作籔炊籅也匧盪者玉篇匧盪米籅也方言炊籅

謂之縮或謂之籆或謂之匧郭注炊籅漉米籅也

江東呼淅籤籔籆同玉篇𥳓籔與籔同縮籔聲相

轉也匧者音旋淅籤為旋猶蒺藜為茨耳

猶謂之箲素典反又蘇管反

説文箭竹器也玉篇箭似箱而麤是箱爲飯器亦爲衣器矣

匥

音弁匰音丹笥也

説文笥飯及衣之器也亦有以革爲之者漢書鼂錯傳材官騶發矢道同的則匈奴之革笥木薦（爲）弗能支也孟康曰革笥以皮作如鎧者被之木薦以木板作如楯匥者玉篇匥又作笲士昏禮質明贊見婦于舅姑婦執笲棗栗自門入升自西階進拜奠于舅席又降受笲腶脩升進北面拜奠于姑席鄭注笲竹器而衣者其形蓋如今之筥𥬞籚矣

匴者說文宗匴宗廟盛主器也周禮曰祭祀共匴主此匴字與匴笥為類疑與簞同鄭注曲禮云圓曰簞方曰笥是也

匱巨位反謂之匵

說文匵匱也又云櫝匱也二字通用劉向九歎云藏瑉于金匱兮王逸注匱匣也

匧謂之椷咸緘二音

說文椷篋也匧藏也或作篋顏注急就篇云篋長笥也言其狹長篋篋然也士冠禮注云隋方曰篋謂方而殺其角也

定、茀定反謂之耨乃后反

耨說文作槈薅器也或作鎒詩臣工疏引世本垂作耨張博士古今字詁云耨頭長六寸柄長一尺釋名耨以鋤嫗薅禾也天官甸師掌帥其屬而耕耨王耤注云耨芸芓也周頌臣工庤乃錢鎛良耜其鎛斯趙毛傳並以鎛為耨齊語挾其槍刈耨鎛韋注耨茲基也鎛鉏也呂氏春秋任地篇耨柄尺其此度也其耨六寸所以間稼也高誘注耨所以芸苗也刃廣六寸所以入苗間也莊子外物篇春雨日時草木怒生銚耨於是乎始脩是耨所以入地

五十九

去草故謂之薅器也爾雅斪斸謂之定郭注鋤屬齊民要術引犍為舍人云斪斸鉏也一名定說文欘斫也齊謂之鎡錤一曰斤柄性自曲者攷工記車人一宣有半謂之欘注云欘斲斤柄長二尺引爾雅句欘謂之定是斪斸古作句欘也

櫡張略反謂之钁九縛反

說文斫謂之櫡钁大鉏也又云𥔲斫也爾雅斫謂之鐯郭注钁也釋文鐯字又作櫡

錍方支反謂之銛他點反

說文銛臿屬讀若棪桑欽讀若鐮錍鈭錍也鍫錍

谷也一云缶一云釜未知其審

篝音溝筌七緣反謂之笓婢之反又布分反

笓與箄同說文箄蔽也蓋有所蔽以藏魚謂之箄詩釋文引韓詩九罭取鰕笓也玉篇笓篘也篘織竹為篘笓障也篝筌者玉篇篝籠荅也筌捕魚笱本諸此也莊子外物篇筌者所以在魚得魚而忘筌蹄者所以在在兔得兔而忘蹄崔譔曰筌者蓀香草也可以餌魚其說與此不同

曲梁謂之罶音柳

罶曲梁詩毛傳義也爾雅凡曲者為罶郭注凡以

薄為魚笱者名為罶釋文罶本作𦊓又云釐婦之笱謂之罶孫炎曰罶曲梁其功易故謂之寡婦之笱釋文罶字書作𦊓說文罶曲梁寡婦之笱魚所留也或作罜春秋國語曰溝罛罜玉篇罶𦊓並同舊本曲訛曲今訂正

篧捉音籗苦郭反篖棠音箪珍教反也

箪與罩同小雅南有嘉魚烝然罩罩說文引作鯙鯙是罩鯙通也說文罩捕魚器也爾雅釋文罩字又作箪淮南說林訓罩者抑之也罾者舉之者篧者未詳籗者爾雅籗謂之罩李巡曰籗編竹以為罩

捕魚也孫炎曰今楚篧也郭璞曰捕魚籠也孔疏云罩以竹為之無竹則以荆故謂之楚篧說文籗罩魚者也或作籗箓者廣韻箓罩也本此

㵀涔存康反栫才見反也

說文栫以柴木壅也廣韻栫圍也左氏哀八年傳栫之以棘㵀未詳涔者爾雅槮謂之涔孫炎曰積柴養魚曰涔郭璞曰今之作槮者聚積柴木於水中魚得寒入其裏藏隱因以薄圍捕取之

罔謂之罟罽罟罽罾罔也

說文网庖羲所結繩以漁从冂下象网交文或作

罔䍐古文作冈籒文作网罔謂之罟者說文罟罔也小雅畏此罪罟傳罟罔也爾雅緵罟謂之九罭九罭魚罔也郭注今之百囊罟是淮南說山訓好魚者先具罟與罘罶罟罶罾者說文罶魚罔也从网劉聲劉籒文鋭棄罶罟下罶字疑衍罾者楚詞九歌云罾何為兮木上王注罾魚之罔也史記云陳涉世家置人所罾魚腹中集解文穎曰罾魚網也

罼音畢罜国古洽反䍐於叔反又於檢反率也

說文率捕鳥畢也象絲网上下其竿柄也罼者說

文畢田罔也从華象畢形微也或曰由聲爾雅濁謂之畢孫炎曰掩兔之畢或謂之噣因名星云鄭注月令云罔小而柄長謂之畢罕者史記天官書畢曰罕車主弋獵馬融廣成頌罕罔合部李賢注罕亦網也張衡西京賦飛罕潚箾薛綜注潚箾罕形也罔者說文罔下取物縮藏之梱未詳

䍐音牙罟肥無反兔罟也其罥注音謂之⿱罒機稽音

䍐者玉篇䍐兔罟本此予謂䍐是罝之譌形相似耳說文罝罔也罟者說文罟兔也罠覆車也或作罦罬捕鳥覆車也或作綴罟罠罦三者同物同音

即罬也爾雅繴謂之罿罿罬也罬謂之罦罦覆車
也孫炎曰覆車网可以掩兔者也一物五名方言
異也郭璞曰今之翻車也有兩轅中施罥以掩鳥
王風兔爰雉離于罿傳罿罬也說文引韓詩施羅
于車上曰罿又雉離于罦傳罦覆車也史記司馬
相如列傳罘罔彌山集解郭璞曰罘罝也顏注漢
書云罘覆車也即今轄車网爾雅釋文罦有浮孚
二音罥者與羂同蒼頡篇罥古文作羂說文羂网
也周官翨氏注云罝其所食之物于絹中鳥下來
則掎其角腳廣成頌絹猥蹏李賢注絹繫也與罥

字通太元云揮其罤絶其羂西京賦置羅羂結皆即羂字也擨者一名蹄莊子外物篇釋文云蹄兔罝也又云兔㓨也係其脚故曰蹄也

軥

衡音謂之輗兒音

說文輗大車轅耑持衡者或作䡇又作棿包咸注論語云輗者轅端横木以縛軶說文軥軶下曲者左氏襄十四年傳射兩軥而還服虔曰車軶兩邊叉馬頸者

朓

兆音腷裴音牒牘牑鞭音牏之句反又徒侯反版也

說文版判也釋名版般也般般平廣也倉頡篇版

築墻上下版朓者未詳案方言牀其杠南楚之間趙郭注杠牀前横木也趙當作挑聲之轉也中國亦呼杠為挑狀此所言以云朓未知是否牊者玉篇牊版也木此牒者方言以為牀版說文牒札也漢書路溫舒傳取澤中蒲截以為牒編用寫書顔師古曰小簡曰牒編聯次之牘者說文牘書版也釋名牘睦也手執之以進見所以為恭睦也漢書昌邑王傳簪筆持牘趨謁師古曰牘木簡也牑者說文牑牀版也方言牀其上版衛之北郊趙魏之閒謂之牒或曰牑牏者說文牏築墻短版也讀若

俞一曰若紐史記萬石君列傳聖取親中裙廁牏身自浣滌徐廣曰牏築垣短版也

廣雅疏義卷十三

廣雅疏義卷十三

廣雅疏義卷十三

言

廣雅疏義卷第十四

嘉定錢大昭晦之甫譔

泰罍著直藥反罇也

說文尊酒器从酋廾以奉之周禮六尊犧尊象尊著尊壺尊太尊山尊以待祭祀賓客之禮或作尊桼罇俗尊字或又作樽曹憲文字指歸云檢字無此从缶从木者說文云字从酋寸酒官法度也今之尊卑以此得名故亦為君父之稱據曹憲所引說文則今本說文非全書也詩疏引阮諶禮圖云犧尊飾以牛象尊飾以象於尊腹之上畫為牛象

之形王肅云大和中魯郡於地中得齊大夫子尾送女器有犧尊以犧牛為尊泰罍著者明堂位云泰有虞氏之尊也山罍夏后氏之尊也著殷尊也犧象周尊也鄭注泰用瓦著著地足無禁司尊彝六尊有壺無罍明堂位有罍無壺郭璞注爾雅云罍形似壺盎罍即壺也聶崇義三禮圖云太尊受五斗罍一名山尊受五斗著尊受五斗漆赤中舊圖有朱帶者與概尊相涉恐非其制周禮司尊彝云追享朝享其朝踐用兩太尊一盛元酒一盛醴齊王用玉爵酌醴齊獻戸其再獻用兩山尊一盛

元酒一盛盎齊王用玉爵酌盎齊以獻尸秋嘗冬烝其朝獻用兩著爵一盛元酒一盛醴齊王用玉爵酌獻尸注云太尊太古之瓦尊也山尊山罍也亦刻而畫之為山雲之形今以黍寸之尺計之太尊口圓徑一尺脰高三寸中橫徑九寸脰下大橫徑一尺二寸底徑八寸腹上下空徑一尺五分厚半寸脣寸底平厚寸與瓦甒形制容受皆同山尊口圓徑九寸腹高三寸中橫徑八寸脰下大橫徑尺二寸底徑八寸腹上下空徑一尺五分足高二寸下徑九寸 知受五斗者罍形似壺壺受一斛山

罍是中尊則受五斗也著尊口圓徑一尺二寸底徑八寸上下空徑一尺五分與獻尊象尊形制容受並同但無足及飾耳說文櫑龜目酒象刻木作雲雷象象施不窮也从木畾聲或作罍周宮鬯人社壝用大罍鄭注大罍瓦罍周南卷耳傳人君黃金罍疏引五經異義罍制韓詩說金罍大夫器也天子以玉諸侯大夫皆以金士以梓毛詩說金罍酒器也諸臣之所酢人君以黃金飾尊大一碩金飾龜目蓋刻為雲雷之象謹案韓詩說天子以玉經無明文謂之罍者取象雲雷博施如人君下及

諸臣也

綮（苦侯反又苦茂反）又總（蔥音又摠音）鮮支縠絹也

說文絹繒如麥稍釋名絹絙也其絲絙厚而踈也古通用縛說文縛白鮮色也聘禮釋文云聲類以縛為今正絹字綮者玉篇綮縛也至此今本作縛誤廣韻引此文作繫亦誤總者字當作緫左思魏都賦緜纊房子縑總河清張載注清河出縑總清河一名甘陵李善注引此文作總鮮支者顏師古注急就篇云絹生白繒似縑而疏者也一名鮮支縠者說文縠細縛也釋名縠粟也其形足足而踧

視之如粟也又謂沙縠亦取縐縐如沙也宋玉諷賦更被白縠之單衫漢書江充傳衣紗縠禪衣顏師古曰紗縠紡絲而織之也輕者爲紗縐者爲縠

繰（早音）謂之縑

釋文縑并絲繒也釋名縑兼也其絲細緻兼數于布絹也細緻染縑爲五色細且緻不漏水也淮南齊俗訓縑之性黃染之以丹則赤桓寬鹽鐵論吏之所入非獨齊陶之縑蜀漢之布也顏師古注急就篇云縑之言兼也并絲而織甚緻密也繰者親小切說文繰深繒也

紈緈力出反素也

說文紫白緻繒也从糸𠂹取其澤也小爾雅云繒之精者曰縞縞之粗者曰素釋名素朴素也已織則供用不復加巧飾也又物不加飾皆自謂之素此色然也淮南齊俗訓素之質白染之以涅則黑顏師古注急就篇云素謂絹之精白者即所用寫書之素也崔瑗與葛元甫書送許子十卷貧不及素但以紙耳紈者說文紈素也釋名紈渙也細澤有光渙渙然也列子周穆王篇曳齊紈顏注急就篇云紈即素之輕細者緈者說文緈素屬

純續辭足反絲也

說文絲蠶所吐也从二糸純者說文純絲也論語曰今也純儉續者連之絲也說文續連也

紨敷音紌徒外反纒式支反又赤移反絓乖音又坐淮反繇刮音紬也

說文紬大絲繒也釋名紬抽也抽引絲端出細緒也顏注急就篇云抽引粗繭緒紡而織之曰紬紬之尤粗者曰絓繭滓所抽也抽引精繭出緒曰絲清繭擘之精者為緜粗者為絮今則謂新者為緜故者為絮古亦謂緜為纊紨者防無切說文紨粗紬也紌者玉篇紌紬細也纒者說文纒粗緒也舊

本訛為纘今訂正絓者說文絓繭滓絓頭也釋名細又謂之絓絓挂也挂于帳端振舉之也緜者說文緜聯微也釋名緜猶湎湎柔而無文也

𪎭苦木反 絡 綃恚遥反 也

說文綃生絲也𪎭未練治纑也絡麻未漚也此皆言絲麻之未治者

絅阿音 縞 緻直異反 𦃃樂音 練也

說文練湅繒也釋名練爛也煮使委爛也絅者玉篇絅細繒也廣韻絅繒之細者史記李斯列傳阿縞之衣徐廣曰齊之東阿縣繒帛所出絅與阿同

縞者說文縞鮮色也鄭注禮記云白經赤緯曰縞緻者說文新補緻字云密也古作致詩都人士箋性情密致釋文本亦作致鴇羽傳不攻緻也疏云定本皆作致釋文本或作致𦃃者以灼切說文𦃃白𦃃縞也顔注急就篇白𦃃謂白素之精者其光𦃃𦃃然也

襺古典反緭絖音曠緶必延反緒繶音憶紃音循絛音滔也

說文絛扁緒也又云縧扁緒也是縧與絛同物玉篇條纓飾也廣韻絛編絲繩襺者說文襺袍衣也以絮曰襺以緼曰袍玉藻纊為繭緼為袍鄭注衣

有著之異名也緼謂今緜纊乃舊絮也詩無衣疏謂絖著新緜名為襺雜用舊絮名為袍緭者乎貴切說文緭繒也繒當作緒字之訛也玉篇緭緒也絖者說文纊絮也春秋傳曰皆如挾纊或作絖小爾雅云絮細者謂之絖案襺緭絖非絛屬絖下應加也字以別之編者與扁同說文所謂扁緒也緒者說文緒絲端也晉書樂志俳歌云皎皎白緒節節為雙繶者玉篇繶絛也本此天官屨人說屨舄之飾有約繶純是屨用絛以為飾紃者詳遵切說文紃圜采也內則織紝紃組鄭注紃絛也組亦絛

之類大同小異耳荀子富國篇布衣紃屨之士揚倞注紃絛也謂編麻為也淮南說林訓絛可以為繶不必以訓紃高誘注紃亦繶也婉轉數也顏師古注急就篇云紃緣履之圓絛者也賈誼諫曰美者黼繡庶人之妾以緣其履是則古之履飾通用紃之屬也

春草雞翹蒸緌音栗鬱金愧音鬼幃音韋麴去匊反塵緑綟音麗

紫綟無繰音渠綦綺留黃綵也

此釋綵之名也春草雞翹蒸緌鬱金綟綺並見急就篇其文曰春草雞翹鳧翁濯鬱金半見緗白𧹞

縹綟綠紈皂紫硟烝栗栗緗紺縉紅繎青綺綾縠靡麗鮮煩師古注春草象其初生也纖麗之狀也雞翹雞尾之曲垂也染采色似之若今之染家言鴨頭綠翠毛碧云鬱金染黃也烝栗黃色若蒸熟之栗也案釋名蒸栗染紺使黃色如蒸栗然也玉篇蒸縹綠色愧愇麴塵者周禮內司服掌王后之六服有褘衣鞠衣注云褘衣從王祭服也鞠衣黃桑服也如鞠塵象桑葉始生月令三月薦鞠衣於上帝告桑事也然則褘衣之色愧愇鞠衣之色麴塵矣綠綟紫綟者說文綟帛戾草染色亦作盭漢

書百官公卿表公卿表諸侯王盭綬如淳曰盭音戾盭綠也以綠為質晉灼曰盭草名也出琅琊平昌縣似艾可染綠色無繰綦者下文云履其綠謂之無繰其紟謂之綦說文綥帛蒼艾色詩曰縞衣綥巾未嫁女所服一曰不借綥是綥即綦也詩毛傳綦巾蒼艾色不借履名然則履之無繰與紟皆蒼艾色矣綺者說文綺文繒也釋名綺敧也其文敧邪不順經緯之縱橫也有杯文形似杯也有長命其綵色相間皆橫終幅此之謂也有棊文者方言文加棊也留黃者說文莀艸也可以染留黃莀

即緂也
衣隱也
說文衣依也上曰衣下曰裳象覆二人之形釋名凡服上曰衣衣依也人所依以芘寒暑也呂氏春秋云胡曹作衣淮南氾論訓伯余之初作衣也緂麻索縷手經指挂其成猶網羅後世為衣機杼腹勝複以便其用而民得其掩形禦寒暑高誘注伯余黃帝臣世本曰伯余制衣裳一曰伯余黃帝衣謂之隱者衣隱聲相近取義于蔽隱其形體也中庸壹戎衣而有天下鄭注戎兵也衣讀如殷聲之誤

也齊人言殷聲如衣虞夏商周氏者多矣今姓有衣者今之胄歟案衣為隱猶衣為殷也玉篇衣隱也本此

無追多回反 章甫委皃收冔況羽反 通天遠游進賢高山方山惠文建華却非解豸皮弁冠也

說文冠絭也所以絭髮弁冕之總名也釋名冠貫也所以貫韜髮也郊特牲云委皃周道也章甫殷道也毋追夏后氏之道也周弁殷冔夏收三王共皮弁素積釋名牟追牟冐也言其形冐髮追追然章甫殷冠名也甫丈夫也服之所以表章丈夫也

委皃冠名又委皃之皃上小下大也收夏后氏冠名也言收斂髮也獨斷云收純黑前小而後大以三十六升漆布為之冔殷黑而微白前大而後小以三十六升漆布為之詩云常服黼冔續漢書輿服志委皃長七寸高寸制似覆杯前高後卑銳所謂夏之毋追殷之章甫也以皂絹為之行大射禮于辟雍公卿大夫行禮者冠之禮舊圖云夏曰毋追殷曰章甫周曰委皃後代轉以巧意改新而易其名耳其制相比皆以漆布為之殼以緇縫其上前廣四寸高五寸後廣四寸高三寸章甫委大章

其身毋追制與周委皃同殷冠委大臨前夏冠委前小損委皃進賢冠其遺象也周曰弁殷曰冔夏曰收三冠之制相似而微異俱以三十升漆布為之皆廣八寸長六寸前圓後方無旒色赤而微黑如爵頭然前大後小殷冔黑而微白前小後大收純黑亦前小後大三冠下皆有收如東道笠下收矣通天者續漢書云高九寸正竪頂小邪却乃直下為鐵卷梁前者有山展筩為述乘輿所常服徐廣輿服雜注云天子朝冠通天冠高九寸黑介幘金薄山所常服也遠遊者續漢書云制如通天有

展筩撗之于前無山述諸王所服也聶崇義云梁唐典云遠游三梁冠黑介幘青緌諸王服之若太子及親王即加金附蟬九首施珠翠纓翠緌犀簪導進賢者續漢書云古緇布冠也文儒者之服也前高七尺後高三寸長八寸公侯三梁中二千石以下至博士兩梁自博士以下至小史私學弟子皆一梁宗室劉氏亦兩梁冠示加服也晉公卿禮秩云太傅司空司徒著進賢三梁冠黑介幘高山者續漢書云高山一名側注制似通天頂不邪却直豎無山述展筩中外官謁者僕射所服太傅胡

廣說高山皃即齊王冠也秦滅齊以其君冠賜近臣謁者服之獨斷云高山冠高七寸鐵為卷梁不展筩無山漢書音義云其體側立而曲注方山者祭服也續漢書方山冠前高七寸後高三寸纓長八寸似進賢以五采縠為之祠宗廟天子八佾四時五行樂人服之冠衣各如其行方之色而舞焉惠文者續漢書武冠一曰武弁大冠諸武官冠之侍中中常侍加黃金璫附蟬為文貂尾為飾謂之趙惠文冠胡廣說趙武靈王效胡服以金璫飾首插貂尾為貴職秦滅趙以其君冠賜近臣逮華者

祭服也續漢書建華冠以鐵為柱卷貫大銅珠九枚制似縷鹿天地五郊明堂育命舞樂人服之薛綜注西京賦注冠華以鐵作之上闊下挾飾以翟雉尾舞人頭戴疑即此矣却非者續漢書却非冠制似長冠下促宮殿門吏僕射冠之負赤幡青翅燕尾諸僕射幡皆如之所謂長冠者一曰齊冠高七寸高廣三寸促漆纚為之制如板以竹為裹初高祖微時以竹皮為之謂之劉氏冠解豸者續漢書法冠一曰柱後高五寸以纚為展筩鐵柱卷執法者服之侍御史廷尉正監平也或謂之解豸冠獬

豸神羊能別曲直楚王嘗獲之故以為冠胡廣說春秋左氏傳有南冠而縶者則楚冠也秦滅楚以其君服賜執法近臣御史服之皮弁者司服云視朝皮弁玉藻云皮弁以日視朝是皮弁為天子視朝常服士冠禮注云皮弁以白鹿皮為之象太古禮舊圖云以鹿皮淺毛黃白者為之高尺二寸周禮王及諸侯孤卿大夫之皮弁會上有五采三采二采玉璂象邸唯不言士之皮弁有此等之飾續漢書皮弁制同委皃以鹿皮為之釋名弁如兩手相合抃時也以爵韋為之謂之爵弁以鹿皮為之

謂之皮弁以韎韋為之謂之韋弁也

[illegible]兵拳反 帉幘也

說文幘髮有巾曰幘側革切玉篇幘覆髻也釋名幘蹟也下齊眉蹟然也兌上下大小兌兌然也或曰耿耿折其後也或曰幘似形幘也賤者所著曰兌髮作之栽裹髮也或曰牛心形似之也獨斷云漢元帝額有壯髮不欲使人見故加幘于以布包之也至王莽內加巾故時人云王莽禿幘施屋續漢書云古者有冠無幘其戴也加首有頍所以安物故詩曰有頍者弁秦雄諸侯乃加其武將首飾

為絳帕以表貴賤其後稍稍作顏題漢興續其顏却摞之施中連題却覆之名之曰幘幘者賾也頭首嚴賾也至孝文乃高顏題續之為耳崇其巾為屋合後施後收工下羣臣貴賤皆服之文者長耳武者短耳稱其冠也尚書幘收方三寸名曰納言示以忠正顯近職也迎氣五郊各如其色從章服也皂衣羣吏春服青幘立夏乃止取助微順氣尊其方也武吏常赤幘成其威也未冠童子幘無屋者示未成人也入學小童幘句卷屋者示尚幼少未遠冒也喪幘却摞反本禮也升數如冠與冠偕也

期喪起耳有收素幘亦如之禮輕重有制變除從漸文也纚者與繼同區切玉篇綣幘也本此帉者方言大巾謂之帉

假結謂之䯱音副

䯱即副也鄘風君子偕老副笄六珈傳副者后夫人之首飾編髮為之釋名皇后首飾曰副副覆也以覆首亦言副貳也兼用衆物成其飾也周禮追師掌王后之首飾服為副編次注云副之言覆所以覆為之飾其遺象若今之步搖矣服之以從王祭祀編編列髮為之其遺象若今假紒矣服之以

告桑也詩孔疏云編列他髮為之假作紒形加于首上後漢書注云副婦人首服三輔謂之假紒古髻字作結亦作紒續漢書皇后服有假結攻肅宗賜東平琅琊兩王書而送光烈皇后假紒帛巾各一是假結為皇后所服也晉太元中公主婦女必緩髮傾髻以為盛飾用髮既多不可恒戴乃先於木及籠上裝之名曰假髻其制與漢異

簂公誨反謂之帨兒音

續漢書太皇太后皇太后服翦氂簂簪以瑇瑁為擿長一尺端為華勝上為鳳皇爵以翡翠為毛羽

下有白珠垂黄金鑷左右一横簪之以安蔮結公
卿列侯中二千石二千石夫人紺繒蔮士冠禮注
滕薛名蔮為頍釋名蔮恢也恢郭覆髮上也魯人
曰頍頍傾也著之傾近前也齊人曰帨飾形貌也
晉書宣帝紀諸葛亮遺帝巾幗婦人之飾玉篇幗
古誨切帨也覆髮上或作蔮帨女教切帨幗也蔮
幗並同

晨音辰辨逗⿸广辰⿰巾多乃可反也
玉篇⿰巾多⿸广辰也晨辨逗⿸广辰並未詳

帉音紛⿰巾刃音刃帥山律反帨幋音盤⿱執巾之利反幪音蒙⿱秦巾辭廉反巾也

說文巾佩巾也釋名巾謹也二十成人士冠庶人巾當自脩謹於四教也帉者撫文切方言大巾謂之帉郭注江東通呼巾帉耳㠲者而振切說文㠲枕巾也帥帨者說文帥佩巾也或作帨是帥帨本一字也後人以帥為將帥字故歧而二之台南無感我帨兮傳帨佩巾也鄭注內則云帨拭物之佩巾也五音集韻引曹憲文字指歸云帨佩巾也與詩傳同幣者步丸切說文幣覆衣大巾㡊者說文㡊禮巾也幏者莫紅切方言幏巾也嵩嶽之南陳頴之間謂之帤亦謂之幏郭注巾主覆者故名幏

也案尚書大傳下刑墨幪鄭注幪巾使不得冠飾
以恥之也幣者玉篇幣巾也本此
帍音戶褾筆廟反帔巾也
方言帔帍褾謂之帔巾郭注婦人領巾也帍乎古切
承露幘音責巾覆結也
方言覆結謂之幘巾或謂之承露或謂之覆髮皆
趙魏之間通語也郭注覆髮今結籠是也案後漢
書光武紀皆冠幘注云漢官儀幘者古之卑賤不
冠者之所服也劉盆子傳半頭赤幘注云幘巾所
以覆髻也半頭幘即空頂幘也其上無屋故以為

名東宮故事云太子有空頂幘一枚即半頭幘之製也結髻通用

髡夫致反髯夫俞反謂之幞

玉篇髡髯面衣也又云幞面衣也本此髯豎句切幞所甲切

帞音陌頭帑七見反又七汴反鬢去位反帶鬃音來帶絡頭幧七消反頭也

方言絡頭帞頭也紗繢鬢帶鬃帶帑幓幧頭也自關而西秦晉之郊曰絡頭南楚江湘之間曰帞頭自河以北趙魏之間曰幧頭或謂之帑或謂之幓

其偏者謂之鬢帶或謂之髤帶郭注鬢帶今之偏疊幧頭也髤亦結也釋名綃頭綃鈔也鈔髮使人上從也或曰陌頭言其從後橫陌而前也齊人謂之幓言幓斂髮使上從也綃與繰同陌與帞亦同史記絳侯周勃世家太后以冒絮提文帝集解應劭曰陌額絮也晉灼曰巴蜀異物志謂頭上巾為冒絮索隱曰服虔云綸絮也謂太后嗔乃逢畐冒絮以提帝索隱又引方言陌頭為證是陌頭一作陌額也

複䘹作潰反⿰衤從子冢反褋音牒襌衣也

方言襌衣江淮南楚之間謂之褋關之東西謂之襌衣釋名襌衣言無裏也又云有裏曰複無裏曰襌說文襌衣不重也劉逵蜀都賦注引司馬相如凡將云黃潤纖美宜制襌漢書江充傳充衣紗縠襌衣曲裾後垂交輸顔師古注襌衣制若今之朝服中襌也如淳曰交輸割正幅使一頭狹若燕尾垂之兩旁見於後是禮深衣續衽鉤邊後漢書馬援傳更為援制都布單衣單與襌同霞辭者方言謂之襌衣玉篇緈襌衣也縱者玉篇樅襌衣也竝本此褋者徒頰切說文作褋云南楚謂襌衣曰褋

楚辭九歌遺余褋兮澧浦王逸注褋襜襦也

𧝓掌凶反褣音容裯音刀襜昌古反褕音臾也

說文云直裾謂之襜褕急就篇襜褕袷複褶袴褌顏師古注襜褕直裾襌衣也小爾雅云襜褕謂之童容童容即𧝓褣也方言襜褕江淮南楚之閒謂之𧝓褣自關而西謂之襜褕其短者謂之裋褕以布而無緣敝而紩之謂之襤褸說文袛袛裯又云裯衣袂袛裯又云襤裯謂之襤褸襤無緣也是袛裯亦襜褕之類特以布為之耳宋玉九辯被荷裯之晏晏兮王逸注裯袛裯也

廣雅疏義卷十四

襋音棘衱音劫謂之褗於范反

說文襋衣領也魏風葛屨要之襋之傳襋領也說文褗褗領也又云裺褗謂之裺方言云衱謂之褗郭注即衣領也說文無衱字攷玉藻袷二寸鄭注曲領也深衣曲袷如矩以應方鄭注袷交領也古者方領如今小兒衣領是衱袷音義同袷即衱也釋名曲領在內以中襟領上橫壅頸其狀曲也

直袊音領謂之幆於例反袒飾也

袊猶領也力井切玉篇袊衣領也釋名云直領邪直而交下亦如大夫服袍方也方言云袒飾謂之

三

受古堂抄藏

直衿郭注婦人初嫁所著上衣直衿也帽者玉篇
廣韻俱不收此字五音集韻帽直衿帽本此

褎明襗音亦袍襡音蜀長襦也

說文襦短衣也此云長襦則非短者矣釋名襦耎
也言溫耎也褎明者方言褎明謂之袍襗者余石
除革二切秦風無衣與子同澤傳澤潤澤也毛以
同澤與同袍同故但以潤澤解之澤襗音義同袍
者釋名袍丈夫著下至跗者也袍苞也苞內衣也
婦人以絳作衣裳上下連四起施緣亦曰袍義亦
然也襡者字當作襡市欲切玉篇襡長襦也運晉

衣也釋名襡屬也衣裳上下相連屬也說文作襡衣至地○五音集韻引廣雅袿長襦也今無此文

襌襦謂之襜尺古反綺居衡反

方言偏襌謂之襌襦郭注即衫也又云汗襦江淮南楚之間謂之襘自關而西或謂之袛裯自關而東謂之甲襦陳魏宋楚之間謂之襜襦或謂之襌襦郭注今或呼衫為襌襦釋名單襦如襦而無絮也單襌同又云荊州謂襌衣曰布襡亦是襜襦言其襜襜宏裕也

作襦謂之裨脾卑二音襦

未詳孫侍御曰作疑汗汗襦方言

複襦謂之襩音豎

方言複襦江湘之間謂之襩或謂之筩褹郭注今筩袖之襦也褹即袂字耳案襩襩與裋同列子力命篇朕服則裋褐張湛注引方言裋複襦也亦作豎荀子大略篇衣則豎褐不完楊倞注豎褐僮豎之褐亦裋褐也漢書貢禹傳裋褐不完顏師古注裋者謂僮豎所著布長襦也

複襂音衫謂之調

襂即俗閒衫字釋名衫芟也衫末無袖端也裍末

閨

裲音兩襠音當謂之袹音陌腹

釋名裲襠其一當胸其一當背也袹腹橫帕其腹也袹帕字異義同南史柳元景傳薛安都著絳衲裲襠衫馳入賊陣

繞領帔匹媚反帬也

說文帬下裳也或作裠釋名裠下羣也連接裾幅也繞領者方言作袊云繞袊謂之帬郭注俗人呼接下江東通言下裳帔者匹媚切說文帔恒農謂帬帔也方言帬陳魏之間謂之帔自關而東或謂

之襬

大巾襌韋暉二音袡爾古反襜昌占反袚不勿反蔽厀音悉也

方言蔽厀江淮之間謂之襌或謂之袚魏宋南楚之間謂之大巾自關東西謂之蔽厀齊魯之郊謂之袡又云絜襦謂之蔽厀釋名韠蔽也所以蔽厀前也婦人蔽厀亦如此之齊人謂之巨巾田家婦女出自田野以覆其頭故因以爲名也又曰跪襜跪時襜襜然張也襌者許歸切說文襌蔽厀也袡者小爾雅云蔽厀謂之袡　王后六服緣衣有纁袡王肅以纁袡爲婦人蔽厀襜者說文襜衣蔽前爾

雅衣蔽前謂之幨郭注今蔽厀也釋文幨本或作襜袚者出方言

韍音弗謂之縪音必

縪即蔽厀也說文作韠云韍也所以蔽前玉藻說韠之制云下廣二尺上廣一尺長三尺其頸五寸肩革帶博二寸又云韠君朱大夫素士爵韋鄭注此元端服之韠也韠之言蔽也韍者易乾鑿度云孔子曰韍者所以出尊卑彰有德也故朱赤者盛色也是以聖人法以為紱服欲百世不易也說文市縪也上古衣蔽前而已市以象之天子朱市諸

侯赤市大夫蔥衡从巾象連帶之形篆文作韍玉藻一命緼韍幽衡再命赤韍幽衡三命赤韍蔥衡鄭注此元冕爵弁服之韠尊祭服異其名耳韍之言亦蔽也孔疏他服稱韠祭服稱韍是異其名韠韍皆言為蔽取蔽障之義也知祭服稱韍者以易困九二朱韍方來利用祭祀是祭服稱韍也按詩毛傳天子純朱諸侯黄朱黄朱色淺則亦名赤韍也大夫赤韍色又淺耳有虞氏以前直用皮為之後王漸加飾焉故明堂位云有虞氏服韍夏后氏山殷火周龍章彼注云天子備焉諸侯火而下卿

大夫山士𩊠韋而已雜記云韠長三尺下廣二尺
上廣一尺會上去上五寸紕以爵韋六寸不至下
五尺純以素紃以五采是其制也

纗九恚反又乎卦反紳鞶褰厲綖音誕帶也

說文帶紳也男子鞶革婦人鞶絲象繫佩之形佩
必有巾从巾釋名帶蔕也著於衣如物之繫蔕也
玉藻云天子素帶朱裏終辟諸侯素帶不朱裏而
終辟大夫素帶辟垂士練帶率下辟居士錦帶弟
子縞帶纗者太元樂次曰掛其繫絕其纗紳者說
文紳大帶也易曰或錫之鞶帶孔安國論語注與

說文同聲者說文鞶大帶也易曰或錫之鞶帶男子帶鞶婦人帶絲衮者疑當作緄聲之誤也說文緄織帶也厲者小爾雅云帶之垂者為厲方言云厲謂之帶小雅垂帶而厲傳厲帶之垂者左氏桓二年傳鞶厲游纓賈逵服虔杜預注並與毛傳同鞓者玉篇廣韻並云鞓皮帶鞓也或作鞓同舊本鞓譌从延曹音誕亦誤今訂正

佩紟騎禁反謂之裎

此方言文也郭注所以系玉佩帶也玉篇衿結帶也亦作紟廣韻裎佩帶釋名佩倍也言其非一物

有倍貳也有珠有玉有容刀有帨巾有觿之屬也
漢書揚雄傳衿芰茄之綠衣注引應劭曰衿音衿
系之衿衿帶也是紟與衿通

裯音挑𧝎音決袿音圭襡大口反襜音含褖如禾反袔音賀⿰衤夜音亦袘音曳
袼音各褎音胡䙊手佳反袂袪袖也
說文褎袂也或作袖俗唐風羔裘豹褎傳褎猶袪
也釋名袖由也手所由出入也亦言受也以受手
也裯𧝎者上徒刀切下古穴切方言裯𧝎謂之袖
郭注衣褾江東呼椀廣韻裯𧝎衣袖袿者古攜切
玉篇佳袪也襡者上句切玉篇襡衣袖也本此襡

褖者玉篇廣韻不收此二字未詳袔者何箇切玉篇袔被袖亦作襰被者之亦切玉篇被袖也袘者與支切玉篇袘衣袖也集韻引作褫同格者力各切廣韻袼袼被也又袪也深衣袼之高下可以運肘褏者戶孤切玉篇𧛔衣袖也褸者玉篇褸袖也本此集韻引埤蒼褸衣袖也袂者說文衣部義也玉藻說深衣之制云袂可以回肘注云二尺二寸之節又云袂尺二寸注云袂口也楚詞九歌捐余袂兮江中王逸注袂衣袖也袿未聞

袿裀裀音因祩袾株二音衸音弓襣音身也

並未詳玉篇裀於人切衣身也禋同上案集韻一東及五音集韻引此俱無衽字疑涉上文而訛

襮必照反褙布茂反袚布末反衽襆孚佳反袂也

此又釋袂之名也襮者必了切玉篇襮衣袂也或作衫類篇襮袖端也褙者玉篇褙袂也袚者玉篇袚衣袂也衽襆者上文釋為袖袖亦袂也

䘯七霄反謂之袩多頰反

此方言文也舊本脫謂之二字今據補正案方言前云褸謂之衽後云褸謂之袩郭注皆云衣衽是䘯亦衣襟而郭氏獨于此句云未詳其義殆疑其

有異解歟廣韻䄏衣衽也是用方言
衽謂之縷音褸
說文衽衣衿也褸衽也衿交衽也方言褸謂之衽
郭注衣襟也或曰裳際也釋名衽襜也在旁襜襜
也玉藻衽當旁鄭注衽謂裳幅所交裂也凡衽者
或殺而下或殺而上衽屬衣則垂而放之屬裳則
縫之以合前後上下相變深衣續衽鄭注續猶屬
也衽在旁者也屬連之不殊裳前後也
衩楚械反衸音械袥他各反𧞣七亂反膝也
此釋𧞣膝之名也玉篇𧞣𧞣膝帬衸也衩者玉篇

衩衣衩也衸者戶界古拜二切說文衸袥也玉篇衸褋縢也袥者說文袥衣衸玉篇袥衸也

寢衣衾䘳(被嚴反)被也

說文被寢衣也釋名被被也覆被人也寢衣者論語必有寢衣長一身有半衾者說文作衾云衣被釋名衾广也其下廣大如广受人也召南小星抱衾與裯傳衾被也䘳者呼斂切玉篇䘳胡被也集韻䘳虛嚴切引此文同又云胡被謂之䘳

褰(啟乾反)謂之絝(音袴)其棺(音管)謂之袑(時沼反)

說文絝脛衣也釋名袴跨也兩股各跨別也方言

袴齊魯之間謂之䙝或謂之襱關西謂之袴郭注今俗呼袴踦爲襱顏注急就篇云袴謂脛衣也大者謂之倒頓小者謂之校衫䙝者起焉切說文作褰云絝也从衣寒省聲春秋傳曰徵褰與襦袑者公緁切玉篇袑袴襱也說文襱絝踦也或作襩袑者市兆切說文袑絝上也玉篇袑絝也襠也絝上也漢書朱博傳又敕功曹官屬多褒衣大袑不中節度自今掾史衣皆令去地三寸

衳七勇反 襣步寐反 惲也惲無襠者謂之䘺度浅反

說文惲憁也或作褌古魂切釋名褌貫也貫兩脚

上繫腰中也方言褌陳楚江淮之間謂之衳史記司馬相如列傳相如自著犢鼻褌集解韋昭曰今三尺布作形如犢鼻矣顏注急就篇云袴合襠謂之褌最親身者也衳者說文幒幝也或作㡛玉篇衳音鐘小褌衳同上又息拱切小袴也又云𧝓且勇切幝也或作幒襌者方言無𧙕之袴謂之襌郭注注袴無𧙕者即今犢鼻褌也𧙕亦襱字異耳襖未聞

褅天帝又謂之褓音保

褅者說文褅緥也引詩曰載衣之褅案今詩作裼

毛傳裼褓也鄭箋褓夜衣也釋文裼韓詩作禘禘即褅之訛褓者布老切說文緥小兒衣也漢書宣帝紀曾孫雖在襁緥李奇曰襁絡也以繒布為之絡負小兒褓小兒大藉也孟康曰緥小兒被也顏師古曰繈即今小兒綳也案褓又作葆史記魯世家成王少在強葆之中司馬貞曰強葆即襁褓張守節曰強闊八寸長八尺用約小兒于背而負行葆小兒被也褓又作保漢書司馬相如傳是以業隆于繈保繈褓保字異音義同

繄鳥雞反 袼音落 褗烏苟反 汏衣也

此釋次衣之名也次序連切說文次慕欲口液也或作𣲓籀文作㵽即今俗間涎字小兒多涎故有衣方言緊格謂之樞郭注即小兒次衣也樞者於矦切說文樞次裏衣

褿七刀反祓方勿反帴子肖反褯慈夜反也

玉篇褯小兒衣也褿者說文褿㡛也祓者玉篇祓㡛衣也亦作襏帴者所八切說文帗㡛也又云帗一幅巾也集韻引此文帴褯也从巾

袺古頡反謂之䄫音胡襭音頡謂之褱

周南芣苢傳言袺之薄言襭之此釋之也袺者說

文袺執衽謂之袺襭者下結切說文襭以衣衽扱物謂之襭或作擷褱者戶乖切說文褱俠也周伯琦曰褱藏俠于衣中也袺一名襭襭一名褱

幭無髮反帊襎哭音裷於胡反帍荒音幞扶欲反帷幔幬池流反幕帟帳也

說文帳張也釋名帳張也張施于牀上也小帳曰斗形如覆斗也玉篇帳帷也幬也幭帊幞也益幭也帊者玉篇帊匹嫁切幞帊也襎裷者方言襎裷謂之幭郭注即帊幞也煩寃兩音韓非子外儲說左篇衛人有佐弋者鳥至因先以其裷麃之鳥說

文帑幡也無幡帐二字是方言之襎裷即說文之
幡帑矣郭音是矣帘者疑與幌同玉篇幌户廣切
帷幔也幞者玉篇幞巾幞也帷者說文云在旁曰
帷古文作𠥟釋名帷圍也所以自障圍也玉篇帷
幕也帳也幔者說文幔幕也幬者說文幬襌帳也
爾雅幬謂之帳郭注今江東亦謂帳為幬釋文幬
本或作惆召南小星抱衾與裯傳裯襌被也箋裯
牀帳也孔疏引鄭注志張逸問此箋不知何以易
傳又諸妾抱帳進御于君有常寢何其碎答曰今
人名帳為裯雖古無名被為裯諸妾何必人抱一

帳施者因之如今漢抱帳也宋玉招䰟雖嶠張些幕者說文云帷在上曰幕釋名幕幕絡也在表之稱也江淹別賦撫錦幕而虛涼李善注引纂要云帳曰幕帟者余石切玉篇帟平帳也釋名小幕曰帟張在人上帟帟然也天官幕人注幄帟以繒為之舊本帟作帝疑古字通

幰布建反 幨尺占反 㡘音簾 也

說文㡘帷也釋名㡘廉也自障蔽為廉恥也玉篇㡘力沾切張也施之戶外也幰者玉篇幰車幰也又車帷也幨者玉篇幨車幨也或作襜

髮謂之鬈音犿髦謂之髲

說文髮根也或作𩠐古文作須釋名髮拔也拔擢而出也謂之鬈者鬈舒閏切說文鬠簪髮也又云𦣻古文百也巛象髮謂之鬊鬊即巛也髦者大計切舊本脫髦字今以意補之說文鬄髲也或作髢又云髲鬄也平義切釋名鬄剔也剔刑人之髮為之也髲髲被也髮少者得以被助其髮也少牢禮云主婦被裼鄭注被裼讀為髲鬄古者或剔賤者刑者之髮以被婦人之紒為飾因名髲鬄焉此周禮所謂次也也左氏哀十七年傳衛莊公見己氏

之妻髮美使髲之以為呂氏髢髮亦作被名南采
蘩被之僮僮傅被首飾也
屝屨麄舄音昔屐他梅反鞨尹末反不借鞠角鞮士角反屣所爾反
薄革鞮音低履也其緣謂之無繰其於反其紟渠禁反謂之綦
此釋履之名及其飾與帶也說文履足所依也从
尸从彳从夂舟象履形古文作䪨釋名履禮也飾
足所以為禮也崔豹古今注履者屨之不帶者也
方言屝屨麄履也徐兖之郊謂之屝自關而西謂
之履中有木者謂之複舄自關而東複履其庳者

謂之鞾下襌者謂之鞮絲作之者謂之履麻作之者謂之不借麤者謂之屨東北朝鮮洌水之間謂之鞠角南楚江沔之間總謂之麤西南梁益之間或謂之屩或謂之㞜其通語也徐土邳圻之間或大麤謂之鞠角扉者扶沸切說文扉履也釋名齊人謂草屨曰扉扉皮切以皮作之左氏僖四年傳供其資糧扉屨杜注扉草屨屨者九遇切說文屨履也釋文屨拘也所以拘足也天官屨人注複下曰舄襌下曰屨古人言屨以通于複今世言屨以通于襌俗易語反與麤者方言作麤釋名麤措也

言所以安措足也菜麤當作麤說文麤草履也舄者釋名複其下曰舄舄腊也行禮久立地或泥溼故複其末下使乾腊也天官屨人注舄有三等金舄為上冕服之舄下有白舄黑舄崔豹古今注舄以木置履下乾腊不畏泥溼也天子赤舄凡舄色皆象于裳三圖禮云屨舄各象裳色王舄有三冕服則赤舄韋弁皮弁則白舄冠弁之服則黑舄王后亦三舄配韋衣青舄配揄翟赤舄配闕翟鞠衣已下皆屨屦者玉篇屦履也西南梁益謂履曰屦屦同上鞨者急就篇云靸鞮卬角鞨韈巾不借者

三十

釋名云不借言賤易有宜各自蓄之不假借人也齊人云搏腊搏腊猶把鮮麤皃也荊州人曰麤麻韋車皆同名也喪服傳注繩菲今之不借趙岐孟子注蹝草履也敝喻不借齊民要術云草履之賤者曰不借是不與搏借與腊惜皆字異義同䩕角者說文䩕角鞮屬釋名云仰角屐上施履之名也行不得蹶當仰履角舉足乃行也郭注方言云䩕角今滕履有齒者鞨者似足切玉篇鞨鞮也屣者說文作蹝云鞮屬薄革者顏注急就篇云鞮薄革小履也是薄革為鞮之別名舊本訛為薄乎今訂

正鞮者都兮切說文鞮革履也曲禮曰鞮屨鄭注無絇之菲也周禮序官鞮鞻氏注鞻讀如屨鞮屨四夷舞者所屝也今時倡蹋鼓沓行者自有屝其緣謂之無緣其紟謂之綦者上文以無緣綦為緣則是履之飾也漢書賈誼傳今人賣童僕者為之繡衣絲履偏諸緣桓寬鹽鐵論古者庶人麤菲草芰縮絲尚韋而已及其後則綦下不借鞔鞮革舄今富者革中名工輕靡使容紈裏紃下越端縱緣綦無緣疑即絇也亦作句天官屨人青句注句當為絇舄屨有絇者飾也士冠禮元端黑屨青絇鄭

注絇之言拘也以為行戒狀如刀衣鼻在屨頭也案絇在屨頭有孔穿繫于中而結于足紟者屨帶也說文作紟云衣系也籀文作⿰糸金揚雄反離騷云衿芰茄之綠衣兮應劭曰衿音衿系之衿衿帶也是衿與紟同綦者說文綥不借綥或作綦徐鉉新補字內則注云綦履繫夏官弁師注璂讀如薄借綦之綦綦結也穀梁傳齊謂之綦楚謂之踂衛謂之輒是綦與系帶所以絆繫其履者歟

鞈古匣反𩊱音沙⿰革素素落反⿰革睪大落反屐音執也

滌侍御曰廣韻屐⿰革罷屩本作鞢鞈𩊱者說文⿰革夾鞮

鞦沙也鞦沙即韂靮古今注玉篇韂韂靮屧廣韻韂靮胡履鞣韄者釋名鞣韄鞾之缺前壅者胡中所名也鞣韄猶迭獨足直前之言也急就篇云旃裘鞣韄蠻夷民玉篇鞣韄履也靸者說文小兒履也讀如沓釋名靸韋履深頭者之名也靸襲也以其深襲覆足也顏注急就篇云靸謂韋履頭深而兌平底者也今俗呼謂之跣子

屩乎反　馬屐渠戟反　屐屩音腳也

說文屩屐也居勺切釋名屩蹻也出行著之蹻蹻輕便因以爲名也字或作蹻漢書卜式傳布衣屮

蹻而牧羊顏師古曰蹻即今之鞋也南方謂之蹻㡪者匹百切說文㡪履也一曰青絲頭履也讀若阡陌之陌方言履西南梁益之間或謂之㡪玉篇㡪扉屣也桂進士馥曰㡪當从尸諸書皆誤从户玉篇予雅切與說文切音不近集韻㡪或作屨玉篇屨屐同屐者說文屐屩也釋名屐搘也為兩足搘以踐泥也帛屐以帛作之如屩者不曰帛屩者屩不可踐泥也屐踐泥者也此亦可以步泥而浣之故謂之屐也屣義已見上文

緻直利反謂之編部典反

玉篇緞緻也編履底編也又云緻履底也

緉音兩綊音夾絞古爪反也

此方言文也又云關之東西或謂之緉或謂之綊

絞通語也郭注謂履中絞也案說文緉絞也玉篇

綊履中絞也廣韻綊履中絞繩

縝勑真反縷力主反纑來乎反也

說文纑布縷也縷綫也方言纑謂之縝郭注謂纑

縷也孟子妻辟纑孟〔趙〕岐注緝績其麻曰辟練其麻

曰纑故曰辟纑玉篇縝絲纑縷也

草婢反亦謂之衰散未反

說文褎草雨衣秦謂之萆公羊定元年傳仲幾之罪何不蓑城也何休注若今以草衣城也魏揚州刺史劉馥（字元穎）高為城壘多積木石編作草苫數千萬枚為備及吳圍合肥天（將）連雨城欲崩于是以苫蓑覆之即何休草衣城之法也淮南齊俗訓今之裘與簑孰急見雨則裘不用升堂則蓑而不御此代為常者也

簦

音登 謂之笠

說文簦笠蓋也笠簦無柄也小雅都人士傳笠所以禦雨吳語云簦笠相望于艾陵唐固曰簦夫須也

韋昭曰簦笠備雨器也史記平原君列傳躡蹻擔簦徐廣曰簦長柄笠音登笠有柄者謂之簦顏注急就篇云簦笠皆所以禦雨也大則(而)有把手執以行謂之簦小而(無)把首戴以行謂之笠

幢(直江反)謂之𦑣(大告反)

方言翿幢翳也楚曰𦑣關西關東皆曰幢郭注舞者所以自蔽翳也𦑣說文(作)翿云翳也所以舞也引詩左執翿

幨(昌占反)謂之幰(火偃反)

衆經音義引蒼頡篇布帛張車上為幰玉篇幨亦

作裧昏禮婦車有裧鄭注裧車裳帷周禮謂之容

䉶籞語力杴音籞反翳也

方言翳薆也說文薆蔽不見也是翳為隱蔽之義

䉶籞者說文䉶惟射所蔽者也籞禁苑也或作魰

案䉶籞或作嚴籞漢書元帝紀詔罷嚴籞池田晉

灼曰嚴籞射苑也又宣帝紀詔池籞未御幸者假

與貧民蘇林曰折竹以繩緜連禁禦使人不得往

來律名為籞服虔曰籞在池中作室可用棲鳥鳥

入中則捕之臣瓚曰籞者所以養鳥設為藩落周

覆其上令鳥不得猶苑之設獸池之畜魚也䉶者

罧與罧同說文罧積柴水中以聚魚也爾雅作槮云槮謂之涔李巡曰今以木投水中養魚曰涔孫炎曰積柴養魚曰槮舍人曰以米投水中養魚曰涔也郭璞曰今之作槮者聚柴木於水中魚得寒入其裹藏隱因以薄圍捕魚之淮南說林訓罧者扣舟高誘注罧者以柴即水中以取魚魚聞擊舟聲藏柴下壅而取之也罧讀沙槮之槮今沇州人積柴水中捕魚為罧幽州名之為槮也

幖必昭反徽吁飛反帾蒂古反幯子嬰反[illegible]憶音幟幡識音也

崔豹古今注云信幡古之徽號也所以題表官號

以為符信故謂之信幡也乘輿則畫為白虎取其義而有威信之德也用鳥書取其飛騰輕疾也幖者說文幖幟也玉篇幖幡也本此微者說文幟微也以絳微帛著於背禮大傳云聖人南面而治天下必改正朔殊徽號鄭注徽號旌旗之名也周禮大司馬中夏教茇舍辨號名之用帥以門名縣鄙以各其名家以號名鄉以州名野以邑名百官各象其事以辯軍之夜事鄭注號名者徽幟所以相別也左氏昭二十一年傳揚徽者公徒杜注徽識也孔疏徽識制如旌旗書其所任之官與姓名於

上被之于背以備其死知是誰之尸也亦通作揮張衡東京賦戎士介而揚揮薛綜曰揮為肩上絳幟如燕尾陳琳為袁紹檄豫州云揚素揮以啟降路李善曰揮與徽古通用是徽垂肩而著於背也帾者玉篇帾幡也本此帝者說文帝幟幡也帑者集韻帑幡也本此舊本帑訛从卬今訂正幟者史記旗幟皆赤司馬貞曰幟或作織或用志案幟漢書通用織

衰於叔反謂之裹

說文衰書囊也帙書衣也或作袠蕭統文選序詞

人才子則名溢于縹囊飛文染翰則卷盈乎緗帙

幃謂之幐

說文幃囊也幐囊也徒登切離騷椒又欲充夫佩幃王逸注幃盛香之囊云又蘇糞壤以充幃兮王逸注幃謂之幐幐者香囊也幃通作褘爾雅婦人之褘謂之縭郭注即今之香纓也褘齊(邪)交落帶繫于體因名為褘

帣（卷音）橐秅（大河反）囊也

說文　囊也今作囊大雅公劉詩傳大曰囊小曰橐疏云宣二年左傳稱趙盾見靈輒餓食之又遺

之箪食與肉置諸槖與之是其小也哀六年公羊傳稱陳乞欲立公子陽生盛之巨槖而内可以谷人是其大也帣者居倦切說文帣囊也今監官三斛為一帣槖者說文槖囊也詩釋文引說文無底曰槖有底曰囊靴者玉篇靴馬上連囊也

絭苦員反謂之纕

說文絭攘臂繩也居願切纕援臂也汝羊切

鑑謂之鏡

說文鏡景也釋名鏡竟也言有光景也淮南子鏡不說形故能形也高誘注鏡不預設人形皃清明

以待人形形見則見之陸機演連珠鑑之積也無厚而照有重淵之深

梳枇笸音姬櫛也

說文櫛梳比之總名也鄭注士冠禮云古文櫛為節梳枇者說文梳理髮也釋名梳言其齒疏也數言比比於疏其齒差數也比言細相比也史記匈奴列傳漢文帝遺單于比余漢書作比疏顏注急就篇云櫛之大而粗所以理髮者謂之梳言其齒稀疏也小而細所以去蟣虱者謂之比言其齒密也皆因其體以立名枇比古字通笸者居之切說

文筳取蟣比也
鰈丑列反謂之魰
玉篇鰈角也魰鰈也楚加切本此
笄䚡音低笳簪作甘反也
簮舊本訛為鬵攷下文覆謂之簮玉篇作鬵別是
一物今訂正說文兂首笄也从儿匕象簮形俗作簮
周時未有簮名經傳皆作笄隨書禮儀志引釋名
簮建也所以建冠于髮也一曰笄笄係也所以拘
冠使不墜也史記平原君誇楚為玳瑁簮班固與
弟書云今遺仲升以黑犀簮笄者說文笄簮也五

音集韻笄或作筓同士冠禮云皮弁笄爵弁笄注云笄今之簪也梁正阮氏圖云士以骨大夫以象晉語范文子退朝武子擊之以杖折委笄笄貫于委故曰委笄古之笄漢之簪也韋昭以委為委皃非也夏官弁師五冕之紐注云紐小鼻在武上笄所貫也今時冠卷當簪者廣袤似冠縱其遺象歟攷武者冠卷一名委所謂冠卷當簪者冕之紐也髲者徒分丁分二切玉篇髲簪也本此笳者曹憲無音疑與笄同即副笄六珈之珈也太元晉上九云男子折笄婦人易笄司馬光注云笄笄飾男子有

笄婦人髻之以飾

憫

憫慌音啼謂之帊在故反

玉篇憫許格切慌大兮切憫慌赤紙也帊音昨帊慌舊本慌訛絃今訂正惠士奇禮說云憫慌幡薄也埤蒼云憫慌赤紙所謂赫蹏書孔穎達云近世魏律緣坐配沒為工樂雜戶者皆用赤紙為籍其卷以鉛為軸蓋古之幡薄也丹書之遺法

縢

縢大能反絜音朔緘古咸反也

說文緘束篋也鄭注喪大記云齊人謂棺束為緘縢者說文糸部義也周書金縢乃納冊於金縢之

匱中鄭注縢束也秦風小戎竹閉緄縢傳縢約也
莊子胠篋篇則必攝緘縢釋文縢向崔本作縿崔
云約也又引廣韻雅云緘縢皆繩也槧者山卓切
玉篇槧緘也本此

紲思列反㤞宏覺反纜音覓緝而勇反紩直乙反緪紘呼眄反令人以此為
引絃失之也縻無悲反紖直思反縋直偽反綸力冉反繯思絹反徽纆
音墨絇音朐筊音肴纍力追反繩索也

說文索草有莖葉可作繩索書五子之歌凜乎若
朽索之馭六馬紲者說文紲系也或作緤玉篇紲
馬韁也凡縶縶牛馬皆曰紲左氏傳二十四年傳

臣貢羈紲憁未詳疑與絖通說文絖繫絖也都分切舊本憁字下有小注宊虒二字此必非憁字之音或古本廣雅有紁字音為虒疑不能定矣纜者亡狄切玉篇纜索也集韻荆州謂帆索曰纜緈者皮之索也玉篇緈亦作鞢又云云草也紩者玉篇紩索也本此絚者說文絚大索也絯未聞縻者牛之索也說文縻牛轡也或作絼紖者說文紖牛系也讀若矤玉篇紖索也本此縋者懸之索也說文縋以繩有所縣也左氏昭十九年傳夜縋納師玉篇縋懸索也本此絟縩者方言云所以縣緍關西

謂之紟東齊海岱之間謂之綎玉篇紟綎薄擴也
綎懸拕索徽纆者上許非切下亡北切說文徽三
糾繩也纆索也易釋文劉云三股曰徽兩股曰纆
字林云糾兩合繩纆三合繩莊子駢拇篇約束不
以纆索淮南說林訓予拯溺者金玉不若尋常之
纆索絢者大刀切郭璞方言注云絢亦繩名今江
東通呼索玉篇絢糾絞繩索也茭者與絞同槩者
說文槩大索也玉篇槩黑索也繩者說文糸部義
也大雅縣其繩直則
繘音橘絡音洛綆古猛反也

說文綆汲井綆也左氏襄九年傳具綆缶杜注綆汲索通作統漢書枚乘傳單極之統斷晉灼云統古綆字繘者方言繘自關而東周洛韓魏之間謂之綆或謂之絡關西謂之繘郭注汲水索也余聿切說文繘綆也絡者玉篇繞也縛也

縲力追反繯泫音又于串反絡也

絡與綆義相近故又別而言之縲與纍同繯者于畝切方言所以縣締宋魏陳楚江淮之閒謂之繯或謂之環

輅軲枯姑二音車也軒轔片各反轀溫音輬涼音轒墳音輓於云反軿

廣雅疏義卷十五

蒲眠反輛音兩軺音彫輂巳足反轁輂輰音陽䡵䡧音烏頭鸞軥音衢

柳車也

淮南說文訓見飛蓬轉而知為車說文車輿輪之總名夏后時奚仲所造象形呂氏春秋奚仲作車高誘注奚仲黃帝之後任姓也傳曰為夏車正封于薛釋名車古者曰車聲如居言行所以居人也今曰車車舍也行者所處若車舍也玉篇引古文考黃帝作居引重致遠少昊時加牛禹時奚仲加馬周公作指南車輅者古通路論語乘殷之輅釋文本亦作路釋名天子所乘曰玉輅以玉飾車也

輅亦車也謂之輅者言行於道路也象輅金輅木輅各隨所以為飾名也(之)周禮巾車掌王者之五路一曰玉輅(路)三(二)曰金路三曰象路四曰革路五曰木路續漢志云天子五路以玉為飾錫樊纓有十再就建太常十有二旒九仞曳地秦閱三代之禮漢承秦制御為乘輿所謂孔子乘殷之輅者也軩者廣韻軩車也本此車也者案此二字或有誤疑衍文自來字書家引此以軒輧等皆為柳車沿誤本也軒者說文軒曲輈藩車玉篇軒大夫車左氏定十三年傳齊侯斂諸大夫之軒哀十五年傳稱衛

太子謂渾良夫曰苟使我入國服冕乘軒是軒為大夫車也又諸侯之夫人亦乘軒閔二年傳稱齊桓公遺衛夫人魚軒夫人乘軒疑諸侯亦乘軒故檜風候人傳云大夫以上赤芾乘軒也爵未詳轀輬者說文轀輬皆云臥車也史記李斯列傳宦者輙從轀輬車中可諸奏事又漢書注文穎曰轀輬車如今喪轜車孟康曰如衣車有窗牖閉之則溫開之則涼故名如淳曰其車廣大有羽飾臣瓚曰杜延年奏載霍光柩以輬車駕大廐白虎駟以轀車駕大廐白虎駟為倅顏師古曰轀輬本安車也

可以卧息後因戴喪飾以柳翣故遂為喪車後人人合二名呼之耳轒輐者玉篇轒輐兵車案轒輐亦作轒轀太平御覽引太公六韜云凡三軍有大器圍攻邑有轒轀臨衝城中則有雲梯飛樓又周遷輿服雜事云轒轀今之橦車也其下四輪從中推之至敵城下長揚賦碎轒轀破穹廬應劭曰轒轀匈奴車也服虔曰轒轀百二十步兵車或可寢處杜佑通典云攻城戰具四作輪車上以繩為脊生牛皮蒙之下可藏十人填隍推之直抵城下可以攻掘金火木石所不能敗謂之轒轀車轒者說

文軿輜車也釋名軿車軿屏也四面屏蔽婦人所乘駕牛馬也輜軿之形同有邸曰輜無邸曰軿輀者說文輀喪車也釋名輿棺之車曰輀輀耳也懸于左右前後銅魚搖絞之屬耳耳然也潘岳寡婦賦龍轜儼其星駕兮李善注引丁儀妻寡婦賦駕龍轜於門側案輀轜字異義同軺者說文軺小車也釋名軺車軺遙也遠也四向遠望之車也史記貨殖列傳其軺車百乘徐廣曰馬車也輂者說文輂大車駕馬也史記淮南厲王列傳謀以輂車四十乘反谷口徐廣曰大車駕馬曰輂輜者說文輜

軿車前衣車後也釋名輜車載輜重卧其息中之車也輜軿也所載衣物雜廁其中也春秋疏云輜車蔽前後以載物必重謂之重車人挽以行謂之之輦輜重輦一物也襄十年傳稱秦堇父輦重如役挽此車也漢書張良傳上雖疾彊載輜車卧於而護之顔師古曰輜車衣車也輦者説文輦輓車也从扶在車前引之釋名輦車人輓也春秋疏義云司馬法云夏后氏謂輦車曰余車殷曰胡奴車周曰輜輦輦一斧一斤一鑿一梩一鉏周輦加二版二築又云夏后氏二十人而輦殷十八人而輦

周十五人而輦説者以為夏出師不踰時殷踰時周歷時故前世輦少而後世輦多也輦通作連地官鄉師輂輦注云故書輦為連易蹇六四往蹇來連虞翻曰連輦管子立政篇畜連乘車海王篇服連軺輂皆以連為輦輰䡵者上餘章切下似醉切玉篇輰輰䡵車䡧頭者上烏古切未詳鸞鷊者軥與鉤通明堂位鸞車有虞氏之路也鉤車夏后氏之路也鄭注鸞有鸞和也鉤有曲輿者也孔疏路則車也鉤曲也與則車牀曲輿謂曲前闌也虞曾未有鉤矣釋名鉤車以行為陣鉤股曲直有正夏

所制也詩毛傳夏后氏曰鉤車先正也殷曰寅車先疾也周曰元戎先良也柳者力久切舊本作柳誤今从集韻所引訂正玉篇輀載柩車也或作㭗同粢柳車一名廣柳車漢書季布傳廼髡鉗布衣褐置廣柳車中服虔曰東郡謂廣轍車為廣柳車晉灼曰周禮說衣翣柳柳聚也衆飾之所聚也此為載以喪車欲人不知也三禮圖云柳車名有四殯謂之輤車葬謂之柳車以其迫地而行則曰蜃車以其無輤則曰軨車阮氏圖云柳車四輪一輮車長丈二尺廣四尺高五尺周禮謂之蜃車

鋻音嬰謂之鈁音方

鈁者玉篇以爲鐘廣韻以爲鑊案上下文俱言車制然則此鈁是鈁鈧說文作防鈧獨斷及他書俱作鈁鈧

維素對反車謂之麻鹿道軌謂之鹿車

此釋維車之名也說文維著絲于筟車也筟筳也筳維絲筦也方言維車趙魏之間謂之轣轆東齊海岱之間謂之道軌轣轆與麻鹿同鹿車即麻鹿也玉篇維車亦名軌車

䡊音干謂之⿱般車輯子入反謂之⿰車解音解

玉篇靳字夫切鞘內環靼也廣韻靳聲革韓辮未詳

轅謂之輈

說文轅輈也釋名轅援也車之大援也輈句也轅上句也方言轅楚衛之間謂之輈秦風小戎五楘梁輈傳楘歷錄也梁輈上句衡也一輈五束束有歷錄考工記輈人為輈左傳挾輈以走伯棼射王汏輈鄭注並云輈車轅也小爾雅轅謂之輈

䑫音冰轅謂之靳

說文靳當膺也古亦謂之纓春官巾車注纓今馬

鞅先鄭以纓為當胷左氏傳二十八年傳子玉為瓊弁玉纓張衡賦以為馬飾薛綜曰纓馬鞅案釋名鞍纓也咽下稱嬰言纓絡之也其下飾曰樊纓其形樊樊而上屬纓也是馬纓即馬鞅又名靳也左氏定九年傳吾從子如驂之靳小戎游環脅驅傳游環靳環也沈重曰靳者言無常處游在驂馬背以驂馬外轡貫之以止驂之出釋名游環在服馬背上驂之外轡貫之游移前却無定處也

⿰革非音緋鞴甫袁反箱也

說文箱大車牝服也小雅大東不以服箱傳箱大

車之箱也戴吉士震曰大車之較謂之牝服其内謂之箱輿有式較高卑之分箱則其上齊平方言箱謂之棐玉篇轓車箱本此

鞦扶福反謂之軾

說文軾車前也鞦說文作紱車紱也或作茯又作鞴釋名鞦伏也在前人所伏也軾式也所伏以式敬者也鞦紱鞦茯鞴音義同

轓謂之軓音反

說文軓車耳反出也是言車之兩反旁出如耳也漢書景帝紀令長吏二千石車朱兩轓千石至六

百石朱左轓應劭曰車耳反出所以為之藩屏翳
塵泥也二千石雙朱其次乃偏其左軓以簟為之
或用革如淳曰轓音反小車兩屏也太元積次四
曰君子積善至于車耳測曰君子積善至于藩也
注云藩車耳惠士奇禮記云司戈盾掌建乘車而
設藩盾舍則設之行則斂之康成謂藩盾如今扶
蘇蘇與胥古文通故扶蘇一作扶胥蓋秦漢間語
周之藩盾也建之乘車以蔽左右軍旅會同前後
拒守大者八尺輪三十六乘輓者每乘二十四人
以大扶胥為武衛焉中者五尺輪大櫓扶胥七十

二具小者鹿車輪小櫓扶胥一百四十六具皆以矛戟為翼扶胥為衛在車兩轄故曰藩盾止則設焉嚴其守也行則斂焉利其行也王之乘車則然若凡兵車雖行亦設之所以陷堅陣敗強敵説者遂以扶胥為車名失之甚矣大扶胥者左傳偪陽之役狄虎彌建大車之輪而蒙之以甲以為櫓者是也古者材士持強弩矛戟夾車而趨左八人右八人車止則持輪以為翼羽狄虎彌以一人當之非所謂有力如虎者乎扶胥之大小眡其輪之高卑高則建大卑則建小建櫓于輪非以輪為櫓也

即古之輂軍行載器止則為營一名車耳車耳曰藩因以建盾一名龍盾詩曰龍盾之合畫龍于盾為龍盾合者合而載之以蔽車

幢 直江反 謂之幪 音蒙

說文幪蓋衣也男子立乘其車有蓋無帷裳婦人坐乘有蓋有帷裳春官巾車王后五路皆有容蓋先鄭云容謂幨車山東謂之裳幃或曰幢容後鄭謂蓋如今小車蓋也詩漸車帷裳箋幃裳童容幃裳係于蓋下垂蔽雨輢如裳然既夕記注帙者車裳幃于蓋弓垂之袂即幨也

靯（杜音）䩬（步各反）謂之鞇（因音）

說文茵車重席司馬相如說作鞇釋名文茵車中所坐者也用虎皮有文采因與下聲舉相連著也靯䩬車中重薦也輕靯䩬小貂也鞇亦作絪漢書霍光傳加畫繡絪如淳曰絪即茵

覆笭謂之幦（覓）

公羊昭二十五年傳以幦為席何注幦車覆笭玉藻羔幦虎犆鄭注幦覆笭也說文幦作幭蓋幭也韓奕鞹鞃淺幭傳幭覆式也又作褀春官巾車木車犬褀注以犬皮為覆笭既夕記白狗幦注古文

帶為幕帶幭複幕字異音義同

轐（獮忍反）轐（扶欲反）陰䡫（音渭）伏兔（太故反）也

釋名屐似人屐也又曰伏兔在軸上似之也又曰輹輹伏也伏於軸上也又云陰䡫陰也橫側車前所以陰笭也䡫所以引車也說文轐車伏兔下革也讀若閔轐車伏兔也輹車軸縛也䡫引軸也軸持也輪也春秋疏引子夏易傳輹車下伏兔也今人謂之車輹形如伏兔以繩縛于軸因名縛也釋名縛在車下與輿相連縛也戴吉士震曰易小畜九三輿脫輻大畜九二輿脫輹大壯九四壯于大輿之

輹輹轐實一字其下有革以縛于軸令易惟
作輻蓋輹字少見傳寫者誤耳輻于轂與才 三丨
非可脫者又當連輪言不當連輿言後人不知輹
何物于大壯大畜皆作輻解矣

軑達計反又達蓋反 輚音揔 輇音弁 輪也
釋名輪綸也言彌綸也周匝之言也說文輪有輻
曰輪無輻曰輇輇無輻也讀若饌方言輪韓楚
之間謂之軑或謂之軝關西謂之輚輚釋名作轗
言輻轗入轂中也

軝渠支反 謂之轂

三下

釋名轂埆也體堅埆也說文轂輻所湊也軝長轂之軝以朱約之或作𨋖戴吉士震曰攷工記幬必負幹鄭注幬負幹幹者革轂相應無贏不足軝即記之幬革朱其革以幬其幹故曰朱無約之惟長轂畫飾若大車短轂則無飾故曰長轂之軝

䡲士山反𨏥九縛反𨍏音渠輮如酉反輂俱勇反輞也

釋名輞罔也罔羅周倫之外也關西曰輮言曲輮也或曰𨋖𨋖緜也緜連其外也軝急就篇作輮讀若民䡲𨏥者淮南說林訓作蟬匷曰古之所為不可更則推車至今無蟬匷鹽鐵論作蟬攫曰推車

之蟬攫負子之教也韓非子曰古者樸即有珧銚而推車是珧銚亦蟬蠼也轆者玉篇轆輞也本此輮者攷工記輪人為輪牙也者以為固抱也鄭司農以牙為輮書亦或為輮世間謂之輞輦者玉篇輦輞也本此

輥牛殞反謂之軸

此方言文也玉篇輥車軸也儀禮云遷于祖用軸鄭注軸輁也

鐹古臥反鍋古禾反釭也

說文釭車轂中鐵也釋名釭空也其中空也鍋者

說文作𤮚盛膏器讀若過方言車釭齊燕海岱之間謂之鍋或謂之錕自關而西謂之釭盛膏者乃謂之鍋史記孟子荀卿列傳炙轂過集解云劉向別録過字作輠輠者車之盛膏器也索隱云今按文稱炙轂過過則是盛脂之器名過與鍋字相近錕者玉篇錕車釭也本此

轊轊音衛轆音籠轑止吊反也

說文轊車軸耑也或作軎方言車轊齊謂之轆郭注轊車軸頭也又名轑轆通作籠史記田單列傳今其宗人書斷其車軸末而傅鐵籠索隱云斷其

軸恐長相撥也以鐵裹軸頭堅而易進也傳者截其軸與轂齊以鐵鍱附軸末施轄於鐵中以制轂也

鍊音諫鐕天罪反釱音大錧音館也

錧說文作輨云轂端沓也案沓當作錔錔以金有所冒也輨以鐵為管約轂外兩端以金冒之故說文以為錔也顏注急就篇云輨轂端之鐵也方言輨軑鍊鐕也關之東西曰輨南楚曰軑趙魏之間曰鍊鐕離騷云齊玉軑而並馳

拘音俱簍音縷隆屈筷公悔反蓬𥳓音穹籠音龍夆步本反也筤良郎

二謂之笑音替箹步角反又音又角反篔音奄傘蒂也

此釋傘之名及其蒂也釋名傘藩也蔽水雨方言車枸簍宋魏陳楚之間謂之筱或謂之簍籠其上約謂之箹或謂之篔秦晉之間自關而西謂之枸簍西隴謂之橎南楚之外謂之篷或謂之隆屈郭注枸簍即車弓也釋名隆強言體隆而強也或曰弓車似弓曲也其上竹曰郎疏相遠晶晶然也說文云淮陽名車穹隆轒穹隆即簍籠也筤者釋名所謂郎疏也笑者玉篇笑他計切車筤本此

約音挑紂縮音狄也

說文緧馬紂也紂馬緧也釋名鞧遒也在後遒迫
不得使卻縮也攷工記必緧其牛後潘岳疾王濟
裴楷乃題閤道爲謠曰閤道東有大牛王濟鞅裴
楷鞧言濟在前楷在後也方言車緧紂自關而東
周洛韓鄭汝潁而東謂之緻或謂之曲綯或謂之
曲綸自關而西謂之紂郭注綯亦繩名今江東通
呼索

陽門箳音瓶篂音星雀目蔽䉧音畱也

釋名立人象人立也或曰陽門在前曰陽兩旁似
門也玉篇箳篂車轎䉧車䉧管廣韻箳篂別駕車

轄

羈鞦古核反勒也靮謂之繮音畺靶巴化反謂之綏馬鞅謂之贅靮巨駒反韘音曳䮃音汗鞻也防汗謂之韐公合反韉所乖反謂之鞘所交反

此俱釋馬上之所用物也羈鞦勒者鹽鐵論今當者黄金琅勒說文勒爲頭絡銜也釋名勒絡也絡其頭而引之也玉篇勒馬鑣銜也說文羈馬絡頭也釋名羈撿也所以撿持制之也莊子馬蹄篇連之以羈馽離騷余雖好脩姱以鞿羈兮王注革絡頭曰羈玉篇鞦勒也本此靮謂之繮者說文繮馬紲也

釋名韁殭也繫之使不得出彊限也玉篇㲃韁也所以繫制馬繮韁同靶謂之綏者說文綏車中把也司馬相如子虛賦繆繞玉綏張博士彼注云楚王車之綏以玉飾之郭璞曰綏登車所執也說文靶轡革也繫傳云御人所把處也漢書王襃傳王良執靶晉灼曰靶謂轡也馬鞅謂之脅者說文鞅頸靼也案鞅即靳也解見上文靹靾騂韋者說文韋馬鞁具也管子山國軌篇被鞍之馬千乘靾玉篇作韄云以韋贈亡人也靹騂未聞防汗謂之軨者說文輅防汗也韉謂之鞘者說文韉綏也玉篇

廣雅疏義卷十四

鞲韋邊帶

縶䋁須字反　絆也

說文絆馬縶也釋名靽半也拘使半行不得自縱也縶者說文馽絆也从馬口其足春秋傳韓厥執馽前讀若輒或作縶穀梁傳䠊者何也曰兩足不能過齊謂之綦楚謂之䠊衛謂之縶䋁者莊子大馬蹄篇連之以羈馽釋名馽司馬向崔本並作䋁向云馬氏音竦崔云絆前兩足也案說文䋁絆前兩足也漢令蠻夷卒有䋁此䋁即胥靡之胥呂氏春秋傳說般之胥靡　漢書楚元王傳二人諫不聽

胥靡之衣之赭顔師古曰聯繫使相隨而服役之故謂之胥靡之

挶必溝反桊音眷拘也

玉篇挶牛桊棬拘牛鼻也亦作桊本此

摍音縮皂歷也

歷亦作攊方言攊梁宋齊楚北燕之間或謂之摍或謂之皂郭注養馬器也皂隸之名于此乎出玉篇摍攊也養馬器也莊子馬蹄篇編之以皂棧釋文皂攊也一云槽也崔譔云馬閑也呂氏春秋慎大覽云猶取之內皂而濟之外皂也高注皂攊也

漢書鄒陽傳使不羈之士與牛驥同皁案皁古作槽說文槽畜獸之食器

㡌烏含反篼多鈎反幞篼帳音真橐也

此釋飤馬之橐也方言飤馬橐自關而西謂之㡌囊或謂之㡌篼或謂之幞篼燕齊之間謂之帳郭注帳廣雅作振字字音同耳然則古本廣雅帳作振也說文篼飤馬器也

廣雅疏義卷十四

廣雅疏義卷第十五

嘉定錢大昭晦之甫譔

廣雅卷八

骸（乎皆反）骼（音格）骹（苦弔反）毃（苦弔反）骨也

說文骨肉之覈也从冎有肉釋名骨滑也骨堅而滑也骸者說文骸脛骨也左氏宣十五年傳折骸而爨骼者說文禽獸之骨曰骼月令仲春掩骼埋胔鄭注骨枯曰骼樂記云角骼生鄭注無鰓曰骼骹者口交切說文骹脛也爾雅馬四骹皆白驓攷工記輪人注人脛近足者細於股謂之骹羊脛細

者亦為骹又引人注齊人名手足掔為骹覈者說文以骨為肉之覈則覈亦骨也

衁荒音衊蔑音又百号反言略也血也

說文血祭所薦牲血也从皿一象血形釋名血濊也出於肉流而濊濊也衁者說文衁者血也左氏傳十五年傳士刲羊亦無衁也衊者鼻之血也素問云膽移熱於腦則辛頞鼻淵鼻淵者濁流下不止也傳為衄衊瞑目衆血之污亦為⿰口蔑說文蠛污血也漢書文三王傳污⿰口蔑宗室

⿰月祭千結反⿰月弱弱音膜莫音也

說文膜肉閒胲膜也釋名膜幕也幕絡一體也膝者玉篇腂下結下計二切喉膜也𦢊者如灼切說文𦢊肉表革裏也

肌膚肴胅達盬反膎乎佳反今世人作鮭字如此失之脼兩音𦢊若者膳膂旅音腱居言反脤膰上時忍反下煩音肉也

說文肉胾肉象形釋名肉柔也肌膚者體之肉也說文肌肉也膚皮也籀文作臚釋名肌懻也膚幕堅懻也膚布也布在表也淮南精神訓三月而胎四月而肌續漢書律歷志注小暑病膚腫也易曰噬膚馬融注柔脃肥美曰膚肴者食之肉也說文

二

肴啖也徐鍇曰已脩庖之可食也舊本肴訛者今
訂正腅者玉篇腅肴也廣韻腅或作啖說文肴為
啖知腅即啖也膎脼者脯之肉也說文膎脯也脼
膎肉也玉篇脼膎脼也⿰月弱者如灼切[肦]為膜故亦為
肉也膳者牲之肉也玉篇膳牲肉也天官膳夫掌
王之食飲膳羞注云膳之言善也今時美物曰珍
膳膂腱者筋骨之肉也說文呂膂骨也象形昔太
嶽為禹心膂之臣故封呂侯篆文作膂又云𥳐筋
之本也或作腱脤者社之肉也說文脤社肉盛
以蜃故謂之脤天子所以親遺同姓春秋傳曰石

尚來歸脤祳脤古今字左氏成十三年傳成子受脤于社不敬注云脤宜社之肉也膰者祭廟之肉也說文膰宗廟火孰肉春秋傳曰天子有事膰焉今左氏僖二十四年傳作膰文云周禮又作膰大宗伯以脤膰親兄弟之國注云脤膰社稷宗廟之肉以賜同姓之國同福祿也

⿰月丞之丞反臉七潛反⿰麥勿熟也

舊本⿰麥勿下熟字爲為曹憲音案⿰麥勿無熟音明是廣雅正文傳寫者不識古字而旁寫耳今補正熟說文作孰食飪也⿰月丞者玉篇⿰月丞俎實也廣韻⿰月丞熟也

本此臉者力減切玉篇臉臟羹也㶿者舊本作鉾不知所從蓁說文肰古文作䏧肰與古然通說文訓然為燒物燒則熟故㶿亦熟也

盞之丞反謂之蒩阻居反

說文菹酢菜也或作䔬䀇菹从皿又血部䀋䀇也或作䀇並从血周禮醢人掌供七菹玉篇血部盞蒩也本此今此二字俱从皿釋名蒩阻也生釀之遂使阻于寒温之間不得爛也

胾側字反膞拙究反臠也

說文臠切肉臠也淮南說林訓嘗一臠肉而知一

鑊之味司馬相如子虛賦脟割輪淬郭璞注脟臠也音臠顏師古曰脟與臠同胾者說文胾大臠也鄉射禮膱長尺二寸鄭注膱猶脡也古文膱為胾膞者說文膞切肉也淮南說林訓一膞炭熯掇之則爛指高注一膞一脡也

臇謂之湆音泣

臇即羹也左氏昭二十年傳晏子曰和如羹焉水火醯醢鹽梅以烹魚肉燀之以薪宰夫和之齊之以味濟其不及以泄其過君子食之以平其心臇字玉篇不收廣韻臇熬肉也湆舊本作脸脸字玉

篇廣韻俱不收集韻脏或作湆業字當作湆說文湆幽溼也去急切士昏禮太羹湆在爨鄭注太羹湆煑肉汁也今文湆皆作汁公食大夫禮注同說文汁液也古文借湆為汁故湆亦訓汁或說湆訓幽溼當从日泣聲俗或別作湆字為以肉汁郭忠恕佩觿兼收湆湆以湆為幽溼湆為肉汁失之矣集韻引博雅亦作脏知所見本已誤

魿柃音又才感反鮆鮨耆音鮺昃下反也

此釋藏魚之名也說文鮺藏魚也南方謂之魿北方謂之鮺玉篇鮺與鮓同釋文鮓菹也以鹽米釀

魚而為菹也鯵者才枕才箴二切說文作鯵鮺也
大魚為鮺小魚為鯵玉篇鯵與鯵同鮺者俎禮切
刀魚之可鮺者九江有之鮨者巨梨切說文鮨魚
䏽醬也出蜀中玉篇鮨鮓屬爾魚謂之鮨郭注鮨
鮓屬也公食大夫禮有牛脂有魚膾鄭注云內則
謂鮨為膾然則膾用鮨今文鮨作鰭
䐹巨反
蟜留反　脘九管二音　膞音各反　腊音昔　膴呼武反又音凶　胏壯里反　脩脼
於　腩南感二音　脯也
此釋乾肉之名也說文脯乾肉也釋名脯搏也乾
燥相搏著也易噬乾胏子夏作乾脯曲禮脯曰尹

祭士虞禮云折俎二尹縮祭半尹是脯不徒為豆實兼折以為俎實也鄉射記云脯五膱膱長尺二寸風俗通義祀岱宗作脯廣一尺長五寸是漢之脯短於古矣鱐者所鳩切說文鱐乾魚脯尾鱐鱐也天官庖人夏行腒鱐膳膏臊鄭司農曰鱐乾魚也脘者古卯切說文繫傳本脘胃脯也徐鍇曰謂以胃作脯也史記貨殖傳濁氏以胃脯致富膊者說文膊薄脯膊之屋上釋名膊迫也薄涿肉迫著物使燥也腊者者說文㫺乾肉也从殘肉日以晞之與俎同意籀文作腊釋名腊乾昔也昔本乾肉

為借義所奪乃以籀文腊為昔肉字天官腊人掌乾肉凡田獸之腊膴鄭注大物解肆乾之謂之乾肉若今涼州烏翅矣腊小物全乾噬嗑六三噬腊肉馬融注晞于陽而煬于火曰腊虞翻注離日熯之為昔肉葢昔之為物覺夕乃乾故周禮序官腊人注腊之為言夕也顏師古注急就篇云合骨全乾謂之腊膴者荒烏切說文膴無骨腊也揚雄說烏腊也有司徹注膴讀如殷冔之冔刳魚時割其肉以為大臠可用祭也胏者說文食所遺也揚雄說作胏噬嗑九四噬乾胏馬融注有骨謂之

廣雅疏義卷十五

脙脩者說文脩脯也釋名脩縮也乾燥而縮也天官膳夫凡肉月之須賜皆掌之鄭司農云脩脯也賈疏加薑桂鍛冶者謂之脩不加薑桂以鹽乾之者謂之脯散文言之則脩脯通也腒者說文北方謂鳥腊曰腊腒傳曰堯如腊舜如腒鄭司農云注天官庖人云腒乾雉腩者奴坎切玉篇腩煑肉物也廣韻同

⿰月焉于乾反 膹扶分反 ⿰月眉音眉 臛呼各反 也

此釋肉羹之名也臛說文作膗肉羹也宋玉招魂露雞臛蠵王逸注有菜曰羹無菜曰臛洪興祖補

注臛字書作脽曹植七啟臛江東之潛鼉臇者說文臇脽也或作㷊楚詞招魂鵠酸臇鳬王逸曰臇小臛也曹植七啟臇漢南之鳴鶉李善注引蒼頡解詁云臇少汁臛也臏者說之脂臛也桓寬鹽鐵論云今熟食徧列有觳臏雁羹臏者穌本切說文臏切孰肉内于血中和也

百葉謂之膍音毗胵齒之反　胃謂之胘音弦

此釋鳥獸胃名也說文膍牛百葉也一曰鳥膍胵或作肶又云胵鳥胃也一曰胵五藏揔名也又云胘牛百葉也既夕云東方之饌脾析鄭注脾讀為

雞脾肶之脾脾肵析百葉也天官醢人注脾析牛百葉莊子庚桑楚云臘者之有脾胲可散而不可散也司馬彪云牛百葉也是膍與脾同

脟平音肵析音脜思節反膋聊音脂也

說文云戴角者脂無角者膏內則脂用蔥膏用薤鄭注脂肥凝者釋者曰膏脟肵者上力輟切下土列切說文脟腸間肥也一曰膫也玉篇脟胼牛羊脂胼蒲京切舊本脟訛胼今訂正蓋廣雅本是脟字形相似而譌為胼顧野王不能是正輒為蒲京之音曹憲遂音為平非也廣韻亦沿其誤脟者玉

篇膌臆中脂胊同上膋者洛蕭切說文膫牛腸脂也引詩曰取其血膫或作膋祭義云君牽牲既入廟門麗字碑卿大夫執鸞刀以封之取膟膋鄭注制祭謂朝事進血膋　器云君親制祭鄭注制祭謂朝市進血膋時詩信南山箋膋脂膏也血以告天膋以升臭

龍須謂之黖的音

玉篇廣韻俱不收黖字未審何物

鎦音溜飵才故反鬄音衛也

說文餾飯氣烝也飵楚人相謁食麥曰餾飵力救

廣雅疏義卷十五

切桂進士馥曰方言甑或謂之酢餾說文熭暴乾火也馥謂甑烝器故謂之酢餾烝而暴乾故謂之熭六韜云日中必熭

饙謂之𩟔

說文餴滫飯也或作饙又作餴𩟔即滫也釋名饙分也眾粒各自分也郭注爾雅云今呼𩟔飯為饙釋文引字書饙一烝米蒼頡篇𩟔饙也詩疏云烝米謂之饙饙必餾而熟之故言饙餾也

焷焷亦反又毗音謂之炙不音

玉篇焷炙也本此玉篇又云炙火熟也大雅韓奕

受古堂手藏

疏云案字書炰毛燒肉也煲烝也服虔通俗文煫煑曰炰是炰與煲别而此及六月云炰鼈者音皆為煲然則炰與煲以火熟之謂烝煑之也桂進士馥曰煲即說文烰字也炰鼈當作烰鼈鼈可烰不可炰者也詩作庖者包字聲近互相假借捊鼓或作抱鼓鳥孚亦謂之抱

麮音呲黎音梨謂之麯齒沿反

此言以麥為乾糗也玉篇麯充小切糗也麮同上麮婢之切麮黎力尸切麮黎也並本此

糗去久反餱音侯糒也

此釋乾食之名也方言熂火乾也凡以火而乾五穀之類關西隴冀以往謂之熂說文𥼚乾也釋名乾飯飯而乾暴之也漢書匈奴傳又轉送邊穀米𥼚顏師古曰𥼚乾飯也糗者說文糗熬米麥也釋名糗齲也飯而磨之使齲碎也玉篇糗𥼚也天官籩人糗餌粉餈鄭司農云糗熬大麥與米也後鄭謂糗者擣粉熬大豆糇者說文作餱云乾食也引周書曰峙乃餱粻釋名餱候也候人饑者以食之也

捊浮音𥻆流音揟所居反又師舉反饊也

說文饊熬稻粻餭也穌旱切顏師古注急就篇云饊之言散也熬稻米飯使發散也玉篇粰扶牛切⿰米建也䊖力鳩切䊖粰䊖糏饊也

䴭素果反䵃蒙音粿乎募反⿰麥適狄嫡二音糜無悲反糏思節反也

此釋米麥之屑也玉篇糏碎米也又云䴭麥屑也今經典通用屑䴭者說文䴭小麥屑之數也玉篇䴭饞麥屑也䵃者莫公切玉篇䵃有衣麴也女麴也案說文作⿰酉蒙云⿰麥弱生衣也麴亦麥屑所為故為糏也粿者以淨米為糏也玉篇粿古火切淨米䴭者陊厄切說文䴭麥覈屑也十斤為三斗糜者玉

篇作攡屑也離騷精瓊靡以為粻王逸注靡屑也糜靡攡字異義同

䴾（亡達反）謂之麩（匹眄反又面音）

說文麩麥末也玉篇麩麥麩屑以桄榔木屑為麵麵同上䴾者說文䴾麩也棄䴾麩聲相近

孰食謂之餕饔（於恭反）

孰古熟字餕謂之饌說文籑具食也或作饌儀禮注云古文籑皆作餕餕子（[illegible]）殉切熟食之也本此饔者說文饔孰食也天官內饔注云饔割烹煎和之稱

餻音高餴才辭反飳音零餣於劫反飫五九反餌也
餌如至切說文粥粉餅也或作餌釋名餌而也相
粘而也天官籩人糗餌粉餈注此二物皆粉稻米
黍米所為也合蒸曰餌餅之曰餈方言餌謂之餻
或謂之餈或謂之飳或謂之餣或謂之飫說文餈
稻餅也或作餴釋名餈漬也蒸燥屑使相潤漬餅
之也玉篇餻古刀切餻糜飳力丁切飳餌也餣餈
也飫餌也
粻音張餭音皇飴弋之反餏音該餹音堂餳辭精反也餺音博謂之飥
於物反又於日反

說文餳飴和饊者玉篇徒當切釋名餳洋也煑米消爛洋洋然也顔注急就篇云厚强者為餳餳之為言洋也取具洋洋然也餦餭者上豬良切下户光切說文饊熬稻粻䊐也方言餳謂之餦餭郭注餦餭即乾飴也顔注急就篇云饊古謂之張皇亦目其開張而大也以糵消米取汁而煎之宋玉招魂粔籹蜜餌有餦餭些王逸注言以蜜和米麪熬煎作粔籹擣黍作餌又有美餳衆味甘美也飴者說文飴米蘖煎也方言凡飴謂之餳自關而東陳楚宋衛之間通語也顔注急就篇云溺儒弱者

為飴言其形怡怡然也內則云棗栗飴蜜以甘之淮南説林訓柳下惠見飴曰可以養老盜跖見飴曰可以粘牝見物同而用之異後漢書皇帝紀吾但當含飴弄孫餦者古來切方言飴謂之餦玉篇餦飴曰餦餹餹者徒當切方言餳謂之餹玉篇飴曰餹餳餚者思累弋累二切方言餹謂之餚郭注餚以豆屑雜餳也餹者玉篇餹餚也飴和豆也亦作登

飦居言反 餰居六反 粘牛音 粍娟音又末音 粖亡達反又亡結反 粥粰浮音

糜糓毁音 攦艘音 饘也

説文饘糜也周謂之饘宋謂之餬飦者説文𩱠鬻也或作餰飦𩜹三字趙岐注孟子飦糜粥也荀子禮論篇餰鬻魚肉菽藿酒漿楊倞注餰粥菽藿羹者所食餬者玉篇餬饘也本此粘者古吴切説文作鬻云𩜹也粍者玉篇粍粥粖也粖者説文鬻涼州謂鬻為鬻或作粖玉篇粖糜也粥者武悲之六二反説文作鬻云𩜹也爾雅鬻糜也孫炎曰淖糜釋名粥濯于糜粥粥然也左氏昭七年傳饘於是鬻於是以餬余口月令行糜粥飲食呂氏春秋高誘注云今八月此户賜高年鳩杖粉粢粰者玉篇

粰扶牛切餱也糜者武悲切說文糜糝也釋名糜煮米使糜爛也通作靡盧諶贈劉琨詩序意氣之間靡軀不悔李善注靡爛也靡與糜古字通案靡爛字說文作爢爤穀許委切未詳𥂖者胡雞切玉篇𥻨云餾也本此

湩箭音又竦音謂之乳

說文湩乳汁也多貢切穆天子傳因具牛羊之湩以洗先天之足郭璞注湩乳也今江南人亦呼乳為湩通作重漢書匈奴傳得漢食物皆去之以視不如重酪之便美也顏師古曰重乳汁字本作湩

其音則同

清酌清英醴醪音牢醍音醴灑音歷㳶乃口反醝才何反酎治九反

酏音移酴音塗酒也

說文酒就也所以就人性之善惡一曰造也吉凶所造也古者儀狄作酒醪禹嘗之美遂疏儀狄杜康造秫酒釋名酒酉也釀之米麴酉澤久而味美也亦言踧也能否皆彊相踧待飲之也又入口咽之皆踧其面也文選七啟注引春秋說題詞云黍為酒陽接陰乃能動故以麥黍為酒宋衷曰麥陰先漬麴黍後入故曰陽接陰相得而沸是其動也

漢書食貨志酒者天之美祿帝王所以頤養天下享祀祈福扶衰養疾百禮之會非酒不行故周禮天官于祭祀特詳造之者有酒人酒人掌為五齊三酒祭祀則供奉之是也辨之者有酒正酒正凡祭祀以法供五齊三酒以實八尊是也清酌者曲禮凡祭祀宗廟之禮酒曰清酌孔疏酌斟酌也言此酒甚清澈可斟酌一說斟酌即清酒也大雅韓奕云顯父餞之清酒百壺後鄭周禮注云清酒今之中山冬釀接夏而成也漢書音義晉灼曰百山之末酒也張衡南都賦十旬兼清清醴者說文醴

酒一宿孰也釋名醴禮也釀者一宿而成禮有酒味而已也天官酒正醴齊注醴猶體也成而汁滓相將如今恬酒矣高誘曰醴以蘖不以麴濁而恬中山經其祠蘖釀郭注以蘖作醴漢書楚元王傳元王每置酒常為穆生設醴小顏以醴為少麴多米非也文選南都賦注引韓詩云醴甜而不泲也舊本清下旁注英字未詳醪者力刀切說文醪汁滓酒也天官酒正汎齊泣成而滓浮如今宜城醪矣釋名汎齊浮蟻在上汎汎然也又云空城醪蒼梧清言一清一濁也豳風七月為此春酒傳春酒

湅醪也醍者他禮切古作緹酒正緹齊注緹者成而紅赤如今下酒矣釋名緹酒色赤如緹也瀝者楚辭大招和楚瀝只王逸注瀝清酒也汎未聞醝者玉篇醝白酒也盎酒正盎齊注盎猶翁也成而翁翁然葱白色如今酇白矣古音酇為嵯嵯即酇白也宋孝武四時詩白醝解冬寒是也酎者除又切說文酎三重醇酒也左氏襄二十二年傳公孫夏從寡君以朝于君見于嘗酎杜注酒之新孰重者為酎月令孟夏天子飲酎用禮樂鄭注酎之言厚也謂重釀之酒也春酒至此始成與羣臣以禮

樂飲之于朝酏者余支切說文酏黍酒也一曰甜也賈侍中說酏為粥清酒正四飲四曰酏注云酏今之粥內則云飲或以酏為醴鄭注釀粥為醴又云黍酏鄭注酏粥酴者大乎切說文酴酒母也玉篇酴麥酒不去滓飲也

酪音洛酨昨再反又且截反䣼音良漿也

說文漿酢漿也釋名漿將也飲之寒温多少與體相將順也古者以飲澆飯謂之飧禮食未飧必先啜飲以利喉不令澀噎故未嘗羞先飯飲卒食又三飯三飲三飲者三漱漿也周禮漿人掌共王之

六飲酪者力各切釋名酪澤也乳所作所以使人肥澤也玉篇酪漿也本此楚詞大招和楚酪則王逸注酪酢酨也漢書食貨志莽令遣大夫謁者教民煑木為酪如淳曰作杏酪之屬也酨者說文酨酢漿也漢書食貨志除米麴本賈計其利而什分之以其七入官其三及醩酨灰炭給工器薪樵之費顔師古曰酨酢漿也䣼者力醬切說文䣼雜味也天官漿入六飲有涼即內則之濫鄭康成謂濫以諸和水紀莒之間名諸為濫惠士奇禮說云按管子禁藏篇冬日不濫非愛水也夏日不煬非愛

火也為不適于身便于體也然則醠一名涼蓋定于夏矣楚詞挫糟凍飲酎清涼注謂盛夏之時覆甑乾釀提云其糟但取清醇居之冰上而飲之則酒寒涼也其說近之釋名桃醠水漬而藏之其味醠醠然酢也

醦（所鑑反）酨（且冉反）醶（初鑑反）醯酸酮（洞同二音）酢也

說文酢醶也玉篇酢酸也今音昨為酬酢字案古文酬醋或借酢字用之六朝以後酬醋也作酢醶酢作醋顛倒其字矣醦者玉篇醦酢也本此集韻醦楚錦切引廣雅醋也酨者說文酉部義也玉篇

醶酨醋味也醶者説文醶酢漿也醯者呼啼切玉篇醯酸味也醯同上論語或乞醯焉皇侃云醯酢酒也酸者先丸切説文酸酢也關東謂酢曰酸籀文作䤋酮者徒董切玉篇酮酢也欲壞也○集韻引廣雅𨣧酢也黑角切今無此文

醖音慍䣼汝吏反釀尼尚反酘音豆也

酘徒鬬反玉篇酘酘酒也醖者於運切説文醖釀也張衡南都賦酒則九醖甘醴李善注云魏武藁上九醖酒奏曰三日一釀䣼者玉篇廣韻並云䣼重釀也舊本䣼訛惜今訂正釀者説文醞醖也作

酒曰釀

𧯷且林反謂之䜴音音

玉篇𧯷野生豆也又云䜴𧯷也於林切本此

寖音寑䣱才心反𧰛辟匹亦反幽也

幽者幽昧之音凡𧯒蘖菽豉之類皆于幽昧處覆蓋成之故說文解豉云配鹽幽尗也寑者眛寑之所幽深處也䣱者說文䣱熟麴也玉篇䤏幽也本此𧰛者廣韻𧰛幽也本此辟若幽僻地也

䴬疾炎反麩音滑䴽音卑麰音牟麳苦木反䴌音蒙麴也

麴區六切說文作𥶊云酒母也或作鞠釋名麴朽

也𪍿之使生衣朽敗也方言𪍿䴯𪌙𪎊𪍡麴者也自關而西秦豳之間曰𪍿晉之舊都曰䴯齊右河濟曰𪌙或曰𪎊北鄙曰𪍡麴其通語也郭璞注今江東人呼麴為䴯𪍡細餅麴說文䴯餅麴也𪌙餅麴也𪎊或作𪍣餅麴也讀若庫玉篇𪌙麴麥也𪍡有衣麴也女麴也業對徂來切𪌙禹八切𪍡鼻支切𪎊莫候切𪍿古鹿切𪍡莫公切

鮹（消音）𩻧（且豆反）鱢（楚佚反）鰛（於昆反）鯿（步典反）鹽也

禹貢鹽絺貢自海岱爾雅九府岱岳有魚鹽管子有海王一篇齊桓專其利矣說文盐鹹也古者宿

沙初作煮海鹽魯連子曰宿沙瞿子善煮鹽使煮漬沙雖十宿沙不得得也水經注云地里志鹽池在安邑西南許慎謂之盬盬長五十一里廣六里周一百一十四里上承鹽水水出東南薄山西北流逕巫咸山北又逕安邑故城南又西流注于鹽池水出石鹽自然即成朝取夕復終無減損唯山暴雨澍甘澤潢潦奔逸則鹽池用耗故公私共堨水逕防其淫濫故謂之鹽水亦為堨水也池西又有一池謂之女鹽澤東西二十五里南北二十里在猗氏故城南生人鄉俗引水裂沃麻分灌川野

哇水耗竭土自成鹽即所謂鹹鹾而味苦鮹者患遙切玉篇鮹煎鹽也案郊特牲云煎鹽之尚貴大產也熊氏云郊天所用疑即石鹽鹸者玉篇鹸夷狄鹽鹼者玉篇鹼南方呼醬醖者玉篇醖鹸戎狄之鹽集韻醖鹼戎鹽也案天官鹽人共飴鹽後鄭謂鹽之田者今戎鹽有馬涼州記云青鹽池出鹽正方其形如石甚甜美涼州異物志云鹽山二岳三色為質赤者如丹黑者如漆作獸辟惡佩之為為吉名曰戎鹽可以于療疾鹻者玉篇鹻鹽也本

此

醓蚕音齏在細反䤖莫候反𨡕音頭醓他感反醘醢巨出反醇音涼醬也

惠士奇禮說云醬屬人醯名曰醯醬則醯即醬也不應分為二士昏禮醯醬二豆二豆者壻與婦醬為對醬則醯醬非二物矣五齊七菹皆醯物也謂皆以醯調之醯物猶醬物一物一名膳夫職所謂醬用工(百)十(有)二十罋內饔職所謂百羞醬物者即此古有鹽梅而無豉醋漢始有豉說文所謂配鹽幽尗五味調和須之而成食乃甘於是始有酢漿為醶急就篇所謂鹽豉醯酢漿尚書孔注亦云鹽醎

梅醋蓋今之醋古之梅也則古無醋明甚左傳醯醢鹽梅以烹魚肉聘禮歸饔餼醓醢百甕皆不言醬則醢非即醬歟案說文醬醢盬也盬當為醢形相近而譌廣韻引說文醬醢也玉篇醬醢也釋名醢多汁者曰醓醓瀋也宋魯人皆謂汁為瀋醓者亡一切玉篇醓醬醓也或作醉醉者玉篇醉醬也本此醬䤅者說文醬醬䤅揄醬也䤅醬䤅也釋名䤅投也味相投戍也醓者說文作監云血醢也禮記有監醢以牛乾脯粱麴鹽酒也天官醢人注云監肉汁也醢者詞改切說文醢肉醬也釋名醢晦

也封塗使密冥乃成也爾雅肉謂之醢李巡曰以肉作醬曰醢天官醢人掌朝事之豆其實醓醢注云作醢者必先膊乾其肉乃莝之雜以梁麴及鹽漬以美酒塗置瓶中百日則成矣醓者說文醓醬也玉篇醓醢醬也醶者力讓切說文醶雜味也韲子兮反䪢達內反䪥音攘酷音庫盞旨升反醃於炎反蘫菹緇疏反也

菹與蘫同解見上文內則云麋鹿魚為菹麕為辟雞野豕為軒兔為宛脾切蔥若薤實諸醯以柔之鄭注以醯與葷菜淹之殺肉及腥氣也是為菹亦

用葱薤以柔和之也韲者說文韲墜也或作齏釋名齏濟也與諸味相濟成也玉篇韲薑蒜為之天官醢人五齊注齊當為齏昌本脾析蜃豚拍深蒲也凡醯醬所和細切為齏楚詞九章懲于羹者而吹韲兮何不變此志也墜者說文墜齏也玉篇墜齏菹蘘者而丈切說文蘘菜也蓋此采可以為菹也玉篇釀菹也本此酤者苦步切說文酤韭鬱也玉篇酤醋菹也蘫者蘫謂之蘫已見上文此復類記之也醃者玉篇醃菹也本此業今江南人亦以菹為醃菜蘫者魯甘切瓜菹也舊本蘫訛藍說文

徐鉉本艸部有兩藍字一云染青艸一云瓜菹盖亦脫水旁矣集韻引廣雅醃藍俎也亦誤惟玉篇蘫瓜菹為不誤耳今據此訂正

甜大嫌反甙代旨⿰甘覃大紺反又大含反甘也

說文甘美也从口含一一道也釋名甘含也人所含也童子田甘者中和之味也甜者說文甜美也从甘从舌舌知味者甙者徒戴切玉篇甙甘也本此条甙从代省聲舊本訛从戈今訂正⿰甘覃者玉篇⿰甘覃長味也或作醰

糠康音謂之⿰禾曷居列反又居曷反

糠一名褐說文糠穀皮也

泔甘音潘孚袁反瀾也

瀾說文作灡云潘也洛干切泔者古三切說文云周謂潘曰泔潘者說文潘淅米汁也內則云面垢燂潘請靧鄭注潘米瀾也

滫稍音翟直反皃滫息朽反也

說文滫久泔也玉篇滫米泔也內則滫瀡以滑之鄭注秦人溲曰滫荀子勸學篇蘭槐之根是為芷其漸之滫君子不近楊倞注滫溺也淮南人間訓申茮杜茝美人之所懷服也反漸之于滫則不能

保其芳矣高誘注滫臭汁也溞者山教切玉篇滫臭汁也濯者浣衣汁也

澱殿音謂之滓阻使反

說文滓澱垽也徒見切滓澱也又云黚謂之垽垽滓爾雅澱謂之垽郭注滓澱也今江東呼垽釋名泥之黑者曰滓顔注急就篇云滓澱也

鯹鱢欝菸依與反腐殏餮之舌反又之世反鯘乃每反饘書延反鯧許戒反餲於叔反饖穢音焦蕉音膲熾音臭也

說文臭禽走臭而知其迹者犬也廣韻臭凡氣之總名通作殠說文殠腐氣也漢書楊惲傳置頓單

于得漢美食好物謂之殠惡揚王孫傳下不亂泉上不泄殠棄此篇臭字釋文引作臰玉篇臭惡氣息臰用上是凡氣之臭當爲臭惡氣之臭當爲殠別作臰俗鮏者兼經切說文作鮏云魚臭也通作胜說文胜犬膏臭也蓋魚臭作鮏犬臭作胜也鱢者穌遭切說文鱢鮏臭也引周禮曰膳膏鱢今本天官庖人作臊鄭司農注膏臊豕膏也杜子春云犬膏也内則狗赤股而躁臊說文臊豕膏臭也晏子春秋云食魚不及惡其鱢也鱢臊古字通鬱者結而不達之臭也迂弗也内則鳥皫色而沙鳴鬱

菸者枯瘁之臭也說文菸𦼮也一曰𤸷也宋玉九辯葉菸邑而無色兮文選五臣注言草木茂瘁也王風中谷有蓷暵其乾矣傳暵菸皃陸草生于谷中傷于水是蓷草田菸死而乾仍有臭氣也腐者說文腐爛也內經云冬臭腐乃者許久切說文乃腐也或作朽月令孟冬其臭朽天官內饔云牛夜鳴則庮鄭司農云庮朽木臭𩚵者之例切玉篇𩚵臭敗之味餧者說文云魚敗曰餧論語魚餧孔安國曰魚敗曰餧皇侃云肉臭壞也臭俗𦤀字羴者說文羴羊臭也从三羊或作羶天官庖人冬行鱻羽

膳膏羶杜子春云膏羶羊也脂莊子徐無鬼篇羊肉不慕蟻蟻慕羊肉羶也呂氏春秋云三羣之蟲水居者腥肉攫者臊草食者羶柰內經五臭無羶故春臊月令五臭無臊故春臭膻是羶類于臊也餲者玉篇廣韻俱無餲疑餲之訛玉篇餲飯器也廣韻餲食傷之臭孔安國注論語注餲饐臭味變也皇侃云餲謂經久而味惡也如甘乾魚乾肉久而味惡也集韻引廣雅作𦤎从臭䭇者猗及切玉篇䭇䭇濕也䬡者魚廢切廣韻䬡飯臭焦者昨消切說文𤓰火所傷也或作焦煙者說文煙火氣也

或作烟春官大宗伯以煙祀祀昊天上帝鄭注煙之言煙周人尚臭煙者之力切玉篇臟油敗也

芳韽吁含反苾匕節反又𨚕音膮許堯反𩡷虛縑反馠吁含反膷香音臐君云反馨⿱艹猋必昭反馛步曷反香也

說文香芳也从黍从甘春秋傳曰黍稷馨香芳也草之芳也說文香芳艸也離騷雜杜蘅與芳芷韽者本書釋訓韽韽香也此單言之亦香也苾者說文苾馨香也小雅楚茨云苾苾芬芬大戴禮云與君子遊苾乎入芝蘭之室膮者羹之香也說文膮豕肉羹也𩡷者玉篇𩡷香味馠者玉篇馠香也膷

膷者臛之香也上虛半切下吁雲切公食大夫禮法膷臐膮今時臛也牛曰膷羊曰臐豕曰膮皆香美之名也古文膷作香臐作薰馨者虛廷切說文馨香之遠聞者小雅鳧鷖爾殽即薰傳與說文同猋者草之香也玉篇廣韻並云草名舊本訛从三太今訂正馛者說見釋訓舊本馛訛从犬今訂正○集韻引廣雅馝馞香也又云馩馧香也今俱無此文

鼐乃代反鬵資音鑴攜音又呼規反鏏衛音𪔂尋音鼎也

說文鼎三足兩耳和五味之寶器也昔禹收九牧

之金鼎鑄荊山之下山入林川澤螭魅蝄蜽莫能逢之以易（協）承天休易卦巽木于下者為鼎象析木以炊也鼎彖傳鼎象也李鼎祚集解引九家易云卦是鼎鑊亨飪之象亦象三公之位上則調和陰陽下則撫育百姓鼎能熟物養人故云象也三禮圖云牛鼎受一斛天子飾以黃金諸侯飾以白金口徑底徑及深俱一尺三寸三足如牛每足上以牛首飾之羊豕二鼎亦如之羊鼎受五斗大夫亦以銅為之無飾大夫祭用少牢故無牛鼎其口徑底徑俱深一尺一寸豕鼎受三斗口徑底徑俱

八寸深九寸强士以鐵為之無飾士祭用特牲故無羊鼎或說三牲之鼎俱受一斛案下有升羊豕鼎為長短不同鼎空各異或說非也鼐者說文鼐鼎之絶大者魯詩說鼐小鼎鼒鼎之圜掩上者周頌絲衣鼐鼎及鼒傳小鼎謂之鼒鐫者集韻鐫鼎屬本此鏏者祥歲切說文鏏鼎也讀若彗廣韻鏏大鼎又云鑴小鼎淮南說林訓水火相憎鏏在其間五味以和高誘注鏏小鼎一曰鼎無耳為鏏鬻者而屬切玉篇鬻大鼎也

鬵潛音謂之䰝咨應反

說文鬵大釜一曰鼎大上小下若甑曰鬵䰝鬵屬
爾雅䰝謂之鬵孫炎曰關東謂䰝為鬵涼州謂䰝
為鉹方言甑自關而東謂之甗或謂之鬵或謂之
酢餾攷工記陶人為甗實二鬴厚半寸脣寸七穿
少牢饋食禮云廩人概甑

斄狸音氂毛音鬣毳髦毛也
說文毛眉髮之屬及獸毛也象形釋名毛貌也冒
也在表所以別形貌且以自覆冒也斄者洛哀切
說文斄彊曲毛可以箸起衣古文作𢊁氂者莫交
切氂說文氂犛牛尾也又云犛西南夷長髦牛也

其尾可以為旌旗之飾經傳通用旄詩建旐設旄書右秉白旄周禮春官旄人晉語羽旄齒革樂記干戚羽旄注家皆以為旄牛尾即此氂也鬣者說文鬣髮鬣鬣也或作𣰷或作𧳜曲禮曰豕曰剛鬣毳者此芮切說文毳獸細毛也天官掌皮共其毳毛為氈以待邦事注云毳毛毛細縟者淮南齊俗訓越人見毳不知其所以為旃也漢書鼂錯傳其人密理鳥獸毳毛顔師古云毳細毛也髦者既夕記馬不齊髦注云今文髦為毛

𣮈汗音謂之毳

說文豪豕鬣如筆管者出南郡籀文作豪徐鉉曰今俗别作毫翰翎胡旦切玉篇翰長毛也獸毫也

䎔䎗奴感反翈音狎翭音侯䎚音惠風狄羽也

說文羽鳥長毛也象形地官羽人掌以時徵羽翮之政于山澤之農以當邦賦之政令䎔䎗翈者玉篇䎔音孚細毛䎗翮下弱羽也翈乎甲切羽翈也翭者乎溝切說文翭羽本也一曰羽初生皃䎚者乎快切玉篇䎚六翮之末或作翽風未詳狄者即翟字經典狄翟通用謂雉之羽也詩曰右手執翟

翢華音韍翅音翼也

說文翼鞁也篆文作翼翰者古貢切說文翰翅也

通作韋小雅斯干如鳥斯革傳革翼也韍者疑即

翅之別體字

麄唐音毦毛音毰布反恭毼曷音氈方反文毭豆音毿足反凶氍衢音毹

粟音毧而反恭毨鮮音𧺆支音氀力反于罽也

說文罽西胡毳布也玉篇罽方文者亦作罽瀱經

典通用罽爾雅氂罽也孫炎曰毛氂為罽揵為舍

人曰氂謂毛也罽胡人續羊毛而作漢書高帝紀

令賈人毋得衣罽顏師古曰罽織毛若今毾及氍

毹之類㲣毦者上大當切下仁志切玉篇㲣毦罽者曲文者毦以毛羽為飾曹氏音毦為毛非也㲪者玉篇㲪罽方文者毼者乎割切玉篇毼罽也本此毾㲪者玉篇毾毾㲪罽𣰆氍者玉篇𣰆𣰆氍罽又云氍毹毹毛席也氍同毛上𣯍毧者上思錄切下人鐘切玉篇𣯍𣯍毧罽也毨毤者上思連切下之移切玉篇毨毨毤罽氀者玉篇氀毛布也後漢書烏桓傳婦人能織氀毼

金錔鐵也

說文鐵黑金也古文作銕金者周禮攻工記攻金

之工築氏為削冶氏為殺矢鳧氏鍾為栗氏為量段氏為鎛桃氏為劍其所為者有銅有鐵銀為白金鉛為青金銅為赤金鐵為黑金故許慎云金五色金也黃為之長鍇者說文云九江謂鐵曰鍇張衡南都賦銅錫鉛鍇

白

銅謂之鋈音沃亦銅謂之錫

說文鋈白金也秦風小戎陰靷鋈續傳鋈白金也釋名鋈金塗沃也冶白金以沃灌說文錫銀鉛之閒也釗錫也夏官職方其利金錫注云錫鑞也爾雅錫謂之釗郭注曰鑞

廣雅疏義卷[illegible]

水銀謂之永平孔反

永嘉祐本艸引作澒說文澒丹沙所化為水銀也徐鍇曰按淮南子正土之氣御于埃天埃天五百歲生缺缺五百歲生黄埃黄埃五百歲生黄澒黄澒五百歲生黄金偏土之氣御于清天清天五百歲生青曾青曾五百歲生青澒青澒五百歲生青金壯土之氣御于赤天赤天七百歲生赤丹赤丹七百歲生赤澒赤澒七百歲生赤金弱生土之氣御于白天白天九百歲生白礜白礜九百歲生白澒白澒九百歲生白金澒水銀也

鐵朴謂之礦止謂之口音雖無疑即礦也鉛礦謂之鏈連音

說文礦銅鐵朴石也讀若礦古文作卝周禮作卝人鄭注卝之言礦也金玉未成器曰礦王褒四子講德論精鍊藏于礦朴庸人視之忽焉巧冶鑄之然後鑄其幹也李善注鑛與礦同鏈者抽延切說文鏈銅屬通作連史記江南出金錫連徐廣曰連鉛之未鍊者

鏅音脩鋇音貝鋁音似鉿工紉反又口帀反鋌也

說文鋌銅鐵樸也淮南子苗山之鋌羊頭之銷雖水斷龍舟陸剸兕甲莫之服帶張協七命云耶谿

之鋌玉篇鏅鋌也思留切鋇柔鋌博盡切廣韻鈶鋌詳里切鉿二尺鋌葛合切俱本此鉊鈶音義同

戉音曰戚斧也

說文斧斫也釋名斧甫也甫始也凡將制器始用斧伐木已乃制之也豳風破斧傳隋銎曰銎戉者說文戉斧也司馬法曰夏執元戉殷執白戚周左杖黃戉右秉白髦釋名戉豁也所向莫敢當前豁然破散也左氏昭十五年傳其後襄之二路鋮鉞秬鬯杜注鋮斧也鉞金鉞也孔疏鋮鉞俱是斧蓋

鉞大而斧小大公六韜云大柯重八斤一名天鉞

戚者說文戚戉也釋名戚慼也斧以斬斷見者皆慼懼也大雅公劉干戈戚揚傳戚斧也

鏦初江反謂之釿千羊反

說文釿方銎斧也釋名釿戕也所伐皆釿毀也釿一名鏦與鏦矛之鏦同字而義異

鑱讒音謂之鈹披音

鈹一名鑱說文鈹劍如刀裝者鑱銳也

鐫醉全反又子兖反謂之鏨慙敢反又漸音

鐫鏨已見本書釋言鐫又名鏨說文鏨小鑿也木

華海賦鑿陵巒而斬鑿李善注引此文云鑿與斵古字通

銍誅失反謂之刉音工說文銍獲禾短鎌也釋名銍獲黍鐵也銍銍斷黍穗聲也周頌奄觀銍艾傳銍穫也玉篇刉銍也本此

划工卧反鉊音昭刟音釣鍥音結鏺音撥鐮音廉也說文鎌鍥也離鹽切釋名鎌廉也體廉薄也其所刈稍稍取之又似廉者也方言刈鉤江淮陳楚之間謂之鉊或謂之鐹自關而西或謂之鉤或謂之

鐮或謂之鍥周禮薙氏夏日至而夷至[之]鄭注以鉤鐮迫地芟之也若今取交矣齊語挾其槍刈耨鎛韋注刈鐮也又耒耜枷芟注芟大鐮所以芟草也刬者方言作鍋同玉篇刬鐮也又刈鉤鉊者之遙切說文鉊大鐮也鐮謂之鉊張徹說刎者古戾切說文刀部義也方言作鉤同鍥者說文金部義也鏺者比末切說文鏺兩刃木柄可以刈艸讀若撥

銚充中反謂之銎去恭反

說文銎斤斧穿也玉篇銚銎也充仲切本此銎又名骹方言骹謂之銎郭注即矛刃下口

鐷音牒鋂音梅鏝音夢鐶音睘也

鐶胡關切古用環鐷者達協切未詳鋂者謨杯切說文鋂大鎖也一環貫二者齊風盧令傳亦云一環貫二鏝者莫鳳切玉篇鏝鐶也本此

鹿觡音格鐝音厥釣音弔鉤也

說文鉤曲也玉篇鉤鐵曲也方言鉤宋楚陳魏之間謂之鹿觡或謂之鉤格自關而西謂之鉤或謂之鐝郭注鉤懸物者或呼鹿角玉篇鐝鉤也無非切廣韻引埤蒼鐝懸鉤物釣者取魚之鉤也多嘯切說文釣鉤魚也

鍱音集謂之鍱音葉

說文鍱鍱也或作鍓緝入切鍱鏶也齊謂之鍱虛涉切玉篇鏶鐵鍱也堞子備城門篇門植闔必璞錮以金若鐵鍱之門闔再重鍱之以鐵

鑯且廉反謂之鏈七展反

說文鏈鏶也一曰平鐵玉篇鏈楚限切平木器又云鑯鏈也本此

拴所椎反撍巨例反釘也

玉篇拴木丁也撍木釘也皆本此玉篇廣韻于釘字皆有音而無義

鍤側夾反 鉥音述 緦音忌 鍼也

說文鍼所以縫也又云箴綴衣箴也內則紉箴補綴是鍼與箴同鍤者說文鍤郭衣箴也鉥者食力切說文鉥綦鍼也管子曰一女必有一箴一鉥房元齡注鉥長鍼也史記趙世家郤冠秫絀徐廣曰戰國策作秫縫秫與秫同假借字緦者廣韻作緦云連鍼也

錆大罪反又徒果反 鐗音澗 錔他合反 也

說文錔以金有所冒也玉篇錔器物錔頭也錔一名鐗鐗者說文鐗車軸鐵也釋名鐗間也間釭軸

之間使不相磨也
稱謂之銓七緣反 錘真危反直偽反 又謂之權
說文稱銓也春分而禾生日夏至晷景可度禾有秒秋分而秒定律數十二秒而一分十分而寸其以為重十二粟為一分十二分為一銖故諸程品皆从禾銓衡也劉向說苑云以粟生之十粟為一分十分為一寸十寸為一尺十尺為一丈十粟重一圭十圭重一銖二十四銖重一兩十六兩重一斤三十鈞斤重一鈞四鈞重一石千二百粟為一龠十龠為一合十合為一升十升為一斗十斗

為一斛文選注引蒼頡篇銓稱也注云銓所以稱物也權一名錘漢書律歷志權者銖兩斤鈞石也所以稱物平施知輕重也棻錘稱錘

鍴音端謂之鑽子貫反

說文鑽所以穿也祖官切玉篇鍴鑽也多官切棻方言鑽謂之鍴

鐫況規反鍣音昭鋟子廉反又子甚反錐也

說文錐銳也釋名錐利也劉向說苑云猶不聞干將莫邪拂鐘不淨試物不知然以之綴履曾不若兩錢之錐鐫者五音集韻鐫錐也本此棻鐫當作

鐫說文鐫穿木鐫也鍣者丁聊田遙二切方言錐謂之鍣郭璞注云廣雅作鉊字是古本廣雅作鉊唯方言作鍣也然玉篇廣韻俱不收鍣字鋟者公羊定八年傳鋟其板玉篇鋟以爪刻板

鏤謂之錯鋁力庶反謂之錯采古反

此俱釋錯之名也說文錯金涂也鏤者即豆切說文鏤剛鐵可以刻鏤夏書曰梁州貢鏤爾雅金謂之鏤大雅韓奕鉤膺鏤鍚箋刻金飾之秦風小戎虎韔鏤膺箋鏤膺有刻金飾之鋁者玉篇鋁與鑢同說文鑢錯銅鐵也

礱碬都玩反磖力甘反⿰石者音諸磫足恭反礋音濯磨砥砥細反又於賜反

磏音廉礪也

說文厲旱石也或作礪大雅公劉取厲儒行砥厲廉隅左氏哀十六年傳勝自厲劍背不从石則礪非古字礱者說文礱礦也天子之桷椓而礱之案晉語天子之室斲其椽而礱之碬者說文碬厲石也春秋傳鄭公孫碬字子石案左氏傳印段字子石見襄三十年宋褚師師段字子石見襄二十年是碬或省作段說文叚字碬誤从段徐鉉轍者乎加切誤矣公劉詩取鍛傳鍛石也碬鍛古字通磖

⿰石諸者玉篇礛礛⿰石諸治玉之石也青礪也也說文作厱

諸云治玉石也厱讀若藍淮南說林訓玉待礛諸

而成器高誘注礛諸攻玉之石又脩務訓玉堅無

敵鏤以為獸首尾成形礛諸之功文子上德篇璧

瑗之器礛諸之功也厱⿰石諸礛諸⿰石諸音義並同磫礭

者玉篇磫磫礭礪石磨者說文䃺作石磑也玉篇

䃺所以䃺麥磨同上砥者說文厎柔石也或作砥

磏者說文磏厲石也一曰赤色玉篇磏赤礪石口

集韻引廣雅⿰石肅礪也息六切今無此文

鈐含音鍇謂之鍒形音

鈐說文作鈐云鈐鏞大犁也一曰類梠鏺者說文作鈸云梠屬从金發省聲讀若同此作鏺不省

鎡錤音其鋸鈹鎛音博鉏也

說文鉏立薅所用也釋名鋤助也去穢助苗長也齊人謂其柄曰橿橿然正直也頭曰鶴似鶴頭也玉篇鋤與鉏同鎡錤者解見上文定謂之耨下鋸者釋名鋸倨也其體直所截應倨句之平也鈹者字書無鉏訓疑即䥯字說文䥯梠屬玉篇音彼皮切與鈹音義近矣鎛者伯各切說文鎛田器引詩庤乃錢鎛釋名鎛亦鋤類也鎛迫也

錠謂之鐙音登
說文錠鐙也丁定切鐙錠也都滕切徐鉉曰錠中置燭故謂之鐙今俗别作燈非是楚詞蘭膏明燭華鐙錯些顔師古急就篇注鐙所以盛膏夜然燎者也其形若行而中施釘有柎者曰鐙無柎者曰錠

曲道栻音勅梮也簙音博箸馳慮反謂之箭
梮古作局說文局博所以行棊曲道者方言所以行棊謂之局或謂之曲道栻者丑力切玉篇栻局也本此簙箸謂之箭者兌專簙也巳見本書釋言

此言筯之箸也方言吳楚之間或謂之蔽或謂之

箭裹

箑謂之扇

說文箑扇也或作篓方言扇自關而東謂之箑自

關而西謂之扇郭注今江東亦通名扇為箑呂氏

春秋云冬不用箑非愛箑也清有餘也

篗大故反謂之簪戴甘反

簪玉篇作𥱖云篗也又云篗𥱖也度韻𥱖籭篗也

篗籭篗皆本此

𥳏居勿謂之刷所謂反

說文刷刮也禮布刷巾釋名刷帥也帥髮長短皆令上從也亦言瑟也刷髮令上瑟然也玉篇屜刷也集韻屜字林刷也或作屜本此屜屜同秵康養生論勁刷理鬢李善注引通俗文云所以理髮謂之刷

縞謂之勦亦灼反

上文縞勦練也解已見前

㩴素戈反謂之縢升證反

說文縢機持經者玉篇㩴織也桫也縡也字亦作梭集韻引作派謂之縢必駕切

籣謂之楨

攷籣字玉篇廣韻並云揹也未詳

榬袁音謂之篗于縛反又榮碧反其柅切利反謂之隸

此釋篗之名及其柄也說文篗收絲者也或作絅

柅篗柄也方言篗榬也兖豫河濟之間〔閒〕之榬絡謂

之格郭注篗所以絡絲也絡所以轉篗絡車也集

韻引作篗其柄謂之㰈

經

梳謂之杓乎九反

玉篇杓子各反切玉篇凡織先經以杓梳絲使不

亂出埤蒼

斛注謂之篙手的反

方言云所以注斛陳魏宋楚之間謂之篙自關而西謂之注郭璞注盛米穀寫斛中者也今江東亦呼為篙玉篇篙籮籮形小而高

斛謂之鼓方斛謂之桶大籠反又勇音

左氏昭二十九年傳遂賦晉國一鼓鐵以鑄刑鼎服虔曰鼓量名也取晉國一鼓鐵以鑄之禮記云獻米者操量鼓釋文引隱義云東海樂浪人呼容十二石者為鼓以量米王肅云三十斤謂之鈞鈞四謂之石石四謂之鼓與隱義合顧氏曰盖用四

百八十斤鐵荀子富國篇瓜桃棗李一本數以盆鼓楊倞注鼓量也捕者疑甬同月令角斗甬鄭注甬今斛也

䈪大本反謂之篅上沿反

說文䈪篅也篅以判竹圜以盛穀也釋名囤屯也聚之也圌以草竹爲之團團然也淮南精神訓與守其篅䈪高誘注篅䈪受穀器也篅讀如顓孫之顓顏注急就篇云䈪篅皆所以盛禾穀也以竹木簟席若泥塗之則爲䈪䈪之言屯也物所屯聚也織草而爲之則曰篅取其團圜然也䈪圌篅與並

音義同
㡭（文旬反又猪旬反）又尉（音畏）䍡（陟呂反）也
此釋䍡未穀之器也說文䍡㡭也所以載盛米从
宁从甾甾缶也㡭者說文㡭載米䍡也熨未詳
簀（苦怪反）篣（音彭）笯（女加反又奴叅反）簝（刀幺反）籃（音藍）篝（音溝）笭（音零）籠
（力公反）也
淮南說山訓被羊裘而賃固其事也貂裘而負籠
甚可怪也說文籠舉土器也一曰笭也簀者論語
未成一簀鄭注簀盛土籠也篣笯者方言籠南楚
江沔之間謂之篣或謂之笯郭璞注今零陵人呼

爾雅注疏卷五之七 半

籠為笭說文笭烏籠也楚詞九章鳳凰在笯兮王逸注笯籠落也簝者說文簝宗廟盛肉竹器也地官牛人凡祭祀共其牛牲之互與其盆簝以待事鄭司農云籠受肉籠也籯者說文籯笭也漢書韋賢傳遺子黃金滿籯篝者史記陳陟世家夜篝火又淳于髡列傳甌窶滿篝徐廣並云篝籠也笭者者說文笭籯也○集韻引廣雅玉籫籠也今無此文

熏音纁篝音溝謂之墻居

說文篝笿也可熏衣宋楚謂竹篝墻以居也方言

篝陳楚宋魏之間謂之墻居郭注今熏籠也

簞音丹壚來乎反籃來甘反筐也

說文筐飯器筥也或作筐又云方曰筐圓曰筥小雅鹿鳴承筐是將傳筐篚屬所以行幣帛也簞者說文簞笥也漢律令簞小筐也傳曰簞食壺漿鄭注曲禮云圓曰簞方曰笥淮南齊俗訓夫明鏡便于照形其於以函食不如簞簏者與簏同說文所謂𠙹盧飯器也解見上文簏下籃者說文籃大篝也古文作𠥃

籅音餘筲音消箄音俾簍音縷簝音尞也

說文篆臥牛筐也召南于以盛之維筐及筥傳方曰筐圜曰筥周頌載筐及筥方言篿簍籅盛黍稷也玉篇篆亦作筥方言篿簍籅筥篆也江沔之間謂之籅趙代之間謂之筥淇衛之間謂之牛筐篆其通語也篆小者南楚謂之簍自關而西秦晉之間謂之箄郭注今江南亦名籠為箄顏注急就篇云簍者疏目之籠亦言其孔樓樓然也

𢱭音帶𢹝音朕技音文持竹華反捅音角植直吏反样音羊搥逐畏反也

此釋懸蠶薄柱之名也說文搥關東謂之搥關西謂之持持搥也栚搥之橫者也關西謂之㯷方言

搥宋衛陳楚江淮之間謂之植自關而西謂之搥齊謂之祥其橫關西曰撅宋魏陳楚江淮之間謂之摘齊部謂之持郭注搥懸蠶薄柱也其橫亦校音交撅撅古今字校舊本譌為杈音釋亦譌為殳今據郭注訂正撅與校聲相轉故亦同物月令季春其曲植籧筐鄭注植搥也

𥬠謂之薄

說文𥬠蠶薄也又云或說曲蠶薄方言薄宋魏陳楚江淮之間謂之𥬠或謂之麴自關而西謂之薄高誘注呂覽云曲薄也青徐謂之曲史記絳侯周

勃世家勃以織薄曲為生索隱曰謂勃本以織薄曲為生業也韋昭曰北方謂薄為曲許慎注淮南云曲葦薄也郭璞注方言云植懸曲柱也業笛苖麯曲字異義同

䇉音槳籥音藥葉勑葉反又餘涉反辨音辨笘丁頰反籙力簡反觚音孤也

玉篇觚古胡切破觚為圓通作觚陸機文賦或操觚以率爾顏師古急就篇注云觚者學書之牘或以記事削木為之蓋簡屬也其形或六面或八面今俗猶呼小兒學書簡為木觚章䇉籥葉者說文䇉剖竹木去節謂之䇉籥書僮竹笘也葉籥也辨

未詳筥者說文云潁川人名小兒所書寫為筥籙
者力計切玉篇籙篤也
篇章篤司夜反程也
說文程品也十髮為程十程為分十分為寸篇者
說文篇書也玉篇云篇篇什也孔穎達曰篇者徧
也言出情鋪事明而徧者也章者說文云樂竟為
一章从音从十十數之終也孔穎達曰章者明也
總義包體所以明情者也篤者玉篇篤筥篤也篇
章篤皆所以計課程

四三

簡告與反鮮先典反簧音皇牌步佳反籍也
說文籍簿書也釋名籍籍也所以籍疏人名戶口
也簡鮮者玉篇簡鮮戶籍也簧未聞牌者玉篇牌
牌牓
笧謂之簡
釋名簡間也編之篇篇有間也說文簡牒也冊符
命也諸侯進受于王也象其札一長一短中有二
編之形古文作笧通作策金縢史乃冊祝史記冊
作策聘禮記云百名以上書于策不及百名書于
方鄭注名書文也今謂之字策簡也方板也疏云

鄭作論語序云易詩書禮樂春秋策皆尺二寸孝經謙半之論語四寸策者三分居一又謙焉是其策之長短簡者未編之稱策者衆簡連相之名鄭注尚書三十字一簡服虔注左氏云古文一簡八字是簡容字多少百名以上不借假連編之策一板書盡故言方板也

杘勑利反　矜巨斤反　柯　柌音詞　橿音薑　柲音祕　弣音撫　柄也

天官太宰注云柄所秉執以起事者也說文柄何也柄是總名許氏持借人所易曉文之斧柄以釋之耳杘柄已見本書釋言矜者說文矜矛柄也方言

爾雅義疏卷五

男

矛其柄謂之矜郭注今字作穜廣韻穫古作矜棐
鄭注攷工記云為戈戟之矜所殳(田)加殳則戈柄亦
通名矜柯者說文柯各柄也攷工記一欘有半謂
之柯注云代木之柯柄長三尺詩云伐柯伐柯其
則不遠鄭司農云蒼頡篇有柯欘又車人云柯長
三尺傳二寸厚一寸有半五分其長以其一為之
首注云首六寸謂闊頭斧也柯其柄也柯者似涪
切玉篇柌鎌柄也橿者寄良切說文橿鎌柄名釋
名齊人謂鋤柄曰橿橿然正直也柲者筆媚切左
氏昭七年傳君王命剝(剥)主以為鍼揬杜注柲柄也

攷工記弋柲六尺有六寸注柲猶柄也方言戟其柄自關而西謂之柲或謂之殳弣者子所把持處亦似柄也釋名弓中央曰弣弣撫也人所持撫也曲禮云左手承弣通仲弣攷工記弓人有折馬故剽少禮云削授拊

杭五九反　攢椹知今反今人以為椹甚失之也

夏官關師職王射則充椹質杜子春讀椹為齊人鈇椹之椹圉人所習故使充之言圉人養馬以鈇斬芻乃其職也廣韻椹知林切鈇椹斫木質質與攢同爾雅椹謂之榩孫炎曰椹斫木質魯頌閟宮

方斵是虔箋取松柏斷之正斵于椹上椵者為虔猶擿為質也玉篇擿椹也本此杭未詳

柊

音終 捘 音葵 數 若果反 擾 音夒 推 逐佳反世人以比為佳子失之也

說文推擠謂之終葵漢書周勃傳其推少文如此服虔曰謂訥鈍也應劭曰今俗名拙語為椎儲顏師古曰謂璞鈍如椎也終捘者玉篇柊柊捘椎也廣韻柊職戎切齊人謂椎為柊捘也並本此古用終葵攷工記玉人杼上終葵首注云終葵椎也為椎於杼上明無所屈也數者數椎已見本書釋詁此重出擾者於求切廣韻擾打塊椎也舊本訛从

手令訂正

𣪍他禮反棓步講反又步項反桲步沒反梲吐活反又杜活反柍於兩反欘

欘音殳是朱反梃度杖也

說文杖持也𣪍者廣韻𣪍橫首杖名棓者說文棓梲也淮南詮言訓羿死于桃棓高誘注棓大杖桃木為之以擊殺羿桲柍欘殳度者方言僉宋魏之間謂之欘殳或謂之度自關而西謂之棓或謂之拂齊楚江淮之間謂之柍或謂之桲郭注此皆打之別名也僉今連枷所以打穀者欘殳亦杖名也今江東呼打為度案殳通作投顏注急就篇云投

吳

亦杖名也古者以積竹八觚為殳長一丈二尺建于兵車旅賁以先驅而軍士所執殳者名之為投司馬法云執羽以投是也一曰投殳古今字梲者說文梲木杖也顏注急就篇云梲小棓也今俗呼為袖梲言可藏于懷袖之中也淮南說山訓揮梲而呼狗欲致之頤反走梃者徒鼎切漢書諸侯王表云陳吳奮其白梃應劭曰白梃大杖也孟子書曰可使制梃是也

箠拙桼反策箽子公反折築竹花反也

說文箠箠也俗作撾箠與檛通說文檛箠也兇果

切箠者之壘切說文箠擊馬也史記劉敬列傳大王以狄伐故去豳杖馬箠居岐策者說文策馬箠葼者說文作葼云青齊沇冀謂木細枝曰葼左思魏都賦弱葼係實劉逵注葼木之細枝者也折者文選注引傳曰慈母之怒子折葼而笞之也其惠存焉

䈮才六反謂之笪七夜反

玉篇䈮笪逆槍也䈮同上笪䈮也本此惠士奇禮說云一本作簇謂之笯是為笯槍蔡模與何驃騎書云數百步內布竹笯如蝟毛賊不能飛遁俗文

云剉篳謂之槍蓋取竹篳而銳其鋭端淮南兵畧訓所謂剉撕筡是也

柤土加反樘音堂柱距也

距其呂切說文作歫止也揚雄羽獵賦歫連卷顔師古曰歫即距字柤字有說文柤木閑徐鍇曰柤之言阻也樘者丑庚切樘距已見本書釋言樘通作堂攷工記弓人維角堂之鄭注堂讀如堂距之堂王延壽魯靈光殿賦枝堂杈牙而斜據張載注堂或作棖字蓋棖與樘通故論語申棖漢碑作申棠也

梏古篤反衡楅揶半格反也

說文揶角城也其逆切梏者解見釋宮篇衡者說文衡牛觸橫大木其角古文作奥地官封人凡祭飾其牛牲設其楅衡楅者說文楅以木有所逼束也魯頌閟宮夏而楅衡傳楅衡設牛角以楅之箋云楅衡其牛角不令觸觝人也鄭注地官封人云楅設于角

㣌方千反又傳年反綦具綠反輿也

說文輿車輿也釋名輿舉也車輿古通用論語在輿則見其倚于衡也漢書律歷志引作車 又夫執

輿者爲誰橐平石經作車孟子十二月輿梁成本亦作車彭小雅出車云我出我車荀子引作輿下章出車彭彭史雅引作輿從者說文簑竹輿也史記張耳列傳貫高以簑輿前集解徐廣曰簑音鞭駟案韋昭曰輿如今輿牀人輿以行索隱服虔云音編編竹木如今峻可以轝除也何休注注公羊筍音峻筍者竹簑一名編齊魯以北名爲筍郭璞三蒼注云簑轝土器綦未聞

鏵音鏵畚音本畝音插梩音鼓梁七遙反臿也

臿說文作疀斛也古田器也釋名鍤插也插地起

土也或曰銷銷削也能有所穿削也或曰鏵鏵刺也剌地為坎也其板曰葉象木葉也方言臿燕之東北朝鮮洌水之間謂之㪷宋魏之間謂之鏵或謂之鍏江淮南楚之間謂之臿沅湘之間謂之畚趙魏之間謂之喿東齊謂之梩玉篇鋘臿屬疑即鏵之異文又云梠臿也或作梩玉篇鏵臿也喿臿屬今作鐰敵者字當作敵集韻敵俱為切引廣雅敵臿也或作柬案說文柬茉臿也俱米切

鏵乎瓜反鎵蒙音鐅普結反也

說文鐅河內謂臿頭金也郭注方言云今江東人

呼鍪刃為鏊鏵者說文作芣兩刃臿也象形宋魏曰芣也或作釫玉篇芣今為鏵鋘未詳集韻謨蓬切

築謂之杵

說文築擣也杵舂杵也史記黥布列傳項王伐齊身負版築集解引李奇曰築杵也

渠挐謂之把蒲加反

說文把收麥器釋名把播也所以播除物也方言把宋魏之間謂之渠挐或謂之渠疏郭注把無齒為扒渠挐今江東名亦然渠疏轉也語渠挐玉篇

作淶捊杷也

柫音拂謂之枷音加

說文柫擊禾連枷也枷柫也淮南謂之柍釋名枷也加杖于柄頭以檛穗而出其穀也或曰羅枷三杖而用之也或曰乂乂轉杖于頭故以名之也柫撥也撥使聚也齊語耒耜枷芟韋昭曰枷柫也所以擊草也荀子性惡篇則兄弟相拂奪矣楊倞注或曰拂字从木旁弗擊也今之農器連枷也

⿱竹夅呼江反䉶謂之⿱竹末音妹

說文栙栙雙也讀若鴻⿱夅木栙雙也玉篇篷船連帳

也捀⿺辶雙也廣韻⿺辶雙帆也捀捀⿺辶雙帆未張然則此
是帆名矣夆捀逢⿺辶雙雙音義並同蓋夆雙是疊韻
故廣韻云跭⿰𧾷雙胡豆跭⿰𧾷雙竪立艂艭船名也
佯音羊篖音唐倚陽筕音衡篖也
方言筕篖自關而東周洛楚魏之間謂之倚佯自
關而西謂之筕篖南楚之外謂之篖郭注筕篖似
籧篨直文而粗江東爲笪玉篇筕篖竹笪笪粗籧
篨佯與陽同
笙䇲之舌反發音廢簟大點反籧篨筁音曲筵因天念反亦有本茵字代因
蔿蔣子養反篌二果反帶也盞乎騰反篌音莁謂之籧篨笭篁

呈汀二音

司馬相如上林賦逡巡避席李善注席與席古字通後魏高湛墓誌席月抽琴說文席籍也禮天子諸侯席有黼繡純飾从巾庶省古文作𠆣釋名席釋也可卷可釋也鄭注文王世子云席之制廣三尺三寸三分鹽鐵論云古者皮毛草蓐無茵席之加旃蒻之美及其後大夫士復薦草緣蒲平單完庶人即草蓐索經單藺籧篨而已今富者繡茵翟柔蒲子露林中者撲皮代旃闒坐平莞方言簟宋魏之閒謂之笙或謂之籧篨自關而西謂之簟或

[illegible]

謂之䈀郭注簟今江東通言笙今云䈀茂蓬也江東呼籧篨為䈀笙者左思吳都賦桃笙象簟劉逵注桃笙桃枝簟也吳人謂簟為笙又折象牙以為簟也○䈀發者玉篇䈀簟也發籧篨也本此簟者說文簟竹席也釋名簟簟也布之簟簟然平正也小雅斯干下莞上簟箋竹葦曰簟齊風載驅篇簟第朱鄭傳簟方文席也籧篨者說文籧篨粗竹席也顏注急就篇云織葦而織文者籧篨也桒籧篨本粗竹席用為囷者之名不可使俯之疾似之故晉語言籧篨不可使俯也以言辭媚說人者常仰

觀顔色病苦籧篨故爾雅言籧篨口柔也笛者本方言筵者說文筵竹席也釋名筵衍也舒而平之衍衍然也春官司几筵序官注云筵亦席也鋪陳曰筵藉之曰席後代言之筵與席通矣賈疏先設者言筵後加者為席故其席曰設莞筵紛純加繅席畫純假令一席在地或亦云言儀禮少牢禮云司宮筵于奧是也筵席一物止據鋪之先後為名耳案聶崇義三禮圖云舊圖士蒲筵長七尺廣三尺三寸無純其司几筵祀先王設莞繅次三種之席皆有純又鄉射記蒲筵用緇布純又公食大夫

記云蒲席常注云文六曰常㐁者音釋丁念反又云亦有本茵者代㐁棬茵者說文茵車重席司馬相如說作鞇或作㐁亦必是㐁字古文席也說文㐁古文作𠩻竹上皮也蓋以竹皮為席然則古文席亦當从㐁蔿者說文蔿蔿席也釋名蔿所以自蔿藉也蔣者剖竹未去節之名筱者玉篇筱竹名皆所以為席者也籧篨者方言簟其麄者謂之籧篨自關而東謂之篕棪玉篇篕籧篨也笭篂者按文義當云笭謂之篂玉篇廣韻並云篂筵也蓋篂一名笭集韻引曰笭篂竹席

石鉞謂之棨啓棨二音　鼓鞞衡音戒从壴　謂之柷音凡
棨未聞廣韻鏺鼓匡木也鏺同上本此
砮音奴　臒乌郭反又于縛反　丹也
說文丹巴越之赤石也古文作彤山海經荊山之
首曰景山淮水出焉其中多丹粟郭璞曰細沙如
粟漢書司馬相如傳其土則丹青赭堊張博士後
注云丹丹沙也顔師古曰丹沙今之朱砂也砮者
禹貢荊州貢砮丹說文砮石可以為矢鏃者則不
以為丹也未聞其潘臒者說文臒善丹也周書曰
惟其斁丹臒讀若雀山海經景山之西曰騎山其

下多青臒郭注臒黝屬

廣雅疏義卷十五

廣雅疏義

【清】錢大昭 撰

下

上海古籍出版社

廣雅疏義卷十六

嘉定錢大昭晦之甫撰

𢏚音致謂之彈大汗反

説文彈行丸也或作𢎗太元唐上九明珠彈於飛肉其得不復測曰明珠彈肉費不當也説苑善説篇彈曰狀如弓而以竹為弦𢏚者陵利切玉篇青州謂彈曰𢏚集韻𢏚集也

帥升萬反簀音擴弦也

説文弦弓弦也从弓象絲軫之形鄉射禮有司左執弣右執弦而授弓集韻引廣雅彈弸弦也今作

帥黃未知孰是

彄謂之綃（弋宰反）

說文彄弓弩耑弦所居也綃彈彄也彄恪侯切

拾捍韝（音溝）韘（攝音）也

說文韘射決也所以拘弦以象骨韋系著右巨指
或作弽韘一名決衛風芄蘭童子佩韘傳韘決也
發韘之言沓也所以彄沓手指小雅車攻傳決鈎
弦也周禮繕人注決挾矢時所以持弦飾也著右
手巨指引士喪禮曰決用正王棘若擇棘則天子
用象骨為之著右臂大指以鈎弦闓體拾者諸（韝）決

拾既佽傳拾遂也吳誤夫一人善射百夫決拾韋
昭注決鉤弦也拾捍也一人善射而百夫競著決
拾而放之曲禮云野外軍中無摯以纓拾矢可也
注拾謂射韝三禮圖云舊圖遂臂捍以朱韋為
之案鄉射禮注遂射韝也以韋為之所以遂弦也
其非射時則謂之拾拾斂也所以蔽膚斂衣也又
大射注云遂著左臂裹以遂弦也捍者管子戒篇
桓公弋在廩管仲隰朋朝公望二子弛弓脫釬而
迎之釬所以拘弦也捍釬同義韝者說文韝射臂
決也居侯切徐廣史記注韝臂捍也鍾岏良吏傳

桓虞曰善吏如良鷹下韝即中

彇音蕭弲音絹𩪽音臂也

玉篇𩪽弓弭彇者蘇凋切釋名弓末曰簫言簫梢也又謂之弭以骨為之滑弭弭也曲禮在手執簫右手承弣注簫弭頭也謂之簫簫邪也孔疏弓頭梢剡差邪似簫故謂為簫也玉篇弭頭謂之彇彇簫彇音義同弲者古縣切玉篇弲𩪽也本此

鞬居言反韔音暢櫜韜韣弓藏也

此釋弓藏之名也鞬者說文鞬所以戢弓矢釋名馬上曰鞬鞬建也弓矢並建立其中也方言所以

藏弓矢謂之韔左氏傳二十三年傳左執鞭弭右屬櫜鞬鞬者丑亮切說文作韔弓衣也秦風小戎交韔二弓傳韔弓室也通作鬯鄭風大叔于田抑鬯弓忌傳鬯弓弢弓也韔韔鬯音義同櫜者古勞切說文櫜車上大櫜引詩曰載櫜弓矢小雅彤弓受言櫜之傳櫜韜也韜者土刀切小爾雅矢謂之服弓謂之弢說文弢弓衣也从屮屮垂飾左氏成十六年傳中項伏弢杜注弢弓衣此以韜為弓藏借用字也說文以韜為劍衣韣者徒俗切說文韣弓衣也月令帶以弓韣覲禮載龍旂弧韣注弓衣

曰韣

棚音冰医於計反䩨音讀䪅靫音叉韛音備矢藏也

此釋矢藏之名也棚者與冰同案左氏昭二十五年傳公徒釋甲執冰而踞服虔注冰櫝丸蓋也是棚即冰也医者說文医盛弓弩矢器也引國語曰矢木解医今齊語作翳韋昭注翳所以蔽兵也医翳同䩨䪅者上徒木切下乎官切說文韇弓矢韇也方言所以藏箭弩謂之箙弓謂之鞬或謂之䪅丸鄭注士冠禮云今時藏弓矢者謂之櫝丸也䩨韇犢櫝䪅丸並音義同玉篇䩨所以貯弓䩨䪅箭

器也靫者楚崖楚加二切玉篇靫箭室也釋名步叉人所帶以箭又其中也集韻引埤倉韊靫箭室靫又同鞴者房六切說文作箙弩矢箙也釋名受矢之器以皮曰箙謂柔服用之也織竹曰笮相迫笮之名也夏官司弓矢仲秋獻矢箙注箙盛矢器以獸皮為之通作服小雅采薇象弭魚服箋魚服矢服也陸璣疏魚服魚獸之皮也魚獸似豬東海有之其皮背上斑文服下純青今以為可弓鞬步叉者也其皮雖乾燥以為弓鞬矢服經年海水潮及大將雨其毛皆起水潮還反天晴其毛復如故

雖在數千里外可以知海水之潮氣自相感也廣
韻籍韋囊步釵本此籍服字異義同曹音籍為
備非也
飛䖟（莫耕反）矰（曾音）笰（拂口音也 弗正音）矢拔箭也
說文箭矢也釋名矢指也言其有所指向迅疾也
又謂之箭箭進也方言箭自關而東謂之矢江淮
之間謂之鍭關西曰箭郭注箭者竹名因以為箙
飛䖟者方言箭其三鐮長六尺者謂之飛䖟郭注
此謂射箭也後漢書注引東觀漢記光武作飛䖟
以攻亦眉虻䖟同矰者作滕切說文矰隿射矢也

安古堂抄藏

周禮夏官矰矢用諸弋射注結繳于矢謂之矰漢書司馬相如傳微矰出顔師古注矰短矢也以繳係矰仰射高鳥謂之弋射笰者分勿切集韻笰箭也此本此矢者說文矢弓弩矢也古者夷牟初作矢射義疏引世本注夷牟黃帝臣拔者秦風駟鐵舍拔則獲傳拔矢末也孔疏云鏃以為首故以拔為末

平題 鈀普加反 錍片分反 鉤腸羊頭錍音卑 鑪鏃七木反又七侯反又子谷反 砮鏑也

說文鏑矢鋒也釋名矢本曰足矢形似木以下為

本本以根為足又謂之鏑鏑敵也可以禦敵也方言箕其小而長者穿二孔者謂之鉀鑪其三鐮長六尺者謂之飛虻內者謂之平題凡箭鏃胡合嬴者四曰鐮或鉤腸三鐮者謂之羊頭其廣長而薄鐮謂之錍或謂之鈀郭注鉀鑪今箭錍鑿空兩邉者也平題今戲射箭頭題猶羊頭也胡鏑在于喉下嬴邉也鐮稜也也錍鑪即鉀鑪也玉篇廣韻俱云錍鑪錍也本此鍭者說文鏃利也又云族矢鋒也古通用釋名矢本齊人謂之鏃鏃族也言其所中皆族滅也關西曰釭釭鉸也言有交刃也家語孔

子與子路論矢之事云括而羽之鏃而礪之其入之不益深乎砮者說文砮石可以為矢鏃引春秋國語曰肅慎氏貢楛矢石砮

袂

袂音襓饒音袜秩陳厓作劍衣也

此釋劍衣之名袂襓者少儀劍則啟櫝蓋襲之加夫襓與劍焉注夫襓劍衣也加劍于衣上夫或為煩皆發聲孔疏熊安生云依廣雅夫襓木劍衣謂以木為劍衣者若今刀榼案鄭注以夫為發聲則此加衣旁俗字也袜者案禮記疏引熊氏說袜作木是用古本廣雅也今本夫木皆从衣此從人轉

六

寫之誤玉篇廣韻俱無秫字曹音陳律反非也

拾室郭劍削也

此釋劍削之名也說文削鞞也名刀室曰削削峭也其形峭殺裹刀體也史記貨殖列傳洒削薄技也顔師古注漢書云削謂刀劍室也至為洒刷之去其垢穢更飾令新也拾者胡甲切說文拾劍柙也舊本拾訛从手今訂正室者史記刺客列傳拔劍劍長操其室司馬貞曰室謂鞘也郭者方言劍削自河而北燕趙之間謂之室自關而東或謂之廓或謂之削自關而西謂之鞞郭亦廓古字通

劍珥謂之鐔 音注

説文鐔劍鼻也徐鍇曰劍鼻人握處之下也徐林徒含二切釋名劍其旁鼻曰鐔鐔尋也帶所貫尋也顏師古注急就篇云鐔劍刃之本入把者也莊子説劍篇周宋為鐔釋文引三蒼云劍鐔口也司馬彪云劍珥也楚詞九歌撫長劍兮玉珥王逸注玉珥謂劍鐔也漢書匈奴傳玉具劍孟康曰標首鐔衛盡用玉為之顏師古注鐔劍口旁橫出者也衛劍鼻也字本作彘案説文璏劍鼻玉舊本謂下脱之字今據類篇所引訂正

鞞布米反鞘之舌反又之逝反刀削也

此釋刀削之名也鞞者說文鞞刀室也小雅瞻彼洛矣云鞞琫有珌傳容刀鞞也小爾雅刀之削謂之室室謂之鞞鞘者說文削析也析鞘同玉篇鞘刀鞞本此

龍淵太阿干將鏌鋣以邪反莫門斷蛇魚腸醇鈞燕支蔡倫屬鹿干隊堂谿墨陽鉅闕辟劍也

說文劍人所帶兵也籀文作劒釋名劍檢也所以防斂檢非常也又其在身拱時斂在臂內也越絕書越王句踐有寶劍立聞于天下客有能相劍者名

曰薛燭王召而問之對曰當造此劍之時赤堇之山破而出錫若邪之谿涸而出銅淮南汜論訓薛燭庸子見若狐甲於劍而利鈍識矣崔豹古今注云吳太皇帝有寶劍六一曰白虹二曰紫電三曰辟邪四曰流星五曰青冥六曰百里列子云孔周有三劍一曰含光二曰承影三曰宵練龍淵者戰國策蘇秦說韓三曰韓之利劍龍淵大阿陸斷牛馬水擊鳴雁淮南人間訓越王句踐一決獄不辜援龍淵而切其股血流至足以自罰也而戰武士必其死史記蘇秦列傳云龍淵太阿皆陸斷牛馬

水裁鵠雁集解吳越春秋楚王召風胡子而告之曰寡人聞吳有干將越有歐冶寡人欲因子請此二人作劍可乎風胡子曰可乃往見二人作劍一曰龍淵二曰太阿索隱曰太康地記云汝南西平有龍淵水可以淬刀劍特堅利故有龍淵之劍楚之寶劍也以特堅利故有堅而之論云黃所以為堅也白所以為利也齊辯之曰白所以為不堅黃所以為不利也故天下之寶劍韓為衆一曰棠谿二曰墨陽三曰合伯四曰鄧師五曰宛馮六曰龍淵七曰太阿八曰莫邪九曰干將曰然干將莫

邪匠名也其劒皆出西平縣今有鐵官令一别領户是古鑄劍之地也太阿者越絶書楚王召歐冶子干將作鐵劒二枝晉鄭聞而求之不得與師圍楚之城三年不解于是楚王引太阿之劍登城而麾之三軍破敗士卒迷惑流血千里晉鄭之君頭畢白也楚詞七諫鉛刀進御兮遥棄太阿王逸注太阿利劍也干將者戰國策趙奢謂田單曰吴干將之劍肉試則斷牛馬金試則截盤盂吴越春秋云干將者吴人造劍二枚一曰干將二曰莫邪莫邪者干將之妻名也干將曰吾師之作冶也金鐵

廣雅疏義卷十六

七

之類不銷夫妻俱入冶爐之中莫邪曰先師親爍身以成物妾何難也于是干將夫妻以斷髮揃爪投入爐中使童女三百鼓橐裝炭金鐵乃濡遂以成劍陽曰干將而作龜文陰曰莫邪而漫理闔閭甚重之鏌鋣者亦作莫邪莊子大宗師篇今大冶鑄金金踊躍曰我且必為鏌鋣大冶必以為大祥之金荀之彊國篇形范正金錫美工冶巧火齊得剖刑而莫邪已然而不剝脫不砥厲則不可以斷繩剝脫之砥厲之則劙盤于刎牛馬忽然耳淮南主術訓兵莫憯于志而莫邪為下又氾論訓劍工

感劍之似莫邪者唯歐能名其種莫者門莫古墓字劉向新序節士篇延陵季子將西聘晉帶寶劍以過徐君徐君不言而色欲之季子為有上國之事未獻也然心許之矣致使于晉顧反則徐君死于是以劍帶徐君墓樹而去徐人嘉而歌之曰延陵季子兮不忘故脫千金之劍兮帶丘墓廣韻莫門孫侍御云莫門二字疑衍斷虵者漢書高帝紀高祖被酒夜徑澤中令一人行前行前者還報曰前有大虵當徑願還高祖醉曰壯士行何畏乃前拔劍斬虵虵分為兩道開後人來至虵所有一老嫗夜

哭人問嫗何哭嫗曰人殺吾子人曰嫗子何為見殺嫗曰吾子白帝子也化為蛇當道今者赤帝子斬之故哭西京雜記云高祖斬白蛇劍劍上有七采珠九華玉以為飾雜廁五色琉璃為劍匣劍在室中光景猶照于外與挺劍不殊十二年一加磨瑩刃上常若霜雪開匣拔鞘輒有風氣光彩射人魚腸者淮南修務訓夫純約魚腸劍之始下型擊則不能斷刺則不能入及加之砥礪摩其鋒鍔則水斷能舟陸剸犀甲沈括筆談云魚腸即今蟠鋼劍也又謂之松文取諸魚燔熟褫去脇視見其腸

正如今之燔鋼劍文也醇鈞者淮南覽冥訓區治生為淳鈞之劍成高誘注區讀如謳歌之也區越人之善治劍工也淳鈞古大銳劍也又齊俗訓淳均之劍不可愛也而歐冶之巧可貴也越絕書句踐示薛燭純鈞曰客有賈之者布有市之鄉二駿馬千匹千戶之都二可乎薛燭曰雖傾城量金珠玉滿河猶不得此物況有市之鄉二駿馬千匹千戶之都二何足言焉越絕又云王取純鈞薛燭觀其鈲爛如列星之行觀其光如水之溢于塘觀其文煥煥如冰之將釋也醇純淳鈞均並字異義同廣

韻引作純鋼誤燕支未詳蔡倫者後漢書宦者傳蔡倫字敬仲桂陽人始給事宮掖後加位尚方令永元九年監作秘劍及諸器械莫不精工堅密為後世法廣韻引作蔡倫誤屬鹿者左氏哀十一年傳吳將伐齊越子帥其屬以朝焉王及列士皆饋賂吳人皆喜子胥懼曰是豢吳也使于齊屬其子于鮑氏為王孫氏反役王聞之使賜之屬鏤以死荀子成相篇恐為之胥身離凶進諫不聽剄而獨鹿棄之江楊倞注獨鹿與屬鏤同吳王夫差賜子胥之劍名淮南氾論訓大夫種輔翼越王句踐

而為之報怨雪恥擒夫差之身開地數千里然而身伏屬鏤而死案鏤鹿聲相近屬鹿即屬鏤也干隊者呂氏春秋恃君覽荆有次非者得寶劍干遂還反涉江至于中流有兩蛟夾繞其船次非謂舟人曰子嘗見兩蛟繞船能兩活者乎船人曰未之見也次非攘臂袪衣拔寶劍曰此江中之腐肉朽骨也棄劍以全己余奚愛焉於是赴江刺蛟殺之而復上船舟中之人皆得活荆王聞之仕之執圭淮南道應訓次非作佽非干遂作干隊堂谿者史記蘇秦列傳棠谿集解徐廣曰汝南吳房有棠谿

亭正義曰故城在豫州偃城縣西八十里鹽鐵論云有棠谿之劍是王充論衡率性篇世稱利劍有千金之價棠谿魚腸之屬龍泉太阿之輩其本鋌山中之恒鐵也治工鍛鍊成為銛利豈利劍之鍛與鍊乃異質哉工師巧鍊一數至也劉向九歎執棠谿以劃蓬兮王逸注棠谿利劍也棠堂古字通墨陽者史記蘇秦列傳墨陽索隱云淮南子云服劍者貴于剡利而不期于墨陽莫邪則墨陽匠名也桓寬鹽鐵論楚鄭之棠谿墨陽非不利也王逸九思操我以墨陽注云劍名鉅闕者越絕書越

王取豪曹薛燭曰豪曹飛[非]寶劍也夫寶劍五色並見莫能相勝曹已擅名矣非寶劍也王取巨闕曰非寶劍也夫寶劍者金錫和銅而不離今巨闕已離矣非寶劍也越絶又云句踐示薛燭巨闕曰吾坐露壇之宫有駟駕白鹿而過者車奔馬驚吾引劍而指之駟駕上飛揚不知其絶也辟閭者荀子性惡篇桓公之蔥太公之闕莊君子曶闔閭之干將莫邪鉅闕辟閭皆此古之良劍也然不加砥厲則不能利不得人力則不能斷楊倞注蔥闕録曶齊桓公齊太公周文王楚莊王之劍名皆未詳所

出干將莫邪巨闕皆吳王闔閭劍名辟閭未詳新序閭丘卬謂齊宣王曰辟閭巨闕天下之良劍也或曰辟閭即湛盧也閭盧聲相近盧莫玄色也湛盧言湛然如水而黑也又張景陽七命說劍云舒辟不常李善云辟卷也言神劍柔可卷而懷之舒則可用辟閭或此義歟

陳寶孟勞馬氏白楊剞卓奇反劂歸衛反劉刀也

說文刀兵也象形釋名刀到也以斬伐到其所刀擊之也其末曰鋒言若鋒刺之毒利也其本曰環形似環也其室曰削室口之飾曰琫琫下末之飾曰

𤥛陳寶者周書顧命陳寶亦刀孟勞者穀梁僖元年傳孟勞魯之寶刀也馬氏白楊未詳剞劂者上居綺切下九勿切說文剞劂曲刀也淮南本經訓公輸三爾無所錯其剞劂削鋸高誘注奇巧刺畫畫頭黑邊篋也劂鋸尺漢書揚雄傳般倕棄其剞劂兮應劭曰剞曲刀也劂曲鑿曰嚴夫子哀時命云握剞劂而不用兮操規榘而無所施王逸注剞鏤刀也劉者周書顧命一人冕執劉鄭注劉蓋今

鑱斧

錟談音又他甘反鏦初江反鍵已偃反矟音朔鉈音蛇殺呼覓反矛也穳

十四

野反謂之鋋音蟬𥍯音郎⿰矛舍也

說文矛酋矛也建于兵車長二丈古文作𢦏釋名矛冒也刃下冒矜也下頭曰鐏鐏入地也松櫝長三尺其矜宜輕以松作之也櫝速櫝也前刺之言也鈹者說文錟長矛也方言錟謂之鈹郭注今江東呼大矛為鈹鏦者七恭切說文鏦矛也或作錄方言矛吳揚江淮南楚五湖之間謂之鍦或謂之鋋或謂之鏦其柄謂之矜⿰矛建者玉篇⿰矛建矛也本此矟者所角切釋名矛長丈八尺曰矟馬上所待言其矟矟便殺也又曰激矛激截也可以激截敵陣

之矛也𥍬者說文作鉈短矛也方言作鍦荀子儀兵篇宛鉅鐵釶慘如蠭蠆注釶與鍦同矛也左思吳都賦藏鍦于人𥍬鉈鍦釶字異音義同𥎞者舊本作𥍯釋名𥎊矛長九尺者也𥎊霍也所中霍然即破裂也𥍯𥎊玉篇俱不收攷左思吳都賦長𥎞短兵李善注引廣雅𥎞矛也呼狄切玉篇𥎞矛也呼役切然則𥍯𥎊皆𥎞之譌也今據文選注訂正䂎者玉篇䂎鋋也本此鋋者說文鋋小矛也釋名鋋延也達也去此至彼之言也漢書匈奴傳其長兵則弓矢其刀兵則刀鋋顏師古注鋋鐵把小矛

廣雅疏證卷第八上

也後漢書馬融傳飛鋋電激稂魯當切稭苦蓋切說文竝云矛屬則與鋋同類也舊本稭下無也字今訂正

蒲蘇鉻鈹也

顏師古注急就篇云鈹大刀也刃端可以披決因取名云蒲蘇未詳鉻者急就篇注云鉻謂刀之鈹刀為道者也亦取其劍含容之義

鏔音寅孑雞節反鏌莫反干胡釨音孑戛古八反戈戟也其鋒謂之𢧵音遬其孑謂之戚音孑

此釋戟之名及其鋒與孑也說文戟有枝兵也周

禮戟長丈六尺讀若棘釋名戟格也旁有枝格也
車戟曰常長六尺車上所持也八尺曰尋倍尋曰
常故稱常也手戟手所持擿之戟也淮南人閒訓
戟者所以攻城也宮人得戟則以刈葵通作棘小
爾雅棘戟也周官掌舍為壇壝宮棘門鄭司農云
棘門以戟為門左氏隱十一年傳子都拔戟以逐
之杜注戟棘也明堂位云越棘大弓天子之戎器也
鄭注棘為戟鏔者延真切方言戟楚謂之孑凡戟
而無刃秦晉之閒謂之釨或謂之鏔吳揚之閒謂
之戈東齊秦晉之謂閒其大者曰鏝胡其曲者

謂之鉤釨孑者左氏莊四年傳楚武王荆尸授師孑焉杜注孑者戟也鏝胡者方言文或作曼胡同鄭注攷工記云戈句兵也主于胡也俗謂之曼胡似此釨者鉤釨方言文郭注即今鉤釨戟也戛者說文戛戟也讀若棘張衡東京賦立戈迤戛薛綜注戛長矛也戈者說文戈平頭戟也釋名戈句孑戟也戈過也所刺擣決則過所鉤引則制之弗得過也攷工記戈廣二寸內倍之胡三之援四之注戈今句孑戟也內謂胡以內接柲者也長四寸胡六寸援八寸鄭司農云援直刃也謂其孑又

戟廣寸有半寸内三之胡四之援五之注戟今三鋒戟也内長四寸半胡長六寸援長也寸年江氏永曰戈戟皆有曲胡而異用以春秋傳狄之獲長長狄僑如富父終甥摏其喉以戈殺之此用援之直刃摏之也狼瞫取戈以斬囚此用胡之曲刃斬之也子南以戈擊子晳而傷苑何忌削林雍斷其足當亦是戈胡擊之制之他若士華免以戈殺國左長魚矯以戈殺駒伯用援用胡皆可云殺子都拔戟逐穎考叔靈輒倒戟禦公徒皆擬用戟之刺與援者也狂狡倒戟出鄭人於井反為鄭人所獲

樂來搥本而擭戎以戟句之斷射而死皆下胡鉤人者也戟胡横直皆三寸其闌甚狹何能鉤人出于井盎鉤其衣若帶是以其人不傷反能禽鉤者也欒樂斷肘而死盎本欲生禽之故不用刺與援而用胡以鉤之鉤之而胡之下鋒貫肘戈之而肘遂斷也是戈戟相似而其用則異𢧢者五勞切玉篇𢧢戟鋒𢧐者而蜀切廣韻𢧐矛戟枝皆本此

匽於㥏反謂之雄戟

方言戟三刃枝南楚宛郢謂之匽戟郭注今戟中有小子刺者所謂雄戟也史記司馬相如列傳建

干將之雄戟集解引漢書音義云干將韓王劍師雄戟胡中有鉅干將所造也索隱曰周處風土戟為五兵雄也崇周禮圖謂戟反曲下為胡也孫侍御曰鉅枝鉅下增戟字一切經音義引鉅戟雄戟也鉅說是

鐓

音敦釬音汗鐏存頓反也

說文鐏柲下銅也釋名矛下頭曰鐏鐏入地也曲禮云進戈者前其鐏後其刃進矛戟者前其鐓注鋭底曰鐏平底曰鐓鐓者徒對切說文作錞矛戟柲下銅鐏也引詩曰厹矛沃錞釬者侯旰切方言鐏謂之釬郭璞注或名為

鐓

吴魁干瞂音伐樐音虜戰音千盾也

說文盾瞂也所以扞身蔽目象形釋名盾遯也跪其後避以隱遯也亦作楯左氏昭二十五年傳臧氏使五人以戈楯伏諸桐汝之閭吴魁者釋名盾大而平者曰吴魁本出於吴爲魁帥者所持也楚詞九歌操吴戈兮被犀甲王逸注戈戟也或曰操吾科吾科楯之名也大昭案吾科即吴魁與吾科聲相近干者方言盾自關而東或謂之瞂或謂之干關西謂之盾郭注干者扞也周書費誓敿乃干鄭注敿擊也王肅注敿盾當有紛繫持之論語疏

云今芝旁牌施紛以持之紛如綬而小擊干盾以持之且以為飾也瞂者說文盾部義也張衡西京賦植鍛縣瞂左思吳都賦云瞂自闇通作伐秦風小戎蒙伐有苑傳蒙討羽也伐中干也箋蒙厖也討雜也畫雜羽之文於伐故曰蒙伐也釋文伐本或作瞂疏云櫓是大盾故以伐為中干干伐皆盾之別名也或作㕹史記蘇秦列傳革抉㕹芮索隱曰㕹與瞂同櫓者說文櫓大盾也或作樐左氏襄十年傳狄虒彌建大車之輪而蒙之以甲以為櫓杜注櫓大盾司馬相如上林賦泰山為櫓蘇林曰

櫓大盾以為𩋡也漢書劉屈氂傳以牛車為櫓顏師古注櫓楯也戰者矦肝切說文戈部義也

𨧰鞈甲介鎧也

說文鎧甲也釋名鎧猶塏也塏堅重之言也案經與皆言甲胄秦以後始有鎧兜鍪之說文古作甲用皮秦漢已來用鐵鎧鍪皆從金蓋以鐵為之故別為作名也𨧰者周禮孟子作函廣韻𨧰鎧別名引孟子矢人豈不仁於𨧰人哉矢人唯恐不傷人𨧰人唯恐傷人甲者釋名鎧或謂之甲似物孚甲以自禦也世本杼作甲宋仲子曰少康子杼也夏

官司甲注甲今之鎧也甲者秦風小戎箋介甲也左氏成二年傳不介馬而馳之

兜鍪音牟謂之胄

説文胄兜鍪也是首之鎧也司馬法作韋荀子議兵篇冠軸帶劍楊倞注軸與胄同兜鍪者秦漢人語書傳皆言胄

錏烏加反鍜乎加反謂之鏂烏侯反鍭音侯

説文錏鍜頸鎧也玉篇鍭鏂鍭錏鍜也本此

機謂之牙

説文主發謂之機孔安國注尚書鄭康成注易繫

繫辭云機謂弩牙屯六三君子機鄭注機弩也緇衣引逸書太甲曰若虞機張往省括于厥度則釋鄭注虞人之射禽弩已張從機閒視括與所射參相得及後

釋和鑾鐲鐸鉦音征鐃鐘鎛博各反鈴也

說文鈴令丁也左氏桓二年傳鍚鸞和鈴昭其聲也和鑾者韓詩云鸞在衡和在軾大戴禮云在衡為鸞在軾為和馬動而鸞鳴鸞鳴而和應說文鑾人君乘車四馬鑣八鑾鈴象鸞鳥聲和則敬也从金从鸞省是鑾與鸞同鐲者說文鐲鉦也軍法司

馬執兩鐲地官鼓人以金鐲節鼓注鐲鉦也形如小鐘軍行鳴之以為鼓節鐸者說文鐸大鈴也軍法五人為伍五伍為兩兩司馬執鐸釋名鐸度也號令也限度也鼓人以金鐸通鼓大令也振之以通鼓樂記云天子夾振之注王與大將夾舞者振鐸以為節也皇侃論語以疏云鐸用銅鐵為之若行武教則用銅鐵為舌若行文教則用木為舌謂之木鐸將行號令則執鐸振奮之使鳴而言所教之事也故檀弓云宰夫執木鐸以命于宮曰舍故而諱新又月令云奮木鐸以命于兆民曰雷

黃注見支下之

將發聲是其事也鉦者說文鉦鐃也似鈴柄中上
下通小雅采芑鉦人伐鼓傳鉦以靜之鐃者說文
鐃小鉦也大司馬職卒長執鐃鄭司農讀如讙
嘵之嘵鼓人職以金鐃上鼓注鐃如鈴無舌有秉
執而鳴之以止擊鼓釋名鐃聲譊譊也樂記云復
亂以武復謂反復也亂理也武謂金鐃也謂舞畢
之時舞人必反復鳴之金鐃而治理之欲退之時
亦擊此金鐃以限之鐘者說文鐘樂鐘也秋分之
音物種成古者垂作鐘或作銿釋名鐘空也內空
受氣多故聲大也漢書律歷志鐘者種也陽氣施

種于黃泉孳萌萬物爲六氣元也鎛者設文鎛大
鐘淳于之屬所以應鐘磬也堵以二金樂則鼓鎛
應之鄉射禮云其南鑮鄭注鑮如鐘而大通作鎛
周禮序官鎛師注鎛如鐘而大白虎通義鎛者時
之氣聲也節度之所生也君臣有節度則萬物昌
無節度則萬物亡亡與昌正相迫故謂之鎛

印謂之璽紐[illegible]手謂之臭

此釋印之名及其紐也說文印執政所持信也釋
名印信也所以封物爲信驗也亦言因也封物相
因付也璽者說文璽王者印也所以主土釋名璽

徙也封物使可轉徙而不可發也高誘曰璽讀如移徙之徙韋昭曰古者大夫之印亦稱璽應劭漢官儀云封泰山以金泥銀繩印之以璽璽施也信也古者尊卑共之月令曰固封璽春秋傳璽書追而與之是也秦漢以來尊者以為名乃使避衛宏漢舊儀云秦以前民皆以金銀銅犀象為方寸璽各服所好漢以來天子獨稱璽又以玉羣臣莫敢用也唐六典引周書曰湯放桀大會諸侯取天子之璽置天子之座是商以前已有璽名矣組者說文作鈕云印鼻也夏官弁師五冕之組注組小

鼻在武上穿所貫也說文紐系也其形似鼻故印紐有此名也淮南說林訓龜紐之璽賢者以為佩

綸古頑反組綬反不勻綬也

說文綬韍維也玉藻云天子佩白玉而玄組綬公侯佩山玄玉而朱組綬大夫佩水蒼玉而純組綬世子佩瑜玉而綦組綬士佩瓀玟而緼組綬孔子佩象環五而綦組綬注綬者所以貫佩玉相承受者也顏師古注急就篇云綬者受也所以承受環印也亦謂之縌綸者說文綸青絲綬也續漢志云百石青紺綸一采宛轉繆織長丈二尺後漢書仲

長統傳身無半通青綸之命鄭注緇衣云綸今有秩嗇夫所佩也組者說文組綬屬淮南子言丈二之組則組之長與綸同也顏注急就云組亦綬類綬者續漢志云五伯迭興事戰不息佩非兵器韍非兵旗於是解去韍佩留其係璲以為章表故詩云鞙鞙佩璲也韍佩既廢秦乃永組連結于璲光明章表轉相結受故謂之綬綬韍古通用

瑹音書珽他令反笏也

說文曶籀文作回佩也象形釋名笏忽也君有教命及所啟曰則書其上備忽忘也鄭本尚書云予

欲聞六律五聲八音在治曶注曶者臣見君所秉
書思對命者也穆天子傳帗帶搢曶郭璞注曶長
三尺杼上椎頭一名珽亦謂之大圭珽者玉藻
篇天子搢珽方正于天下也諸侯荼前詘後直讓
于天子也大夫前詘後詘無所不讓也注此亦笏
也謂之珽珽之言珽然無所屈也或謂之大圭長
三尺杼上終葵首者終葵首者於杼又廣其首方如
椎頭是謂無所屈後則恒直璲荼字異音義同
雋本璲訛藤今據玉篇所引訂正
箓音祿籙音鹿䈼音滿⿱竹受音綬篰音部也

[illegible]

二十四

說文節萬爰也玉篇節竹牘也篆者說文录刻木录录也篆录同籙者周官職幣辨其物而奠其録杜子春云定其録籍籙録古今字籀爰者廣韻籀燮簡說文擊傳云按字書萬爰簡牘也籀萬萬箋爰古通用

梡若反桄棵口反邶檝剌音房杜賜音廙巨下音作今兵人失畜之桯餘反征又餘反人經呈音彤尸賜音音又俎几也說文几踞几也象形釋名几㞐也所以㞐物也三禮圖云阮氏圖几長五尺高尺二寸廣二尺兩端赤中央黑漆馬融以為長三尺桼司几筵掌五几

左右玉彫彤漆素詳五几之名是無兩端赤中央黑漆矣蓋取彤漆類而繫之也下云左右五几此經所云王皆立不坐設左右几者優至尊也祝先王唯言昨席不言几左者王馮之右者神所依詳此經義則似生人几在左鬼神几在右即下云右彫几右彤几右漆几右素几皆爲神設也梡者明堂位俎用梡嶡注梡始有四足也嶡爲之距孔疏虞俎名梡梡形四足如案禮圖云梡長三尺四寸高一尺漆兩端赤中央黑諸臣加雲氣天子犧飾之夏俎名嶡嶡亦如梡而横注四足中央如距

也賀氏云直有脚曰桄加甲中央横木曰㰖棵者
疑棋之訛明堂位舉四代之俎張博士不宜釋其
三而鈌一又棵几未見所出字形與棋相近故知
為棋當在㰖之下房之上傳寫倒誤也曹憲未能
舉正輒加音釋之矣㰖房者明堂位云俎有虞氏
以桄夏后氏以㰖殷以棋周以房俎注桄斷木
為四足而已㰖謂中足為横距之象棋謂曲橈
之也房謂足下跗也上下兩間有似于堂房然杫
虞桯股者方言俎几也西南蜀漢之郊曰杫榻前
几江沔之間曰桯趙魏之間謂之椸几其高者謂

之虡郭注桯今江東呼承後漢書鐘離意傳藥崧者家貧為郎常獨直臺上無被枕杜李賢注杜謂俎几也斯義切說文虡鐘鼓之柎也飾為猛獸从虍異象其下足或作鐻篆文作虡大雅靈臺虡業維樅傳植者曰虡橫者曰栒說文桯牀前几郭注方言音榹為易是彤即榹也玉篇彤几也本此俎者說文俎禮俎也从半肉在且上史記項羽本紀為高俎置太公其上集解如淳曰高俎几之上索隱曰俎亦機之類故夏侯湛新論為机機猶俎也比太公于牲肉故置之俎上大昭案俎亦謂之牙

地官牛人凡祭祀共其牲之牙注牙若今屠家懸
肉架

棲謂之牀謂之柖

說文牀安身之坐者釋名人所坐臥曰牀牀裝也
所以自裝載也孟子云使治朕棲招切淮南說山
訓死而棄其招簀不怨人取之高誘注招簀稱死
者浴牀上之柄也玉篇引淮南子死而弃招責絡
牀為招桀絡當為浴責簀同廣韻柖牀別名亦謂
浴牀也招柖同

簀䪢笫側里反樹朓杠音江也

說文杠牀前横木也鹽鐵論古者無杠樠之寢牀杉之粲方言牀齊魯之間謂之簀陳楚之間或謂之笫其杠北燕朝鮮之閒謂之樹自關而西秦晉之間謂之杠南楚之間謂之趙郭注簀牀版也趙當作桃聲之轉也中國亦呼杠為桃牀皆通語也説文簀牀棧也笫牀簀也爾雅簀謂之笫郭注牀版禮既夕記設牀笫左氏襄二十七年傳牀笫之言不踰閾杜注笫簀也桃趙桃字異音異同盧校簀笫下增也字當從之

廣平榻他臘反枰平音也

說文枰平也以板作其體平正也服虔通俗文云牀三尺五曰榻板獨坐曰枰八尺曰牀廣平者方言云所以投簿謂之廣平榻者釋名牀長狹而卑曰榻言其鶴榻然近地也小者曰獨坐主人無二獨所坐也玉篇牀狹而長謂之榻奥以通俗文證之則獨坐即枰皆可以坐此投簿也韋曜博奕論云然其所志不出一枰之上所務不過方罫之閒

跱音逵⿰扌責音蹟捄巨鳩反又巨菊反拊付于反也

說文拊闌足也跱曲脛也⿰扌責捄集韻引作⿰爿責⿰爿求

蓐謂之蕆 側求反

說文蕆蓐也蓐古褥字釋名褥辱也人所坐褻辱

也廣韻蓐薦也

箷 音移 謂之掾 音緣

曲禮男女不同椸枷鄭注椸可以枷衣者内則云

不敢縣于夫之楎箷箷椸同椸者說文新附字古

用箷也廣韻箷衣架本此

軖 音狂 謂之𥫶 音護

說文軖紡車也𥫶可以收繩也从竹象形中象人

手所推握也或作互紡車之輪即𥫶也亦謂之篗

二八

蒸爟音灌𤎥又青反又工惚反炬也

說文苣束葦燒徐鍇曰今俗別作炬非是蒸者說文蒸析麻中榦也是麻榦可為炬也爟者說文舉火曰爟周禮司爟掌行火之政令𤎥者說文𤎥然麻蒸也𤎥𤎥同

龠一曰合十曰升升四曰豆豆四曰區區四曰釜釜十曰鍾鍾十曰斞音臾斞十曰秉秉十曰筥音舉筥十曰稯子公反稯十曰秅音妬

此釋量之名也漢書律歷志量者龠合升斗斛也所以量多少也本起于黄鍾之龠用度數審其容

以子穀秬黍中者千有二百實其龠以井水準其槩合龠為合十合為升十升為斗十斗為斛而五量嘉矣其法用銅方尺而圜其外旁有庣焉其上為斛其下為斗左耳為升右耳為合龠其狀似爵以縻爵祿龠者黃鐘律之實也躍微動氣而生物也合者合龠之量也升者登合之量也斛者角斗平多少之量也夫量者躍于龠合于合登于升聚于斗角於斛也職在太倉大司農掌之舊本作龠二曰合案漢志云合龠為合十合為升合龠即一龠也故說文以升為十龠此云龠二當是龠一也今

[illegible]

訂正升四曰柤柤四曰釜者杜預左傳注云四豆為為斗六升四區為釜釜六斗四升攷工記云量之區以為鬴深尺內方尺而圜其外其實一鬴注云以其容為之名也四升曰豆四豆曰區四區曰鬴鬴六斗四升鬴則鍾尺積千寸於今粟米法少二升八十一分升之二十二其數必容鬴此言內方耳圜其外者謂之脣小爾雅云一手之盛謂之溢兩手謂之掬掬四謂之豆〻四謂之區區四謂之釜宋咸注溢滿一手也掬半升也舊制四升為豆四豆為區區斗六升也四區為

釜釜六斗四升也又云釜二有半謂之藪
注云一斛六斗也予謂如前説似孔解以二升為
豆八升為區三斗二升為釜諸與家説大不相同
今以釜二有半注文證之知其所謂釜仍是六斗
四升蓋小爾雅本文當是掬二謂之升升四謂之
豆傳寫者脱落五字耳案桓與豆同鬴與釜同先
儒皆云四升為豆四豆為區而郎本獨云十升曰
桓為十當四字之悞也果是十升當云斗而不當
云桓矣今訂正江永曰攷工記㮚氏之鬴舊説謂
六斗四升然以圓筭方筭皆不合明宗室鄭世子

朱載育擬管子輕重篇云齊西之粟釜百泉則鏂二十齊東之粟釜十泉則鏂二泉釜郎鬴也鏂郎區也四升為豆四豆為區五區為鬴鬴乃八斗非六斗四升也此說是粟人謂一月粟米之率以中年三鬴為常率計之十日食八斗一食八升毋乃太多乎蓋粟氏所謂深尺方尺者非夏氏之尺乃周人之尺也周尺當夏之八寸以八寸計之一鬴八斗僅得四斗零九合六勺則一日食四升一合弱耳又以商尺當尺一尺二寸半以此為鬴八斗當夏之十五斗六升有二合有奇後世之營造尺

與商尺同今時方尺深尺容四斗周鬴四九斗合有奇商鬴一十五斗六升二合有奇約為四之一而稍贏則今量四斗周量一斗稍贏一日食八升當今量一升稍贏正為今人日食之數與㮚人之鬴密合釜十為鍾者小雅爾云籔二有半謂之缶缶二謂之鍾注以鍾為八斛蓋名同而量異也鍾十曰斞斞十曰秉者聘禮云車秉有五籔鄭注籔讀若不數之數今文籔或作為逾下記云十六斗曰籔注云今江淮之間量名有為籔者今文籔為逾小爾雅釜二有半謂之籔籔二有半謂之缶缶二謂

之鍾鍾二謂之秉秉十六斛也包咸注論語唐固注周語並云十六斗曰庾庾與斞逾數字異而音義實同與此之所謂斞秉亦名同而量異也秉十曰筥筥田十曰稯稯十曰秅者說文云周禮二百四十斤為秉四秉曰筥十筥曰稯十稯曰秅四百秉為一秅許氏所云本聘禮也蓋彼以衡言此以量言故名同而實不同也○江永曰攷工記㮚氏之鬴舊說謂六斗四升然以圓筭方筭皆不合明宗室鄭世子朱載堉據管子輕重篇云齊西之粟釜百泉則鏂二十齊東之粟釜十泉則鏂二泉釜

即鬴也甌即區也四升為豆四豆為區五區為鬴鬴乃八斗非六斗四升也此說也是稟人謂一月粟米之率以中年三鬴為常率計之十日食八斗一日食八升毋乃太多乎蓋㮚氏所謂深尺方尺者非夏后氏之尺乃周尺也周尺當夏尺之八寸以八寸計之一鬴八斗僅得四斗零九合六勺則日食四升一合弱耳又以商尺當夏尺一尺二寸半以此鬴為八斗當㮚之十五斗六升二合有奇後世營造尺與商尺同今時方尺深尺容四斗周鬴四斗九合有奇商鬴一十五斗六升二合有奇

約為之四一而稍贏則今量四斗周量一斗稍贏日食八斗當今量二升稍贏正為今人日食之數與稟人之餔寮合

一升曰爵二升曰觚音孤三升曰觶云豉反四升曰角五升曰散素但反

此釋酒器所容之名本韓詩說也禮器疏引五經異義云今韓詩詩(此)一升曰爵爵盡也足也二升曰觚觚寡也飲當寡少三升曰觶觶適也飲當自適也四升曰角角觸也不能自適觸罪過也五升曰散散訕也飲不能自節為人所謗訕也總名曰爵

其實曰觴觴者餉也亦五升所以罰不敬觥廓也所以著明之貌君子有過廓然明著非所以餉不得名觴古周禮說爵一升觚二升獻以爵而酬以孤一獻而三酬則一豆矣食一豆肉飯飲一豆酒中〻人〻之食毛詩說觥大七升許慎謹案周禮云一獻三酬當一豆若觚二升不滿一豆又爵觥不過一一飲而七升為過多鄭駁之云周禮獻以爵而酬以觚觚寡也觶字角旁著氏是與觚相涉誤為觚也南郡太守馬季長說一獻三酬則一豆豆當為斗與一爵三觶相應爵者聶崇義三禮圖云刻木

為之漆赤中舊圖亦云畫赤云氣餘同玉爵之
制觚者說之觚鄉飲酒之氣也一曰觴受三升者
為之觚周禮梓人為飲器勺一升爵二升觚三升
許君從一說本周禮與韓詩說異三禮圖云舊圖
觚銳下方足漆赤中畫青雲氣通飾其危二升曰
觚口徑四寸中深四寸五分底徑二寸六分今圖
足觶者說文觶鄉飲酒角也或作觗禮經作觚三
禮圖云禮器云尊者舉觶注云三升曰觶口徑立
寸中深四寸強底徑三寸舊圖云凡諸觴皆刑同
升數則異角者明堂位云加以璧散璧角鄭注散

角皆以璧飾其口也三禮圖云其制如散禮器云卑者舉角注云四升曰角口徑五寸深中五寸四分底徑三寸又特牲饋食禮云主人洗角升酌酳尸注云不用爵者下大夫也散者三禮圖云舊圖散似瓠禮器注云五升曰散口徑六寸中深五寸一分强底徑四寸

綃音消謂之綃

綃一名綃俱解見上文

縓七絹反縓謂之紅纁謂之絳緇謂之皁

此釋染色之深也爾雅一染謂之縓再染謂之赬

三染謂之纁鄭注纁今之紅也攷工記三入為纁五入為緅七入為緇說文纁帛赤黃色紅帛赤白色纁淺絳也絳大赤也緇帛黑色也草草斗櫟實也一曰象斗子徐鉉曰櫟實可以染帛為黑色故曰草今俗以此為艸木之艸別作皁字為黑色之皁或無白十皆無意義鄭注士冠禮云一入謂之縓喪服麻衣縓緣鄭注縓淺絳也縓又謂之縕鄭注玉藻云縕赤黃之閒色所謂韎也小雅瞻彼洛矣傳一入曰韎韐左傳疏引賈逵云一染曰韎葢用蒨草染之也釋名紅絳也白色之似絳者

也尚貢厥篚元纁璣組疏引李巡曰三染其色已成爲絳絳纁一名也染人職夏纁元鄭司農云纁謂絳也攷工記鍾氏染羽三入而成釋名絳工也染之難得色以得色爲工也緇滓也泥之黑者曰滓此色然也皁早也日未出時早起視物皆黑此黑色如之也

碧　縹匹沼反　紺　繰音早　緑音綠　緅側留反　緫米公反　蒼青也

說文青東方色也木生火从生丹丹青之信言必然釋名青生也象物生時色也碧者說文碧石之青美者廣志云必有縹碧有緑碧張衡南都賦緑

三五

碧紫英縹者說文縹帛青白色也釋名縹猶漂漂淺青色也有碧縹有天縹有骨縹各以其色所象言之也楚詞九懷云翠縹兮為裳紺者說文紺帛深青揚赤色釋名紺含也青而含赤色也張協七命云元采紺發繰者說文繰帛如紺色讀若喿綠者與綠同說文綠帛青黃色也釋名綠瀏也荊泉之水於上視之瀏然綠色此似之也邶風綠兮衣兮傳綠間色緅者論語君子不以紺緅飾孔安國云一入曰緅三年練以緅飾衣為其似衣喪服故不以為飾衣詹事兄曰或問邢昺以緅為淺絳色

據周禮五入為緅非淺絳且練衣不以緅飾緅何故答曰孔氏經文當作縓字爾雅一染謂之縓即孔所云一入也檀弓云練練衣黃裏縓緣注云小祥練冠練中以衣黃為內縓為飾即孔所云三年練以飾衣者也然則孔本經注皆當作縓不作緅矣攷工記鍾氏三入為纁五入為緅注謂染纁者三入而成又再染以黑則為緅緅今禮俗文作爵言如爵頭色也先鄭司農以論語紺緅證五入為緅之文則先鄭所受論語本作緅與孔本異也士冠禮爵弁服注爵弁色赤而微黑如爵頭然

或謂之緅許氏説文無緅字而有纔字云帛雀頭色一曰微黑色如紺纔淺也古人纔與才通才亦讀為裁與爵聲近則緅纔爵三者同物纔爵雙聲賦家往往周之賈公彥云三人之纁入赤汁則為朱若不入朱而入黑汁則為紺更以此紺入黑則為緅紺緅同類故連文言之今本論語作緅古文作縓微黑為緅淺絳為縓不能混而一之明矣自何晏集解采孔氏説而經文仍從緅字又改注文之縓亦為緅而二文相亂邪曷知孔讀緅為縓又云一入白緅未知出何書此知二五而不知十

也總者說文繱帛青色通作蔥玉藻三命赤韍蔥衡鄭注青謂之蔥鄭注本諸爾雅郭注蔥淺青楊雄蜀都賦云鬱乎青蔥沃野千里蒼者說文蒼艸色也莊子逍遙游云天之蒼蒼其正色耶

丹 彤 朱 艴虛力反 緟 絳 䞓耻京反 烊小營反 赫 緹他禮反 烌呼秋反

赭音者赤也

說文赤南方色也从大从火釋名赤赫也太陽之色也白虎通義云赤者盛陽之氣故周爲天正色尚赤也丹者辭見上文彤者說文彤丹飾也小爾雅云彤朱也詩曰彤弓弨兮朱者說文朱赤心木而

也豳風七月我朱孔陽傳朱深纁也通作絑說文絑純赤也赩者詩毛傳云赩赤貌也楚詞大招云連龍赩只王逸注赩色左思蜀都賦丹砂赩熾纁絳者俱斛見文「上䞓者說文䞓赤色引詩曰魴魚䞓尾或作赬𧹞浾泟四字韓詩汝墳作䞓赤也爾雅再染謂之竀左氏哀十七年傳如魚竀尾謂魚尾赤也潘岳射雉賦嬰綺翼而䞓撾䞓赬竀字異音義同烊者疑與騂同公羊文十二年傳周公用白牲魯騂用犅羣公不毛是也或說烊疑煒之訛邶風靜女云彤管有煒毛傳煒赤白鄭箋赤管煒

煒然赫者戴侗六書故云火盛大赤也緹帛丹黃色周禮凡糞種赤緹用羊注赤緹纁色也有酒正四曰緹齊注緹者成而紅赤史記西門豹列傳張緹絳帷正義曰顧野王云緹黃赤色也西京賦緹衣韎韐李善注武士之服焃者玉篇焃光也赭者說文赭赤土也山海經陸郎之山其土多赭郭注與說文同張博士子虛賦注赭赤土出少室山

黈他口反 黊乎馬反又乎卦反 ⿰黃參音老⿰黃單齒善反 ⿰黃耑他丸反 黇他康反黅音 黗音屯 黋皝音亦有本作⿰黃亢口浪反 ⿰黃有下悔反又于鄙反 黃也

說文黃地之色也釋名黃晃也猶晃晃象日光色

也漢書律歷志黃者中之色君之服也䵎者𪏭黃色黈同上穀梁莊二十四年傳士黈極范甯注黈黃色東方朔客難云黈纊充耳所以塞聰如淳曰音土苟反謂以玉為瑱用黈纊充耳所以塞聰如淳曰音土苟反謂以玉為瑱用黈纊懸之也顏師古曰以黃綿為丸用組懸之于冕垂兩耳旁示不外聽非玉瑱之懸也黊者說文黊鮮明黃色䵋䵋者玉篇䵋黃色䵋黃色並本此䵒黇者說文黗黃黑色也黇白黃色也黅者居吟切玉篇黅黃色也內經云辰戌之紀其穀元黅丑未之紀其穀黅

元黗者徒渾切韻黗黃色本此黗者玉篇黈
蚩隆切黃色大戴禮黈纊塞耳掩聽也又音統黈
音釋本又作黈玉篇黈黃色也本此黈者說文黈
青黃色○集韻䵤美辯切韻引廣雅黃也今無此
文
皔音汗皛乎了反又乎烱反晳音制皢呼了反皭在爵反皠乎佫反皚牛哀反
的皏普幸反皛呼曷反皤布何反又步何反皎古了反翯音學潔白也
說文白西方色也陰用事物色白从入合二二陰
數釋名白啟也如冰啟時色也攷工記畫繢之事
西方謂之白爾雅秋為白藏郭注氣白而收藏皔

者何但切玉篇皔皔白也本此皛者說文皛顯也从三白讀若皎文選注引倉頡篇皛明也晳者先擊切說文晳人色白也鄘風揚且之晳也傳晳白晳也地官大司徒四曰墳衍其民晳而瘠注晳白也左氏昭二十六年傳有君子曰晳皆謂人色之白也皢者說文皢日之白也皭者說篇皭色皭皭然白也皬者字當作皠說文皠鳥之白也太原內次七云皠頭內其雉婦何晏景福殿賦皠皠白鳥翯翯翯翯與皠翯義同皚者說文皚霜雪之白也文選注引劉歆遂初賦漂積雪之皚皚劉楨贈五官

中郎將詩霜氣何皚皚的者玉篇的明見也通作的說卦傳震為的顙虞翻白的白顙額也震體頭在口上白故的顙又通作馰說文馰馬白顙也皏𤾅者玉篇皏𤾅白也本此皤者賁九四賁如皤如說文皤老人白也通作番史記秦本紀古之人謀黃髮番番則無所過皎者說文皎過之白也陳風月出皎兮傳皎月光也小雅白駒傳皎皎絜白也翯者說文翯鳥白肥澤皃詩曰白鳥翯翯通作翯相如大人賦吾乃今日覩西王母暠然白首戴勝而穴處兮亦幸有三足烏為之使顏使古注

曷字或作[illegible]潔者詩序白華孝子之絜白也絜古

潔字

黝於糾反又於捫反黦於物反黯烏感反黶烏點反默墨音黛工典反黓弋音

皁祖早反黫於閑反又於眞反涅乃結反元儵緇菑音黑黸力乎反黮勅敢

反又都甚反蕉焦音黎黔琴音又巨廉反黽巳登反黴明飢反䵝七再反黵烏外

反黚古閹反黰之忍反緊於分反黗他孫反黲七敢反黟伊音黑也

說文黑所熏之色釋名黑晦也如晦冥時色也韓

康伯云黑北方陰色黝者爾雅釋宮篇黝者說文

作黦黑有文也玉篇黦與黦同周禮染人職夏纁

元注故書纁作[illegible]是古有黦字是也黯者說文黯深

黑春秋傳晉蔡黯字黑孔子世家黯然而黑劉向九歎云望舊邦之黯黮不明皃黶者說文黶中黑也玉篇黶黑子也默讀若黑書說命恭默思道古文尚書作嘿史記賈生列傳于嗟嘿嘿兮生之無故漢作默默蓋默與墨通故默為黑也黛者說文黛黑皴也舊体黛訛黱今訂正黓者余力切玉篇黓黑也本此通作弋漢書文帝紀身衣弋綈如淳曰弋皁也顏師古曰黑色也舊本黓譌黓今訂正五音集韻引作黓亦悮皁者解見上文羥者說文羥黑羊玉篇䵔黑也亦作羥史記天官

書黶者黑色甚明涅者說文涅黑土在水中也論語涅而不緇孔安國注涅可以染皁元者說文玄幽遠也黑而有赤黑色者為元攷工記鍾氏注凡元色在緅緇之閒其六入者與豳風七月載元載黃傳元黑而有赤也儵者尸竹切說文儵青黑繒發白色也故黑虎之黬亦从儵緇者解見上文黑者說文墨書墨也玉篇墨松煙作管子四稱篇墨墨若夜左氏哀十三年傳肉食者無墨黸者說文齊謂黑為黸法言云彤弓黸矢司馬光曰黸與玈同黮者說文黮桑葚之黑也文選注引聲類云黮深

黑色也漢主術訓問瞽師古曰白素何如曰縞然曰黑何若曰黵然黵者疑焦同說文𤎅大所傷也或作焦黎者王篇黛黑也或作黎黔者說文黔黎也秦謂民為黔者謂黑色也周謂之黎民易曰為黔喙左氏襄二十七年傳邑中之黔實獲我心莊子天運篇鵠不日浴而白烏不日黔而黑墨子貴義篇今瞽曰鉅者白也黔者黑也雖明目者無以易之淮南脩務訓孔子無黔突墨子無煖席黵者玉篇黵面黑也黴者說文黴中久雨青黑淮南脩務訓舜黴黑又說山訓文公棄荏席後黴黑咎犯

辭歸䅐者玉篇䅐黑也禾傷雨也黯者說文黯沃黑者紺者說文黚淺黃黑也說卦傳為黔喙鄭康成本作黚謂虎豹之屬繽者與鬒同髮之黑也謝朓曉登三山還望京邑詩有情知望鄉誰能繽不變說文㐱稠髮也或作鬒詩君子偕老作鬒毛傳鬒黑髮左氏昭二十八年傳昔有仍氏生女黰黑髮而美光可以鑒名曰元妻詩疏引服虔注髮美為黰詩曰鬒髮如雲言其美長而黑以髮美故曰元妻黰縝鬒今字異音義同黳者說文黳小黑子通作緊說文緊亦黑色繒黕者說文黕黃

濁黑色兗切黟者說文黟淺青黑也陸機漢功臣贊上黟下黵黟者烏雞切說文黟黑本也

槥音衛櫬楚覲反楇音尊樞棺也其當謂之⿰片禾音禾

說文棺關也所以掩尸釋名棺關也關閉也白虎通義云棺之為言完也所以藏尸令完全也槥者說文槥棺櫝也漢書韓安國傳中國槥車相望顏師古曰謂小棺也從軍死者以槥送致其喪櫝者漢書給槥櫝葬埋顏師古曰謂小棺櫬者說文櫬棺也小雅爾云空棺謂之櫬有屍謂之柩玉篇櫬親身棺也左氏僖六年傳士與櫬襄二年傳穆姜

使擇美櫝以自為櫬與頌琴注櫝梓之屬櫬棺也疏云以親近其身故以櫬為名檀弓云天子棺四重水兕革棺一杝棺一梓棺二鄭注杝椵也所謂椵棺也梓棺二所謂屬與大棺也記文從內向外水兕革棺最近尸也次椑以椵為之次屬與大棺乃以梓為之檀弓又云君即位而為椑鄭注椑謂杝棺親尸者喪大記云君大棺八寸屬六寸椑四寸如彼記文諸侯之棺三重親身之棺名之為椑椑即櫬也其椑用椵為之屬與大棺乃用梓耳此以梓為櫬者名之曰櫬其內必無棺也擇櫝為櫬

其櫬必用梓也記惟言即位為椑不言椑所用木據此傳云則天子椑用杞諸侯之椑必用梓也楬者集韻檮棺也或作櫝大到切本此柩者說文柩棺也籀文作在牀曰尸在棺曰柩釋名尸已在棺曰柩柩究也送終隨身之制皆究備也白虎通義云柩之為言究也久也不復章也脉者胡戈切玉篇脉棺脉與和同呂氏春秋開春論云惠公說魏太子曰昔王季歷葬于渦山之尾欒水齧其墓見棺之前和文王於是出而為之更葬高誘曰棺題曰和謝惠連祭古冢文中有二棺正方兩頭無

右第貳葉在十六

和

釋樂第七

樂記凡音之起由人心生也人心之動物使之然也感于物而動故形于聲聲相應故生變變成方謂之音宮商角徵羽聲也爾雅宮謂之重商謂之敏角謂之經徵謂之迭羽謂之柳劉歆音宮中也居中央暢四方唱始施生為四聲綱也商章也物成孰可章度也角觸也物觸地而出戴芒角也徵祉也物盛太而繁祉也羽宇也物藏聚宇覆之也樂緯動

聲儀曰宮為君君者當寬大容衆故聲宏以舒其和清以柔動脾也商為臣臣者當以發明君之號令其聲散以明其和溫以斷動肺也角為氏氏者當倹約不奢僭差故其聲防以約其和清以靜動肝也徵為事事者君子之功既當急就之其事當久流亡故其聲貶以疾其和平以功動心也羽為物物者不有委聚故其聲散以虛其和斷以散動腎也金石絲竹匏土革木音也鄭注周禮太師職云金鍾鎛也石磬也土塤也革鼓鼗也絲琴瑟

也木柷敔也匏笙竹簫管也左傳隱五年疏
引易緯云坎主冬至樂用管艮主立春樂用
塤震主春分樂用鼓巽主立夏樂用笙離主夏
至樂用絃坤主立秋樂用磬兌主秋分樂用
鐘乾主立冬樂用柷敔此八方之音說文樂
五聲八音總名象鼓鞞木虡也樂記樂者樂
也君子樂得其道小人樂得其欲孔子曰安
上治民莫善于禮移風易俗莫善于樂又云
禮云禮云玉帛云乎哉樂云樂云鐘鼓云乎
哉二者相與並行周衰俱壞樂尤微眇漢時

制氏世在樂官能紀其鏗鏘鼓舞而不能言義至武帝時河間獻王與毛生等共采周官及諸子言樂事者以作樂記劉向校書得二十三篇食貨志云莽詔曰樂語有五均鄧展以為樂元語即河間獻王所傳者是也此篇所釋光之以樂名繼之以樂器樂以器為主有器而後可以通其音以知其義春官典樂掌六律六同之和以辨天地四方陰陽之聲以為樂器是也故於器尤許并及其長短尺寸大小廣狹焉

休流扶持下謀雲門六韺莖音顓頊樂五韺英音帝佶樂大章
蕭韶堯樂舜樂大夏大護湯樂大武勺只樂五周公樂也酌文武之道大予
漢明帝永平三年秋八月戊辰改大樂為大予樂

休流未詳所出扶持下謀者文獻通攷云神農樂
名扶持亦曰下謀注云見孝帝系譜及孝經緯樂
記疏引孝經鉤命訣云伏羲之樂曰立基神農之
樂曰下謀祝融之樂曰屬續雲門者春官大司樂舞
雲門後鄭注黃帝樂曰雲門黃帝能成名萬物以
明民共財言其德如雲之所出民得以有族類六
韺五韺者漢志以六莖為顓頊樂五英為帝嚳樂

蔡邕獨斷同而樂記疏引樂緯則云帝嚳曰六英顓頊曰五莖宋均注云六英者爲六合之英華五莖者能爲五行之道立根莖也韶莖韺英古字通予謂帝王之次序顓頊在前帝嚳在後疑漢志是而樂緯非也大章者堯樂也樂緯云堯時仁義大行法度章明故曰大章簫韶者舜樂也簫亦作箾左氏襄二十九年傳季札觀樂見舞韶箾者杜注舜樂宋均樂緯注云簫之言肅舜時民樂其肅敬而繼堯道故謂之簫韶說文箾虞舜樂曰箾韶簫箾字異義同大夏者禹樂也樂記云夏大也注云

樂名禹能大堯舜之德大司樂疏引春秋元命包云
禹能德並三聖德並三聖即是大堯舜之德
舊本無此樂予業三代之樂不應獨闕大夏
當是傳寫者脱之今補正大護者湯樂也湯承衰
而起護先王之道故曰護護亦作頀同呂氏春秋
仲夏紀殷湯即位夏為無道暴虐萬民湯于是率
六州以討桀之辠乃命伊尹作為大濩歌晨露脩
九招六列以見其善高誘注大護晨露九招九列
皆樂名也大武者武王樂也大司樂疏引元命包
云文王時命樂其興師征代故曰武又詩云文王

受命有此武功據此似大武是文王樂名而云武王者蓋文王有此武功不卒而崩武王卒其武功以誅虐紂是武王成武功故周公作樂以大武為武王樂也勺者周公樂也詩序酌告成大武也言能酌先武祖之道以養天下也毛傳周公居攝六年制禮作樂歸政成王乃後祭于廟而奏之其始成告之而已大予者漢樂也後漢書明帝紀永平三年八月戊辰改大樂為予大樂注云尚書璇琁璣鈐云有帝漢出德洽作樂名予故據琁璣鈐改之

右樂名

題上事也漢志云王者未作樂之時因先王之樂以教化百姓説樂其俗然後改作以章功德易曰先王以作樂崇德殷薦上之帝以配祖考樂記云大章章之也咸池備矣韶繼也夏大也殷周之樂盡矣禮樂志云昔黄帝作咸池顓頊作六莖帝嚳作五英堯作大章舜作招禹作夏湯作濩武王作武周公作勺勺言能勺先祖之道也武言以功定天下也濩言救民也夏大承二帝也招繼也堯大章章之也五英英華茂也六莖及根莖也咸池

備矣白虎通義顓頊曰六莖者言和律歷調陰陽莖者著萬物也帝嚳曰五英者能言調和五聲以養萬物調其英華也堯曰大章大明天地人之道也舜曰蕭韶者舜能繼堯之道也禹曰大夏者言禹能順二聖之道而行之湯曰大濩者言湯承衰能護民之急也周公曰酌合者言周公輔成王能斟酌文武之道而成之也武王曰象者象太平而作樂示已太平也

足鼓夏后氏鼓四足也

植鼓見禮明堂記詩植我鞉鼓

縣鼓禮記曰周縣鼓鄭注曰縣於枃

虛也

雷鼓周禮雷鼓鼓神祀鄭注曰雷鼓八面靈鼓周禮靈鼓鼓社祭鄭注靈鼓六面也路鼓周禮路鼓鼓鬼享鄭注路鼓四面鼖鼓周禮鼖鼓鼓軍事鄭注大鼓也長八尺鼛鼓周禮鼛鼓鼓役事考工記長尋有四尺也晉鼓周禮晉鼓鼓金奏鄭注長六尺六寸也鼜鼓周禮凡軍旅夜鼓曰鼜鄭云夜戒守鼓音造次之造鼙鼓周禮師旅執鼙鞀鼓周禮小師之職掌鼓鼗釋名云鞀導也應棟詩云應棟縣鼓搏拊禮記搏拊琴鄭注以韋為之充之以糠形如小鼓以節樂

說文鼓郭也春分之音萬物郭皮甲而出故謂之鼓釋名鼓郭也張皮以冒之其中空也學記云鼓無當于五聲不得不和是樂之所成在于鼓也足鼓者明堂位云夏后氏之足殷楹鼓周縣鼓植鼓者殷鼓即楹鼓也商頌那云置我鞉鼓傳殷人

置鼓箋置讀曰植植鞉鼓者為楹貫而樹之孔疏
金縢植璧秉圭注植古置字故置讀曰植此云
植我鞉鼓明堂位作楹鼓故知為楹貫而樹之
縣鼓者周鼓也釋名所以懸鼓者橫曰簨簨峻
也在上高峻也從曰虡虡舉也在旁舉簨上之
板曰業業刻為牙捷業如鋸齒也周頌有瞽云設
業設虡崇牙樹羽應田縣鼓傳業大板也所以
飾栒為縣也捷業如鋸齒或曰畫之植者為虡
衡者為栒崇牙上飾卷然可以縣也樹羽置羽
也縣鼓周鼓也鄭注明堂位云縣鼓縣于栒虡也

雷鼓者地官鼓人疏云但是天神皆用雷鼓靈鼓者鼓人疏云但是地祇皆用靈鼓路鼓者享宗廟之鼓也鼖鼓者說文大鼓謂之鼖鼖八尺而兩面或作轒攷工記韗人為皋陶鼓長八尺鼓四尺中圍加三之一謂之鼖鼓後鄭云中圍加三之一者加于面之圍以三分之一也面四尺其圍十二尺加以三分之一四尺則中圍十六尺徑五尺三寸三分寸之一也今亦合二十版則版穹六寸三分寸之二耳先鄭云鼓四尺謂革所蒙者廣四尺鼛鼓者鼛人注鼛鼓長丈二尺攷工記為皋鼓長

尋有四尺鼓四尺倨句磬折為異橐八尺曰尋尋有四尺是一丈二尺也晉鼓者攷工記韗人云長六尺有六寸左右端廣六寸中尺厚三寸穹者三之一上三正注云云穹隆者居鼓面三分之一則鼓面四尺者版穹一尺三寸三分寸之一也倍之為二尺六寸六分寸之二加鼓四尺穹徑六尺六寸六分寸之二加此鼓二十板板上三正者三讀為參正直也參直者穹上一直兩端又直各居二尺二寸不弧曲也此鼓兩面以六鼓差之賣待中曰晉鼓大而達近晉鼓也說文周禮六鼓靁鼓八面靈

鼓六面路鼓四面鼖鼓臯鼓晉鼓皆兩面許與鄭同周禮疏云鄭知雷鼓八面者雖無正文案韗人有晉鼓鼛鼓臯鼓三者非祭祀之鼓皆兩面則路鼓祭宗廟宜四面靈鼓祭地祇尊于宗廟宜六面雷鼓祭天神又尊于地祇宜八面故知義然也鼜鼓者說文鼜夜戒守鼓也禮昏鼓四通為大鼓夜半三通為戒晨旦明五通為發明讀若戚案許所云禮者司馬法文也春官眡瞭注杜子春讀鼜為憂戚擊鼓聲疾數故曰戚是杜讀與許同也春官鎛師凡軍之夜三鼜皆鼓之守鼜亦如之注云守鼜

備守鼓也杜子春云一夜三擊備守鼜也春秋傳所謂
賓將趨者音聲相似夏官掌固夜三鼜四號戒杜
子春讀鼜為造之次造謂擊鼓行夜或守也春秋所
傳謂賓將趨者趨與造音相近故曰終夕與燎元謂
鼜擊鼛鼜守鼓也三巡之閒又三擊鼜沈約宋志
云長丈二尺者鼛鼓凡守備及役事則鼓鼛
鼓者說文鼙騎鼓也釋名鼙裨也裨助鼓節也
聲在前曰朔朔始也在後曰應應大鼓也大射云
一建鼓在阼階西應鼙在其東一建鼓在西
階之西朔鼙在其北大雅緜箋云凡大鼓之側有

小鼓謂之應鼙𪔊鞞鞀鼓者說文鞀遼也或作鞉鼗籒文作磬白虎通義云鞀者震之氣也上應卯星以通王道故謂之鞉也釋名鞀道也所以導樂作也王制天子賜諸侯樂則以柷將之賜伯子男樂則以鞉將之鄭注柷鞉皆所以節樂春官小師注鼗如鼓而小持其柄搖之旁耳還自擊論語播鼗武釋文本亦作鞉應鞞者周頌有瞽傳應小鞞也田大鼓也箋田當作朄朄小鼓在大鼓旁應鞞之屬也聲轉字誤變而作田爾雅大鼓謂之鼖小者謂之應李巡曰小者聲音相承故曰應之

承也孫炎曰和應大鼓也春官小師擊應鼓後鄭云應鞞也大射禮應鞞在建鼓東則為應和建鼓應鞞共文是應為小鞞矣説文朄擊小鼓引樂聲也春官太師職下管播樂器令奏鼓朄先鄭云朄小鼓也先擊小鼓乃擊大鼓小鼓為大鼓先引故曰朄朄讀為導引之引後鄭謂鼓朄猶言擊朄詩云應朄縣鼓搏附者釋名搏附也以韋盛糠形如鼓以手附拍之也春官小師令奏擊拊後鄭云拊形如鼓以韋為之著之以糠明堂位謂之拊搏又謂之相樂記云治亂以相鄭注相即拊也亦以即

樂拊者以韋為表裝之以糠糠一名相因以名焉

右鼓名

題上事也九家易云震為鼓白虎通義鼓震音煩氣也萬物憤懣震動而出攷工記凡冒鼓必以啟蟄之日又云鼓大而短則其聲疾而短聞鼓小而長則其聲舒而遠聞八音之中鼓聲與中相埒言樂者每以鍾鼓並稱故荀子樂論云鼓其樂之論君

神農氏琴長三尺六寸六分上有五弦曰宮商角徵羽文王增二弦曰少宮商鳴廉脩營藍貴號鍾宮中

自鳴焦尾伏羲氏琴長七尺二寸上有五弦見世本
白虎通義琴者禁也所以禁止淫邪正人心也○
·神農至少宮商○禮記疏引世本云神農作琴説
文琴禁也神農所作洞越練朱五絃文選注引桓
譚新論云神農始斲桐為琴練絲為弦琴操云琴
長三尺六寸六分廣六寸文上曰池下曰濱前廣
後狹象尊卑也上圓下加法天地也五弦象五行
大弦為君小弦為臣三禮圖云舊圖周文王又加
二弦曰少宮少商禮又云琴第一位為宮次為宮
次為商次為角次為徵次為羽次為少宮次為

少商玉篇引風俗通云琴七弦法七星也又引琴
操云長三尺六寸六分法象三百六十六日廣六
六寸象六合也皆與廣雅合者也樂記舜作五弦
之琴以歌南風通興引揚雄清英云舜彈五弦之
琴而天下化堯加二弦以合君臣之恩郭注爾雅
謂大琴二十七弦桓譚新論五弦第一弦為宮其
次角商徵羽文王武王各加一弦以少宮少商琴
操亦云文王武王各加一弦以合君臣之恩三禮
舊圖又云蔡伯喈復增二弦故有九弦者二弦大
次三弦小次四弦尤小皆異說也古制范脒器之

長短加弦之出于誰氏皆不可知張博士去古未遠其所言為可信也。鳴廉至焦尾。初學記引梁元帝纂要云古琴名有清角鳴廉脩況藍脅號鍾自鳴空中繞梁綠綺焦尾鳳皇文選注引傅休奕琴賦序齊桓公有鳴琴曰號鍾楚莊有鳴琴曰繞梁中世司馬相如有綠綺蔡邕有焦尾皆名器也劉向九歎云破伯牙之號鍾上逸注琴名淮南脩務訓乘馬者期於千里而不期於驊騮綠耳鼓琴者期於鳴廉脩營而不期於濫脅號鍾。後漢書蔡邕傳吳人有燒列之声知其良木因請桐以爨者邕聞火音而其尾猶焦故時人而裁為琴

廣雅疏義卷十六

果有美名曰○伏羲㞷五弦文選長笛賦注之作琴所以脩引琴操云

焦尾琴焉

昔伏羲身理

性反天真也

右琴名

題上車也文選琴賦注引尸子曰舜作五
弦之琴以歌南風之薰兮可以解吾民之
慍是舜歌也風俗通義琴者禁也禁止于
邪以正人心也詩云我有嘉賓鼓瑟鼓琴
雅琴者樂之統也與八音並行然君子所
常御者琴最親密不離於身非必陳設於
宗廟鄉黨非若鍾鼓羅列于虡懸也雖在

窮閻陋巷深山幽谷猶不失琴以爲琴之大小得中而聲音和大聲不諠人而流漫小聲不湮滅而不聞適足以和人意氣感人善心故琴之言禁雅之言正言君子守正以自禁也故此篇紀制造之長短及器數之異名爲加祥焉

柷象桶音動方三尺五寸深八寸四角有陞音升鼠敔魚呂反象伏虎背上有二十七刻

白虎通義柷敔者終始之聲萬物之所生也陰陽順而復承順天地序迎萬物天下樂之故樂用柷

柷始也敔終也爾雅云所以鼓柷謂之止所以鼓敔謂之籈李巡曰擊柷之椎名為止戛敔之木名為籈樂之初擊柷以作之樂之將末戛敔以止之郭璞曰柷如漆桶方二尺四寸深一尺八寸中有椎柄連底挏之令左右擊止者椎其名敔如伏虎背上有二十七鉏鋙刻以木長一尺櫟之籈者其名鄭司農注小師云柷如漆筩中有椎敔木虎也詩疏引鄭康成尚書注合樂用柷柷狀如漆筩中有椎合之者投椎於其中而撞之敔狀如伏虎背上刻之所以鼓之以止樂風俗通引禮樂記云柷

漆桶方畫木方三尺五寸高尺五寸中有椎上用柷止音為節顏師古注漢書云柷與敔同敔始也樂將作先鼓之故謂之柷樂木空也敔禁也一曰樂器椌楬也形如木虎三禮圖云今啓禮用竹長二尺破四寸破為十莖於敔背橫擽之釋名敔衛也衙止也所以正樂也先儒言柷敔者皆同唯釋名柷狀如伏虎如物佑見柷柷然也其形象與敔互易為異說耳

倕氏鍾十六枚世本垂造鍾垂舜臣毋句氏磬十六枚世本毋作磬毋句堯臣句也

黃帝[illegible]

五十七

特縣之鍾磬各一爾若編鐘則十六枚編磬亦十六枚小胥職云凡縣鍾磬半為堵全為肆注云鐘磬編縣之二八十六枚之數起于八音而在一簨簴謂之堵鐘一堵磬一堵謂之四十六枚之數起于八音倍而設之故十六也說文鐘樂鐘也古者垂作鐘明堂位垂之和鐘鄭注垂堯之工也孔疏垂所調和之鐘攷工記鳧氏為鐘大鐘十分其鼓閒以其一為之厚小鐘十分其鉦閒以其一為之厚鐘大而短則其聲疾而短聞小而長則其聲舒而遠聞白虎通義鐘之為言動也陰氣用事萬物

動成鐘為氣用金為聲也唐會要云古制雅樂宮縣之編鐘四架十六口近代用二十四正聲十二倍聲十二各有律呂凡二十四登歌一架亦二十四鐘三禮圖凡鐘十六枚同為一簨簴為編鐘文獻通考漢成帝時犍為郡于水濱得古鐘十六枚帝因是陳禮樂雅頌之音以風化天下說文磬樂石也从石殸象縣虡之形殳擊之也古者毋句氏作聲[器]籀文作殸古文作硜釋名磬罄也其聲罄罄然堅緻也白虎通義磬者夷則之氣也象萬物之成也其氣磬故也曰磬攷工記磬氏為磬倨句一矩

爾雅疏[illegible]卷十六

五八

有半其慱為一股為二股為三參分其股慱去一以為鼓慱參分其股慱以其一為之厚已上則摩其耑已下則摩其耑明堂位叔之離磬鄭注引世本無句作磬皇侃以為之[以]别名也商頌那云依我磬聲傳磬聲之清者以象萬物之成三禮圖股廣三寸長尺三寸半十六枚同一筍虡謂之編磬漢書禮志[樂]成帝時犍為郡於水濱得古磬十六枚議者以為善祥

塤許圜反象稱鍾以土為之有六孔古史考曰有塤尚周幽王時辛公善塤以說文壎樂器也以土為之六孔釋名塤喧也聲

濁喧喧然也曰虎通義壎在十一月陽氣于黃泉之下熏烝而明雅爾大塤謂之嘂郭注塤燒土為之大如鵝子銳上平底形如稱錘六孔小者如鷄子從鄭小師注云塤燒土為之大如鴈卵鄭司農云六孔漢書律歷志土曰塤應劭曰世本暴辛公作塤通典引宋均云為塤久矣此掌其官也風俗通義云詩云天之誘民如塤如篪塤燒土也圜五寸半長三寸半有四孔其二通凡為六孔周禮小師作塤詩何人斯作壎古今字異

篪

竹池以作為之長尺四寸有八孔前有一孔上有三

廣[illegible]

虒

孔後有四孔頭有一孔

說文䶵管樂也或作篪釋名篪啼也聲從孔出如嬰兒啼啼聲也爾雅大篪謂之沂郭注篪以作為之長尺四寸圍三寸一孔上出寸三分一名翹橫吹之小者尺二寸廣雅云八孔史記索隱云七孔一孔上出今一孔上出寸三分周禮笙師疏與史記索隱同依小司馬所引則今本廣雅有譌字矣惜不得善本正之三禮圖引舊圖云雅篪也聶崇義疏曰先鄭云七孔賈云九孔皆誤當云八孔

籟音賴謂之簫大者二十四管小者十六管有底

說文簫參差管樂象鳳之翼釋名簫簫也其聲肅肅而清也白虎通義簫者中呂之氣也萬物生於無聲見於無形勠也肅也故謂之簫風俗通義云尚書舜作簫韶九成其形參差象鳳之翼案荀子云鳳皇于飛其音若簫是不特形似其聲亦相似也爾大簫謂之言小者謂之筊郭注編二十三管長尺四寸十六管長尺二寸簫一名籟莊子齊物論南郭子綦謂顏成子游曰女聞人籟而未聞地籟女聞地籟而未聞天籟郭象注籟簫也淮南齊俗訓若風之過簫高誘注簫籟也鄭注周禮云簫

編小竹管如今賣飴餳所吹者賈疏引易通卦驗云簫長尺四寸注云簫管形象鳥翼鳥為火火成數七生數二二七一十四簫之長由此三禮圖云雅簫長尺四寸二十四彄頌簫長尺二寸十六彄無底者謂之洞簫是大者即言雅簫也小者即燮頌簫也唯郭以大者為二十三管與此不同

笙以瓠為之十三管宮管在左方竽象笙三十六管宮管在中央

說文笙十三簧象鳳之身也笙正月之音物生故謂之笙古有隨作笙竽管三十六簧也簧笙中簧

也古者女媧作簧釋名笙生也象物貫地而生也作之貫瓠以瓠為之故曰瓠也竽亦是也其中汙空以受簧也簧橫也於管頭橫施於中也以竹鐵作於口橫鼓之亦是也白虎通義笙者太蔟之氣象萬物之生故曰笙有七正之節焉有六合之和焉天下樂之故謂之笙爾大笙謂之巢郭注列管瓠中施簧管端大者十九簧又云小者謂之和郭注十三簧者鄉射記曰三笙一和而成聲小雅鹿鳴吹笙鼓簧孔疏瓠匏也以匏為底故八音謂笙為匏簧者笙管之中金薄鍱也笙管必有簧故或

謂笙為簧王風君子陽陽云左執簧是也三禮圖云舊圖笙長四尺諸管參差亦如鳥翼此云十三管即爾雅之和小笙也周禮笙師掌教龡竽笙先鄭云竽三十六簧賈疏引通卦驗云竽長四尺二寸注云竽管類用竹為之形參差象鳥翼鳥火禽火數七冬至之時吹之冬水用事水數六六七四十二竽之長取數于此也唐書樂志云大者曰竽小者曰和竽笙也立春之氣笙生萬物也竽管三十六宮在左和十三管宮居中案唐志言笙竽宮管所在與此互易未知其審

龠謂之笛有七孔

說文龠樂之竹管三孔以和衆生（聲）也从品侖侖理也笛七孔筩也釋名龠躍出也篴滌也其聲滌滌然也爾雅大龠謂之産郭注龠如笛三孔而短小明堂位葦龠伊耆氏之樂也孔孔疏葦龠截葦爲龠蓋龠三孔主中聲而上下之律呂是乎生命之曰龠以黍龠之法在是也風俗通義周禮龠師掌教國子歛龠詩曰以龠不僭龠樂之器竹管三孔所以和衆聲也笛滌也所以滌邪穢納之雅正也長尺四寸七孔鄭注周禮笙師及禮記少儀明堂

室

位國注爾雅俱云龠如笛三孔許叔重應仲遠亦俱以龠為三孔笛為七孔廣雅合龠笛為一故不同於鄭風簡兮傳籥六孔春官笙師注杜子春讀篴為蕩滌之滌今師所吹五空竹篴則又與諸家殊矣

管象篪音池長尺圍寸六孔無底

說文管如篪六孔十二月之音物開地牙故謂之管或作琯古者玉琯以玉舜之時西王母來獻其白琯前零陵文學姓奚於伶道舜祠下得笙玉琯夫以玉作音故神人以和鳳皇來儀也晉書律歷

志武帝太康元年汲郡盜發六國時魏襄王冢亦得玉律則古本以玉為管取其體含廉潤也後乃易之以竹風俗通管漆竹長一尺六孔十二月之音象物管地而牙故謂之管又引禮樂記云管漆竹長一尺六孔爾雅大管謂簥郭注管長尺圍寸併漆之有底賈氏以為如篪六空通典引月令章句亦云有孔無底皆與此同唯郭璞以為有底則異說也後鄭注小師謂管如篴而小併兩而吹之今大予樂官有焉此蓋東漢制度故與古有殊也

天子樂八佾諸公六佾諸侯四佾

公羊穀梁傳竝云天子八佾諸公六佾諸侯四佾何休曰佾者列也八八六十四人法八風六六三十六人法六律四四十六人法四時白虎通義天子八佾諸公六佾諸侯四佾所以別尊卑樂者陽也故以陰數法八風六律四時也八風六律四時者天氣也助天地成萬物者也亦猶樂所以順氣變化萬民成其性命也佾者列以八八為行列八八六十四人也諸公謂三公二王後張衡東京賦冠華秉翟列舞八佾薛綜曰冠華以鐵作之上闊

下狹以翟雉尾飾之舞人頭戴一行羅列八人八八六十四人謂今麥策花也

[口動]音洞歛音頭謳詠吟歌也

此釋歌之名也虞書帝庸作歌夏書有五子之歌以前不見歌文說文歌詠也或作謌又云哥古文以為詩字釋名人聲曰歌歌柯也歌之言是其質也以聲吟詠有上下如艸木之有柯葉也故兗冀言歌聲如柯也舜典歌詠言詩疏引鄭注歌所以長言詩之意魏風園有桃云我歌且謠毛傳曲合樂曰歌徒歌曰謠釋名文引韓詩薛君章句云有

□往說文云上八

畗

章句曰歌無章句謠嘞者廣韻嘞徒弄切大歌聲出埤蒼又户冬户宋二切歈者宋玉招魂吳歈蔡謳奏大呂些王逸注吳蔡國名也歈謳皆歌也案歈古作喻說文嗙謌喻也司馬相如說淮南宋蔡謌舞嗙喻也許所云相如說即上林賦巴俞宋蔡是矣謳者荀子議兵篇近者謌謳而樂之楚詞大招云謳和揚阿王注徒歌曰謳說文謳齊歌也詠者說文詠歌也或作咏吟者釋名吟嚴也其聲本出於憂愁故其聲嚴肅使人聽之悽歎也楚詞云行吟澤畔

廣雅疏義卷第十七

嘉定錢大昭晦之甫譔

廣雅卷九

釋天第八

說文天顛也至高無上春秋說題辭云天之爲言鎮也居高理下爲人經緯故其字从一大以鎮之也詩疏引春秋元命包云天之言瑱釋名天豫司兖冀以舌腹言之天顯也在上高顯也青徐以舌頭言之天坦也坦然高而遠也後漢書注引漢名臣奏云蔡邕曰言

天體者有三家一曰周髀二曰宣夜三曰渾天宣夜之學絶無師法周髀術數（與）在考驗天狀多所違失故史官不用唯渾天者近得其情今史官所用候臺銅儀則其法也乾鑿度云太初者氣之始也其初尚清濁未分自天地開闢以來積有年歲雖遼遠難稽其見于載籍者可考而知故以年紀先之楚辭天問云九天之際安放安屬是天有九名也故九天次之天本無度因日所躔以起度日循黃道一晝夜所過謂之一周天三百六十五

度四分度之一有度則有道里可稽矣故天度次之有天度則凡列宿之度七曜所行之道亦及焉有天度則凡分野之遠近星辰之名號亦及焉感時物之變而致其孝敬則祭祀為先因祭祀之重而飾以儀文則旌旗為大故亦竝舉之

太初氣之始也生於酉仲清濁未分也太始形之始也生於戌仲八月酉仲為太初屬雄九月戌仲為太始屬雌清者為精濁者為形也太素質之始也生於亥仲已有素朴而未散也三氣相接至于仲剖判分離輕清者為上天重濁

者下爲地中和爲萬物詩緯曰陽本爲雄陰本爲雌物本爲魂雄雌但行三節而雄合爲魂號曰太素也三未分別號曰渾淪白虎通義云天始起先有太物後有太始形兆既成名曰太素混沌相連視之不見聽之不聞然後剖判清濁既分精出曜布度物施生精者爲三光號者爲五行行生情情生汁中汁中生神明神生道德道得生文章乾鑿度云故曰有太易有太初有太始有太素太易者未見氣也鄭注云以其寂然无物故名之爲太易又云初者氣之始也注云元氣之所本始太易既自寂然無物矣焉能生此

太初者則太初者亦忽然而自生太始者形之始也注云形也天象形見之所本始也又云太素者質之始也地質之所本始也予攷詩推度災及易乾鑿度云雄生酉仲號曰太初雌生戌仲號曰太始雄生物魂號曰太素俱行三節宋注均云節猶氣也自酉戌行至亥雌雄俱行故能含物魂而生物推度災云陽本為雄陰生為雌物本為魂宋均注云本節原也變陰陽物為雄雌魂也案雌雄謂幽明也三朝記云虞史伯夷曰明孟也幽幼也明幽雌雄也惠氏棟曰太極元氣函三為一三謂酉

戌亥故云三氣相承合于一元謂太初太始太素也盧學士文弨云列子天瑞篇其文正同而此獨元太易太易者視之不見聽之不聞循之不得此猶太極之本于無極也輕清云云者繫詞傳天尊地卑乾坤定矣天地既分之微輕清為天故乾升也重濁為地故坤降也乾鑿度云乾坤相並俱生天地既分乾升坤降故乾坤定矣列子天瑞篇輕清者上為天重濁者下為地沖和氣者為人故天地含精萬物化生淮南天文訓道生于虛霩虛霩生宇宙生氣氣有涯垠清陽者薄靡而為天重濁者凝滯而為地

天

天地辟設人皇以來至魯哀公十有四年積二百七十六萬歲分為十紀曰九頭五龍攝提合雄建通序命脩蜚因提禪通疏仡帝王世紀自天地闢設人皇以來迄魏咸熙二

年凡二百七十二代積二百七十六萬七百四十五年分爲十紀一曰九頭至十流訖提當作攝雄當作雒建當作連脩當作或爲循輩當作蜚本或作飛同因或作回流訖或作疏仡或作流訖紀九頭者漢孔廟碑前闕九頭以什言教是也司馬貞補三皇本紀云一說三皇謂天皇地皇人皇天地初立有天皇氏十二頭木德王歲起攝提兄弟十二人立各一萬八千歲自注云非謂一人之身有十二頭蓋古質比之鳥獸頭數故也又云地皇十一頭火德王姓十一人亦各萬八千歲人皇九頭兄弟九人分長九州凡一百五十世合四

萬五千六百年自注云天皇已下皆出河圖及三五歷也又云自人皇已後有五龍氏大庭氏柏皇氏中央氏卷須氏栗陸氏驪連氏赫胥氏尊盧氏渾沌氏昊英氏有巢氏朱襄氏葛天氏陰康氏無懷氏斯蓋三皇已來有天下者之號但載籍不紀莫知姓王年代所都之處春秋緯稱自開闢至于獲麟三凡百二十七萬六千歲分為十紀凡三十紀凡三十七萬六百年一曰九頭紀二曰五龍紀三曰攝提紀四曰合雒紀五曰連通紀六曰序命紀七曰脩飛紀八曰回提紀九曰禪通紀十曰流

訖紀。益流訖當帝黄時制九紀之間是以補紀之也羅泌路史云三皇經天皇地皇人皇開治國二萬八千歲而河圖帝系譜等天地二皇俱萬八千歲始學篇則云八千歲按真源云盤古氏後有天皇君一十三人時遭刼火乃有地皇君一十一人各萬八千餘年乃有人皇君兄弟九人結繩刻木四萬五千六百年年九頭一是爲一姓紀則泰皇氏紀也五龍二是爲五姓紀治在五方司五類布三岳方是時也世巫巢穴日月貞明益龍德而正中者也攝提三是謂五十九姓紀太史公言九皇氏没六十四氏與六十四氏沒而三皇興是也謂六十四氏益併五姓而言而所謂三皇者乃合雒之三姓也合雒四是謂三姓紀敘人穴居乘蜚鹿以理連通五是謂六姓紀乘蜚麟以理敘命六是謂四姓紀駕六龍而治循蜚七是謂二十一姓紀自鉅靈而下紀也因提八如辰放氏之衣皮有巢氏之編葦遂人氏之出穴皆因其變而舉之也禪通九是謂十有八姓紀史皇氏之通封禪者十有八姓也疏仡十自黃帝而紀盧學士云案續漢歷志載蔡邕議引春秋元命苞乾鑿度皆以爲開闢至獲麟二百七十六萬歲此書之所據也

○年紀

○題上事也爾雅夏曰歲殷曰祀周曰年唐虞曰載此叙上古之事古未知人所名但就今所用之年以稱之方叔機注六藝論云九頭至序命揭之六紀禮記禮運疏引廣雅云一紀二十七萬六千年今本無文太古荒遠茫昧難此書所言春秋獲麟之歲與春秋緯相距之數已不相符皇甫謐所言更不足論予族子敎授嘗云春秋緯當用四分上元二百七十六萬歲為開闢積年續漢書可考小司馬所引疑是後人傳寫之誤與章部紀元之數俱違矣

東方昦天東南陽天南方赤天西南朱天西方顥天

西北幽天北方元天東北變天中央鈞天

舊本顥譌成變譌蠻今據淮南子呂氏春秋王逸楚詞注及續博物志引廣雅訂正初學記引此文

西南西北東北下皆有方字九方下皆有曰字案淮南天文訓云何謂九野中央曰鈞天其星角亢氐東方曰蒼天其星房心尾東北曰變天其星箕斗牽牛北方曰元天其星婺女虛危營室西北曰幽天其星東壁奎婁西方曰昊天其星胃昴畢西南方曰朱天其星觜巂參東井南方曰炎天其星輿鬼柳七星東方南曰陽天其星張翼軫高誘注陽氣始作萬物萌牙故曰變天幽陰也西北方季秋將即于陰故曰幽天西方金色白故曰昊天朱陽也西南火之季也為少陽故曰朱天東南木之季

也將即太陽純乾用事故曰陽天又高誘注呂氏春秋有始覽云本色青故曰蒼天將即太陽純用事故曰陽天火曰炎上故曰炎天九為少陽故曰朱天金色白故曰顥天西北金之季也將即太陰故曰幽天北方水之中也水色黑故曰元天東北水之季也陰氣所盡陽氣所始萬物向生故曰變天鈞平也中央為四方主故曰鈞天盧學士云亦見呂覽淮南皆始于中央而東而東北右行以至東南此則左旋、旋也昦隸作昊說文春為昦天元氣昦昦从日夰夰亦聲詩黍離疏引異義天號今尚書歐陽說春曰昊天夏曰蒼天秋曰旻天冬曰上天尔雅亦云謹案尚書堯典羲和以昊天總勅以四時故知昊天不獨春也○以上許慎說○元之二閒也尔足者孔子門人所作以釋六藝之言蓋不誤也春氣博施故以廣大言之○此釋昊○夏氣高明故以遠大言之○此釋蒼以上鄭駁○案今尔疋作春為蒼天夏為昊天李巡孫炎郭璞本皆同呂覽淮南亦皆以昊為蒼尚書歐陽說及許鄭所見尔疋俱不與今本同此廣雅之文亦正與之符會又尚書攷靈曜亦云東方皞天也赤天呂覽淮南皆作炎天初學記引此亦作炎天今不據攷者以赤與朱雖相似而有深淺之不同易乾鑿度云易天子三公諸侯紱服皆同色困九二朱紱方來九五困于赤紱天子三公九卿皆朱紱諸侯赤紱康成注云謂朱赤為同色者其染法同以深淺為差也如鄭言則赤深而朱淺南方盛陽故言赤西南少偏赤與白交而成朱非赤比矣赤與炎形甚相近今故不以紱文易此文且南方赤天固本之考靈曜也

九天

題上事也蒼蒼者天總名也東西南北中

央各有主名此釋之也離騷云指九天以為正分王逸注九天謂中央八方也漢書郊祀志九天巫祀九天淮南又將列宿繫于五方者春官馮相氏掌二十八星之位秋官哲蔟氏以方書二十八星之號鄭注星謂角至軫也

天圜闗南北二億三萬三千五百里七十五步東西短減四步周六億十萬七百里二十五步從地至天一億一萬六千七百八十七里度下地之厚與天高等

淮南地形訓云禹乃使大章步自東極至于西極二億三萬三千五百里七十五步使豎亥步自北極至於南極二億三千五百里七十五步案天之四極當與地等此書所釋東西短減四步本之地形訓也劉昭注續漢書引注南前七十五步作七十一步則與東西短減四步之說合矣以密率計之天圍闕二億三萬三千五百里七十五步應天周六億三十八萬八千六百六十四步八二三又一百一十三分之一東西短減四步得天周數六億三百八萬八千六百五十二步二五六又一百一十三分之七二孫侍御云困學紀聞引作天圍無闕字案闕字疑衍周禮大司徒疏引無闕字

天度

題上事也禮月令疏云天如彈丸圍圜三

百六十五度四分度之一引尚書考靈曜云一度二千九百三十二里千四百六十一分里之三百四十八天之道里相距其說不一海外東經云帝命豎亥步自東極至於四極五億十選九千八百步豎亥右手把算左手指青邱北郭璞注選萬也詩含神霧云天地東西二億三萬三千里南北二億一千五百里天地相去一億五萬里張衡靈憲云八極之維經二億三萬二千三百里南北則短減千里東西則廣增

千里自地至天半於八極則地之深亦如之王應麟曰靈憲所言八極之廣于歷算若有據依然非專言地之廣狹也

東方七宿七十五度南方七宿百一十二度西方七宿八十度北方七宿九十八度四分度之一四方凡三百六十五度四分度之一一度二千九百三十二里二十八宿閒相距積一百七萬九百一十三里徑三千五萬六千九百七十一里

漢書律歷志東七十五度角十二亢九氐十五房五心五尾十八箕十一南百一十二度井三十三

鬼四柳十五星七張十八翼十八軫十七四八十
度金十六婁十二胃十四昴十一畢十六觜二參
九北九十八度斗二十六牛八女十二虛十危十
七營室十六壁九淮南子星度大略與漢書同唯
箕宿作十一四分一詹事兄三統歷術云賈逵曰
太初歷斗二十六度三百八十五分分志于斗二
十六度之下木云餘分若干益堅偶脫之何以明
其然也志云周天五十六萬二千一百二十以章
月法乘月法得周天以統法除之得三百六十五
又千五百三十九分之三百八十五則周天之度

也古歷周天三百六十五度四分度之一以一歲日行之數定之故周天亦為歲周續漢書志云日之所行以[無?]運周在天成度在歷成日是也古人未知歲差以天周歲周為一大衍歷有乾實又有策實始分為二第所謂四分者古今無定率古歷四分而有餘後世四分而不足乾象歷以五百八十九分之百四十五為斗分始不盈四分三統以一千五百三十九分之三百八十五為斗分是四分有奇也周天以牽牛起算終于南斗二十六度所有零分歸于斗宿之終故曰斗分漢志朓此餘分

止有三百六十度矣盧學士云此所謂紀宿度乃赤道度也續漢志所載黃道度斗二十四一進牛七女十一虛十危十六室十八壁十是北方九十六度四分一奎十七婁十二胃十五昴十二畢十六觜三參八是西方八十三度井三十鬼四柳十四星七張十七翼十九軫十八是南方百九十度角十三亢十氐十六房五心五尾十八箕十是東方七十七度右黃道度三百六十五度四分一也周禮疏引此度之里數亦相同禮記月令正義引尚書考靈曜之文則度尚有餘分云千四百六十一分

里之三百四十八孔頴達云周天百七萬一千里是天圜周之數也以為三徑一言之則直徑三十五萬七千里此二十八宿周回直徑之数也然二十八宿之外上下東西各有萬五千里是為四遊之極謂之四表據四表之内并星宿内總有三十八萬七千里然則天之中央上下正半之處則一十九萬三千五百里地在其中是地去天之数也舊本六千九百七十下脫一字周禮大司徒疏引此文亦脫劉昭注郡國志引帝王世紀與此同唯多一字今據補正

宿度

題上事也三統歷術云漢人言十二次宿度者自劉歆而外又有兩家其一則費直周易分野以星紀起斗十度元枵起女

六度娵訾起危十四度降婁起奎二度大梁起婁十度實沈起畢九度鶉首起井十二度鶉火起柳五度鶉尾起張十三度壽星起軫七度大火起氐十一度析木起尾九度其一則蔡邕月令章句云自斗六度至須女二度謂之星紀自須女二度

至危十度謂之元枵自危十度至壁八度謂之豕韋自壁八度至胃一度謂之降婁自胃一度至壁六度謂之大梁自畢六度至井十度謂之實沈自井十度至柳三度謂之鶉首自柳三度至張十二度謂之鶉火自張十二度至軫六度謂之鶉尾自軫六度至亢八度謂之壽星自亢八度至尾四度謂之大火自尾四度至斗六度謂之析木皆與三統不用費氏之說見晉書天文志其十二次度多少不倫蓋傳寫訛舛

無可取徵蔡氏所分宿度較之三統率先六度所以然者古人未明歲差之法三統擬周末冬至日在牽牛定斗十二度爲星紀之初東漢測冬至日躔斗二十一度遂改斗六爲星紀之初蓋既以節氣繫于十二次節氣既差而西自不得不減宿度以就之矣其實十二次者恒星天之一周二十四氣者黄道之一周當分而爲二不當混而爲一左氏傳梓慎稱元枵虛中禪竈稱婺女元枵之維首然則虛五度當爲元

枵之中婺女一度當為元枵之初傳文固有明徵推之十二次皆可定矣三統所定次度似猶未合于右至十二次之名多從星象取義而陸北陸在天自有定位而冬至日躔歲歲不同由于恒星天亦隨黃道東移漢人未識其故增減宿度以就節氣誤矣鄭注周禮十二辰始元枵終娵訾自北而東而南而西隨天體而左旋赤道之定度也漢書十二人始皇紀紀(終)折木自北而西而南而東從七曜而右旋黃道之行

也

東北方條風東方明庶風東南方清明風南方景風西南方涼風西方閶闔風西北方不周風北方廣莫風

史記律書條風居東北主出萬物條之言條治萬物而出也故曰條風明庶風居東方明庶者明衆物盡出也清明風居東南維主風吹萬物景風居南方景者言陽氣道竟故曰景風涼風居西南維主地地者沈奪萬物氣也閶闔風居西方閶者倡也闔者藏也言陽氣道萬物闔黃泉也不周風居

西北主殺生廣莫風居北方廣莫者言陽氣在下陰莫陽廣大也易通卦驗云東北曰調風東方曰明庶風東南曰清明風南方曰景風西南曰涼風西方曰閶闔風西北曰不周風北方曰廣莫風調風又名融氣景風一名凱風立春調風至春分明庶風至立夏清明風至夏至景風至立秋涼風至秋分閶闔風至立冬不周風至冬至廣莫風至白虎通義云距冬至四十五日條風至條者生也四十五日明庶風至明庶者迎衆也四十五日清明風至清明者芒也四十五日景風至景者大也言

陽氣長養也四十五日廣莫風至廣莫者大莫也開陽氣也周禮保章氏疏引春秋考異郵云陽立于五極于九五九四十五且變以陰合陽故八卦主八風距同各四十五日艮為條風震為明庶風巽為清明風離為景風坤為涼風兌為閶闔風乾為不周風坎為廣莫風左傳隱五年疏引服虔云八風八卦之風乾音石其風不周坎音革其風廣莫艮音匏其風融震音竹其風明庶巽音木其風清明離音絲其風景坤音土其風涼兌音金其風閶闔為韋昭注周語八風云正西曰兌為金為閶闔

西北曰乾為石不[為]同正北曰坎為草為廣莫東北曰艮為貌為融風正東曰震為竹為明庶東南曰巽為木為清明正南曰離為照為景風西南曰坤為土為涼風舊本東北東南下無方字盧學士以例補入今從之

八風

題上事也說文風八風也案八風方位諸說皆同服章以八卦八音配之其義精矣條風通卦驗作調服章及說文解字並作融左氏昭十八年傳梓慎曰是謂融風注杜東北曰融風作融字者本諸左氏也小雅車攻篇以調同為韻如古人讀調如同條

融聲相近義亦通也山海經令邛之山其南有谷焉曰中谷條風自是出爾雅北風謂之涼風是釋詩北風其涼句與此異解呂氏有始覽之八風東北曰炎風東方曰滔風南方曰熏風南方曰距(巨)風西南曰淒風西方曰飂風西北曰厲風北方曰寒風淮南地刑訓之八風東南曰景風南方曰巨風西方曰飂風西北曰麗風北方曰寒風俱與此異

昌光握譽何(可)錯持勝履予

盧學士曰右五氣唯昌光見晉隋天文志瑞氣條下云赤如龍狀御覽八百七十二載符瑞圖曰昌光者瑞光也見于天漢高受命昌光出於握譽晁節舍譽餘皆未詳夫

[illegible]

祥氣

題上事也呂氏春秋云天必先見祥高誘曰祥徵應也中庸云國家將興必有禎祥是吉祥也豐上六象傳天際祥也左昭十八年傳將有大祥尚書大傳時則有青眚青祥是凶祥也祥本有吉有凶此與下祲氣相對則專指吉者言之

格辛反格擇詑旬始倍僪天狗枉矢氛祲子反枕冠珥

格擇者史記天官書格擇星者如炎火之狀黃白起地而上下大上兊其見也不種而穫不有土功必有大害索隱曰格擇一音鶴鐸大人賦建格擇

之脩筭毋（分）張傳士彼注云格澤之氣如炎火句始
者天官書句始出於北斗旁狀如雄雞其怒青黑
象伏鼈徐廣曰蚩徐（尤）也句一作營大人賦垂句始
以為幓倍僪者呂氏春秋季夏紀其日有鬬蝕有
倍僪有暈珥高誘注倍僪暈珥皆日旁之危氣也
在兩旁反出為倍在上反出為僪在上內向為冠
兩旁內向為珥倍僪或作背譎淮南覽冥訓背譎
見於天高誘注日旁五色氣在兩邊外出為背外
向為譎續漢志注引春秋元命包云陰陽之氣聚
為雲氣立為虹蜺離為倍僪分為抱珥巫言占也

廣雅疏證卷九十二

走

臣不和則日月僪天狗者天官書天狗狀如大奔星有聲其下止地類狗所墮及炎火望之如火光炎炎衝天其下圜如數頃田處上兌者則有黃色千里破軍殺將漢書天文志哀帝建平元年正月丁未日出時有著天白氣廣如一疋布長十餘丈西南行讙如雷西南行一刻而止名曰天狗枉矢者釋名枉之齊魯爲光景為枉矢言其光行若射矢之所至也亦言其氣枉暴有所灾害也天官書枉矢類大流星蛇行而倉黑望之如有毛羽然氛者說文氛祥氣也釋名氛粉也潤氣著草木因寒

凍凝色白若粉之刑也左氏襄二十七年傳楚氛甚惡晉語獻公田見翟相之氛韋昭注氣祲氛凶象也凶曰氛吉曰祥王逸楚詞章句氛惡氣也祲音說祲精氣感祥釋名祲侵也赤黑之氣相侵也左氏昭十五年傳梓慎曰吾見赤黑之祲非祭祥也喪氛也杜注祲妖氛也鄭司農周禮注祲陰陽氣相侵也王逸楚詞章句祲惡氣也冠珥者釋名珥氣在日兩旁之名也珥耳也言似人耳之在兩旁也春官眡祲掌十煇之法四曰監鄭康成注監冠珥也賈疏謂有赤氣在日旁如冠耳珥即耳也

今人猶謂之珥漢書天文志抱珥蝱蜺如淳曰凡氣在日上為冠為戴在旁直對為珥在旁如半環向日為抱向外為背有氣刺日為鐍鐍抉傷也

祆氣

題上事也釋名妖妖也殀害物也左氏宣十五年傳伯宗曰天反時為災地反為妖民反德為亂亂則妖災生說文作祆同周禮序官眡祲注祲陰陽相侵氣成祥也其職掌十煇以觀妖祥辨吉凶保章氏馮相氏亦云觀天下之妖祥此所釋者皆是祆

氣雅格澤天官書言星氣天文志不言星說文云衣服歌謠艸木之怪謂之祥禽獸蟲蝗之怪謂之蠥蓋析之言也若統言之凡氣之不常者亦謂之祆故言妖氣也

赤霄濛莫孔反澒乎孔反朝霞正陽淪陰沆乎朗反瀣乎戒反

列缺倒景

赤霄者淮南人閒訓鴻鵠背負青天膺摩赤霄高誘注赤霄飛雲楚詞九歎云辟昔王喬之乘雲兮載赤霄而淩太清濛澒張衡思元賦踰厖澒于宕冥兮李賢注引孝經援神契云天度濛澒宋均注

濛澒未分之象也是濛與厖同盧學士曰御覽引三五歷紀云未有天地之時混沌狀如鷄子溟涬始牙濛鴻始萌歲在攝提元氣肇始淮南精神訓古未有天地之時惟像無形窈窈冥冥芒芠漠閔澒濛鴻洞莫知其門高誘注芒讀王莽之莽芠讀抆滅之抆澒讀項羽之項鴻讀子贛之贛洞讀同游之同以此而觀之皆未成形之氣也朝霞正陽淪陰沆瀣者陵陽子明經春秋食朝霞朝霞者日始欲出時赤黃氣也秋食淪陰者日沒以後赤黃氣也冬食沆瀣沆瀣者北方夜半氣也夏食正

陽正陽者南方日中氣也李頤莊逍遥游子注云平旦為朝霞日中為正陽日八為飛泉夜半為沆瀣楚詞云飡六氣而飲沆瀣分漱在陽而餐朝霞王逸章句引陵陽子明經以釋之論陰舊本譌隃陰隃下又衍一隃字尋繹日没之義謂日沈淪于西則淪是而隃非也今訂正列缺者漢書司馬相如大人賦貫列缺之倒景分服虔云列缺天閃也張博士彼注引陵陽子明經云列缺氣去地二千四百里倒景者漢書谷永傳上書言登遐倒景注云景在日月上日月反從下照故曰倒景張博士

注大人賦云倒景氣去地四千里其景皆倒在下亦亦本陵陽子明經

常氣

題上事也此言天地日月之氣非祥非袄故言常氣

一穀不升曰歉苦簟反二穀不升曰饑三穀不升曰饉四穀不升曰歉音康五穀不升曰大侵

此本穀梁傳文也說文穀續也百穀之總名尚書奏庶艱食鮮或爲根馬融曰根生之食益謂百穀也楊泉物理論云黍稷曰梁粳曰稻豆曰菽三者

谷二十曰百穀五穀者夏官職方氏豫州其穀宜五種鄭注五穀黍稷菽麥稻素問金匱真言論東方青色其穀麥南方赤色其穀黍中央黄色其穀稷西方白色其穀稻北方黑色其穀豆與職方合矣而月令四時所食春食麥夏食菽季夏食稷秋食麻冬食黍天官疾醫以五穀養其病注云五穀麻黍稷豆黍與月令同蓋疾醫及月令專以形色配合五行而職分辨九州土地生殖之所宜每州不同非五行常穀豫州東接青州宜稻麥西接雍州宜黍稷菽則人所常種土地多生故通菽為五

春秋襄十四年穀梁傳云一穀不升謂之嗛二穀不升謂之饑三穀不升謂之饉四穀不升謂之荒五穀不升謂之大饑又謂之侵何休注升成也嗛不穀足與歉嗛古字通歉或爲荒者泰九二包荒本亦作巟鄭讀爲康云虛也說文穅虛無食也歉飢虛義亦通矣盧學士云穀梁疏大侵者大飢之異名通而言之正是一物徐邈云有死者曰大飢無死者曰大侵何休云有死者曰大飢無死者曰飢並以意言之與穀梁異也韓詩外傳亦有此文彼歉作䭑同案五穀者民所賴君所養故五穀盡升

則五味盡御于王不盡升則不盡御故大戴禮記白虎通義並云一穀不升徹鶉鷃二穀不升去鳧雁三穀不升去兔四穀不升去囿獸而大侵之禮穀梁傳又云道不除禱而不祀君食不兼味古人之重民食也如此

灾氣

題上事也易曰迷復凶有灾眚子夏傳傷害曰灾鄭云害物曰災釋名灾裁也火所燒滅之餘曰裁言其餘物亦如是也詩節南山疏引鄭駁異義與洪範五行傳皆云

非常曰異害物曰災菑年饑傷害五穀亦
謂之左灾氏傳天災流行是也墨子七患
篇一穀不收謂之饉二穀不收謂之旱三
穀不收謂之凶四穀不收謂之餽五穀不
收謂之饑與此不同大雅雲漢傳歲凶年
穀不登則趣馬不秣師氏弛其兵馳道不
除祭事不縣膳夫徹膳左右布而不脩大
夫不食梁士飲酒不樂

蒼曰靈威仰赤曰赤熛怒黃曰含樞紐白曰白招短
黑曰叶光紀

春官大宗伯及傳左疏引春秋文耀鉤云太微宮有五帝座星春起青受制其名靈威仰夏起赤受制其名赤熛怒秋起白受制其名曰招拒冬起黑受制其名汁光紀季夏生受制其名含樞紐五德之帝謂此也其夏正郊天祭其所感生之帝焉周人木德祭靈威仰也史記天官書其内五星五帝坐索隱曰詩含神霧云五精星坐其東蒼帝坐神名靈威仰精為青龍之精也正義曰黄帝坐一星在太微宮中含樞紐之神四星夾黄帝坐蒼帝東方靈威仰之神赤帝南方赤熛怒之神白帝西方白

招矩之神黑帝北方叶光紀之神五帝並設神靈渠謀者之續漢志建武二年初制郊兆于雒陽城南為圓壇八陛中又為重壇天地位其上其外壇上為五帝位青帝位在甲寅之地赤帝位在丙巳之地黃帝位在丁未之地白帝位在庚申之地黑帝位在壬亥之地是其制也盧學士云五帝亦謂五精之帝見禮記月令注王者五德相續各以其行之所生為感生帝故毛詩箋以叶光紀為殷感生帝靈威仰為周感生帝魯亦得祭感生帝不得祭昊天上帝也拒距叶汁皆通用

五帝號

題上事也漢書郊祀志天神貴者泰一泰一五曰五帝春秋疏云鄭康成注書多用讖緯言天神有六地祇有二天有天皇大帝又有五方之帝地有昆侖之山神又有神州之神大司樂冬之祭于圜丘者祭天皇大帝北辰之星也月令四時迎氣于四郊所祭者祭五德之帝太微宫中五帝座星也

立春春分東從青道二出黄道交郊東于房二度中立

二四

[illegible]

夏夏至南從赤道二出黃道南交于七星四度中立秋秋分西從白道二出黃道西交于胃十二度中立冬冬至北從黑道二出黃道北交于虛二度中四季之月還從黃道

禮記疏引尚書考靈耀云萬世不失九道謀鄭注引河圖帝覽嬉云黃道一青道二出黃道東赤道二出黃道南白道二出黃道西黑道二出黃道北日春東從青道夏南從赤道秋西從白道冬北從黑道漢書天文志日有中道月有九行中道者黃道一日光道光道北至東井去北極近南至牽牛

去北極遠東主角西至婁去極中夏至至于東井北近極故晷短冬至至于牽牛遠極故晷長春秋分日至婁角去極中而晷中月有九行者黑道二出黃道北赤道二出黃道南白道二出黃道西青道二出黃道東立春春分月東從青道立秋秋分月西從白道立冬冬至月北從黑道立夏夏至月南從赤道然用之一決房中道青赤出陽道白黑出陰道若月失節度而妄行出陽道則旱風出陰道則陰雨盧學士云左昭二十一傳正義云日月與道亞相交錯月之一周必半在日道裏從外而入內也半在日道表從內而出外也或六八七出或七八六出凡十三出入而與日一會

歷一家謂之交道通而計之一百七十一日有餘而
有一交交在望前朔則日食望則月食交在望後
望則月食後月朔則日食此自然之常數也載吉
士震九道八行說云月道出入黃內外二十七日
有奇而交道一終交終不復于原處其差一度又
幾半度每年之差自東而西十九度奇古歷家有
九道八行之說所以考其差也借青朱白黑以別
之借八節之名以命之春分青道為正東秋分白
道為正西立秋白道為西北夏至則
朱道為正南立夏朱道乃為西南
如交在冬至
南緯二十三度半而八陰歷半交必在春分黃道
內五度半春分無南北緯則月北緯五度半是為
春分青道凡三十交退在立冬南緯十六度奇而
八陰歷半交必在立春黃道內五度半立春南緯
十六度奇則月南緯幾十一度是為立春青道又

三十交退在秋分無南北緯而入陰歷半交必在冬至黃道裏五度半冬至南緯二十三度半則月南緯十八度是爲冬至黑道又三十交退在立秋北緯十六度奇而八陰歷半交必在立冬黃道裏五度立半冬南緯十六度奇則月南緯幾十一度是爲立冬黑道又三十交退在夏至北緯二十三度半而八陰歷半交必在秋分黃道裏五度半秋分無南北緯則月北緯五度半是爲秋分白道又三十交退在立夏北緯十六度奇而入陰歷半交必在立秋黃道裏五度半立秋北緯十六度奇則

月北緯幾二十二度是為立秋白道又三十交退在春分無南北緯而八陸歷半交必在夏至黃道裏五度半夏至北緯二十三度半則月北緯二十九度是為夏至朱道又三十交退在立春南緯十六度奇而八陰歷半交必在立夏黃道裏五度半立夏北緯十六度奇則月北緯幾二十二度是為立夏朱道又三十交退在冬至月復循青道以四年過半循二青道四年過半循二黑道四年過半循二白道四年過半循二珠道十八年過半八行一周古歷以自南而北交于黃道為中交常以中

交為主今歷謂之正交古歷自此而南為正交今歷謂之中交日食朔當交也月食望當交也九道自宋人疑之至元而遂廢致諸古歷未有明析其必分之故者由今思之可以知交道出入焉可以致當交半交距赤道遠近焉可以明交終所差每月交于某宮某度焉可以辨交之中終與朔望不齊每朔望去交遠近及當交而而有食焉古法之廢而宜舉者此也戴所云朱道者本作赤道但此乃九行之赤道天體中央去南北極適中處亦名赤道與此名同易惑故改之也戴所云南北緯者

在赤道南為南緯在赤道北為北為也予兄詹事曰月道與黃道交相正交從黃道北出黃道南古謂之陽歷中交從黃道南入黃道北古謂之陰歷凡二十七日有奇而月行之出入一終又族子學傳塘云九道周即交道而出〔交〕道似有二種月與日交而有交食即昭廿一年正義所言是也九道與宿度交則為八節即漢志所説是也古節氣有常度月行有常率大抵十九歲而九道小終千五百廿歲而大終與交食無預也廣雅所説宿度究未知何據

月行九道

題上事也九道者青赤白黑各二合道黃而為九也呂氏春秋有始覽云冬至日行遠道周行四極命曰元明夏至日行近道乃參于上道〔當〕樞之下無晝夜

正月不溫七月不涼二月不風八月雷不藏三月風不衰九月無降霜四月雷不見十月蟄蟲行五月陽暑不蒸十一月不合凍六月浮雲不布十二月草不衰七月白露不降正月有微霜八月浮雲不歸二月雷不行九月物不凋（音彫）三月草木傷十月流火不定四月蚳蟲不育十一月寒不降五月雨雹十二月萌類不見六月五穀不實

淮南時則訓正月失政七月涼風不至二月失政八月雷不藏三月失政九月不下霜四月失政十月不凍五月失政十一月蟄蟲冬出其鄉六月失

政十二月草木不脫七月失政正月大寒不解八月失政二月雷不發九月失政三月卷風不濟十月失政四月草木不實十一月失政五月下雹霜十二月失政六月五穀疾狂橐政者正也失政失陰陽寒燠之正北所釋者大略本之淮南萬氏斯大曰陰陽消長而有寒暑天地變化而成歲功其問日月星辰之運行飛潛動植之生滅遲速有經先後不紊聖人仰觀俯察即爲之明示其候以著令于民使之奉行不失所謂敬授人時也

月衡

趨上事也衡猶對也淮南天文訓云其對為衡故寅月與申月衡卯月與酉月衡辰月與戌月衡巳月與亥月衡午月與子月衡未月與丑月衡

日月五星行黃道始營室東壁奎婁胃之陽八昴畢閒行觜觿參之陰度東井輿鬼行柳七星張翼軫之陰八角亢閒貫氐房出心尾箕之陰八斗牽牛閒行須女虛危之陽復至營室

漢書天文志曰東行星西轉冬至昏奎八度中夏至氐十三度中秋分柳一度中秋分牽牛三度七

分中此其正行也至月行則以晦朔決之日冬則
南夏則北冬至于牽牛夏至于東井日之所行為
中道月五星亦隨之盧學士曰周禮馮相氏疏引
星備云明王在上則日月五星皆乘黃道又云黃
道占曰天道有三黃道者日月五星所乘問曰業
鄭駁異義云三光考靈耀書云日道出于列宿之
外萬有餘里五星則差在其內何得謂與日同乘
黃道又曰何得在婁角牽牛東井爭答曰黃道數
寬廣雖差在內猶不離黃道或可以上下為內外
分陰陽説已見上古者以十一月甲子朔旦冬至

為歷元日月在建星建星近斗斗有二十六度度數稀濶故舉建星以明之秦雖亥正而歷用顓頊與夏皆首寅為人正故禮記月令孟春之月日在營室此書所以亦從營室始也三統歷立春日在危十六度又歷一度而始至營室元嘉歷立春日在危三度正月中日始在室一度至唐月令孟春之月日在虛矣歷術有歲差蓋不能執營室以為常也

七曜行道

題上事也史記正義云張衡云文曜麗于

天其動有七日月五星是也日者陽精之宗月者陰精之宗五星五行之精衆星列布體生於地精成於天列居錯時各有所屬

山神謂之离勑支反

說文离山神獸也从禽頭从厹从屮歐陽喬說离猛獸也盧學士云亦作螭魑史記五帝本紀集解引服虔曰螭魅人面獸身四足好惑人山林異氣所生亦作離周本紀如豺如離徐廣曰此訓與螭同

河伯謂之馮夷

穆天子傳至于陽紆之山河伯無夷之所都居郭璞注無夷馮夷也海内北經云從極之淵深三百仞維冰夷恒都焉冰夷人面乘兩龍郭璞注冰夷馮夷也楚詞遠游云令海若舞馮夷抱朴子釋鬼篇云馮夷華陰人以八月上庚日渡河溺死天帝署為河伯後漢書注引聖賢冢墓記馮夷者恒農華陰人潼鄉隄首里人服八石得水仙為河伯又龍魚河圖云河伯姓呂名公子夫人姓馮名夷文選思元賦注引太公金匱云河伯姓馮名脩裴氏

新語謂爲馮夷

江神謂之奇相

郭璞江賦奇相得道而八神史記索隱引相江記

云奇相帝女也卒爲江神

物神謂之鬼

說文云人所歸爲鬼从人象鬼頭陰氣賊害爾雅

鬼之爲言歸也郭注引尸子曰古者謂死人爲歸

人左氏昭七年傳鬼有所歸乃不爲厲禮記祭法

人死曰鬼又祭義氣也者神之盛也魄也者鬼之

盛也合鬼與大（神）教之至也衆生必死死必歸土此

之謂鬼骨肉斃于下陰為野土其氣發揚于下為昭明焄蒿悽愴此百物之精也神之著也因物之精制為之極明命鬼神以為黔首則百衆以畏萬民以服鄭注樂記云易曰是故知鬼神之情狀與天地相似五帝德說黃帝德曰死而民畏其神者百年春秋傳曰若敖氏之鬼然則聖人之精氣謂之神賢知之精氣謂之鬼漢書揚王孫傳精神離形各歸其真故謂之鬼

土神謂之獟音獟羊魯語季桓子穿井獲如土缶其中有羊焉土之怪曰獟羊唐固注獟羊雌雄未成者也淮南氾論訓云井生獟羊

水神謂之罔象

魯語水之怪曰龍罔象韋昭注龍神獸也非常見故曰怪或曰罔象食人一名沐腫盧學士曰左氏宣三年傳正義引魯語作夔罔兩賈逵云罔兩罔象言有夔龍之形而無實体今此作罔象同淮南氾論訓云山出梟陽水出罔象

水神謂之畢方

韓非十過篇昔者黃帝合鬼神于泰山之上駕象車而六蛟龍畢方並鎋蚩尤居前風伯進埽雨師灑道西山經章莪之山有鳥焉其狀如鶴一足赤文青質而白喙名曰畢方其鳴自叫也見則其邑有譌火淮南氾論訓木生畢方高誘注畢方木之精也狀如鳥青色赤腳一足不食五穀張衡東京賦況鬾蜮與畢方薛綜注畢方老父神如鳥兩足一翼者常銜火在人家作怪災也

火神謂之游光金神謂之清明

馬融廣成頌拂游光李賢注游光神也兄弟三人
盧學士云文選張衡東京賦殪野仲而殲游光李
善注野仲游光惡鬼也兄弟八人常在人間作怪異害素問云金發而清明
盧學士曰金色白故其神曰清明

異祥

題上事也釋名云異者異于常也所釋皆恠物故曰異祥

朱明曜靈東君日也

說文日實也太陽之精不虧从口一象形左傳序
疏引春秋感精符云日陽之精曜魄先明所以察
下也爾雅疏引春秋元命包云日實也光明盛實

白虎通義曰之為言實也常滿有節淮南天文訓積陽之熱氣生火火氣之精者為日朱明者宋玉招䰟朱明承夜兮時不可以淹王逸注朱明日也曜靈者楚詞天問角宿未旦曜靈安藏王逸注曜靈日也言東方未明之時日安所藏其光乎張衡思元賦曜靈忽其西藏兮曾在元城與魏太子牋曜靈匿景繼以華東灯君者楚詞九歌東君暾將出兮東方照吾檻兮扶桑王逸注謂日始出東方其容燉曦而盛大漢書郊祀志晉巫祠五帝東君雲中君顏師古注東君日盧學士云蓺文類聚引廣雅日名朱明一名曜靈一名東君又有一名大明亦名陽馬二語初學記亦有之疑此脫也禮器大明生于東月生于西鄭注大明日也又月令正義引釋名

夜光謂之月日實也大明盛實五經通義云日中有三足烏見藝文類聚淮南精神訓日中有踆烏高誘注踆

猶蹲也謂三足烏春秋元命包陽數起于一成于二故日中有三足烏

說文月闕也太陰之精象形春秋元命包云月闕也滿則闕也春秋感精符云月者陰之精地之理也淮南天文訓積陰之寒氣爲水水氣之精者爲月楚詞天問夜光何德死則又育王逸注夜光月也

天河謂之天漢

夏小正七月漢案戶傳曰漢也者天漢之案戶也者直戶也言正南北也孝經援神契云河者水之

廣雅疏義卷七

伯上應天漢小雅大東維天有漢監亦有光鄭箋漢天河也有光而無所明大雅棫樸云倬彼雲漢爲章于天雲漢云倬彼雲漢昭回于天鄭箋雲漢天河也倬然天河水氣也精光轉運于天

震霣于懸反霆⿺辶龍雷也

說文靁陰陽薄動靁雨生物者也从雨畾象回轉形釋名名雷硠也如轉物有所硠雷之聲也淮南天文訓陰陽相薄感而爲雷激而爲霆左氏隱九年疏引河圖云陰陽相薄爲雷震者說文震劈歷振物者釋名震戰也所擊輒破若攻戰也又曰辟

三四 一奚古堂抄藏

歷辟折也所歷皆破折也春秋隱九年大雨震電穀梁傳云震雷也電霆也僖十五年經震夷伯之廟霣者說文云齊人謂靁為霣玉篇霣雷起出雨也霆者豬惟切玉篇霆雷也廣韵霆雷也出韓詩

雲運也

說文雲山川氣也从雨云象雲回轉形古文作云釋名雲猶云云衆盛意也又言運也運行也太平御覽引春秋說題詞云雲之言運也觸石而起謂之雲含陽而起以精運也舊本雲譌霒字書無此字今訂正

雨渠俱雨反也

說文雨水從雲下也一象天門象雲水霝其閒也

釋名雨羽也如鳥羽動則散也淮南天文訓地之

含氣和者為雨

晷柱景也

說文景光也釋名景境也明所照處有境限也案

周禮大司徒以土圭測景日至之景尺有五寸劉

向奏云神明之應應若景嚮隸釋老子銘含景匿

形唐公房碑轉景即至皆作景顏氏家訓云尚書

周禮莊列影字當為光景之景葛洪字苑旁始加

彡世輒改尚書周禮作影以從洪非也予攷高誘注淮南云景故影字誘漢末人其時已有加彡者則非始自葛洪家矣晷者居洧切説文晷日景也釋名晷規也如規畫也易通卦驗云冬至之日樹八尺之表日中視其晷以驗歲之美惡柱者表也

虞學士云周禮疏玉人職土圭尺有寸五夏至晝漏半表北得尺五寸景正與土圭等即地中也周公度日景之時置五表表者于潁川陽城置一表為中表南千里又置一表北千里又置一表東千里又置一表西千里又置一表千里差一寸

風師謂之飛廉

此本呂氏春秋也離騷云役飛廉使奔屬王逸注飛廉風伯也漢書帝武紀元封二年作長安飛廉

館應劭曰飛廉神禽能致風氣晉灼曰身似鹿頭如爵有角而蛇尾文如豹文蔡邕獨斷云風伯神箕星也其象在天能興風

雨師謂之蓱（蒲形反）翳

楚詞天問蓱號起雨何以興之王逸注蓱蓱翳雨師名也獨斷云雨師神畢星也其象在天能興雨淮南原道訓令雨師灑道史記正義云沙州有雨師祠蓱蓱音義同

雲師謂之豐隆

春秋說題詞云雲師曰豐隆離騷云吾令豐隆乘雲分王逸注豐隆雲師文九章云願寄言於浮雲

分遇豐隆而不將盧學士曰大人賦涉豐隆之滂溽應劭曰雲師歸藏云豐隆筮雲氣而告之

日御謂之羲和月御謂之望舒楚詞天問羲和之未揚若華何光王逸注羲和日御也初學記引淮南子云月御曰望舒離騷前望舒使先驅於王逸注望舒月御也張衡歸田賦曜靈俄景繼以望舒盧學士曰史記司馬相如傳纖阿為御索隱引服虔曰纖阿為月御是望舒亦曰纖阿也

青龍天一太陰太歲也

春官保章氏以十有二歲之相觀天下之妖祥鄭康成以為歲者太歲也惠士奇禮說云案太歲有兩說一曰咸池一曰歲陰斗杓為小歲左行十二

辰咸池為大歲右行四仲終而復始大歲迎者辱背者强左者衰右者昌小歲亦如之東南則生西北則殺大時者咸池小時者月建天元建寅始起右徙一歲而移十二歲而大周天歲星為陽右行太歲為陰左行歲陰所居前三後五百事可舉埶蟲首穴而處鵲巢向而為户咸池主五穀平秩西成故曰大歲或云咸池咸池日也日出暘谷浴于咸池日右斗左揚子太元云巡東六甲與斗相逢歷以紀歲百穀時雍是為大歲天道十二月而一終右行四仲者堯典命羲和獨舉四仲各統一時

故曰大時天神之貴者青龍其雌在地太元云倉靈之雌不同宿而失離則歲之功乖此之謂也太歲或言日或言星日為太歲星為太陰一左一右一陰一陽右與左應陰為陽妃以成歲功日星同宿謂之合辰歲超一次龍度天門四仲四鉤皆天門也案淮南天文訓天神之貴者莫貴青于龍或曰天一或曰太陰太陰所居不可背而可鄉又氾論訓夫蟄蟲鵲巢皆向天一者至和在焉耳

甲乙為幹幹者日之神也寅卯為枝枝者月之靈也甲剛乙柔丙剛丁柔戊剛己柔庚剛辛柔壬剛癸柔

左氏昭五年傳日之數十昭七年傳天有十日杜注竝云甲至癸月令其日甲乙是從甲至癸爲十日其中雖有五剛五柔而十日皆爲幹故曰幹者日之神左氏傳云辰在子卯又曰辰在申是從子至亥皆爲辰十二辰亦有子陽丑陰其中六陰六陽以對十日則爲辰日幹月枝猶日君月臣也甲乙日之首丁丑辰之首不言子丑而言寅卯者甲乙寅卯皆主木木生東方東方者春萬物莫不始于春也爾雅以甲癸紀歲陽白虎通姓名篇甲乙者幹也子丑者枝也史記律書甲者言萬物剖符甲而出也乙者言萬物生軋軋

也丙者言陽氣著明故曰丙丁者言萬物之丁壯也故曰丁庚者言陰氣庚萬物故曰庚辛者言萬物之辛生故曰辛壬之爲言任也言陽氣任養萬物於下也癸之爲言揆也萬物可揆度故曰癸説文甲位東方之孟陽陽氣萌動从木戴孚甲之象一曰人頭空爲甲甲象人頭乙象春艸木冤曲而出陰氣尚彊其出乙乙也與丨同意乙承甲象人頸丙位南方萬物成炳然陰氣初起陽起氣將虧从一入门一者陽也丙承乙象人肩丁夏時萬物皆丁實象形丁承丙象人心戊中宮也象六甲五龍

相拘絞也戊承丁象人脅已中宮也象萬物辟藏
詘形也已承戊象人腹庚位西方象秋時萬物庚
庚有實也庚承已象人臍辛秋時萬物成而孰金
剛未辛辛痛即位出从一从辛辛辠也辛承庚象
人股壬位北方也陰極陽生故易曰龍戰于野戰
者接也象人裹妊之形承亥壬以子生之叙也與
巫同意壬承辛象人脛脛任體也癸冬時承土平
可揆度也象水從四方流入地中之形癸承壬象
人足釋名甲孚也萬物解孚甲而生乙也軋也
自抽軋而出也丙炳也物生炳然皆著見也丁壯

也物體皆丁壯也戊茂也物皆茂盛也巳紀也皆有定形可紀識也

庚猶更也庚堅强貌也辛新也物初新皆收成也壬妊也陰陽交物懷妊也至子而萌也癸揆也揆度而生乃出之也言剛柔者淮南天文訓云凡日甲剛乙柔丙剛丁柔以至于癸盧學士曰禮記曲禮外事以剛日鄭注順其出為陽也出郊為外事春秋傳曰甲午詞兵又云内事以柔日注云順其居内為陰正義云外事郊外之事也剛日奇日也十日五奇五偶甲丙戊庚壬五奇陽剛外事剛義故用剛日内事郊内之事乙丁巳辛癸五偶為柔然則郊天是國外之事應用剛日而郊特牲云郊之用辛非剛也又社稷是郊内應用柔日而郊特牲云凡社日用甲非柔也所以然者郊社尊不敢用外内之義也又月令孟春天子乃以元日祈穀于上帝鄭注謂以上辛郊祭天也又云乃擇元辰躬耕帝藉注云元辰蓋郊后吉亥也正義云盧植蔡邕竝云郊天陽故用日耕藉陰故用辰

四十

甲齊乙東夷丙楚丁南夷戊魏己韓庚秦辛西夷壬衛癸北狄

此本諸淮南子乃漢書志也漢志作壬燕趙癸北夷淮南作癸越餘並同案此主戰國時言之衛是小國不得與數疑有誤字當從漢志也淮南言越亦趙之誤史記天官書又云甲乙四海之外日月不占丙丁江淮海岱也戊己中州河濟也庚辛華山以西壬癸恒山以北是又一說故與此異

子周丑秋寅楚卯鄭辰晉巳衛午秦未宋申齊酉魯戌趙亥燕

史記律書云子者滋也言萬物滋於下也丑紐也言陽陰[氣]在上未降萬物厄紐未敢出寅者萬物始生螾然也故曰寅卯之言茂也言萬物茂也辰者

言萬物之蜄也巳者言陽氣之巳盡也午者陰陽交故曰午未者言萬物皆成有滋味也申者言陰用事申賊萬物商者萬物之老也戌者言萬物盡滅故曰戌亥者該也言陽氣藏於下故該也説文子十一月陽氣動萬物滋人以爲稱丑紐也十二月萬物動用事象手之形時加丑亦舉手時也寅髕也正月陽氣動去黄泉欲上出陰尚彊象宀不達髕寅于下也卯冒也二月萬物冒地而出象開門之形故二月爲天門辰震也三月陽氣動雷電振民農時也物皆生从乙匕象芒達厂聲也辰房

星天時也巳巳也四月陽氣巳出陰氣巳藏萬物見成文章故巳為蛇象形午啎也五月陰氣午逆陽冒地而出此與矢同意未味也六月滋味也五行不老於未象木重枝葉也申神也七月陰氣成體自申束从臼自持也吏以申餔時聽事申旦政也酉就也八月黍成可為酎酒古文作丣丣為春門萬物巳出丣為秋門萬物巳入一閉門象也成戌滅也九月陽氣微萬物畢成陽下入地也五行上生於戊盛于戌从戊含一亥荄也十月微陽起接盛陰从二一人男一人女也从乙象褱子咳咳之

形釋名子孳也陽氣始萌孳生於下也於易爲坎坎險也丑紐也寒氣自屈紐也於易爲艮艮限也時未可聽物生限止之也寅演也演生物也卯冒也戴冒土而出也於易爲震二月之時雷始震也辰伸也物皆伸舒而出也巳已也陽氣畢布已也於易爲巽巽散也物皆生布散也午仵也陰氣從下上與陽相仵逆也於易爲離離麗也物皆附麗陽氣以茂也未昧也日中則昃向幽昧也申身也物皆成其身體各申束之使備成也酉秀也秀者物皆成也於易爲兌兌悅也物得備足皆喜悅也

戌恤也物當歛矜恤之也亦言脫也落也实核也收藏百物核取其好惡真偽也言物成皆堅核也此所分配諸國本之淮南子若漢書則云寅趙辰邯鄲未中山戌吳越與此不同

角亢鄭氐房心宋尾箕燕斗牽牛須女吳虛危齊營室東壁衛奎婁魯胃昴畢趙觜參魏東井與鬼秦柳七星張周翼軫楚

史記律書云角者言萬物皆有格格如角也亢者言萬物亢見也氐者言萬物皆至也房者言萬物門戶也至于門則出矣心言萬物始生有華心也

尾言萬物始生如尾也箕者言萬物根棋故曰箕建星者建諸生也牽牛者言陽氣牽引出之也牛者冒也言地雖凍能冒而生也牛者耕種萬物者也須女言萬物變動其所陰陽氣未相離尚相如胥也虛者能實能虛言陽氣冬則宛藏于虛危垝也言陽氣之危垝故曰危營室者至營胎陽氣而產之東壁居不周風東主辟生氣而東之奎者主毒螫殺萬物也奎而藏之婁者呼萬物且內之也胃者言陽氣就藏皆胃胃也留者言萬物之稽留也故曰留濁者觸也言萬物皆觸死故曰濁罰者

言萬物氣奪可伐也參言萬物可參也故曰參狼者言萬物可度量斷萬物故曰狼弧者言萬物之吴落且就死也注者言萬物之始衰陽氣下注故曰注七星者陽數成于七故曰七星張者言萬物皆張也翼者言萬物皆羽翼也軫者言萬物益大而軫軫然律書以箕房角翼注狼參留奎危須七建星分配十二月故有是言不云斗而云建星不云觜觿而云罰不云井而云狼不云輿鬼而云弧則以度之多寡不均故舉其適中者名之又昴作留畢作濁柳作注則古今之稱謂異也此篇所釋

二十八宿分野本諸堪與也周禮保章氏注引堪與云寅析木燕也卯大火宋也裝辰壽星鄭也巳鶉尾楚也午鶉火周也未鶉首秦也申實沈晉也酉大梁趙也戌降婁魯也亥娵訾衛也子元枵齊也丑星紀吳越也皆與此同惟此言吳不言越爲不同耳淮南子星部地名唯斗牽牛越須女吳胃昴畢魏觜觿參趙與此小異餘並同天官書云角亢氐兖州房心豫州尾箕幽州斗江湖牽牛婺女揚州虛危青州營室東壁幷州奎婁胃徐州昴畢冀州觜觿參益州東井輿鬼雍州柳七星張三河翼

軫荊州漢書律歷志與史記同地理志又云秦地於天官東井輿鬼之分野也其界自恒農故關以西京兆扶風馮翊北地上郡西河安定天水隴西南有巴蜀廣漢犍為武都西有金城武威張掖酒泉敦煌又西南有牂柯越嶲益州皆宜屬焉自并十度至柳三度皆秦之分也魏地觜觿參之分野也其界自高陵以東盡河東河內南有陳留及汝南之召陵濦彊新汲西華長平潁川之舞陽郾許傿陵河南之開封中牟陽武酸棗卷皆魏分也周地柳七星張之分野也今之河南雒陽穀成平陰

偃師鞏緱氏是其分也自柳三度至張十二度謂之鶉火之次周之分也韓地角亢氐之分野也南陽郡及潁川之父城定陵襄城潁陽潁陰長社陽翟郟東接汝南西接恒農得新安宜陽皆韓分也及詩風陳鄭之國與韓同星分焉今河南之新鄭及成臯滎陽潁川之崇高陽城皆鄭分也陳國今淮陽之地自軫六度至亢六度謂之壽星之次鄭之分野與韓同分趙地昴畢之分野北有信都真定常山中山又得涿郡之高陽鄚州鄉東有廣平鉅鹿清河河間又得勃海郡之東平舒中邑文安

東州成平章武河以北也南至浮水繁陽内黄斥丘西有太原定襄雲中五原上黨皆趙分也燕地尾箕分野也東有漁陽右北平遼西遼東西有上谷代郡雁門南得涿郡之易容城范陽北新城故安涿縣良鄉新昌及勃海之安次皆燕分也樂浪元菟亦宜屬焉自尾四度至斗六度謂之析木之次燕之分也齊地虛危之分野也東有菑川東萊琅邪高密膠東南有泰山城陽北有千乘清河以南勃海之高樂高城重合陽信西有濟南平原皆齊分也魯地奎婁之分野也東至東海南有泗水

至淮得臨淮之下相睢陵僮取慮皆魯分也漢興以來魯東海多至郯柏東平須昌壽良皆在濟東屬魯非宋地也當考宋地房心之分野也今之沛梁楚山陽濟陰東平及東郡之須昌壽張皆宋分也衛地營室東壁之分野也今之東郡及魏郡黎陽河內之野王朝歌皆衛分也楚地翼軫之分野也今之南郡江夏零陵桂陽武陵長沙及漢中汝南郡盡楚分也吳地斗分野也今之會稽九江丹陽豫章廬江廣陵六安臨淮郡盡吳分也粵地牽牛婺女之分野也今之蒼梧鬱林合浦交阯九真

吳

南海日南皆粵分也其星部所分與律歷志間有牴牾天官書又云二十八舍主十二州斗秉兼之秦之疆也候在太白占於狼弧吳楚之疆候在熒惑占於鳥衡燕齊之疆候在辰星占於虛危宋鄭之疆候在歲星占於房心晉之疆亦候在辰星占於參伐正義曰星經云角亢鄭之分野兖州氐房心宋之分野豫州尾箕燕之分野幽州南斗牽牛吳越之分野揚州須女虛齊之分野青州危室壁衛之分野并州奎婁魯之分野徐州胃昴趙之分野冀州畢觜參魏之分野益州東井輿鬼秦之分

野雍州柳星張周之分野三河翼軫楚之分野荊州也諸說皆與此不合盧學士云周禮疏云吳越在南齊魯在東今分星或北或西不依國地所在者此古之受封之日歲星所在之辰國屬焉故也吳越二國同次者亦謂同年度受封故同次也案賈氏所說亦未可信疇人相傳要必有所從受故晉書天文志又載州郡躔次云陳卓范蠡鬼谷先生張良諸葛亮譙周京房張衡並云角亢氐鄭兖州東郡入角一度東平任城山陽入角六度泰山入角十二度濟北陳留入亢五度濟陰入氐一度東平入氐七度房心宋豫州穎川入房一度汝南入房二度沛郡入房四度梁國入房五度淮陽入心一度魯國入心三度楚國入房四度尾箕燕幽州涼州入箕中十度上谷入尾一度漁陽入尾三度右北平入尾七度西河上郡北地遼西東入尾十度涿郡入尾十六度渤海入箕一度樂浪入箕三度元菟入箕六度廣陽入箕九度斗牽牛須女吳越揚州九江入斗廬江入斗六度豫章斗入十度丹陽入斗十六度會稽

入牛一度臨淮入牛四度廣陵入牛八度泗水入女一度六安入女六度虛危齊青州齊國入虛六度北海入虛九度濟南入危一度樂安入危四度東萊入危九度平原入危十一度菑川入危十四度營室東壁衛并州安定入營室一度天水入營室八度隴西入營室四度酒泉入營室十一度張掖入營室十二度武都入東壁一度金城入東壁四度武威入東壁六度敦煌入東壁八度奎婁胃魯徐州東海入奎一度琅邪入奎六度高密入婁一度城陽入婁九度膠東入胃一度昴畢趙冀州魏郡入昴一度鉅鹿入昴三度常山入昴五度廣平入昴七度中山入昴八度清河入昴九度信都入畢三度趙郡入畢八度安平入畢四度河閒入畢十度真定入畢十三度觜參魏益州廣漢入觜一度越嶲入觜三度蜀郡入參一度犍為入參三度牂柯入參五度巴郡入參八度漢中入參九度益州入參七度東井輿鬼秦雍州雲中入東井一度定襄入東井八度雁門入東井十六度代郡入東井二十八度太原入東井二十九度上黨入輿鬼二度柳七星張周三輔恒農入柳一度河南入

七星三度河東八張一度河南八張九度翼軫楚荊州南陽八翼六度南郡八翼十度江夏八翼十二度零陵八軫十一度桂陽八軫六度武陵八軫十度長沙八軫十六度洪适容齊隨筆亦謂其不可曉姑以廣異聞耳予族子塘云湯伐桀歲星在大火武王伐紂歲星在郭火則十二次主十二國亦其類與但此是甘石家言故有三晉國名焉要之術當本占驗

北斗七星一爲樞二爲旋三爲機四爲權五爲衡六爲開陽七爲搖光

史記天官書北斗七星所謂琁璣玉衡以齊七政索隱曰春秋運斗樞云斗第一天樞第二旋第三機第四權第五衡第六開陽第七搖光第一至第四爲魁第五至第七爲杓合而爲斗春秋文耀鉤

云斗者天之喉舌王衡屬杓魁為旋機漢書天文志斗為帝車運于中央臨制四海分陰陽建四時均五行移節度定諸紀皆繫於斗江布衣聲云爾雅釋天北極謂之北辰論語譬如北辰居其所是天體運轉而北辰乃其運轉之中央常居其所運而不移者故謂之極亦謂之旋機蓋北極者天體左旋之機斗之言主北斗為恒星之主恒星隨之而運二萬五千四百一十一年有餘而右旋一周天者也則斗魁為恒星右旋之宿大陰在四鈎則歲星行二宿二八十六三四十二故十二歲而行

二十八宿日行十二分度之一歲行三十度十六分度之七十二歲而周高誘曰仲中也四中謂太陰在卯酉子午四面之中丑鉤辰申鉤巳寅鉤亥未鉤戌謂太陰在四角

熒惑謂之罰星或謂之執法火宿也

呂氏春秋制樂篇云熒惑者天罰也天官書熒惑出東行十六舍而止逆行二舍六旬復東行自所止數十舍十月而入西方伏行五月出東方東行急一日行一度半其行東西南北疾也索隱曰天官占云熒惑方伯象司察妖孽春秋文耀鉤云赤

帝熛怒之神爲熒惑位在南方禮出則罰出淮南天文訓熒惑常以十月入大微受制而出行列宿出入無常辨變其色時見時匿呂氏春秋云宋景分有疾司馬子韋曰熒惑守心心宋之分野也君當移于相公曰相股肱也除心腹之疾而置于股肱可乎曰可移于民公曰民所以爲國無民何以爲君曰可移于歲公曰歲所以養民歲不登何以畜民是時熒惑乃退三舍延君命二十一年視之信

鎮星謂之地侯土宿也

天官書填星其一名曰地侯歲行十二度百十二分度之五日行二十八分度之一二十八歲周天索隱引春秋文耀鉤云鎮黄帝含樞紐之精其體旋璣中宿之分也淮南天文訓鎮星以甲寅元始建斗歲鎮行一宿日行二十八分度之一歲行十三度百一十二分度之五一十八歲而周鎮填音義同盧學士曰太平御覽引春秋元命苞蟾蜍陰精流星織女立地侯宗均注地候鎮星别名也機故北極斗魁皆為旋機也斗柄則回轉于天如稱之衡故謂之玉衡言玉者蓋取其色白而晶瑩也斗柄所建可以審時王者順天時以出政必察視之

樞為雍州旋為冀州機為青兖州權為徐揚州衡為荆州開陽為梁州摇光為豫州

春官保章氏疏引春秋文耀鉤云布度定記分州繫象華岐以西龍門積石至三危之野雍州屬魁星太行以東至碣石王屋砥柱冀州屬樞星三河雷澤東至海岱以北兖州青州屬機星蒙山以東至南江會稽震澤徐揚之州屬權星大别以東至雷澤九江荆州屬衡星荆山西南至岷山北岠鳥鼠梁岐屬開星外方熊耳以至四水陪尾豫州屬摇星此九州屬北斗星有七州有九但兖青徐揚

并屬二州故七星主九州案文耀鉤言雍屬魁冀屬樞而此篇雍屬樞冀屬旋不同者魁是第一至第四總名不得專屬雍疑彼誤也

歲星謂之重星或謂之應星木宿也

天官書歲星一曰攝提曰重華曰應星歲星出東行十二度百日而止反逆行逆行八度百日復東行歲行三十度十六分度之七率日行十二分度之一十二歲而周天淮南天文訓大陰在四仲則歲星行三

太白謂之長庚或謂之太囂晨見東方為啟明昏見西方為長庚案金星

天官書太白其庳近日曰明星高遠日曰太嚻索隱曰韓詩云太白晨出東方爲啟明昏見西方爲長庚孫炎注爾雅亦以爲晨出東方高三丈命曰啟明昏見西方高三舍命曰太白正義曰天官占云太白者西方金之精白帝之子上公大將軍之象也一名殷星一名大正一名營星一名官星一名梁星一名滅星一名大嚻一名大衰一名大爽徑一百里淮南天文訓太白元始以正月甲寅與熒惑晨出東方二百四十日而入入百二十日而夕出西方二百四十日而入入三十五日而復出

東方出以辰戌入以丑未按周禮疏引星備云太白日行八分度之一八歲而周天

辰星謂之兔星或謂之鉤星

水星也京房易傳謂之太陰天官書云辰星北方水太陰之精兔七命曰小正辰星天毚安周星細爽能星鉤星索隱曰謂兔星凡有七名命者名也小正一也辰二也天毚三也安周星四也細爽五也能星六也鉤星七也又引皇甫謐云辰星一名毚星或曰鉤星正義曰天官占云辰星北水之精黑帝之子宰相之祥也一名細極一名鉤星一名

爨星一名伺祠經一百里也淮南天文訓辰星正四時常以二月春分効奎婁以五月夏至効東井輿鬼以八月秋分効角亢以十一月冬至効斗牽牛出以辰戌入以丑未出二旬而入晨候之東方夕候之西方高誘注効見也周禮疏引星備云辰星日行一度一歲而周天舊本免星上尚有鉤星二字案依上文之例當云辰星謂之免星或謂之鉤星且史記索隱及李善注景福殿賦竝引云辰星或謂之鉤星則此免星上鉤星二字衍文今訂正

大角謂之楝星

天官書大角者天王帝廷索隱曰援神契云大角為坐候宋均云坐帝坐也正義曰大角一星在兩攝提間人君之象也

天宮謂之紫宮天旗謂之參旗

天官書東宮蒼龍南宮朱鳥西宮咸池北宮元武皆言宮又云中宮天極星環之匡衛十二星藩臣皆言紫宮淮南天文訓紫宮者太一之居也此言天官疑即中宮也周禮大宗伯疏引元命包云天生大列為中宮太極星其一明者太一常居傍兩

星巨辰子位故爲北辰以起節度亦爲紫微宮紫之言此也宮之言中也言天神運動陰陽開閉皆在此中也宗均又以爲十二軍中外位各定總謂之紫宮也天旗謂之參旗者天官書云小三星隅置曰觜觿其西有句曲九星三處羅一曰天旗二曰天苑三曰九游正義曰參旗九星在參西天旗也指麾遠近以從命者九游九星在玉井西南天子之兵旗所以導軍進退亦領州列邦舊本作天宮謂之參旗紫宮今訂正盧學士考定本作天宮謂之參旗太一謂之紫宮

參伐謂之大辰

公羊昭十七年傳大火為大辰伐為大辰北辰亦為大辰注云大火與伐天所以示民時早晚天下所取正故謂之大辰大官書參為白虎下有三星兊曰罰為斬艾事集解曰孟康云在參間上小下大故曰銳正義曰罰亦作伐春秋運斗樞云參伐事主斬艾也鄉飲酒義云參之以三光鄭注三光三大辰也後漢書郎顗傳罰者白虎其宿主兵其國趙魏

太微謂之天庭房謂之明堂

淮南天文訓太微者太一之庭也高誘注太微星

名太一天神天官書太微三光之廷索隱曰宋均云微太天帝南宮也三光日月五星也春秋合誠圖云太微主法式文選月賦注云張衡觀象賦寥寥帝庭自注云帝庭謂太微宮也春秋元命包云太微爲天庭又西都賦注引春秋合誠圖云紫宮大帝室太一之精也房謂之明堂者天官書東宮蒼龍房心心爲明堂索隱曰春秋說題辭云房心爲明堂天王布政之宮後漢書郎顗傳房心者天帝明堂布政之宮孝經鉤命決云歲星守心年穀豐尚書洪範記曰月行中道移節應期德厚受福

重華留之重華者謂歲星在心也案史記以心爲明堂而説題詞即顓説明堂皆兼房心言之予謂房指明堂心指天王故此言房而不言心也舊本作太微房謂之明堂案太微在南宫房心在東宫疑此太微上下有脱文矣今訂正

須女謂之婺女

天官書婺女索隱引此文類作須婺作務正義曰須女四星亦名婺女天火府也南斗牽牛須女皆爲星紀於辰在丑越之分野而斗牛爲吴之分野也須女賤妾之稱婦職之卑者主布帛裁製嫁娶

參謂之實沈

韋昭注國語云參伐也參在實沈之次自畢十二度至東井十五度曰實沈史記正義云參三星外四星為實沈於辰在申魏之分野左氏昭元年傳遷實沈于大夏主參唐人是因

昴謂之旄頭

天官書昴曰髦頭漢志作旄頭春秋元命包云昴六星昴之為言留言物成就繫留

東井謂之鶉首張謂之鶉尾軫謂之鳥帑

南陸三次曰鶉首曰鶉火曰鶉尾皆取象于鳥形

也自東井十度至柳三度於辰在未爲鶉首自張二度至軫六度謂之鶉尾左氏襄二十八年傳以害鳥帑杜注鳥尾曰帑案張翼軫皆在鶉尾之次故軫爲鳥帑

營室謂之豕韋

左氏襄三十年傳歲在陬訾之口陬訾亦謂之豕韋昭十一年傳歲在豕韋是也分野畧例云自危十六度至奎四度於辰在亥爲娵訾娵訾歎息也十月之時陰氣始盛陽氣伏藏萬物失養育之氣故哀悲而歎息嚬于無陽故曰娵訾

北辰謂之大堂

楚詞天問斡維焉繫天極焉加戴震注天極論語所謂北辰周髀所謂正北極步算家所謂不動處亦曰赤道極是左旋之極日月五步各有一極日曰黃道極周髀所謂北極璿璣環繞正北極者也月與五步之極又環繞璿璣者也是皆為右旋之極周禮疏引爾雅北極謂之北辰鄭注天皇北辰耀魄寶詹事兄曰大堂當作天皇盧學士本作大帝

天淵謂之紐玆

盧學士曰不應與下天淵文不相聯屬疑爲後所妄竄也

妃星謂之大堂

太平御覽引樂緯叶圖徵云大堂正妃也注云大堂鉤陳末大星也唐碧落碑大堂叶曜中闈以睦天官書後句四星末大星正妃索隱引援神契云辰極橫后妃四星從大妃光明舊本大堂譌爲天堂今訂正

天淵謂之三淵

上文已云天淵謂之紐茲矣又云三淵廣異名盧學士云天官書西宮曰咸池曰天五橫五潢五帝車舍漢書天文志有星守三淵天下大水三淵蓋五帝之三柱也

軒轅謂之路寢

天官書軒轅黃龍體前大星女主象旁小星御者後宮屬索隱曰援神契云軒轅十二星后宮所居石氏星讚以軒轅體龍主后妃也正義曰其大星女主也次北星夫人也次北一星妃也其次諸星皆次妃之屬女主南一小星女御也左一星少民后宗也案淮南天文訓軒轅者帝妃之舍也

輿鬼謂之天廟

天官書輿鬼鬼祠事正義曰輿鬼四星主祠事天田也盧學士曰周語日月底于天廟則營室也非此天廟

星

㔶上事也說文曐萬物之精上為列曐或作星釋名星散也列位布散也河圖云巛德布精上為列星春秋說題詞星之言精也陽之榮也陽精爲日日分為星故其字日生爲星

廣雅疏義卷第十八

嘉定錢大昭晦之甫撰

圜丘大壇祭天也

春官大司樂凡樂冬日至于地上之圜丘而奏之夏日至于澤中之方丘而奏之祭法燔柴于泰壇祭天也注封土為祭處也壇之言坦也坦明貌孔疏謂積薪于壇上而取玉及牲置柴上燔之使氣達于天也○以至尊言之則曰大壇曰大折以形言之則曰圜丘曰方澤

方澤大折祭地也

廣雅疏義卷十八

方澤一名方丘已見上文祭法瘞埋于泰折祭地也用牲犢注折炤晢也必為炤明之名尊神也地陰用黝牲與天俱用犢連言耳孔疏謂瘞繒埋牲祭神州地祇于北郊也舊本折訛坎今訂正

大昭祭四時也

祭法埋少牢于泰昭祭時也注昭明也亦謂壇也時四時也亦謂陰陽之神也埋之者陰陽出入于地中也孔疏謂祭四時陰陽之神也泰昭壇名也昭亦取明也春夏為陽秋冬為陰若祈陰則埋牲祈陽則不應埋之今總云埋者以陰陽之氣俱出

入于地中而生萬物故並埋之以享陰陽為義也用少牢者降于天地也自此以下及日月至山林並少牢也先儒並云不薦孰唯殺牲埋之也

坎壇祭寒暑也

祭法相近于坎壇祭寒暑也注相近當為禳祈聲之誤也禳猶却也祈求也寒暑不時則或禳之或祈之寒于坎暑于壇孔疏禳却也寒暑之氣應退而不退則祭禳却之令退也祈求也寒暑之氣應至而不至則祭求之令至也寒則于坎寒陰也暑則于壇暑陽也

王宮祭日也
祭法王宮祭日也注王宮日壇王君也日稱君宮
壇營域也孔疏王君也宮亦壇也營域如宮也日
神尊故其壇曰君宮
夜明祭月也
祭法夜明祭月也注夜明亦謂月壇也孔疏夜明
者祭月壇名也月明于夜故謂其壇爲夜明也
幽禜祭星也
祭法幽宗祭星也注宗當爲禜字之誤也幽禜亦
謂星壇也星以昏始見禜之言營也孔疏幽宗者

祭星壇名也幽闇也宗當為禜禜壇域也星至夜而出故曰幽也為禜域而祭之故曰幽禜也案惠士奇曰晉志摯虞奏肆師職云用牲于社宗黨正職云春秋祭禜亦如之肆師之宗與社並列則班與社同黨正之禜文不繫社則神與社異愚謂黨正祭禜與州長祭社同時水旱農祥春祈秋報其禮亦與祭社等周頌絲衣繹賓尸高子曰靈星之尸也漢志高祖詔御史令天下立靈星祠張晏曰龍星左角曰天田則農祥也辰曰祀以牛號曰零星風俗通云辰之神為零星故以辰日祀于東南

淮南子云零星之尸儼然元默而吉祥受福古者
祭皆有尸零與靈通幽禜蓋靈星歟

雩禜祭水旱也

祭法雩宗祭水旱也注宗當為禜雩禜亦謂水旱
壇也雩之言吁嗟也春秋傳曰日月星辰之神則
雪霜風雨之不時於是乎禜之山川之神則水旱
癘疫之不時於是乎禜之孔疏禜宗亦壇名也雩
吁嗟也水旱為人所吁嗟禜亦營域也為禜域而
祭之故曰雩禜也

四坎壇四方也

祭法四坎壇祭四方也注四方卽謂山林川谷邱陵之神也祭山林邱陵于壇川谷于坎每方各為坎為壇孔疏四方各為一坎一壇壇以祭山林邱陵坎以祭川谷泉澤也

廟祧壇場鬼祭先祖也

場當為墠字之譌也祭法設廟祧壇墠而祭之王立七廟諸侯立五廟大夫立三廟士二廟官師一廟遠廟為祧去祧為壇去壇為墠去墠為鬼注除地曰墠封土曰墠孔疏遠廟為祧者遠廟謂文武廟也文武並為應遷之例故云遠廟特為功德而

留故謂爲祧祧之言超也言其超然上去也去祧爲壇者謂高祖之父也若是昭行寄藏武王祧若是穆行即寄藏文王祧不得四時而祭之若有時之祈禱則出就壇受祭也去壇爲墠者謂高祖之祖也不得在壇若有在祈禱則出就墠受祭也高祖之父既初寄在祧而不得于祧中受祭故曰去祧也高祖之祖經在壇而今不得祭故曰去壇也在壇墠者不得享嘗應有祈禱于壇墠乃祭之也去墠曰鬼者若又有從壇遷來墠者則此前在墠者遷入石函爲鬼雖有祈禱亦不得及唯禘乃祫出

也吴澄書纂言云古禮凡子遠祖之無廟者及宗子去其宗廟而在他國者及支子雖在本國而於禮不得入廟者或有禱告必須墠地為壇以棲祖考之神

祀處

說文祀祭無已也或作禩漢書郊祀志云洪範八政三曰祀祀者所以昭孝事祖通神明也孝經疏云祀者似也謂祀者似將見先人也祭法王為羣姓立七祀庶士庶人一祀此所釋者合天神地祇人鬼而各

言其所祀處

䄍士駕反䄚音曹祽七外反祱音稅𥛫力矦反臘祓禊乎計反餟知稅反祼古矦反軷步末反⿱叒示音毳⿰礻彡作庚反祾音陵又力登反禖音梅禪祧他聊反醮子咲反禬古外反泰望禨巨衣反祥禫礻音側禜禳祭也

說文祭祀也从示以手持肉祭義篇祭者百順之名也又云霜露既降君子履之必有悽愴之心非其寒之謂也春雨露既濡君子履之必有怵惕之心如將見之春秋繁露云祭者察也以善逮鬼神之善謂乃逮不可聞見者故謂之察又曰祭之為

言際也尚書大傳祭之為言察也察者至也言人事至于神也說苑權謀篇孔子曰祭之為言索也索也者盡也乃孝子所以是盡之親也䄍者禮記禮運釋文云蜡字林作䄍玉篇䄍報祭也古之臘曰䄍亦作蜡郊特牲篇天子大蜡八伊耆氏始為蜡歲十二月合聚萬物而索饗之也注萬物有功加于民者神使為之故祭以報焉其祭祀之詞曰土反其宅水歸其壑昆蟲無作草木歸其澤是也春官籥章國祭蜡則龡豳頌䄚者才刀切玉篇䄚豕祭也廣韻祭豕先也祽者玉篇祽子內切祭名

廣韻子對切月祭名祱者始鋭切玉篇引博雅祭也盧學士曰祱説文作餟小餟也餟祭酹也玉篇餟始鋭力外二切又作餟張芮切又餽也亦作醊説文吳人謂祭鬼曰餽廣韻餟郎外切音酹門祭集韻餟小祭也褸者説文膢楚俗以二月祭飲食也一曰祈穀食新曰離膢玉篇褸飲食祭也冀州八月楚俗二月亦作褸漢書太初二年三月令天下膢五日祠門户比臘如淳曰膢音樓漢儀注立秋貙膢伏儼曰膢音劉救也蘇林曰膢祭名也常以立秋日祭獸王者亦以此日出獵還以祭宗廟

故有貙膢之祭也貙虎屬盧學士云風俗通引韓子書山居谷汲者膢臘而遺水楚俗常以十二月祭飲食也又曰嘗新始殺也食新曰貙膢續漢書禮儀志立秋之日武官肄兵習戰陣之儀斬牲之禮名曰貙劉祠先虞膢劉義各通臘者說文臘冬至後三戌臘祭百神左氏僖五年傳虞不臘矣注臘歲終祭衆神之名月令孟冬臘先祖五祀注謂以田臘所得禽祭也祓者說文祓除惡祭也玉篇祓除菑求福也春官女巫掌歲時祓除釁浴巫祝桃茢大雅生民以弗無子箋弗之言祓也弗祓字

異義同禊者史記漢武帝禊灞上徐廣曰三月上巳臨祓除謂之禊也張衡南都賦於是暮春之禊上巳之辰方軌齊軫祓于陽瀕李善注引續漢書云三月上巳官人皆禊于東流水上祓除宿垢疾也餟者說文餟祭酹也玉篇作祋云祭名亦作醊史記褚少孫補孝武本紀其下四方爲餟食索隱曰餟音竹芮反謂聯續而祭之漢志作餟古字亦通正義引劉伯莊云謂繞壇設諸神祭座相連綴也祼者說文祼灌祭也玉篇祼祼鬯告神也大雅文王祼將于京傳祼灌鬯也周人尚臭天官小宰

贊王祼將之事注謂贊王酌鬱鬯以獻尸謂之祼

祼之言灌也唯人道宗廟有祼天地大神至尊不

祼軷者說文云出將有事於道必先告其神立壇

四通樹茅以神依爲軷既祭軷轢于牲而行大雅

生民取羝以軷傳軷道祭也周官大馭掌馭玉輅

及犯軷遂驅之注封土爲山象以菩芻棘柏爲神

主既祭之以車轢之而去喻無險難也聘禮記曰

出祖釋軷祭酒脯乃飲酒于其側注祖始也既受

聘享之行出國門上陳車騎釋酒脯之奠于軷爲

行始⿱髟示者此芮切說文⿱髟示數祭也 玉篇⿱髟示重祭也

禜本書釋詁禜謝也是禜為謝之祭也祊者說文鬃門內祭先祖所以彷徨詩曰祝祭于鬃或作祊禮器篇為祊乎外注謂之祊者於廟門之旁因名焉爾雅閍謂之門李巡云祊故廟中門名也孫炎云謂廟門郊特牲篇索祭祝于祊不知神之所在於彼乎於此乎或諸遠人乎祭於祊尚曰求諸遠者與祊之為言倞也注倞猶索也祾者玉篇祾祭名神靈之威福也禖者說文禖祭也玉篇禖求子祭月令仲春元鳥至至之日以太牢祀于高禖天子親往后妃帥九嬪御乃禮天子所御帶以弓韣

授以弓矢于高禖之前注元鳥燕也燕以施生時來巢人堂宇而孚乳娶嫁之象也媒氏之官以為候高辛之世元鳥遺卵娀簡吞之而生契後王以為媒官嘉祥而立其祠焉變媒為禖神之也王居明堂禮曰帶以弓韣禮之禖下其子必得天材高誘注呂氏春秋仲春紀云周禮媒氏以仲春之月合男女於時也奔則不禁因祭其神於郊謂之郊禖音與高相近故或言或禖王者后妃以元鳥至日祈繼嗣于高禖禪者說文禪祭天也白虎通義封禪篇言禪者明以成功相傳也盧學士曰大戴

禮保傳篇封泰山而禪梁甫盧辯注封謂負土石於泰山之陰為壇而祭天也禪為除地于梁甫之陰為墠以祭地也變墠為禪神之也祧者玉篇祧遠廟也說文無祧字古作濯春官守祧注故書祧作濯鄭司農讀濯為祧醮者說文醮冠娶禮祭或作禛宋玉高唐賦醮諸神禬者說文禬會福祭也引周禮曰禬之祝號春官大宗伯以禬禮哀圍敗注同盟者會合則貨以更其所喪襄三十年冬會于澶淵宋災故是其類又女祝禬禳之事注除災害曰禬禬猶刮去也秦者玉篇秦祭名集韻養古

倦切常山謂祭為養或作秦舊本泰訛奉養之養今訂正望者山川之祭也虞書望于山川爾雅梁山晉望也左氏哀六年傳三代命祀祭不越望江漢雎章楚之望也禨者春官肆師以歲時序其祭祀及其祈珥注故書祈為幾元謂祈當為進禨之禨珥當為衈禨衈者釁禮之事說文作𧗼以血有所刉涂祭也盧學士曰列子說符篇楚人鬼而越人禨呂氏春秋異寶篇亦列戴之高誘注言荆人畏鬼神越人信吉凶之禨祥祥者釋名期而小祥亦祭名也孝子除首絰服練冠也祥善也加小善

之飾也又期而大祥亦祭名也孝子除縗服服朝服縞冠加大善之飾也禫若徒感切說文禫除服祭也釋名閒月而禫亦祭名也孝子之意澹然哀思益衰也士虞禮記中月而禫注中猶閒也禫祭名也與大祥閒一月自喪至中凡二十七月譚之言澹澹然平安意也古文禫或作導說文谷部之丙木部之棪穴部之窞皆讀若三年導服之導導服即禫服也以古文故曰導又喪服記禫而內無哭者注禫或皆作道禱者說文禱事告求福也春官大祝作六辭以通上下親疏遠近五曰禱先鄭

云禱謂禱于天地社稷宗廟主爲其辭也春秋傳鐵之戰衛太子禱曰曾孫蒯聵敢昭告皇祖文王烈祖康叔文祖襄公鄭勝亂從晉午在難不能治亂使鞅討之蒯聵不敢自佚備持矛焉敢告無絶筋無破骨無作三祖羞大命不敢請佩玉不敢愛若此之屬從鄭云禱慶賀言福胙之辭晉趙文子成室晉大夫發言張老曰美哉輪焉美哉奐焉歌於斯哭於斯聚國族于斯文子曰武也得歌于斯哭于斯聚國族于斯是全要領以從先大夫于九京也北面再拜稽首君子謂之善頌善禱是禱之

詞祟先鄭說是告事之禱後鄭說是求福之禱也禜者爲命切說文禜設緜蕝爲營以禳風雨雪霜水旱癘疫于日月星辰山川也一曰禜衛使灾不生禳者汝羊切說文禳磔禳祀除癘疫也古者燧人禜子所造天宮女祝禬禳之事注却變異曰禳禳禳也月令季春命國難九門磔禳以畢春氣注此難難陰氣也陰寒至此不止害將及人所以及人者陰氣右行此月之中日行歷昴昴有大陵積尸之氣氣佚則厲鬼隨而出行命方相氏帥百隸索室毆疫以逐之又磔牲以攘于四方之神所以畢止

其灾也王居明堂禮季春出疫于郊以攘春氣又季冬命有司大難旁磔注陰氣右行此月之中日歷虛危虛有墳墓四司之氣為厲鬼將隨強陰出害人旁磔于四方之門磔攘也禳攘字異義同

臘索也夏曰清祀殷曰嘉平周曰大䄍秦曰臘月令孟冬臘門閭及先祖五祀左氏僖五年傳虞不臘矣臘之見于傳記者惟此二文而已業建丑之月謂之臘月宗懍荊楚記云臘節在十二月故因是謂之臘月也史記秦本紀惠王十三年始臘始皇三十一年更改臘曰嘉平禮運疏云夏曰清祀

清祀者以清潔祭祀殷曰嘉平嘉善也平成也以歲終萬物善成就而報功蔡邕獨斷云臘者歲終大祭縱吏民宴飲非迎氣故但送不迎應劭風俗通義云案禮夏曰嘉平殷曰清祀周曰大碏漢改為臘臘者獵也田獵取獸祭先祖也郊特牲云八蜡以祀四方四方年不順成八蜡不通以謹民財也周禮疏云八蜡者先嗇一也司嗇二也農三也郵表畷四也貓虎五也坊六也水庸七也昆蟲八也盧學士曰蔡邕獨斷載四代臘之別名亦與風俗通同夏與殷之名俱互異禮記月令正義引獨斷

初學記引風俗通則與廣雅之文無異史記秦始皇本記索隱引廣雅秦曰臘作亦曰臘是則今本風俗通獨斷皆傳錄誤

天子祭以鬯諸侯以薰大夫以茝蘭士以蕭庶人以艾

此本禮王度記也周禮疏引王度記無祭字茝蘭作蘭芝餘同白虎通義考黜篇亦引王度記作大夫芭蘭士蕭餘同禮有鬱鬯者築鬱金之草而煑之以和秬黍之酒使之芬香條鬯故謂之鬱鬯鬯非草名而此與薰茝蘭蕭艾並列則以鬱為鬯草

故以亦以為草也盧學士曰說文薫香草也茝蘭
見內則釋文茝本又作芷昌改反韋昭注漢書云
香草也昌以反又說文云　也齊人謂之茝據此
則賈疏云芷白虎通云芑皆芷字之為也說文蕭
艾蒿也蒹乃萑之未秀者則亦蕭之偽也詩王風
采葛傳云蕭所以供祭祀正義引爾疋釋草云蕭
荻陸璣云今人所謂荻蒿者是也可作燭有香氣
故祭祀以脂爇之為香許慎以為艾蒿非也爾疋
艾水臺郭注今艾蒿
王者以四時畋以奉宗廟因簡戎事刈草為防敺欺于

反

而射之不題禽不墆車反美過不捷草越防不追天

子取三十焉一為乾梪二為賓客三為充君之庖其

餘以與士

王者至戎事○夏官大司馬中春教振旅遂以蒐

田中夏教茇舍遂以苗田中秋教治兵遂以獮田

中冬教大閱遂以狩田左氏隱五年傳春蒐夏苗秋

獮冬狩皆以農隙以講事也○刈草至不追○此

亦未審所出小雅車攻詩傳云田者大芟草以為

防或舍其中褐纏旃以為門裘纏質以為槸間容

握驅而入擊則不得入左者之左右者之右然後

焚而射焉天子發然後諸侯發諸侯發然後大夫士發天子發抗大綏諸侯發抗小綏獻禽於其下故戰不出頃田不以防不逐奔走古之道也穀梁昭八年傳艾蘭以為防以葛覆質為槷范甯注蘭香草也防為田之大限盧學士云艾與刈音義同不題禽即穀梁所云面傷不獻拖當與詭同趙岐注孟子曰横而射之曰詭遇文選班固東都賦弦不睼禽轡不詭遇李善注引說文睼視者音遞案說文本不睼迎視也玉篇同段氏云正迎而射之則面傷矣射左膘左髀皆不正迎也班作睼其義

正同李善注脱迎字耳郭注爾疋釋言云題額也不捷草蓋禽之竄于草中不搜索而盡取之也穀梁又云過防不逐不從奔之道也○天子至與士○公羊桓四年傳諸侯曷為必田狩一曰乾豆二曰賔客三曰充君之庖何休注已有三牲必田狩者孝子之意以為已之所養不如天地自然之牲逸豫肥美禽獸多則傷五穀因習兵事又不空設故因以捕禽獸所以共承宗廟不忘武備又因以為田除害也小雅車攻詩傳一曰乾豆二曰賔客三曰充君之庖故自左膘而射之達于右髃為上

殺射右耳本次之射左髀達于右髃為下殺面傷不獻踐毛不獻不成禽不獻禽雖多澤取三十焉其餘以與大夫士以習射于澤宮田雖得禽射不中不得禽取田雖不得禽射中則得取禽古者不辭讓取不以勇力取箋云射右耳本射當為達三十者每禽三十也孔疏一曰乾豆謂第一上殺者乾足以為豆實供廟也二曰賓客謂第二殺者別之以待賓客也三曰充君之庖為第三下殺者取之以充實君之庖廚也君尊宗廟敬賓客故先人而後以取其下也又分別殺之三等故自左膘而

射之達過于右肩髃為上殺以其貫心死疾肉最絜美故以為乾豆也射右耳本箋云射當為達亦自左射之達右耳本而死者為次殺以其遠心死稍遲肉已微惡故以為賓客也不言自左者蒙上文可知射左股髀而達過于右脅䯚為下殺以其脅死最遲肉又益惡充君之庖也凡射獸者皆逐後從左廂而射之達于右䯚獨言射左髀則上殺達于右髃當自左脅也次殺右耳本當自左肩髃也不言自左舉下殺之射左髀可推而知也鄭云每禽三十者以君之獵不宜諸種止取十三故以為每

禽馬則宗廟賓客君庖各十也其餘以與卿大夫士習射澤宮所謂班餘獲禽也不言諸侯者卿大夫尚得與射諸侯在射可知也盧學士曰乾梪說文云木豆謂之梪漢韓勅孔子廟碑爵鹿柤豆即柤豆梪與豆同也鄭注禮記王制云乾豆謂腊之以為祭祀豆實也范注穀梁桓四年傳云上殺中心死速乾之以為豆實可以祭祀次殺射髀骼死差遲下殺中腸汚胞死最遲先宗廟次賓客後庖廚尊神敬客之義

肆兵

題上事也白虎通義云王者諸侯所以田獵何為苗除害上以供宗廟下以簡習士衆也是因祭祀而田獵亦必順天之時故以肆兵繫之釋天也

全羽曰旞

說文旞導車所以載全羽為以允允進也或作旞釋名全羽為旞旞猶滑也順滑之貌也春官司常道車載旞注道車象路也王以朝夕燕出入又云全羽為旞注全羽五采繫之于旞之上

析羽曰旌

說文旌游車載旌析羽注于旄首所以精進士卒名析羽為旌旌精也有精光也春官司常斿車載旌注斿車木路也又曰析羽為旌注析羽五采繫之于旌之上所謂注旄于干首也爾雅注旄首曰旌李巡曰以犛牛尾着旌首者孫炎曰析五采羽注旄上也其下亦有旒縿郭璞曰載旄于竿頭如今之幢亦有旒

熊虎曰旗

說文旗熊旗五游以象罰星士卒以為期釋名熊虎為旗軍將所建象其猛如虎與衆期其下也春

官司常師都建旗注師都六鄉六遂大夫也謂之師都都民所聚也畫熊虎者鄉遂出軍賦象其守猛莫敢犯也三禮圖云輈人熊旗六斿以象伐也鄭注熊虎爲旗師都之所建伐屬白虎宿與參連體而六星故六斿此王者所建也其斿與杠長短亦如太常若臣下則各依命數然則遂大夫四命四斿鄉大夫六命則爲六斿斿之與杠長短則不得如王者之數

天子杠高九仞諸侯七仞鄉大夫五仞士三仞天子十斿至地諸侯九斿至軫鄉大夫七斿至軹音紙士五

[斿]此釋旌旗之杠及斿之制也說文竿竹挺也此云杠其字以木蓋以木為之斿說文作游旌旗之旒也左氏昭七年傳楚子為令尹也為王旌為于田芊尹無宇斷之曰一國兩君其誰堪之杜注析羽為旌王旌游至于軫孔疏杜以楚雖僭號稱王未必即如天子故以諸侯解之然諸侯之旌短于王旌二刃大夫之旌亦短于諸侯之旌二刃槃周禮軫去地四尺較去軫並五尺五寸而禮緯云諸侯齊軫大夫齊較於事為疑不可知也故劉向新序義勇篇司馬子期獵于雲夢載旗之長拖地芊尹

文拔劍齊之軨而斷子司馬子期伏軾而問曰吾有罪于夫子乎對曰臣以君旗曳地故也國君之旗齊于軨大夫之旗齊于軾今于荆國有名大夫而滅三等文之斷也不亦可乎左氏昭七年公羊襄十六年疏引禮緯稽命徵及含文嘉皆云禮天子旗九刃十二旒曳地諸侯七刃九旒齊軨卿大夫五刃七旒齊較士三刃五旒齊肩肩一作首宗均曰旗者旌旗也所以别尊卑序貴賤也軨車後横木曰諸侯之旗齊于軨士齊首首頭也此所謂釋者本諸禮緯也續漢志云天子建太常十有二

斿九仞曳地又云龍旗九斿七仞齊軫以象大大
烏旟七斿五仞齊較以象鶉火熊旗六斿齊肩以
象參伐龜旐四斿四仞齊首此諸侯以下所建漢
制也鄭康成云七尺為仞夫子之旗六丈三尺然
則諸侯四丈九尺卿大夫三丈五尺士二丈一尺
軟至軹廣韻十八尤引廣雅作至轂誤金壇段大
令玉裁云輢內之軨謂之軹縮輢上者謂之較較
與軹皆自與最高處言之若轂則與軫高下相等
矣舊本大夫上脫卿字盧氏據爾雅釋云引補五
仞下脫士三仞三字盧氏據初學記引補又士三

旂盧本三改五今竝從之

旗幟

題上事也說文旗士卒以為期釋名旗期也月令云以為期章以別貴賤等絡之度小雅六月織文鳥章織即幟也今通用幟史記云旗幟皆赤馬司貞曰幟或作識或作志此因祭祀而及田獵因田獵而及旗幟故皆附于釋天

釋地第九

管子水地篇地者萬物之本原諸生之根菀

也說文地元氣所分輕清陽為天重濁陰為地萬物所陳列也籀文作墬釋名地者底者其體底下載萬物也亦言諦也五土所生莫不審諦也易謂之坤坤順也上順乾也太平御覽引春秋說題詞云地之為言媲也承天行其義也居下以山為位道之經也山陵之大非地不制含功以牧生白虎通義地者易也言養萬物懷任交易變化也太平御覽引曰地者元氣之作生萬物之祖也地之言施也諦也應施變化審諦不誤敬始重終故謂

之地也又云地有三形高下平也地宮大司徒有不易之地一易之地再易之地遂人有上地中地下地淮南地形訓東西為緯南北為經山為積德川為積形邱陵為牡谿谷為牝此篇所釋先言四海九州之道次及于汙地而地所產之珠玉地所有之異物並紀焉足以廣異聞也洪範八政一曰食謂農殖嘉穀可食之物耕種所以盡地之力足民之食王政之大要故亦廣其名而釋之

神農、廣、四海內東西九十萬里南北八十一萬里太平御覽引春秋命歷序人皇代分九州有神人名左耳蒼色大眉玉理駕六龍出地輔號皇神農始立地形甄度四海東西九十萬里南北八十一萬里宋均注曰月清明有次序故神應和氣以生也玉理猶玉英玉勝也所為如此其教如神農殖樹木使民粒食故天下號曰皇神農也甄紀地形遠近山林川澤所至盧學士曰呂氏春秋有始覽云凡四極之内東西五億有九萬七千里南北亦五億有九萬七千里高誘注海東西長南北短極内等也

帝堯所治九州地二千四百三十萬八千二十四頃
其懇者九百一十萬八千二十四頃
帝王世紀云堯遭洪水分爲十二州今虞書是也及
禹平水土還爲九州今禹貢是也是以其時九州
之地凡二千四百三十萬八千二十四頃定懇者
九百一十萬八千二十四頃不懇者千五百萬二
千頃廬學士曰孝經援神契云計校九州之別土
懷山林之大川澤所注萊沛所生鳥獸所聚凡九
百一十萬八千二十四傾（見御覽三十六）定墾者九百一
十萬八千二十四頃（此條見路史後紀十三注）磽确不墾者千

五百萬二千頃注御覽五百訛作一百今據劉昭注郡國志正之路史志亦同

夏禹所治四海內地東西二萬八千里南北二萬六千里出水者八千里受水者八千里

管子地數篇桓公曰地數可得聞乎管子對曰東西二萬八千里南北二萬六千里中山經呂氏春秋有始覽淮南地形訓帝王世紀並與管子同

四海九州

題上事也益稷云外薄四海禹貢東漸于海西被于流沙朔南暨聲教訖于四海爾雅釋地九夷八狄七戎六蠻在南次四荒

郭璞注九夷在東八狄在北七戎在西六蠻在南次四方者說文云水中可居曰州周遶其旁从重川昔堯遭洪水民居水中高土故曰九州一曰州疇也各疇其上而生之春秋說題辭云州之言殊也釋名水中可居曰洲洲聚也人及鳥獸所聚息之處也北所釋者專言神農堯禹時所治之地也

湖藪陂塘都沆古朗反阡澤挻音延衍皋古豪反沼池也

陳風東門之池箋云孔安國云停水曰池古池字

作沱禮記惡池周禮作虖沱史記蘇秦列傳作嘑沱左氏隱三年傳正義引風俗通池者陂池从水也聲今本無之鄭注月令云穿地通水曰池說文沱江別流也徐鍇曰沱胎之沱通用此字今別作池非是湖者風俗通山澤篇湖者都也言流瀆四面所限都也說文湖大陂也楊州浸有五湖浸川澤所仰以灌溉也徐鍇曰湖猶都也五湖一名具區其派有五故曰五湖或曰以其周行五百里故曰五湖夫雲夢澤方五里可言五澤乎或引國語吳越戰于五湖直在一湖中戰故曰大湖自名五

湖蓋五湖其都數若言兩京五都三秦百越但舉南郡亦可以言五都豈便謂其摠舉太湖哉藪者說文藪大澤也周禮藪以才得民又地官澤虞鄭注水希曰藪左氏昭二十年傳藪之薪蒸虞候守之周語云藪物之歸也詩鄭風釋文引韓詩章句禽獸居之曰藪風俗通義云藪者澤也藪之言厚也草木魚鼈所以厚養人君與百姓也陂者詩彼澤之陂傳陂澤障也周語澤不陂韋昭注陂障也古不竇澤故障之說文陂阪也漢書高祖紀嘗息大澤之陂顏師古注蓄水曰陂盧學士曰風俗通

按傳曰陂者繫也言因下鍾水以繫利萬物也今陂皆以溉灌案繫有皮音應邵于魯國繫縣音皮儀禮鄉射禮君國中射則皮樹中鄭注今文樹皮為蕃樹詩番維司徒韓詩作繁古今人表作皮故比以繁訓陂也世説德行篇郭林宗謂黄叔度汪汪若萬頃之陂澄之不清擾之不濁塘者解見釋宮篇都者古豬字夏本紀大野既都集解云孔安國曰水所停曰都禹貢作豬馬融曰水所亭止深者曰豬盧學士曰中山經和山實惟河之九都郭璞注九江所潛故曰九都案潛藏也亦鍾聚之義

吭者盧學士曰吭當即說文之沆字云莽沆大水也曰大澤　風俗通謹案傳曰沆者莽也言其平望莽莽無涯際也沆澤之無水斥鹵之類也今俗語亦曰沆澤案廣韻魧鹽澤也吭同上即風俗通後一說也斥者禹貢海濱廣斥夏本紀作廣潟徐廣曰一作澤一作斥河渠書溉澤鹵之地索隱曰澤一作舄本或作斥是斥與澤通故亦為池說文東方謂之㡿西方謂之鹵通作舄漢書地理志齊地負海舄鹵溝洫志終古舄鹵兮生稻粱澤者鄭注澤虞云水鍾曰澤水希曰藪風俗通義云謹案

尚書雷夏既澤詩曰彼澤之陂有蒲與荷傳曰水艸交錯名之為澤澤者言其潤澤萬物以阜民用也春秋左氏傳云澤之佳蒲舟鮫守之韓詩傳雷澤在濟陽縣北埏者疑當為埏玉篇埏隰也衍者盧學士曰說文衍水朝宗于朝海也小爾雅澤之廣者謂之衍左氏襄五年傳井衍沃杜注衍沃平美之地則如周禮以為井地釋文引賈逵曰下平曰衍大昭棠劉向九歎云巡陸夷之曲衍兮王逸注衍澤也臯者小雅鶴鳴于九臯傳臯澤也箋云臯澤中水溢出所為坎自外數至九喻深遠也左

氏襄十七年傳澤門之晳詩疏引作皋門離騷云步余馬于蘭皋兮王逸注澤曲曰皋水經注潁水東南逕澤城北即古皋亭沼者說文沼池水孔安國曰方曰沼圓曰池大雅靈臺王在靈沼傳沼池也

都野孟豬彭蠡少原音源振澤渚毗符支反沛丕妹反澤雷澤幽都

都野者漢書地理志武威郡武威縣休屠澤在東北古文以為豬壄澤夏本紀原隰底績至于都野集解鄭康成曰地理志都野在武威名曰休屠澤

正義曰括地志都野澤在涼州姑臧縣東北二百八十里孟豬者周官職方云藪曰望諸鄭注望諸明都也禹貢被孟豬夏本紀作被明都索隱曰明都音孟豬爾雅左傳謂之孟豬惟周禮稱望諸皆此地之別名漢書地理志梁國睢陽縣禹貢盟諸澤在東北元和郡縣志孟諸澤在宋州虞城縣西十里周回五十里俗號盟諸澤彭蠡者禹貢彭蠡既豬陽鳥攸居傳彭蠡澤名釋文引張勃吳録云彭蠡今名洞庭湖夏本紀作彭蠡既都集解鄭康成曰地理志彭蠡澤在豫章彭澤西正義曰括地

志彭蠡湖在江州潯陽縣東南五五十二里少原者韓詩外傳孔子出遊少原之野有婦人中澤而哭甚哀孔子怪之使弟子問焉婦人對曰向日刈蓍薪而亡蓍簪是以哀孔子曰刈蓍薪而亡蓍簪有何悲也婦人曰非傷亡簪吾所以悲者不忘故也盧學士曰楚詞惜誓乃至少原之野赤松王喬皆在旁王逸注少原之野仙人所居此非廣雅所說振澤者夏本紀震澤致定索隱曰震一作振正振正義曰澤在蘇州西南四十五里地理志會稽吳縣具區在其西揚州藪古文以爲震澤越絕書

太湖周三萬六千頃太平寰宇記引虞翻川瀆記云太湖東通松江南通霅溪西通荆溪北通滆湖東連九溪凡五道謂之五湖諸毗者盧學士曰郎諸毗南山經浮玉之山北望具區東望諸毗郭璞注水名即此所稱者是也西山經不周之山北望諸毗之山北山經求如之山滑水出焉而西流注于諸毗之水郭注水出諸毗山此二者皆非廣雅之所指也沛澤者左氏昭廿年傳齊侯田于沛公羊僖四年齊桓公循海而東師大陷于沛澤之中何休注草棘曰沛漸洳曰澤趙岐孟子注沛草木

之所生澤水也雷澤者地理志雷澤在濟陰城陽陽縣西北夏本紀雷夏既澤正義曰洪水之時高原亦水澤不為澤今高地水盡此復為澤也括地志雷夏澤在濮州雷澤縣郭外西北海內東經云雷澤有雷神龍首人頭鼓其腹則雷也幽都者盧學士曰書堯典申命和叔宅湖方曰幽都孔傳都謂所聚也尚書太傳幽都宏山祀鄭注宏山恒山也十有一月朔巡守視幽都之氣於恒山也海內經云北海之內有山名曰幽都山黑水出焉案廣雅訛此九地以擬九藪幽都蓋即禹貢之大陸漢

廣雅疏義卷十八

書地理志鉅鹿郡鉅鹿縣禹貢大陸澤在東北殆即所謂幽都也

沚

題上事也前所澤者皆沚澤之別名此確指其澤之地而釋之

瓊支瑾瑜昭華白珩音衡璇音旋璜弁和璵璠垂棘碧瓐藍田珠音朱瓄音瀆琬琰璐音路瑭音唐璑珚渠反　憖赤瑕

瓊支者衛風木瓜傳瓊玉之美者說文瓊赤玉也或作璚瓗琁三字玉篇瓊渠營切引莊子云積云為樹名曰瓊枝其高一百二十仞大三十圍以琅

玕為之寶支枝古字通離騷云折瓊枝以繼佩張衡思元賦佩夜光與瓊枝李賢注瓊枝玉樹以喻堅貞也瑾瑜者說文瑾瑜美玉也西山經峚山丹水出焉其中多白玉瑾瑜之玉為良堅粟精密濁澤而有光五色發作以和柔剛天地鬼神是食是饗君子服之禦以不祥左氏宣十五年傳瑾瑜匿瑕聘義瑕不掩瑜瑜不掩瑕玉藻世子佩瑜玉楚辭九嘆捐赤瑾于中庭王逸注赤瑾美玉也昭華者尚書太傳堯得舜推而尊之贈以昭華之玉淮南泰族訓乃屬舜以九子贈以昭華之玉而傳天

下為王逸九思云抱昭華兮寶璋盧學士曰玉海引大傳舜以天德詞堯西王母東獻白玉琯晉書律志舜時西王母獻昭華之琯西京雜記高祖初入咸陽宮周行府庫有玉管長二尺三寸六孔吹之則見車馬山林隱轔相次吹息亦不復見銘曰昭華之琯白珩說文佩上玉也所以節行止也楚語楚之白珩猶在乎韋昭注珩佩上之橫者晉語白玉之珩六雙注珩佩上飾盧學士曰珩通作衡禮記玉藻云幽衡蔥衡即黝珩惠珩也璇者陶徵士誅璿引說文為璒今本說文以璇為瓊之或體

與李所見本異矣璜者左氏定四年傳封魯公以夏后氏以璜杜注璜美玉名淮南精神訓夫有夏后氏之璜者匣匱而藏之寶之至也詩毛傳雜佩者珩璜琚瑀衝牙之類弁和者與卞和同魯有卞莊子古今人表作弁嚴子韓非子云楚人和氏得玉璞于楚山中獻之厲王王使玉人相之曰石也王以為誑而刖其左足厲王薨武王即位又獻武王王使玉人相之又曰石也王又以為誑而刖其右足武王薨文王即位和乃抱璞而哭于楚山之下三日三夜淚盡而繼之以血王使人問其故曰

吾非悲刖也悲夫寶玉而題之以石貞士而名之以誑也王乃使玉人理其璞而得寶焉遂命曰和氏之璧恒寬鹽鐵論和氏之璞天下之美寶也待鑑識之工而後盟高誘注淮南子覽冥訓云楚人卞和得美玉璞于荆山之下獻之武王文王俱刖其足又獻之成王剖視之果得美玉以爲蓋純白夜光也盧學士曰楚世家無厲王韓非誤也璵璠者說文璠璵璠魯之寶玉孔子曰美哉璵璠遠而望之奐若也近而視之瑟若也一則理勝一則孚勝左字定五年傳季平子卒陽虎將以璵璠斂仲

梁懷弗與曰改玉改步杜注璵璠美玉也鹽鐵論云夫以璠璵之玭而棄其璞以一人之罪而兼其衆則天子無美寶信士也垂棘者左氏僖二年傳晉荀息請以垂棘之壁假道于虞杜注垂棘出美玉玉篇作瑓引埤倉云垂瑓地名出美玉盧學士曰何休注公羊云垂棘出良壁疏云玉有美惡出處不同周有藍田楚有和氏宋有結緑晉有垂棘碧瓐者西山經高山下多青碧郭璞注亦玉類今越嶲會無縣東山出碧張衡南都賦緑碧紫英李善注引廣注碧有緑碧有緑碧淮南氾論訓玉工

眩于玉之似碧盧者唯猗頓不失其情盧與瓐同韻會碧瓐碧玉也藍田者漢書地理志京兆藍田山出美玉後漢西都賦注引范子計然曰玉出藍田盧學士曰元和郡縣志藍田縣案周禮玉之美者曰球其次為藍蓋以縣出美玉故曰藍田京兆記又云出玉如藍故曰藍田珠璸者說文銮璸玉也玉篇璸下引史記云崐出璸玉琬琰者說文琬圭有琬者琰璧上起美色也春官典瑞琬圭以治德以結好琰圭以易行以除慝鄭司農云琬圭無鋒芒故以治德結好琰生有鋒芒傷害征伐誅討之

彖故以易行除慝攷工記玉人之事琬圭九寸而繅以象德琰圭九寸判規以除慝以易行鄭注琬猶圜也王使之瑞節也諸侯有德王命之使者執琬圭以致命焉凡圭琰上寸半琰圭琰半以上又半爲瑑飾淮南說山訓琬琰之玉在洿泥之中雖廉者弗釋璐者說文璐玉也玉篇美玉也楚詞九章被明月兮佩寶璐塘者徒郎切玉篇塘玉也本此撫者武扶切說文撫三采玉也夏官弁師諸侯之繅斿九就瑉玉三采注三采朱白蒼故書瑉作璑鄭司農云撫惡玉名賈疏以其三采又非璵璠

故云惡玉名也琨者玉篇琨齊玉也盧學士曰水經穀水注引海經傳山之西有林焉曰璠冢穀水出焉東流注于洛其中多琨玉案今中山經作琨以形近致誤赤瑕者說文瑕玉小赤也鄭注聘義云瑕玉之病也上林賦赤瑕較犖雜臿其間張揖士彼注云赤瑕赤玉也

玉

題上事也聘義云昔者君子比德于玉焉溫潤而澤仁也縝密以栗知也廉而不劌義也垂之如隊禮也叩之其聲清越以長

其終絀然樂也瑕不揜瑜瑜不揜瑕忠也孚尹旁達信也氣如白虹天也精神見于山川地也圭璋特達德也天下莫不貴者道也詩曰言念君子溫其如玉故君子貴之也管子水地篇夫玉之所貴者九德出焉溫潤以澤仁也鄰以理者知也堅而不蹙義也廉而不劌行也鮮而不垢潔也折而不撓勇也瑕適皆見精也茂華光澤並通而不相陵容也叩之其音清搏徹遠純而不殺辭也是以人主貴之藏以為寶剖以

為符瑞春秋繁露云凡執贄公侯至玉玉至親而不蔽其惡內有瑕穢必見之于外故君子不隱其短不知而問不能則學取之玉也君子比之玉玉潤而不污是仁而至清潔也廉而不殺是義而不害也堅而不磬過而不濡視之如庸展之如石狀如石搔而不可從繞潔白如素而不受污玉類備者故公侯以為贄說文玉石之美有五德潤澤以溫仁之方也䚡理自外可以知中義之方也其聲舒揚專以遠聞知之

方也不撓而折勇之方也銳廉而不忮絜之方也象三玉之連丨其貫也玉之為用最廣自宗廟祭祀朝聘會同無不需之要亦地之所產故附于釋地焉

水精謂之石英

南山經堂庭之山多水玉郭璞注水玉今水精也上林賦水玉為砢廣志水精出大秦黄支國盧學士曰水玉亦松子所服見列仙傳後漢書西南夷傳哀牢夷出水精水精亦作水晶裴松之注魏志引魏畧西戎傳大秦國以水晶作宮柱及器

物

瑠璃珊瑚玫音梅瑰古回反夜光隋侯隋侯見蛇傷治之後蛇銜珠以報

虎魄金精幾

瑠璃者漢書西域傳罽賓出珠璣珊瑚虎魄璧流離孟康曰流離青色如玉顏師古曰魏畧云大秦國出赤白黑黃青綠縹紺紅紫千種流離孟康言青色不博通也後漢書西南夷傳哀牢夷出琉璃瑠與珋同說文珋石之有光璧珋也出西胡中郭璞江賦云璃珋璿瑰劉逵吳都賦注黃支國多異物入海市明珠流離棄流離即瑠璃也集韻瑠璃

火齊珠也珊瑚者說文珊瑚赤色生於海或生於山漢書司馬相如傳珊瑚叢生郭璞注珊瑚生水底石邊大者可高三尺餘枝格交錯無有葉曹植美女篇明珠交玉體珊瑚閒木難案本草珊瑚生南海唐本注云似玉紅潤中多有孔亦有無孔者玫瑰者說文玫火齊玫瑰也史記史馬相如列傳其石則赤玉玫瑰集解郭璞曰玫瑰石珠也晉灼曰玫瑰火齊珠曰顏師古注漢書云火齊珠今南方之出火珠也夜光者淮南氾論訓明月之珠不能無纇注云夜光之珠有似月光故曰明月也

王逸九思云寳彼兮沙礫捐此兮夜光注云夜光明珠也班固西都賦隋侯明月錯落其間又曰懸黎垂棘夜光在焉李善曰高誘以隋侯爲明月許慎以明月爲夜光班固上云隋侯明月下云夜光在焉然則班以夜光非隋侯明月矣西京賦云流懸黎之夜光吴都賦云隋侯於是鄙其夜光鄒陽云夜光之壁劉琨云夜光之珠尹文子云田父得寳玉徑尺置于廡上其夜明照一室然則夜光爲通稱不繫之于珠璧也隋侯者莊子讓王篇今且有人于此以隋侯之珠彈千仞之雀世必笑之是

何也則其所用者重而所要者輕也韓非解老篇和氏之璧不飾以五采隋侯之珠不飾以銀黄其質至美物不足以飾之淮南覽冥訓隋侯之珠和氏之璧得之而富失之而貧高誘注隋侯漢東之國姬姓諸侯也隋侯見大蛇傷斷以藥傳而塗之後蛇于江中銜大珠以報之因曰隋侯之珠蓋明月珠也孫奭孟子疏引韓詩云隋侯姓祝字元暢往齊國見一蛇在沙中頭上出血隋侯以杖扶于水中而去後回還到蛇處乃見此蛇啣珠來隋侯前隋侯意不懌是夜夢脚踏一蛇驚起乃得雙珠

後人稱爲隋侯珠矣二說不同未知孰是虎魄者後漢書王符傳注云虎魄珠也生地中其上及旁不生草深者八九尺初時如桃膠凝堅乃成其方人以爲枕出罽賓及大秦國本艸圖經云舊說琥珀是千年茯苓所化一名江珠張茂先云今益州永昌生琥珀而無茯苓又云燒蜂窠所作三說皆不能辨按南蠻地志云林邑多琥珀云是松脂所化虎琥魄珀字異義同金精者盧學士曰文選郭璞江賦金精玉英瑱其裏李善注引穆天子傳河伯曰視汝黃金之膏郭璞曰金膏其精汋音綽業

廣雅以金精爲珠未能詳也璣者說文璣珠不圜也禹貢厥篚元纁璣組孔引孝經援神契曰神靈滋百寶用則珠母璣鏡也宋均曰事神明得則大珠有光可爲鏡也

珠

題上事也說文珠蚌之陰精淮南說山訓明月之珠出于蠬蜄楚語王孫圉對趙簡子曰珠足以禦火灾管子侈靡篇珠者陰之陽也故勝火文選注引禮斗威儀云其君乘金而王則江海出大貝明珠裴松之

注魏志引西域舊圖云大秦多明月夜光珠南方艸木狀云珠在蚌左右曰玤珠長三寸半在漲海郭璞珠讚曰萬物變蛻其理無方雀雉之化含懷珠璫珠玉皆珍寶之物故以珠附于玉之後焉

蜀石碝而兖反玫忙巾反硨音車磲音渠碼音馬碯奴道反武夫琨音昆珸音吾琘石瑊古咸反又音玏音勒珂。

蜀石者司馬相如上林賦蜀石黃碝李善引張揖注云蜀石石次玉者也楊雄蜀都賦云於近則有瑕英菌芝玉石江珠章樵注皆石之比珠玉

者蔺芝石芝也碝者說文碝石次玉者中山經扶豬之山其上多豬石郭璞注今雁門山中出碝石白者如冰半有赤色者司馬相如子虛賦碝石武夫張愽士彼注云皆石之次玉者碝石白者如冰半有赤色史記集解徐廣云石似玉班固西都賦碝磩綵緻紋者說文玫石之美者禮記玉藻士佩瓀玫而緼組綬鄭注聘義云瑉或玫解見下文硨磲者一作車渠蛤屬生南海中大者如箕背有渠壟如蚶殼玫以為器如白玉書顧命大貝在西房孔傳大貝如車渠尚書大傳云散宜生之江淮之

蒲取大貝如大車之渠鄭康成注渠車罔也御覽引元中記車渠出天竺國又引魏武帝車渠椀賦序云車渠玉屬多纖理縟文出於西國其俗寶之小以為繫頸大以為器桂海虞衡志云車渠似大蚌嶺外代答云南海有蚌屬曰車渠形如大蚶長三尺許亦有盈一尺以下者郭璞江賦紫蚢如渠即指車渠也魏略云大秦國多車渠集韻車渠生西國是玉石之類形似蚌蛤有文理碼碯者木華海賦車渠馬瑙全積如山玉篇碼碯石次玉廣志碼碯出西南諸國盧學士曰御覽引元中記云馬

瑙出月支古今注云魏武帝以瑪瑙石為勒魏文帝賦云序曰玉屬也出自西域文理交錯有似馬瑙故其方因以名之武夫者一作珷玞玉篇珷玞石似玉南山經會稽之山下多砆郭璞注武玞石似玉今長沙臨湘縣出之赤地白文色蔥蘢不分了也戰國魏策云白骨疑骨碔砆類玉漢書子虛賦音義夫出長沙文選注引張博士彼注云碔夫赤地白采蔥蘢白黑不分琨珸者說文琨石之美者或从貫作瓘書禹貢瑤琨篠蕩王肅注瑤琨美石次玉者者也馬融本及漢書地理志俱作瓘司

馬彪注子虛賦云琨珸石之次玉也史記索隱記云按河圖云流州多積石多昆吾鍊之成鐵以作劍光明昭如水精磆石者與玟同一作珉玉篇砥靡幽切山海經岐山其陰多白珉禮記君子貴玉而賤珉鄭注石似玉亦瑉玟二字史記司馬相如傳琳瑉昆吾漢書作珉張揖士彼注云珉石次玉者瑊玏者上古閩切下盧則切漢書司馬相如傳瑊玏元厲張揖士彼注云瑊玏石之次玉也中山經葛山其下多瑊石郭璞注瑊石勁石似玉也說文作玪塾云石之次玉者瑊玪玏塾字異音義同

珂者吳都賦致遠離與珂珹劉逵注老雕化西海為珹凡裁割若馬勒者謂之珂珹者珂之本璞也日南郡出珂珹玉篇珂石次玉也亦碼瑙潔白如雪者

石之次玉

題上事也蜀石等雖不似玉要是玉之類故說文于石之次玉者曰瑩曰蚌曰璓曰玖石之似玉者曰琱曰瑀曰珉曰琅曰瑰曰瑮曰璡曰瑎曰璁曰琥曰璾曰堅曰瓅曰玽曰琂曰璶曰琟曰瑪曰瑎曰璒曰玜

曰玕曰琂皆備載于玉部也

東方有魚焉如鯉六足鳥尾其名曰鮯古合反南方有鳥焉三首六目六足三翼其名曰鸑必舌反鵖音付予付之西方有獸焉如鹿白尾馬足人手四角其名曰玃九㹖反如北方有民焉九首蛇身其名曰相繇音由中央有蛇焉人面豺身鳥翼蛇行其名曰化蛇此五方之異物也

此皆本山海經也東山經跂踵之山有水焉廣員四十里皆涌其名曰深澤有魚焉其狀如鯉而六足鳥尾名曰鮯鮯之魚其名自叫郭注音蛤又贊

云東方有魚其形如鯉其名爲鮯六足鳥尾鱗爲之母胎育厥子南山經基山有鳥焉其狀如鷄而三首六目六足三翼其名曰䳜鵂食之無卧郭注䳜鵂急性敞孚二音西山經臯塗之山有獸焉其狀如鹿而白尾馬足人手而四角名曰玃如郭注玃如前兩脚似人手音豰玃之玃又讚云玃如之獸鹿狀四觡馬足人手其尾則白貌兼二形攀木緣石海外北經共工之臣曰相柳氏九首以食于九山相柳之所抵厥爲澤谿禹殺相柳其血腥不可以樹五穀種禹厥之三仞三沮乃以爲衆帝之

臺在昆侖之北柔利之東相栁者九首人面虵身而青郭注共工霸九州者頭各自食一方之物言貪暴難饜抵觸厥掘也中山經陽山其中多化虵其狀如人面而豺身鳥翼而虵行其音如叱呼見則其邑大水舊本鴟下音釋有付予切三字當作音付予之付今訂正盧學士曰鴒下疑尚脫一鴒字列子力命篇憋片滅反𢡂音敷張湛注急速之貌方言憋芳滅反惡也郭璞注憋怤急性也此鳥命名之義因其急性也玃如郭注音猳玃業今本多誤作玃如注如誤作猳玃近畢中丞沅據史記索隱作

玃如而音則作貜玃案貜玃見呂氏春秋察傳篇注爾疋釋獸玃父註作貜玃則正文定當從廣疋作玃為正相柳相綠聲相近

八家為鄰參鄰為朋三朋為里五里為邑十邑為鄉十鄉為都十都為師州十有二師焉見尚書

尚書太傳云古之處師八家而為鄰三鄰而為朋三朋而為里五邑而為邑十邑而為鄉十鄉而為都十都而為師州有十二師焉家不盈三口者不朋由命士以上不朋鄭康成注州凡四十三萬二千家蓋唐虞之數也舊本朋作明今訂正盧學士

曰晉書地理志昔在帝堯叶和萬邦制八家為鄰鄰云亦與此同鄭康成注皋陶謨云師長也九州州立十二人為侯師以佐其牧堯初制五服服各五百里要服之內方四千里曰九州州州更方七千里七七四十九得方千者四十九其一以為圻內餘四十八州分而各有其六春秋傳曰禹朝羣臣於會稽執玉帛者萬國則九州之內諸侯也其制特置牧以諸侯之賢者為之師蓋百國一師州十有三師則州千二百國也八州凡九千六百國其餘四百國在圻內

㖡音柔 㖸奴弋反 臤音堅 甄古賢反 埴時職反 塿音樓 垶息營反 壚來乎反 墳膩音什田地土也

說文土地之吐生萬物者也二象地之下地之中丨物出形也釋名土吐也能吐生萬物者也㖡者耳由切說文㖡和田也唐韻㖡良田㖸者說文㖸城下田也而緣切玉篇㖸城外隍内地也仁緣奴過二切臤者即堅字㓻土也曾憲避諱訣筆爾音釋堅字後人所加盧學士曰攷工記車人為耒堅地欲直庛柔地欲句庛淮南地形訓家語執轡篇皆云堅土之人㓻甄者玉篇甄陶人作瓦器謂之

甄土也漢書董仲舒傳泥之在鈞唯甄者之所為埴者說文埴黏土也釋名土黃而細密曰埴埴膩也黏膩如脂之膩也禹貢徐州厥土赤埴墳孔傳土黏曰埴攷工記疏引鄭注作戠攷工記用土為瓦謂之摶埴之工是埴為黏土塿者洛侯切說文塿塺土也垶者說文垶赤剛土也通作騂地官草人凡糞種騂剛用牛注騂謂色赤剛強也壚者說文壚剛土也貢禹豫州下土墳壚釋文引說文黑剛土也釋名土黑曰盧盧然淮南地形訓壚土之解散也呂氏春秋辨土篇凡耕之道必始于壚為

其窊澤而洳枯墳者禹貢厥土黑墳馬融曰有膏肥也隴者方句切說文隴邱名玉篇隴小阜集韻閏角切平原也是隴為高之土也田者說文田陳也樹穀曰田釋名已耕者曰田田填也五穀填滿其中也太元云觸地而田之鄭注禹貢云據人功作力競得而田之則謂之田地者解見上文

耦䎧音沸耖才心反耩音講𦔳音弋𦓿音宊𦔙側基反𦗑布苗反䎱音披

耠乎谷反䎭音碑𦓨步侯反𦓾音局𦔮音漠犂營墾𦓙耕也說文耕犂也玉篇引周書云神農之時天雨粟神農耕田而種之賈誼曰一夫不耕或受之飢凡耕

之大方力者欲柔柔者欲力息者欲勞勞者欲息
棘者欲肥肥者欲棘急者欲緩緩者欲急濕者欲
燥燥者欲濕是因耕之因地制宜也耦者盧學士
曰說文耦耒廣五寸為伐二伐為耦攷工記匠人
為溝洫耜廣五寸二耜為耦一耦之伐廣尺深尺
謂之甽鄭注古者耜一金二人併發之其壟中曰
伐伐之言發也甽畎之疏云耜謂耒頭金金廣五
寸耒面謂之庛庛亦廣五寸二人各執一耜若長
沮桀溺耦而耕二人雖共發一尺之地未必並發
𤱩者非尾切說文𤱩兩壁耕也一曰覆耕種也讀

若匪鍬者盧學士曰玉篇鍬掘地也又臿屬也亦作銚廣韻又直林切同耩者公項切玉篇耩穮也齊民要術云苗高一尺鋒之耩者非不壅本苗深穀草益實然今地堅硬之澤難耕鋤得五徧已上不須耩⿰耒巽者余力切玉篇⿰耒巽耕也本此桀⿰耒巽與⿰耒巽同呂氏春秋離俗云晨寤興務耕疾庸⿰耒巽為煩辱不敢休矣高誘云⿰耒巽古耕字⿰耒矣者徒兀切玉篇⿰耒矣耕禾間⿰耒甾者玉篇⿰耒甾耕也盧學士者蓋與菑同詩周頌載芟有略其耜俶載南畝箋云俶載當為熾菑正義曰熾然入地而菑殺其草於南畝之中穮

黃淮況長卷十八

罡

者玉篇⿰耒麃⿰耒去也說文作穮耕禾閒也詩作麃周頌
載芟緜緜其麃傳麃耘也左氏昭元年傳譬如農
夫是穮是蔉杜注穮耘也壅苗曰蔉正義此言穮
蔉即詩之言耘耔也䎱者匹皮切玉篇䎱耕也亦
作⿰田皮耠者玉篇耠耕也本此⿰金罷者彼為切說文⿰金罷
耜屬讀若媯⿰耒吾者玉篇⿰耒吾耜屬⿰耒局也渠錄切玉篇
耕麥也廣韻⿰耒局耕者本此⿰耒莫者呼旦切玉篇⿰耒莫冬
耕犁者說文犁耕也玉篇具也釋名犁利也利其
發土絕艸根也古者二耜為耦而輓犁以耕管子
乘馬篇丈夫二犁童子五尺一犁五尺漢書匈奴

傳犂其庭顏師古曰犂耕也廣韻犂耕田器亦耕也引海内經曰后稷之孫叔均所作魏畧曰皇甫隆為燉煌太守教民作樓犂也⿰耒犁同上營者盧學士曰詩小疋黍苗傳營治也蓋營度其田四圍所至也漢趙充國屯田西域後人即謂之營田墾者方言墾力也郭注耕墾用力周語土不備辟在司寇又云墾田若蓺注發田曰墾揚雄羽獵賦是草木不得墾辟李善引倉頡篇墾耕也䎱者古攜切説文䎱䎱又可以劃麥河内用之玉篇田器也○集韻⿰耒包部巧切引廣雅耕也今無此文疑即⿰耒冘字

之訛

稍所交反⿰禾曼亡旦反⿰禾㚇叉江反⿰禾啇他歷反⿰禾奄一劫反積仕責反埶魚世

及稙樹播音祇稗音派投蒔時志反種之用反也

此釋種五穀之也說文作種埶也玉篇以種埶種

稑字彼此互易失六書之故訓矣稍者玉篇稍⿰禾曼

種山教切⿰禾曼者玉篇⿰禾曼不蒔田也廣韻母官切案

⿰禾曼通作縵漢書食貨志一歲之收常過縵田畮一

斛以上善者倍之顏師古曰縵田謂不為畮者也

為甽者又過縵田二斛以上也縵音莫幹反⿰禾㚇者

說文⿰扌㚇種也从土予紅切⿰禾㚇與⿰扌㚇同⿰禾啇也他的切

玉篇稿種也廣韻不耕而種也𥝦者玉篇𥝦穉種也積者玉篇積灰中種也仕革切執者說文埶種也以坴丮特而種之引詩曰我埶黍稷盧學士曰亦作蓺詩大疋生民蓺之荏菽箋云蓺樹也周語墾田若蓺韋注蓺猶蒔也植者字當作稙說文稙早種也又與殖通書曰農殖嘉穀左氏襄卅年傳我有田疇子產殖之樹者說文樹生植之揔名籒文作尌稭者玉篇稭種叅上祇切稗者集韻稗普卦切引廣雅種也舊本稗訛渒今訂正校者亦下種之意蒔者更別種尚書播時百穀鄭注時讀蒔原

端也
水經注及太平御覽及春秋說題辭云高平曰原
原端也平而有度也宋均注度法則也
大鹵太原也
春秋昭元年經晉荀吳帥師敗狄于大鹵公羊穀
梁皆作大原公羊傳大鹵也曷為之大原地物從
從中國邑人名從主人疏云案古史及夷狄之人
皆謂之大鹵所以今經與師讀皆言大原者正以
地與諸物之名皆須從諸夏名之故也穀梁傳中
國曰太原夷狄曰大鹵杜預左氏傳注云大鹵太

原晉陽縣

釋丘第十

說文丠土之高地也非人所為也从北从一一地也人居在丘南故从北中邦之居在昆崙東南一曰四方高中央下為丘象形古文作𡋬昆侖是大丘之名風俗通義云謹按尚書民乃降丘度土堯遭洪水萬民皆山棲巢居以避其害禹決江疏河民乃下丘營度爽塏之場而邑落之故丘之字二人立一上一者地也四方高中央下象形也案應說非也

言六書者當以說文為宗賁六五賁于邱園虞翻為艮為山五半山故稱邱揚子法言云邱陵學山而不至于山半山為邱義亦通也御覽引春秋說題詞曰邱者基也衛風氓詩邱與祈為韻故以期訓之此篇以釋邱為名而止有椒邱一條疑傳寫有脫漏矣文選謝惠連泛湖詩注引廣雅土高四墮曰椒邱而今無此文其明證也此以邱為主而凡阪險厓限之屬亦附見焉

邱上有本為椒祕邱

盧學士曰秘者戈戟之柄秘卯之名不見他書

小陵曰卯

傳曰必高必因卯陵是卯與陵同類卯特小於陵耳盧學士曰爾疋大阜曰陵故小陵名曰卯也

無石曰𠂤

楚辭九思山𠂤兮峉峉𠂤與𠂤同說文𠂤大陵山無石者象形釋名土山曰阜阜厚也言高厚也風俗通義云謹案詩云如山如阜春秋左氏傳魯公伯禽宅曲阜之地阜者茂也言平地隆踊不屬于山陵也今曲阜在魯城中委曲長七八里雒北阪

即為阜也
四隤大迴反曰陵
詩釋文引韓詩章句四平曰陵太平御覽引春秋說題詞云陵之為言棱也輔山成其廣層陵扶推益厥長也
四起曰京
說文京人所為絕高邱也从高省卜象高形四起四面高起
四京曰阿
言四方皆如京之高也爾疋大陵曰阿

𠂤細阜也

字書無𠂤字疑自之訛說文𠂤小阜也象形徐鍇曰今俗作堆都回切盧學士曰賈逵注國語曰小阜曰魁見史記趙世家魁即𠂤也舊本廣疋作𠂤細也誤今據說文補正又塊阜亦邱之小者淮南俶真訓塊阜之山無文之材

藏謂之壙

說文壙塹穴也周禮夏官方相氏大喪先匶及墓入壙以戈擊四隅毆方良鄭注壙穿地中也地官掌蜃共闉壙之蜃禮檀弓篇弔於葬者必執引若從

柩及壙皆執紼

墳堬以珠反埰音采墦音煩埌音浪壟培步苟反塿來苟反垗陵墓封冢也

說文冢高墳也从勹豕聲知隴切釋名冢腫也象山頂之高腫起周禮序官冢人注云冢封土為邱壠象冢而為之方言冢秦晉之間謂之墳或謂之培或謂之堬或謂之埰或謂之埌或謂之壠自關而東謂之邱小者謂之塿大者謂之邱凡葬而無墳謂之墓所以墓之謂墲郭注墳取名于大防也培音部堬音臾埰古者卿大夫有采地死葬之因

名也埌音波浪之浪壠有界界埒似耕壠因名之
塿培塿亦堆高之皃墓言不封也墓猶慕也墲謂
規度墓地也夏書曰初　之墲是也案墳者說文
墳墓也春官冢人以爵等為邱封之度與其樹數
注云王公曰邱諸臣曰封漢律曰列侯墳高四尺
關內侯以下至庶人各有差疏引春秋緯云天子
墳高三仞樹以松諸侯半之樹以柏大夫八尺樹
以欒卅士四尺樹以槐庶人無墳樹以楊柳漢書
霍光傳將軍擴土未乾墦者扶員普安二切玉篇
墦冢也孟子云卒之東郭墦間之祭者趙岐注郭

外冢閒也埌者莊子應帝王篇游無何有之鄉以處壙埌之野集韻埌冢也一曰壙埌原野迥皃壠者說文壠邱壠也曲禮適墓不登壠鄭注壟冢也墓塋域月令孟冬塋邱壟之大小高卑潘岳懷舊賦墳壘壘而接壟培塿者與部婁同左氏襄廿年傳部婁無松柏杜注部婁小阜說文作附婁云小土也山周伯琦六書正譌云附从𨸏付聲俗用培塿非邱陵者釋名邱象邱形也陵亦然也玉篇陵冢也墓者說文墓邱也釋名墓慕也孝子思慕之處也序官墓大夫注墓塚塋之地孝子所思慕之

處檀弓云古也墓而不墳注墓謂兆域今時封塋也古謂殷時也土之高者曰墳封者檀弓云於是封之崇四尺鄭注聚土曰封又云吾見封之若堂者矣見若覆夏屋者矣見若斧者矣從若斧者焉馬鬣封之謂也小爾雅云壙謂窀填謂之封

宅兆音兆塋音營域葬地也

此釋葬地之名也檀弓篇國子高曰葬也者藏也藏也者欲人之弗得見也說文葬藏也从死在茻中一其中所以薦以宅兆者李孝經喪親章云卜其宅兆而安厝之兆塋書鈔引鄭注宅墓穴也兆

塋域也垗兆同士喪禮筮宅冢人塋之鄭注宅葬居也又兆南注云兆域也所葬之處塋域者說文塋墓也春官小宗伯兆五帝于四郊注云兆為壇之營域塋與營同又冢人掌公墓之地辨其兆域

隇音咸隇夷音夷阻陂陀險也

說文險阻難也易曰天險不可升也地險山川邱陵也王公設險以守其國隇夷者漢書地理志引詩周道郁夷顏師古曰韓詩作郁夷言使臣乘馬行于此道文選潘岳西征賦登崤阪之威夷注引韓詩周道威夷薛君章句威夷險也漢郁夷故城

在今隴州隴阪在焉此所釋者本諸韓詩隇陝與咸夷同阻者說文阻險也繫辭傳夫乾德行恒易以知險夫坤德行恒簡以知阻陂陀者宋玉招魂待陂陁此二王逸注陂陁長陛也陁一作陀史記司馬相如傳登陂陁之長坂兮玉篇陀大何切陂陀險阻也俗作陁舊本陀為陁今訂正

岡嶺隥反多鄧陘音形阪也

說文阪山脅也爾雅陂者曰坂李巡曰陂者謂高峯山陂岡者說文岡山脊也釋名岡亢也在上之言也大雅公劉云迺陟南岡嶺者漢書閩粵傳今

諸挍留也豫章梅頤待命又云入白沙武林梅頤是古作領也玉篇嶺阪也本此隥者穆天子傳天子東升于三道隥郭璞注隥阪也班固西都賦陵隥道而超西墉張衡西京賦隥道麗倚而正東陘者戶經切漢書地理志常山有井陘中山有苦陘說文陘山絕坎也

隒音撿又音歛澳於六反㕓厈浦潯濱潨音叢堳埒音劣氾墳漘音脣陴滸垠吳根反厓也

說文厓山邊也又云崖高邊也玉篇厓水邊也是山水邊通稱厓隒者魚檢切說文隒崖也張衡西

京賦設切厓隒澳者說文澳水隈厓也其內曰澳
其外曰隈通隩周語宅居九隩韋昭注隩內也九
州之內皆可宅居亦何奥衛風瞻彼淇奥禮記引
作澳厚盧學士曰厚之訓厓於古文未有今案乃
靡字之譌也史記司馬相如傳明月珠子玓瓅江
靡集解引郭璞云靡崖也索隱引應劭曰靡邊也
又引張博士云靡涯也顏師古注漢書云江靡江
邊靡迆之處也晉書元帝紀綸旭天旆于江靡厈
者說文厂山石之厓巖人可居象形籀文作厈張
衡西京賦絕阬踰斥薛綜注斥澤厓也李善音尺

浦者說文浦瀕也詩曰率彼淮浦大雅常武釋文浦涯也玉篇云水源枝江江海邊曰浦楚辭九歌望涔陽兮極浦水涯也潯者說文潯旁深也淮南原道訓故雖游于江潯海裔高誘注潯厓也潯讀葛覃之覃謝莊宣貴妃誄云散靈魄于天潯瀕者說文作頻云水厓人所賓附頻蹙不前而止小雅北山率土之濱詩毛傳及子虛賦郭注並云濱厓也潨者祖紅切大雅鳧鷖傳潨水會也箋潨水外之高者也堳埒者集韻引作湄埒俱以水天官掌舍注云謂王行止宿平地築壇又委壝土起堳

埒以為宮此言堳埒蓋厓之高起有似之也堳通作湄秦風蒹葭在水之湄傳湄水隒也孔疏云爾雅重甗隒隒是山岸湄是水岸故云水隒爾雅水潦所還埒邱謂郭注謂邱邊有界埒水繞環之淮南原道訓聰明不損而知八紘九野之形埒把者楚辭天問云出自湯谷次于蒙汜王逸注汜水涯也墳者爾疋墳大防李巡曰墳謂厓岸狀如墳墓名大防也地官大司徒辨其墳衍原隰之名後鄭注水涯曰墳說文作濆水厓也引詩曰敦彼淮濆大疋常武傳濆厓也㵸者說文㵸水厓也王風葛

藟在河之漘傳漘水隒也正義曰隒是山岸漘水岸故云水隒魏風伐檀傳漘厓也陴弁者舊本作陴洋且譌為音釋攷集韻引廣雅陴泮厓也盧學士曰說文陴城下女墻俾倪也此亦有邊竟之誼泮泮疑是洋玉篇洋亦瀰深也盛也漢書地理志邶又曰河水洋洋今邶詩無此句不知乃洋洋之誤也瀰既為水盛似不當在此然亦得與潯涘汎為類或疑是汻字說文汻水厓也徐鍇曰今作滸非是爾疋岸上滸注岸上也段氏玉裁云洋疑泮之誤詩衛風隰則有泮傳泮坡也箋云泮讀為畔

〻涯也大昭紫滓之為厓未見所出段說近之其為正文無疑垠者說文垠地垠也一曲岸也或作圻史記賈生列傳坱軋無垠索隱引說文垠圻也揚雄羽獵賦開北垠受不周之制顏師古注垠厓也張協七命推拂霄堮出蒼垠李善注引許慎淮南子注垠堮端厓

庋

凡所當坈猶隩隅隈也

說文隈水曲隩也淮南覽冥訓田者不侵畔漁者不爭隈高誘注隈曲深處魚所聚也魏都賦攷之四隈則八埏之中張載注隈猶隅也鄒衍曰四隅

不静度者劉向九歎云步從容于山度王逸注度為隈玉篇度隈也本此盧學士曰本書釋詁度隐也此又訓為隈者亦謂可以隐匿之處檀弓所云其高可隐也是也坑者大雅公劉芮鞫之即箋水之内曰隩水之外曰鞫周禮職方氏注引詩作内阬漢書地志芮阬雍州水也顔注阬與鞫同韓詩作芮坑是阬鞫阬音義同盧學士曰爾疋釋邱隩隈又云　内為隩外為隈陸氏釋文本隈作鞫云字林作阬玉篇阬古岸也廣韻曲岸水外曰阬陬隅者本書釋言隅陬角也説文陬阪隅也又云隅

陬也楚辭天問云隈隅多有孰知其數

厓陝

題上事也

釋山第十一

周語云山土之聚也管子形勢篇山者物之高者也春秋繁露云積土成山無損也成其大無虧也小其上泰其下久長安後世無有去就儼然獨處惟山之意設文山宣也宣氣散生萬物有石而高也釋名山產也產生物也文選注引春秋運斗樞云山者地基也太

平御覽引春秋說題詞云周易艮為山為小石石陰中之陽陽中之陰陰精輔陽故山合石石之為言託也託立法也水經注引說題詞云陰含陽故石凝為山初學記引韓詩外傳云夫山萬人所觀仰財用生焉寶藏殖焉飛禽萃焉走獸伏焉育羣物而不倦有似夫仁人志士是仁人所以樂山也此篇所釋先言山嶽之異名次及天下名山之數以及昆侖諸山之高遠無不備焉

岱宗謂之泰山

漢書郊祀志歲二月東巡狩至于岱宗岱宗泰山也風俗通義山澤篇云東方泰山詩云泰山巖巖魯邦所瞻尊曰岱宗岱者長也萬物之始陰陽交代白虎通義云岱者言萬物相代于東方也公羊僖三十一年傳云雲觸石而出膚寸而合不崇朝而徧雨天下者其惟泰山乎故爲五嶽之長漢書地理志泰山郡博縣有泰山廟岱宗在西北兗州山道書福地記泰山高二千九百丈二尺張守節曰泰山在兗州博城縣西北三十里

天柱謂之霍山

漢書地理志廬江郡灊縣天柱山在南有祠爾雅霍山為南嶽郭注今在廬江灊縣西即天柱山灊水所出也史封禪書上巡南郡至江陵而東登禮灊之天柱山號曰南嶽初學記引盛宏之荆州記云衡山者五嶽之南嶽也其來尚矣至于軒轅乃以灊霍之山為副焉故爾雅曰霍山為南嶽蓋因其副焉至漢武南巡又以衡山遼遠道隔江漢於是乃徙南嶽之祭於廬江灊山此亦承軒轅副義也太平御覽引徐靈期南岳記與荆州記同張博士是漢末人依漢武所定之五嶽立說故以泰霍

華恒嵩當之別名岣嶁之衡山不入數也爾雅大山宮小山霍今天柱山在安慶府潛山縣西北亦謂之皖公山皖山出焉別流曰灊水合流入于江其山中峯小而四圍有大山以宮繞之霍之名因此

華山謂之太華

禹貢西傾朱圉鳥鼠至于太華鄭康成曰地理志太華山在恒農華陰南周官豫州其山鎮曰華山西山經華山一名太華之山削成而四方其高五千仞其廣十里漢書地理志京兆華陰縣太華山在

南有祠豫州山風俗通義云西方華山華者華也萬物滋然變華于西方也初學記引華山記云山頂有池生千葉蓮花服之羽化因曰華山薛綜注西京賦云華山對河東首陽山黄河流于二山之間古語云此本一山當河河水過之而曲行河神巨靈以手劈開其上以足蹈離其下中分為兩以通流河流今觀手跡于華山上指掌之形具在脚跡在首陽山下亦存焉張守節曰括地志華山在華州華陰縣界八里

常山謂之恒山

史記夏本紀常衛既從索隱曰此文改恒山恒水皆作常避漢文帝諱故也周官并州其山鎮曰恒山漢書地理志常山郡上曲陽縣恒山北谷在西北有祠并州山白虎通義云北山爲恒恒者常也陰終陽始其道道常久故又曰常山風俗通義云恒者常萬物伏藏于北方有常也初學記引五嶽圖云恒山高三千九百丈七尺上方三十里周迴三千里有太元之泉神草十九種服之可度世管子云其山北臨代南俯趙東接河海之間早生而晚殺五穀之所蕃熟四種五穫焉

外方謂之嵩

漢書地理志潁川郡嵩高縣武帝置以奉太室山是爲中岳有太室少室山廟古文以崇高爲外方山也顔師古曰嵩古崇字史記集解引劉熙孟子注云益避禹之子任嵩高之北說文新附有嵩字云中岳嵩高山也韋昭國語注云古通用崇字爾雅山大而高嵩郭注今中嶽嵩高山蓋依此名釋名嵩竦也亦高稱也風俗通中央曰嵩高嵩者也詩云嵩高惟嶽峻極于天白虎通中央之嶽獨加高字何中央居四方之中而高故曰嵩高山初

學記引戴延之西征記云其山東謂太室西謂少太室相去十七里嵩其總名也謂之室者以其下各有石室石史記正義云括地志嵩高山亦名太室山亦名外方山在洛州陽城縣北二十三里舊本外下脫方字嵩上衍嶠字今訂正盧學士曰嵩下當併增高字

岣古候反嶁力侯反謂之衡山

郭璞注中山經衡山云俗謂之岣嶁山岣音矩嶁音縷漢書地理志長沙國湘南縣禹貢衡山在東南荊州山張守節云括地志衡山在衡州湘潭縣

廣雅疏義卷十六

西四十一里

蜀山謂之崏山

史記封禪書瀆山蜀之汶山漢書郊祀志汶山作岷山地理志蜀郡湔氏道禹貢崏山在西徼外江水所出說文岷作𡺎義與班固同河圖括地象曰岷山之下為井絡帝以會昌神以建福漢之湔氏道在唐為松州廣德初陷吐蕃宋以為吐蕃地今為龍安府松潘衛岷山在衛西北二十里曰大分水嶺江水出焉蜀瀆聲相近故瀆山亦為蜀山也崏岷文字異音義同

吴山謂之開山

夏官職方氏雍州其山鎮曰嶽山漢書地理志右扶風汧縣吴山在西古文以為汧山雍州山史記正義云括地志汧山在隴州汧源縣西六十里其山東隣汶岫西接隴汧水出焉汧開聲相轉

薄落謂之幵（音笄）頭

漢書地理志安定郡涇陽縣幵頭山在西禹貢涇水所出五帝本紀西至于空桐登鷄頭索隱曰山名也後漢王孟塞鷄頭道在隴西一曰崆峒山之别名正義曰括地志笄頭山一名崆峒山在原州

平高縣西百里淮南子涇出落薄之山高注薄落之山一名笄頭山是頭一名薄落也幵笄鷄字異音義同音釋讀幵為牽失之矣

土高有石山

鄭注周禮云積石曰山說文山有石而高象形

山産也石䂬音石也

釋名山産也産生物也山體曰石石格也堅捍格也初學記引春秋說題詞云石之為言託立法也又引物理論云土積為石石氣之核也氣之生石猶人筋絡之生爪牙也盧學士曰說文䂬百二十

亦蓋五權之最重者石質重故云秙也

冢湩也嶽确礐也

釋名山頂曰冢冢湩也言腫起也白虎通義云嶽者何嶽之為言桷也桷功德也風俗通義云嶽桷也桷考功德黜陟也确桷古字通

凡天下名山五千二百七十出銅之山四百六十有七出鐵之山三千六百有九

史記貨殖傳銅鐵則千里往往山出棊置索隱曰言如圍棊子往往有之帝王世紀云名山五千三百五十經六萬四千五十六里出銅之山四百六

[illegible]

十七出鐵之山三千六百九以供財用山海經作名山五千三百七十出鐵之山三千六百九十管子地數篇名山之數與山海經同出銅鐵之山與廣雅同又曰山上有赭者其下有鐵上有慈石者其下有銅

崑崙虛有三山閬風板桐元圃其高一千一百一十里一十四步二尺六寸

淮南地形訓掘崑崙虛以下地中有增城九重其高萬一千里百一十四步二尺六寸縣圃涼風樊桐在崑崙閶闔之中是其疏圃高注掘猶平也水

經云崑崙虛在西北去嵩高五萬里地之中也其高萬一千里十洲記云崑崙有三角正北曰閬風巔正西曰縣圃臺正東曰崑崙宮水經注引崑崙說云崑崙之山三級下曰樊一名曰板桐二曰元圃一名曰閬風上曰層城一名天庭

𣶒烏懸反畎古犬反嶰乎買反谿谷

此釋國之名也山下出泉流而不竭故附釋山篇中汝說文云泉出通川為谷从水半見出於口𣶒者說文淵回水也或作𣶒象形左右岸也李康運命篇譬如水焉通斯之為川焉塞之斯為淵焉盧

學士曰列子黄帝篇軌桓之潘為淵止水之潘為淵流水之潘為淵濫水之潘為淵沃水之潘為淵氿水之潘為淵雍水之潘為淵汧水之潘為淵肥水之潘為淵殷敬順說文云潘本為燔燔洄流也畎者說文文水小流也篆文作畎禹貢云羽畎夏翟嶰者說文作⿰阝解云水衡官谷也一曰小谿馬融廣成頌窮浚谷底幽嶰通作解呂氏春秋古樂篇取竹於嶰谿之谷漢書律歷志黄帝使泠綸取竹之解谷注昆侖之北谷名谿者爾雅釋山云山瀆無所通者谿說文又釋水水注川曰谿注谿曰谷

傳疏引宋均曰無水曰谷有水曰谿

釋水第十二

洪範五行一曰水水曰潤下管子水地篇水者地之血氣如筋脉之通流者也故曰水具材也夫水淖弱以清而好灑人之惡仁也視之黑而白精也量之不可概至滿而止正也唯無不流至平而止義也人皆赴高已獨赴下卑也准南原道訓夫水所以成其至德於天下者以其淖溺潤滑也釋名水準也準平物也說文水準也北方之行象衆水竝流中

有微陽之氣也白虎通義云水位在北方者陰氣在黃泉之下任養萬物水之言準也養物平均有準則也太平御覽引春秋元命包云水之爲言演也陰化淖濡流施潛行也文選注引元中記云天下之多者水焉浮天載地此篇所釋先言原泉水所自也次言州渚民所居也自川瀆以及坑淵無不備焉舟楫之利以濟不通故舟亦附見之

濆音墳泉直泉也直泉涌泉也

公羊昭九年經叔弓帥師敗莒師于濆泉傳云濆

泉者何直泉也直泉者何涌泉也徐彥疏謂此泉直上而出水經注瀵水出汾陰縣南四十里西去河三里平地開源濆泉上涌大幾如輪深則不測俗呼為瀵魁古人壅其流以為陂水種稻東西二百步南北百餘步盧學士曰爾疋濫泉正出正出涌出也注引公羊作直出云直猶正也疏引李巡注云水泉從下上出田涌泉說文涌滕也滕水超涌也

州

州居也陼止也渚處也潛反自尸至也

州居也○釋名水中可居曰洲洲聚也人及鳥物

所聚息之處也說文云昔堯遭洪水民居水中高土故曰九州一曰州疇也各疇其土而生之衆經音義引孫炎注爾疋云水有平地可居者也○陼止也渚處也○陼渚古通用釋名小洲曰渚渚遮也體高能遮水使從旁迴也小渚曰沚沚止也小可以止息其上也楚詞九章朝發枉陼兮夕宿辰陽王注枉陼地名或曰枉曲也陼沚也高誘注淮南云水中可居者曰渚盧學士白爾疋釋水小州曰陼小陼也曰沚小沚曰坻邢疏引李巡曰四方皆有水中央獨可居但大小異其名耳釋文陼字

又作渚詩召南江有渚傳渚小洲也水枝成渚箋江水流而渚流齊語渠弭於有渚韋昭注渠弭裨海也水中可居者渚然則渚即陼也不宜異文兩見疑當作陼處也沚止也於爾疋次第不失而諧聲取義文亦無複○渚至也渚與泜通用説文坻或从水作渚釋名小沚曰泜泜遲也能遏水使流遲也

海晦也江貢也河何也淮均也濟濟也津𠕋也洛繹也漯理也澗閒也漢達也涓悁音謂也汝汝也涇徑也

廣雅疏義卷十八

三二

此釋諸水命名之義也○海晦也○說文海天地也以納百川者釋名海晦也主承穢濁其水黑如晦也○盧氏云禮記疏引李巡說詩疏引孫炎說亦皆以海為晦○江貢也○風俗通義山澤篇云江貢也所出珍物可貢獻也釋名江公也諸水流入其中所公共也○河何也○商頌元鳥景員維河鄭箋河之言何也釋名河下也隨水下處而通流也風俗通河者播也播為九流出龍圖也業何與荷通水經注引春秋說題辭云河之言荷也荷精分布懷陰引度也○淮均也○釋名淮圍也圍繞

楊州北界東至海也風俗通義云淮者均也均其務也太平御覽引春秋說題辭云淮出桐柏淮者均也均其勢也。濟濟也。說文泲沇也東入于海又别出濟云水出常山房子贊皇山今經典相承混為一矣此實當作泲也釋名濟濟也源出河北濟河而南也風俗通義云濟齊也齊其度量也水經注引春秋說題辭云濟齊也齊度也員也。津因也。說文作津水渡也鄭注論語云津濟渡處因河為津。洛驛也此洛是禹貢導洛自熊耳之洛豫州川也字或作雒左馮翊褱德亦有洛水是雍州浸。初學記及太平御覽引春秋釋題辭云洛之為言繹也繹其燿也宋均注水光燿也崇驛繹古字通。溼埋也詹事兄曰說文無溼字淮本經訓禹闢伊　道廛澗二水名讀如裹溼之溼廛从里疑古有里音故韓訓為埋耳。釋名山夾水曰澗澗間也言在兩山之間也。漢達也詹事兄曰達疑遠之譌。渭謂也。初學記引春秋說題辭云渭之為言謂也謂謂流水貌。汝汝也。下汝字當作女太平御覽引春秋說題辭云汝出猛山汝之為言女也宋均曰女取其生孕也。

逕徑也。爾疋釋水直波爲徑釋名水直波曰逕逕徑也言如道徑也湍

湍瀨也磯、音機、磧七的反也

湍瀨者趙岐孟子注湍者圜也謂湍湍縈水也說文湍疾瀨也他耑切楚詞九歌云石瀨兮淺淺王逸注瀨湍也淺淺流疾皃淮南地形訓湍水人輕遲水人重注湍水行疾也又俶真訓湍瀨旋淵注湍瀨急流也漢書武帝紀甲爲下瀨將軍臣瓚曰瀨湍也吳越謂之瀨中國謂之磧伍子胥書有下瀨船溝洫志云高水湍涆難以行平顏師古曰急流

曰湍磯磧者說文磧水陼有石者又徐鉉新附有磯字云大石激水也趙岐孟子注磯者激也玉篇磯水中磧也磧水渚石水淺石見

𨸝音洪洫畎𣹢音遂涓埂古杏反溝渠川瀆欲窞徒感反科臽音焰坑也

此釋坑之名也說文阬閬也徐鉉曰今俗別作坑非是楚辭七諫云與麋鹿同坑𨸝者玉篇𨸝户公切阬也廣韻𨸝坑也本此洫者說文洫十里為成成閒廣八尺深八尺謂之洫亦作淢大雅文王有聲云築城伊淢傳淢成溝也箋方里曰成淢其溝

也廣深各八尺畎澮者攷工記匠人為溝洫耜廣五寸二耜為耦一耦之伐廣尺深尺謂之甽田首倍之廣二尺深二尺謂之遂九夫為井井閒廣四尺深四尺謂之溝說文文一耦之伐廣尺深尺謂之之倍倍謂之遂倍遂曰溝倍溝曰洫古文作畎澻與遂同涓者涓小流也古懸切家語金人銘涓涓不壅終成江河集韻⿰阝肙下引廣韻阬也是本又作⿰阝肙埂者說文埂秦謂阬為埂讀若井汲綆玉篇引蒼頡篇埂小坑也溝者說文溝水瀆廣四尺深四尺釋名水注谷曰溝田閒之水亦曰溝溝搆也

縱横相交構也渠者說文渠水所居風俗通秦時韓人鄭國穿渠以利漕道官民俱賴其饒焉川者說文川毌穿通流水也釋名川穿也穿地而流也攷工記兩山之間必有川焉管子度地篇水之出于他水溝流于大水及海者命曰川虞書濬畎澮距川謂深溝澮之水會爲川也瀆者爾疋注澮曰瀆說文瀆溝也讀若瀆古文作𧮣欿者與坎同易坎卦京房劉並作欿詩魏風坎坎伐輪兮石經魯詩殘碑作欿欿坎彖傳習坎重險也窞者說文窞坎中小坎也一曰旁入也坎初六入于坎窞王

弼曰最處坎底也馬融長笛賦岣窞巖窔科者孟子盈科而後進趙注科坎也舊本科訛枓今訂正臽者說文臽小阱也从人在臼上戶猎切廣韻臽小坑也

湋潭淵自三仞以上二億三萬三千五百五十有九清滌浮著水也

此釋水淵之名及其都目也淵者觧見釋山篇湋者說文湋回也羽非切眾說文又部𠬤字注云回淵水也是回亦淵也故謂之湋潭者楚詞九章云泝江潭兮王逸注潭淵也楚人名淵曰潭淮南地

形訓凡鴻水淵藪自三百仞以上二億三萬三千五百五十里有九淵禹乃以息土填洪水以為名山禮記曲禮曰水曰清滌正義云古祭用水當酒謂之元酒也而云清滌言其甚清皎潔也樂記云尚元酒是也浮著本詳盧學士曰此云浮著水或本有酒在中而以水加之使其味淡若然始得元酒之名否則即謂之明水可矣何必亦稱之為酒乎

陽侯濤太高反汰音太波也

此釋波之名也陽侯者戰國策云寒漏舟而輕陽

侯陽國侯也溺死于水其神能為大波楚辭九章云淩陽侯之氾濫兮王逸注陽侯大波之神揚雄反離騷云陵陽侯之素波兮博物志澹臺子羽渡河齎千金之璧河伯欲之至陽侯波起濤者高誘注淮南人閒訓波者涌起還者為濤文選注引蒼頡篇濤大波也汏者楚辭九章云齊吳榜以擊汏王逸注汏水波也廣韻汏徒蓋切

舟舫榜船也

方言舟自關而西謂之船自關而東謂之舟或謂之航說文船舟也釋名船循也循水而行也淮南

道應訓至于中流陽侯之波兩蛟夾繞其船舟者說文舟船也古者共鼓貨狄刳木爲舟剡木爲楫以濟不通象形釋名舟言周流也呂氏春秋虞姁作舟墨子云工倕作舟山海經注引宋仲子注世本云共鼓貨狄二人並黃帝臣淮南說山訓見竅木浮而知爲舟舫者說文舫船師也明堂月令曰斿舫人習水者甫妄切又云方併船也詩邶風谷風方之舟之箋方泭也爾疋大夫方舟郭注併兩船釋文方音舫或作舫又音方玉篇並兩船盧學士曰戰國楚策張儀謂方船積粟又云舫船載卒

亾無耆五十人一言方一言舫義亦無別榜者王逸注九章吳榜云船櫂也司馬相如子虛賦榜人歌史記集解引郭璞注榜船也案玉篇榜北孟切廣韻榜人舟人也集韻榜補曠切並兩船文選注引説文士説榜人船長也

䑳音州 艂二反毅 舸 艜音帶 艒音目 𦪇音朋 艄反消 故 舺甲音押音 又 艖

香音 舡音偪 艆反力 唐 艕反江 九 艗音鈎 艑反步 典 艖佃楚加多反反 又 舭

丁又 針 艍長音 艡音當 舲鈴反 江 舡乎反 江 䑽治 舸若可音音 人 艬音撥

舞反力人又又反 反 艔反器 叶 䑳其音 艃里音 艣寒音 舤付音 艀反叶 鳩 艦

斷上之豫 舿夫音 艞洗音 艅音 舽音 䑹音 艨音 艟音 艥反反 以 艏音自 舴

側及
榕艋音猛艬音禮舟也

上釋舟之總名此釋舟之散名也易曰利涉大川刳木舟虛也詩疏引鄭注舟謂集板如今自空大木為之曰虛總名皆曰船舠者釋名船三百斛曰舠舠貂也貂短也江南所名短而廣安不傾危者玉篇舠音彫盧學士曰案藝文類聚所云舠作刀初學記作舠詩衛風河廣曾不容刀箋小船曰刀正義云說文作舠舠小船也今說文無之又引釋名亦作刀是刀舠舠並通用艬者玉篇艬大船也廣韻艬合木船也𦨴者玉篇銅徒紅切𦨴船艜者

方言艇長而者薄謂之艜郭璞音衣帶之帶玉篇艜丁大切艇船也艒䑿者方言艖謂之艒䑿郭音目宿玉篇艒音冒又音目艒䑿船名䑿思六切船名䒀者小爾雅云艇之小者曰䒀方言艇短而深者謂之䒀郭注今江東呼艖音步玉篇䒀艇短而深者𦨭者集韻䒀𦨭舟也是合上䒀爲一船名舴艋者玉篇舴陟挌切舴艋小舟艋莫梗切艆者玉篇艆海船也艡者玉篇艡音郎船也集韻引埤蒼云艆艡海中大船也則合艆艡爲一船𦨲𦩍者玉篇𦨲古侯切𦨲𦩍舟名𦩍力木切北堂書鈔豫章城

西有䑦䑵洲即呂蒙作䑦䑵大艑處水經注作谷鹿洲蓋䑦谷聲相轉也盧學士曰䑦又作𦪇吳志呂蒙傳蒙盡伏其精兵𦪇䑵艑者玉篇艑船小也盧氏云此蓋指艑舟言艑自有大者故識作石城樂云大艑載三千斛水丈五餘艖者方言小舸謂之艖郭注今江東呼艖小底者也音叉玉篇艖小船集韻合上艑為一船云艑艖舟名䑣艡者玉篇䑣䑣艡戰船也艡丁浪切䑣艡盧韻䑣艡水載船出字林艀者玉篇艀吳船舡者玉篇舡船也䑀者玉篇䑀他刀切五音集韻對䑳江中大船䑀䑳同舸

者言南楚、江湘凡船大者謂之舸。左思吳都賦宏舸建舳。玉篇：舸，谷可切，船也。⿰舟發者，玉篇：⿰舟發，布末切，大船也。艛者，玉篇：艛，船名。案漢書武帝時南粤叛，修昆明池，治樓船高千餘丈，楊僕為樓船將軍，即此矣。艛、樓古字通。艩者，玉篇：艩，舟也。本此。艩艃者，玉篇：艩，渠之切；艩艃，舟名；艃，力之切。集韻作⿰舟基艃。⿰舟霝，力丁切，亦作舲，小船屋也。類篇：⿰舟霝，舟有窗者。通作舲。楚詞九章云：乘舲船余上沅兮。王逸注：舲船，船之有有窗牖者。淮南俶真訓：越舲蜀艇不能無水而浮。高誘注：舲，小船也。船者，衆經音義引字林舶大船也今江南汎海船謂之舶崑崙及高麗皆乘之大者受萬斛也玉篇舶補格切大船也廣韻舶海中大船集韻蠻夷汎海舟曰舶艀者玉篇艀小艀也亦作桴業艀艀聲相近艦者釋名船上下重牀曰艦四方施板以禦矢石其內如牢檻也陸機辨忘論舳艫千里前驅不過百艦晉書音義音字林艦屋船也舼者玉篇舼渠恭切小船艓同上方言艇小而深者謂之樑郭注即長舼也音邛竹之邛是舼與樑同艇者小爾雅云小謂船之艇方言小艒䑪謂之艇郭注舸也釋名船二百斛以下

之飛閭是也鷁鳥名也今江東貴人船前作青雀是其像也音亦釋名云其上屋曰廬象廬舍也上重室曰飛廬在上故曰飛也又在上曰爵室於中候望如之鳥雀之警示也廬閭同玉篇艦舟頭為鷁首艄尺久切船名棠抱朴子艅艎艦首涉川之良器也艦鷁同舴艋者已見上文此重出廬學士曰艋字衍上名舴艋此名舴艋與艨艟艦首已上皆兩字不應復删以一字當删去艋者方言東南丹陽會稽之間謂艖為欚說文欚江中大船名蠡啟切玉篇亦云大船集韻引廣雅𦨴舟也今無此

曰艇其形徑艇一人二人所行者也玉篇艇音挺小船艅艎者吳闔廬舟艎亦作艅艎經典通用餘皇左氏昭十七年傳楚大敗吳師獲其乘舟餘皇玉篇艅弋諸切艅艎船名艎音皇吳舟艨艟者釋名船外狹而長曰艨衝以衝突敵船也玉篇艨莫公切艨艟戰船艟尺庸尺艗艏者史記子虛賦浮文鷁集解引漢書音義云鷁水鳥也畫其象于舟首淮南本經訓龍舟鷁首浮吹以娛高誘注鷁大水之鳥也畫其像著船頭故曰鷁首集方言首謂之閤閭或謂之艗艏郭注閤閭今江東呼船頭屋謂

文
䑧䈶注䈶音戣潢音横筏音伐也
此釋筏之名也說文䈶海中大船徐鍇曰今俗別作筏非是方言泭謂之䈶䈶謂之筏筏秦晉之通語也江淮家中謂之䑧方舟謂之潢郭注泭水中䑧也揚州人呼渡津舫為杭荊州人呼潢說文泭編木以渡也潢以船渡也泭芳無切潢户孟切三蒼潢航也爾雅庶人乘泭郭注併木以渡周南不可方思傳方泭也釋文泭本亦作游又作桴或作柎論語乘桴浮于海馬融曰桴編竹木大

者曰桄小者曰桴楚詞九章云乘氾泭以下流兮王逸注編竹木曰泭楚人曰泭秦人曰橃三國志吳書妃嬪傳宜伐蘆葦以為泭佐船渡軍

舥音凡謂之舷音賢艄謂之桄音光

舥一名舷艄一名桄玉篇舥舷也舷乎田切船舷又云艄船也類篇桄舟前木也盧學士曰淮南說林訓容乘舟中流遺其劍遽契其舟舥薄暮而求之高誘注契刻舥船弦板讀如左傳襄王出居鄭地氾之　楚詞九章桂櫂兮蘭枻王逸注枻船旁板也又漁父篇漁父鼓枻而去注叩船舷也是舷

亦謂之船旁板

造舟謂之浮梁

方言文造彼作艁古文造也郭注即今浮橋爾疋天子造舟郭注比船為橋詩疏引李巡曰比其舟而渡而造舟潘岳閒居賦浮梁黝以徑度盧學士曰爾疋釋文云造廣雅作艁音同棠今方言尚作艁而廣雅作造疑出後人所改當正之據汗簡則古爾疋亦作艁

崑崙虛赤水出其東南陬子侯反卯音河水出其東北陬洋水出其西北陬弱水出其西南陬河水入東海三

水入南海

海内西經云海内崐崘之墟在西北帝之下都赤水出東南隅以行其東北西南流注南海厭火東河水出東北隅以行其北西南入渤海又出海外即西而北入貢禹所導積石山洋水黑水出西北隅以東東行又東北南入海羽民南弱水青水出西南隅以東又北又西南過畢方鳥東淮南地形訓河水出崐崘東北陬貫渤海入禹所導積石山赤水出其東南陬西南注南海丹澤之東赤水之東弱水出自窮石至于合黎餘波入于流沙絶流

汃南至南海洋水出其西北隅入于南海羽民之南凡四水者帝之神泉以和百藥以潤萬物

水自渭出為滎乎冋反又呼萬反水自汾音墳出為派

盧學士曰爾疋釋山夏有水冬無水滎此言水自渭出未知所本說文滎从水學省聲或不省作澩又云汾水出太原晉陽山西南入河派別水也

二七

廣雅疏義卷十八

廣雅疏義卷第十九

嘉定錢大昭晦之甫撰

廣雅卷十

釋艸第十三

說文艸百卉也从二屮通作屮屮艸木初生也象出形有枝莖也古文或以爲艸字讀若徹案洪範庶艸蕃廡古文尚書作屮荀子富國篇刺屮殖穀楊倞注屮古艸字讀書禮樂志屮木零落地理志屮綵木條敘傳天造屮昧顏師古並云屮古艸字隸釋高彪碑獄犴

廣雅疏義卷之十九

坐屮亦以屮為艸字禮記述殷制典司六職者司土司木司水司器司貨而外有司草謂之天子六府鄭康成以爲即周之稻人又天子六工其一曰草工鄭注以爲作萑葦之屬天官九職一曰三農生九穀二曰園圃毓草木三曰虞衡作山澤之材九穀者先鄭謂黍稷秫稻麻大小豆大小麥後鄭說九穀無秫大麥而有粱果蓏汜勝之書以稻米黍麻秫小麥大麥小豆大豆為九穀園圃所毓者即疏材也鄭注百草根實可食者可食之菜或

蓺于圃或采于野厥類孔多通謂之百蔬魯語云能殖百穀百蔬虞衡所作者絺綌徵于山農草貢徵于澤農是也是山陵川澤原隰衍沃所出之物上關國用下濟羣生故洪範以庶艸蕃廡為五是來備之徵也此篇所釋或以類聚或以形名皆切于民生日用之所需不徒為學者多識之助也

藁音高藮白蓉音高也

南山經侖者之山有木焉其狀如穀而赤理其汁如漆其味如飴食者不飢可以釋勞其名曰白蓉

可以血玉郭璞注云或作蓽蕪蓽蕪一名白蓉音羔見廣雅玉篇䓘功勞切如萵白華䓘蓽音義同盧學士曰王朗書萱艸忘憂皋蕪釋勞

茈藄蕨也

玉篇藄紫藄似蕨可食魏風汾沮如洳言采其莫陸璣莫莖大如箸赤節節一葉似柳葉厚而長有毛刺今今人繅以取繭緒其味酢而滑始生可以為羹又可生食五方通謂之酸迷冀州人謂之乾絳河汾之間謂之莫齊民要術引詩義疏云蓳菜也葉狹長二尺食之微苦即今莫菜也李時珍云

紫綦似蕨有花而味苦謂之迷蕨初生亦可食案爾雅釋草芏夫王綦月爾陸氏釋文引說文綦土夫也是土夫也王綦也月爾也一物三名郭璞注爾雅乃以土夫為一物云芏艸生海邊似莞藺今南越人采以為席又以綦月爾為一物別無可據遂以廣雅茈綦當之此肊說也陸氏所見說文是唐初之本今本說文作綦月爾者乃俗儒改說文以合爾雅耳紫綦是蕨之別種即所迷謂蕨故亦以蕨名之非以是為鼈菜也茈與紫同綦或基又作萁同勤之切

蕺集音菩負音又部音也

盧學士曰玉篇蕺疾立切菩草菩防誘切香草也又重出菩字云步亥切草也廣韻菩蕺菩也竝本此葉菩亦音倍說文云草也易豐六二豐其蔀釋文鄭薛作菩云小席

王白蒷顛也存事兄曰王下疑脱蒷字或菩字

說文蒷王蒷也玉篇蒷小豆四月王蒷秀也七月詩疏引本草云蒷生田中葉青刺人有實七月采陰乾盧學士曰蒷亦菩同月令孟夏之月王瓜生鄭注萆挈也今月令云王蒷生釋文萆皮八反挈

起八反蒚房九反案呂氏春秋孟夏紀作王善生善即蒚字正與鄭所云今月令合初學記王善生挈也案下別有王瓜則與王蒚非一物今以草挈為王蒚正釋而凡言栝樓苦蔞者俱于王瓜條下具釋此不著

蒩子乎反　蕺也

說文蒩菜也玉篇蕺菜也組及切馬融廣成頌注云其根似茅根可食左思蜀都賦樊以蒩圃李善注引埤蒼云蒩蕺也本草蕺菜唐本注云葉似蕎麥肥地亦能蔓生莖紫赤色多生溼地江左人好

[illegible]

生食之閩中謂之蒩采文選南都賦其圃園則有菜蕺蘘荷注引周處風土記云蔖香菜根似茆根蜀人所謂蒩香蔖與蕺同俗本作蕊誤古今注云蒩一名蕺荊揚人謂蒩為蕺會稽有蕺山王羲之采蕺處段公路北戶錄云蔖秦人謂之蒩子舊本蒩誤作茅藉之蒩今據說文繫傳訂正盧學士曰謝靈運山居賦蓼蕺蘘薺吳越春秋越王從嘗糞惡之後遂病口臭范蠡乃命左右皆食岑草以亂其氣岑草即蕺也會稽志蕺山越王嘗采蕺于此蕺一名岑菜今吾杭食黃魚必劑之以蕺俗名魚

腥草是也

藜(力兮反)蘆蔥萳(那甘反)也

玉篇萳蔥也廣韻藜蘆藥名萳蔥別名舊本蔥譌葱今据類篇所引訂正本草藜蘆一名蔥苒經吳普本草一名葱葵一名山蔥一名豐蘆一名蕙葵一名公苒陶隱居注云藜蘆根下極似蔥而多毛

猫(音時)蒢(音除)虵揄也

玉篇猫文斗切猫茶菜蒢與茶同廣韻藸章魚切薵藸蔥名曹音猫蒢為疇除下文亦云蒚藸蔥也枚乘七發云淑漻薵蓼李善注引字書薵藸草也

蕎藸與蓨蓧聲相近而本草地榆無蓨蓧之名疑此蓨蓧與上文蒴藋爲一類而地榆上下別有脫文也本草經云地榆味苦寒主消酒生冤句陶隱居云葉似榆而長初生布地而花子紫黑色如豉故一名玉豉金樓子志怪篇語云寧得一片地榆不用明月寶珠地榆一名玉豉鼓可煮石石美如芋可食

莪蒿蘪力反甚蒿也

說文莪蘿莪蒿屬爾雅莪蘿郭注今莪蒿也亦曰蘪蒿小雅蓼蓼者莪匪莪伊蒿又云匪莪伊蔚陸

璣疏莪蒿也一名蘿蒿生澤田漸洳之處葉似邪蒿而細科生三月中莖可生食又可蒸香美味頗似蔞蒿埤雅蘩之為言蒿也一名角蒿字說曰莪以科生而俄李時珍謂莪抱根叢生俗謂抱娘蒿

蕑蘭也

說文蘭香艸也夏小正五月蓄蘭為沐浴也鄭風方秉蕑兮傳蕑蘭也陳風澤陂傳同荀子宥坐篇芷芷蘭生於深林非以無人而不芳陸璣疏蕑即蘭香艸也春秋傳曰刈蘭而卒楚詞云紉秋蘭孔子曰蘭當為王者香艸皆是也其莖葉似藥草澤

廣雅疏義卷十

蘭：廣而長節：中赤高四五尺漢諸地苑及許昌宮中皆種之可著粉中藏衣著書中辟白魚洪興祖云蘭草生水傍葉光潤尖長有岐陰小紫花紅白色而香五六月盛埤雅於文蘭艸為蘭闌蘭不祥故古者為防刈云也蘭以闌之蘭以閑之其義一也

蘱力對反芽音才蔽苦拜反也

爾雅蘱薡董郭注似蒲而細疏云可為席亦可綯以為索說文董鼎董徐鍇謂今人以織屨者是也玉篇蘱閭遂切薡董似蒲而細也芽疾來切草名

說文蒯艸也左氏成九年傳雖有絲麻無棄菅
蒯正義引陸璣云菅似茅而滑澤無毛柔韌宜為
索蒯與菅連亦菅之類玉篇引作菅蔽云與蒯同
李登聲類云蒯草中為索玉藻浴出杼屨蒯席鄭
澀便於洗足也史記孟嘗君列傳猶有一劍耳又
蒯緱集解蒯茅之類可為繩索隱曰草名音蒯瞶
之蒯是蘱一名茅一名蒯也

廉薑葰音雖也

說文葰薑屬可以香口息遺切玉篇荾音綏胡荾
香菜荽荾同儀禮既夕篇加綏澤焉鄭注綏廉薑

也取其香且禦溼葰綏字異音義同本草圖經葰一名廉薑生沙石中薑類也其味大辛而香

草蒿青蒿也

說文菣香蒿也或作𦶇去刃切小雅鹿鳴食野之蒿傳蒿菣也本爾雅郭注今人呼為青蒿香中炙啖為菣陸璣疏蒿青蒿也荊豫之閒汝南汝陰皆云菣也埤雅蒿自有兩種有黃色者有青色者本艸謂之青蒿亦恐有別也陝西綏銀之閒有青蒿在蒿叢之閒時有一兩株迥然青色土人謂之香蒿至深秋餘蒿並黃此蒿猶青恐古人所用以此

爲勝
枸乳苦杞也
說文杞枸杞也玉篇杞苟杞也枸苦口切枸杞也
根爲地骨皮本作枸爾雅杞苟檵郭注今枸杞也
姤九五以杞包瓜釋文引張璠說苟杞也小雅四
牡集于苞杞傳杞枸檵也左氏昭十二年傳我有
圃生之杞乎杜注世所謂枸杞也本草枸杞一名
杞根一名地骨一名杞忌一名地輔呂氏本草一
名杞巳一名羊乳名醫別錄一名郤暑一名仙人
杖一名西王母杖小雅鴇羽集于苞杞陸璣疏一

名苦杞一名地骨春生作羹茹微苦其莖似莓子秋熟正赤莖葉及子服之輕身益氣

游冬苦菜也

本草苦菜一名荼艸生益州川谷爾雅荼苦菜夏小正四月取荼荼也者以為君薦蔣月令孟夏之月苦菜秀陸德明引易通卦驗元圖苦菜生于寒秋經冬歷春得夏乃成名醫別録云一冬游冬生山陵道旁凌冬不死爾雅此草凌冬不雕故一名游冬

黍姑艾旦鹿何澤翔之古反也

本草蜀羊泉唐本注云此草一名漆姑名醫別錄一名羊泉一名羊飴生蜀都玉篇⿱艹桼且栗切葉似蘓又名華蒸藥名餘未詳詹事兄曰文但疑即羊泉二字之譌

堇丑六反羊蹄也

玉篇堇丑力切一名蓫似冬藍食之醋也又丑六切廣韻堇許竹切羊蹄菜又丑六切與蓫同然則此堇非名蓫之堇矣小雅我行其野言采其蓫傳蓫惡菜也箋蓫牛蘈也亦仲春時可采也釋文蓫勑六切本又作蓄陸璣疏蓫今人之羊蹄似蘆服

而莖赤可淪為茹滑而不美啖之令人下氣幽州人謂之蓫曹植七啟云霜蓄露葵李善注引詩言采其蓫又云蓫與蓄音義同本草羊蹄一名東方宿一名連蟲陸一名鬼目名醫別錄一名蓄陶隱居云今人呼為禿菜菜此與蓫薚馬尾不同彼是商陸此是羊蹄名同而實異也

牛莖牛蘈

本草經牛膝一名百倍苗高二三尺葉尖圓如匙兩兩相對有節似牛膝節上生花作穗秋結實吳普生河內或臨邛葉如夏藍莖本赤菜牛蘈藟作

苹莖舊本訛莖據御覽訂正郝玉篇作藤同徒昆反世人作或先或豚或豚失之耳馬莧也
本草莧實一名馬莧一名莫實唐本注云即馬齒
莧也盧學士曰本草馬齒別是一種布地生寔至
微細俗呼馬齒莧南北人朝多與馬薤相混故顏
氏家訓云江東不識馬薤講禮者乃以為馬莧堪
為食亦名豚耳俗曰馬齒江陵嘗有一僧面形上
廣下狹劉緩幼子民譽年始數歲儁晤善體物見
此僧云面如馬莧其伯父劉緇因呼為荔挺法師
緇親講禮名儒其誤如此鮑明遠葵賦別有鴨腳

肶耳

卬昌陽菖蒲也

卬一作茚說文茚昌蒲也益州生五剛切天官醢人朝事之豆有昌本鄭注昌本昌蒲根切之四寸為菹呂氏春秋冬至後五旬七日菖生菖者百草之先生也於是始耕高誘注菖菖蒲水草也本草菖蒲一名昌陽茚別録云生上洛池澤及蜀郡一寸九節者良吳氏本草藝文類聚引一名堯韭陶隱云居菖蒲葉有脊一如劍刃昌陽亦作昌羊淮南說林訓昌羊去蚤蝨而來蛉窮高誘注昌

羊昌蒲

攣夷芍藥也

北山經繡山其草多芍藥郭注芍藥一石攣夷亦香草屬本草經芍藥名醫別録云一名白朮一名餘容一名犂食一名解倉一名鋌古今注云牛亨問董仲舒曰將離時贈以芍藥者何答曰芍藥一名可離故將別之贈之又一又鋌一名犂食一名婪尾春一名黑牽夷芍藥有二種有草芍藥有木芍藥木者花大而色深俗呼為牡丹非也盧學士曰鄭風溱洧贈之以芍藥傳云勺藥香陸璣不識

云今藥草勺藥無香氣未審今何草蓋當時但以
勺藥爲藥名故李善注子虛賦引服氏以爲藥名
引晉氏以爲調和未若今之時人人能識也

菥析音蓂覓音馬辛也

說文蓂析蓂大薺也本草菥蓂一名蔑菥一名大
蕺一名馬辛一名大薺生川澤及道旁蜀本注云
菥蓂似薺而葉細俗呼爲老薺御覽引吳氏本草
云一名析目一名榮冥一名馬騂

葤紓音蔀部音人步古反魚薺薺咸反憲案說文以底爲薺蔗發之薺字自音也

魚薺亦薺類玉篇葤升諸切魚薺也曹憲音釋云

案說文以底爲薺蒺藜之薺字自脊盧學士曰自脊當是音自脊反詩小雅楚茨禮記玉藻作楚薺是茨薺字同故可讀爲自資切大昭案爾雅茨蒺藜說文作薺陸氏釋文茨或作薋同據此則曹氏音釋當云說文以薺爲茨蒺藜之茨字音自資反今本傳寫誤也

狗薺大室亭歷音歷也

爾雅蕇亭歷郭注薺葉皆似芥一名狗薺廣雅云本草葶藶一名大室一名大適別錄云一名丁歷一名蕇蒿名醫別錄云生藁城陶注云今道近亦

有毋則狗薺子細黃至苦圖經云初春生苗葉高六七寸有似薺根白根莖俱青三月開花微黃結角子扁小如黍粒微長黃色至夏則枯死陸德明云今江東呼公薺淮南繆稱訓亭歷愈張鹽鐵論云葶藶似菜而其味殊顏注急就篇云亭歷一名狗薺本此盧學士曰朱還亨云亭歷性急善逐水走泄為用或云有甜苦二種甜者即薺與菥蓂不能破氣下水也舊本無亭字今據爾雅釋文所引補正

⿱艹遒音狀萑音丸也

說文萑薍也胡官切玉篇藡徒歷切萑也亦作荻陸璣詩疏薍也或謂之荻至秋堅成則謂之萑其初生三月中其心挺出其下本大如箸上銳而細楊州人謂之馬尾廬學士曰藡即荻字亦作蔏淮南說林訓蔏苗類絮而不可為絮高誘注蔏苗荻秀楚人謂之蔏苗蔏讀戰敵之敵幽冀之謂荻苕柔夏小正七月秀萑葦傳云未秀則不為萑葦秀然後為萑葦又云萑未秀為菼葦未秀為蘆詩毛傳薍為萑葭為葦孔穎達云此二艸初生為菼長大者為薍成則為葦初生為葭長大為蘆成則為

葦葳吉士霞曰凡詩中曰蒹葭曰葭菼曰萑葦及後人言蘆荻皆並舉二物言之

會及五味也

爾雅菋荎藸鄭注五味也蔓生子叢在莖頭案本草五味子一名會及一名元及陶隱居注云其核似猪腎唐本注云五味皮肉甘酸核中辛苦都有鹹味此則五味具也其葉似杏而大蔓生木上子作房如落葵大如蘡子圖經云春初生苗引赤蔓于高木其長六七尺葉上圓似杏葉三四月開黃白花類小蓮花七月實成如豌豆許大生青熟紅

宗今有數種大抵相近

山蘄音芹當歸也

本草經當歸一名乾歸郭璞爾雅注云山蘄當歸當歸今似蘄而麤大釋文云蘄古芹字然則當歸芹類也在平地者名芹生山中而粗大者名當歸也蘇恭本草注當歸苗有二種一種似大葉芎藭一種似細葉芎藭惟莖葉卑下于芎藭也細葉者名蠶頭當歸大葉者名馬尾當歸

芪音祇母兒踵東根也

說文蕁芜藩也或作薚徒含切芜芜母也常支切

[illegible]

古

爾雅薚莐藩郭注生山上葉如韭曰蝭母本草知母一名蚳母一名連母一名蝭母一名兒踵一名東根一名野蓼一名地參一名水參一名水浚一名貨母一名沈藩一名薚一名水須一名女雷一名女理一名兒草一名鹿列一名韭逢陶注云形似菖蒲而柔潤葉至難死掘出隨生須枯燥乃死堪治熱病亦主瘧疾圖經云四月開青花八月結實

郄蟬丹參也

本草丹參一名郄蟬草一名赤參一名木羊陶隱

居注云莖方有毛紫花時人呼為逐馬御覽引吳氏本草云一名木羊乳一名郄蟬草生桐柏或生太山山陵陰莖花小方如荏毛根赤四月花紫五月採根隱乾治心腹痛舊本郄訛郝州訛也今並据本草訂正

飛廉扁蘆伏豬木禾也

本草飛廉一名漏蘆一名天薺一名伏豬一名飛輕一名伏兔一名飛雉一名木禾生河內陶隱居注極似苦芺惟葉下附莖輕有皮起似箭羽葉又多刻缺花紫色盧學士曰名醫別錄又別出漏蘆

一名野蘭陶隱居云俗中取根名鹿驪又云廣雅飛廉扇蔖今既別有漏蘆則非飛廉之別名扇或作漏又作藊同玉篇藊蘆藥也舊本扇蘆下衍也字今據本草删正

貝父樂實也

本草貝母一名空草一名藥實一名苦花一名苦菜一名商草一名勤母陸璣詩疏蝱貝母也其葉如栝樓而細小其子在根下如芋子正白四方連累相著有分解是也陶注本草云出近道形如聚貝子故云貝母圖經云二月生苗莖細青色葉亦

青葉隨苗出七月開花碧綠色八月採根盧學士曰本草木部有藥寔云一名連木名醫別録云生蜀郡採無時

王連黄連也

御覽引本草經黄連一名王連生川谷范子記然云黄連出蜀郡黄肥堅者善圖經云葉似甘菊花黄贇似芹子舊本脱黄連也三字今據本草及御覽所引補正

蕀苑葾志也其上謂之小草

説文蒬棘蒬也郭注今遠志也似林黄赤花華華

銳而黃其上謂之小草疏云案本草遠志一名細草其葉名小草陶注云小草狀似麻黄而青盧學士曰今注云遠志莖葉似大青而小圖經云遠志生泰山及寃句山谷今河陝京西州郡亦有之根黃色形如蒿根苗名小草似麻黄而青亦有似大青而小者三月開花白色根長及一尺泗州出者花經根葉俱大於他處商州出者根又黑色博物志云遠志苗曰小草根曰遠志顏注急就篇云遠志主益智慧而强志故以為名其葉名小草亦目其細小也

黄良大黄也

本草大黄一名黄良唐本注云葉子莖並似牛蹄但麄長而厚其根細者亦似宿牛蹄大者乃如椀廣學士曰御覽引吳氏本草云大黄一名黄良一名火參一名膚如為中將軍或生蜀郡北部或隴西二月花生黄赤四四相當黄莖高三尺許三月華黄五月實黑三月採根根有黄汁切陰乾

蓺菺黄文内虚黄芩也

廣學士曰說文菳黄菳也御覽引本草經一名腐腸生川谷吳氏本草黄芩一名黄文一名妬婦一

名虹勝一名經芩一名印頭一名內虛二月生赤黃葉兩兩四四相值莖空中或方圓高三四尺四月花紫紅赤五月實黑根黃二月至九月採寀玉篙苲竹亞切苲葿黃芩葿亡悲切苲葿也妒婦即花葿也詹事兄曰花葿當作苲葿有妒音負有婦音微人又加華寀御覽所引苲眉不加艸閩經云苗長尺餘莖幹麄如筋葉從地四面作叢生赤黃葉兩兩相對又名印頭

因塵馬先生也

盧學士曰御覽引廣雅此文并引本草經云因蒿

廣雅疏義卷十九

味苦治風濕寒熱邪氣熱結黄疸久服輕身益氣能老生太山吴氏本草云因塵神農岐伯雷公苦無毒黄帝辛無毒生田中葉如藍十一月採今本草作因陳别出馬先蒿云味平主寒熱鬼注之中風溼痹女子帶下病無子一名馬屎蒿名醫云生南陽據此則因塵馬先似非一物然因蒿雖亦有塵之名而實非因塵陳此因塵乃即因陳也杜詩不云亦因陳春藹香因蒿味苦不堪作茹廣雅所云蓋即蔚也詩小雅莪伊蔚陸璣云蔚牡菣也似蒿三月始生七月華華似胡麻花而葉赤八月為

角角似小豆角銳而長一名馬新蒿葉先與新聲相近以此為即因陳庶乎不謬舊本馬先下脫也字今補正

蛇粟馬床蛇床也

本草蛇床子一名蛇米別録云一名蛇粟一名虺牀一名思益一名繩毒一名棗棘一名墻蘼爾雅盱虺牀郭注蛇牀也一名馬牀陶注云近道田野墟落閒甚多花葉正似蘼蕪圖經云三月生苗蒿二三尺葉青碎作叢似蒿枝每上有花百餘結同一窠似馬芹類四五月閒開白花又如散米淮南

說林訓蛇牀似麋蕪而不能芳高誘注蛇牀臭麋蕪香舊本粟訛粟據本草改正馬床訛馬麻據爾雅注改正

葽莠也

盧學士曰說文葽艸也詩豳風四月秀葽傳不榮而實曰秀葽葽艸也箋云夏小正四月王萯秀葽其是乎物成自秀葽始鄭疑葽或是王萯其寔是非也穆天子傳珠澤之藪方三十里爰有萑葦莞蒲茅萯蒹葽言萯又言葽非一物明矣郭注葽莠屬夏小正四月莠幽幽乃葽也小正之文多以莠為

莠言幽是月方秀與豳風同臧氏庸曰幽莠語之轉也案說文莠禾粟下揚生莠戰國魏策文侯曰夫物多相類而非也幽莠之幼似禾鮑彪云莠禾下生草幽言其色茂吴師道云說文本云禾粟下傍生草御覽韋曜問曰甫田維莠今何草答曰今之狗尾也案狗尾草隨處皆生魯語馬餼不過稂莠韋注云莠草似稷而無實左氏襄三十年傳伯有氏門上生莠亦是孟子惡莠恐其亂其苗趙岐注莠莖葉似苗此則田中尤易生也

常蓼馬尾蔏音商陸音六也

說文薚枝枝相值葉葉相當玉篇薚蓫薚馬尾蔏
陸也章蔁柳當陸別名爾雅蓫薚馬尾郭注云廣
雅曰馬尾蔏陸本草云別名薚今關西亦呼為薚
江東為當陸易夬九五莧陸夬夬王弼注莧陸草
之柔脆者也馬鄭云莧陸商陸也宋衷以莧為莧
菜陸乃商陸荀爽云陸取葉莖根堅也陸差堅于
莧莧根小陸根大也孔疏引董遇云陸商陸也今
商陸所在有之枝葉相對味酸辛性有毒形似人
易象取之以其為陽中之陰也本草商陸一名薚
根一名夜呼開寶本草云一名白昌一名當陸蜀

本注云葉大如牛舌而厚脆赤花者根赤白花者根白爾雅釋文云商陸如人形者有神羅願曰今俗名章柳根盧學士曰案今術家取章根作人形祝之則能隱形告人以未來事陸所云有神者謂此大昭案此云常蓼不見于本草常當為當蓼謂為陸

鬼桃銚弋羊桃也

中山經豐山多羊桃狀如桃而方莖可以為皮張郭璞注一名鬼桃治皮腫起本草羊桃一名鬼桃一名羊腸別錄云一名萇楚一名御弋一名銚弋

爾雅萇楚銚弋郭注今羊桃也或曰鬼桃葉似桃華白子如小麥亦似桃擔風隰有萇楚傳本爾雅箋云銚弋之性始生正直及其長大則其枝猗儺而柔順不妄蔓草木疏萇楚今羊桃是也葉長而狹花紫赤色其枝莖弱過一尺引蔓於草上今人以為汲灌重而善沒不如楊枝也近下根刀切其皮著熱灰中脫之可韜筆管陶注本草云山野多有甚似家桃而又非山桃子小細不堪噉花甚赤

虎蘭澤蘭也

儀禮既夕篇實綏澤焉鄭注澤：蘭也取其香且禦溼本草澤蘭一名虎蘭一名龍棗生汝南又生大澤旁名醫別録一名虎蒲唐本注云莖方節赤色葉似蘭草而不香人吳氏本草澤蘭一名水香生下地水旁葉如蘭二月生香赤節四葉相值枝節間洪興祖曰澤蘭生水澤中及下溼地苗高二三尺葉尖微有毛不光潤方莖紫節七月八月開花帶紫白色虞舉士曰此與上蕑蘭別一種本草蘭在上品此在中品

衆續斷也

御覽本草經續斷一名龍豆名醫別錄一名接骨一名南草一名槐唐本注云葉似苧而莖方根如大薊黃白文桐君藥錄續斷生蔓延葉細莖如荏大根本黃白有汁此云寢者槐之異文玉篇櫰戶乖切槐別名知古字通也顏注急就篇云續斷即今所呼續骨木也又有草續斷其華細而紫色根亦入藥用盧學士曰崇龍須一名續斷見下文與此異

地髓地黃也

說文芐地黃也公食大夫禮鉶芼牛藿羊苦豕薇

寢作槐寢長十九

巨

鄭注今文苦為芐爾雅芐地黄郭注一名地髓江東呼芐疏云本草地黄一名地髓一名芐一名芑陶注云生渭城者乃有子實如小麥圖經云二月生葉似車前高者及尺餘低者三四寸花紅紫色亦有黄花者其實作房如連翹子甚細而沙褐色淮南墬形訓地黄主屬骨

薰草蕙草也

說文薰香艸也玉篇薰似蘼蕪香草也蕙香艸生下溼地西山經浮山有艸焉名曰薰草麻葉而方莖赤華而黑實臭如蘼蕪佩之可以已癘史記索

隱引司馬彪云蕙香艸也又引廣志云蕙艸綠葉紫莖魏武帝以為香燒之今東下田有草莖葉似麻其華正紫也案本草薰草一名蕙草生下濕地陶隱居云俗人呼鷰草狀如茅而香人家頗種陳藏器云按薰草即蕙根也葉如麻兩兩相對此即零陵香也生零陵山谷盧學士曰本書釋天云諸侯祭以薰蓋取其香氣可以交于神明也蕙草可焚故得薰名文子上德篇腐鼠在阼燒薰於堂漢書兩龔傳以自燒古詩請說銅爐器崔嵬象南山朱火然其中青煙颺其間香風難久居空令蕙

草殘

茯神茯苓也

玉篇茯茯苓藥也苓茯苓也本草茯苓一名菟其有抱根者名茯神別錄云山中古松久為人斬伐者其枿槎枿枝葉不復上生者謂之茯苓其之抱根而輕虛者為茯神盧學士曰史記龜策傳下有伏靈上有兔絲所謂伏靈者在兔絲之下狀似飛鳥之形新雨已天清靜無風以夜捎兔絲去之即以篝燭此地燭之火滅即記其處明即掘取之入地四尺至七尺得矣伏靈者千歲松根也食之不

死博物志栢松脂淪入地千年化為茯苓茯當作伏史記及淮南說林訓俱作茯苓與苓靈並同

茈葳陵名蘧麥也

爾雅釋文引廣雅作茈姜麥句薑蘧麥也與今本異大菊蘧麥爾雅說文郭注一名麥句薑即瞿麥是郭氏本諸廣雅麥句薑之為蘧麥信而有徵矣攷本草紫葳一名陵苕一名芰華在木部而草部云瞿麥一名巨句麥別錄云一名大菊一名大蘭陶注云今出近道一莖生細葉花紅紫赤色大可愛子頗似麥故名瞿麥予竊疑茈葳與陵苕為一

草麥句薑與蘧麥八是一草陸氏釋文無陵苕者因此條專釋大菊蘧麥故不備引其文也今本廣雅無麥句薑者脫此三字也當云茈葳陵苕也麥句薑一蘧麥也爾雅苕陵苕郭注一名陵時本草云又黃華蔈白華茇注苕華色異名亦不同小雅苕之華傳苕陵苕陸璣疏一名鼠尾生下溼水中七八月中華紫似今紫草花可染皂煮以沐髮即黑史記趙世家云顏若苕之華集解引綦毋邃云陵苕之華其華紫邵氏晉涵云如陸璣所言即上文葝鼠尾可以染皂者也鼠尾與陵苕自為二物

陸氏特以其華色相似而混言之徐鍇繫傳謂陵苕即凌霄是也本草紫葳唐本注謂之凌霄蔓生依大本久延至巔鄭箋謂陵苕之華紫赤而繁今凌霄以夏秋之間華厥色紫赤一枝綴華十餘誠為繁矣華銳而深青詩所謂其華青青也至云芸其黃者汎言華之黃萎不指黃華蕓也御覽引吳普本草紫葳一名武威一名瞿麥一名陵居腹一名鬼目一名茇草華如麥根黑大昭案吳氏所云一名瞿麥者疑因讀俗本廣雅而誤耳

女蘿松蘿也

小雅頍弁蔦與女蘿傳女蘿菟絲松蘿也陸璣疏今菟絲蔓連草上生黃赤如金今合藥菟絲子是也非松蘿松蘿自蔓松上生枝正青與菟絲殊異本草松蘿一名女蘿陸氏見本草菟絲無女蘿之名而松蘿別俱一條故有此說蓋女蘿寄生松上猶菟絲寄生草上故廣雅亦別釋菟絲一條也

陵澤甘遂也

本草甘遂一名甘藁一名陵藁一名陵澤一名重澤一名主田圖經云苗似澤漆莖短小御覽引吳氏本草又一名日澤一名鬼醜一名甘澤范子計

然曰甘遂出三輔

馬唐馬飯也

本草猶亦名馬唐一名馬飯一名羊麻一名羊粟馬食之如唐如飯故名馬唐馬飯生下溼地莖有節生根陳藏器云堪飼馬云馬食如餹故曰馬糖盧學士曰說文蕕水邊艸也爾雅蕕蔓于郭注多生水中一名軒于江東呼蕕音由

山薑茉也

爾雅朮山薊郭注今朮似薊而生山中釋文朮本或作茉本草朮一名山薊別錄云一名山薑一名

山連吳普云一名山芥一名天蘇陶注云朮乃有兩種白朮葉大有毛而作椏根甜而少膏赤朮葉細無椏根小苦而多膏

地血茹藘蒨也

蒨史記貨殖傳作茜廣徐曰茜一名紅藍其花染繒赤黃也說文茜茅蒐也蒐茅蒐茹藘人血所生可以染絳爾雅茹藘茅蒐李巡曰茅蒐一名茜鄭風東門之墠茹藘在阪箋茅蒐生焉陸璣詩疏茹藘一名地血齊人謂之茜徐州人謂之牛蔓小雅瞻彼落矣韎韐有奭傳韎韐者茅蒐染草也箋云

昧韐者茅蒐染也茅蒐昧韐聲也儀禮冠禮疏周公時名蒨艸為昧艸以此昧染韋合之為韐詩疏引鄭駮異義云昧草名齊魯之間言昧韐聲如茅蒐字當作昧陳留人謂之蒨名醫別録云一名地血一名茹藘一名蒨茜草生山谷蔓延草木上方葉中空數寸一節每節四五葉相對葉如棗而上銳實如椒而小團圓亦有種之者

兔邱兔絲也

呂氏春秋季秋紀人或謂兔絲無根兔絲非無根也其根不屬也伏苓是淮南說山訓千歲之山下有

茯苓上有兔絲說林訓茯苓掘兔絲死又云兔絲無根而生本草兔絲一名菟蘆一名兔縷一名唐蒙一名玉女一名赤網一名菟累生朝鮮川澤田野蔓延草木之上色黃而細為赤網色淺而大為菟纍博物志女蘿寄生兔絲兔絲寄生木上生根不著地顏注急就篇云兔盧即兔絲也色黃而細者為兔絲粗而色淺者為兔纍纍亦縷也一名兔纍纍繩索之意也

地筋居勤反枸杞也

枸杞即上文苦杞此又釋文文廣異名也列仙傳陸

通食稾盧木實抱朴子云枸杞一名托盧或名天精或名却老

地毛莎隋也

夏小正云正月緹縞傳曰縞也者莎隋也緹也者其實也先言緹而後言縞者何也緹先見者也何以謂之小正以著名也爾雅薃侯莎其實媞說文莎鎬侯也繫傳云莎一名鎬一名侯莎詹事兄曰如說文當以薃侯為名徐楚金以侯莎連文讀之非也文選注引司馬彪云一名侯莎急就篇注云莎即今青莎草也漢書子虛賦高燥則生葴莎張

博士彼注云莎鎬侯也盧學士曰詩小雅南山有臺傳夫須也陸璣云舊說夫須莎草也可為蓑笠都人士云臺笠緇撮傳云臺所以禦雨毛與須義相同是一物也爾雅翼莖葉似三棱周匝多毛今謂之香附子一名雀頭香江表傳魏文帝遣使于吳求雀頭香其即謂是也隨與隋同

美丹甘草也

說文苷甘草也淮南覽冥訓今夫地黃主屬骨而甘草主生肉之藥也御覽引本草經云甘草一名美草一名蜜甘味平"此美丹疑美草之訛別錄云

云一名蜜草一名落草圖經云春生青苗高一二尺葉如槐葉七月開紫花似柰冬結實作角子如畢豆根長者三四尺麄細不定皮赤上有橫梁上下皆細根也盧學士曰爾雅蘦大苦郭注今甘草也蔓延生葉似荷青黃莖赤有節節有枝有當或云蘦似地黃沈括夢溪筆談云爾雅注云云此乃黃藥味極苦故謂之大苦甘草枝葉悉如槐高五六尺但葉端微尖而糙澀似有白毛實作角生如相思角作一本生熟則角坼子如小扁豆極堅齒不破案此與圖經所言合然則大苦非甘草也詹

事兄曰古人以大苦為甘艸取相反為義沈括説不足信

苦萃款凍也

爾雅菟奚顆涷郭注云款冬也紫赤華生水中是詞九懷云款冬而冬生兮雕彼葉柯傅咸款冬賦序云余曾逐禽登于北山于時仲冬之月也冰凌盈谷積雪被崖顧見款冬煒然敷華艷是草生于曾冰之中故謂之款凍亦名款冬一名苦萃本草款冬一名橐吾一名顆涷一名虎鬚一名菟奚一名氏冬陶注形如宿蓴未舒者其腹裏有絲其花乃

如大菊花其冬月在凍下也唐本注云葉似槐葵而大叢生花出根下圖經云款冬有兩種一種葉似草薢而花初出如菊花者一種葉似荷而紅花急就篇款東貝母蔓狼茅瀨師古曰即款冬也以其凌寒叩冰而生故為此名也急就又云半夏皂莢艾槀吾顏注槀吾似款冬而腹中有絲生陰地華黃色一名款須是款冬與槀吾非一物紫赤華者乃款冬耳

黃精龍銜也

盧學士曰博物志黃帝問天老曰天地所生豈有

食之令人不死者乎天老曰太陽之草名曰黄精餌而食之可以長生抱朴子曰黄精一名鹿竹一名雞格一名岳珠服其葉勝其實本草一名黄芝一名玉芝草一名戊己芝一名菟竹一名龍銜一名米餔一名重樓一名野生薑一名救窮草一名仙人餘糧三月生苗高一二尺華如竹葉而短兩兩相對嫩苗采爲茹名筆管菜甚美其根柔脆頗桃枝本黄末赤四月開青白花如小豆華結子白如黍粒亦有無子者根如嫩生薑而黄色純得上之沖氣而秉乎季春之令令久服則輕身延年不

飢

細條少辛細辛也

中山經浮戲之山其東有谷名曰地谷上多少辛郭注細辛也管子地員篇沃土之次曰五位羣藥生小辛大蒙御覽引吳氏本草細辛一名小辛一名細草如葵葉色黑一根一葉相連

菝音拔挈狗脊也

玉篇菝葀狗脊草根也上蒲八切下苦八切廣韻菝葀狗脊根可作飲皆本此吳氏本草狗脊一名狗青一名赤節如萆薢莖節如竹有刺葉圓而根黃

白亦如竹根毛有刺岐伯經云菫長節葉端圓青赤皮白有赤脈名醫別録一名强膂一名扶蓋名扶筋陶注今田野處處有與菝葜相似而小異本草又有菝葜陶注云此是三種大略根苗並相類菝葜莖紫短小多細刺小減萆薢而色深唐本注云陶說非也萆薢有刺者葉粗相類根不相類萆薢細長而白菝葜根作塊結黃赤色殊非狗脊之流也如本草說則菝葜狗脊為二物矣

陵芰薢古買反又古烓反茩音狗決明羊角也

說文陵芰也楚謂之芰秦謂之薢后司馬相如說

作遴芰蔆也杜林說作茤薢：茩也茩薢茩也天
宮籩人加籩之實淩芡栗脯注淩芰也說文引字
林云楚人謂陵曰芰楚語屈到嗜芰韋注芰淩也
宋玉招魂雜芰荷些王逸注芰淩也秦人謂之薢
茩案本草謂之芰實蘇頌注云淩處：有之葉浮
水上花黃白色花落而實生漸向水中乃熟實有
二種一種四角一種兩角兩角中又有嫩皮而紫
色者謂之浮淩武陵記四角三角曰芰兩角曰淩
其華紫色晝合宵炕隨月移轉猶葵之向日洪興
祖補注離騷云芰生水中葉浮水上花黃白色吳

仁傑云菱花黃白而葉綠故反離騷云矜芰加之綠衣羊角一本作羊明爾雅釋陵厥攈郭注陵今水中芰又薢茩英光郭注決明也葉銳黃赤花實如山茱萸或曰陵也關西謂之薢茩釋文陵字又作菱本草經石決明味酸草決明味鹹吳普本草云決明子一名草決明一名羊明盧學士曰杜子美秋雨歎詩雨中百草秋爛死階下決明顏色鮮色明著葉滿枝翠雨從開花無數黃金錢注引本草決明夏初生苗七月有花黃白色菜陵蔆蓮菱芰芗苟茩英決字異音義同舊本薢苟下衍也字案

渶明與薢茩本是一物下文羊蹄䠞英光方是藥草今訂正

苓耳葹常枲胡枲枲耳也

說文苓卷耳也蓩卷耳也是葈耳又名蓩也周南采采卷耳傳卷耳苓耳也陸璣疏葉青白色似胡荽白華細莖蔓生可煮爲茹滑而少味四月中生子如婦人耳中璫今謂之耳璫艸幽州人謂之爵耳爾雅卷耳苓耳郭注引廣雅云枲耳也亦云胡葈耳一名胡枲一名地葵一名葹一名常思陶注云一名羊負來昔中國無此物言從外國逐羊毛

中來也淮南覽訓瞽師庶女位賤尚之葈高誘注尚主也葈者葈耳菜名也幽冀謂之檀菜雒下謂之胡葈主是官者至微賤也瞽師庶女之位復賤於主葈之官離騷薋菉葹以盈室王逸注葹葈耳也逸自為九思云葈耳兮充房注云葈耳惡草名也

雛狗獳奴侯反哺公也

本草蒲公一名搆耨草唐本注云葉似苦苣花黃斷有白汁人皆噉之盧學士曰今人呼為蒲公英者是處有也孫氏千金方載其效作鳧公英庚辛

王冊作鵝鵠英莖葉似苦苣斷之有白汁堪生啜花如單菊而大案狗構獳𤞞帩蒲字異義同雜未聞

羊蹢直炙反躅音逐英光也

英光一名決明說文蘩傳云決明藥菜也馬蹄者葉銳下而實與山茱萸亦良似華深黃色古今注羊躑躅花黃羊食之則死羊見之則躑躅故名羊躑躅名醫別録曰一名玉支生太行山及淮南陶注花苗似鹿葱案爾雅蘼蒿英光與此名同而實異蹢躑躅字異義同爾雅釋文引作躑躅無羊

字

堇 詭音世人作堇蘳從弔字如此失之反也

草之名堇者有二一種是烏頭爾雅芨堇艸郭注即烏頭也江東呼為堇音勒晉語置堇于肉詩疏引劉逵注堇烏頭也又謂之和堇淮南說林訓蝮蛇螫人傅以和堇則愈是也一種是堇葵夏小正二月榮堇爾雅齧苦堇郭注今堇葵也葉似柳子如米汋食之滑說文堇艸也根如薺葉似細柳蒸食之甘蓋堇菜二月生苗其葉對節其莖中虛而而有稜其氣苦隮其味微苦故名苦堇大雅緜云

周原膴膴堇荼如飴正謂此也蘇恭本草云堇菜
野生非人所種葉似蕺菜花紫色是也案爾雅釋
文引本草蒴藋一名堇艸一名芨此蓋以堇釋藋
疑指烏頭之堇說文藋釐艸也芨堇艸也藋芨二字
連文堇芨聲相轉蓋即說文之芨矣　盧學士曰
詩大雅緜堇荼如飴傳云堇菜也釋文引廣雅堇
藋也云今三輔之言猶然說文堇艸也根如薺葉
如細柳蒸食之甘藋釐艸也芨堇艸也案說文藋
芨二字連文而郭注爾雅以芨堇艸為烏頭非廣
所云孔氏釋詩堇荼乃以烏頭當之誤甚夏小正

二月榮堇采蘩傳云皆豆實也言如芹菁之類皆可登之于豆也爾雅拜蔏藋郭注蔏藋亦似藜釋文云說文廣雅皆云堇也疏云此亦似藜而葉大者也齧堇苦堇郭注今堇葵也葉似柳子如米汋食之滑疏云本草唐本注云此本野生非人所種俗謂之堇菜葉似蕺花紫色者內則云堇荁枌榆是也鄭注內則云荁亦堇類也冬用荁夏用堇正義棄士虞禮記夏用葵冬用荁鄭注夏秋用葵冬春用乾荁不同者以經文相對各不同故也藋亦作蘿管子小匡篇蓬蒿藜藋並興又詩小雅北山

有萊陸璣疏萊州名其葉可食今兗州人蒸以為茹謂之萊蒸案即今之灰藋菜吾杭讀藋如條猶徙弔之遺音也當與堇一類故附著之

華葯也

古蔡字作釐又通作萊萊釐聲相轉說文堇艸也讀若釐又云萊蔓華也爾雅作釐蔓華小雅北山有萊齊民要術引詩義疏云萊藜也莖葉皆似緑[綠]王芻今兗州人蒸以為茹謂之萊蒸譙沛人謂雞蘇為萊山倉云萊茱萸此二章[草]異而名同玉篇萊藜草也廣韻與玉篇同此云藜昔即說文之堇也又

釋華為蔾者玉篇芛華榮也草木花初生者古之作華是華為芛之重文非廣雅意也華是蘼字之譌脫其半耳蘼即堇之異文集韻蘼堇也堇乃堇之譌　盧學士曰華說文作芛古文作華廣韻芛與華同紐云草木初生今廣雅則專指為蔾〻亦藋之類也莊子徐無鬼篇藜藋柱乎鼪鼬之逕韓詩外傳孔子困于陳蔡之間藜羹不糝白虎通諫諍篇曾子之妻蔾烝不熟蔾與藜同其初生可食故亦名華迨其老也可為杖亦可為帚皆是物也

奇屛奇生也

此是寄生艸上者本書釋木篇宛童寄生㠀也是寄生木上者本草寄生一名寄屑

犁如桔梗也

管子地員篇五位之土有㽛桔與梗司馬彪注莊子徐無鬼篇桔梗治心腹血瘀瘕痺御覽引吳氏本草桔梗一名符扈一名白藥一名利如一名梗草一名盧如葉如薺苨莖如筆管紫赤二月生圖經云葉如杏葉而長橢四葉相對嫩時可煑食之花紫碧色似牽牛其根有心無心者乃薺苨也戰國齊策淳于髡曰夫求柴胡桔梗于沮澤不能得

一焉及之皋黍梁父之陰則却車載耳建康記建
出桔梗極精好輩利字通
白茉往津反世人作朮字如此失之古文秫字牡丹也
此是木芍藥上手攀毚是草芍藥盧學士曰朮有
蒼白二種上云山薊朮也不言白則蒼朮也本草
經朮在上品而無蒼白之別牡丹在中品云味辛
寒主寒熱中風瘛瘲驚癇邪氣除癥堅瘀血留舍
腸胃安五藏療癰創一名鹿韭一名鼠姑生山谷
御覽引吳氏本草葉如蓬相值黃色根如栢黑中
有核范子計然云牡丹出漢中河內赤色者亦善

案今之牡丹本名木芍藥自唐始貴重耳花亦以鹿韭鼠姑名之而未有言其即白朮也與此所言之牡丹蓋名同而寔異也但今之白朮產杭之於潛者最著名俗名甕頭朮切開有朱沙班者為最良與吳普所狀亦微不合未能審甚詳也

蘢

木龍須思史反案說文須从彡世人作鬚從字如此失之矣也

中山經賈超之山其中多龍修郭注龍須也似莞而細生山石穴中莖倒垂可以為席本草石龍芻一名龍須一名草續斷一名龍珠生山谷吳氏本草一名頰多一名龍本　一名草毒一名龍華一名

縣莞盧學士曰今廣雅龍本豈龍本之誤歟

桼莖澤桼也

本草大戟一名邛鉅名醫别録澤漆一名漆莖大戟苗也陶注生時摘葉有白汁故名澤漆亦能嚙人肉桼漆同盧學士曰爾雅蕎邛鉅郭注今藥草大戟也淮南繆稱訓大戟去水

顛棘女木也

抱朴子天門冬一名顛棘本草天門冬一名顛勒爾雅髦顛棘郭注細葉有刺蔓生一名商棘廣雅云女木也圖經本草云天門冬春生藤蔓大如釵

股高至丈餘葉如茴香極尖細而疏滑有逆刺亦有濇而無刺者其葉如緑杉而細散皆名天門冬夏生白華亦有黄色者秋結黑子在其根枝傍入伏後無花暗結子其根白或黄紫色大如手指案張華博物志云墊閣有刺而葉滑者名曰郄休一名顛棘根以浣縑素白越人名為浣草似天門冬而非也張司空說與本草不同

陵遊龍膽也

本草龍膽久服益智不忘輕身耐老一名陵游陶注狀如牛膝味甚苦故以膽為名

鹿腸元參也

御覽吳氏本草元參一名鬼藏一名正馬一名重臺一名鹿腸一名端一名咸一名元臺二月生葉如梅花四四相值似芍藥黑莖方高四五尺華赤生枝間四月實黑圖經云葉似脂麻又如槐柳細花青碧色子黑色

地精人蓡所今反也

說文蓡人蓡藥草出上黨玉篇蓡亦作參盧學士曰御覽春秋運斗樞曰搖光星散為人參本草經一名人銜一名鬼吳氏本草一名土精一名神草

一名黃參一名血參一名人微一名玉精生邯鄲三月生葉小兒核黑莖有毛三月九月採根根有頭手足面目如人名醫别録曰如人形者有神生上黨及遼東者為最善

苦心沙參也

御覽本草經沙參一名知母吴氏本草云沙參一名苦心一名識美一名虎鬚一名白參一名志取一名文虎生河内川谷或般陽續山三月生如葵葉青實白如芥根大白如蕪菁五月採陶注叢生葉似枸杞根白實者佳

爾雅疏卷之十九

四

其蒿青蓛素木反也飛芝鳥毒也

盧學士曰此別一種不與沙參為同物但未詳其形狀所出耳羅願說蕨紫萁云厥其二字古皆以為助語互用物加艸為志耳此其蒿蓋偶不加草者也蒿之種類甚多亦有邪名蒿者其與邪音相近疑即是也○飛芝鳥毒也○盧學士曰未詳白樂天詩豆苗鹿嚼解烏毒注箭毒多用烏頭則與此烏毒不同

楚衡杜衡也

西山經天帝之山有草焉其狀如葵其臭如蘼蕪

名曰杜衡可以走馬食之已癭郭注香草也史記索隱引博物志云一名土杏味亂細辛葉似葵故藥對以為如細辛也案爾雅杜土鹵郭注杜衡也似葵而香離騷云雜杜蘅與芳芷爾雅疏引本草唐注云杜蘅華似葵形如馬蹄故俗云馬蹄香生山之陰水澤下溼地根似細莘白前等圖經本草云江淮間皆有之春初于宿根上生苗高二三寸莖如麥蒿每窠上有五六葉或八九葉別無枝蔓貼地生紫花晴結實如豆中有碎子苗葉俱青本草經又有杜若一名杜衡陶注葉似薑而有文理

根亦似高良薑而細氣味辛香又絕似旋復根殆欲相亂葉小異耳是別為一種非此楚蘅也案相如子虛賦衡蘭芷若張揖士注云衡杜蘅也其狀葵其臭如蘼蕪若杜若也然則廣雅以謂楚衡非杜若矣

葃音昨水芋烏芋也

盧學士曰此皆指水中田中之芋也葃茹茨菰也烏芋葧臍也御覽引廣雅作藉姑齊民要術及名醫別錄亦作藉姑陶隱居云今藉姑生水田中葉有椏其根黃似芋子而小煮之亦可啖疑其有烏

者人云有一種三字段補根極相似而黑本作美譌葉亦異
狀如莞本作芫譌芫譌段改草呼為鳧茨恐此也以上皆隱居說見名
醫別錄茨前一說即茨菰後一說是勃臍政和本草
不分為二物段氏云二物皆生水田中故合為一
類廣雅通例如此齊民要術太平御覽引此皆在
芧芋條下非是藷藉茨三字雙聲爾雅芍鳧茨郭注
生下田苗似龍須而細根如指頭黑色可食案此
即所謂烏芋也後漢書劉聖公傳王莽末南方飢
饉人庶羣入野澤掘鳧茨而食之李賢注引續漢
書作符訾鳧符音背近蒲與勃臍亦一聲之轉也

龍沙麻黄也

本草麻黄一名龍沙吳氏本草一名卑相一名卑監名醫別録作卑鹽生晉地及河東酉陽雜俎云麻黄莖端開花花小而黄子如覆盆子可食

無心鼠耳也女腸女菀也

盧學士曰御覽引此文又引廣志云鼠耳葉如耳縹色名醫別録云鼠耳一名無心草生川中下地酉陽雜俎蚍蜉酒草鼠耳也○女腸女菀也○盧學士曰名醫別録女菀一名織女菀一名茆生漢中菀苑同

天豆雲實也

本草雲實一名員實一名雲英一名天豆唐本注云雲實大如黍及大麻子等黃黑似豆故名天豆叢生葉如細槐亦如苜蓿枝間微刺盧學士曰俟孚極樂譜佊亦紙亦名天豆

蘋 婢然反 蓱也

夏小正七月湟潦生苹月令季春之月萍始生周書時訓解云穀雨之日萍始生萍不生陰氣憤盈詩召南采蘋傳蘋大蓱也釋文引韓詩說沈者曰蘋浮者曰藻陸璣疏云今水上浮萍是也其麤大

者謂之蘋小者曰萍季春始生可糝蒸為茹又可苦酒淹以就酒爾雅苹萍其大者蘋郭注云水中浮蓱江東謂之薸玉篇薸毗招切或作瓢

笁竹也其表曰笢民忍反其裏曰笨步本反

笁與篤古通用笁竹一聲之轉故笁一名竹說文竹冬生草也象形下垂者箁竹箁也笨竹裏也玉篇笢竹表笨竹裏本此

篙篾素但反簃音仍簃桃支也

爾雅桃支四寸有節郭注今桃枝節間相去多四寸春官司几筵云加次席黼純鄭注次席桃枝席

有次列戌文西山經嶓冢之山其上多桃枝鉤端郭注鉤端桃枝屬又贊云嶓冢美竹厥號桃枝叢薄幽藹從容鬱猗簟以安寢杖以扶危案桃枝可為簟謂之桃笙吳都賦注桃枝桃枝簟也又可作杖魏都賦注桃枝作屬可為杖蜀都賦靈壽桃枝劉逵注桃枝竹屬也出墊江縣戴凱之竹譜桃枝皮滑而黃可為席虞學士曰元和郡縣志合州銅梁山出桃枝竹玉篇篙公途切戩蘇旱桑篙二切篙筱桃枝竹篅丁丸切竹名篘古侯切篘篅桃枝竹屬篘鉤篅端支技字異義同

箭䈽音娟筌音全也

西山經英山其陽多箭䈽郭注今漢中郡出䈽竹厚裏而長節根深筍冬生地中人掘取食之又中山經綦山其木多箭䈽箘玉篇䈽美秘切之竹譜云箭竹高有一丈節間三尺堅勁中為矢笴竹謂之箭竿一尺數節葉大如扇可以衣蓬江漢之間謂之箴廣志箭竹可為屋椽箭䈽同筌字玉篇廣韻俱無未審所出盧學士曰爾雅東南之美者有會稽之竹箭焉夏官職方氏揚州其利金錫竹箭鄭注箭篠也故書箭為晉崇吳越春秋句踐歸國

外傳晉竹十度以後封禮晉竹亦箭竹也謂可以為箭者故名箭

蘭薰也其葉謂之蕙

蕙草蕙草也已見上文此又廣渠名離騷雜申椒與菌桂王逸注蘭蕙也葉曰蕙根曰薰盧學士曰莊子齊物論蒸成菌蓋菌者蒸鬱之氣所生香草亦必乘暄暖之氣而後發故亦名為菌菌與薰音相近薰亦得名于熏蒸也草木之香者多成于南方天時則炎熇地氣則蒸濕此其所以獨盛歟

蕖音渠芋也其莖謂之蔌

說文芋大葉實根駭人故謂之芋也又云莒齊謂芋為莒案芋大也芋之大者謂之芋渠或謂之芋魁魁渠皆言其大也漢書翟方進傳童謠云飯我豆食羹芋魁顏師古注羹芋魁者以芋魁為羹也史記貨殖列傳吾聞汶山之下沃野下有蹲鴟至死不飢集解引漢書音義云水鄉多蹲鴟其山下有沃野灌溉一曰大芋正義曰汶文音岷蹲鴟芋也言邛州臨邛縣其地肥又沃平野有大芋等也華陽國志汶山郡有大芋如蹲鴟玉篇莰公幸切芋茎也本此盧學士曰廣韻芋一名蹲鴟廣雅云蜀

漢以芋為資凡十四等大如斗魁其車轂子旁巨青烏等四種多子棠此非廣雅文廣韻誤也博物志野芋食之殺人家芋種之三年不收後旅生亦不可食列仙傳梁客為梁丞使民益種芋三年當大饑卒如其言梁民不死

⿱艹孿 劣彤反又力專反

說文⿱艹孿鳬葵也洛官切魯頌泮水薄采其茆鳬傳茆鳬葵也陸璣疏鳬葵與荇菜相似菜大如手赤圓有肥者著手中滑不得停莖大如匕柄葉可以生食又可鬻滑美江南人謂之蓴菜或謂之水葵諸

爾雅無之又疑今也

陂澤水中皆有陸氏釋文云茆音卯徐邈音柳韋昭萌藻反鳧葵也干寳云今之浥蹏草堪為菹江東有之何承天云此菜出東海堪為菹醬也鄭小同云江南人名之蓴菜生陂澤中草木疏同一云今之浮菜即豬蓴也本草有鳧葵陶氏以入有名無用品解者不同未詳其正沈重以小同及草木疏所說為得惠氏棟曰案說文茆鳧葵也以丣丣古文酉字茆即莤也許氏既以莤為莤酒字此茆必是茆之訛徐作柳音混茆莤為一非也予攷古音寅卯字與酉相近詩朔日辛卯與醜合類故雖

从寅卯之卯而徐邈亦音柳盧學士曰楚辭招魂紫莖屏風王逸注屏風水葵洪興祖補注本草鳧葵即荇菜生水中俗名水葵

菎（古本反）莦也

說文菎作䓘云草也玉篇䔲子登切菎䔲草苐公魂切香草亦作菎廣韻菎香草也盧學士曰招魂云菎蔽象棊洪興祖補注菎香草也本玉篇

荊葵蔙（巨淹反）也

說文蔙蚍虾也爾雅蔙蚍衃郭注今荊葵也似葵紫色陳風東門之枌視爾如蔙傳蔙芘芣也芘茅[末]

與蚍衃同謝嶠云小草多花而少葉葉又翹起陸璣疏芘芣一名荊葵似蕪菁華紫綠色可食微苦古今注荊葵一名戎葵一名芘芣華如木槿而光色奪目有紅有紫有青有白有黃莖葉不殊但花色有異耳一曰蜀葵羅願曰其說蜀葵戎葵之狀可也混荊葵芘芣之名於內者非也荊葵花似五銖錢大色粉紅有紫文縷之一名錦葵

茚

音卬蓂也

玉篇茚巨凶切蓂莢實也廣韻與玉篇同盧學士曰御覽引風俗通曰按孝經說古太平之時蓂莢

生陪其味酸王者取以調味後以醯醢代之今廣雅但云萸而顧野王何以知其為萸莢實殆未可信

苞蕍也

說文苞草也南陽以為麤履相如子虛賦其高燥則生葴菥苞荔李善引張博士注苞藨也虛學士曰案玉篇藨蒯屬可為席平表切廣韻蕍閭草禱也陡口切廣雅所指不知是否紫草木叢生亦曰苞亦作包禹貢徐州草木漸包傳云叢生因疑蕍即蕍也齊民要術言榆一根上必十數條俱生只

留一根強者餘悉去之此非叢生之謂乎然則此必有脫文未可知

水莔音目萺音冒也

玉篇萺似入切萺莔水草也廣韻萺莔水草出埤倉舊本莔訛茵音佯亦訛目今訂正

屈居盧茹也

御覽引吳氏本草閭茹一名屈居葉圓黃高四五尺葉四四相當四月葉黃五月實黑根黃有汁亦同黃三月五月採根黑頭者良建康記建康出草盧茹陶隱居曰花黃二月便月居据盧蔄字異義

同

⿱艹醜音醜菝葀也

玉篇⿱艹醜丑受切菝葀也菝蒲達切菝葀瑞草葀古活切菝葀廣韻類篇並以⿱艹醜與菝葀為瑞草揚雄甘泉賦攢并閭與茇葀兮紛被麗其亡鄂茇葀與菝葀同文選作茇葀李善注茇葀草名也茇步末切葀音括案字書皆以菝葀為一物今菝下葀上有茇字疑茇字之譌曹憲所音也後人轉寫羼入正文而又添一菝音耳今删正

莤音楢子菜也

王蒚蒿草也九出切廣韻居聿切盧學士曰廣志子菜一曰馬芹葉凡草木之壯大異於常等者率名為馬既此亦在芹類而種獨大者耳

山茝蔚香槀本也

荀子大略蘭茝槀本漸於蜜醴一佩易之淮南記詩訓夫亂人者若芎藭之與槀本蛇床之與麋蕪也此皆相似者也史記索隱引桐君藥錄云槀本苗似芎藭葉本草槀本一名鬼卿一名地新名醫別錄一名微莖唐本注云槀本莖葉根味與芎藭小別以其根上苗下似槀根故曰槀本盧學士

曰樊光注爾雅云槀本一名麋蕪根名蘄芷萊芷陸璣又郭璞云槀本藁茇也見上林賦注但無言蔚香若水經注三城水又經香山山上悉生藁本故以名焉

貫節貫衆也

爾雅篇符止濼貫衆本一物而别三名也郭璞注于上三字云未詳下三字云葉圓銳莖毛黑布地冬不死一名貫渠廣雅云貫節釋文眾音終御覽引樂炎注云名貫渠藥本草貫衆一名貫節一名貫渠一名百頭一名虎卷一名扁苻一名伯樂一

廣雅疏義卷十八

名藥藻所謂草鵄頭也陶注葉如大蕨其根形色毛芒全似老鵄頭故呼為草鵄頭證類本草引吳普云葉青黄色兩兩相對莖有黑毛叢生冬夏不死

𧄍音許起實薏音憶苡也

說文蓄蓄苡一名蓄英於力切𧄍草也一曰蓄苡古禫切帝王世紀鯀妻修己吞薏苡而生禹後漢書馬援傳援在交趾嘗餌薏苡實用能輕身省慾以勝瘴氣南土薏苡實大援欲以為種軍還載之一車本草薏苡仁一名解蠡名醫別錄一名屋菼

七

一名芑胥一名蘋生真定平澤及田野八月采實
采根無時蘇頌本草云薏苡所在有之春生苗莖
高三四尺葉如黍葉開紅白華作穗五六月結實
青白色形如珠子而稍長九月十月采其實

女青烏葛也

盧學士曰本草經女青一名雀瓢吳氏本草一名
霍由祇案衛詩芄蘭之支陸璣疏一名蘿摩幽州
人謂之雀瓢名醫別錄雀瓢白汁主蟲蛇毒即女
青苗汁也

巴赤巳豆也

淮南說林訓魚食巴菽而死鼠食之而肥列仙傳元俗餌巴豆賣藥都市七丸一錢治百病范子計然曰巴菽出巴郡今本草巴豆一名巴叔陶注出巴郡似大豆最能瀉人唐本注云葉似櫻桃葉頭微赤尗菽叔同御覽引作巴菽

烏眼㢘也燕薁音奥蘡舌也

烏眼未詳豳風七月六月食鬱及薁傳薁蘡薁也正義與鬱皆以木果鬱之鬱為車下李薁為薁李盧學士曰李未若棗之廣益于人詩何屑及此下云亨葵及菽則鬱薁當是草實之類御覽引毛詩

疏綱云葛藟一名燕薁藤好生河滸邊得水潤而長喻王九族蒙王恩惠以育子孫今王無澤於族人不如葛藟生河滸邊也宋書謝靈運山居賦野有蔓草獵涉蘡薁可見蘡薁之為草顯明矣

茈戾茈草也

爾疋藐茈草郭注可以染紫一名茈戾廣雅云丙山經勞山多茈草郭注一名茈戾中染紫也說文茈草也藐茈草也戾草也可以染留黃鄭注地官典染草謂之紫茢染草之屬本草云紫草一名紫丹一名紫芺御覽引作紫英又引本草一名地血

廣雅疏義卷弟十八

吳普云紫草節赤二月花唐本注云苗似蘭香莖
赤節青花紫白色而實白此紫字與義同戾通作
綟

葰悅反藥 芡音儉雞頭也

此方言也周禮籩人加籩之實蔆芡栗脯鄭注芡
雞頭也疏云今人或謂之鴈頭莊子徐無鬼篇雞
廱也司馬彪云雞廱即雞頭也名芡與藕子合為
散服之延年淮南說山訓雞頭已瘻高誘注瘻頸
腫疾雞頭水中芡也幽州謂之鴈頭方言葰芡雞
頭也北燕謂之葰青徐淮泗之間謂之芡南楚江

湘之閒謂之雞頭或謂之雁頭或謂之烏頭郭注今江東呼䓣狀似烏頭故轉以名之本草雞頭一名芡蜀本圖經云生水中葉大如荷皺而有刺花子若拳大形似雞頭實若石榴皮青黑肉白如菱米

周麻升麻也

盧學士曰大觀本草經升麻一名周麻生山谷又云生益州華陽國志南中志建寧郡收麻縣山出好升麻收麻本漢收靡縣靡亦音麻晉始改為收麻也續博物志收靡非縣因草得名生收靡可以

解毒為多誤食烏喙口中毒必急飛往牧靡山啄牧靡以解毒舊本脫升麻二字今据御覽所引及本草補正

土瓜芴也

爾雅菲芴郭注即土瓜孫炎曰菲葍類又菲蒠菜郭注菲草生下溼地似蕪菁華紫赤色可食邶風谷風云采葑采菲毛傳菲芴也箋菲葍類陸璣疏菲似葍莖麤葉厚而長有毛三月烝鬻為茹滑美可作羹幽州人謂之芴爾疋謂之蒠菜今河內人謂之宿菜盛學士曰郭注似是別釋如陸璣之言又

是一物某氏注爾疋二處引此詩即菲也芴也蒠菜也上瓜也葍菜也五者一物也崔寔四民月令二月盡三月可采上瓜根

葔苦圭反菇𤬏古侯反𤬸鹿侯反王瓜也

玉篇葔古哇苦哇二切鉤葔菇也菇故吳切葔菇𤬏𤬸王瓜也集韻引字林亦云𤬏𤬸王瓜也案爾疋鉤葔菇郭注𤬏𤬸也一名王瓜實如瓝瓜正赤味苦本草王瓜一名土瓜陶注土瓜生籬院間子熟時赤如彈丸唐本注云四月生苗延蔓葉似栝樓葉但無叉缺有毛刺五月開黃花花下結子如

彈丸生青熟赤根似葛而細多糝廬學士曰今亦呼為瓜蔞其根即天花粉也乃說者多與栝樓混而為一爾疋果蓏之實栝樓郭注今齊人呼之為天瓜高誘注淮南時則訓云王瓜栝樓也亦作瓝瓞詩豳風東山正義引本草云栝樓葉如瓜葉形兩兩相值蔓延青黑色六月華七月實如瓜瓣說文苦蔞果蓏也本草一名黄瓜音同而字異陶隱居云出近道藤生狀如土瓜而實有文實中是與瓝瓞各異也又案王萯亦與王瓜文相涉今當以草挈薢挈菝葜者俱歸之王萯庶不相混葵蘇菇

姑𤬪狗子異音義同

玉

延藷庀常念薁庀羊恕署預也

北山經景山北望少澤其草多藷薁郭注根似羊蹄可食儲豫二音今江南人單呼為藷音儲諸或有輕重耳御覽引吳氏本草署豫一名諸署秦楚名玉延齊越名山芋鄭趙名土藷山羊一名脩脆一名兒草開經云春生苗蔓延籬落莖紫葉青有三尖角似牽牛盧學士曰案今人名山藥署豫下一字避唐代宗諱豫改為藥上一字避宋英宗諱曙遂改為山藥相沿至今也藷藷薯署藇預並同

舊本玉延誤爲王延今據本草訂正

恒山蜀漆也

本草常山一名互草味苦寒蜀漆味辛平名醫別錄蜀漆常山苗也圖經云常山蜀漆根也葉似茗而狹長兩兩相當莖圓有節蜀本圖經云常山葉名蜀漆也恒山即常山桼古字漆今字也

藟力水反藤也

說文藟草也周南樛木葛藟纍之正義藟與葛異亦葛之類陸璣疏藟一名巨荒似燕薁亦延蔓生葉艾白色其子赤亦可食酢而不美爾雅諸慮山

槩郭注今江東呼槩為藤似葛而麤大又欇虎槩郭注今虎頭纏蔓林樹而生莢有毛刺今江東呼為欓欇中山經卑山其上多槩郭注今虎頭貍豆之屬劉向九歎葛藟虆於桂樹兮王逸注葛藟巨荒也本草千歲藟一名藟蕪陶注作藤生樹如葡萄葉如鬼桃蔓延木上汁白

石髮石衣也

爾雅藫石衣郭注水菭也一名石髮江東食之釋文菭徒來反水青衣也齊民要術引周處土記云石髮水苔也青綠色生於石御覽引風土記水苔

[illegible]

五六

作水衣又云陳藏亦名側理可為紙名苔紙其苔水中石上生如毛綠色本草圖經云石衣一名石髮即陟釐也色類于苔而麤澀為異

采似醉反菜禾也

說文禾嘉穀也二月始生八月而熟得時之中和故謂之禾禾木也木王而生金王而死似木从𠂹省𠂹象其穗采禾成秀也人所以收从爪禾或作穗穟禾采之皃或作蓫並徐醉切繫傳以穟為采之或體又云䆃禾也司馬相如說䆃一莖六穗王風黍離彼稷之穗傳穗秀也相如封禪文䆃一

莖六穗於庖徐廣曰蘗瑞禾也司馬貞曰說文嘉禾一名蘗字林云禾一莖六穗謂之蘗李善文選注引鄭康成曰蘗擇也一莖六穗擇嘉禾之禾於庖廚以供祭祀大昭案漢書百官表少府屬官有蘗官疑即此蘗字舊本采訛采禾訛采今訂正

秆古旱反䅝苦江反又音空秸古八反稾也黍穰謂之䄡音例稻穰謂之稈稷穰謂之𥢔莊于反

說文稾稈也古老切小爾雅云稾謂之稈稈謂之芻衆經音義引倉頡篇稾禾稈也秆者說文稈禾莖也或作秆左氏昭二十七年傳鄭將師攻郤氏

且蘇之或取一秉秆焉國人投之玉篇稈稾也穰謂之稈䅚者廣韻䅚苦紅切稭稈稭者說文稭禾稾去其皮祭天以為席史記封禪書古者封禪埽地而祭席用葅稭集解應劭曰稭禾稾也去其皮以為席如淳曰稭讀曰戛禹貢三百里納秸服孔傳秸稾也鄭注秸謂禾去其穎惟稾秸也漢書地理志作戛今尚書禹貢禮記郊特牲史記夏本紀並作秸禮器注穗去實曰鞂又作鞂玉篇鞂祭神席與秸同是稭戛秸鞂字異音義同䅖者說文䅖黍穰也良薛切又云穰黍䅖已治者汝羊切稈者

與秆同觧見上稱者玉篇稱七于切稷穰也本此

麻黃莖狗骨也

上文已云龍沙麻黃也此復釋其莖之名

白芷其葉謂之葯音約

西山經號山其草多葯蘭郭注葯白芷别名蘭香草也離騷云扈江離與辟芷兮洪興祖補注白芷一名曰茝生下澤春生葉相對婆娑紫色楚人謂之葯楚詞九歌湘夫人辛夷楣兮葯房王逸注葯白芷說文芷作茝云繭也昌改切虈楚謂之離晉謂之虈齊謂之茝玉篇芷式視切白芷藥名一名茝

葯於略切白芷葉即蘺也史記索隱引埤蒼云齊曰茝晉曰䕡盧學士曰本草經白芷一名芳香吳氏本草白芷一名蒚一名澤芬一名莞名醫別録又一名苻離一名蒚孫氏星衍曰按名醫所云似即爾疋莞苻離其上蒚說文別有莞夫離也蒚夫蘺上也是非一草舍人云白蒲一名苻離楚謂之莞豈蒲與茝相似而名醫因誤乎或說文楚謂之蘺即夫蘺也未可得詳

公

蕡浮沸反又扶分反複菜音菜薴乃頂反蓸音糟荏蘇也

爾雅蘇桂荏郭注蘇荏類故名桂荏疏引陶注本

草云葉下紫色而氣甚香其無紫色不香似荏者名野蘇生池中者名水蘇一名雞蘇皆荏類也說文繫傳荏白蘇也桂荏紫蘇也方言蘇亦荏也關之東西或謂之蘇或謂之荏周鄭之閒謂之公蕢沅湘之南或謂之𦼮其小者謂之蘺葇郭注公蕢蘇荏屬也音翡翠之翡今江東人呼荏為䓻音魚今長沙人呼野蘇為𦼮音車轄之轄蘺葇葷菜也亦蘇之種類因名云穰蘵字異音義同中山經熊耳之山有草焉其狀似蘇而赤華名曰葶薴可以毒魚郭音亭寧耵聹二音

秈音仙稉也

張衡南都賦滍臯香秔李善注滍臯滍水之澤也又引此文作秔秈也齊民要術引氾勝之云三月種秔稻顏注漢書東方朔傳云稻有芒之穀總稱也秔其不黏者也羅願曰又一種曰秈比于稉小而尤其黏其種甚早今人號秈為早稻稉為晩稻稉秔通用說文秔稻屬或作稉玉篇秈息延切秔稻也本此

秫音述稬奴卧反也

說文秫稷之黏者食聿切稬沛國謂稻曰稬奴亂

切齊民要術引字林穤黏稻也此篇以秫釋稬或疑其稻稷不分然此秫穤與上秈秔相對秈與秔本非一物秫與穤又何必指為一物此不過就黏與不黏者別言之耳秫是稷之黏者稬是稻之黏者故亦得為一類也程博士瑤田曰今之高高粱昔人稱蜀黍南方呼蘆穄北方呼紅粱以農家多種赤色者又呼麤粱以其米麤硬不如黍稻粱之美也其赤色者黏不黏二種黃金色者黏純白色亦有黏者不黏者多也北五省處處種之大河以南江淮以北亦處處種之通呼高粱亦通呼秫秫

[illegible]

字

廣雅疏義卷十七

其術呼秫稻今南北上下凡五反市井商賈貿易輒索其薄恭觀之無不作秫字者說文秫稷之黏者今則無論黏與不黏皆曰秫且稱名半海內定之為稷良亦非誣

䅻口外反口見反又穈亡皮反

䅭音旁稈音呈穄音祭也

說文穄穈也子例切穈穄也靡為切䅭程穀名䅭天子傳赤烏之人獻穄百載呂氏春秋本味篇飯之美者有陽山之穄高誘注穄關西謂之穈冀州謂之䅻玉篇䅻穈也穈穄也穄似黍不黏䅭程穄名程博士搖田曰黍大名也黏者得專黍名其不

十七

愛古堂校藏

黏者則曰糜或曰穄穀色有黃白黑三種黑者秬黍也其皮皆有光澤黃白者如象牙黑者如退光漆不似小米穀皮之枯皺也今北方呼黍子糜子穄子古今無異稱惟加子字而已其米通呼黃米或有呼糜子為稷米蓋唐燕公草胃之為稷故相沿至今有稷米之稱也稷緊字同舊本經作穄曹憲避隋諱也又音釋曰殄訛曰於今並訂正○集韻引廣雅穈穄也疏臻切今無穄也

䕷扶云反麻音誅也

說文萉枲實或作䕷房未切喪服傳云苴絰者麻

之有蕡者也牡麻者枲麻也淮南齊俗訓胡人見蕡不知其可以為布也高誘注蕡麻子也又說林訓蕡不類布而可以為布注蕡讀左傳有蜚不為災之蜚麻字類篇集韻皆追輸切穀名引此文

大豆尗也

說文尗豆也象尗豆生之形此古字經典相承作菽大雅生民蓺之荏菽傳荏菽戎菽也箋戎菽大豆也爾雅戎菽謂之荏菽詩疏引孫炎曰戎菽大豆也樊光舍人李巡郭璞皆以為胡豆案淮南地形訓水勝火故菽夏生冬死高誘注豆火也夏火

王而生冬水王而死春秋莊三十一年齊侯來獻戎捷穀梁傳曰戎菽也列子力命篇進其茙菽有稻梁之味

小豆荅也

說文荅小尗也都合切玉篇荅小豆也晉書律志九章商功法程菽荅麻麥一斛積二千四百三十寸

豍布衣反豆豌烏丸反豆⿰豆留音紹豆也

齊民要術崔寔曰正月可種豍豆玉篇豍⿰豆留也豌豆也⿰豆留豍豆也盧學士曰戎以為豍豆即今之藊

豆未知然否李時珍云豌豆其苗柔弱宛宛故得豌名百穀中最先登者案今北方多產此煑之以為餅餌極恬美豍集韻又音聊類篇并州謂豆曰豍

胡豆䜋江䝄音雙也

玉篇䜋䜋䝄也廣韻䜋䝄胡豆也齊民要術引此作胡豆䜋江豆也爾雅翼引此䝄作雙字時珍曰䜋䝄豇江也此豆紅色似多莢必雙生故有䜋䝄之名

大麥麰音牟也

月令仲秋之月乃勸種麥毋或失時其有失時行罪無疑鄭注麥者接絕續乏之穀尤重之淮南地形訓火勝金故麥秋生夏死說文麥芒穀秋種厚薶故謂之麥麥金也金王而生火王而死从來有穗者从夂高誘注淮南及呂氏春秋皆言麥屬金而素問云升明之紀其類火其藏心其穀麥鄭氏月令注麥實有孚甲屬木三說不同者蓋鄭以形言素問以功性言而呂覽淮南說文並以時言也說文麰來麰麥也或作䅣周頌思文貽我來牟傳牟麥釋文牟字書作麰引孟子麰大麥也今孟子

作麰趙岐注麰大麥也

小麰麳音來也

說文來周所受瑞麥來麰一來二縫象芒朿之形天所來也故為行來之來又云䅘齊謂麥䅘也周頌思文疏引尚書太誓云惟四月太子發上祭于畢下至于孟津之上升舟中流白魚入于王舟王跪取出涘以燎之至于五日有火自上復于下至于王屋流之為鵰其色赤其聲魄五至以穀俱來尚書合符后注云五至猶五來不知為一日五來為當異日也書說云烏以穀俱來穀以紀后稷好

德尚書旋機鈐及合符后並有其注云稷好農稼令鳥銜穀故云紀之此即説文所謂周受瑞麥也詩言貽我來牟與書太誓符合。牟是人麥則來為小麥矣漢書劉向傳引詩作釐麰釐麰麥也始自天降惠氏棟曰案鄭顯御字指字本作𪌖古文省故作來廣疋作麳俗作之案玉篇麳力該切小麥也麳同

萪

萪音科萩音秋茅穗似反萪也

王風黍離彼稷之穗傳穗秀也萪者玉篇萪穗也類篇音茶本此紫萪即荼之異文鄭風出其東門

有女如荼箋荼茅秀物之輕者飛行無常地官掌

荼注荼茅秀也蕬者說文蕬茅秀也息茲切

蒲穗謂之蕁大九反

說文蕁蒲蒻也廣韻蕁秀蒲莖常倫切

箘簬音路箟音真簸反昔非箭反公但簫衛箭也

此釋竹之可為箭幹者也說文箭矢也周官職方

東南曰揚州其利金錫竹箭簡簬者說文簬箘簬

也路簡路也古文作簵玉篇簬美竹中箭也禹貢

荊州惟箘簵楛三邦厎貢孔傳箘簵美竹出雲夢

之澤正義鄭云箘簬聆風也竹有二名或大小異

也簡簬是兩種竹也箕者玉篇之人切竹箭也箴者玉篇箴古怪切竹箭也戴凱之竹譜云江漢之間篃竹謂之箴笴者玉篇簳各旱切箭簳亦作笴唐韋兄曰攷工記妢胡之笴注云故書笴為笱杜子春云笱當為笴謂箭槀石經笴字下半雖缺下半从句不从可說文無笴字當以笱為正笱與笱形相似與槀幹尤相近也簫者盧學士曰王子淵洞簫賦原夫簫幹之所生兮于江南之邱墟洞條暢而罕節兮標敷紛以扶疏蓋此竹本名簫而取之為樂器亦可以為箭也⿱竹衛者玉篇⿱竹衛于歲

切箭也本此

蕉䣍奚毒附子也一歲為萴子二歲為烏喙三歲為附子四歲為烏頭五歲為天雄

戰國燕策蘇秦為燕說齊王曰人之飢所以不食烏喙者以為雖偷充腹而與死同患也淮南主食訓天下之物莫凶于雞毒然而良醫橐而藏之有所用也高誘注雞毒烏頭又繆稱訓天雄烏喙藥之凶毒也良醫以活人鹽鐵論秦楚三晉號萬乘不務脩德而負相傾構兵爭強而卒俱亡雖以進壤廣地如食前之充腸博物志云物有同類而異用

爾雅義疏卷第十九

者烏頭天雄附子一物春秋冬夏采之各異顔注
急就篇云烏喙形似烏之觜也附子附大根而旁
出也此與烏頭側子天雄本同一種但以年歲遠
近為殊採之有異功用亦别玉篇蘸莊卓切蘸莫
𦼮即附子也蔛蔛子藥名一歲為蔛子二歲為烏
喙三歲為附子四歲為烏頭五歲為天雄皆本此
本草經附之冬月採為附子一名烏喙又云天雄
一名白蘸圖經云側子長二三寸者為天雄割削
附子傍尖芽角為側子附子之絶小者亦名為側
子元種者為母烏頭其餘大小者皆為附子以八

宍

角者為上烏頭烏喙生朗陵山谷天雄生少室山谷附子側子生犍為山谷四品都是一種所産今並出蜀土種之法冬至前先將肥瘦陸田耕五六遍以豬糞糞之然後布種逐日耘耔至次年八月後方成苗高三四尺莖作四稜葉如艾花紫碧色作穗實小子黑色如桑椹本只種附子一物至一年便有此五物而廣雅有一二三四五歲之分豈今人種蒔之法用力倍至故爾繁盛也吳普本草云附子一名莨一名千秋一名毒公一名卑負一名耿子正月始生葉厚莖方中空葉四四相當與蒿

相似烏喙形如烏頭有兩岐相合似烏之喙故名曰烏喙也蘸蔡以為烏喙即烏頭異名蘸玉篇作蘸廣韻與此同雞毒即奚毒即子即萴子萴即聲相轉或又作側同

蘤尺爲 況葩荂蘳華也

說文咢艸木華也或作荂況于切蕚榮也户瓜切方言咢荂蕐也齊楚之間或謂之咢或謂之荂蘤者玉篇蘤花榮也廣韻蘤花也類篇蘤花榮羽委切後漢書張衡傳思元賦百卉含蘤李賢注引張博士字詁蘤古花字也葩者說文葩華也張衡西

京賦吐葩颺榮蘚綠曰葩華也嵇康琴賦若衆葩敷榮曜春風李善曰古本葩字爲華與郭璞曰葩爲古花字江淹擬許徵君詩丹葩曜芳蕤菁者說文菁韭花也子盈切尚書𢈔箕傳菁華已竭褰裳去之宋玉高唐賦江蘺載菁張衡西京賦麗服颺菁李善曰菁華英也蘂者廣韻華內曰蕚外曰蘂離騷貫薜荔之落蘂王逸注蘂實也洪興祖補注蘂花鬚頭點也花外曰蕚內曰蘂郭璞江賦搊菫瀕蘂花舊本蘂下有花字是華之俗字漢以前未之有也此是後人闌入盧學士曰孫貽穀云後人

二十八

或以花注華字旁以曉讀者而誤入正文今删

棓步項反杜蔽平行反茇蒲撥荄古來反株根也

說文根木株也韋昭注周語引氾勝之農書云孟春土長冒橛陳根可拔棓未詳杜者豳風鴟鴞徹彼桑土傳桑土桑根也東齊曰杜或曰茇蔽者玉篇蔽下校古鮑二切江東呼藕根為蔽又與茇同爾雅茇郭注茇即茇類釋文引廣雅茇根也廣韻藥菜根可食者曰茇茇者說文茇草根也春草根枯引之而發土為撥故謂之茇郭注爾雅云今江東呼藕紹緒如指空中可啖者為茇荄者說文

廣雅疏義卷十

荄艸根也太元養次三云藏以肥郎育厥根荄郭注方言云今俗名韭根為荄潘岳懷舊賦陳荄被于堂除適作核漢書五行志孕毓根核顏師古云核亦荄字也草根曰荄株者說文株木根也陟輸切漢書司馬相如傳楛木朽株戰國秦策削株掘根

蔕蕺丁反 莫反 文落也

說文蔕瓜當也都計切文選西京賦注引聲類云蔕果鼻也玉篇蔕草木綴實廣韻同盧學士曰爾疋蒤芛葟華榮郭注今俗呼艸木華初生者為芛

音猗豬釋文芛郭音猗羊棰反疏云此別草木榮華之異名也業蕍與芛音相同則義亦同廣韻蕍草木葉初出向葉似當作華今人但知花朵之朵不從作蕍字矣

萌芽茁蒡孽也

此釋草初生之名也孽當作櫱說文𣡌伐木餘也商書曰若顛木之有甹𣡌或作櫱古文作梓或作枿者梓之譌魯語山不槎櫱韋昭注以株生曰櫱淮南俶真訓百事之莖葉條梓高誘注梓讀作櫱旁生萌芽也萌者說文萌草芽也月令萌者盡達

[illegible]

[illegible]

鄭注芒而直者曰萌芽者說文芽萌芽也甾者盧學士曰甾本亦作甾爾雅木立死甾郭注本弊頓甾字林作椔大雅皇矣作之屏之其菑其翳甾蓋木已死而復有萌焉者如肄生之類蘉者說文蘉灌渝讀若萌莫中切孫比部星衍曰萌者始生也萌與蘉通灌渝即權輿爾雅釋詁權輿始也大戴禮記誥志云孟春百草權輿揚雄羽獵賦萬物權輿于內徂落于外釋艸其萌蘿蕍萌當為蘉蘿蕍當為灌渝郭璞以蕍下屬非也

蘇荏而力內芥蔡莅阶古毛草也

蘇者方言蘇芥草也江南淮楚之間曰蘇自關而西或曰草或曰芥南楚江湘之間謂之莽莊子天運篇蘇者取而爨之釋文李頤云蘇草也菉者說文菉耕多草从艸耒耒亦聲盧對切玉篇同舊本菉譌菜今訂正芥者左氏哀元年傳以民為土芥孟子君之視臣如土芥注並云芥草也舊本芥譌芬今據方言訂正莽者說文作茻眾艸也从四屮讀與冈同方言卉莽艸也東越揚州之間曰卉南楚曰莽草詞夕攬州之宿莽王逸注艸冬生不死者楚人名曰宿莽蔖者爾雅藗蔖郭注作履苴艸

説文蓭艸也可以束或作菡釋文引字苑云苴履牴玉篇蒩作履苴草毛者左氏隱四年傳澗谿沼沚之毛又昭七年傳封略之內何非君土食土之毛誰非君臣杜注並云毛草也班固西都賦華實之毛則九州之上腴焉盧學士云周禮地官載師宅不毛者有里布先鄭謂不種桑麻也公羊宣十二年傳錫之不毛之地何休注不毛者墝埆不生五穀是桑麻五穀之類亦皆曰毛也古今注地以名山為輔石為之骨川為之脈草木為之毛

草叢生為薄

楚辭九江涉江云露申辛夷死林薄兮王逸注草木交錯曰薄又招隱士叢薄深林洪興祖補注深草曰薄揚雄甘泉賦列新雉於林薄曹植七啟捜林索險探薄窮阻東晳補亡詩白華朱蕚被于幽薄李善注引纂要云艸叢生曰薄舊本薄為聚今據文選甘泉賦注訂正

蓍耆也

白虎通義蓍龜篇乾艸枯骨衆多非一獨以蓍龜何此天地壽考之物故問之也龜之為言久也蓍之為言耆也久長意也說文蓍蒿屬生千歲三百

莖易以爲數天子蓍九尺諸侯七尺大夫五尺士三尺陸璣詩疏蓍以藕蕭青色科生洪範五行傳云蓍百本年一生百莖

益母茺蔚也

爾雅萑蓷郭璞注今茺蔚也王風中谷有蓷釋文引韓詩蓷茺蔚也陸璣詩疏云舊說及魏博士周元明皆云菴䕡是也韓詩及三倉說悉云益母故曾子見益母而感劉歆曰蓷臭穢臭即茺穢也本草茺蔚子一名益母一名益明一名大札生池澤名醫別錄一名貞蔚陶注處處葉生如荏方莖子

細長三稜白華華生節間

菅茅也

說文菅茅也茅菅也玉篇菅茅屬也小疋白華菅兮白華束兮傳白華野菅也已漚為菅箋菅柔忍中用而更取白華收束之茅比于白華為脆菅亦作蕑中山經吳林之山其中多蕑草郭注亦菅字陸璣詩疏菅似茅而滑澤無毛根下五寸中有白粉者柔韌宜為索漚乃尤善矣

粢黍稻其采[illegible] [illegible]謂之禾

說文齋稷也从禾齊聲或从次作粢黍禾屬而黏

者也以大暑而種故謂之黍从禾雨省聲稻稌也稌稻也周禮曰牛宜稌粢稷也黍也稻也三者之德通呼為禾歙程學博瑤田曰粢稷也稷今之高粱也亦通呼為秫秫說文秫稷之黏者今則無論黏與不黏皆曰秫黍者大名也黏者得專黍名其不黏者曰穄或曰穄其黑者為秬黍今北方通呼其米為黃米稻者亦大名也黏者曰糯不黏者曰秈曰稉

豆角謂之莢其葉謂之藿

說文莢艸實也古叶切藿尗之少也虛郭切玉篇

莢豆莢也蘇豆葉也亦作莢本此周禮墳衍之地其植物宜莢盧學士曰呂氏春秋審時篇得時之菽長莖而短足其莢二七以為族高誘注二七十四實也齊民要術引氾勝之書曰穫豆之法莢黑而莖蒼輒收無疑其實將落反失之易林漸之乾曰且種菽豆菽成穫豐戰國韓策張儀說韓王曰韓墬險惡民之所食大抵豆飯藿羹

英蒻施也

玉篇葹乙卓切英蒻也廣雅葹於角切英蒻似並本廣作据此則此文當作英蒻葹也舊本葹譌

蒻且顛倒其文曰與蒻蒻也今訂正說文蒻蒲子可以爲平席案說文苜部莧下引周書布重莧席織蒻席也讀與蔑同是莧即古文蔑也顧命篇孔傳於敷重蔑席作別解而於敷重底席句釋云底蒻苹疏云禮注謂蒲席爲蒻苹孔以底席爲蒻苹當謂蒲蒻之席也急就篇蒲蒻藺席謂此也宋玉招魂蒻　拂壁王逸注蒻蒻席也

菡萏芙蓉也

說文菡菡萏也胡感切萏菡萏芙蓉　未發爲菡萏也發爲芙蓉徒感切爾雅荷芙蕖郭注別名芙

蓉江東呼荷又云其華菡萏詩陳風澤陂有蒲菡萏傳菡萏荷華也又鄭風隰有荷華傳荷華芙蕖也今古注芙蓉一名荷華生池澤中實曰蓮華之最秀異者一名水芝一名水花色有赤白紅紫青黃紅白二色花多華大者至百葉爾雅翼引陸璣疏亦云其華未發為菡萏已發為芙蕖離騷云製芰荷以為衣兮集芙蓉以為裳王逸注芙蓉蓮華也詩疏云今江東人呼荷華為芙蓉舊本菡訛萏今訂正

薤何戒反 蕎音蕎 其華謂之蓍

韭也𩐁也蕎也三者之華為菁盧學士曰天官籩人朝事之豆其實韭菹菁菹廣疋則以𩐁與蕎之華俱謂之菁韭者呂氏春秋孝行覽菜之美者具區之菁高注菜名張衡南都賦秋韭冬菁說文菁韭華也又云韭菜名一種而久者故謂之韭象形在一之上一地也曲禮韭曰豐本郭注豐茂也齊民要術云韭性内生根喜上跳𩐁者說文𩐁菜也形似韭玉篇𩐁葷菜也俗作薤爾疋𩐁鴻薈鄭注即𩐁菜也疏云本草謂之菜芝少儀云為君子擇葱薤則絶其本末蕎者廣韻蕎巨嬌切蕎麥盧學

士曰蕎亦麪作溫庭筠詩曰暮烏飛散滿山蕎麥花又與荍音同借用蘇子瞻詩但見古河東荍麥如鋪雪蚍蜉之荍花紫此蕎麥之花白也

蘬　薺葵也

說文蘬薺實也葵菜也爾疋紅蘢古其大者蘬蒫薺實郭注俗呼紅草為蘢鼓語轉耳薺子味甘啓事凡曰蘬蒫之文上下相承許氏所見爾疋當是蒫在蘬下蘬為薺實則蒫為蘢古之大者矣蒫即差字蘢古葉大下垂有參差之象通卦驗云立冬薺麥生春秋繁露天地之行篇云薺以冬美冬

水氣也蒸甘味也乘於水氣而美者甘勝寒也蕤冬生而夏死其味甘齊民要術引廣疋蕤卯葵也今本無卯字説誤耳

藋粱木稷也

盧學士曰粱舊本作梁引御覽引此在百穀部粱類中今訂正藋粱當即所謂高粱乃粗粱也如稂童粱之類木稷無攷禮記玉藻沐稷而醴粱又喪大記君沐粱大夫沐稷是則粱貴於稷也粱稷皆人之所食者而用以沐則不惟精惟其粗此木稷疑當作沐稷取藋粱以爲之用未知於廣疋之義

有當否

蔏反文牛豬反頁〻蒠也

即抽蒸也字體既異故從釋之玉篇蒣蕕蒠也本此

蓊薹[illegible]也

說文蘩傳云艸將生華先抽莖薹玉篇蔏蒲蒚謂今蒲頭有臺臺上有重臺中出黃即蒲黃是也薹臺同

莞蔺[illegible]也

說文莞艸也可以作席蔺莞屬玉篇蔺旅進切似

[illegible]

莞而細可爲席莞古桓胡官二切似藺而圓可爲
席詩小雅斯干上莞下簟箋小蒲之席也釋文莞
草叢生水中莖圓江南以爲席形似小蒲而實非
也爾雅莞苻蘺說文作䓿夫蘺郭注今西方人呼
蒲爲莞蒲今江東謂之苻蘺又莞鼠莞郭注亦莞
屬也纖細似龍須可以爲席蜀中出好者舊本莞
訛莧今訂正

菰音孤蔣子良切也其米謂之禾
天官冢宰三農生九穀後鄭以苽爲九穀之一疏
云以下食醫云凡膳食之宜有魚宜苽故之有苽

也紫文說苽雕苽一名蔣蔣苽蔣也玉篇苽胡古
切亦作菰蔣其實雕胡也淮南原道訓浸潭菰蔣
高誘注浸潭之潤以生菰蔣菰者蔣實其米曰彫
胡菰音觚哉之觚蔣讀水漿之漿相如子虛賦埤
溼則生雕胡張博士注雕胡菰米也宋王詞賦云
為臣炊雕胡之飯烹露葵之羹杖乘七發楚苗之
食安胡之飯摶之不解一啜而散西京雜記云顧
翱母好食雕胡飯常帥子女躬自採擷太胡中後
自生雕胡無復餘草又云漢太液池邊皆是雕胡
紫蘀綠節蒲叢之類菰之有米者長安人謂為雕

[illegible]

箋

胡葈蘆之未鮮葉者謂之紫擇蘵之有首者謂之綠節謂之未也

葒音紅龍蓊平吉馬蓼也

鄭風隰有游龍傳龍紅草也箋紅草放縱枝葉於隰中陸璣疏一名馬蓼葉大而赤白色生水澤中高丈餘本草紅草一名鴻𧅫如馬蓼而大水生傍陶注馬蓼生下濕地莖斑葉大有黑點其最大者名龍薣

蕢蔡斆張揖云蕢蘆也業白蒿若蕢大異恐非蘆也

藁與蒿同玉篇蒿渠與切今之古蒿江東呼為苦

蕒蕒埋解切苦蕒菜本草云苦蕒冷無毒盧學士曰苦蕒本亦作苦買即苦苣也虞即虡　或體歟苣藘皆通用說文藘菜也似蘇者廣韻苦藘江東呼為苦蕒然則廣疋並不誤不知曹憲何以指為非其所非者不著孫詒穀案袁文甕牖閒評引博雅云蕒藘外別是一種菜世稱為銀條菜者與苦馬絕不相類可以證明曹憲之說然文弨又案杜子美園官送菜詩云苦苣刺如針王原晉云苦苣一名苦蕒一名褊苣一名天香菜葉似狹而綠帶碧莖空斷之有白汁花黃如初綻野菊花春夏

皆旋花開一花結子一叢如茼蒿子花罷則斂子
上有毛茸茸隨風飄揚落處即生處處有之但在
北方者至冬而凋在南方者冬發常青為少異耳
李時珍亦以蕒與苣是一物葉今北方謂之蒙蕒
菜用醬生啖之南方少有食者以蒙蕒合為稱則
廣雅之說定不誤

蘩母蒡葧[illegible]也

夏小正二月采蘩傳曰蘩由胡由胡者蘩母也蘩
母者旁勃也爾雅蘩皤蒿郭注白蒿又蘩由胡注
未詳陸璣詩疏凡艾白者為皤蒿今白蒿春始生

及秋香美可生食又可蒸一名滸湖北海人謂之
旁勃蒡旁葧勃同
菈力合反遾音苔蘆菔也豐豐音又蔦音蕘女交反世人以此為芴蕘之蕘未知
孰是蕪精也
方言豐蕘蕪菁也陳楚之郊謂之蘴魯齊之郊謂
之蕘關之東西謂之蕪菁趙魏之郊謂之大芥其
小者謂之辛芥或謂之幽芥其紫華者謂之蘆菔
東魯謂之菈遾郭注蘴舊音蜂今江東音嵩字作
菘也蕘音鈴鐃之鐃蘆菔今江東名為溫菘實如
小豆羅匐二音菈遾洛荅大合兩反爾雅葖蘆萉

郭注萉宜爲菔蘆菔蕪菁之類紫花大根俗呼雹葖說文菔蘆菔似蕪菁實如小赤者繫傳云今之蘿蔔也邵氏晉涵曰紫蘆菔有大小二種方言釋文皆舉小者言之亦有細而長者謂之支蘿服潛夫論思賢篇治疾當得人參反得支羅服當得麥門冬反烝　麥已而不識其合而服之病以增劇不自知爲人所欺也豈通作葑鄘風鄭箋云葑蔓菁也坊記注葑蔓菁也陳宋之間謂之葑陳藏器本草云蕪菁北人名蔓菁今并汾河朔間燒食其根呼爲蕪菁根廣韻菘遂秦人呼爲蘿蔔舊本菔訛

瓠今訂正

匏瓠也

說文瓠匏也胡誤切論語吾豈匏瓜也哉何晏注匏瓠也匏瓠史記世家作瓠瓜衛風匏有苦葉傳匏謂之瓠陸璣疏匏葉少時可為羹又可淹煑極美故詩曰幡幡瓠葉采之亨之今河南及揚州人恒食之八月中堅强不可食故曰苦葉古今注匏瓠也壺盧瓠之無柄者也匏有柄者曰懸瓠可為笙曲沃者尤善秋乃可用用則漆其裏瓠在八音之一古者笙十三簧竽三十六簧皆列管瓠內施

[illegible]

簀管端

冬瓜蓏[illegible]也

玉篇蓏渠立切冬瓜也廣韻同本此盧學士曰此瓜經霜乃熟十月足收之故冬瓜爲瓜之美者

水芝瓜也其子謂之𤬏力占反

水芝齊民要術引作土芝唐本草引作地芝玉篇𤬏力玷切瓜子本草白瓜一名水芝玉篇𤬏力玷切瓜子集韻音廉

龍蹏虎掌羊骹兔頭桂支蜜筩㼉音溫抓徒昆反貍頭白㼐步田反無餘纁瓜屬也

齊民要術引張載瓜賦羊骹累錯䫉子市江廣志云瓜之所出以遼東廬江燉煌之種爲美有烏瓜緐瓜貍頭瓜蜜筩瓜女臂瓜羊髓瓜瓜州大瓜大如斛出凉州有桂枝瓜長三尺餘蜀地溫食張載瓜賦又有虎掌羊骹桂枝蜜筩陸璣瓜賦括樓定桃黄䫉白傳金釵蜜筩小青大斑元肝素腕貍首虎蹯東陵出于秦谷桂髓起于巫山也案齊民要術引此文蹏作肝掌作蹯支作枝蜜作密白䫉作六狄緣瓜下又有瓜字餘同廣韻引此文蹏作蹄虎作獸支作髓又有小青大斑二名玉篇䫉於菟

切䟀瓜爪名舊本柧訛瓜今訂正

狗虱鉅勝藤宏胡麻也

本草經胡麻一名巨勝葉名青蘘吳氏本草一名方金一名狗虱名醬別録一名方莖一名鴻藏圖經云今處處有之苗梗如麻而葉圓銳光澤嫩時可作蔬道家多食之廣學士曰御覽引孝經援神契鉅勝宋均曰世以鉅勝為茍杞子案宋說蓋不然之詞也舊本鉅下脫勝字案玉篇苣勤侶切苣藤胡麻也藤詩證切苣藤胡麻也又云藤苰胡麻也胡麻又名巨勝嘉祐本草兩引廣雅皆云狗虱

巨勝藤苰胡麻也今据補正鉅苣巨勝藤藤並同

芥葙水蘇也

本草經芥葙名醫別錄一名雞蘇一名勞祖一名

芥苴舊本芥葙訛為芬葙今据本草及通志草本

略訂正

當道馬舄也

爾疋芣苢馬舄馬舄車前郭注今車前草大葉長

穗好生道邊江東呼為蝦蟆衣陸璣詩疏馬舄一

名車前一名當道喜在牛跡中生故曰車前當道

也今藥中車前子是也幽州人謂之牛舌草可鬻

爾雅流義卷九

上

作茹大滑其子可治婦人產難本草車前一名當道別錄一名芣苢一名蝦蟆衣一名牛遺一名勝舄久服令人身輕不老圖經云春初生苗葉布地如匙面累年者長及尺餘如鼠尾花甚細青色微赤結實如葶藶赤黑色

𦱊菌𦱊生也

盧學士曰𦱊即朝字莊子逍遙遊朝菌不知臨朔釋文司馬云大芝也天陰生糞土上見日則死一名日及故不知月之終始也崔云糞上芝朝生暮死晦者不及朔朔不及晦簡文云欻生之芝也爾

尺中馗菌郭注地蕈也似蓋今江東名爲土菌亦
曰馗廚可啖之又小者菌注大小異名又出隧蘧
蔬蘧蒢似土菌生菰草中今江東啖之甜滑案說
文菌地蕈也蕈桑萸萸木耳也一曰萮茈又云𡴀
菌𡴀地蕈叢生田中籀文作[illegible]繫傳云蕈多生桑
楮之上也从草唐本注云菰手以其似小兒臂也
蜀本注云三年中心生白臺如藕狀曰菰首其根
生小菌者名菰菜列子湯問篇朽壤之上有菌芝
者生于朝死于晦御覽引博物志江南諸山郡中
大木析倒者經春夏生菌謂之椹食之有味而忽

有毒殺人云此物往往自有毒者或云蛇所著之
楓樹生者喫之令人笑不能止治之飲土漿多愈
物類相感志引孫炎云此是俗閒孫炎非孫叔然
聞雷即生俗呼地菌白如脂可食亦名地蕈北丁
越廚江東人今呼土菌

徐長丁丈反卿鬼督郵也
御覽引本草經徐長卿一名鬼督郵生太山吳氏
本草云一名石下長卿或生隴西唐本注云葉似
柳兩葉相當有光潤根如細辛微麤長而有臊氣
盧學士曰本草又別名鬼督郵一名赤箭一名離

生

母與此名同而實異者也

附支通草也

御覽引本草經通草一名附支生山谷吳氏本草蓪草又一名丁翁生石城山谷葉青蔓延范子計然曰通草出三輔唐本注云蓪草大者徑三寸每節有二三枝枝頭有五葉其子長三四寸核黑瓤白食之甘美南人謂為燕覆或名烏覆廣韻蓪草藥名中有小孔通氣盧學士曰中山經升山其草多寇脫郭注寇脫草生南方高丈許似荷葉而莖中有瓤正白零陵人植而白灌之以為樹也爾雅

離南活莌郭注與山海經同又倚商活脫注即離南也菒䕬脫活𦬼活脫皆聲相近是一物其狀與蓪草同今人薄切之以為紙可用作書又染采為婦人葉勝之用

鬼箭神箭也

本草木部衛矛一名鬼箭生山谷吳氏本草葉如桃如羽或生野田陶注莖有三羽狀如箭羽俗皆呼為鬼箭

𦵧盜陸英蒴也

爾雅筌𦵧盜郭注廢盜也實似蒴而小亦可食疏

云菜木草蓬藥一名覆盆一名陵藥一名陰藥其實名覆盆子今注云蓬藥是覆盆之苗也陶注云即是人所食莓耳蘇頌本草云蓬藥是覆盆苗也後世别其種類則蓬藥蔓生有刺葉類小葵六七月之間花結實纍纍苗葉至冬不彫也其如蓬藥而小先開白華四五月間結實稀而小冬月苗彫者謂之覆盆盧學士曰續博物志覆盆子是莓子搾取汁合成膏塗髮不白本草陸英無别名唐本注云此物蒴藋是也後人不識浪出蒴藋條孫氏星衍云本草陸英味苦寒無毒蒴藋味酸溫有毒

雞謂一種又名業爾雅藨麃郭注麃即莓也今江東呼為藨莓子似覆盆而大赤酢甜可啖又箭山莓注今之木莓也實似藨莓而大亦可食

海蘿海藻也

本草海藻一名海蘿生東海中或生河澤莖如亂髮又昆布葉細者海藻也陶注生海島上黑色如亂髮而大少許葉大都似藻葉爾疋薚海藻郭注藥草也一名海蘿如亂髮生海中本草云釋文引本草一名落首一名薚盧學士曰爾疋疏引本草一名藫藫與薚音同釋文薚字字書不載疑亦薚

之謂然爾雅別有藫石衣注云石髮也則二者亦無甚別鄭樵云海藻形如弊衣石髮形如亂髮海寗周大令春云蒸今石花菜紫雲菜即紫萸麒麟菜即鹿角菜之類蒸即今海苔紫菜之類綸組即藻之大者今名海帶其實一種不必強分為二郭璞江賦綠苔鬖髿乎研上李善注引南越志海藻一名海苔生研上石

地葵地膚也

御覽本草經地膚一名地華一名地脈大觀本作地麥一名地葵唐本注云葉細莖赤多出熟田中

廣雅疏義卷第十九

苗極弱不能勝舉孫氏星衍曰列仙傳文賓服地膚鄭樵云地膚曰落帚亦曰地掃爾疋荓馬帚即此也今人亦用為帚

續毒狼毒也

本草狼毒味辛平主欬逆上氣破積聚飲食寒熱水氣一名續毒生山谷圖經云苗葉似商陸及大黃莖葉上有毛盧學士曰中山經大騩之山有艸焉其狀如蓍耆而毛青華而白實其名曰蒗服之不夭可以為腹病郭注蒗音狼戾之狠為治也案此所治與本草同是一物也博物志引神農經云藥

物有五毒一曰狼毒占斯解也舊本無續毒二字今據本草補正

莨去川反又去洪反羊平音蘭音浪蕩音宕也

本草莨蕩子一名橫唐名醫別錄一名行唐陶宏景云今方家多作狼蓎或作蓎玉篇蘭力盍切蘭蕩藥也蕩茶盍切蘭蕩又云蒽蘭蕩本此盧學士曰案說文無蓎菪字史記淳于意傳菑川王美人懷子而不乳飲以莨蕩藥一名浪本草圖經引作浪蕩是舊本蘭訛蘭今訂正

莨古恨反鈎吻也

廣韻茛草名御覽本草經鉤吻一名野葛吳氏本草秦鉤吻一名毒根一名野葛葉如葛赤莖大如箭方根黃陶注葉似黃精而莖紫當心抽花黃色或云鉤吻是毛茛也盧學士曰嶺表録異野葛毒草也俗呼胡蔓草誤食之則用羊血漿解之淮南説林訓蝮蛇螫人傅以和堇則愈高誘注和堇野葛毒藥博物志鉤吻草與荇華御覽作堇菜相似神農經云藥物有大毒殺人一曰鉤吻盧氏云陰地黃精不相連根獨生者是也

昔邪烏韭也在屋曰昔邪在墻曰垣衣

陸龜蒙苔賦云高有苑松卑有澤葵散巖竇者曰石髮補空田者曰垣衣在屋曰昔邪在藥曰陟釐本草垣衣一名昔邪一名烏韭一名垣嬴一名天韭一名鼠韭唐本注云此即古墻青苔衣也一名石苔一名石髮其生石上者名昔邪一名烏韭盧學士曰叢廣尺石髮石衣也已見前此則人家兩後多有之郭璞注西山經烏韭與廣雅同

馬䪥荔也

山海經小華之山其草有荔狀如烏韭而生于石上亦緣木而生食之已心痛顏氏家訓書證篇云

月令荔挺出鄭注荔挺馬薤也易通卦驗元圖云荔挺不出則國多火災說文云荔似蒲而小根可為刷通俗文亦云馬藺蔡邕高誘皆云荔以挺出然則鄭以荔挺為名誤矣河北平澤率生之江東頗有此物人或種于階庭但呼為旱蒲故不識馬韰講禮者乃誤以為馬莧堪食本草蠡實一名劇草一名三堅一名豕首別錄云一名荔實唐本注云此即馬藺子也盧學士曰余在江寧偶得一草種種皆下叢生葉高尺許說與說文所云似蒲而小合秋冬開每一榦纍纍十數子始青而後黑如貫

珠狀豈即所謂蒟鰒程氏瑤田謂今之北方東其
根以刷蝸余未之試也

水衣菭也

說文菭水衣也王篇菭徒來切生水中綠色亦作
苔盧學士曰此名水衣與前石衣別菭即苔也周
禮醢人加豆之實有菭菹鄭司農云水中魚衣是
與此同其字亦當从艸釋文以司農所釋當音徒
來反康成則以菭作箭萌解其字从艸與此別爾
雅藫石衣疏引陳藏器本艸云大葉藻也生深海
中及新羅葉如水藻而大海人取之正在深海底

卷廿六下至卷廿九

以繩繫腰因沒水下則得旋繫繩上五月以後當有大魚傷人不可取也業此乃海苔也可食生石上者不可食也自是兩種陳說當繫之此條下得之

茭菜藻也

茭與菱同說文藻水艸也或作藻召南采蘋于以采藻于彼行潦傳藻聚藻也陸璣疏藻水草也生水底有二種其一種葉如雞蘇莖大如箸長四五尺其一種莖大如釵股葉如蓬蒿謂之聚藻扶風人謂之藻聚其發聲也此二藻皆可食煮熟挼去

腥氣米粉糝蒸為茹嘉美揚州飢荒可以當穀食
飢時蒸而食之埤疋韓詩沈者曰蘋浮者曰薻薻
似槐葉而連生生通旁淺水中與萍雜至秋則紫
今俗謂之馬薻亦呼紫薻陸氏以為葉似蓬蒿者
乃是爾疋所云莙牛薻非聚薻也

蘘荷蓴普各反苴子魚反也

說文蘘蘘荷也一名葍蒩楚詞大招膾苴蓴尸王
逸注苴蓴蘘荷也司馬相如子虛賦諸柘巴且張
博士彼註云蓴苴蘘荷也文穎曰巴且草一名巴
蕉顏師古曰張說是也蓴且自蘘荷耳非巴且也

潘岳閒居賦蘘荷依陰時藿向陽古今注蘘荷似
蔔苴而白蔔苴色紫花生根中花未散時可食久置
則銷爛不為食矣葉似薑宜陰翳地種之常依陰
而生也史記正義云蘘荷柯根旁生筍若芙蓉可
以為菹又治蠱毒也御覽葛洪方曰人得　取蘘
荷著臥席下不使知立呼蠱姓名急就篇老青蘘
荷冬日藏顔師古曰蘘荷一名蓴苴葉莖似薑其
根香而脆可以為菹又辟蠱毒案本草别録有白
蘘荷陶注今人乃呼赤者為蘘荷白者為覆菹葉
同一種耳於人食之赤者為勝藥用白者

蔨鹿藿也

說文蔨鹿藿也讀若剶萩鹿藿之實也爾疋蔨鹿藿其實莥郭注今鹿豆也葉似大豆根黄而香蔓延生本草經蔨味苦平無毒唐本注云此草所在有之苗似豌豆有蔓而長大人取以為菜亦微有豆氣名為鹿豆也

鳶悅反專尾烏萐所夾反射干也

荀子勸學篇西方有木焉名曰射干莖長四寸生于高山之上而臨百仞之淵木莖非能長也所立者然也楊倞注云本草藥名有射干一名烏扇陶

生

宏景云花白莖長如射人之執竿又引阮公詩云射干臨層城是生于高處也據本草在草部中又生南陽川谷此云西方有木未詳或曰長四寸即是草云木誤也蓋生南陽亦生西方也射音夜玉篇鳶悅宣切鳶尾射干也本草射干一名烏扇一名烏蒲一名烏翣一名烏吹一名草薑陶注其蕪葉是鳶尾而後有鳶頭此若相似耳鳶鳶同舊本烏萐訛烏蓮古萐與翣通以音釋及本草證之知蓮是萐之訛也今訂正史記司馬相如傳注司馬彪曰射干香草也索隱引作烏蓮亦誤

木實酸木狐桃也
未聞
烏蓲可與反蓲音龍也
玉篇蓲煮麥也此以蓲為烏蓲猶以蘥為爵麥耳
盧學士曰爾疋蓲當亦注大葉白華根如指正白
可啗又蓲蕢茅注蓲花有赤者為蔓蔓蓲一種耳
亦猶蔆苕華黃白異名說文蔓蔓茅也一名舜蓲
當也詩小疋我行其野言采其蓲陸璣疏河内關
中謂蓲為蓲瓷幽州謂之燕蓲一名雀弁一名蔓
根正白可著熱灰中溫噉之饑荒之歲可蒸以禦

飢漢祭甘泉或用之其華有兩種葉細而行赤者有臭氣也風土記曰當蔓生被樹而升紫黃色大如牛角二三同蔕長七八尺甜味如蜜舊本魃訛為魃不成字今據御覽所引訂正

白苙菢薋也

玉篇苙閉及切白止也菢渠周切白苙也廣韻菢巨鳩切白苙苙其立切白苙集韻引此文無白字

白苙已見前

馬帚屈馬第也

說文萠馬帚也屈刷也爾疋萠馬帚郭注似蓍可

以為掃彗夏小正七月荓秀荓也者馬帚也玉篇
蓙故沒切刷也茀音題草也李時珍云此即蒿草
謂其可為馬刷故名馬帚今河南人謂之鐵掃帚
盧學士曰御覽本草經有屈本草實根味苦微寒生
川澤治胸脇下痛腹間寒陰痹久服輕身補益能
老陶隱居云方藥不復用俗無識者恐不知即馬
帚否

一蔙蒲莞音丸也
莞解見上文漢書東方朔傳孝文皇帝莞蒲為席
顏師古曰莞夫離也今謂之蔙蒲以莞及蒲為席

尚質也御覽引此云何承天纂文同業玉篇毐音
茂蒲草也舊本毐訛懣今据玉篇訂正

秢禽也
未聞

釋木第十四

管子權修十篇年之計莫如樹木說文木冒
也冒地而生東方之行从屮下象其根徐鍇
曰屮者木始甲拆萬物皆始於微故木从屮
釋名木冒也華葉自覆冒也白虎通義五行
篇尚書三曰木木在東方東方者陰陽氣始

動萬物始生木之為言觸也陽氣動躍觸地而生也洪範木曰曲直曲直作酸孔疏云木生子實其味多酸五穀之味雖殊其為酸一是木實性然月令春其味酸是也莊子釋文引字林云木衆樹之總名此篇所釋凡爾雅所云喬者枓者茂者條者莍者核者檄者灌者無不備焉或分其類或别其名可以辨土地之所宜亦以見植物之繁庶焉

楚荆也

楚者楚地所出一名荆故楚國入春秋稱荆其後

言

稱楚而荊州亦以此木得名也說文楚叢木一名荊也荊楚木也古文作𦵯周南漢廣箋楚雜薪薪中尤翹翹者學記夏楚二物收其威也鄭注楚荊也史記廉頗傳索隱荊可以為鞭

牡荊曼荊也

盧學士曰滿足巽凡木心圓荊心方灼龜用荊焞漢書郊祀志以牡荊畫為幡竿注如淳曰牡荊荊之無子者晉灼曰牡節閒不相當也月暈刻之為券以畏病者師古取晉說廣志赤荊文實者名曰牡荊牡荊蔓荊也孫氏星衍云牡曼聲相近本草

蔓荆實久服輕身耐老舊本壯訛壯今訂正

穀楮也

説文穀楮也从木㱿聲古祿切楮穀也或作柠丑吕切小雅鶴鳴爰有樹檀其下惟穀傳穀惡木也陸璣疏幽州謂之穀桑或曰楮桑荆揚交廣謂之穀中州人謂之楮殷中宗時桑穀共生是也今江南人績其皮以爲布又擣以爲紙長數丈謂之穀皮紙絜白光澤其裏其好其葉初生可以爲茹御覽吳氏本草穀樹皮治喉閉痹一名楮南方記楮子如梅實

栝古末反柏也

栝當作檜說文檜柏葉松身樅松葉柏身與爾雅同又云栝矢本築弦處也栝炊竈木也二字本與檜不相涉自孔氏尚書杶榦栝柏誤用栝字學者相承遂以為檜之別體其實非也羅願曰檜今人亦謂之圓柏以別於側柏又有一種別名檜柏不甚長其枝葉乍檜乍柏一枝之間屢變人家庭宇植之以為玩

道梓松也

未聞

梬棗釋詑也

說文梬棗也似柹以整切玉篇檡舒亦徒草二切梬棗也梬梬棗似柹而小司馬相如上林賦梬棗楊梅張傳士彼注云梬梬棗也顏師古曰梬即今之桵棗也史記集解云徐廣曰梬棗似柹西京雜記初修上林苑棗七有梬棗舊本梬訛梬又檡下脫也字今並訂正

栟櫚椶也

說文栟栟櫚也府盈切椶栟櫚也可作萆子紅切玉篇椶椶櫚也一名蒲葵櫚椶櫚亦曰栟櫚西山

[illegible]

經石脆之山其木多椶柟郭注椶樹高三丈許無枝條葉大而員枝生梢頭實皮相裹上行一皮為一節可以為繩一名栟櫚音馬騣之騣陳藏器本草云栟櫚子黃白色作房一名椶櫚張揖上林賦曰并閭椶也皮可以為索木高一二丈傍更無枝葉大而圓有如車輪皆萃于木杪其下有皮重疊裹之每皮一匝為一節其花黃白結實作房如魚狀

楉榴石留柰屬也

初學記引埤倉云石榴柰屬也玉篇楉如灼切楉

榴柰屬本此廣韻楉榴安石榴也榴石榴果名
博物志云張騫使西域迴所得文選張衡南都賦
榑棗若榴注引廣雅曰若留石榴也御覽引此文
與李善同御覽又引陸璣與弟書云張騫為漢
使外國十八年得塗林安石榴者安岳石榴賦序
云石榴者天下之奇樹九州之名果也羅願曰按
石榴或曰本生西域張騫使外國得之一名丹若
廣雅謂之若榴木不甚高大枝柯舊本作楉榴柰
也葉石榴與柰本非一種且榡又見下文今据玉
篇初學記及文選注御覽補正

枺斌並榕也

集韻類篇枺俱音末云榕也說文榕木也讀若皓
玉篇枺武賴切榕公道切並云木名

含桃櫻桃也

月令仲夏之月羞以含桃先薦寢廟鄭注含桃櫻
桃也孔疏云諸月無薦果之文此獨羞含桃者以
此果先成異於眾物故特記之高誘注淮南時則
訓云含桃鶯桃也又注呂氏春秋仲夏記云鶯鳥
所含故曰含桃今之朱櫻是也齊民要術引廣志
云櫻桃大者如彈丸子有長八分者有白色者凡

三種楽類棯棯桃果名櫻桃也本此含棯鶯櫻並

同

山李雀其　也

盧學士曰雀當作雀　此説文爵字雀本字也然

此當作鬱詩豳風六月食鬱及薁傳薁棣屬薁櫻

薁也正義是唐棣棣屬也劉楨毛詩義問云其樹

高五六尺其實大如李正赤食之甜本草云鬱一

名雀李一名車下李一名棣生高山川谷或平田

中五月時實言一名棣則與棣相類故云棣屬嬰

薁亦是鬱類而小別爾陸璣疏云鬱其樹高五六

尺其實大如李色赤食之甘又唐棣之華云唐棣
薁李也一名雀李亦曰車下李所在山中皆有其
華或白或赤六月中成實大如李子可食

朹藙樧欓樾梂茱萸也

說文茱茱萸茮屬市朱切萸茱萸也羊朱切茮茮
莍子寮切繫傳云茮性叢生如薔薇之屬非木也
故从艸御覽引風土記茱萸椒也九月九日成熟
赤色可採世俗亦以此日折茱萸貫長房云以插
頭髻云辟惡禦本草吳茱萸一名藙內則云三牲
用藙鄭注藙煎茱萸也漢律會稽獻焉爾雅謂之

檓孔疏引賀氏云今蜀郡作之九月九日取茱萸
折其枝連其實廣長四五寸一斗實可和十斗膏
名之藙也杌者盧學士曰說文杌山　也玉篇栲
杌同唐風山有栲傳栲山樗本爾雅也陸璣疏栲
葉如櫟木皮厚數寸可為車輻或謂之栲櫟葉爾
尺櫟其實梂郭注有梂彙自裹疏引孫炎曰櫟實
也陸璣疏秦人謂柞為櫟河謂人謂木　為櫟
柞椒椒之醜也其子房生為梂璣以為此秦詩也
宜从其方土之言柞櫟是也檓者爾雅茱檓醜菉
郭注茱萸子聚生成房貌檓似茱萸而小赤色離

騷椴又欲充夫佩幃王逸注椴茱萸也似椒而非椒俞似賢而非賢也欓者玉篇欓多朗切茱萸類集韻欓越尗也類篇欓越椒也陳藏器補本草云欓子味辛辣如椒越椒者盧學士曰蜀椒出成都秦椒出隴西天水今比越椒亦必出越中

椺

尉弋株也

椺說文作 樹木垂朶朶也此與朶同意玉篇椺都和切木株也廣韻椺木椺也說文株木根

梡

音緩文也

說文梡槶木薪也槶梡木未析也玉篇梡口管乎

昆二切宋薪文集韻引作梡枝也枝支古通用舊本梡譌梡唐人石刻完多作完易譌作皃今訂正

枚榦條也

說文株榦也可為杖引詩曰施于條枚枚見大雅旱麓篇條小枝也周南汝墳伐其條枚傳枚曰條榦曰枚祭未聞盧學士曰疑本注莫杯二字為枚字之音而傳寫致誤并失其形似旱

梢反梢交校椒反又肖柴也

說文柴小木散材徐鍇曰師行野次豎散木為區落名曰柴籬後人語訛轉入去聲又別作寨字非

首

是劉向九歎樹枳棘與薪柴王逸注枯枝為柴梢者備足梢梢櫂郭注謂木無枝柯梢櫂長而殺者釋文梢邪音朔櫂說文梢木也玉篇梢小柴也淮南兵略訓曳梢肆柴高誘注梢小柴也校者盧學士曰說文校木囚也漢書成帝紀元延二年大校獵顏師古注校謂以木自相貫穿為闌校耳校人職云六廄成校是則以遮闌為義也棷者說文棷木薪也玉篇棷叉垢側九二切柴也本此

蕘薪也

盧學士曰蕘即樵也南史隱逸傳朱百年以伐蕘

採者爲業說文樵散木也薪蕘也玉篇樵昨焦切
薪也本此詩小疋白華樵彼桑薪正義引少儀抱
樵注未然曰樵案禮記之文本作抱樵釋文側角
反又子爫反或音在遥反是容有作樵者左氏桓
十二年傳楮無扞采樵者杜預注樵薪也天官甸
師以薪蒸後外內饔之事鄭注木大曰薪小曰蒸
曲禮正義云大樵曰薪詩曰析薪如之何匪斧不
克是大故用斧也

茄枳、叉枝股也

股未詳桂進士馥曰木之枝幹吾鄉稱股蓋謂條

[illegible]

一頁

之旁出者爾桂君山東曲阜人居事兄曰人之四枝曰股肱故木枝亦名股別意股字當在枝字之上笳者疑與椏同玉篇椏於加切木椏杈廣韻引方言云江東謂樹枝為椏杈段氏玉裁云當即架字如詩名南鵲巢箋加巢即架巢凡作架者必有三股故云股也枳者盧學士曰說文枳似橘非廣雅義錢氏諧曰枳只聲只从八有分出意故訓為股猶股之作肢也釋名肢枝也似木之枝格也文弨案爾雅釋地中有枳首蛇焉注岐頭蛇也釋文軹本或作[illegible][illegible]音居是諸是二反郭巨宜反孫音

支說文積多小意而止也从禾支只聲一曰積椒木名徐鍇曰積椒不伸之意積職雉切椒俱羽切是此枳當作積集韻音枳曲枝果也疑枳乃曹憲音爾又說文積積椒未詳何木案宋玉風賦有枳句來巢疑積椒即枳句也段氏云古枳與岐音同枳句樹杈處故來巢也义者與杈同說文杈枝也初牙切潘岳西征賦垂餌出入挺杈來往盧學士曰手指相錯為义此即以义為杈蓋樹枝丫义交錯亦如人之手指然枝者說文枝木别生條也古亦作支衛風芄蘭之支說文引作枝大疋文王本支

百世左氏莊六年引作枝

柯莖也本榦也

盧學士曰玉篇柯枝也禮器云禮其在人也如竹箭之有筠也如松柏之有心也貫四時而不改柯易葉說文別訓柯爲斧柄實則柯木樹莖取以爲斧之柄因名斧柄如射之矢取竹箭爲之因即名矢爲箭也說文莖枝柱又木下曰本从一在其下古文作𡴭又榦築牆耑木也徐鉉曰今别作榦非是淮南主術訓枝不得大于榦末不得強于本舊本譌幹今訂正

䢅枿也

爾疋烈枿餘也方言枿餘也陳鄭之閒曰枿晉衛之閒曰烈晉秦之閒曰䢅或曰烈周南伐其條䢅傳䢅餘也斬而復生曰䢅左氏襄二十九年傳晉國不恤宗周之闕而夏䢅是屏又云杞夏餘也枿與蘖同盤庚由櫱馬融本作枿長發苞有三櫱漢書敘傳作三枿說文㰁伐木餘也或作櫱古文作不梓二字

橏尼之善　梅楨楳也

廣學士曰楳說文作柰果也西京雜記上林苑柰

三有白柰白花紫柰紫花綠柰綠花御覽引廣志柰有白赤青三種西方例多柰家以為脯玉篇檣木瘤也𣗋椅儉切𣗋柰也集韻檣九件切音蹇𣗋衣儉切櫙烏侯切並引廣疋此文

𢕟凡術莫蘀落也

說文云凡草曰零木曰落𢕟四者玉篇𢕟落也廣韻蘀𢕟也蘀葉落本此通作蘗說文蘗木葉陊讀若薄蘀者說文云艸木凡皮葉落陊地為蘀鄭風蘀兮傳蘀槁也箋云槁木葉也木葉槁待風乃落豳風十月隕蘀小雅鶴鳴其下惟蘀傳並云落也

木叢生曰榛
說文榛木也一曰菆也字林榛木叢生也仕巾反
玉南主術訓炎木為榛深草為薄又原道訓木處
榛巢水居穴高注聚木曰榛
櫨椁棃也
說文棃果名棠今棃樹高二三丈葉脫而膩二月
華色白結實可啖亦有蒸食者櫨者說文櫨果似
棃而酢椁者司馬相如上林賦椁柰厚樸左太沖
蜀都賦橙柿梬椁李善注並引張揖上云椁山棃
廣志云上黨椁棃小而甘加玉篇椁徒丁切椁柰
爾雅注義疏卷第十九

果名

亲栗也

夏小正八月栗零零也者降也零而後取之故不言剝也案栗之生極謹密三顆為房其房為蝟毛其中顆稍者兆為栗楔尤益人亲者說文亲果實如小栗側詵切通作榛曲禮婦人之摯椇榛棗栗左氏莊二十四年傳女摯不過榛栗說文引作亲栗釋文引氏字林云亲似梓實如小栗陸璣疏榛枝葉似栗樹其子小形似杼子表皮黑味亦如栗枝莖可以為燭五方皆有栗周秦吳揚特饒吳越被

城表裏皆栗唯漁陽范陽栗甜美長味他方悉不
及也

橡
音象柔常尺與也
說文栩柔也其實皁一名様柔栩也讀若杼様栩
實草草斗様實也一曰象斗子玉篇柔今為杼様
亦作橡詩唐風鴇羽集于苞栩傳栩杼也本爾疋
地官序官掌染草鄭注染草藍蒨象斗之屬杼芧
莊子齊物論狙公賦芧又徐無鬼篇居于深山橡
橡栗而食呂氏春氏恃君篇冬日則食橡栗高誘
注橡皁斗也其狀似栗陸璣詩疏今柞櫟也徐州

一百五

廣雅疏義卷第十九

人謂櫟為杼或謂之為栩其子為皁或言皁斗其殼為汁可以染皁今京洛及河內多言杼斗或云橡斗謂櫟為杼五方通語也橡象櫟柔杼字異義同

柚榛反七 侯也

司馬相如上林賦黃甘橙榛郭璞注橘之類也音湊張揖云攸注云榛小橘也出武陵柚者說文柚條也似橙而酢夏書曰厥包橘柚孔傳小曰橘大曰柚爾雅柚條郭注似橙實酢生江南釋文橘羊又反或作　條又作　韓非外儲說云樹橘柚者

食之則甘臭之則香呂氏春秋本味篇果之美者雲夢之柚本草唐本注柚皮厚味甘不如橘皮味辛而苦其肉亦如橘有甘有酸酸者名胡甘今俗人或謂橙爲柚非也柚通作櫾中山經荆山多橘櫾郭注櫾似橘而大也皮厚味酸列子湯問篇吳楚之國有大木焉其名爲櫾齊州珍之渡江而北而化爲枳焉

而栗也

玉篇栭如之切栗也㮚而栭古通用栗列聲又相轉栗即栵也舊本作而樸樻也栭與樸樻非一物

今據玉篇補云爾疋栵栭今人曰江淮之閒呼小栗爲栭栗郭璞曰樹似槲樕而庳小子如細栗可食今江東亦呼爲栭栗大雅皇矣其灌其栵傳栵栭也陸璣疏葉如榆也木理堅韌而亦可爲車轅

檉恥貞反楨豬秋反也

玉篇音楨韻竝云楨檉木別名本此檉者大雅皇矣其檉其椐傳檉河柳也本爾雅某氏注爾疋云河柳謂河旁赤莖小楊郭注同陸璣疏生河旁皮正赤如絳一名雨師枝葉似松羅願曰檉葉細如絲婀娜可愛天之將雨檉先起氣以應之故一名

兩師而學從聖

杆者旦反柘也

柘木之葉亦以飼蠶柚條勁直而長葉小而厚說文柘桑屬攷工記弓人爲弓凡取幹之道七柘爲上月令孟春命野虞毋伐桑柘杆者盧學士曰玉篇杆公旦切檀木也爾雅棧木干木郭注殭木也江東呼木觡釋文引樊光本作杆木字書云殭死而不朽本或作僵說文云僵偃也或又作橿桊與此言柘似無涉唯類篇云柘也本此

[illegible]

杜冲曼榆也

曼楡未聞本草經杜仲一名思仙吳氏本草一名思仲一名木棉陶隱居注狀如厚朴折之多白絲為佳

重皮厚朴也

吳晉本草厚朴一名厚皮生交趾名醫別錄一名赤朴其樹名榛其子名逐圖經云木高三四丈徑一二尺葉如柿葉四季不彫紅花而青實皮極鱗皺色多潤者佳業說文朴木皮也顏注相如傳云此藥以皮為用而皮厚故呼厚朴云

木欄桂欄也

離騷云朝搴阰之木蘭兮王逸注木蘭去皮不死顔師古漢書注云木蘭皮似椒而香可作面膏藥案玉篇欄力寒切木欄也文選劉逵注蜀都賦云木蘭大樹也葉如長生冬夏榮常以冬華其實如小柿甘美南人以爲梅其皮可食本草經木蘭一名林蘭名醫別録一名杜蘭皮似桂而香狀如楠樹高數仞生零陵山谷蜀本注云葉似菌桂葉有三道縱文皮如板桂有縱橫文述異記木蘭川在尋陽江中多木蘭樹昔吳王闔閭植木蘭於此用構宮殿樹亦同

益智龍眼也

本草龍眼一名益智圖經云龍眼似荔枝而葉微小淩冬不凋劉逵注吳都賦云龍眼如荔枝而小圓如彈也味甘勝荔枝蒼梧交趾南海合浦皆獻之山中人家亦種之又蜀都賦旁挺龍目即龍眼也案後漢書和帝紀注引交州記云龍眼樹高五六丈似荔枝而小廣州記云子似荔枝而圓七月熟御覽引嶺表錄異云龍眼樹如荔枝葉小殼青黃色形圓如彈丸大核如木槵子而不堅肉白帶漿其甘如蜜一朶恒以二十顆荔子枝方過龍眼

即熟南人謂之茘枝奴以其常隨後也案廣雅以龍眼釋益智本諸本草也然唐慎微經史證類備用本草及太平御覽並以龍眼益智為二物御覽引顧微廣州記益智葉如蘘荷莖如竹箭子從心出一枚有十子肉白骨四破去之取外皮蜜煮如棗子味甘又方草木狀益智如筆毫長七八分二月花色若蓮著實五六月熟味辛雜五味中芬芳亦可鹽曝出交阯合浦建安八年交州刺史張津嘗以益智粽子餉魏武帝又異物志益智類薏苡長寸許如枳椇子味辛

山榆母姑枯榆梗榆也

易頤九二枯楊生荑釋文引鄭注枯謂无姑山榆荑木更生謂山榆之實秋官壺涿氏謂之牡橭杜子春云橭讀為枯枯榆木名爾雅無姑其實夷郭注無姑姑榆也生山中葉圓厚剝取皮合漬之其味辛香所謂蕪荑廣事兄曰無姑即牡橭牡無聲相近說者謂一實者為無姑不實者為杜橭猶牡藕之不花者非也說文梗山枌有束莢可為蕪荑者即梗榆也其字从更即鄭氏易注木更生之意棗枯榆疑是枯榆杜子春所謂枯榆也顏注急就篇

云蕪荑無姑之實無荑一名橭榆今作柘形相近而訛舊本無姑訛毋估今訂正

梔鼓子𣓋鼓桃也

玉篇𣓋下交切𣓋桃梔子也本此梔子亦作支子本草支子一名木丹一名越桃葉兩頭尖如樗蒲又曰如兔而黃赤盧學士曰史記貨殖傳千畝巵茜索隱巵鮮支也文選上林賦鮮支黃礫注引張博士云皆香草也說文新附梔字云木實可染則與巵茜之巵同圖經云生南陽川谷今南方及西蜀州郡皆有之木高七八尺葉似李而堅硬二三

月生白花女秋結實如訶子狀生青熟黃中仁深紅宋書謝靈運山居賦林蘭近雩而揚猗自注林蘭支字

寄童寄生樢鶕也

說文蔦寄生也或作樢陸璣詩疏蔦一名寄生葉似當盧學士曰如覆盆子赤黑甜美本草桑上寄生一名寓木一名宛童一名蔦蜀本名注云是烏鳥食物子糞落樹上感氣而生葉如橘而厚軟莖如槐而肥脆今處處有廣韻蔦蔦藟引廣雅苑童寄生蔦也案蔦與樢本非一物疑彼誤也

秀龍巢也

說文鳥在木上爲巢秀龍未詳

木下支謂之枷說文㯕字同

玉篇杻椑斯木下枝也㯕析分切棌㯕也五音集

韻梅邃速切檀㯕小樕樕杻字異義同借本無木字

据集韻所引補

廣雅疏義卷第二十

嘉定錢大昭晦之甫譔

釋蟲第十五

大戴禮易本命云有羽之蟲三百六十而鳳皇爲之長有毛之蟲三百六十而麒麟爲之長有甲之蟲三百六十而神龜爲之長有鱗之蟲三百六十而蛟龍爲之長倮之蟲三百六十而聖人爲之長此舉萬物之大數言之也又云二九十八八主風風主蟲故蟲八日而化淮南地形訓與大戴禮同王充論衡云

夫蟲風氣所生伶俐知之故凡蟲為風之字取義於風故八日而化生說文解字云有足謂之蟲無足謂之豸又云風動蟲生故蟲八日而化是也蟲之為類不可勝紀此篇所釋凡考工記所稱外骨內骨卻行仄行連行紆行以脰鳴者以注鳴者以旁鳴者以翼鳴者以股鳴者以胷鳴者分其類族廣其異名俾博物君子有可考焉

蚑音技蛣去結及蟬也閜蜩蟅音摩也蟧音奄蝒音綿馬蜩也

荀子大略篇飲而不食者蟬也不飲不食者蜉蝣

也淮南說林訓蟬飲而不食三十日而蛻說文蟬以旁鳴者玉篇蟬蜩也○蟜蛣蟬也○玉篇蟜巨綺切蟬也又云蛪古顛切蛪蚼似蟬而小疑蛣與蛪同方言云蟬楚謂之蜩宋衛之間謂之螗蜩陳鄭之間謂之蜋蜩秦晉之間謂之蟬海岱之間謂之蟜郭注螗蜩今胡蟬也似蟬而小鳴聲清亮江南呼螗蛦齊人呼爲巨蟜○閜蜩螰也○方言云蟭謂之寒蜩寒蜩瘖蜩也郭注案爾雅以蛻爲寒蜩月令亦云寒蟬鳴知寒蟬非瘖者也案郭說非也月令孟秋之月寒蟬鳴鄭注寒蟬寒蜩文選注

引蔡邕章句云寒蟬應陰而鳴鳴則天涼故謂之寒蜩蓋此蟬不鳴於夏因有瘖蜩之名至立秋陰氣鼓動乃應候而鳴也今池歙間人呼蟬為寒螿子閉瘖古通用。蟧蝒馬蜩也。方言又云其大者謂之蟧郛或之蝒馬其小者謂之麥蚻有文者謂之蜻蜻其雌蜻謂之疋大而黑者謂之䗁黑而赤者謂之蜺郭注云爾雅蝒者馬蜩非別名蝒馬也方言誤耳麥蚻如蟬而小青色今關西呼麥蠽蜻蜻即蚻也爾雅云耳案郭說非也子雲所採乃異國殊語必有蝒馬之稱而後載入方言不必盡與爾雅相應也廣雅本諸方言故亦相同且其所進者表云八方殊語庶物異名亦在爾雅者詳録品覈以著于篇若以馬蜩為句則蜩馬蜩三字已見爾雅必不然矣舊本蛹誤為蜩今訂正

蛥音折蚗音穴蟪也蟪蛄蛉蛄蝭音帝蟧蛁音彫蟟也

此亦蟬之屬也因方言分為二類故亦別釋之方言云蛥蚗齊謂之螇螰楚謂之蟪蛄或謂之蛉蛄秦謂之蛥蚗自關而東謂之虭蟧或謂之蝭蟧或謂之蜓蚞西楚與秦通名也郭注蛥音折蚗于列反一音玦螇螰奚鹿二音虭蟧貂料二音江東人

呼嘹蟧寒夏小正七月寒蟬鳴蟬也者蝭蟧也爾雅蜓蚞螇螰郭注即蝭蟧也一名蟪蛄齊人呼螇螰說文螇鹿蛁蟟也蛥蚗蛁蟟也蛃蛥蚗蟬屬是皆蛁蟟之別名桓寬鹽鐵論云諸生獨不見季夏之螇乎音聲入耳秋風至而聲無者生無易由言不顧其患患至而後默晚矣莊子逍遙遊篇蟪蛄不知春秋釋文作惠蛄引司馬彪曰惠蛄寒蟄也一名蝭蟧春生夏死夏生秋死崔譔云蛁蟧也或曰山蟬秋鳴者不及春春鳴者不及秋引廣雅蛁蟧作蛁蟧楚辭招隱士蟪蛄鳴兮啾啾王逸注秋

節將至悲嘹噍也蚻者夏小正云四月鳴扎扎也者寧縣也鳴而後知之故先鳴而後扎爾雅蚻蜻蜻郭注如蟬而小蚄蚗蚻扎蟪蟪蜥蝭蟧蠑蛤蚼音義並同

蛾五河反 蛘羊掌反 元駒 蚼蝝蟞匹結反 蚍蜉音浮 螘五綺反 也

說文螘蚍蜉也爾雅蚍蜉大螘小者螘郭注大者俗呼為馬蚍蜉也齊人呼螘為蛘釋文引字林云北燕人謂蚍蜉曰蟻蛘夏小正云十有二月元駒賁元駒也者螘也賁者何也走于地中也學記云蛾子時術之鄭注蛾蚍蜉也蚍蜉之子微蟻耳時

衍蚍蜉之所為其功乃復成大垤釋文蛾魚起反本或作蟻方言蚍蜉齊魯之間謂之蚼蟓西南梁益之間謂之元駒燕謂之蛾蛘郭注蚍蜉亦呼螘蜉蚼蟓駒各二音元蚼法言云元駒之步是蟻蛘蛾蛘二音建平人呼蚳音侯舊本蚼下脫蚼字一本有蚼字脫駒字今据方言補正蚍螘聲相轉

蛢音雞蛾也

蛢者玉篇蛢古奚切又古田切馬蛢螢火也蛾也盧學士曰案玉篇謂螢火者以蛢即蚈也此但云蛾不知何者為所指爾雅蛾羅郭注蠶蛾說文䖸

蟻化飛蟲或从虫又有飛蛾古今注飛蛾善拂燈一名火花一名慕光又有白蛾赤蛾五色蛾各種

地膽蚍音蚍要青蘩音芳青蠵音攜也

玉篇背蠵似玳瑁而薄有文弋規切此四名者似背青蠵矣然本草云地膽一名蚖青一名青蛙陶注狀如大馬蟻有翼據此似地膽又與上文蛾為一類矣未知其審盧學士曰御覽九百五十一本草經元青春食芫葉故名元青秋為地膽地膽黑頭赤尾味辛有毒秋食葛葉故名之葛上亭長吳氏本草地膽又一名杜龍一名青虹陶宏景云又一名

[illegible]

之

青蛙真者出梁州狀如大馬蟻有小翼子偽者即芫斑猫所化狀如大豆大都治體畧同棄地要諸名不見於他書

杜伯蝨（七卜反）蠆（丑介反）蠍（許歇）也

蠍者螫人蟲許竭切說文蠆毒蟲也或作𧕚玉篇蠆螫或作蠆左氏僖廿六年傳蜂蠆有毒莊子天運篇㞙蠆之尾釋文㞙郭象音賴或云依字當作蠆下當作蠍引通俗文長尾為蠆短尾為蠍五音集韻引作文蠆作蠆盧學士曰詩小雅都人士卷髮如蠆箋云蠆螫蟲也尾末揵然陸機疏蠆一名

杜伯河内謂之蚊幽州謂之蠍蠆蚊字譌此書蠭字亦或可作蛓爾雅然蛣蟩郭注截屬也今青州人呼截爲蛣蟩孫叔然云八角螫蟲失之案如孫說蛓亦可通截亦蠍屬類也以蚊形近而致誤也葛洪曰蠍中國屋中多有江東即無也酉陽雜俎江南舊無蠍開元初有主簿以竹筒盛蠍過江至今往往有之故俗稱爲主簿蟲案一切經音義引作蠆（他之）蛪（苟之）蚔（巨之）毒蠍也今本不同或後人改易之蠍說文毒蠆也蚔毒也

景天螢火蟒（刀刀反）也

𧍐者古用粦說文粦兵死及牛馬之血為粦粦鬼火也列子曰馬血之為轉粦也人血之為野火也淮南説林訓抽簪招燐有何為驚高誘注燐血精似野火招之應聲而至血灑汙人以簪招之則不來故曰何驚也徐鍇繫傳云案博物志戰鬬死亡之處有人馬血積年為粦著地入草木如霜露不可見有觸者著身體便有光拂拭即散無數又有吒聲如鬻豆舛者人足也言光行著人予案燐是鬼火然螢火亦謂之燐豳風東山熠燿宵行傳熠燿燐也燐螢火也月令季夏之月腐艸為螢逸周

書時訓解大暑之日腐艸化為螢爾雅熒火即炤舍人曰夜飛有火蟲也郭注夜飛腹下有火本草云螢火一名夜光一名熠燿此一名景天者亦言其光堀也詩疏引陳思王熒火論云詩云熠燿宵行章句以為鬼火或謂之燐未為得也天陰沈數雨在于秋日熒火夜飛之時也故曰宵行然腐草木得溼而光亦有明驗衆說並為螢火近得實矣古今注螢火一名耀夜一名景天一名熠燿一名丹良一名燐一名丹鳥一名夜光一名宵燭腐草為之食蚊蚋粢夏小正八月丹鳥羞白鳥傳曰丹

鳥也者丹良也白鳥也者謂閩蚋也其謂之鳥何也食其橐也有翼者為鳥羞也者進也不盡食也崔豹所謂一名丹鳥一名丹良本此玉篇蠐螢火也本此螢熒蠐燐音義同

蛭音質蛒胡格反蚕音吞蠋地蠶雜合又世人作蚕字如蠶或蚕如此或失之矣蠹音妒蟦浮沸反又扶音蠐疾資反螬音曹也

蠐螬說文作蠀云蠀也蠐蠀也木中蝎或木作蝝蠹在木中譚長說方言蟦螬謂之蟦自關而東謂之蝤蠐或謂之蚕蠾或謂之蝖蝼梁益之間謂之蛒或謂之蝎或謂之蛭蛒秦晉

之間謂之蠹或謂之天螻四方異語而通者也郭
注蟦音翡翠之翡蝤蟦音酋卷二音秦音書卷之卷
蝖蝬亦呼當齊或呼地蠶或呼蟦蝖蝗　喧斛二
音蛒音格梁蟦人作蠐衛風碩人領如蝤蠐蝎蟲
也爾雅蝤蠐蝎郭注在糞土中又云蝤蠐蝎孫炎
云蠐螬謂之蟦蠐關東謂之蝤蠐梁益之間謂之
蝎郭注在木中今雖通名為蝎所在異舊本蝤下
脫也字今補正

蛝
音膠蟣力支反蚭女六反蚭音尼蛈音兒蚇音行蚰音由蜒音延也
方言蚰蜒自關而東謂之螾䗀或謂之入耳或謂

廣雅疏義卷二十

蛺蜺趙魏之間或謂之蚨虶北燕謂之蛆蚭郭注蚰蜒由延二音螾蜓引演二音蜺音麗蚨虶扶于二音蛆奴六反蚭音尼江東又呼蛩蝚鄭注攷工記云卻行螾衍之屬淮南說林訓昌羊去蚤蝨而來蚙窮高誘注昌羊昌蒲蚙窮蝝蜓入耳之蟲也是蚰蜒又名蚙窮也玉篇蛆蛆蚭班蝥陸德明以為此蟲能兩頭行故為卻行也陳藏器曰蚰蜒色正黃不班大者如釵股其足無數好脂油香能入耳及諸竅中以驢乳灌之化為水

蛈蝥許辛工蝸音好胦音央蝝音彖蜍音餘也

方言鼅鼄鼄蝥也自關而西秦晉之間謂之鼄蝥自關而東趙魏之郊謂之鼅鼄或謂之蠾蝓蠾蝓者侏儒語之轉也北燕朝鮮洌水之間或謂之蝳蜍郭注鼅鼄知朱二音蝥音無今江東呼蝃蝥蝳蜍齊　又呼社公亦言罔工音毒餘玉篇蝳蜍肥大鼅鼄蝥　蝥燕曰蝳蜍齊曰松公蝥作蝥

蛺音夾蜨山頰反蝥蛈音替也

說文蛺蜨也蜨蛺蜨也徐鍇曰今俗作蝶非是莊子逍遙遊莊周夢為胡蝶釋文蛺蝶也又至樂篇云烏足之根為蠐螬其葉為胡蝶釋文引司馬彪

云烏足草名生水邊蠐螬蝎也胡蝶蛺蝶也草化為蟲蟲化為草未始有極蛇蝶同列子天瑞篇同古今注蛺蝶一名野蛾一名風蝶江東呼為撻末色白背青者是也其有大如蝙蝠者或黑色或青班名曰鳳子一名鳳車一名鬼車生江南甘橘園中本草蛺蝶蜕薄夾翅而飛玉篇蛺蛺蝶也蛺古協切蛺蝶

蛬恭勇反趗音促織蚟孫蜻音精蛚也

呂氏春秋季夏紀蟋蟀居宇高誘注蟋蟀蜻蛚陰氣應故居宇鳴以促織李善注古詩十九首引春

秋考異鄭云立秋趨織鳴宋均注趨織蟋蟀也立
秋女功急故趨之攷工記以注鳴者鄭注云注精
列爾雅蟋蟀蛬孫炎曰精蛚也梁國謂之蛬郭璞
曰今促織也亦名精蛚易通卦驗云立秋蜻蛚鳴
鄭注蜻蛚蟋蟀之名也方言云蜻蛚楚謂之蟋蟀
或謂之蛬南楚之閒謂之蚟郭注蜻蛚即趨織之
精列二音蛬梁國呼蛬音鞏陸機詩疏云蟋蟀似
蝗而小正黑有光澤如漆有角翅一名蛬一名蜻
蛚楚人謂之王孫幽州人謂趨織里語曰趨織鳴
嬾婦驚起促趍趣蚟王蜻精蛚列並同

右陸氏見卷二十

炙鼠津姑螻（音樓）蜮（古麥反）蟓蛉蛞螻螻蛄也

螻蛄穴地而生立夏後夜鳴聲如蚯蚓王逸九思云螻蛄兮鳴東是也一名螜夏小正云三月螜則鳴螜天螻爾雅螜天螻郭注螻蛄也又名　說文螻螻蛄也一曰螜天螻蛞螻蛄也又云　螻蛄也爾雅蛛蛖螻郭注蛖螻螻蛄類予嘗疑蛭蝚至掌與螻蛄不相涉蓋古本爾雅必有作　字者形相似而誤為蛛耳向來釋雅訓者亦不能舉正也此云炙鼠者雀豹古今注云螻蛄一名石鼠炙石聲相近矣津姑未見所出螻蜮者蛄蜮一聲之轉方

言云姑䗇謂之杜蛒螻蛒謂之螻蛄或謂之蟓蛉南楚謂之杜狗或謂之蛒螻郭注蟓蛉象鈴二音

蛆子魚反蟝音渠馬蚿音弦馬蚿音弦也

莊子秋水篇云夔憐蚿蚿憐蛇釋文引司馬彪云馬蚿蟲也夔一足蚿多足蛇無足爾雅蛝馬蜙郭注馬蠲蚐俗呼馬蚿王篇蚿乎田切馬蚿也蠋直六切馬蚿也廣韻馬蚿蟲一名百足方言云馬蚿北燕謂之蛆渠其大者謂之馬蚰郭注蛆渠音蝍蛆之蛆馬蚰之蚰今關西云案馬蚿又名商蚷莊子又云使商蚷馳河必不勝任矣司馬彪云商蚷

廣雅疏義卷二十

蟲名北燕謂之馬蚻呂氏春秋季夏紀腐草化為
螢蚈高誘曰蚈馬蚿也蚈讀如蹊徑之蹊幽州謂
之秦渠蝶渠蜒蚰乎異義同
蠓(許孔)螉(許翁)蜂也蠮(一結反)螉(許忘)也
說文蠭飛蟲螫人者也今省作蜂同蠓螉者方言
以為燕趙語詳見下文玉篇螉小蜂也蠮螉螉或
作蛸螉於刀切小蜂也舊本螉訛蠮今據玉篇訂
正
尺蠖蟦(即音)蠘(酒六反)也
繫詞傳尺蠖之詘以求信也惠棟曰尺蠖先詘而

從古堂抄藏

後信故云尺蠖之詘復時剛反震在上巽在下故
詘從時巽在上故信也巽在上故信也巽為進退
似尺蠖之詘信也攷工記工人廉筋斥蠖滿鄭注
斥蠖屈蟲也爾雅蠖蚇蠖郭注今蝍蝛衆經音義
引舍人曰宋地曰尋桑也人引蔡文云吳人以步
屈名桑闓一名蝍蝛蔡說文蠖尺蠖屈伸蟲也方
言蠀蝛謂之蚇蠖郭注蠀蝛即蝍二音蠖烏郭反
又呼步屈御覽引郭注云有呼步屈其青色而細
小或在草木葉上今蝶蠃所負為子者尺蚇斥蠀
蝍字異義同玉篇蝍蝛尺蠖也舊本誤為尺蠀蠖

蛻今訂正

蚴音幽蛻音悅土蜂蠮馬結反螉音翁也

方言蠭燕趙之間謂之蠓螉其小者謂之蠮螉或謂之蚴蛻其大而蜜謂之壺蠭郭注蠓螉蒙翁二音蠮螉小細腰蠭也音咽噎之噎蚴蛻幽悅二音壺蠭今黑蠭穿其木作孔亦有蜜者或呼笛師案爾雅土蠭郭注今江東大蠭在地中作房者為土蠭啖其子即馬蠭今荊巴間呼為蟺又云果蠃蒲盧郭注即細腰蠭也俗呼為蠮螉又云螟蛉桑蟲注俗謂之桑蟃亦呼為女戎小雅小宛云螟蛉有

子果蠃負之鄭箋蒱盧取桑蟲之子負持而去煦
嫗養之以成其子說文云蠕蠃蒱盧細腰土蠭也
天地之性細腰純雄無子法言學行篇螟蛉之子
殪而逢果蠃視之曰類我類我久則肖之矣蠮土
蠭之小者一名蠮螉五音集韻螉古奚切蠮螉土
蠭似螳而小
羋羋蚍痕反之膔螗蜋也
說文蟷蠰不過也蠰蟷蠰也蜋堂蜋也蛸蠨蛸
堂蜋子一名蚚父莊子人間世云女不知螳蜋乎
怒其臂以當車轍不知不勝任也淮南人間訓齊

莊公出獵有一蟲舉足將搏其輪問其御者曰此何蟲也對曰此所謂螳蜋者也其爲蟲也知進而不知卻不量力而輕敵莊公曰此爲人而必天下勇武矣迴車而避之高誘注淮南時則訓云螳蜋世謂之天馬一名齕肬兗州謂之拒斧其注呂氏春秋亦同方言云螳蜋謂之髦或謂之虰或謂之蛘蛘郭注有斧蟲也江東呼爲石蜋又名齕肬月令仲夏之月螳蜋生鄭注螳蜋螵蛸母也蓺文類聚引鄭志云王瓚問爾雅莫貈螳蜋同類物也今沛魯以南謂之蟷蠰三河之域謂之螳蜋燕趙之

際謂之食脆齊濟以求謂之馬穀然名其子則同云螵蛸是以注云螳蜋螵蛸母也羊或作蛘同食脃猶黐脆蟷螳同蕩本脫脃譌陸今訂正

⿰虫尃博音蟭焦音烏洟他帝反冒焦螵婢消反蛸也

說文蛸蟲蛸堂蜋子爾雅不過蟷蠰其子蜱蛸郭注螳蠰螗蜋別名蜱蛸一名⿰虫尃蟭蟷蠰卵也本草經桑螵蛸一名蝕脆生桑枝上採蒸之陶注本草云螳蜋逢樹便生産以桑上者為好說類本草云螵蛸在處有之螳蜋卵也多在小桑樹上叢荊棘間三四月中一枝出數百枚御覽引吳氏本草桑

蛸條一名蝕胣一名害焦一名致玉篇蜅布莫切

蟭子饒切蝆同螵

蟅音柘蟒音括蟘他則反也

小雅大田去其螟螣傳食葉曰螣釋文螣字亦作蟘徒得反月令仲夏行冬令百螣時起鄭注螣蝗之屬言百者明衆類並為害爾雅食葉蟘釋文字又作蚮又作貣同說文蟘蟲食苗葉者吏乞貸則生蟘漢唐公房碑云去則螟蟘从貣詩釋文云說作蟘此唐本說文也與漢碑合方言云蟒宋魏之間謂之蚮南楚之外謂之蟅蟒或謂之蟒或謂之

螣郭注蜢即蝗也莫鯁反蟘音貸蟘蜢螣音近詐

亦呼虴蛨螣音縢玉篇虴竹百切虴蛨蚱蜢蟲也

蛨亡百切蟘蟊蠈螣音義並同盧學士曰說文新

附有虴蜢字此蠓蜢即虴蜢也爾雅土螽蠰谿郭

注似蝗而小今謂之土蝶釋文蝶字又作虴虴蜢

也善跳疏云江南呼虴蛨又名蚱蜢字案說文蟅

蟲也許氏之例字以類從今蟅字在蜙蝑之下蝗

字之上虴蜢之言最為近理

蜤

東容反 蝑思呂反斤音人 舂音舂 黍音黍 也

爾雅蜤螽蝑郭注蜙蝬也俗呼舂黍釋文蜤本又

作螽詩作斯同記以蜙蝑以股鳴者或作蚣攷工記以股鳴者鄭注謂蜙蝑動股屬周南螽斯羽詵詵兮傳螽斯蜙蝑也豳風五月斯螽動股傳斯螽蜙蝑也方言云舂黍謂之𧒂蝑郭注𧒂音聚蝑音牆蛆反又名蜙𧒂江東呼虴蜢陸璣詩疏云幽州人謂之舂箕舂箕即舂黍蝗類也長而青長角長股股鳴者也或謂似蝗而小斑黑其股似瑇瑁又五月以兩股相切作聲聞數十步是也舂蚕黍蚕同

蝍音即蛆子余反吳公也

爾雅疾聚蝍蛆郭注似蝗而大腹長角能食蛇腦關尹子三極篇蝍蛆食蛇蛇食蛙蛙食蝍蛆互相食也莊子齊物論云蝍蛆甘帶釋文李云蝍蛆蟲名引廣雅蜈公也司馬彪云帶小蛇也蝍蛆好食其目狀淮南説林訓螣蛇游霧而殆于蝍蛆高誘注蝍蛆蟋蟀爾雅爾之蜻蛚上蛇蛇不敢動御覽引淮南此文注云蝍蛆蓋吳公疑是許慎注御覽又引春秋考異郵云土勝水故蝍蛆搏蛇宋均注云蝍蛆生于土蛇藏物隱于坎坎為水為隱伏本草蜈蚣陶注一名蝍蛆衆經音義引字林云蝍蛆蜈

蚣也玉篇蒺蔾蝍蛆能食蛇一名蜈蚣廣韻同盧學士曰高誘以蝍蛆為蟋蟀郭璞又以為似蝗此別自一種亦能制蛇不可即以為非但非廣雅義耳吳公即蜈蚣

馬蚿士板反蠽音節蛆也

此即馬蚿也解見上玉篇蚿馬蚿也爾雅蛝馬蚿郭注馬蠲蚼俗呼馬蠸盧學士曰蠽蛆即上文之蝍蛆以其皆多足之蟲故名同舊本蚿訛踐今據玉篇訂正

蜻蛉蛵蛉倉蠬也

淮南齊俗訓云水蠆為蟌莣高誘注青蛉也又說林訓水蠆為蟌注水蠆化為蟌蟌青蛉也方言云蜻蛉謂之蝍蛉郭注六足四翼蟲也音靈江東名為狐黎淮南人呼蠊蚸康尸二音案爾雅虰蛵負勞郭注云或曰即蜻蛉也江東呼狐黎所未聞釋文引字林云蜻蝏一名桑根列子天瑞篇厥昭生乎溼殿鼢順釋文引曾子曰狐黎一名厥昭恒翔繞其水不能離之師說云狐黎蜻蛉蟲也盧學士曰此云倉蠸未聞即蠊蚸聲之轉也

蛷求音螋所留反蟱霧音蛷求音也

說文蛷多足蟲也或作𧊼玉篇𧊼巨由切𧊼螋亦
作蛷秋官赤犮氏凡隙屋除其貍蟲蟅肌蛷之屬
釋文蛷劉音俱博物志云蛷螋溺人影隨所在生
瘡盧氏曰塗以雞腸草段氏曰治以涉衣結淮南
說林訓曹氏之裂布蛷者背之高誘曰曹布燒以
傅蛷蛷瘡則愈蛷蛷即肌蛷也本草蛷多足蟲似
小蜈蚣青黑色足在腹前尾有岐能夾人物俗名
搜夾子其溺射人影瘡如熱沸赤蛷螋酉陽雜俎
作蠼螋蠼蛷肌聲相近其文異其色同也玉篇
蟊音務亦作蝥

蠈䘌女陟反螚乃代反蝱盲音也

說文蝱齧人飛蟲莊子天運篇蚊虻噆膚則通昔不寐釋文虻字亦作蝱玉篇䘌小蟲也女乙切螚乃北乃代二切似蚊而小斑色齧人蝱莫唐切蝱蝱也俗作䖟

蛪錫音又七亦反蝤忆音蜰音也

玉篇蜰父非切蠦蜰即負盤臭蟲蛪先狄切蝤蜰也廣韻蠦蜰是蜰即負盤一名蝤蛇也蛪蝤同爾雅蜚蠦蜰郭注蜚即負盤臭蟲釋文盤字又作蟠蒲安反孔穎達疏云本草蜚厲蟲也春秋經傳皆

云有蜚則此蟲一名蝜蠜而舍人李巡皆云蜚蠦一名蠜非也此蟲一名負盤漢書及左傳注多作負蠜者以此下有蟲[草]負蠜故相涉誤耳今案說文蜚臭蟲負蠜也从蟲或作蜚从虫又云蠜盧盤也廣雅雖單盤字即是盧蠜爾雅舊注以蜚蠦為句實不可從

朝蜏音秀孳音茲母也

淮南道應訓朝菌不知晦朔高誘曰朝菌朝生暮死之蟲也生水上狀如蠶蛾一名孳母盧學士曰御覽九百十九引淮南作朝秀注同今本作朝菌乃因

莊子文相涉致誤玉篇蛥思又弋久二切一名孳
母
孑孓蜎烏注反也
說文孑無右臂孓無左臂徐氏云居桀居月二切
爾雅蜎蠉郭注井中小蛣蟩赤蟲一名孑孓棠淮
南說林訓孑孓為蟁高誘注結壘水上到跂蟲子
孓與蛣蟩音義同蓋此是井赤蟲無足似人無左
右臂故有此名蜎一名蚈莊子秋水篇還蚈蟹與
科斗釋文蚈音寒井中赤蟲也一名蜎或說孑孓
即今雨水中蟲黑色能化蟁其形較井中赤蟲加

短

螽之戎反蝗皇音又音孟反也

說文蝗螽也螽蝗也或作蝩玉篇螽蜙蝑蟲也螽

類甚多爾雅阜〃螽蠜草螽負蠜蜇螽蜙蝑蟿螽螇之

蚸土螽蠰谿是也詩疏引犍為文學云蟥螣蝗賊

皆蝗也草螽詩疏引陸機云今人謂蝗子為螽子

兗州人謂之螣蔡邕云螽蝗也劉昭注續五行志

引春秋考異郵云貪擾生蝗蝗本蝗下無也字今

補正

蛵邢音蚓引音蜿宛音蟺時演反

引無也

說文螼螾也螾側行者或作蚓淮南地形訓食土者無心而慧注如蚯蚓之屬爾雅螼蚓蜸蠶郭注即蛩蟺也江東呼寒蚓月令孟夏之月蚯蚓出仲冬之月蚯蚓結荀子勸學篇螾無爪牙之利筋骨之强上食埃土下飲黃泉用心一也注螾與蚓同蚯蚓也崔豹古今注蚯蚓一名蜿蟺一名曲蟺善長吟于地中江東謂之歌女或謂之鳴砌蜿蟺爾雅釋文引作蛩蟺集韻引此文蛩蟺上有蜎字即崔豹所云一名曲蟺也今吳中謂之蛐蟮蜎與曲同或古本有蜎蟺二字今脫之耳蚯蚓吳普本草謂

廣雅疏義卷二十

之附蚼此云引無或無引之譌與

負蠜切音蟅之夜反也飛蟅飛蠊音廉也

此即上文蜚蠦也爾雅蜚蠦蜰郭注蜚即負盤臭

蟲漢書五行志云蜚劉歆以為負蠜也性不食穀

食穀為災介蟲之孽玉篇蠊力占切飛蠊也負蠜

即負盤也與盤聲相轉盧學士曰本草經䗪蟲一

名地鼈生州澤吳氏本草一名土鼈本草經又云

蜚蠊生州澤名醫別錄生晉陽及人家屋間立秋

採陶隱居云形亦似䗪蟲而輕小能飛唐本注漢

中人食之下氣名曰石薑一名盧蜰一名負盤

虎王蜎（音絹）也

說文彙蟲似豪豬者或作蝟于貴切爾雅彙毛刺郭注今蝟狀似鼠釋文彙本又作蝟史記龜策傳云蝟辱于鵲集解引郭璞曰蝟能制虎見鵲仰地蓋謂之虎王者以此盧學士曰續博物志蝟能跳入虎耳中見鵲便自仰腹受啄易林豫云此虎飢欲食見蝟而伏又比之豐李耳彙鵲更相恐怯偃爾以腹不能距格李耳虎也彙與虎鵲三物相遇如蛇與吳公蝦蟇之互相制然故更相恐怯也

沙蝨蝙（音便）蜁（音旋）也

舊注說文長下

廣志云沙　色赤大過蟣在水中入人皮中殺人
嶺南甚多中山川熇鳥之地必有犀牛有沙虱水
弩必生可療之草淮南萬畢術沙虱一名蓬活一
名地脾本草經沙虱一名石蠶蕩洪方曰辟沙虱
用麝香大蒜合羊脂擣著小筒中帶之良以上皆
見御覽玉篇蜒連沿切蜒蠬沙蝨蟤似緣切蜒蟤
亦作蠬本此

天社蜣蜋也

說文蝌渠蝌一曰天社玉篇蜣邱良切蜣蜋啖糞
蟲也蜋同上爾雅蛣蜣蜣蜋郭注黑甲蟲噉糞土

古今注云蜣蜋能以土包糞轉而成丸莊周所謂蜣蜋之智在於轉丸戲間云甲蟲之巨者黑甲甲下有翅飛鳴洪洪然好轉牛矢為丸俗亦謂之矢丸舊本社訛杜蜣訛蜣今並訂正

白魚蛃步幸反也

爾雅蟫白魚郭注衣書中蟲一名蛃魚鄭注秋官翦氏又謂之蠹魚陸璣詩疏云蘭香草可著粉中藏衣著書中可辟白魚即此也

土蛹蠁蟲也蛹勇音蠁許兩反

說文蠁知聲蟲也司馬相如說作蚼玉篇蠁禹蟲

也爾雅國貉蟲蠁郭注今呼蛹蟲為蠁

樗鳩樗雞也

爾雅翰天雞郭注小蟲黑身赤頭一名莎雞又曰樗雞疏引李巡云一名酸雞豳風七月云六月莎雞振羽傳莎雞羽成而振訊之陸機疏莎雞如蝗而斑色毛翅數重其翅正赤或謂之天雞六月中飛而振羽索索作聲幽州人謂之蒲錯御覽引廣志云莎雞似蠶蛾而五色赤白輩雞是也名醫別錄云生河內樗樹上

蠜班音蠜弟音妟青也

說文盤蝥毒蟲也玉篇盤布姦切蝥莫交切本草班貓一名龍尾陶注豆花時取之甲上黃黑班色如巴豆大吳普本草云一名班蚝一名龍蚝一名班菌一名賸髮一名盤蝥一名晏青生河内川谷或生水石

蝮扶福反蜟音育蛻始悅反又始芮反也

說文蛻蛇蟬所解皮也玉篇蜟余六切蝮蜟蟬皮也蛻蛇皮也盧學士曰本草復育論衡奇怪篇蟬之生於腹育也開背而出酉陽雜俎蟬未脫時復育言蛣蜣所化韋翺莊冬中掘樹根見復育附於

朽處剖一視之腹中猶實爛木史記屈原傳蟬蛻
於濁穢正義蛻去皮也淮南說林訓蟬飮而不食
三十日而蛻

蟱音無蝸牛俱反魚伯青蚨付于反也

說文蚨青蚨水蟲可還錢本草青蚨生南海狀如
蟬其子著木取以塗錢歸本處一名蟱蝸淮南萬
畢術青蚨還錢青蚨一名魚伯或曰蒲以其子母
各等置公瓦中埋東行陰垣下三日後開之即相
從以母血塗八十一錢亦以子血塗八十一錢以
其錢更牙市置子用母置母用子皆自還也搜神

記南方有蟲名蠍蝎形如蟬大味辛美可食其子著草葉如蠶種是蟱蝎亦作蠍蝎玉篇蠍他敢切蠍蝎一名青蚨案本草蟱蝎即蟱蝎形相似而訛也

蚲平音蠪羊反㨯螠古反腸蝫大反腸蛘羊反掌也

說文蛘搔蛘也玉篇蚲皮兵切蚲蠪也蠪蛘也蚲也螠公益切引廣雅云蛘螠蝫蟜徒合切螠蟜盧學士曰楚語申無宇謂靈王曰牛馬處暑之既至蝱蠪之既多而不能掉其尾是蛘之形狀亦蝱類

○案集韻引廣雅蠪蠽也當在釋蟲今無此文

釋魚第十六

上古聖人作結繩而為罔罟以田以魚中古烝民未粒奏庶艱食禹貢青州海物惟錯徐州蠙珠暨魚揚州厥篚織貝魚鹽之利國以富疆然取之也有時春獻鼈蜃秋獻龜魚是也其用之也有節數罟不入鯤鮞有禁是也其藏之也有名南方之魿北方之鮺是也以奉宗廟則春薦王鮪以晏賓客則南有嘉魚澤國之用既饒水族之名宜辨此篇所釋或為飲食之常供或為藥餌之必備別其方名

區其俗類庶稽古之士有可攷焉
鯸音侯鮐音胎河魠啼反之魭音沅[illegible]音唐魢音記也
北山經敦薨之山敦薨之水出焉其中多赤鮭郭
注今名鯸鮐為鮭魚音圭論衡言毒篇毒螫渥者
在魚則為鮭與鮗魰故人食鮭肝而死左思吳都
賦王鮪鯸鮐劉逵注鯸鮐魚狀如科斗大者尺餘
腹下白背有青黑有黃文性有毒雖小獺及大魚
不敢餤之蒸煮餤之肥美豫章人珍之玉篇鯸鮧
鮐魺也食其肝殺人魺魠並云魚名益訛食療本
草云鯸鮐魚行水之次觸物即怒氣脹浮於水上

陳藏器本草拾遺云鯢魚一名鴟夷魚以物觸之即嗔腹如氣毬日華子諸家本草云河豚有毒又云鴟夷魚又云鰞魚六書故云鯸鮐人謂之鯢又謂之烏狼又謂之採魚橐鴟夷即鯸鮐侯胡聲相近夷臣台音相同鮭鯢音亦相符烏狼與魧鯃亦聲相近採鯙聲亦相轉魠當作魨魨與豚同玉篇音豚今人猶言河豚也曹憲不能是正而輒音為訛誤矣

鮷音綈鯷音帝鮎那嫌反也

說文鮎鯷也鯷大鮎也郭注爾雅云鮎別名鯷江

東通呼鮎為鮸羅願云鮸魚偃額兩目上陳頭上尾小身滑無鱗謂之鮎魚一名鰋魚善登竹以口銜葉而躍于竹上大抵能登高其有水偃處輒自下騰上愈高遠而未止諺曰鮎魚上竹謂自故也案鯷亦作鮷北山經龍侯之山決決之水出焉其中多人魚其狀如鮷魚鮷即鯷也

鱺

羅音又鰑音陽鮦音重也　力分反

說文鱺魚名鮦魚名一曰鱶也讀若襱直朧切鱶鮦也盧啟切玉篇鱺魚似蛇無鱗甲其氣辟蟲蟲也鰑與章切亦鱺也爾雅鱧鮦注鮦也釋文鱧

字或作鰓又作蠡同孫云鱧今鯶魚也詩魚麗于
留鲂鱧是也爾雅又云鰹（大）小鮦小者鮵郭注今青
州呼小鱺為鮵詩魚麗傳鱧鮦也陸璣疏鮦似鱧
狹而厚本草蠡魚一名鮦魚陶注今皆作鱧字舊
言是公蠣蛇所變然亦有相生者

鰿音積鮒音附也

易井九二井谷射鮒王肅注鮒小魚也劉逵吳都
賦注引鄭注山下有井必因谷水所生無大魚但
多鮒魚耳言微小也儀禮士昏禮記魚用鮒莊子
外物篇車轍中有鮒魚焉釋文引廣雅云鰿也又

云揭竿累趣灌瀆守鯢鮒其於得大魚難矣是鮒
大招云煎鰿臛雀王逸注鰿鮒也說文鰿鮒皆云
魚名玉篇鰿子亦切鮒也或作鯽鰂並同鮒扶句
切鯽魚本草唐本云鯽魚一名鮒魚蜀本注云形
亦似鯉色黑而體促肚大而脊隆所在池澤皆有
之

鰱力延反鱮音與也

說文鰱鱮皆云魚名詩齊風敝笱其魚魴鱮箋鱮
似魴而弱鱗陸璣疏鱮似魴厚而大頭魚之不美
者故里語曰網魚得鱮不如啖茹其頭尤大而肥

者徐州人謂之鈍或謂之鰗幽州人謂之鴟鴞或謂之胡鰖

䱋居竦反鯤也

爾雅鯤魚子注凡魚之子總名鯤魯語魚禁鯤鮞韋昭注鯤魚子也鮞未成魚也本草䱋魚注云鯤子也魚子可為醬內則云濡魚卵醬實蓼鄭注卵為鯤鯤魚子

鮊白音鱎奇兆反也

此鮊是白魚非海魚之鮊也說苑政理篇宓子賤為單父宰曰釣道奈何陽晝曰有釣道二焉請以

送子夫投綸錯餌迎而吸之者陽橋也其為魚薄而不美若在若亡若食若不食魴也其為魚也博而厚味子賤曰善遂陽橋也即鱎也玉篇鱎白魚也廣韻鱎白魚別名

鮎乃兼反　鰋乃豕反　也大鰋謂之鰒音度

說文鰋鮀也鮀鰋也是鰋即鯷也一名鮎其大者名鰒北山經湖水注於河其中有鯷魚郭注鯷似鮎而大色白本草陶注云鯷似鯷而大陳藏器本草云鯷即鮠魚生海中大如石首作膾如雪

鯞丁反音姑　鮬副反周　鮹音肖也

音隹反良二十

說文䲒魚出樂浪潘國一名䲒魚出江東有兩乳繫傳本兩乳下有一曰溥浮四字玉篇鱄鱄⿰魚孚魚一名江豚欲風則踊本草鱄亦作鯆云江豚文選江賦注引南越志云江豚似豬北山經少咸之山敦水出焉其中多䱻䱻之魚郭璞注未詳或作鯆紫䱻鯆聲相近即此䲒也說文䱻魚名出樂浪潘國廣韻鯆亦作䱻玉篇鮹又作魡紫鱄溥䱻⿰魚孚浮鮹魡䲒字異義同

石首鯼子公反也

郭璞江賦鯼鮆順時而往還李善注引字林云鯼

魚出南海頭中有石一名石首初學記引吳地志云石首魚至秋化為冠鳧冠鳧頭中猶有石也臨海異物志石首小者名口水其次名春來石首異種又有石頭長七八寸與石首同玉篇鯼石首魚本此

魶那臘反鯢五兮反也

盧學士曰此即人魚也段氏玉裁云爾雅鯢大者謂之鰕郭注今鯢魚似鮎四脚前似獮猴後似狗聲如小兒啼大者長八九尺別名鰕史記秦始皇本紀以人魚為膏為燭徐廣曰人魚似鮎四脚正

義注引廣志云鯢魚聲如小兒啼有四足形如鱧
可以治牛出伊水異物志云人魚似人形長尺餘
不堪食皮利於鮫魚鋸材木同項上有小穿氣從
中出之出東海中今台州有之人司馬相如傳上
林賦禺禺魼魶徐廣曰魶音納一作鰨裴駰引漢
書音義曰魶鯷魚也魼漢書曰相如傳魶作鰨如
淳音奴獦反是與魶同鯷从是聲與兒聲同部鯢
魚即鯢魚也鯢魚即兒魚謂聲如小兒也王應麟
注周書王會解穢人前兒云前兒即鯢魚也其說
皆分未當始誤以鯨釋魶御覽又誤以廣志所云

之鯢入鯨鯢類中今案鯢凡六名曰鯢曰魶曰鰨
曰鰕曰人魚曰鯑魚

竹頭鯓胡耕反也

虛學士曰玉篇鯓魚名與魚同皆滇池所饒亦名
竹丁

鯿來的反鰅魚恭反鯙音孚魞於八反也

玉篇鯿魚名又作鯾說文鰅魚名皮有文出樂浪
東暆神爵四年初捕收輸考工周成王時揚州獻
鰅史記司馬相如上林賦禺禺魼鰨徐廣曰禺禺
魚牛也漢書注云郭璞曰禺禺皮有毛黄地黑文

師古曰禺音隅又音顒案東山經樕螽之山食水出焉而東北流注於海其中多鱅鱅之魚其狀如犂牛其音如彘鳴是禺禺即鱅鱅字異音同也玉篇鯙魞皆魚名本草黃顙魚一名䱀魞無鱗

黑鯉謂之䱝步佳反

玉篇䱝黑鯉也本此廣韻亦引此文

鱃音秋𩵽音要鯇音奐蝤也

鱃即古蝤字一名𩵽一名鯇莊子庚桑楚云尋常之溝巨魚無所還其體而鯢鰌為之制東山經旄山無草木蒼體之水出焉而西流注于展水其中

多鰼魚其狀如鯉而大首食者不疣郭注蝦蛸字
亦或作鰌鰍音焦僦鰌雌由切說文鰍魚名讀若
幽玉篇鮂於報切小鰌鰝本蛸也二字誤入音釋
中今俌正

鯪音陵鯉也

玉篇鯪鯉也有四足廣韻引臨海風土記云鯪魚
腹背皆刺如三角菱也沈懷遠南越志鯪魚鯉也
形如蛇而四足腹圜五六寸頸似蜥蜴鱗如鎧甲
異物志謂之鯪鯉是辭天問云鯪魚何所王逸注
鯪魚鯉也一云鯪魚鯪鯉也有四足出南方鯪一

作陵洪與祖補注引海內北經近列姑射山有陵
魚人面手足魚身見則風濤起天對云鯪魚人貌
邇列姑射是也陶隱居云鯪魚人似龜而短少小
又似鯉魚有四足矣左思吳都賦陵魚若歔劉逵
注陵鯉有四足狀如獺鱗甲似鯉居土穴中

蛤解蠦力乎反蝘音居蚵音何蠪音龍蜥音析蜴也

說文蜥蜥易也在壁曰蝘蜓在草曰蜥易爾雅蠑
螈蜥蜴蜥蜴蝘蜓蝘蜓守宮也小雅正月胡為虺
蜴傳蜴螈也箋虺蜴之性見人則走攷工記以胷
鳴者注胷鳴榮原屬胷疏云此記本不同馬融以

為胃鳴干寶本以為胃鳴胃任六府之內其鳴又未可以胃為狀亦難信皆不如作胃鳴也案說文榮蚖蛇醫以注鳴者則又與鄭注不同方言云守宮秦晉西夏謂之守宮或謂之蠦蝘或謂之蜥易其在澤中者謂之易蜥南楚謂之蛇醫或謂之蠑螈東齊海岱之間謂之螔螏北燕謂之祝蜓桂林之中守宮大者而能鳴謂之蛤解郭注云蠑螈壓二音南陽人又呼蝘蜓螔螏似蜥易大而有鱗今所在通言蛇醫耳斯侯兩音蛤解似蛇醫而短身有鱗采江東人呼為蛤蚧音頷頷汝潁人直名

為蛤解音懈誤聲也漢書東方朔傳臣以為龍又無角謂之為蛇又有足跂跂脈脈善緣壁是非守宮即蜥蜴師古曰守宮蟲名也術家云以器養之食以丹砂滿七斤擣治萬杵以點女人體終身不滅若有房室之事則滅矣言可以防閑淫逸故謂之守宮也今俗呼為辟宮辟亦禦扞之義見玉篇蚵胡多切蚵蠪蜥蜴舊本解上脫蛤字今據方言補正

蛫

蠪知圭也

蛫與螝字顏氏家訓云吾初讀莊子螝二首韓非

子云虫有蜆者一身兩口爭食相齕遂相殺也案爾雅諸書蟦蛹名蜆人非二首兩口貪害之物後見古今字詁此亦古之虺字猜疑蛕解如顏氏說是蜆虺古字通今字詁即張揖之所撰故此亦用古蜆字耳爾雅蜆蛹郭注蟦蛹說文蜆蛹也蟦若消蛹蒲蟲也玉篇蛹老蟦也蜆蟦蛹也蜂口奚切蜆也廣韻蜂蛹也荀子蟦賦蛹以為母蛾以為父案此條不應在釋魚篇後人亂之也

有鱗曰蛟龍有翼曰應龍有角曰虬巨彪反龍無角曰螭恥支反龍

此别龍之類也文選景福殿賦注及初學記引此
文竜作虬蛇作螭淮南覽冥訓赤螭青虬之游冀
州也注云皆龍屬○有鱗曰蛟龍○說文蛟龍之
屬池滿魚三千六百蛟來為之長能率魚飛置笱
水中即蛟去漢書武帝紀元封元年自尋陽浮江
親射蛟江中獲之中山經冀望之山貺水出焉東
流注於漢其中多蛟郭璞曰似蛇而四足小頭細
頸頸有白癭大者十數圍卵如一二石甕能吞人
管子形勢解蛟龍水蟲之神者也乘於水則神立
失於水則神廢蛟亦作交漢書賈山傳交龍襄首

畚其文選作蛟○有翼曰應龍○大荒東經云應龍處南極殺蚩尤與夸父不得復上故下數旱旱而為應龍之狀乃得大雨楚辭天問云河海應龍何盡何歷王逸注有鱗曰蛟龍有翼曰應龍淮南覽冥訓女媧服駕應龍驂青虯高誘注駕應德之龍應龍有翼之龍也張衡思元賦擾應龍以服路○有角曰虯龍○說文虯龍子有角者離騷云駟玉虬以乘鷖兮王逸曰有角曰龍有角曰虬虬即虯也相如賦六玉虯謂駕六馬以玉飾其鑣勒有似玉虯也高誘注覽冥訓云有角為龍無角為虬

王逸亦以虬為無角與說文廣雅不同此異說也○無角曰䖩龍○說文螭若龍而黄北方謂之地螻或云無角曰螭呂氏春秋舉難篇龍食乎清而遊乎清螭食乎濁而遊乎濁○蛟交虺蚪虬䖩螭字與古義同玉篇䖩今作螭

龍能高能下能小能巨能幽能明能短能長淵深是藏敷和其光

左氏昭廿九年傳蔡墨曰龍水物也管子水地篇伏闇能存而能亡者蓍龜與龍是也龜生于水發之于火於是為萬物先為禍福正龍生于水被五

色而游故神欲小則化如蠶蠋欲大則藏于天下欲尚則淩于雲氣欲下則入于深泉變化無日上上無時謂之神魯語水之怪龍罔象韋昭注龍獸也非常見故曰怪說苑辨物篇神龍能為高能為下能為大能為小能為幽能為明能為短能為長昭乎其高也淵乎其下也薄乎天光高乎其著也一有一亡忽微哉斐然成章虛無則精以和動作則變以化說文龍鱗蟲之長能幽能明能細能巨能短能長春分而登天秋分而潛淵以肉飛之形童省聲宋書符瑞志引此文小作細巨作大

介龜也

月令孟冬之月其蟲介注介甲也高誘淮南時則訓曰介甲也象冬閉門皮漫胡也甲長龜為之長明屬水也呂氏春秋孟秋紀行冬令介蟲敗穀注介蟲龜屬龜為介蟲之長故以龜為介大戴禮易本命篇有甲之蟲三百六十而神龜為之長焉本介訛爪今訂正春官卜師凡卜辨龜之上下左右陰陽以授命龜者龜人掌六龜之屬各有名物天龜曰靈屬地龜曰繹屬東龜曰果屬西龜曰靁屬南龜曰獵屬北龜曰若屬各以其方之色與其體

辨之損六五或益之十朋之龜虞翻注謂神靈攝寶文筮山澤水火之龜也白虎通引禮三正記云天子龜長一尺二寸諸侯一尺大夫八寸士六寸龜陰故數偶也說苑辨物篇靈龜文五色似玉似金背陰向陽上隆象天下平法地槃衍象山四趾轉運應四時文著象二十八宿蛇頭龍翅左精象日右精象月千歲之化上氣上通能知吉凶存亡之變寧則信信如也動則著矣說文龜舊也外骨內者也从它龜頭與它頭同天地之性廣肩無雄龜鼈之類以它為雄象足甲尾之形古文作

廣雅疏義卷二十

鼃霞叉反蟈古霞反長股去蚥音甫苦蠪胡蜢音孟鼃蝦音霞蟆音麻也

說文鼃蝦蟇也玉篇蟈蟆蟈蝦蟇本草鼃一名長股圖經云似蝦蟇而背青綠色俗謂之青蛙亦有背作黃文者人謂之金線鼃秋官蟈氏掌去鼃黽焚牡鞠以灰灑之則死鄭司農蟈讀為蜮蜮蝦蟇也鼃黽蝦蟇屬康成謂蟈今御所食蛙也字從虫國聲也蜮乃短狐與人云齊魯之間謂鼃為蟈黽耿黽也蟈與耿黽尤怒鳴為聒人耳去之月令孟夏之月螻蟈鳴鄭注螻蟈蛙也釋文蔡云螻螻蛄

楚古堂抄藏

蟈蛙也即蝦蟇也鼃亦作䵷漢書東方朔傳水多
䵷魚師古曰䵷即蛙字也似蝦蟇而小長脚蓋人
亦取食之故[illegible]記以脰鳴者注云脰鳴鼃黽之屬
陶注本草云蝦蟆是腹大皮多痱磊者也人云大
而青脊者俗名土鴨其鳴甚壯即此鼃也又云一
種小形善鳴喚名為鼃即郭云青蛙者也爾雅釋
蟆郭注蛙類又釋魚科斗活東注蝦蟆子又鼃
䵷蟾諸注似蝦蟆居陸地淮南謂之去蚥人任水
者鼃注耿黽似青蛙大腹一名土鴨說文鼀圥鼀
詹諸也其鳴詹諸其皮鼀鼀其行圥圥或作䵷鼀

𪓰𪔀詹諸也詩曰得此𪓰𪔀又云蚵蚾鼁詹諸以
胝鳴者名鼃別錄云蝦蟆一名蟾蜍一名𪓰一名
去甫一名苦蠪生江湖池澤五月五日取圖經云
腹大形小皮上多黑斑點能跳接百蟲食之時作
呷呷聲胡蜢者廣韻䵷辛莫切蛙屬胡蜢即䵷也
舊本蚊上脫去字今據本草補正蚊蛹蜢䵷並同
胡蜢下重出鼃字疑鼃之譌

蛹

音甬觧孑肖反蜿古皮反也其雄曰䱾郎古鱓下反哀其雌曰

博帶

此鞸䩗之名也攷工記梓人為筍虡仄行注仄行

蟹屬淮南覽冥訓蟹之敗漆注云以蟹置漆中則敗壞不燥不任用也說文蠏有二敖八足旁行非蛇䱇之穴無所庇或作蠏从魚蛫蠏也過委切玉篇云蛸方武切蛸背蟹䲛力當切䲛鱧雄蟹荀子勸學篇云蟹六跪而二敖非蛇蟺之穴無可寄託者用心燥也楊倞注跪足也太元銳初六蟹之郭索後蚓黃泉測曰蟹之郭索心不一也范望注言用心之不一雖有郭索多足蟹不及無足之蚓也

蛙陸音食閏音蒲盧也

夏小正云元雉入于淮為蜃蜃者蒲盧也爾雅蛙

蠯釋文蜌字林云小蛤也郭注今江東呼蚌長而狹者為蠯說文蜃屬有三皆生于海千歲化為盍秦謂之牡厲又云百歲燕所生魁盍一名復累老服翼所化蠯陛也脩為蠯圓為蠣玉篇蜌蚌長者天官鼈人云祭祀共蠯蠃蚳以授醢人鄭司農曰蠯蛤也杜子春云蠯蚌也案盍是蜃屬故名蒲盧一聲之轉蜌陛古今字盍與蛤同

蠡力兮反蠃洛戈反蝸古瓜牛螔音移蝓音俞也

說文蝓虒蝓也蠃虒蝓蝸蝸蠃也天官鼈人祭祀共蠯蠃蚳鄭注蠃螔蝓士冠禮葵菹蠃醢鄭注蠃

醢螔蝓醢今文蠃為蝸既多禮東方之饌蠃醢鄭
注同爾雅蚹蠃螔蝓郭注即蝸牛也又云蠃小者
蜬注螺大者如斗出日南漲海中可以為酒杯釋
文蠃力禾反注作螺字亦同蝸工花反或工禾反
莊子則陽篇有所謂蝸者釋文引李頤云蝸蟲有
兩角俗謂之蝸牛三蒼云小牛螺也俗名黄犢中
山經青要之山是多僕累蒲盧郭注僕纍蝸牛也
本草一名陵蠡一名蠡牛一名土蝸一名蚹蝸陶
注生陰地石垣下似蛞蝓但背負殼耳海邊又一
種正相似一以炙殼便走食之益顔色名寄居

亦可作醝

䱣子夕反儵條亦也

荀子榮辱篇儵鉢者浮陽之水也胠於沙而思水則無逮矣挂于患而欲謹則無益矣楊倞注儵鉢魚名浮陽謂此魚好浮于水上而就陽也莊子秋水篇與惠子游于濠梁之上莊子曰儵魚出游之從容是魚樂也釋文儵魚徐音條說文直留反李音由白魚也淮南覽冥訓不得其道若觀儵魚高注儵魚小魚也在水中可觀見見而不可得道亦如之玉篇集韻䱣儵也本此集韻䱣即律切音卒盧

學士曰鯈即詩周頌　云鰷也傳鰷白鰷也爾雅
鮂黑鰦郭注即白鯈魚江東呼為鮂䲔顧曰其形
纖細而白故曰白鰷

射工短狐蜮者也

春秋經有𧉧穀梁傳𧉧射人者也杜注左傳云𧉧
短狐也蓋以含沙射人為災釋文𧉧本作蜮音或
本草謂之射工小雅何人斯為鬼為蜮傳短狐也
疏引洪範五行傳蜮如鱉三足生于南越南越婦
人多淫故其地多蜮淫女惑亂之氣所生也漢書
五行志嚴公十八年秋有蜮劉向以為蜮生南越

越地多婦人男女同川亂流所生故聖人名之曰
蜮蜮猶惑也在水傍能射人射人有處甚者必死
南方謂之短狐劉歆以為蜮盛暑所生非自來越
也顏師古曰即射工也亦呼水弩案說文蜮短狐
也似鼈三足以氣射害人或作蜮陸璣詩疏一名
射影江淮水皆有之人在岸上影見水中投人影
則殺之故曰射影南人將入水以瓦石先投水中
令濁然後入或曰含沙射人皮肌其瘡如疥是也

釋鳥第十七

左氏昭十七年傳少皞摯之立也鳳鳥適至

故紀於鳥爲鳥師而鳥名祝鳩氏司徒也雎鳩氏司馬也鳲鳩氏司空也爽鳩氏司寇也鶻鳩氏司事也鳳鳥氏歷正也元鳥氏司分也丹鳥氏司閉也伯趙氏司至也又有九扈爲九農正五雉爲五工正皆取義于鳥以名其官言天文者南宮則取名朱鳥井至柳爲鶉首柳至張爲鶉火張至軫爲鶉尾司於官者職之大雉掌諸適於用者備于扈人膳夫器皿則取除爵衣服則資華蟲逮於後世紀年則云神雀五鳳成室則云鳳閣鸞臺所用

既廣命名亦殊所宜詳加分辨也說文鳥長
尾禽總名也象形雀鳥之短尾總名也象形
此篇所釋凡足蹼者踵企者掌總縮以及飛
之騰者翔者翬者無不備錄之以著於篇

元鳥朱鳥燕也

夏小正二月來降燕乃睇室傳曰燕乙也降者下
也言來者何也莫能見其始出也言乃睇何也睇
者眄也眄者視可為室者也百鳥皆曰巢突穴又
謂之室何也操泥而就家入人內也九月陟元鳥
蟄傳曰陟升也元鳥者燕也先言陟而後言蟄者

何也陟而後勢也商頌天命元鳥傳元鳥乚也左氏昭十七年傳元鳥氏司分者也爾雅巂周燕燕乚舍人曰巂周名燕燕又名乚孫炎曰別三名說文亦云巂周燕也从隹屮象其冠也郭璞乃以巂周為子巂鳥而于燕燕乚下注云詩云燕燕于飛一名元鳥齊人呼乚此異說也說文云燕元鳥也籋口布翄枝尾象形乙元鳥也齊魯謂之乙取其名自呼象形或作乚乙請子之候鳥也乙至而得子嘉美之也明堂月令元鳥至之日祠于高禖以請子請子必以乙至之日者乙春分來秋分去開

三一

生之淡鳥帝少昊司分之官也法言問明篇朱鳥
翐翐歸其肆矣或曰奚取于朱鳥哉曰時來則來
時往則往能來能往朱鳥之謂也李軌注朱鳥燕
別名也荼燕一名鷾鴯莊子山木篇云鳥莫知于
鷾鴯司馬彪云鷾鴯燕

鶗帝音啼音又鴂古穴反古二反人鶗音謂鴂古彼反子規音規也

子鴂即子規也亦作子巂說文云蜀王望帝婬其
相妻慙亡去化子巂鳥故蜀人聞子巂鳴皆起云
望帝史記曆書云於時冰泮發蟄百草奮興秭規
先滜徐廣曰音姊規一名鶗鴂索隱言子規鳥春

氣發動則先出野澤而鳴也楚詞離騷恐鶗鴂之先鳴兮使出百草為之不芳王逸注鵜鴂一名鷶鵤常以春分鳴也鵜一作鶗五臣注文選云鶗鴂秋分前鳴則草木凋落鵜雄反離騷云徒恐鶗鴂之將鳴兮顧先百草為不芳顏師古曰鶗鴂字也鶗鴂鳥名一名鷶鵤一名子規一名杜鵑常以立夏鳴鳴則眾芳皆歇鵜音大系反或作鶗鴂又音決鵤音詭宋景文筆記引蕭該漢書音義云蘇林鵜鴂音殄　梁玉篇以鵜鵤為子嶲鵜為鵜鴂又名杜鵑皆是也其云嶲即布穀鵜布穀鵑布穀誤

合下文擊穀為一篇皆非也後漢書張衡傳鶗鴂鳴而不芳兮章懷太子注引廣雅鶗鴂布穀也亦誤以二鳥為一

擊穀鴶古八反又居一反鵴音菊布穀也

召南維鵲有巢維鳩居之傳鳩尸鳩也尸鳩秸鞠也尸鳩不自為巢居鵲之成巢曹風鳲鳩在桑其子七兮傳鳲鳩秸鞠也鳲鳩之養其子朝從上下暮從下上平均如一左氏昭十七年傳鳲鳩氏司空也杜注鳲鳩鴶鵴也鳲鳩平均故為司空平水土夏小正云正月鷹則為鳩五月鳩為鷹傳云鷹

也者其殺之時也鳩也者非其殺之時也善變而
之仁也故其言之也曰則盡其辭也鳩爲鷹變而
之不仁也故不盡其辭也月令仲冬之月鷹化爲
鳩注鷙搏殺也高誘注呂氏春秋云鷹化爲鳩喙
正直不鷙擊也鳩蓋布穀鳥案爾雅鳲鳩鴶鵴郭
注今之布穀也江東呼爲穫穀方言云布穀自關
東西梁楚之間謂之結誥周魏之間謂之擊穀自
關而西或謂之布穀說文鴶鵴尸鳩陸璣云一
名擊穀今宋梁之間謂布穀爲鴶鵴一名桑鳩鴶
鵴秸鞠鴶鵴桔鞠同擊穀結誥一聲之轉布穀博

殺同獲殺亦聲之悖

鷙音圖鶚五各反鷀音慈鷲音就雕音彫也

穆天子傳青鵰執犬羊食豕鹿郭注今之鵰亦能食獐鹿說文雕𪇛也籀文作鵰𪇛雕也詩曰匪𪇛匪鳶鳶鷙鳥也从鳥屰徐鉉曰今俗別作鳶非是玉篇雕鷲也能食草畢雉雕似鷹而大黑俗呼皂雕其飛上薄雲漢其相亦有上下率今小雅四月詩𪇛作鶉鳶作鳶非古字也毛傳鶉鵰也雕鳶貪殘之鳥也孔疏云說文鷻从敦而為聲字異於鶉也雕之大者又鶚。南山經鍾山大鶚其狀狀如雕而黑文白首赤喙而虎爪其音如晨鵠郭璞注鶚雕屬也漢書鄒陽傳鷙鳥累百不如一鶚顏注云鶚大鵰也鄭箋引蒼頡解詁云鶚金喙鳥也爾雅鵙鳩王鵙郭注鵰類今江東呼之爲鶚好在江渚山邊食魚左氏昭十七年傳雎鳩氏司馬也杜注王鳩也鷙而有別故爲司馬主法制史記正義云王雎金口鶚也鷲者玉篇鷲才、三才切雕也廣韻鷲鶚別名一曰似雕而班白鷲者字亦作就中山經暴山其獸多麋鹿麢就郭璞注就雕也見廣雅陸機詩疏云雎鳩大小如鴟深目目上骨露幽州

人謂之鷙

肥鵂音休鶹齒之反鵂怪鴟也虛休鷍音茅鴟鵂莫講反鷳音閒

鴟老鵵音兔也

此釋妖鳥之名也秋官哲蔟氏掌覆夭鳥之巢庭氏掌射國中之夭鳥若不見鳥其獸則以救日之弓與救月之矢射之鄭注夭鳥惡鳴之鳥若鴞鵩又云不見鳥獸謂夜來鳴呼為怪者○肥鵂至鴟也○海外南經湯山爰有鴟久郭注鴟久鵂鶹之屬案鴟久卽鴟鵂一名鵂鶹也說文舊鴟舊舊留也或作鵂徐鉉曰今借為新舊字繫傳云怪鴟也

爾雅怪鴟鵂注即鴟鵂也今江東通呼此屬為怪鳥莊子秋水篇鴟鵂夜撮蚤察毫末晝則瞋目而不見邱山釋文引司馬彪云鴟鵂鵂鶹夜取蚤食之李頤云鴟鵂夜聚人爪於巢案淮南王術訓鴟夜撮蚤蚊察秋毫晝日顛越不能見邱山形性詭也許慎注鴟夜聚食蚤蝨不失也高誘注鴟鴟鵂也謂之老菟夜鳴人屋上也夜則目明合聚人爪以著其巢中爾雅鵅鵋鶀郭注今江東呼鵂鶹為鵋鶀亦謂之鴝鵒御覽引纂文曰鵂鶹一名忌欺夜能撮蚤蝨也玉篇鸐鳥黃青色即鵂鶹也皆怪鴟

之異名也○處休至鴟也○爾雅雀老鴟郭注本兔也似鴟鵂而小兔頭有角毛脚夜飛好食雞説文萑鴟屬从隹从𦫳有毛角所鳴其民有旤讀若和御覽引淮南萬畢術曰鷄鵂致鳥取鷄鵂折其大羽絆其兩足以為媒張羅其旁鳥聚矣爾雅又云狂茅鴟御覽孫炎曰茅鴟大目鵂鶹也郭注今鴾鴟也似鷹而白釋文茅本或作鶜鴾字又作鶜亡項反又亡江反字林云鴟也亡晝反廣韻鴾鴟鴾鳥說文鶜鴾也

背遞皁帔翟雀也

說文雚小爵也小當作水豳風東山云鸛鳴于垤
傳垤螘冢也將陰雨則穴處先知之矣鸛好水長
鳴而喜也箋鸛水鳥也釋文鸛本又作雚古玩反
將陰雨則鳴陸璣疏鸛鸛雀也似鴻而大長頸赤
喙白身黑尾翅樹上作巢大如車輪卵如三升杯
望見人按其子令伏徑舍去一名負釜一名黑尻
一名背竈一名皂裙又泥其巢一傍為池含水滿
之取魚置池中稍稍以食其雛若殺其子一村致
旱災竃與竈同說文竈从穴鼀省聲或作竈不省
皂帔與皂裙同義虛學上曰鸛又作冠後漢書楊

震鷵冠省銜三檀魚注冠音貫即鸛雀也又作觀

雀見莊子寓言篇

鳿

音末鴄音匹𪀪音旅鳧鷖鴨於甲反字亦如此有也

此釋鳧之名也淮南地形訓食水者善游能寒高

誘曰魚鱉鶩鶩之屬玉篇鴨水鳥亦作鳧今人養

以供饌也鳿者玉篇鳿莫括切鴨也本此鳴者舊

本作鴄字書所無疑鴄之譌今訂正玉篇鴄鴨也

集韻引此文鴄鳧也古作匹孟子力不能勝一匹

雛曲禮云庶人之摯匹鄭注云舊說匹讀為鶩鶩

者玉篇鶩力公切鳧也鳧性鳥之訛盧學士曰史

受古堂抄藏

記楚世家小臣之好射鶀雁羅鸗徐廣引呂靜曰
鸗野鳥也音龍索隱鄒音盧動反小鳥按羅鸗雙
聲字史記下文云青首也雖鸗也可證據廣雅別
鳧野鴨非野鳥鳧鶩皆爾雅舒鳧鶩舍人李巡並
云鳧家鴨名也鶩野鴨名也孫炎云作野舒飛遠
者為鳧郭璞云鴨也大宗伯以禽作六摯庶人執
鶩鄭注鶩取其不飛遷象庶人安土重遷也
鴚加音鵝今鴚鴈石染从柒雁字亦加北人作鴈字也
此說鴈之名也說文鴈鵝也與鴻雁字从隹者不
同爾雅舒鴈鵝郭注云禮記曰出如舒鴈今江東

呼為鴉禮記疏引李巡云野曰鳫家曰鵝孫炎曰在野舒翼飛遠者為鵝方言云鴈自關而東謂之䳘鵝南楚之外謂之䳘或謂之鶬鴚郭注鴚音加今江東通呼為鴚案鴚與鳴同亦作駕漢書司馬相如傳弋白鵠連駕鵞揚雄傳鵞之能捉

隼鶻也鶻音如鶻反烏今也

蝦蟇化者為鶉田鼠化者為鴽說文雜離屬雛雜鷂鷂文作鷂本二物也今俗呼鷂鷹為一物誤矣廣韻鶻鵃鷂于林雜雜隼鷂也○說文云雕祝鵰也或从隹从一作隼稿意从一者一與壹通毛公

所謂一宿之鳥庚戌所謂壹意於其所宿之木造
字之指或出于此後人遂皆爲雁隼字矣說文又
云隼一曰鶉字蓋又以隼爲鶉之異文張博士恐
人不知隼字之用故以鳩釋之未必竟以鳩爲祝
鳩鳥也舊本隼誤爲隹隹是鳥之短尾總名非也
此處散同六書故引唐本說雗从鳥从隼隼从隹
卂省李陽冰隼从卂省聲案少溫多臆說敢信也鄘
風鶉之奔奔鵲之彊彊鄭箋奔奔彊彊言其居有
有常匹飛則相隨之貌禮記表記呂氏春秋俱有
鶉之賁賁鄭注表記以賁賁爲爭鬭惡貌高注呂

漢淮流長奏辛

巴乙

陸以青青爲其色不純鄭以鳥性言高就貸字生義故不同今鶉鳥善鬭而毛有斑色高鄭所言皆得其實也淮南齊俗訓云蝦蟇爲鶉爾雅鷯鶉其雄鶛牝痺詩疏引李巡云鶉一名鵪是鵪亦鶉之別名○鴽鴾也○夏小正云三月田鼠化爲鴽八月鴽爲鼠傳曰鴽鵪也變而之善故盡其辭也鴽爲鼠變而之不善故不盡其辭也高注呂覽季春紀云鴽鶉也青州謂之鴾鴾周雒謂之鴽幽州謂鷃案鴾字予族子培以爲鵪之誤也予謂鷃雖鵪之訛

鴻音郎鶮音高鳩也鶴音洋背音人鵰音又竹交反鵒音笕鳩也鵃音後

鳩鵴音癸鳩鵴鵖鷎音浮鳩鶹音鷗鳩也

此鵖鳩之名皆方言也方言鳩自關而東周鄭之

郊韓魏之都謂之鵖鷎其鴓鳩謂之鸊鷎自關而

西秦漢之間謂之鵴鳩其大者謂之鳻鳩其小者

謂之㲋鳩或謂之䳕鳩或謂之鷄鳩或謂之鶻鳩

梁宋之間謂之鷦郭注鵖鷎音即萃鷦音萷花之

萷鴿音班鵴鳩今荆鳩也鵴音癸鷁音浮鷚與

鵻同鵻音青鵻同小雅四牡翩翩者鵻傳鵻夫不也

鵓夫不鳥之愨謹者人皆愛之陸璣疏今小鳩也

卒

一名浮鳩幽州人或謂之鶌鳩梁宋之間謂之鵻
揚州人亦然鶌鳩即鶻鵃之譌左氏昭十七年傳
祝鳩氏司徒也杜注祝鳩鷦鳩也鷦鳩孝故為司
徒主教民爾雅隹其鳺鴀舍人云鵻名其夫不孝
巡云夫不一名鵻今楚鳩樊光引春秋祝鳩氏司
徒祝鳩即隹其夫不孝故為司徒郭璞曰今鵓鳩
說文鵻祝鳩也从鳥隹聲或作隼从隹一戴侗引
唐本說文鶽从鳥从隼隼似隹从卂省李陽冰云
隼卂省聲郭本爾雅作隹乃隼字之譌鵻音思允
切隹鳥之短尾總名音職追反陸氏釋文云隹如

字旁或加鳥非也陸謂加字者集字也又謂或加
鳥非者鵻字也其於鷹隼醜釋云隼西尹切本或
作鵻案隼即鳥也無勞更加今釋文亦誤作隹即
鳥也今案爾雅鶌鳩鶻鵃舍人云鶌鳩一名鶻鵃
今之班鳩也小雅小宛宛彼鳴鳩傳宛小皃鳴鳩
鶻鵃釋文引字林云鶻鵃小種鳩也毛詩草木疏
云班鳩也杜陽人謂之班隹案古用與周通从鳥
之字亦或从隹鶌鵃即鶌鵃舍人爾雅注陸璣詩
疏並以鶌鵃為班鳩皆本方言

鷽弗音咕音又鸒鵯匕音子寵脫鵜雞𠂢反也

雨常録長安二年

五上

說文鷂鷙鳥也弋笑切爾雅鷣負雀郭注鷣鷂也江東呼之為鷣善捉雀因名云月令季冬之月征鳥厲疾注征鳥題肩也齊人謂之擊征或名曰鷹小雅采芑鴥彼飛隼其飛戾天陸璣云隼鷂屬也齊人謂之擊征或謂之題肩或謂之雀鷹春分化為布穀者是也御覽引春秋考異郵云陰陽氣貪故題肩多采均注題肩有爪芒為陽中陰故擊殺也又引廣子鷂子大如胡　色似燕鷂食雀籠脫擊鳩鵲禽經云一名鷂子一名籠脫玉篇鷂鷹鷂鷹鷂鷹鷂屬沙遲應沖春化為鳩鷂同生

蔵、鵀戴維鵀音偏鵀从不从澤虞鵖鵀尸鳲戴勝也
此皆本方言也月令季春戴勝降于桑注戴勝織
紝之鳥是時恒在桑言降者若時始天來重之也
呂氏春秋作戴任高誘注戴任戴勝也爾雅曰鵖
鴔卯生于桑是月長于熯光從桑空中來下故曰
戴任降于桑也淮南時則訓作戴鵀高誘注戴鵀
戴勝也方言云鳩鴿燕之東北朝鮮洌水之間謂
之鵖鴉自關而東謂之戴鵀東齊海岱之間謂之
戴南南猶鵀也或謂之鵖鵀或謂之戴鳻或謂之
戴勝東齊吳揚之間謂之鵀自關而西謂之服鶝

或謂之鶝鶝燕之東北朝鮮洌水之間謂之鶝爾
雅鵖鴔戴鵀注鵀即頭上勝今亦呼為戴勝鵖
鴔猶鶝鶝語聲轉耳爾雅人云鶭澤虞太平御覽
引孫炎云鶭鸅也謂鶭澤虞其別名也常在澤中
見人輒鳴不去有象主守之官因名方言以鶭鸅
鶭澤與戴勝為一鳥故孫叔然同之亦與廣雅同
也
鷦音焦䳜丹治反鸋乃定反鴂音決果鸁力果反桑飛女鴎音匠工
雀也
方言云桑飛自關而東謂之工爵或謂之果鸁或

謂之女匠自關而東謂之鸋鴂自關而西謂之桑飛或謂之懱爵郭注桑飛鷯即鷦也蔑者纖女匠今亦名為巧婦江東呼布母鸋鴂寧玦二音懱爵言懱截也周頌小毖肇允彼桃蟲傳桃蟲鷦也爾雅桃蟲鷦郭注鷦䳓桃雀也俗呼為巧婦莊子逍遥遊鷦鷯巢于深林不過一枝釋文引李頤云鷦鷯小鳥也文選注引韓詩傳云鴟鴞既取我子無毀我室鴟鴞鸋鴂鳥名也鴟鴞所以愛養其子者適所以病之也愛養其子者謂堅固其巢巢病之者不知託于大樹茂枝反敷之葦苕風之苕折

巢隨有子則死有卵則破是其病也然方言以鷦
鷯為桑飛太諸釋詩者子勸學篇云南方有鳥焉
名曰蒙鳩以羽為巢而編之以髮繫之葦苕風至
苕折卵破子死巢非不完也繫之者然也楊倞注
蒙鳩即鷦鷯也引說苑客謂孟嘗君曰鷦鷯巢于
葦苕著之以髮可謂完固矣大風至則苕折卵破
者何也所託者然也今巧婦鳥之巢至精密多繫
于葦竹之上是也蒙當為蔑蔑蒙荀子所云蒙鳩即
懱爵也蒙蔑聲相近陸璣詩疏鷦鷯似黃雀而小
其喙尖如錐取茅秀為巢以麻紩之如刺襪然縣

著樹枝或一房或二房幽州人謂之鸋鴂或曰巧婦或曰女匠關東謂之工雀或謂之過羸關西謂之桑飛或謂之韈雀或曰巧女采過鷯匠並同

城旦倒縣鶡音曷鴠音旦定甲獨舂鳱苦汗反鴠音旦也

鶡鴠說文作渴鴠月令仲冬之月曷旦不鳴注曷旦求旦之鳥釋文曷本亦作鶡坊記引詩云相彼盍旦尚猶患之注盍旦夜鳴求旦之鳥也求不可得也人猶惡其反晝夜而亂晦明釋文盍音渴方言云鴇鴠周魏齊宋之間謂之定甲或謂之獨舂自關而東謂之城旦或謂倒縣或謂之鴇鴠自關

而西秦隴之内謂之鶡鴠郭注鶡鴠似雞五色冬無毛赤倮晝夜鳴侃旦雨音獨舂好自低昂城旦言其辛苦有似于舂謫者倒縣好自縣於樹也鶡渴盍音長同鶡鴠之轉也舊本舂訛爲春今訂正

䳭音石鳥精列鵖音邑鸈音渠雝丘壅反也

說文雝石鳥一名雝鸈一曰精列渠精列即脊令一聲之轉小雅常棣脊令在原傳脊令雝渠也箋雝渠水鳥而今在原失其常處則飛則鳴求其類天性也小宛題彼脊令載飛載鳴箋則飛則鳴翼也口也無有止息時爾雅鶺鴒雝渠郭注雀屬也

則飛則鳴行則搖陸璣疏大如鷚雀長脚長尾尖喙背上青灰色腹下白頸下黑如連錢故杜陽人謂之連錢、⿰石鳥石鸀雝鷚⿰阝渠渠脊鴒令並同

慈烏烏也

說文云孝烏也象形孔子曰烏盱呼取其助氣故以為烏呼古文作於小爾雅云純黑而反哺者謂之烏小而腹下白不反哺者謂之鴉烏禽經慈烏亦名孝烏比他烏微小大觜烏儕

鶖子幽反　子鶩音務　鷇苦候反　雛也

此釋雛之名也說文雛雞子也雛籀文淮南泰族

訓卵之化為雛非慈雌嘔燠覆伏累日積久則能
為雛漢書東方朔傳注引項昭曰凡鳥哺子而活
者為鷇生而自啄曰雛鷇子者方言云雞雛徐魯
之間謂之鷇子玉篇廣韻並云鷇雛雛鷇者玉篇
鷇亡付切雀子也呂氏春秋天子以雛嘗黍高注
雛春雉也郭注爾雅云今呼少雞為雛鷇聲相
近雛即鷇之異文者鷇者鷇本誤為鶴以曹音證
之是鶴字也然从隹又从鳥俗字當為鷇今訂正
說文鷇鳥子生哺者爾雅生哺鷇郭注鳥子須母
食之釋文云鷇鳥子須哺而食者燕雀之屬是也

魯語鳥翼鷇卵韋注生哺曰鷇史記趙世家探爵鷇而食之集解引綦毋邃云鷇爵子也索隱曰生受哺者謂之鷇

鳱鵠古从烏鵲也

說文　䧿也䧿篆文舄者知太歲之所在作巢避戊己詩鄭箋云鵲之作巢冬至架之至春乃成孔疏云推災曰鵲從至之月始作室家之鳩鳩因成事天性如此從於消息十一月卦故知冬至之加功也月令十二月鵲始巢則季冬猶未成故云至春乃成淮南人間訓鵲先識歲之多風也去高木

而翔狀枝大人過之則探㲉嬰兒過之則挑其卵知備遠難而忘近患也論訓云乾鵲知來而不知往高誘注乾鵲鵲也人將有喜事憂喜之徵則鳴此知來也知歲多風多巢於下枝人皆探其卵故曰不知往也乾讀乾燥之乾鵲讀告退之告說文鷽雗鷽山鵲知來事鳥也或作雤从隹雗雗鷽也桑鳸鵲即雗鷽字異音義同爾雅鷽小鵲郭注似鵲而有文彩長尾觜脚赤

野雞雉也

史記封禪書野雞夜雊集解引如淳曰野雞雉也

漢書郊祀志云文公獲若石云于陳倉北阪城祠之其神常以夜光煇若流星從東方來集于祠城若雄雞其聲殷殷云野雞夜鳴以一牢祠之名曰陳寶顔師古曰野雞亦雉也避呂后諱故曰野雞顔氏云五行志天水冀南山大石鳴聲隆隆如雷有頃止聞雞皆鳴師古曰雉也竊謂野雞者野中之雞耳注為于荀悦云諱雉之字曰野雞此文本史記封禪書其上文有雉登鼎耳雊其下文公孫卿言見僊人跡緱氏城上有物如雉往來城上並無所諱也

史記校文卷二十 四十七

伏翼飛鼠仙鼠蚊尸墨反蟔音墨也
方言蝙蝠自關而東謂之服翼或謂之飛鼠或謂之老鼠或謂之僊鼠自關而西秦隴之間謂之蝙蝠北墨謂之蟙蟔爾雅蝙蝠服翼郭注齊人呼為蟙蟔或謂之仙鼠伏服仙僊蚊蟙並同

鶹音留鵃音仲飛鸓力良反也
盧學士曰說文鸓鼠形飛走且乳之鳥也力軌切本草鼺主墮胎令人產易生平谷陶宏景云是鼺鼠一名飛生見爾雅案爾雅鼯鼠夷由郭注狀如小狐是蝙蝠云云文選上林賦蜼玃飛鸓注引張

博士後注云飛鸓鼠也其狀如兔而鼠首以其髯飛郭璞曰鸓鼯鼠也音誄案西山經翠山其鳥多鸓其狀如鵲赤黑而兩手四足可以禦火玉篇謂之鸓也音壘其形狀　鸓不相似非一物也案玉篇鸓力罪切鸓鸓飛鼯本此鸓鸓鸓鸓並同

鸊佰陵反又步見反　鵧音郶鸊鷉也

爾雅鸊鷉　郭注鸊鷉似鳧而小膏中瑩刀方言云野鳧其小而好沒水中者南楚之外謂之鷿鷉大者謂之鶻蹏郭注鷿音指辟鷉他奚反鶻鶻滑蹄兩音後漢書馬融傳鷿鷉注膏可以

熒刀劍張衡南都賦鶵鴇鵾鶴鶖鶬鷗說文作鸊
鷉鶂鶬鸊鶂鷉鵶鷀作同舊本鶴誤鵠今據方言
訂正

鴆汏之去作鳥其雄謂之運日其雌謂之陰諧
說文鴆毒鳥也一名運日中山經女几之山其鳥
多鴆郭注鴆大如鵰紫綠色長頸赤喙食蝮蛇頭
雄名運日雌名陰諧也淮南繆稱訓暉日知晏陰
諧知雨高誘注暉日鴆鳥也晏無雲也天將晏靜
暉日先鳴陰諧暉日雌也天將陰雨則鳴運暉字
異音義同春秋莊三十二年傳疏引廣志云鴆鳥

形似鷹大如鵝毛黑喙長七八寸觜赤如金食蛇
及橡實居常高山巔晉諸公贊云鴆鳥食蝮以羽
翮櫟酒水中飲之則殺人舊說鴆不得渡江有重
法石崇為南中郎得鴆以與王愷養之大如鵝喙
長尺餘純食蛇虺司隸傅祇于愷家得此鳥奏之
宣示百官燒于都街
鳳皇雞頭燕頷蛇頸鴻身魚尾骿翼五色首文曰德
翼文曰順背文曰義腹文曰信膺文曰仁雄鳴曰即
即雌鳴曰足足昏鳴曰固常晨鳴曰發晝鳴曰保長
舉鳴上翔集鳴曰歸昌

[illegible]

南山經丹穴之山有鳥焉其狀如雞五采而文名曰鳳皇首文曰德翼文曰義背文曰義〔禮〕膺文曰仁腹文曰信是鳥也飲食自然自歌自舞見則天下安寧郭璞曰漢時鳳鳥數出高五六尺五采又贊曰鳳皇靈鳥實冠羽群八象其體五德其文羽翼來儀應我聖君韓詩外傳云黃帝召天老而問之曰鳳象何如天老對曰夫鳳象鴻前麐後蛇頭而魚尾龍文而龜身燕頷而雞喙戴德而負仁抱忠挾義小音金大音鼓延頸奮翼五采備明舉動八風氣應時雨食有質飲有儀往有來文始來即嘉

成惟鳳爲能通天祉應地靈律五音覽九德天下有道得鳳象之一則鳳過之得鳳象之二則鳳翔之得鳳象之三則鳳集之得鳳象之四則鳳春秋下之得鳳象之五則鳳沒身居之爾雅翳鳳其雌皇梁史記司馬相如傳相如飲于卓氏卓氏女文君好音相如以琴心挑之索隱錄其詩曰鳳兮鳳兮歸故鄉游敖四海求其皇云云則鳳是雄者皇乃其雌也春秋運斗樞云天樞德見則鳳皇翔中俟握河紀云堯即位七十年鳳皇止庭伯禹拜曰昔帝軒提象鳳巢阿閣大雅卷阿及左氏昭十七

年傳疏並引白虎通云黃帝之時鳳皇蔽日而至止於東園食常竹實常梧桐終身不去今本白虎通云無此文說文云鳳神鳥也出於東方君子之國翺翔四海之外過崑崙飲砥柱濯弱羽水莫宿風穴見則天下大安寧朋古文鳳象形鳳飛羣鳥從以萬數故以為朋黨字𪁜亦古文字鳳郭注山海經引此文有通背無鴻身骿莫采書符瑞志即即作鄭節書作夜樂作書集作夕舊本首誤為以今訂正集鳴曰歸昌者張協七命采奇律於歸昌是也

鸑鳥鷟鳥鷫鸘鵔鸃鵷（古文）（治）角（音初）鷄鵜質昌鷦明鳳皇屬也

說文云五方神鳥東方發明南方焦明西方鷫鸘北方幽昌中央鳳皇樂叶圖徵云五鳳皆五色為瑞者一為災者四其四皆似鳳並為妖一曰鷫鸘鳩喙圓目身義戴信嬰禮膺仁負智至則從之感也二曰發明之鳥喙大頸身仁戴智嬰義膺信負禮至則喪之感也三曰焦明長喙疏翼圓尾身義戴信嬰仁膺智負禮至則水之感也四曰幽昌兌目小頭大身細足身智戴信負禮膺仁至則旱之

儀也翳鳥者海內經云北海之內有蛇山者有五采之鳥飛蔽一鄉名曰翳鳥郭注鳳屬也離騷云駟玉虬而乘鷖漢宣帝元康元年五色鳥以萬數過蜀都即此鳥也盧學士曰說文翳華蓋也此翳鳥之色如華蓋然故以名焉孫侍御曰翳當作鷖思元賦注引云鷖鳳屬也不必傅會華蓋之說鸞鳥者西山經女牀之山有鳥焉其狀如翟而五采文名曰鸞鳥見則天下安寧又大荒西經有沃之野鸞鳥自歌鳳鳥自舞逸周書王會解云氐羌以鸞鳥注云鸞大于鳳亦歸于仁義者也說文鸞亦

神靈之精也赤色五采雞形鳴中五音頌聲作則至濮氏瑞應圖曰鸞鳥赤神之精鳳皇之佐鳴中五音肅肅雝雝喜則鳴舞人君步行有容進退有度祭祀寧人成有敬讓節禮親有序則至一日必識鍾律律調則至鳴舞以和之又決録法平繕隱居華陰光武徵不至者有大鳥高五尺雞首燕頷蛇頸魚尾五色備舉而青棲縣槐樹旬時不去宏農太守以聞詔問百僚咸以為鳳史太令蔡衡對曰凡象鳳者有五多赤色者鳳多黃色者鵷鶵多青者鸞紫者鸑鷟白者鴻鵠今五色多青乃鸞也

鷫鷞者說文鷫鷫鷞也司馬相如說作鷛玉篇鷫鷞西方神鳥淮南原道訓釣射鷫鷞之謂樂乎高誘注鷫鷞長頸綠身其形似雁一曰鳳皇之別類也盧學士曰雁之類名鷫鷞者其毛羽可用為裘與此名同而實異也鸑鷟者說文鸑鷟鳳屬神鳥也江中有鸑鷟似鳧而大赤目周語云周之興也鸑鷟鳴于岐山韋昭注鸑鷟鳳之別名也後漢書賈逵傳武王終父之業鸑鷟在岐劉逵注吳都賦鸑鷟鳳雛也鵷鶵未聞案五方神鳥鳳皇而外所載者止有西方之鷫鷞南方之鷦明其北方之

幽昌鵕即廣昌也不應屬關東方之發明然則鴰
肅者其發明之異名歟鵕鸃者蕭說文作鵔鸃云
鵔鸃鷩也秦漢之初侍中冠鵕鸃冠鵔私閏切鸃
魚羈切水經泿水注云南越志云縣多鵕鸃鵕鸃
山雞也光色鮮明五色眩燿利距善鬭世以家雞
鬭之則可擒也李彤曰鵕鸃神鳥飛光竟天玉篇
鵕鳥狀如鵰赤足直喙黃文見則天下大旱鷫明
者史記上林賦揜焦明索隱引樂叶圖徵云鷫明
狀如鳳皇宋衷曰水鳥也劉向九歎從元鶴與鷦
明王逸注俊鳥也法言問明篇鷦明遴集食其絜

者矣

鵱音夌鷜鷎於古反雝延居頸雀怪鳥屬也

此誑怪異之鳥人所罕見者也南山經旄山之尾其南有谷曰育遺多怪鳥郭注引廣雅鷎離鶌明爰居鶡雀皆怪鳥屬也有鶌朋而無鶡鷃余謂鶌鶌形相涉古本鷃字或單用晏亦形相近而致譌也鶡鷃玉篇鶡千介切鶡鷃東夷鳥名鷎離者玉篇鶌鷎鷎鳥自為牝牡鷎力支切鷎鷎亦離鶌同延居者郭注南山經引作爰居延爰聲相轉也爾雅爰居雜縣郭注漢先帝時琅邪有大鳥如馬駒

時人謂之爰居釋文引李巡曰爰居海鳥也樊光云似鳳皇急就篇謂之爽風魯語海鳥曰爰居止於魯東門之外三日臧文仲使國人祭之莊子至樂篇云海鳥止於魯郊魯侯御而祭之于廟奏九韶以爲樂具太牢以爲膳鳥乃眩視憂悲三日而死釋文引司馬彪云爰居舉頭高八尺頸雀未聞郭注南山經引作鵷雀盧學士曰爾雅說鳩之種類任茅鴟怪鴟梟鴟焉亦其類

鶝俞也東楅音偪鶝托也

盧學士曰鶝鶔已釋於上此所云者未詳上也字

亦疑衍焦氏循曰按御覽九百廿八引鵻托離禮淮南說林訓鳥力勝日而服于雕禮禮或作札與托字形近而譌也

鶩敄音人多作焆皆非也鳥鴞也

陸璣詩疏鴞大如班鳩綠色惡聲之鳥也入人家凶賈誼所賦鵩鳥是也其肉甚美可為羹臛又可為炙漢供御物各隨其時唯鴞冬夏常施之以其美故也史記賈誼傳有鴞飛入賈生舍止于坐隅楚人命鴞曰服索隱案鄧展云似鵲大而晉灼曰巴蜀異物志云有鳥小如雞體有文色土俗因名

之曰鵬不能遠飛行不出城荆州記云巫縣有鳥如雌雞其名爲鶉楚人謂之服吳録云服黑色鳴自呼江都焦氏曰屈原賦天問云鷩鳥萃棘王逸章句云解居父聘吳過陳之墓門見婦人負其子欲與之淫佚肆其情欲婦人則引詩刺之曰墓門有棘有鴞萃止故云鷩鳥萃棘也是鴞一名鷩鳥鷩卽鷩之訛鷩卽服之轉音殹焦說是

伯趙鶪也

說文鶪伯勞也或从隹作雎左氏昭十七年傳伯趙氏司至者也疏引樊光曰伯趙氏司至伯趙鶪

也以夏至來冬至往又引蔡邕月令章句云鵙伯勞也一曰伯趙應時而鳴為陰候也通作鴂夏小正五月鴂則鳴鴂者百鷯也鳴者相命也月令仲夏之月鵙始鳴鄭注鵙博勞也高誘呂氏春秋注云鵙伯勞也是月陰作于下陽發于上伯勞夏至後應陰而殺蛇磔之於棘而鳴其上藝文類聚引易通驗云伯勞性好單棲其飛翪其鳴嗅嗅夏小至應陰而鳴冬至而止玉篇鶪鵙伯勞也爾雅釋文引字林云鶪鶪似伯勞而小

釋獸第十八

獸之言狩也古文獸與狩通小雅車攻搏獸于敖水經注引作薄狩初學記引作搏獸何休公羊傳注狩猶獸也夏官大司馬中春教振旅遂以蒐田中夏教茇舍遂以苗田中秋教治兵遂以獮田中冬教大閱遂以狩田何休公羊傳注亦云苗毛也明當見物取未懷任者蒐簡擇別擇取其大者冬時禽獸長大遭獸可取盡四時之田所以擇取禽獸者一為乾豆二為賓豆三為充君之庖也其皮革齒牙骨角毛羽可以供器故周官獸人掌之

所為辨其名物也此篇所釋別其牝牡辨其
等倫鄭司農注庖人六獸以麋鹿熊麕野豕
兔當之是豕雖常畜而野豕不常畜故繫之
獸篇鼠雖微物亦四足而毛故並附見焉

於音烏䖘音塗李耳虎也

管子形勢篇解虎豹獸之猛者也居深林廣澤之
中則人畏其威而載之淮南形訓三九二十七七
主星星主虎故虎七月而生說文虎山獸之君於
䖘即於菟左氏昭宣四年傳楚人謂乳穀謂虎於
菟方言云虎陳魏楚之間或謂之李父江淮南楚

楚之間謂之李耳或謂之於䖘自關東西或謂之伯都郭注李耳虎食物值耳即止以觸其諱故於音角今江南山呼虎為䖘音狗竇之竇俗曰伯之都事見神虎說藂左傳釋文於菟音徒漢書敘傳作於檡㺸師古曰檡字或作菟並音塗而郭讀若狗竇者語有輕重聲相轉耳

貔

音比貍猫也狂音王貍也淮南主術訓譬猶貍之不可使搏牛虎之不可使搏鼠也說文貍伏獸似貙又新附貓字云貍屬皮可以為裘顏師古注急就云貍一名狂亦謂之貍

貔左氏定七九年傳揖齊大夫東郭書衣貍製服虔曰貍製貍裘也方言云貔陳楚江淮之間謂之猍北燕朝鮮之間謂之豾關西謂之貍郭注貔貍别名也猍音來豾今江南呼為豾貍音丕狸此通用名耳貔未聞語所出案猍貍豾之轉古字通貓貍猶不來也大射儀云奏貍首鄭注貍之言不來也史記封禪書云設射貍首徐廣曰貍一名不來漢書郊祀志作設射不來是也郭氏既以貔為貍别名又云貔未聞語所出者蓋貔之見于尚書牧誓大雅韓奕禮記曲禮爾雅釋獸及史記五帝本記

者並以爲猫獸之稱故仍疑而未定也貔或是猍字之譌歟江都焦氏循曰滛水燕談云契丹國産毗貍形類大鼠而足短續墨客揮犀云毗貍如鼠而大齊東野語云毗貍即竹鼬家世舊聞云農師使外國得貔至京師狀如大鼠而極肥腯小說云貔甚多美即方言廣雅之所謂貔與

貒音湍貛音歡也

說文貒獸也讀若湍貛野豕也爾雅貒子貗郭注貒豚也一名貛釋文引字林貒獸似豕而肥方言云貛關西謂之貒郭注貛豚也音歡貒音波湍之

猯

猱狙七余反獼猴也

猱說文作夒母猴也管子形勢解陸岸之三仞人之所大難也而猿猱飲焉西山經羭次之山有獸其狀如禺而長臂善投其名曰囂郭注亦在畏獸畫中似獼猴投擲也案囂猱聲相轉形又相似即此獸矣小雅角弓云無教猱升木傳猱猿屬箋猱之性善登木也陸璣疏猱獼猴也楚人謂之沐猴老者為玃長臂者為猿猿之白腰者為獑胡獑胡猨捷于獼猴狙者說文狙玃屬東山經北號之山

有獸焉其狀如狼赤首鼠目其音如豚名曰猲狚
莊子齊物論狙公賦芧曰朝三而暮四衆狙皆怒
曰然則朝四而暮三衆狙皆悅又云猿猵狙以為
雌釋文引司馬彪云狙一名猲牂似猿而狗頭喜
與雌猿交也獮猴者說文猴夒也史記項羽本紀
人言楚人沐猴而冠耳集解引張衡晏曰沐猴獮
者也案獮沐聲相轉

⿰犭吏

山吏反狖也獥音決狖以呪郎也

說文獥獸也似牲牲从犬敫聲古穴切玉篇⿰犭吏山
吏切狖狖也或作獥狖與呪切猨屬獥古穴切獸

似貍𤞣乙郎切案爾雅貈子貆郭注今江東呼貉
為𤞣𤞣釋文引字林云狢謂之𤞣是𤞣狢奚𤞣皆
貉之別名也
狶狙才朗反 猳彘豕也 豯音奚 [illegible]音眼 音屯也
方言猪北燕朝鮮之間謂之猳關東西謂或之彘
或謂之豕南楚謂之狶其子或謂之豚或謂之豯
吳揚之間謂之猪子○狶狙至豕也○說文豕彘
也竭其尾故謂之豕象毛足而後有尾讀與狶同
狶豕走狶狶古有封狶脩虵之害狙豕屬猳牡豕
也彘豕也後蹏廢謂之彘郭注爾雅云今亦曰彘

江東呼豨皆通名漢書注引鄒展云東海人名猪曰豬初學記引何承天纂文云梁州以豕爲豬河南謂之彘吳楚謂之豨○豯䝙豚也○文選注引應劭風俗通云按方言豚豬子也今人相駡曰孤豚之子是也說文　小豕也从彖省从又持肉以給祠祀篆文作豚豯生三月豚腹豯豯皃也玉篇豯奚丁切小豚也

狖 音柚蜼音誄也

淮南齊俗訓深谿峭岸峻木尋枝猨狖之所樂也文選西都賦注引倉頡篇狖似貍說文蜼如母猴

卬鼻長尾玉篇狖黑猿也中山經鬲山多猨雌郭注似雌似獼猴而大狖亦作貁揚雄反離騷云蝯貁擬而不敢下顏師古曰貁似猴卬鼻而長尾後漢書注云雌夆陵南康人呼之音餘建平人呼之音相贈遺之遺又音余救反皆土俗語輕重之不同耳案狖當爲貁从屴散之屴非堀穴也說文音余救切鼠部鼬音　䶂切此古音東尤相涉之音也

豰乎谷反豰艾音豭壯也豵山中反縱仕禹反豕牝也

說文豰小豚也是小豚之壯者左氏定十四年傳

既定爾雅豬盡歸彘艾豭豵之為豕已見上文此復言段豭者別豕之牝牡也舊本無牡字然與牝者對舉且以下文雄也雌也例之亦當有牡字也今補正玉篇豵老母豕豵土與切小母豬並本此

橧音繒圈奇勉反也

說文圈養畜之閑也秋官貉隸掌役服不氏而養獸注云不言阜蕃者猛獸不可服又不生乳于圈檻也曹植求自試表非徒圈牢之養物爾雅所寢橧舍人注云豕所寢草名為橧李巡云豬臥處名橧

某氏云臨淮之間謂野豬所寢爲橧郭璞云橧其所臥蓐方言云其檻及蓐曰橧

麋麞也

西山經西皇之山其獸名麋郭注麋大如小牛鹿屬也淮南地形訓曰九三十六六主律律主麋鹿故麋鹿六月而生月令仲冬之月麋角解說文麋鹿屬冬至解其角麞麋屬盧學士曰廣雅之麋似是麇字之誤下當从禾說文麇麞也从鹿囷省聲居筠切籀文作麕不省其麞字下云麋屬亦必麇屬之譌玉篇麇又作獐左氏哀十四年傳介麇釋

文　或作麇云獐也詩召南野有死麏釋文唐本
亦作麕又作麇俱倫反獸名也草木疏云麏麞也
青州人謂之麏周禮考工記畫繢之事山以章鄭
注章讀爲獐獐山物也齊人謂麇爲獐爾雅釋文
引字林麇麞也九文切

麛

注音麑奴侯反也

説文麛鹿子也𧳜官迹人云禁麛卵者王制云不
麛不卵注重傷未成物也麛當作麑玉篇廣韻無
麑字説文麑鹿麛也从兒聲讀若倪弱之倪玉篇奴
亂切盧學士曰麛與麑同禮記玉藻麛裘論語作

麑麛皆謂鹿子故以謂麛也淮南主術訓不取麛夭高誘注鹿子曰麛麋子曰夭

逸五九反婏匹萬反㝹乃庚反兔子也

說文兔獸名象踞後其尾形玉篇兔毛可為筆逸者玉篇逸兔子本此婏者說文兔部義也㝹者爾雅兔子嬎郭注俗呼曰㝹釋文引字林云㝹兔子也乃俱乃侯二反

狦所姦反狠也

說文狦惡健犬也狠似犬銳頭白頰高前廣後天官獸人冬獻狼鄭注狼性樂聚聚則溫也陸璣詩

疏狼鳴能小能大善爲小兒啼聲以誘人去數十步其猛健者雖善用兵者不能克也其膏可煎和其皮可爲裘故禮記曰狼臅膏又曰君之右虎裘厥左狼裘是也

獱音賓獺勑轄反又音闥也

說文獺如小狗也水居食魚猵獺屬或作獱月令孟春之月獺祭魚高誘注呂氏春秋云獺獱水禽也取鯉魚置水邊四面陳之世謂之祭魚淮南說林訓受獺而飲之酒雖欲養之非其道又兵略訓夫畜池魚者必去猵獺高注食魚者也文選江賦

注引郭璞三蒼解詁云獺似青狐居水中食魚埤雅獺獸西方白虎之屬似狐而小青黑色膚如伏翼水居食魚

蹏啼音蹢的音𨇨郭音足也

此釋獸足名也說文足人之足也在下案爾雅釋文蹢足豺狗足又云田獵齊足是獸亦可云足也蹏者說文蹏足也釋名蹄底也玉篇蹏亦作蹄今經典相承作蹄易說卦巽為薄蹄儀禮士喪禮之其實特豚四鬄去蹄穀梁昭八年傳馬候蹄范甯解蹄足相應也史記貨殖傳陸地牧馬二百蹄牛

蹄角千足也蹢者說文蹢住足也或曰蹢躅賈侍中說足垢也小雅漸漸之石云有豕白蹢傳蹢蹄也爾雅四蹢皆白豥孫炎曰蹢蹄也⿰足芻者玉篇⿰足芻阻流切獸足本此蹯者說文番獸足謂之番从釆田象其掌或作蹞以足煩古文作　玉篇蹯熊掌也今經典相承作蹯左氏文元年傳王請食熊蹯杜注熊掌難熟或云熊好舐其掌故能掌為珍膳戰國策魏魁謂建信君曰人有置係蹄者而得虎虎怒趹蹯而去虎之情非不愛其蹯也然而不以環寸之蹯害七尺之軀者權也

騭牡犕肯狀持牴騢音加犃音部雄也恰音合牸牝雌也

此釋獸之雌雄也說文雄鳥父也雌鳥母也急就篇云雌雄牝牡相隨趨顏師古注飛曰雌雄走曰牝牡詩曰雄狐綏綏書稱牝雞無晨亦互言之無所滯也○騭牡至雄也○騭者說文騭牡馬也讀若郅爾雅馬屬牡曰騭郭注今江東呼駁馬為騭牡者說文牡畜父也列子說符篇有九方皋穆公使行求馬三月而反報曰已得之矣牝而黃使人往取之牡而驪穆公不悅曰物色牝牡尚弗能知人何馬之能知也伯樂曰皋之所觀天機也犕者

玉篇犆徒的切特牛特者說文特朴特牛父也案
朴與樸同玉篇樸普角切特牛也羝者說文羝牡
羊也逸周書王會解周頭煇羝煇羝者羊也漢書
蘇武傳乃徙武北海上無人處使牧羝羝乳乃得
歸師古曰羝不當產乳故設此言示絶其事豭者
說文豭牡豕也左氏定十四年傳盍歸求我豭犃
昔玉篇犃步后切雄也短尾牛是皆獸之雄者也
○⿰牛舍牸至雌者也○⿰牛舍者爾雅馬屬牡曰騇郭注
草馬名玉篇⿰牛舍式夜切亦作騇匡謬正俗云問北
馬謂之草馬何也荅曰本以牡馬壯健堪駕乘及

廣雅疏義卷二十　十三　受古堂抄藏

單戎者皆伏卑濕弱而養之其牝馬惟乞畜字不
暇服役常牧於草故稱草馬牸者玉篇牸疾利切
母牛盧學士曰史記平準書衆庶街巷有馬阡陌
之間成羣而乘字牝者擯而不得聚會集解引漢
書音義曰皆乘父馬有牝馬閒其間則相踶齧故
斥不得出會同漢書食貨志牝作牸牝師古注言
時時有饒故耻乘牸牝孔叢子陳士義篇猗頓魯
之窮士也聞陶朱富往而問術焉朱公曰子欲速
富當畜五牸魏志教民畜牸牛　馬見杜畿傳
牝者說文牝畜母也易曰畜牝牛吉是皆獸之雌

者也

騋郲陵反人似陵反犗羯羠犄埼竒犄於宜反劇又逆反攻犍居言反也

此釋獸去勢之名也犍與劇同顏注急就篇云羯謂劇之也說文騋犗馬也犗騋牛也羯羊羖犗也羠騋羊也犄犗豕也猗犗犬也皆以騋犗羠三字轉輾相訓舊本羠誤羛曹音鉢然玉篇無此字廣韻雖有義不同又犄猗今並據說文訂正夏官校人夏祭先牧頒馬攻特鄭注夏通淫之後攻其特為其蹄齧不可乘用鄭司農云攻特謂騋之吳都賦

徼鯨輩中於羣牿犬畜六五之詞猶豕之牙劉瓛云豕去勢曰豶墨子非儒篇賁彘起賁即豶也劇者廣雅翻劇以椳去牛勢犍者玉篇犍牿也亦作犍廣韻劇居言切以刀去牛勢舊本犍訛犅今據曹音訂正

麒麟狼題肉角含仁懷義音中律呂步行中規折還中規游必擇土翔必後處不履生蟲不折生草不羣居不旅行不入穽陷不罹羅罔文章彬彬故呼為大角之獸

說文麒仁獸也麋身牛尾一角麐牝麒也麟大牝

鹿也經典相承以大牝鹿之麟爲麒麐字假借用
也周南麟之趾傳麟信而應禮以足至者也麟角
所以表德也箋麟角之末有肉示有武而不用爾
雅麐麕身牛尾一角李巡云麐瑞應獸名孫炎云
靈獸也禮運云麟以爲畜則獸不狘大戴禮易本
命云有毛之蟲三百六十而麒麟爲之長逸周書
王會解云規規以麒麟者仁也獸也說苑辨物篇
麒麟麕身牛尾圓頂一角含仁懷義音中律呂行
步中矩折旋中規擇土而後踐位平然後處不羣
居不旅行紛兮其質文也幽閒則循循如也初學

記引蔡邕月令章句天官五獸中有大角軒轅麒麟之信凡麟生于火游于土故脩其母致其子五行之精也又引春秋感精符云麟一角明海內共一主也王者不刳胎不剖卵則出于郊禮記疏引京房易傳麟麕身牛尾馬蹄有五彩高丈二又引服虔左傳注麟中央土獸土為信信禮之子脩其母致其子視明禮脩而麟至史記孝武本紀云郊雍獲一角獸若麃然有司曰陛下肅祗郊祀上帝報享錫一角獸蓋麟云太平御覽引西京武昭王麒麟頌云一角圓蹄行必中矩游必擇地翔而後

處不入陷穽不罹網罟無德而至爲之投朕舊本作文彰彬也初學記作文章彬彬禮記禮運疏引文章斌斌人多改乎爲大角之獸七字案大角云云與月令章句相合是今本有脫誤也今據補正

鼸音隹鼠

方言云宛野謂鼠爲鼸郭注宛合野今皆在南陽音雖玉篇南陽謂鼠爲鼸舊本鼸下注云隹鼠案鼠是正文隹是音釋今訂正

䶄音酌鼠

說文䶄胡地風鼠之若切郭注爾雅云䶄鼠形如

如鼠頭似兔尾有毛青黄色好在田中食粟豆關西呼為鼩鼠見廣雅音雀陸璣詩疏今江東有大鼠能人立交前兩脚于頸上跳舞善鳴食人禾苗人逐則走入樹空中亦有五技或謂之雀鼠是也舊本鼩下注爵鼠二字案鼠是正文爵是音釋非以為爵鼠也郭注鼩音雀爵與爵雀同今訂正

鼦鼠

說文貂鼠屬大而黄黑出胡丁零國玉篇鼦古文貂字鼠也毛可為裘類篇鼦鼠屬義與說文同管子立政篇百工商賈不得服長鬈貂太元視次八

狐貀之毛躬之賊魏志烏九傳挹婁國出貂今所謂挹婁貂是也

鼴

鼠鼬音蝤鼠

別二名也莊子逍遙遊云偃鼠飲河不過滿腹郭注爾雅鼬鼠地中行者說文地行鼠伯勞所作也一曰偃鼠或作蚡本草鼴鼠一名隱鼠形如鼠而無尾黑色長鼻陶注鼴鼠一名鼬鼠爾雅釋文鼬鼠廣雅云鼴鼠也字或作鼬同方言謂之犁鼠郭注蚡鼠也鼴鼠鼴偃同隱偃聲相轉

鼠狼鼬由音又溜音

七九

鼠狼一名鼬鼬食能鼠故謂之鼠狼說文鼬如鼠赤黃而大食鼠者余救切玉篇鼬鼠名引郭注爾雅云今鼬似鼦赤黃色大尾啖鼠江東呼為鼪案今鼬鼠所在有之形狀具如郭說善盜人家雞食之俗謂之黃鼠狼亦曰黃狼

鼦鼠

玉篇鼦音陽鼠也舊本鼦音陽今據玉篇訂正

鼤如昜反鼠鼮音航鼠

別二名說文鼤鼠屬鼮鼮今鼠一曰鼠子玉篇鼤鼮鼠也鼮步丁切鼮鼮鼠

鼶於乙筆記

說文鼶鼠屬或作貖

鼵𪖃平音鼸音

鼶鼸說文作斬鼸云鼶斬鼸鼠黑身白腰若帶手有白毛似握版之狀類蝯蜼之屬玉篇鼶任絨切鼸戶吾切鼶鼸鼠黑身白腰上林賦獑胡穀蛫張博士彼注云獑胡似獮猴頭上有髦要以後黑揚雄蜀都賦獑胡雖從鼶獑斬獑鼸胡並同

鼸傳唐音鼶音

玉篇鼸補各切鼶徒乎切鼸鼶鼠名類篇鼸鼶鼠

鴇一名易腸鼠訓一月三易腸

䶂古熒反䶉鼢索音

玉篇䶂公熒切班鼠也鼢力丁切䶂鼠廣韻鼢郎丁切䶂鼢班鼠舊本䶂訛从同今訂正

白鼶珀音

說文鼶鼠也讀若樊或曰鼠婦玉篇鼶父元切白

白鼠𪕷谷音

玉篇𪕷公祿切䶇鼠也

鼥卜音䶃之音

玉篇鼥補木切䶃音木切並云鼠名廣韻鼥鼥䶃

鼠名類篇鼭鼭鼠屬鶵夫鼭誤从支音釋亦訛為支今訂正

⿰鼠夋 俊音鼠

玉篇⿰鼠夋子徇切⿰鼠夋鼠也案說文鼫五技鼠也能飛不過屋能緣不能窮木能游不能渡谷能穴不能掩身能走不能先人晉九四如鼫鼠子夏傳作碩鼠

⿰鼠耳 耳青

玉篇⿰鼠耳人市切鼠名類篇云一說鼠形如獸盧學士曰北山經丹熏之山有獸焉其狀如鼠而菟首

麋身其音如獋犬以其尾飛名曰耳鼠食之不脒又可以禦百毒郭注脒大腹也見埤蒼音采

鼲古門反鼠

說文鼠鼲出丁零胡皮可爲裘玉篇鼲胡昆古魂二切鼠名可以爲裘也後漢書鮮卑傳云禽獸異于中國者有貂豽鼲子皮毛柔蝡故天下以爲名裘注云貂鼲並鼠屬

䶅胡合反鼠

玉篇䶅胡合公含二切蜥蜴也䶅同上與此義不合

䶉音柳鼠

說文䶉竹鼠也如犬从留省聲力求切玉篇似鼠而大力久切

鼠屬

題上事也說文鼠穴蟲之總名也象形此專指䶉鼠以下言之自麒麟以前諸獸爾雅所謂寓屬也此不言寓者寓寄也謂寄託于木上此篇如豕豚貒獺之類非寓所能該且世人共知之物故不為別立名也

獸一歲為豵二歲為豝三歲為肩四歲為特

鄭司農注大司馬云一歲爲豵二歲爲豝三歲爲
特四歲爲肩五歲爲慎說文云豵生六月豚一曰
一歲豵尚叢聚也豝牝豕也一曰二歲能相把拏
豣三歲豕肩相及者小爾雅豕之大者謂之豣小
者謂之豵召南彼茁者葭云一發豵豳風七月云言
私其豵傳並云一歲曰豵齊風還並驅從兩肩兮
豳風七月獻豣于公傳並云三歲曰豣肩與豣同
還詩作肩說文引作豜也後漢書注引詩齊風薛
君傳獸三歲曰肩是韓詩與毛詩公同而魏風伐
檀傳人云獸三歲曰特故孔疏謂鄭司農說與毛

廣雅疏義卷十

或異或同不知所據盧學士曰案三當本是四字古三四皆積畫為之故易致訛也已三歲曰豣則此定當云四歲曰牭廣雅之文必本於此明矣

釋嘼第十九

嘼即畜也爾雅有釋畜釋文云畜本又作嘼音同字林云嘼產也是古本爾雅有作釋嘼者故廣雅與之同也說文嘼牲也牲畜牲也以其畜于家者故謂之畜在野者則謂之獸矣列子謂今東方介氏之國其國人數數解六畜之語者蓋偏知之所得也攷祭義云古

古者天子侯諸必有養獸之官犧牷祭牲必於是取之鄭注天官獸醫云獸牛馬之類是對文言之則在野為獸在家為畜散文言之則四足而毛通謂之獸也天官庖人辨六畜之名物鄭志六畜六牲也始養之曰畜將用之曰牲周禮牧人職掌牧六牲而阜蕃其物鄭注六牲謂牛馬羊豕雞犬是六畜皆牧人所養而又有牛人羊人犬人雞人馬為國之駕用特立牧師圉人以別掌之獨無豕人之官鄭氏謂豕屬司空冬官亡故不見案羊人

職云若牧人無牲則受布于司馬貴牲而供之然則牧人專主放牧之事而牛人羊人犬人雞人之屬各掌其事以供官之所需也爾雅釋畜專及馬牛羊犬雞而不及豕此則六畜全備焉

白馬黑脊驪大安反又知連反

玉篇驙知連切白馬黑脊也廣韻又徒干切義同本此

白馬朱鬣駱

小雅四牡我馬維駱月令秋駕白駱鄭康成高誘

並云白馬黑鬣尾爾雅也說文亦云駱馬白黑鬣
尾也詩釋文云樊孫爾雅並作白馬黑髦則與郭
本不同此云白馬朱鬣者盧學士曰段氏以為當
作駁說文駁馬赤鬣縞身目若黃金名曰媽吉皇
之乘周文王時犬戎獻之春秋傳曰媽馬百駟畫
馬也西伯獻之以全其身尚書大傳散宜生之犬
戎取美馬駮身朱鬣雞目者取五六焉獻之紂然
則古之馬有朱鬣者後世畫以象之左氏定十年
傳宋公子地有白馬四公嬖向魋魋欲之公取而
朱其尾鬣以與之亦此類也引此文亦作馱馬又

名吉黃互見後採侍御云埤雅駱類引此文亦作
駱與爾雅異說不必改駁
飛黃騊駼吉良朱駮飛兔金喙騕褭走狐駃決音騠啼音
飛鴻野麋騆丹騏驥騄駬驊騮駣驎力分反汗血驒音顚
騠巨虛蛾駞
上文以〻毛色別馬此專釋駿馬之名○飛黃○之
淮南覽冥訓黃帝治天下青龍進駕飛黃伏皁高
誘注飛黃乘黃也出西方狀如狐背上有角壽千
千歲顏延之赭白馬賦昔帝軒陟位飛黃服皁盧
學士曰海外西經白民之國有乘黃狀如狐其形

黃作說文長二千

背上有角乘之壽二千歲郭璞贊曰飛黄奇駿乘之難老又注引周書云白民乘黄似狐背上有兩角即飛黄也案今周書王會解似狐作似騂管子小匡篇地出乘黄注乘黄神馬也若漢之渥注神馬之比○騶吾○海内北經林氏國有珍獸大如虎五采畢具尾長于身名曰騶吾乘之日行千里郭注引六　云紂囚文王閎夭之徒詣林氏國求得此獸獻之紂大悦乃釋之周書曰央林酋耳酋耳若虎尾參于身食虎豹大傳謂之侄獸吾亦作虞也淮南道應訓散宜生乃以千金求天下之珍

惟得騶虞雖斯之來詩召南傳騶虞義獸也白虎
黑文不食生物有至性之德則應之孔疏引鄭志
張逸問傳曰白虎文又禮記曰樂官備何謂答曰
白虎黑文周史王會傳云傳者取其一發五豝言
多賢也陸璣疏騶虞白虎黑文尾長于軀不食生
生物不履生草應信而至者也○吉量○海外北
經犬戎國有文馬縞身朱鬣目若黃金名曰吉量
乘之壽千歲逸周書王會解犬戎文馬文馬赤鬣
縞身初學記亦引作古黃史記周本紀紂囚西伯
于羑里閎夭之徒求驪戎之文馬獻之紂大悅說

廣雅疏義卷二十

文作駮馬吉量又作吉皇皆一物而異其名○朱
駮○說文駮獸如馬倨牙食虎豹與爾雅同管子
小問篇桓公乘馬虎望見之而伏桓公問管仲曰
今者寡人乘馬虎望見寡人而不敢行其故何也
管仲對曰意者君乘駮馬而洀桓迎日而馳乎公
曰然管仲對曰此駮象也駮食虎豹故虎疑焉說
苑辨物篇晉平公出畋見乳虎伏而不動顧謂師
曠曰吾聞之也霸王之主出則猛獸伏不敢起今
者寡人出見虎伏而不動此其猛獸乎師曠曰鵲
食猬猬食鵔鸃鵔鸃食豹豹食駮駮食虎夫駮之

第

受古堂抄藏

狀有似駮馬今者君之出必驂駮馬而出畋乎西山經中曲之山有獸焉其狀如馬而白身黑尾一角虎牙爪音如鼓音其名曰駮是食虎豹謝莊舞馬賦方疊　于丹縞亦騑規亦朱駮○飛兔○呂氏春秋離俗覽云飛兔要褭古之駿馬也高誘注飛兔要褭皆馬名也日行萬里馳若兔之飛因以為名也要字讀如曲撓之撓也文選注引劉劭趙都賦云良馬則飛兔奚斯常驪紫燕御覽引孫氏瑞應圖云飛兔者日行三萬里禹治水平勤勞歷年救民之害天應其德則至○金喙○司馬相如

黄帖沈角炙二十

八十七

上林賦騕褭李善引張揖注云騕褭馬金喙赤色一日行萬里者此亦云金喙亦騕褭之類歟○騕褭○淮南原道訓云馳要褭高誘注要褭馬名日行萬里又齊俗訓云夫待騕褭飛兔而駕之則世莫乘車注騕褭良馬飛兔其子褭兔走蓋一日萬里也史記集解引郭璞曰騕褭神馬應劭漢書音義古有駿馬名騕褭赤喙黑身一日行萬五千里藝文類聚引孫氏瑞應圖云騕馬者神馬也與飛兔同明君有德則至○走狐○未聞○駃騠○說文駃駃騠馬父贏子也李斯上秦始皇書駿馬

駃騠不齊外既史記匈奴傳索隱引發蒙記駃騠刳其母腹而生漢書鄒陽傳云蘇秦相燕燕人惡之燕王燕王按劍而怒食以駃騠孟康曰駃騠良馬也生七日而超其母○飛鴻○盧學士曰御覽東方朔傳驃騎難諸博士判曰騏驎綠耳蜚鴻驊騮天下良馬也蜚與飛同藝文類聚作非綠耳非鴻○野麋○盧學士曰野麋見郝昂八馬坊碑頌序其名則蒲梢啟服野麋騅鹿騅一作娥詹事兄曰郝昂唐人即用廣雅爲故事耳○騴丹○未聞○騏驎○說文騏青色驪文如博棊也驎千里馬也孫陽所相

[illegible]二十

者騂騮一日而馳千里史記刺客列傳注云騏驥盛壯之時一日而馳千里郭璞穆天子傳注云赤驥世所謂騏驥案淮南注云絆騏驥而求千里荀子性惡篇騂騮騹驥纖離綠耳此皆古之良馬也然而前必有銜轡之制後有策鞭之威加之以造父之御然後一日而致千里也楊倞注皆周穆王八駿名騹讀為騏謂青驪文博碁列子作赤驥與此不同○騄駬○穆天子傳云丙寅天子屬官效器乃命正公效父受勑憲用伸八駿之乘以飲于枝洔之中積石之南河天子之駿赤驥盜驪白義

踰輪山子渠黃驊騮騄耳又云天子命駕八駿之乘右服盜驪而左綠耳右驂赤驥而左白義天子主車造父為御又云次車之乘右服渠黃而左踰輪右驂驊騮而左山子郭注云紀年曰北唐之君來見以一驪馬是生綠耳魏時鮮卑獻千里馬白色而兩耳黃因名之黃耳即此類也淮南主術訓雖有騏驥騄駬之良臧獲御之則馬反自恣而人弗能制矣王逸九思云赴崑山兮馽騄注云騄駿馬名○驊騮○說文騮赤馬黑毛尾也淮南主術訓夫華騮綠耳一日而至千里然其使之搏兔不

如豺貌伎能殊也揚雄反離騷云騁驊騮以曲艱兮顏師古曰驊騮駿馬名也其色赤而華郭注穆天子傳云色如華而赤今名馬縹赤者為棗騮棗騮赤也○騑驆○騑驆與驪驪聲相近即盜驪驆驪之異文史記造父為繆王得盜驪華騮綠耳之馬御以西巡遊見西王母樂而忘歸郭璞注穆天子傳云盜驪為馬細頸驪黑色也玉篇驆騑驆馬本此紫是馬亦名纖離楊倞荀子急就注云纖離即是列子盜驪也○汗血○史記大宛傳有馬汗血其先天馬子也集解漢書音義云大宛國有高山其

上有馬不可得因取五色母馬置其下與交生駒汗血因號曰天馬子傳又曰云初天子得烏孫馬好名曰天馬及得大宛汗血馬益壯更名烏孫馬曰西極名大宛馬曰天馬云漢書禮樂志云太一況天馬下霑赤汗沫流赭應劭曰大宛馬汗血霑滯也流沫如赭也○驒騱○說文驒騱野馬也一曰青驪白鱗文如鼉魚史記匈奴傳其奇畜則橐駝驢騾駃騠驒騱集解徐廣曰驒音顛騱巨虛之屬索隱本作騨奚云鄒誕本奚字作騱鹽鐵論云驒騱駞馬盡爲我畜○巨虛○案邛邛岠虛本一獸

見爾雅攷司馬相如子虛賦蹵蛩蛩轔距虛則又
爲二獸張揖注云蛩蛩青獸狀如馬距虛似
羸而小巨戉作距岠並同○駴鹿○盧學士曰韓
非外儲說馬似鹿者千金駴鹿之名或以此

馬屬

題上事也莊子馬蹄篇馬蹄可以踐霜雪毛
可以禦風寒齕草飲水翹足而陸此馬之真
性也說文馬怒也武也象馬頭髦尾四足之
形漢書石奮傳書馬者與尾而五今迺四不之
足一獲譴死矣服虔曰作馬字下曲者五建

爾雅說文卷二十

時上皆誤作四初學記引春秋說題辭云地精為馬十二月而生應陰紀陽以合功故人駕馬任重致遠利天下月刾疾故善走淮南地形訓天一地二人三三三而九八九七十二二主偶偶以承奇奇主辰辰主月月主馬馬故十二月而生詩鄭箋云國馬之制天子十有二閑馬六種三千四百五十六匹邦國六閑馬四種千二百九十六匹校人注云國馬謂種戎齊道高八尺田馬高七尺駑馬高六尺說文馬一歲曰　二歲曰駒八歲曰馴

七上

周官牧人職掌牧六牲鄭注謂牛馬羊豕犬雞又大司馬喪祭奉詔馬牲是古馬亦牲也穆天子傳獻食馬三百是古者有乘馬又有食馬此篇所釋類聚之屬皆經典之詁訓也馬取其良則能升高達遠故凡天馬神馬野馬及遠方絶域所貢獻者皆備録之

○

郭料丁犖

藝文類聚引譚桓新論云夫畜生賤也然有尤善者皆見記識故馬稱驊騮驥騄牛譽郭椒丁櫟羅願爾雅翼亦引之蓋牛之若佳者郭氏名椒丁氏

十二

名欜佰言韓盧宋浞也欜萃㭗相轉萃即欜也料字未見所出曹亦無音集韻料苦木切引廣雅郭蝌牛屬桊栟字玉篇苦弋切無角牛也疑非此義字當从斗料音為椒舊本郭作郛因譌古郭字而訛也今訂正

牛屬

隨上嵩山訶新書胎教篇牛者中央之牲也高誘注呂氏春秋季夏紀云牛屬土史記律書牛者冒也言地雖凍能冒而生也牛者耕植萬物者說文牛大牲也蔡邕月令章句

十二辰之畜五時所食者豕人所畜丑牛未羊戌犬酉雞亥豕而已春木勝土故春食未羊夏火勝金故夏食酉雞季夏土生水當食豕而食牛者四時之牲無足以配土德故季夏食牛秋金勝木而虎爲寅冬水勝火而馬爲羊虎非可食而禮不以馬爲牲犬豕無角皆其類也案蔡說非也古者馬亦為牲說于上此篇衆邢椒丁茀二者以釋之

羖羊牡一歲曰牡䍮三歲曰羝其牝一歲曰牸䍮三歲曰牂

此别吴羊之牝牡也說文羠羊未卒歲也故一歲之牡者曰牡羠牝者曰羚羠羚本母牛之名羊之牝者亦以名之也說文羝牡羊也牂牡羊也牂本牝羊傳寫之訛初學記集韻古今韻會引說文並作牝羊小雅苕之華牂羊墳首傳牂羊牝羊也舊本牡羠僞爲牡羖今據太平御覽及埤雅所引訂正

吴羊犗古犗反曰羳音博羖音古羊犗曰羯

盧學士曰說文羯羊羖犗也犗騬牛也無犗字初學記所引亦是犗似犍羊亦可云犗玉篇并牛部

亦不出牿字漏也集云牿居牿切音侯䍭羊也羵伯各切引此文玉篇羯居謁巨謁二切羖牿羊也羯同上史記貨殖傳其民羯羠不均徐廣曰羯羠皆健羊名

羍音撻羍音務羜羴从辛宂羔也

此釋羔之名說文羔羊子也後漢書王渙傳注引韓詩章句小者曰羔大者曰羊春秋繁露執贄篇云羔有角而不任設備而不用類好仁者食于其母必跪而受之類知禮者故卿以為贄白虎通義卿以羔者取其羣而不黨卿職在盡忠率下不阿

羔也羍者說文羍小羊也讀若達或作羍初學說引說文作七月生羔也大雅生民先知生如達達即羍也詩疏引薛綜荅韋昭子云羊子初生曰達小名羊未成羊曰羜大曰羊長幼之異名犖者說文犖六月生羔也讀若霰羜者爾雅未成羊羜郭注俗呼五月羔爲羜小雅伐木既有肥羜傳羜未成羊也說文羜五月生羔也讀若煑䍾者玉篇廣韻並云羊也䍾疑羔之譌匡謬正俗引字林䍾音遯未睟羊也舊本羔譌美今據說文御覽及埤雅訂正

美皮泠音零角

美疑當作羔天官司裘掌為大裘以共王祀天之服鄭司農云大裘黑羔裘服以祀天示質詩周南羔羊之皮檜風羔裘如羔皆卿大夫朝祭之服則羔裘皮尚焉泠當作羚玉篇廣韻並云羚羊子也案羚與麢同爾雅麢大羊郭注麢羊似羊而大角圓銳好在山崖間本草麢羊角味鹹寒主目明益氣起陰去惡血注下安心氣爾雅羚羊似羊而大角有圓繞蹙文夜懸角木上以防患羔之皮羚之角皆世于世故人併及之

羊屬

顛上事也高誘注呂氏春秋孟春紀云羊屬土鄭司農注周禮云羊屬司馬火也火爲視羊亦視故屬火二說不同說文羊祥也春秋繁露云羊之爲言猶祥與羊在六畜主給膳故美善養皆从羊盧學士曰莊子徐無鬼篇未嘗爲牧而牂生於奥釋文奥西南隅未地是古以羊配未也

頓邱梁縣之涉反重顫虛音願原音

此㹠豕之名也○頓邱○未聞盧學士曰詩衛風

送子涉淇至于頓丘則衛之地也漢書地理志頓邱縣在東郡即爾雅之敦邱詩正義引郭璞曰敦盂也音頓盂此地出豬因即其地以名之也○梁豨○玉篇豨良豬廣韻豨梁之良豕太平御覽引何承天纂文云梁州以豕為豨○重顱○廣韻嚧落胡切呼豬聲也重顱者疑若今吳人呼猪曰顱顱矣盧學士曰益謂豕之首大者庬顱見淮南說林訓○貘○北山經乾山有獸焉其狀如牛而三足其名曰貘逸周書周祝解云故狐有牙而不敢以噬貘有蚤而不敢以撅蚤即爪假借字玉篇貘

豕釣度學士曰顔師古注漢書揚雄傳云豪豬一
名希豲也自為牝牡者也
豕釣
題上事也淮南地形訓六九五十四四主時
時主彘彘故四月而生又氾論訓夫饗大高
而彘為上牲者非彘能賢于野獸麋鹿也而
神明獨饗之何也以為彘者家人所常畜而
易得之物也故因其便以尊之高誘注呂氏
春秋孟冬紀云彘釣水也郤庭漢書注云東
海人名豬者曰豨

殷虞晉獒楚黃楚有犬名如黃韓盧宋浞士勾反槃瓠狂音往猶

此釋犬之名也○殷虞○未聞盧學士曰尚書大傳西伯伐崇散宜生之徒於陵氏取怪獸大不辟虎狼間尾倍其身名曰虞獸之紂鄭注閒大也虞蓋騶虞也案此豈即所謂騶虞歟○晉獒○說文獒犬知人心可使者爾雅狗四尺為獒左氏宣二年傳公嗾夫獒焉杜注獒猛犬也釋文獒尚書傳曰大犬也公羊宣六年傳靈公有周狗謂之獒呼獒而屬之何注周狗可以比周之狗所指如意疏云今呼犬謂之屬義出于此盧學士曰案周書有

旅獒篇乃後出古文故此但云晉獒不云周獒也
○踶黄○呂氏春秋直諫篇云荆文王得如黄之
狗新序正諫篇荆文王得如黄之狗箘簬之矰以
畋于雲夢三月不反○韓獹○戰國策齊齊欲伐
魏淳于髡謂齊王曰韓國盧天下之駿犬也東郭
逡海内之狡兔韓盧逐東郭逡遶山三騰岡五兔極
于前犬廢于後俱為田父之所獲高誘注韓國之
盧犬古之名狗也新序善説篇云臣聞周氏之嚳
韓氏之盧天下疾狗也見兔而指屬則無失兔矣
○宋捉○博物志宋有駿犬曰鵲少儀云守犬田

犬則授擯者既沒乃問犬名鄭注畜養者當呼之名謂若韓盧宋鵲之屬疏引桓譚新論云夫之畜生賤也然其尤善者皆見記記識故犬道韓盧宋從人魏文帝說諸方物亦云狗于古則韓盧宋鵲是鵲從字異音同玉篇從宋良犬盧學士曰宋書樂志孟冬篇云韓盧宋鵲呈才騁足御覽引三國典略曰徐之才嘗與朝士出遊望羣犬竝走諸人令目之之才應聲曰為是宋鵲為是韓盧為逐李斯東走為負帝女南徂○欒爾○後漢書南蠻傳昔高辛氏有犬戎之寇訪募天下有能得戎犬

之將吳將軍頭者購黃金千鎰邑萬家又妻以少女時帝有畜狗其毛五采名曰槃瓠下令之後槃瓠遂銜人頭造闕下羣臣怪而診之乃吳將軍首也帝大喜而計槃瓠不妻可之以女又無封爵之道女聞之以為帝王下令不可違信固請行帝不得已乃以女配槃瓠槃瓠得女負而走入南山止石室中經三年生子十二人注引魏略云高辛氏有老婦居王室得耳疾挑之乃得之物大如繭婦人盛瓠中覆之以盤俄頃化為犬其文五采因名槃瓠舊本槃瓠作狠狐盧學士曰狠狐二獸犬之

形有與相似者說文狼似犬段氏玉裁云禮記玉藻青犴從鄭注犴胡犬正義熊氏亦解此胡作狐字謂狐犬雜然則犬之似狼者亦得狼犬也大昭案段說亦似皮傅況以槃瓠為正○狂○說文狂黄犬黑頭也讀若注○猗○御覽引何承天纂文云守犬為猗集韻引此犬屬亦作猗又吻切

犬屬

題上事也說文犬狗之有縣蹏者也象形孔子曰視犬之字如畫狗也淮南地形訓七九六十三三主斗斗主犬犬故三月而生高誘

注呂氏春秋孟秋紀云犬金畜也說卦傳艮爲狗九家易云艮止主守禦也曲禮疏云通而言之狗犬通名若分而言之則犬者爲大小者爲狗故月令皆爲犬而周禮有犬人之職無狗人職也

辟 音避 雖 渠追反 雞也杜艾季蜀

此釋雞之名也○辟雖雞也○方言雞陳楚宋魏間謂之鸊鷈桂林之中謂之割雞或曰僆郭注避祇兩音桼辟鸊雖鷈並同○杜艾季蜀○莊子庚桑楚云越雞不能伏鵠卵魯雞能之矣向秀注魯

雞大雞今蜀雞也爾雅雞大者蜀蜀子　郭注今蜀雞此云杜艾李蜀蓋雞種之佳者杜氏名艾李氏名蜀

雞鶵

題上事也說文雞知時畜也籀文作雞說文卦傳巽為雞九家易云應八風也二九十八八主風淮南時則訓大寒之日雞始乳雞雞六畜之最小者而其始乳古者亦以紀候焉新序雜事篇田饒謂魯哀公曰君獨不見夫雞乎頭戴冠者文也足傅距者武也敵在前

敢鬬者勇也見食相呼仁也守夜不失時信也

終

廣雅疏義卷二十

一[illegible]